2024
中国保税区域年鉴
CHINA FREE TRADE ZONES YEARBOOK

中国保税区出口加工区协会 ◎ 编著

中国海关出版社有限公司
·北京·

图书在版编目（CIP）数据

中国保税区域年鉴. 2024 / 中国保税区出口加工区协会编著. -- 北京：中国海关出版社有限公司，2025.
ISBN 978-7-5175-0869-4

Ⅰ. F752-54

中国国家版本馆 CIP 数据核字第 2025JA5470 号

中国保税区域年鉴（2024）
ZHONGGUO BAOSHUI QUYU NIANJIAN（2024）

作　　者：中国保税区出口加工区协会	
责任编辑：熊　芬	
责任印制：孙　倩	
出版发行：中国海关出版社有限公司	
社　　址：北京市朝阳区东四环南路甲 1 号	邮政编码：100023
编 辑 部：01065194242-7528（电话）	
发 行 部：01065194221/4238/4246（电话）	
社办书店：01065195616（电话）	
https://weidian.com/?userid=319526934（网址）	
印　　刷：北京利丰雅高长城印刷有限公司	经　　销：新华书店
开　　本：787mm×1092mm　1/16	
印　　张：43.5	字　　数：1058 千字
版　　次：2025 年 2 月第 1 版	
印　　次：2025 年 2 月第 1 次印刷	
书　　号：ISBN 978-7-5175-0869-4	
定　　价：280.00 元	

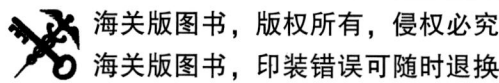

海关版图书，版权所有，侵权必究
海关版图书，印装错误可随时退换

《中国保税区域年鉴（2024）》编委会

主　编

蒲少伟　中国保税区出口加工区协会会长

副主编

席艳荣　中国保税区出口加工区协会秘书长
陈贞新　中国保税区出口加工区协会副秘书长
徐玲玲　中国保税区出口加工区协会副秘书长
潘建钢　中国保税区出口加工区协会副秘书长

编　委

熊　芬　张玉肖　唐荣穗　王　新

编写人员名单

(以姓氏笔画为序)

丁季盛	马 鑫	马丽娜	王子鑫	王孝钰	王春桃
王振涛	王森舜	方 芳	尹超超	卢向阳	付 瑜
白莹莹	朱念念	刘 辉	苏达丽	杜嘉敏	李 佳
李 茶	李 雯	李丽君	李雪玮	李鲁简	吴雪菁
吴燕波	邱毅艺	应燕飞	沈 薇	张 楠	张玉肖
张宇轩	张伶莎	张佳杰	陆凯凤	陈慧婷	林广茂
林珊珊	欧小梅	罗粲之	岳珊珊	周 彦	赵琪儿
胡孟影	柯芳华	祝宝勇	袁 潇	夏 红	倪 俭
徐晓晨	徐唯帅	高 旭	陶 鼎	黄 昆	黄 楠
萧 菲	盛儒智	崔红梅	葛凌云	谢 寒	衡 波
鞠伟伟	戴增涛	等			

松江综合保税区

Songjiang Comprehensive Bonded Zone

松江综合保税区坐落于长三角G60科创走廊沿线，地处沪杭经济发展轴上的重要节点位置，距离虹桥交通枢纽车程25分钟，距离浦东国际机场车程45分钟，周边环绕有G60沪昆高速、S32申嘉湖高速、G15沈海高速、上海绕城高速等，铁路、公路运输条件非常便利，是上海西南的重要门户。

园区总面积4.10平方千米，分为A区和B区，由上海松江出口加工区转型升级而成。上海松江出口加工区成立于2000年4月27日，为全国首批、上海首家出口加工区，经历了多次功能拓展和政策叠加，于2018年9月4日获批整合升级为松江综合保税区。2019年9月27日，松江综合保税区通过验收，并于10月28日正式挂牌。

松江综合保税区经过了20多年的高速发展，形成了以广达集团、豪威、凯虹为代表，区内配套企业共同发展的雁行式发展态势，打造了电子信息产业"一业特强"，集成电路、新能源、汽车配件、现代物流等行业"多业发展"的产业布局。松江综合保税区先后被评为"上海市跨境电子商务示范园区"和"G60电子信息国际创新产业园"。在2023年发布的2022年度全国综合保税区（含其他特殊区域）发展绩效评估中，松江综合保税区被认定为A类，综合成绩位列全国第五、东部地区第三。

自2019年挂牌以来，松江综合保税区立足"加工贸易+保税物流"的产业底色，确定了打造先进制造业中心、全球电子产品集散中心、高端消费品集散中心、检测维修中心"四大中心"的发展定位，面向销售结算、研发设计、检测维修等多元服务贸易领域招商引资、培育业态。2023年，松江综合保税区全年共计引进新项目49家，涵盖航天科技材料研发、光伏材料进出口、半导体研发设计、精密零件智能制造等领域。

松江综合保税区不仅是长三角G60科创走廊核心板块之一，也属于上海市"五大新城"范畴，在享受海关特殊监管区域的相关政策的同时，还可叠加"G60科创走廊"和"五大新城"关于创新创业、产业发展、人才引进及落户等方面政策。

2023年，松江综合保税区实现工业总产值1 000.93亿元，综合税收74.63亿元，进出口额1 495亿元，占全市综合保税区进出口值的22.9%。截至年底，园区内共落户555家企业，共计吸引外商总投资24.5亿美元。

未来，松江综合保税区将从战略全局出发，全面贯彻落实新发展理念，充分依托长三角G60科创走廊、松江枢纽、"五大新城"等平台机制，协同产业发展、创新合作和资源共享，力争以高水平开放促进国内国际"双循环"，以高质量发展的确定性对冲国际环境的不确定性，为区域和国家经济注入澎湃动力。

广州黄埔综合保税区
GUANGZHOU HUANGPU FREE TRADE ZONE

广州黄埔综合保税区的前身为广州保税物流园区，于2007年12月获批在广州保税区内设立，规划面积0.49平方千米，主要为区内重点企业提供外贸政策支撑。2020年5月，广州保税物流园区获批整合优化为广州黄埔综合保税区。2021年2月，广州黄埔综合保税区通过验收正式封关运作。自验收以来，广州黄埔综合保税区从较单一的保税物流扩大到加工制造、物流分拨、检测维修、销售服务等，"保税+"产业形态更多元化，在联动区域资源、推进主体功能培育、促进业态创新、提升辐射服务水平等方面起到重要促进作用。2023年，广州黄埔综合保税区实现进出口总值252.75亿元；规模以上工业企业3家，产值10亿元；限额以上商贸企业44家，销售收入208亿元；规模以上服务业企业8家，经营收入2.46亿元。

广州保税区
GUANGZHOU FREE TRADE ZONE

广州保税区于1992年5月获批成立，是国家首批海关特殊监管区域之一，面积1.4平方千米。广州保税区设立30多年来，培育形成了保税加工、国际物流、国际贸易、展览展示四大产业集群，发展壮大了跨境电商、保税红酒、平行进口汽车等新兴业态。截至2023年年底，累计近2 000家企业在园区内设立，其中400多家外资企业、10家世界500强企业。2023年，广州保税区实现进出口总值117.82亿元；规模以上工业企业23家，产值75亿元；限额以上商贸企业48家，销售收入130亿元；规模以上服务企业25家，经营收入18亿元。2023年10月30日，广州保税区和广州出口加工区获批整合优化为广州知识城综合保税区。2024年2月6日，广州保税区获批不再按照保税区监管要求进行监管。

沈阳综合保税区 桃仙园区

创新思维积极培育发展"保税+"新业态

　　沈阳综合保税区桃仙园区全面深化改革扩大开放，加快发展新质生产力，突出做好产业规划、优化要素保障、抓好招商引资，推动主要经济指标实现倍增，实现桃仙园区创新升级、提质增效、做大做强工作目标，更好发挥桃仙园区作为开放型经济建设的重要平台、统筹国内国际两个市场两种资源积极作用，在新时代东北振兴上展现更大担当和作为，以高水平开放引领高质量发展，助推沈阳现代化都市圈和东北海陆空网大通道建设，为沈阳建设国家中心城市和东北亚国际化中心城市提供有力支撑。

　　桃仙园区在大力发展传统业态的同时，积极培育"保税+"新业态。

　　一是促进"保税+跨境电商"新模式发展。做优"网上"通道，完善提升沈阳跨境电商公共服务平台功能，加快保税仓、海外仓建设，引进跨境电商企业，扩大跨境电商进出口规模。坚持自贸惠民，积极发展跨境电商线下体验店规模，做大做强"前店后仓"跨境商品新零售新消费场景，释放制度创新和贸易便利化措施红利，进一步提高跨境贸易附加值。

跨境商品体验中心

　　二是扩大"保税+展示交易"业务。重点推进阿登高原B8厂房装修入驻和得一项目复工，打造集国际艺术品保税仓储展示、版权加工、鉴定评估、文创设计、艺术品认证溯源等多功能于一体的文化艺术品全产业链平台，建设东北亚国际艺术品保税展示交易中心。创新国际艺术品监管模式，设立艺术品区块链数字化认证分析中心，重点引进文化艺术品和藏品保税展示交易、艺术品版权保税加工企业。

艺术品展览展示中心

航空制造加工中心　　　　中欧班列集货中心　　　　保税加工及研发设计中心

　　三是实施"保税+研发设计"破零行动。 加快推进沈阳都市圈保税研发公共服务中心项目落地，在保税加工中心A1办公楼建设保税研发公共服务平台。综合运用综合保税区保税研发政策功能优势，引进生物医药、医疗器械、电子电气、精密仪器、汽车、节能环保装备等高端制造企业在区内开展研发创新；吸引驻沈高校、科研院所及宝马、沈鼓、东软和新松等一批企业技术研发机构入驻；推动国家或地区级产业创新中心、技术创新中心、工程研究中心、新型研发机构在园区集聚发展。

　　四是积极开展"保税+班列集货"业务。 以综合保税区多式联运中心、中欧班列集货中心为依托，完善提升货物集拼、分销和配送、国际中转及仓储等保税物流功能。进一步深化中欧班列"分类监管""区港直通"监管模式创新，开展区内散货收货与集装箱集拼新业务，扩大中欧班列集货中心业务规模。

　　五是探索开展"保税+租赁"业务。 积极开展融资租赁洽谈合作，重点引进飞机、数控机床、航空和工业机器人等领域的保税融资租赁项目，开拓战略性新兴产业中新型、高价值标的物的融资租赁市场，实现融资租赁业态零的突破。

营口综合保税区

区域概况

中国（辽宁）自由贸易试验区营口片区于2017年4月依托营口国家高新区挂牌成立，拥有自由贸易试验区、综合保税区、高新区三块牌照，三个区域功能互补、政策叠加、资源共享，互相促进，由一个领导班子实施统一管理，形成以创新促开放改革格局，构建传统产业转型升级示范区、新兴产业及科技研发集聚区、现代商贸物流及保税产业集聚区、平台经济与总部经济集聚区四大功能区块，为企业提供广阔的空间，为区域发展注入新的活力。

营口综合保税区规划面积1.85平方千米，全部位于中国（辽宁）自由贸易试验区营口片区范围内，于2017年12月21日获批设立，2019年正式运营。

产业布局

为积极推动综合保税区"五大中心"建设，根据区内产业发展实际，营口综合保税区重点发展**"保税加工、保税维修、研发设计、跨境电商、冷链加工及冷链物流"**五大产业，截至2023年年底累计进出口额突破100亿元，获批国家外贸转型升级基地、省进口贸易促进创新示范区、2家省级跨级电商示范园区，成功开展东北地区首单保税维修业务，成为东北地区首个开展跨境电商全部4种业务模式的区域。

空间利用

营口综合保税区围网内土地面积1.62平方千米，其中项目用地137.7万平方米。区内拥有公共保税仓库面积2.7万平方米，包括跨境电商监管仓库7 000平方米，可开展全部4种模式的跨境电商业务。围网外综合保税区服务大楼建筑面积2万平方米，其中7 000平方米可供企业入驻办公使用。

里程碑项目

续写营口老港使命，建设综保型国际陆港枢纽，助力营口市对外开放能级提升。

重点推动以傲翔、蒙营为代表的进口粮食加工项目落地，打造总投资3亿元的产业集群。

全力推进以辽宁供销国际冷链枢纽项目为代表的总投资15.6亿元的冷链加工物流项目建设；重点吸引以美国美科绿色包装材料、新加坡食药同源保税研发等为代表的科技型外商项目向园区集聚。

发展方向

未来，营口综合保税区将围绕主导产业培养龙头企业，打造产业集聚；充分利用综合保税区保税加工功能，打造粮食深加工基地；加强对外合作，建设跨境商品集散地。

中国(山东)自由贸易试验区青岛片区

区域概况

2019年8月，中国（山东）自由贸易试验区青岛片区获批设立，实施范围52平方千米，全部位于国家级青岛西海岸新区内，叠加综合保税区、国际经济合作区（中德生态园）、经济技术开发区等多重国家功能政策优势，重点发展现代海洋、国际贸易、航运物流、现代金融、先进制造等产业。

发展情况

2023年，青岛自贸片区积极实施自由贸易试验区提升战略，以制度型开放推动区域经济高质量发展，推出制度创新做法127项，其中32项获国家和省级推广。

制度创新增强改革开放动力

贸易往来更便捷

率先打造口岸恒温查验新模式，集装箱查验作业效率整体提升50%；推出出口退（免）税申报"免填即退"模式，办税时间压缩87.5%。

货物流通更顺畅

首创国际航行船舶供应业务"快速通道"，截至2023年年底，备案船舶服务企业276家；创新中欧班列铁路运输单证融资新路径，企业融资成本下降30%。

要素流动更自由

首创进口原油"链式融资"服务新模式，助企融资15亿元；全国首创"四证一单"齐发模式，实现产业项目拿地即开工；"动产质押融资业务模式"在全国复制推广。2023年，跨境人民币结算736亿元，同比增长183.6%。

重点产业激发经济发展潜力

跨境贸易

跨境易货贸易首单突破，总额占全省的90%；离岸贸易额突破110亿美元，同比增长50%；"启运港退税"政策落地，带动港口支线集装箱量同比增长一倍。

青岛自贸片区区容区貌

青岛自贸片区区内发展

集成电路

搭建"招商、融资、建设、服务"四大平台，芯恩8英寸和12英寸晶圆产能快速提升，58万平方米厂房全部封顶；48万平方米高端人才中心正在建设中；投资超20亿元的配套项目完工80%以上。

基因科技

总投资60亿元的时空基因谷加快建设，21万平方米华大医疗健康产业园全部封顶；百迈客生物基因测序样本核酸提取、建库时间均缩短50%；清原公司获绿色农药全国重点实验室（青岛）创制基地。截至2023年年底，已集聚高端专业人才3 000人。

智能制造

西门子工业4.0创新中心运营，总投资80亿元的互联网智能制造基地投产；洗衣机互联工厂获评全球首个5.5G应用示范"灯塔工厂"，总量占全省五分之三；总投资30亿元的潍柴研发中心启用。2023年，净增高新技术企业47家，同比增长35%。

营商环境释放区域发展活力

政务服务便捷高效

率先在全国探索实施商事登记"自贸+"个性化定制服务模式；全省首个专注人才企业服务集团公司、对德（对欧）合作中心成立。

法治建设公平公正

全国自由贸易试验区首个海事法院审判区启用，截至2023年年底审结各类海事案件452件；全国首个海事域外法查明研究中心揭牌。

人文环境品质提升

发布全国首个《青年人才发展友好型示范园区建设指南》团体标准；创建全国首个"海员司法救助资金池"；运营全省首家出入境窗口设置标准移民事务服务中心。

生态环境宜居宜业

国内首座"智能绿塔"零碳建筑开工，在建绿色建筑373万平方米；在全国首推水土保持审批"告知承诺+集中服务"新模式，加快创建国家水土保持科技示范园。

青岛自贸片区区容区貌

青岛自贸片区前湾综合保税区

青岛自贸片区港口

青岛自贸片区港口

成都高新综合保税区(高新园区)

开发建设

一是全力保障区内各项目按计划节点有序推进，英特尔集成电路标准厂房（研发楼）、综保B区标准化厂房、综保B区围网、综合保税区文化景观长廊、综保C区城市轴线工程等建设项目顺利启动。二是持续建设检测维修、研发设计中心。印发成都高新区综合保税区维修业务监管方案；支持鸿富锦公司做强全球iPad、MacBook、Apple TV维修服务中心，2023年维修设备进出区318万台、货值43亿元。鼓励健进等公司提升研发规模和水平，引导鸿富锦公司加强研发业务，推动综合保税区维修和研发能级跨入全国前列。三是协同海关创新改革，持续优化通关环境。以企业需求为导向，推动在全国首创综合保税区设备零配件便捷出境（区）监管模式，助力区内企业节约运营成本约1.7亿美元。四是在省内首创属地"集中查检"工作模式。区内查验平台资源辐射保障区外企业，大幅提高区外企业查验效率。持续推广真空包装等高新技术货物一体化布控查验试点改革，已有英特尔、京东方、准时达等15家企业参与试点，较大提升了通关效率，降低了查验损耗。

投资环境

一是发布"芯屏端"、工业无人机产业链建圈强链3年攻坚计划。针对集成电路、新型显示、智能终端、工业无人机等重要产业领域，发布2023—2025年攻坚计划，力争到2025年"芯屏端"产业规模突破5 200亿元，打造全国工业无人机产业高地。二是强化产业细分领域的专项研究。以12英寸晶圆制造项目、高世代面板产线落地为契机，系统谋划高端装备产业规划、集成电路产业规划，对EDA电子设计自动化、算力芯片、存储芯片等集成电路细分领域进行深入研究，并对微波射频产业进行系统谋划和研究。三是举办专业大会提升产业显示度。成功举办第五届柔性电子产业发展大会，引进"第十三届国际柔性与印刷电子大会"国际IP，发布《柔性电子产业白皮书》。

对外贸易

2023年，成都高新综合保税区（不含双流园区）实现进出口总额3 494亿元，占全省外贸进出口总额的36.5%。其中，出口1 950亿元，占全省外贸出口的32.3%；进口1 544亿元，占全省外贸进口的43.6%。成都高新综合保税区自2021年开始连续4年在全国综合保税区（含其他特殊区域）发展绩效评估中位列全国综合保税区第一。

经济发展

主要经济指标逆势企稳，面对全球消费电子市场持续低迷、"脱钩断链"持续加剧等多重不利因素影响，2023年电子信息规模以上工业产值3 298.9亿元，保持增长姿态，逆势"平稳着陆"；工业投资入库约120亿元，占全区近80%、全市近20%，为稳定全区工业经济底盘奠定扎实基础。

发展趋势

一是坚持优化贸易结构，推动非头部企业做大贸易规模。2023年，英特尔、鸿富锦、戴尔3家头部外企占比已从2020年高位的87%下降至80%。二是扎实推进中小企业培育，"一企一方案"制订倍增计划。全年，梳理培育产值100亿元、50亿元、30亿元、10亿元级种子企业11家，中小企业培育工作助推产业结构调整成效显现。

机构设置

成都高新区电子信息产业发展局，加挂电子信息产业功能区推进办公室、成都高新综合保税区管理局牌子，为成都高新区党工委管委会工作机构。

招商部门

电子信息产业局招商与产业发展处（集成电路处、新型显示和智能终端处）牵头电子信息产业推进、招商引资及对外交流合作，举办专题招商、专业展会活动。

德州仪器

英特尔

莫仕

保税仓库

成都电子信息产业功能区

富士康已建成的厂房（160万平方米）

苏州工业园综合保税区

苏州工业园综合保税区规划面积5.28平方千米，分为东、西两个国网区（东区3.88平方千米、西区1.4平方千米），2006年成为全国首家"开展具有保税港区综合保税功能的海关特殊区域试点"区域，2015年启动封关运作全国首个综合保税区内的贸易功能区，2019年纳入中国（江苏）自由贸易试验区苏州片区，形成"自由贸易试验区+综合保税区+贸易功能区"多种政策、功能、平台叠加的综合优势，实现保税功能、开放政策、监管创新有机融合，覆盖存储进出口货物和其他未办结海关手续的货物、国际转口贸易、国际采购及分销和配送、国际中转、检测和维修服务、商品展示，以及研发、加工、制造、港口作业等业态业务，努力打造成为我国海关特殊监管区域创新发展的苏州样本。

苏州工业园区航港物流有限公司

苏州工业园区航港物流有限公司（简称"航港物流"）成立于2009年11月，是苏州市港航投资发展集团有限公司全资子公司，长期致力于为苏州工业园区及周边地区企业提供高效优质的物流通关服务，是集虚拟海陆空港于一体化、载体功能完善、运作规范高效的现代综合物流服务平台。

自2010年开始，航港物流响应国家"走出去"的发展战略，为客户提供特殊监管区域管理方面的一站式管理输出服务，已为全国30多个省（自治区、直辖市）在内的多家综合保税区和保税物流中心（B型）提供相关咨询及运营服务。

航港物流不断开拓新业务，积极参与打造跨省市、跨关区民航海关一体监管新样板。为深入贯彻长三角一体化战略，推动长三角航空货运一体化发展，弥补苏州没有民用运输机场的航空货运短板，航港物流在园区管委会的支持下，依托苏州工业园综合保税区海关查检仓库载体和SZV苏州虚拟空港政策，与上海机场（集团）有限公司、东方航空物流股份有限公司合作，建设运营长三角国际空港苏州航空货运中心，推动航空货物收运、安检、组板等机场货站操作流程前置苏州，实现一次安检、一次放行，提高集疏效率、降低运输成本，更好地满足苏州企业在国际贸易、港航物流、现代服务、加工制造等方面的航空物流需求。该前置货站业务预计能为企业降低沪苏间物流成本10%～30%，节约物流时间6～12小时。

深圳前海综合保税区
SHENZHEN QIANHAI COMPREHENSIVE BONDED ZONE

基本情况

深圳前海综合保税区的前身为深圳前海湾保税港区，于2008年10月18日获批设立，规划面积3.71平方千米。2009年7月10日，深圳前海湾保税港区一期（1.174平方千米）通过验收，同年12月正式封关。2019年4月，深圳前海综合保税区获批规划面积调减至2.90平方千米。

2020年7月，深圳前海湾保税港区获批整合优化为深圳前海综合保税区。2020年8月19日，深圳前海综合保税区顺利通过联合验收，并于2021年8月正式封关运作，面积2.28平方千米（园区1.36平方千米、港区0.92平方千米）。

经济发展情况

深圳前海综合保税区外贸进出口额由2021年的1 581.1亿元增加至2023年的2 514.8亿元，两年平均增长59.1%，在全国160个综合保税区中进出口总额排名由2021年的第9名提升至2023年的第6名。2024年上半年，进出口额达1 461.21亿元，稳居广东第一、全国第三，首次超越上海洋山特殊综合保税区，生机勃勃发展态势更加凸显。

近年来，深圳前海综合保税区内重大企业、项目加速集聚，全球三大洋酒企业帝亚吉欧、宾三得利、保乐力加陆续落户前海；中电港、荣耀、富森、超聚变等打造电子元器件集散中心，为电子信息业供应链稳定发展作出贡献；吸引免税运营巨头中免集团、深免集团以前海为基地完成全球采购集货。

改革创新情况

深圳前海综合保税区持续推出创新成果,其中"MCC前海"新物流模式被评为中国(广东)自由贸易试验区5周年11个最佳投资贸易便利化案例之一。率先落地"MCC前海",推广"先入区、后报关"的自贸创新政策,试点进口货物"两步申报""提前申报""免税保税衔接"等通关便利措施,多项措施在全国推广。创新探索深圳机场货物前置安检中心,获批设立全国第一个机场外货物安检点。深圳前海综合保税区的通关水平处于全国领先水平,深港两地货物流通高效便捷。

已有17条国家支持前海深化改革的措施落地,如开展深港两地规则制度"软联通"合作,内地出口厂商的产品经香港机电工程署认可核证团体检测机构检测合格后,即可在香港市场销售,无须在香港另行检测。推进部分进口法检商品检验结果采信,区内企业顺利办理全国首批进口服装采信通关业务。推动深港酒类产品高效便捷流通,建设前海深港国际酒类检验中心,对取得香港食品安全监管部门指定检测机构检测报告的进口酒类产品,海关予以认可并免于实施监督抽检。

南通综合保税区

南通综合保税区于2013年1月3日获批设立，规划面积5.29平方千米，实行"一区两片"的发展格局。其中，A区规划面积1.5平方千米，着力发展研发设计、检测维修、医药健康、新一代信息技术、智能制造、展览展示等产业，打造研发设计中心和检测维修中心；B区紧邻通海港区码头，规划面积3.79平方千米，着力发展新能源、跨境电商和现代商贸物流产业，打造加工制造中心、物流分拨中心和销售服务中心。2023年6月，南通综合保税区三期通过现场验收，实现总体封关。

南通综合保税区逐步形成了以通威太阳能为代表的新能源产业，以联亚药业、华祥医药为代表的医药健康产业，以飞昂微电子、阿里巴巴数据中心为代表的新一代信息技术产业；培育发展了以福洛瑞医药研发、飞昂通讯为代表的保税研发业态，以灿达供应链、天猫国际、抖音电商、海晨供应链为代表的跨境电商、国际转口等新业态；承接服务全国500多家企业的保税业务需求，持续释放对外开放新活力。

立足南通，对接上海，融入苏南，跨江越海共赴未来。南通综合保税区在继续做大做强跨境电商、保税研发等优势业态的同时，将进一步拓展保税维修、保税租赁等"保税+"业态，推动业态创新和功能创新；建设具有区域影响力和竞争力的开放阵地，为服务构建新发展格局发挥更大作用。

2023年8月2日，南通综合保税区与智利伊基克自贸区签署自由贸易综合业务合作备忘录，促进中智经贸产业合作新突破。

2023年10月27日，通威高效光伏组件制造基地项目首件组件产品顺利下线，实现当年签约、当年开工、当年投产，再次刷新南通开发区项目建设速度。

南通综合保税区诚邀您共享机遇、共赢未来！

联系地址：江苏省南通市经济技术开发区宏兴路9号能达大厦

联系电话：0513-83596681

北京中关村综合保税区

北京中关村综合保税区位于北京市海淀区温泉镇,是以"研发创新"为特色的综合保税区。2024年4月26日,北京中关村综合保税区顺利通过联合验收组正式验收,具备开关运作条件;8月28日,实现首单货物入区,进入实质性运营阶段。

创新研发主楼

查验中心

电子围网

智能通道

　　北京中关村综合保税区在创新中规划建设，创新是其"显性基因"。一是业态准入创新。探索以"研发创新"为主要特征、以"保税研发"为主要功能的创新发展模式，构建"2+2+N"的保税业务谱系，即：以集成电路和医药健康为核心，人工智能和科技服务为重点，拓展跨境电商、融资租赁、高端软件服务外包等N个保税服务业态。二是政策支持创新。北京中关村综合保税区具有中国（北京）自由贸易试验区、国家服务业扩大开放综合示范区、中关村国家自主创新示范区"四区叠加"政策优势。未来，北京中关村综合保税区将对标国内外先进科技园区，引深特色产业集群，开展区内外联动等制度创新压力测试，打造开放政策，创新"监管沙盒"。三是监管模式创新。首创研发型综合保税区海关创新监管模式，构建"电子围网+智能通道+电子围栏"和"综合保税区数智监管辅助平台"的"3+1"监管体系，打造以嵌入式联网监管为核心、非必要无阻断的海关创新监管模式。

　　未来，中关村综合保税区将立足研发型综合保税区功能定位，优服务、强保障、提效能，打造新质生产力国际合作新平台。

库房

网外综合楼

南宁综合保税区

南宁综合保税区于2015年9月30日获批设立，分两期进行开发建设。一期规划建设面积0.897平方千米，2016年10月18日顺利通过国家验收，2017年4月13日正式封关运作。二期于2023年9月申请调整规划范围，2024年4月26日获批，获批面积1.254平方千米。

一期（自贸片区） 位于中国（广西）自由贸易试验区南宁片区范围内，为中国（南宁）跨境电子商务综合试验区核心区，属于南宁国家加工贸易产业园的重要组成部分，位于广西面向东盟的金融开放门户南宁核心区，是中新南宁国际物流园项目所在地。区内建设有中国—东盟水果交易中心、广西进出口中药材贸易中心等重大项目。

二期（铁路港片区） 位于南宁国际铁路港规划范围内，与南宁国际公路港相邻，距离根竹铁水联运中心（河港）11千米、南宁吴圩国际机场（空港）20千米，具有铁水、公铁、空铁、江海联运的巨大通道优势。同时，二期亦在南宁经济技术开发区范围内，属于自贸区南宁片区协同发展区。区内将打造中国—东盟农产品（包括中药材、水果、生鲜、木材等）集货分拨中心等重大项目。

南宁综合保税区以保税加工、保税物流、跨境电商等为主导业态，除海关特殊监管区政策外，还有中国—东盟产业合作区政策：符合产业定位的企业，2023—2030年，对入驻产业园区的转移产业法人企业，自取得第一笔生产经营收入所属年度起，第1年至第5年免征、第6年至第10年减半征收企业所得税地方分享部分。

南宁综合保税区具备优越的跨境物流条件。一是航空货运航线。截至2023年年底，南宁吴圩国际机场累计开通至越南胡志明、河内，菲律宾马尼拉，泰国曼谷，缅甸仰光，马来西亚吉隆坡，印度尼西亚雅加达，孟加拉国达卡，印度新德里、加尔各答、金奈、孟买，尼泊尔加德满都，巴基斯坦拉合尔、卡拉奇等城市货运航线。二是海运航线。钦州港开通外贸航线42条，其中东盟国家航线36条，实现了东南亚、东北亚主要港口的全覆盖。三是海外仓。截至2023年年

底，南宁综合保税区企业共布局海外仓20个，其中泰国6个、越南5个、马来西亚4个、菲律宾2个、印度尼西亚2个、日本1个。四是中越班列。南宁国际铁路港实施常态化开行中越快速通关班列，每周二、周四和周六固定开行1趟。五是中欧班列。开通了南宁—莫斯科、南宁—阿拉木图、南宁—塔什干3趟

中欧班列。南宁至哈萨克斯坦阿拉木图的中欧(亚)班列，每月2~3列常态化开行。六是中越陆运直通车。南宁—爱店口岸（中国）—峙马口岸（越南）—河内、南宁—东兴/芒街—海防已开通。七是平陆运河。项目起于南宁市横州市西津库区平塘江口，经钦州市灵山县陆屋镇沿钦江进入北部湾，2026年建成后，西部陆海新通道将丰富铁海联运、江海联运等运输形式，为西部地区提供物流运输支撑和产业支撑。

近年来，南宁市积极打造面向东盟和共建"一带一路"国家和地区新能源汽车产业集聚区的重要基地，依托比亚迪电池、多氟多等"链主"企业，高水平建设电池新材料产业园，引进磷酸铁锂、磷酸锰锂等正负极材料和隔膜等电池材料产业项目，延伸发展锂电池电芯、模组装配等电池相关产业，以及电动自行车、机器人、小家电等电池应用产业，培育壮大电池和储能系统、电池材料和辅料等产业集群。东盟地区是广西锂电池产品出口的主要市场，南宁综合保税区可作为集散中心，以多式联运开展锂电池出口。物流渠道方面，海运已开通钦州港至越南胡志明港、海防港等航线；空运可从南宁吴圩国际机场直飞胡志明新山、河内内排等国际机场；公路运输一般从我国友谊关、爱店口岸查验出关后到越南；南宁综合保税区（南宁国际铁路港）正在推进锂电池产品铁路运输出口。

招商联系电话
0771-4898296

广州南沙综合保税区

广州南沙综合保税区位于粤港澳大湾区几何中心，规划面积4.99平方千米，是实施《广州南沙深化面向世界的粤港澳全面合作总体方案》，推动广州南沙深化粤港澳全面合作，打造成为立足湾区、协同港澳、面向世界的重大战略性平台。

大港航优势

广州南沙综合保税区毗邻南沙港区，海陆空铁立体贸易物流枢纽加快形成，具备优良的港航条件。南沙港区已完成大湾区首个全自动化集装箱码头（南沙港区四期）、近洋汽车码头、粮食及通用码头扩建工程等一批港航重点项目，拥有20个5万~20万吨级集装箱泊位（其中6个在广州南沙综合保税区内）、7个3万~7万吨级汽车滚装泊位、9个5万~10万吨级粮食通用泊位和7个万吨级石化能源泊位等货运码头。截至2024年10月，累计开通199条集装箱班轮航线，其中164条外贸航线（年内净增8条），通达全球120多个国家和地区的310多个港口。江海联运开通73条集装箱驳船支线覆盖珠三角主要货运区域，以南沙港区为枢纽的"湾区一港通"覆盖17个珠江内河港口。海铁联运实现常态化运营，2024年1月至10月累计完成35.9万标箱。2024年1月至10月开行18列中欧班列。

业务持续创新发展

经历十余年发展，广州南沙综合保税区集聚了一批重点供应链企业，成为南沙构建现代化产业体系的重要支撑平台。2021年至2023年，连续3年在全国综合保税区（含其他特殊区域）发展绩效评估中保持全国A类。2023年，广州南沙综合保税区进出口1 166.8亿元，有效支撑了南沙外贸高质量发展。

跨境电商。南沙建有3个跨境电商BC监管场站、5个跨境电商产业园、超200万平方米仓储设施，为南沙跨境电商产业发展提供充足的承载空间。仓库已进行智能化改造，配备自动化货架、包裹分拣机、传送线与自动集货机械手，形成自动化作业场景，大大提高了跨境电商仓库利用率和仓储作业效率。

集拼分拨。利用综合保税区内便利开展国际集拼分拨业务的优势，已开展海运出口集拼业务、中欧和中亚班列集拼业务。推动海关创新"1+N"保税监管模式，已形成优品分拨中心、美酒美食分拨中心、工程塑料、生物医药等物流分拨项目，物流集聚效应逐渐增强。

汽车贸易枢纽。利用汽车平行进口试点及综合保税区汽车保税监管优势，落地"汽车保税+展示"政策，打通南沙汽车口岸业务，吸引汽车外贸航线挂靠，逐步提升南沙在汽车国际贸易链条的知名度，加快完善南沙口岸二手车登记服务站功能，支持企业拓展汽车出口业务。

持续丰富综合保税区业务。落地汽车、艺术品保税展示，开展增值税一般纳税人资格试点政策，持续拓展飞机融资租赁业务规模，推动保税维修从低附加值货物向高附加值货物转型。

上饶综合保税区
Shangrao Comprehensive Bonded Zone

上饶综合保税区于2023年6月获批设立，是江西省第5个获批的综合保税区，也是上饶市继中国（上饶）跨境电子商务综合试验区后又一个开放平台，填补了上饶市对外开放平台建设的一项空白。上饶综合保税区正展开腾飞的双翼，打造国内国际双循环的产业发展新高地，形成全方位、多层次、宽领域的开放合作格局。

区位优越、四通八达。 上饶市位于赣浙闽皖四省交界处，为江西内陆开放东门户，东邻浙江省与衢州市毗连，南隔武夷山脉与福建省南平市接壤，西滨鄱阳湖与省会南昌市相望，北接安徽省与黄山市相依，因扼闽、浙、赣、皖要冲，成为"豫章第一门户"，历来享有"富饶之洲""信美之郡"的美誉。

上饶交通优势明显，被定位为"全国性综合交通枢纽"，高铁直达28个省会城市，多条高速公路穿境而过，三清山机场可直通北京、深圳、广州、成都、西安等16座城市。上饶综合保税区距上饶国际陆港13千米，距三清山机场15千米，距上饶高铁站30千米，铁路、公路、航空三位一体，形成"铁公机"立体交通网络、3小时交通圈，全线覆盖长三角经济圈、海西经济区、鄱阳湖生态经济区。

聚焦产业集群，厚植营商沃土。 上饶综合保税区所在的上饶经济技术开发区是光伏新能源产业基地、光伏产业基地和省级战略性新兴产业集聚区，是全省"千亿园区"。2023年，上饶市电动载人汽车、太阳能电池、锂电池"新三样"出口344.9亿元，占全省"新三样"出口总值的四分之三，荣登中国外贸百强城市榜单第39名，列全省第一、中部第九。

上饶综合保税区将设置综合服务区、查验区、保税物流区、保税加工区、创新服务功能区，以保税加工功能为主导，以保税物流功能为支撑，以保税服务功能为配套，并拓展研发、跨境电商等创新服务功能，向产业依托型综合保税区发展。上饶综合保税区充分融合优惠政策、营商环境、物流通道等优势，凝聚发展合力，建立多元配套服务体系，打造一体化开放、创新、孵化平台。

开放上饶，走向世界。 综合保税区是上饶这个内陆城市对外开放和外贸优化升级的重要载体，上饶综合保税区的设立将进一步助力上饶高水平建设内陆对外开放经济新高地，有力地注入新的载体补充力量。在新一轮发展热潮中，上饶综合保税区将充分发挥保税、免税、退税等特殊功能，服务上饶大产业集群建设，深耕城市发展新未来；立足上饶，面向长三角，通达全球，放眼世界。

宜昌综合保税区

  宜昌综合保税区于2020年1月9日获批设立，2021年3月22日正式封关运作。园区规划面积1.39平方千米，其中围网内面积1.29平方千米，预留产业园地约73.3万平方米；已建成40万平方米标准化厂房和10万平方米综合服务大楼、海关监管设施及配套项目，已实现光伏发电全覆盖。宜昌综合保税区与国家高新区、自由贸易试验区、跨境电商综合实验区"四区叠加"，具有政策优惠、功能配套、要素保障等天然优势。

  宜昌综合保税区已基本形成"钙、鱼、油、蛋"产业链，紧盯生物医药、食品、新能源、新材料等重点领域，面向国内外发达区域、优势产业开展招商。2023年，湖北地市州首家跨境电商线下自提店宜昌C6跨境购累计完成一线进口货物3 047.01万元，单日交易额最高超过50万元，建成并运营"宜荆荆"首个跨境电商国际直播基地，成功链接抖音国际版、Facebook等国际平台，顺利实现"宜货出海"。

下一步，宜昌综合保税区将加强与自贸片区、三峡保税物流中心、跨境电商综合试验区等开放平台协同发展，实行制度创新共推、开放平台共享、产业发展共抓、要素资源共用、发展平台共建；加强危险品保税仓储运营，积极谋划大宗粮油国际贸易项目，全力打造"自贸+保税"整体开放、协调发展新格局；加快对接西部陆海新通道、承接国际通道运营、国际贸易数字化平台建设等市级战略有序实施；加快谋划建设综合保税区、跨境电商产业园生产生活配套设施，不断发展新型贸易业态。

东莞虎门港综合保税区

东莞虎门港综合保税区于2018年10月获批设立,是东莞市唯一的综合保税区,2019年12月26日顺利通过验收,2020年5月1日正式封关运作。

经济发展

2023年,东莞虎门港综合保税区累计进出区货值2 070.62亿元,同比下降2.27%,其中实际进出境(一线)货值1 149.18亿元,同比增长20.6%。

区域优势

东莞虎门港综合保税区位于粤港澳大湾区几何中心,具备优越便利的交通优势。虎门大桥、南沙大桥、广深港铁路、莞惠城际铁路加上在建的狮子洋通道与广深高速、广深沿江高速、穗深城轨形成"五横三纵"的交通网络体系。东莞虎门港综合保税区半小时可达南沙、前海自贸片区,1小时内可达香港国际机场、深圳宝安国际机场及广州白云国际机场,"1小时经济圈"涵盖大湾区主要城市。

地址:广东省东莞市沙田镇港口大道沙田段668号保税大厦　　联系电话:0769-88662865

东莞虎门港综合保税区西邻国家一类口岸东莞港，与其主港区直线距离300米，形成政策、资源、产业和功能的"区港联动"互补优势。

东莞港已建成6个5万~7万吨级深水泊位及11个驳船泊位，岸线总长度约3 200米，在建3个10万吨级泊位；累计开通航线11条，年吞吐能力达320万标箱。内贸航线覆盖渤海湾地区、长三角地区、西南沿海地区；外贸近洋航线可直达中国台湾、越南、马来西亚、印度尼西亚、澳大利亚、新西兰等国家或地区的港口；外贸远洋航线可挂靠欧洲、地中海、俄罗斯、加拿大、美国等国家和地区。

坐落于东莞虎门港综合保税区的香港国际机场东莞空港中心项目（先导区）横跨内地与香港两大关贸区，在硬件联通、软件衔接、机制对接等方面进行了大胆突破创新，为进一步深化粤港澳大湾区合作打造了创新合作的示范样板，是粤港澳大湾区建设深入推进的具有里程碑意义的成果。与传统陆运模式相比，空港中心模式提供了更加便捷高效的出口路径，据企业反映，空港中心最快15个小时内完成打板、清关、安检、装船、装机发运等全部环节，助力企业物流成本降低30%、时效提升20%，有效增强了产业竞争力，助力大湾区产业升级。

通过与东莞港"区港联动"，高效利用内外贸班轮、"湾区快线"城际快速驳船和东莞石龙火车站中欧班列以及香港国际机场东莞空港中心，东莞虎门港综合保税区及附近港区已初步构建"海陆空铁"现代综合立体交通网络。货物可从东莞虎门港综合保税区出发，实现海陆空铁多式联运，快速通达全球。

壮阔东方潮，奋进新时代！

东莞虎门港综合保税区将以开放为前提、招商为核心、创新为保障，立足湾区，服务全球！

中国（上海）自由贸易试验区保税区域

中国（上海）自由贸易试验区保税区域，涵盖上海外高桥保税区、上海外高桥港综合保税区（原外高桥保税物流园区）、上海浦东机场综合保税区3个海关特殊监管区域，规划面积14.62平方千米，位于中国的长江入海口、东海之滨100多千米的黄金海岸线上，是我国自由贸易试验区的策源地，承担着为深化改革探索新路径、积累新经验的重要战略使命。

30多年来，这片区域以外高桥保税区为起点，以中国（上海）自由贸易试验区建设为契机，始终挺立在中国改革开放前沿，用改革开放创新演绎了外高桥的探索实践。

2023年，保税区管理局坚持稳中求进工作总基调，加大产业培育和科技创新力度，不断发掘区域发展新动能，经济运行稳中有升，表现出较强韧性，区域高质量发展水平进一步提升。年内，保税区域投资企业完成经营总收入2.47万亿元、进出口总额1.16万亿元，贡献税务部门税收858亿元，投资企业年末从业人员27.4万人。

深圳坪山综合保税区

深圳坪山综合保税区由原广东深圳出口加工区转型升级而来，于2020年5月24日获批设立，规划面积1.91平方千米，2021年6月23日顺利通过封关验收。深圳坪山综合保税区地处深圳东部中心，临近盐田港与深港东部边界的莲塘-香园围口岸，在深港跨境交通"东进东出、西进西出"格局下，区位比较优势突出，进出境交通便利快捷。经坪盐通道20分钟可直抵盐田港，东部过境高速35分钟可达莲塘口岸，南坪快速、深海高速50分钟可到达皇岗口岸，70分钟抵达深圳宝安国际机场，100分钟可抵达香港国际机场。

深圳坪山综合保税区与区外产业联动发展优势突出，位于坪山高新区范围内，部分区域也被纳入深圳坪山第三代半导体新兴产业集聚区，创新发展拥有厚实的产业基础。

深圳坪山综合保税区将继续对标一流，围绕服务粤港澳大湾区、中国特色社会主义先行示范区"双区"建设，积极发挥比较优势，努力实施政策创新，持续优化营商环境，围绕坪山区"创新药""智能车""中国芯"三大主导产业，促进区内业态与区外产业深度融合发展，从"两头在外、大进大出"的传统制造业及传统物流向为支撑"20+8"战略性产业高质量发展的服务业转型。打造IC产品物流分拨集聚区、IC产品保税研发集聚区、先进制造及IC芯片检测集聚区等，提升园区对深圳高新技术产业的配套服务作用，助推深圳发展更高层次的开放型经济、形成全面深化改革开放新格局。

深圳坪山综合保税区南门

监控指挥中心

园区地址：深圳市坪山区商务局　　　联系电话：0755-89999784　89999785

深圳盐田综合保税区

深圳盐田综合保税区是深圳市首个综合保税区，总规划面积1.54平方千米，已建成并投入使用的载体面积逾150万平方米，待发展产业用地面积约0.37平方千米。

园区地处粤港澳大湾区核心城市，与天然深水良港盐田港以专用"绿色通道"连通，已率先实现港一区一城深度联动免预约全天候全链条运作，双线货运通道周一至周日"7x24小时"通行。

园区仓储物流、商贸服务、保税维修等特色化产业集聚，功能完备，以保税物流、保税贸易、保税服务和保税加工制造为核心的产业基础坚实。

未来，深圳盐田综合保税区将抢抓盐田纳入中国（广东）自由贸易试验区联动发展区机遇，对标高水平开放高质量发展要求，招引多元化、规模化物流总部企业进驻，大力推动保税检测维修、冷链物流、跨境电商、保税展示交易、国际中转集拼、研发设计、供应链金融、保税融资租赁等保税新业态发展。

中国(辽宁)自由贸易试验区大连片区

　　大连保税区于1992年5月获批设立，规划面积1.25平方千米，是我国最早成立的保税区之一，位于金普新区核心区域，城市配套功能完善，主要发展保税仓储物流、加工贸易等产业，区内已有近铁物流、东芝机车、康德玛科技等重点企业入驻。

　　大连湾里综合保税区于2020年5月由大连出口加工区转型升级而成，规划面积2.33平方千米，区内配套设施完善，加工制造产业基础较好，重点发展保税加工制造、研发设计、跨境电商等产业，区内已有英特尔、爱思开海力士、海尔、爱丽思生活等企业入驻。

　　大连大窑湾综合保税区于2020年8月由大窑湾保税港区转型升级而成，规划面积1.82平方千米，毗邻大窑湾集装箱码头、汽车码头，具有发展通道经济的区位优势，重点发展保税仓储物流、保税融资租赁、国际贸易等产业，区内已有毅都冷链、普冷獐子岛、集发物流等企业入驻。

九江综合保税区

九江综合保税区位于"江西省北大门""三江之口、七省通衢"的魅力城市——九江，于2018年9月4日获批设立，2019年11月11日正式封关运作，是江西省唯一一个通港型综合保税区。

九江综合保税区交通区位优势显著，距离九江港（已获批进口肉类指定口岸、进境粮食指定口岸、进境水果指定口岸）6千米、赛城湖高速收费站10千米、高铁新区15千米、庐山机场28千米、昌北国际机场90千米，设有综合保税区货运编组站的城西港区铁路专用线已通车，可实现陆、空、铁、水多式联运。

九江综合保税区总规划面积1.81平方千米，区内已实现"七通一平"，45万平方米高标准厂房、7万平方米高端保税仓库、监管仓库、验货场地等设施一应俱全。监管服务大楼内各类监管部门及服务类企业均已入驻，企业可足不出区"一站式"办结通关手续。周边配套设施完善，东侧的综合配套区为九江综合保税区配套一流的商务区、生活区、生产配套区，附近学校、大型市场、商业等社会设施完善，周边TCL、艾美特、生益科技等一大批现代企业林立。

九江综合保税区作为全省开放升级、创新试点的重要阵地，被授予中国（九江）跨境电子商务综合试验区综保区产业园。同时，为便于区内企业拓展国内国际两个市场，九江综合保税区已完成相关备案，开展增值税一般纳税人资格试点，实现企业内外贸一体化。

九江综合保税区按照"境内关外，高度放开，区港联动，协调发展"的业务模式，重点支持电子电器、高端装备制造、新能源新材料、节能环保及新能源汽车等加工制造业，保税仓储、进口分拨、出口集拼等现代物流服务业，以及跨境电商、保税检测维修、保税研发等各类新兴业态。同时，九江综合保税区与上港集团九江港务有限公司达成战略合作协议，充分结合九江综合保税区的政策功能及港口的资源优势，努力建设成为全省领先、辐射长江经济带、对接共建"一带一路"倡议的现代综合保税区。

九江综合保税区热情欢迎海内外客商垂询，共谋发展！

地址：江西省九江市经开区港城大道200号九江综合保税区
联系人：张亮　　　　电话：13979278681
办公电话：0792-7138810

东营综合保税区

东营综合保税区于2015年5月获批设立，规划围网面积2.12平方千米。分两期建设，一期1.42平方千米于2016年12月底封关运作，二期0.70平方千米于2020年12月通过验收。

东营综合保税区地处胜利油田所在地，位于鲁北高端石化产业基地核心区——东营港经济开发区内，拥有总投资50亿元的10万吨级内外航道工程和4个10万吨级原油液化品码头，年货物吞吐量突破7 000万吨，计划2025年建成亿吨大港。东营综合保税区内已建成15栋共14.3万平方米的标准化厂房、5栋共7.5万平方米的保税仓库，布局了装备制造、黄金珠宝加工、食用油、葡萄酒分装和冷链物流等22个产业项目。依托东营港开发区产业基础、港口资源和综合保税区功能政策，以"一平台一中心三功能区"为载体，聚力打造跨境电商产业园。发挥国有公司功能作用，结合腹地主导产业，培育百亿级供应链金融服务平台。利用综合保税区租赁贸易功能政策服务腹地企业设备采购业务，打造石油装备保税维修及检测基地，帮助企业联通国内生产、国外作业、国内维修等业务通道，形成闭环产业链，打造以国内设备生产为主体的大循环、国外设备作业与综合保税区维修保障为主的国内国际双循环的产业生态，服务东营市主导产业发展。

东营综合保税区竭诚欢迎国内外投资者来园区参观考察、投资兴业。

联系地址：东营市东营港经济开发区港城路15号
网　　址：http://www.dyftz.gov.cn
联系电话：0546-8019958
公众号：东营综合保税区

杭州综合保税区

【概况】2023年,杭州综合保税区规模以上工业总产值109.17亿元,同比增长3.4%;规模以上工业企业累计实现利润总额5.27亿元,同比增长34%;实现税收总额21.84亿元,同比下降13.8%;实现货物进出口总值235.71亿元,同比下降7.7%;全年跨境零售进口额79亿元,同比增长22.6%。在2023年发布的2022年度全国综合保税区(含其他特殊区域)发展绩效评估中,杭州综合保税区在138个海关特殊监管区域中获得全国第24名和浙江省第2名的成绩。

【开展跨关区退货试点工作】探索跨境电商跨关区业务创新模式试点。以2023年9月20日全国唯一跨境电商网购保税零售进口商品跨关区退货试点资质顺利走通首单并在国家级媒体刊登,标志着下沙园区在全国率先打破了跨境电商网购保税零售进口商品"原进原出"的退货模式,实现跨关区退货业务新模式试点启动。自2023年9月20日跨关区退货试点启动以来,至2023年12月底共验放跨关区退货商品16 817件,货值492.62万元。

【探索海关特殊监管区域进境木质包装检疫监管新模式】探索海关特殊监管区域进境木质包装检疫监管新模式,坚持以企业需求为导向,迅速探索在杭州综合保税区内实施该"新模式",于2023年6月9日完成"长三角海关特殊监管区域进境货物木质包装检疫监管新模式"首单测试。实现辖区企业全覆盖,并列入浙江省"地瓜经济"提能升级"一号开放工程"创新试点清单。"长三角海关特殊监管区域进境货物木质包装检疫监管新模式"首单测试。实现辖区企业全覆盖,并列入浙江省"地瓜经济"提能升级"一号开放工程"创新试点清单。

如皋港保税物流中心（B型）

　　如皋港保税物流中心（B型）由如皋市政府全资国有企业如皋市交通产业集团有限公司旗下江苏恒盛物流有限公司投资建设，于2016年7月正式开关运营，与苏中国际集装箱码头相邻而建。如皋港保税物流中心（B型）已建成仓库8万平方米、堆场5万平方米，已开通"区港联动"及"分送集报"模式，通关效率高、成本低。2024年1月至7月，累计进出口监管货值68 771万元、进出口货运量84 586.55吨，实现通关票数4 109票。

　　经过几年的发展，如皋港保税物流中心（B型）已逐渐成为长江流域大型的进口船用润滑油集散基地、华东地区大型的进口红酒贸易中心，规模效应逐步增强，是苏中地区乃至华东地区竞争力强的B型保税物流中心。

区港联动一体化

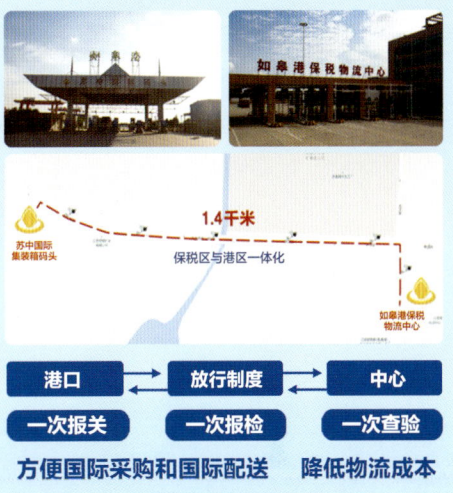

港口 ↔ 放行制度 ↔ 中心
一次报关　一次报检　一次查验
方便国际采购和国际配送　降低物流成本

西安关中综合保税区A区
Xi'an Guanzhong Comprehensive Bonded Zone Zone A

西安关中综合保税区A区的前身陕西西安出口加工区于2002年6月获批设立，2004年4月正式封关运作，2020年5月获批整合升级为西安关中综合保税区，2021年10月通过验收，开发面积0.75平方千米。

截至2023年年底，累计入驻企业65家，其中包括英国罗尔斯·罗易斯等外商投资企业，以及西航莱特、庆安航空、龙腾半导体、赛隆增材、华欧精密等国内知名企业；形成以航空零部件制造为主，以半导体芯片、3D金属打印等研发生产和仓储物流、服务贸易为辅的产业格局。在2023年发布的2022年度全国综合保税区（含其他特殊区域）发展绩效评估中，西安关中综合保税区在138家综合保税区中排名第46位。

西安关中综合保税区A区将依托陕西及西安地区的产业优势，着力发展拥有高附加值与自有知识产权的高端装备制造业，形成上下游配套完善的产业链，不断探索研发、检测等产业发展，提升具有内陆特色和规模的服务贸易产业水平。与此同时，积极进行产业结构调整升级、转型，实现加工制造与服务贸易并重发展、加工贸易由规模速度型向质量效益型转变。

航空企业 Aviation Industry

半导体产业 Semiconductor Industry

保税物流 Bonded Logistics

检验检测 Inspection and Detection

联 系 人：赵永龙
联系电话：029-86531019、17788039502

烟台综合保税区西区

烟台综合保税区西区的前身为烟台出口加工区B区，于2003年9月获批成立，2010年转型为烟台保税港区，2020年7月升级为综合保税区。园区总规划面积2.26平方千米，竣工厂房面积130余万平方米，保税物流仓储库房7万平方米，重点发展高端制造、保税仓储分拨、跨境电商、检测维修等业务，先后被认定为山东省跨境电商产业聚集区、山东省重点现代服务业园区和烟台市现代服务业集聚区。截至2023年年底，区内有富士康、万华电子材料、联测优特、朗越储运等各类企业200余家，年内实现进出口总额910亿元。

梅特勒—托利多新一代数字式汽车衡
高准确度、高可靠性为物流提供可靠的称重解决方案

VTS/VTC系列电子汽车衡是梅特勒—托利多在多年生产正交各向异性闭口肋U形钢汽车衡的基础上全新开发的第三代多个系列产品，可以广泛应用于港口、物流等各类称重场合。

灵活的产品组合，选型丰富

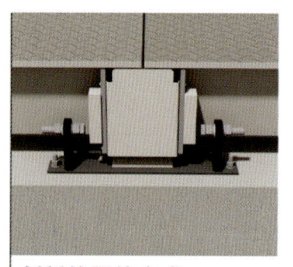

创新的限位方式，维护方便

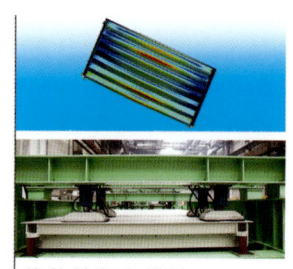

优化的秤台设计，坚固耐用

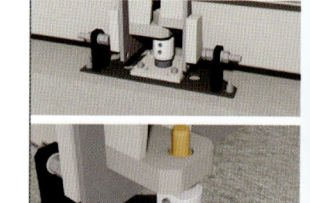

可靠的链接结构，安装快速

扫描二维码
免费设备体验

车辆衡业主需要最大限度地缩短停机时间，以确保业务正常运营。这就是梅特勒—托利多为所有结构和型号的车辆衡提供新的健康检查服务的初衷。

简单填写杂志广告问卷调查，前100名反馈者即有机会获得精美礼品一份！
扫码赢大礼

访问网站或拨打服务热线，了解更多信息。
▶ www.mt.com/cn-Magazine
☎ 4008-878-788

官方微信 MT-Official

METTLER TOLEDO

武进综合保税区
Wujin Free Trade Zone

武进综合保税区的建设以武进国家高新区为依托，坚持以"高起点规划、高标准管理、高水平服务"为建设目的，并引进先进的开发和管理模式，争取迈入全国一流综合保税区行列。武进综合保税区原批准面积为1.15平方千米，原实际围网验收面积为1.08平方千米；于2018年6月5日获批规划面积核减至0.95平方千米，实际围网面积核减至0.88平方千米。

2023年，武进综合保税区克服国际物流成本飙升等不利因素带来的影响，全力稳外贸、保增长、解难题、促发展。武进综合保税区全年累计实现外贸进出口7.06亿美元，完成工业总产值85.76亿元。在年内发布的2022年度全国综合保税区(含其他特殊区域)发展绩效评估中，武进综合保税区为B类。

区内企业在武进全区外贸进出口中的主体作用日益凸显，综合保税区功能平台对周边的辐射带动作用不断增强。区内4家企业位列武进全区进出口企业前20强，进出口额占武进区前20强企业进出口总额的20.11%，其中进口额占到了前20强企业进口总额的35.24%。

武进综合保税区为企业提供"海事异地监装"特色服务，实现外贸进出口1.57亿元；提供"分类监管"业务服务，实现进区非保税货物1.65亿元、进区保税货物1595万美元。

武进综合保税区位于武进国家高新技术产业开发区，东至凤林路、南至武进大道、西至淹城路、北至阳湖路，紧邻沿江高速、常泰高速和上海虹桥、浦东国际机场，上海港口及南京禄口机场均在1~2小时车程范围内。

联系电话 **0519-86221203**

联系人：干泽幸　传真：0519-86221200

昆山综合保税区

昆山综合保税区是由全国首个封关运作的昆山出口加工区于2009年转型升级而来,规划面积5.86平方千米,集聚了175家企业。2023年,昆山综合保税区实现工业产值3 562.8亿元,占全市的31.2%;进出口553.33亿美元,占全市的51.3%。

昆山综合保税区拥有电子信息和咖啡产业两大特色产业。电子信息产业已构建起庞大的千亿规模集群,汇聚了众多加工贸易企业,成为戴尔、惠普、联想、苹果等品牌产品的重要制造基地。擦亮"国际咖啡产业之都"城市新"名片",昆山综合保税区正加速构建一条集生豆贸易、平台交易、研发烘焙、品牌销售于一体的咖啡全产业链。

昆山综合保税区积极布局谋划未来产业发展蓝图,抢抓"国家进口贸易促进创新示范区"等政策机遇,推动先进制造业与现代服务业深度融合,在聚焦加工制造、研发设计、物流分拨、检测维修、销售服务"五大中心"建设的基础上,提出建设服务贸易"五大中心",着力打造大宗商品交易中心、智能终端销售服务中心、电子产品分拨中心、新兴技术转移中心和特色商品展示中心。

国际咖啡产业之都

瑞幸咖啡

昆山综合保税区鸟瞰

吴中综合保税区

　　吴中综合保税区位于苏州吴中经济技术开发区东南片区，规划面积0.94平方千米。截至2023年年底，围网监管区内注册企业42家，其中物流仓储企业30家、生产型企业12家，行业类别主要是电子信息、医疗器械、新材料等。

　　吴中综合保税区围网区内及周边建有物流仓储区、商务总部区、行政办公区、生活配套区等完善的配套设施和高质量的产业载体，载体面积共计约80万平方米，与紧邻的吴中生物医药产业园、吴淞江科技产业园等新兴产业发展园区共同组成"吴淞江科技城"片区，是吴中经开区大力打造的"一港一城一区"发展格局的重要组成部分，机器人产业、智能制造产业、生物医药产业在此集聚发展。

　　下一步，吴中综合保税区将继续围绕"五大中心"建设方向，突出差异化定位，聚焦加工制造、现代物流、跨境电商持续壮大基础产业，创新拓展研发设计、检测维修、展示销售等现代服务业功能，不断推动综合保税区转型升级和多元化发展。

井冈山综合保税区

井冈山综合保税区的前身为井冈山出口加工区，位于井冈山经济技术开发区内，规划面积0.48平方千米，于2011年3月获批设立，2013年4月封关运作，2020年4月27日获批整合优化为井冈山综合保税区，2021年1月6日通过验收并封关运作，2023年3月获批江西省首批省级跨境电商产业园。

井冈山综合保税区围绕建设赣中地区加工制造中心、保税物流中心、电子产品检测维修基地和跨境电商基地"两中心、两基地"，打造"革命老区开放新引擎、吉安内陆开放桥头堡、园区集约发展示范区、营商环境新高地"。截至2023年年底，区内有20万平方米的标准厂房13栋、2万平方米保税仓库3栋、5 000平方米监管仓库1栋和7 000平方米的查验场地，新建VMI模式仓储中心、综合楼共约5.5万平方米；区内有在册企业56家，其中加工制造类企业11家、跨境电商类企业26家、检测维修类企业5家、保税物流（综合服务）类企业14家。

招商联系：井冈山综合保税区管理局
电话：0796-8406679
邮箱：jgsckjgq@163.com

汕头综合保税区

基本概况

汕头综合保税区位于汕头市中心城区南区，直接管辖用地3.34平方千米（其中圈网面积2.69平方千米），扩围面积4.95平方千米。其前身为1993年1月获批设立的汕头保税区，2020年3月整合升级为汕头综合保税区，是粤东地区现有唯一的海关特殊监管区域，是国内对外开放程度高、运作机制便捷、政策优惠的经济区域之一。汕头综合保税区主要发展保税加工、保税物流、保税服务三大业务；截至2023年年底，有注册企业400多家，涵盖以功能膜、动力设备、生物医药等为主导的加工制造业，以保税仓储、物流分拨、跨境电商等为主导的外贸物流业，以产业孵化、金融服务等为主导的服务业。其中，万顺新材、星辉环材等企业已在深交所上市，后续批企业也正陆续筹备申报上市中。

开放平台建设

2023年，汕头综合保税区做优外贸综合服务，推动汕头－前海数字贸易（跨境电商）产业园建设于12月31日全面完工，至年底已有32家企业签约入驻。深圳保宏全球中心仓出口B2B线上交易平台持续加快建设，助力玩具、纺织服装等地方特色产业"借船出海"。汕头综合保税区建强冷链物流网络，天易冷链、宏辉果蔬等项目全面建成，进境肉类和冰鲜水产品海关指定监管场地已报有关部门复审，年内全区实现外贸进出口总额141.72亿元，其中出口131.99亿元。

外贸新业态发展

2023年，汕头综合保税区拓展外贸新业态，完成跨境电商进出口额91亿元，占全市比重92%。2月24日，汕头保税物流中心获评粤东西北地区唯一的省级跨境电商产业园。跨境电商"前店后仓"模式顺利推广，分别于12月30日和31日在小公园和潮汕机场增开两家跨境免税店。保税研发业务实现零的突破，紫升光电、中纪科技、祈美电子顺利开展保税维修业务，年内全区保税维修出口额同比增长超30倍。

招商引资

2023年，汕头综合保税区充分发挥综保政策、开放平台、临港区位等优势，开展产业链招商，选派年轻干部组建招商小分队常态化驻深招商。截至年底，汕头综合保税区赴深圳、广州、成都、重庆、厦门、上海、赣州、珠海、中山等地开展学习考察和招商引资活动12次，洽谈引进了粤东拼多多全球购、超越纺织、金祥食品等一批优质项目。年内，实现落地项目9个，投资总额15.46亿元。

营商环境

2023年，汕头综合保税区深化落实"一枚印章"管审批，大力整合全区土建规划、环保消防、竣工验收等行政审批事项，推行并联审批，有效简化审批服务流程，提升审批速度。汕头综合保税区全面实施"暖企惠企春风行动"，切实解决企业"出行难""招工难""配套难"等历史遗留问题，共收集辖区内50家企业提出的83项诉求并全部办结。汕头综合保税区落实国家、省、市各项稳企助企政策，于6月20日出台《汕头综合保税区推动2023年高水平开放高质量发展扶持方案》，推动政策直达快享，助力企业加快发展。

西安航空基地综合保税区

西安航空基地综合保税区位于有"中国航空城"之称的西安市阎良区（航空基地），于2018年1月5日获批设立，是我国中西部地区首个以航空制造为发展特色的海关特殊监管区域，近年来在推动高水平对外开放、促进高质量经济发展、打造高品质营商环境等方面成效显著。

西安航空基地综合保税区规划面积1.5平方千米，按计划分两期建设：一期于2019年11月通过国家验收，总面积0.55平方千米；二期于2023年2月通过国家验收，总面积0.95平方千米，总投资约11.1亿元，已建成建筑面积19.5万平方米，包括通关服务中心、7栋标准厂房和3栋仓库、市政道路、巡逻道、围网、信息化系统及配套基础设施等。

西安航空基地综合保税区通过资源整合、制度创新、国际合作和产业聚集，致力于打造全国一流、世界知名的航空产业国际合作园区，为深入推进西部大开发、落实共建"一带一路"倡议、发展西部特色优势产业、实现区域提速发展和超常发展，提供了功能全、开放度高、要素流动和配置便利的新型服务平台和重要载体。

西安航空基地综合保税区竭诚欢迎国内外企业家来访交流、考察洽谈、投资合作，携手构建航空产业新格局，谱写高水平开放新篇章。

地　　址：陕西省西安市阎良区西安航空基地综保路1号　　座机：029-86856805，029-86856617
联系人：刘先生　　传真：029-86855309

宁波前湾综合保税区

宁波前湾综合保税区的前身为浙江慈溪出口加工区，于2005年6月获批设立，2020年4月27日获批转型为综合保税区，封关面积0.71平方千米。园区配套设施完善，地理位置优越，位于上海、杭州、宁波三大都市的"金三角"腹地，一个半小时的交通圈中，同时拥有上海浦东、上海虹桥、杭州萧山和宁波栎社四大空港，宁波、上海两大港口，开展商务活动交通非常便捷。

区内基础设施完善，按照"七通一平"标准配套建设道路、电力、供水、供热、供气、通信、绿化等设施。截至2024年10月底，园区累计完成固定资产投资约16.7亿元，区内厂房和仓库总面积约30万平方米。同时，前湾新区管委会出台了优厚的房租减免和其他政策帮助企业发展。

截至2024年10月底，区内有物流、外贸、跨境电商等活跃企业23家，包括上市公司永强集团户外休闲用品出口集拼中心、美国沛弗埃轴承产品出口集拼中心、香港上市企业兴业铜泰铜材进口分销中心、赛诺韦尔出口集拼中心等一批项目。跨境电商进口业务发展迅猛，宁波前湾综合保税区已成为天猫国际直营大型的国内仓储物流中心，区内跨境电商进口额从2016年的5 000万元增至2023年的53亿元。

上海青浦综合保税区

上海青浦综合保税区的前身为上海青浦出口加工区，于2003年3月获批设立，同年11月封关运作，2018年9月4日获批整合优化为上海青浦综合保税区。2019年9月27日，上海青浦综合保税区通过国家验收，批准面积1.58平方千米。

上海青浦综合保税区地处上海、江苏、浙江的交会点，距离虹桥商务区及虹桥交通枢纽正西8千米，崧泽高架15分钟直达虹桥交通枢纽，周边6条高速公路直达长三角各地市，轨道交通17号线直通市中心，"九通一平"的完善基础设施以及园区优质高效的服务、充足的人才资源、合理的规划、优美的自然环境和人文环境是落户企业在这里成功发展的保障。

上海青浦综合保税区全力落实国家政策、拓展功能、创新监管、优化环境，积极打造和培育以电子材料、汽车零部件、油田勘探设备为基础的加工制造中心，以保税仓储、冷链配送和跨境电子商务为载体的物流分拨中心，以承接中国国际进口博览会溢出效应为抓手的销售服务中心，以飞机发动机维修为特色的检测维修中心，以航空产业为龙头的设计研发中心。

上海青浦综合保税区将以中国国际进口博览会、虹桥国际开放枢纽和长三角生态绿色一体化发展示范区三大国家战略为根本牵引，依据《青浦区促进综合保税区高质量发展实施意见》，围绕"扩功能发展新业务、重招商扩大进出口额增量、优服务加快优质项目落地，强管理提升服务保障能力"四大板块，结合"丝路电商"合作先行区样板区和中国（上海）自由贸易试验区青浦联动创新区两个建设方案，积极落实文件精神，强化综合保税区管理能级，充分发挥综合保税区区位优势和政策优势，进一步加大综合保税区功能、政策宣传力度，以内外贸一体化为重点，加强与区主导产业联动，加速推进引入新质生产力项目，扩大上海青浦综合保税区的规模和质量效应，力争将上海青浦综合保税区打造成为长三角对外开放的引领区、连接国内国际两个市场的新平台、促进全区产业高质量发展和政策创新集成的新高地。

南昌综合保税区

南昌综合保税区于2016年2月获批成立，总规划面积2平方千米，按照"一区两片"的模式运行。其中，高新片区位于南昌高新技术产业开发区内，由原出口加工区升级而成；经开片区地处赣江新区腹地，紧邻南昌昌北国际机场，连接福银高速以及龙头岗国际集装箱码头，形成了水陆空立体交通枢纽，区位和交通优势明显。2023年3月30日，南昌综合保税区整合并入南昌经济技术开发区，有利于进一步发挥国家级平台的融合优势，实现资源、要素、服务的优化配置，推动综合保税区高质量发展。

南昌综合保税区具有开放层次高、功能齐全、政策优惠、运作灵活、通关便捷等特点，是有效对接国内国际两个市场和充分利用两种资源的重要平台。园区主要可开展保税加工、保税仓储、跨境电商、检测维修、研发设计等开放型业务。

承办中西部地区综合保税区交流会议　　外贸综合服务平台

招商热线
0791-86726628

曹妃甸综合保税区

加快构建"1+3+5"产业新格局

作为河北省首个综合保税区，曹妃甸综合保税区于2014年4月18日封关运作，是中国（河北）自由贸易试验区曹妃甸片区的核心区、全省对外开放的重要平台之一。

曹妃甸综合保税区以全国综合保税区发展绩效评估为中心，积极培育保税加工制造、口岸贸易物流、跨境电商3个业态，抓好精准招商、项目建设、产业聚集、创新发展和服务配套5项重点工作，加快构建"1+3+5"产业发展新格局。

围绕保税项目，抓精准招商

重点招引保税加工、保税物流项目，努力提升保税业务进出口值。选优配强招商队伍，加大招商力度，创新招商方式，大力开展市场化专业化招商，瞄准世界500强、中国500强、大型央企、行业领军企业，吸引符合主导产业方向、产业链条全、技术实力强的先进制造业企业、加工贸易企业以及上下游配套企业、外贸综合服务企业向综合保税区集中。

围绕提质增效，抓项目建设

坚持将抓规划落实、谋项目布局及育产业体系作为项目建设工作的重中之重，着力推进重大基础类、健全资质类项目建设，特别是曹控股粮油综合仓储物流、首衡7号8号通用泊位等十亿元以上项目。

围绕"政策解困、问题协调、项目提速、提质增效"，上下联动、横向协调，谋划储备一批重大项目、审批办结一批项目前期手续，全力推进项目建设。

围绕重点业态，抓产业聚集

借助"经开区+自由贸易试验区+综合保税区+跨境电商综试区+进口贸易促进创新示范区"政策叠加优势，积极培育保税加工制造、口岸贸易物流、跨境电商3个业态。重点用好汽车整车、肉类、水果、粮食等口岸资质，不断延伸产业链，做大做优相关保税物流业务。依托区内天猫、菜鸟、拼多多等跨境电商龙头企业加快实现中小企业跨境贸易集聚高地。

围绕转型升级，抓创新发展

发挥政策优势，创新监管举措，二手车出口综合服务新体系正在积极推广中；发展新型业态，探索"保税+"业务，在巩固保税租赁业务基础上，重点推进津港船舶备件保税维修项目落地；提升科创水平，瞄准"新质生产力"，引导区内企业转型升级，鼓励企业积极申报创新资质；创新人才培养机制，加强与高校和科研机构对接，强化区域交流合作，加快推动综合保税区提档升级。

围绕完善功能，抓服务配套

依托RCEP唐山企业服务中心和曹贸通等服务平台，为企业提供更多专业的外贸服务，促进外贸保稳提质。建立跨境电商总部基地，打造集办公、展示、销售、培训、孵化于一体的基地空间，实现跨境电商与网络直播的有效联动。打造集现代商务办公、进口商品展示、商务酒店等功能于一体的金贸广场并推动投入使用。

雄安综合保税区

2023年6月25日，雄安综合保税区获批设立；2024年1月12日，雄安综合保税区一期项目封关运作。

雄安综合保税区位于雄安新区中部，距离北京大兴国际机场95千米、石家庄正定国际机场170千米、天津港175千米、黄骅港250千米，雄安国际物流园区7千米，可通过"四纵两横"高速铁路网、"四纵三横"高速公路网与周边海空港快速互通。2024年1月，天津港在雄安综合保税区设立综合服务中心；2024年4月，黄骅港在雄安综合保税区设立内陆港，实现雄安交通枢纽优势和港口资源优势充分整合。

雄安综合保税区规划总用地面积0.63平方千米，已建成投用的一期项目总建筑面积约3.98万平方米，包含8 400平方米综合办公大楼、4栋共计2.6万平方米保税仓库，以及主卡口、查验监管仓库、检疫处理区等海关专用设施。雄安自贸试验区管委会及雄安海关均已入驻开展业务。

依托"雄安新区+自贸试验区+高新技术开发区+跨境电商综试区"四区叠加政策优势，雄安综合保税区重点发展跨境电商、融资租赁、分拨分销、高端制造等业态，产业支持政策完备，周边创新研发资源丰富，中科院雄安创新研究院等创新载体相继运营，首批疏解4所国家"双一流"高校开工建设，创新研发资源加快集聚，提供良好的人才和技术条件，已初步实现物流分拨和销售服务中心功能。

雄安综合保税区将持续围绕京津冀协同发展战略，聚焦于承接北京非首都功能的有序疏解，成为区域协调发展的重要枢纽，构建保税物流、先进制造、服务贸易三大产业集群，努力打造具有国际竞争力和创新力的海关特殊监管区域。

地址：河北雄安新区雄县朱各庄镇综保路9号（雄安综合保税区）
联系电话：18032252934 （0312）5679679　　联系人：张先生
中国（河北）自由贸易试验区雄安片区网址：http://www.ftz.xiongan.gov.cn/ZM

泉州综合保税区

泉州综合保税区前身为泉州出口加工区，于2005年6月获批设立，2016年1月优化升级为综合保税区。泉州综合保税区是福建省泉州市唯一的海关特殊监管区，是深化共建"一带一路"及福建省海丝先行区建设的重要经贸平台，是服务本地发展对外贸易及推广复制自贸区政策的主要载体。

泉州综合保税区封关面积2.05平方千米，拥有工业、仓储物流储备用地共约107万平方米，建有标准厂房、保税物流仓储中心、跨境电商产业园、跨境电商查验中心等设施，可供出租标准厂房及办公场所约5万平方米，建成新型保税仓储中心项目面积6.3万平方米。

泉州综合保税区借助深化改革契机，融入并强化与福建晋江经济开发区双区联动，实现"全市一区"优势整合，服务本地区集群产业创新升级和海丝商贸高质发展，发展水平稳中有进，在2023年发布的2022年度全国综合保税区（含其他特殊区域）发展绩效评估中综合排名第96位，2023年园区进出口额91.93亿元。泉州综合保税区正在构建以航空保税维修、高端印刷制造、进口酒类交易三大传统特色产业为基础支撑，加快促进跨境电商、保税物流等新兴业态为主导的产业发展体系，基本建成保税业务特色鲜明、保税政策支持有力、保税产业协作互补发展的现代化综合保税区。

武汉新港空港综合保税区 阳逻港园区

武汉新港空港综合保税区阳逻港园区，是武汉新港空港综合保税区"一区两园"中的"水港"功能区，是华中地区、长江中游第一家临港型综合保税区，于2016年3月11日获批设立，总投资39.54亿元，规划面积约0.72平方千米，于2017年8月9日正式封关运作。园区毗邻阳逻国际港、国家铁水联运示范工程一期基地两大口岸，通过区港联动卡口与港区实现互联互通，与高速公路无缝对接，并处在天河、花湖机场中间，依托武汉发达的综合交通体系，辅以湖北港口集团有限公司的两大口岸设施以及汉欧、汉亚等国际物流通道，物流条件十分优越，国际物流集拼、分拨空间非常广阔，具备建设国内国际双循环重要节点的基础条件，可以大力发展口岸经济、枢纽经济。

园区内有保税库、分类监管库、跨境电商监管库和海关查验库、国际货物集散中心共计建筑面积约7万平方米，货运场站15万平方米；粮食加工项目年产能80万吨；规划建设湖北港口国际商贸物流中心，包含仓库区、加工区，总建筑面积超过17万平方米。正在建设的国际商贸物流中心多功能库项目占地约4万平方米，包括两栋双层丙一仓库，其中1栋为恒温库。

园区经营主体武汉新港阳逻保税园区开发管理有限公司（以下简称"阳逻保税园"）为国家4A级物流企业、国家4星级冷链物流企业，具备对外贸易经营、进出口收发货人、报关、国际货代、国际船代和无船承运人等经营资质。2022年，园区先后被认定为省级跨境电商产业园和市级进口商品集散中心。

阳逻保税园运营的湖北省首家进口肉类指定监管场所占地4.1万平方米，由信息化卡口、查验冷库、配套冷库及附属冷获箱堆场组成，其中冷库总建筑面积16 816平方米、总库容13.8万立方米、年周转能力达30万吨以上。

阳逻保税园坚持以市场为导向，为客户提供全方位、一体化省心、省钱、省时的优质服务。园区仓库、堆场、商务办公空间及专业服务团队，能充分满足入驻企业各类不同业务的服务需求。园区主要业态包括：仓储物流，保税加工、国际集拼、跨境电商、冷链物流、国际贸易、检测维修等。

下一步，阳逻保税园将继续对标国内一流，充分利用"区港一体化"核心优势，努力将园区打造成为国内国际双循环融合发展的重要枢纽，大宗商品加工基地和国际物流生态基地，以及跨境电商集聚中心、冷链食品交易中心、先进业态创新中心。

国际货物集散中心

冷库

海关查验库

堆场

武汉新港空港综合保税区阳逻港园区
Wuhan New Port and Airport Comprehensive Bonded Zone - Yangluo Port Park

广西凭祥综合保税区

【开发建设】 广西凭祥综合保税区依托友谊关口岸而建，与越南相连，于2008年12月19日获批设立，是我国获批成立的第4家综合保税区、第1个具有跨境合作背景的综合保税区，具有口岸作业、保税物流、保税加工和国际贸易四大功能。一期1.01平方千米，于2011年9月30日封关运作，形成了现代物流、保税物流、跨境电商、加工贸易等特色产业集群，先后荣获"国家级示范物流园区""全国优秀物流园区""广西首批现代服务业集聚区"等多个荣誉。

【投资环境】 广西凭祥综合保税区地处西部陆海新通道、中国—中南半岛经济走廊、中越"两廊一圈"等国家战略交会处，位居广西连通越南河内"两小时经济圈"的中心点，区内企业可以通过便捷物流优化资源配置，实现"境内前端制造+境外终端组装"的跨境产业合作布局，极大降低物流和要素配置成本。2023年，广西凭祥综合保税区成为广西凭祥沿边产业园区的重要组成部分，享受国家对沿边临港产业园的各项支持政策。此外，叠加享受中国（广西）自由贸易试验区崇左片区、凭祥重点开发开放试验区等平台优惠政策。

【经济发展】 广西凭祥综合保税区重点发展电子信息、东盟特色产品加工、商贸物流、跨境电商等产业，先后引进400多家企业入驻发展。广西凭祥综合保税区深化改革创新，打造首个"陆路口岸一站式边检快捷通关系统"，创新"一次备案+快检快通"无接触通关模式；创新实施"分层查验+承诺提离"模式；试点"一费制"改革，实现了"一窗一次收费"。2023年，保税物流进出口额达1 273.3亿元，占广西外贸进出口额的18.35%；跨境电商交易额39.51亿元，同比增长56.04%。广西凭祥综合保税区对外贸易额在全国综合保税区中排第13位，在广西5个综合保税区中排第1位，助推崇左市外贸进出口总额连续15年、出口总额连续17年稳居全区第一，连续9年入围"中国外贸百强城市"。

凭祥产业园规划馆

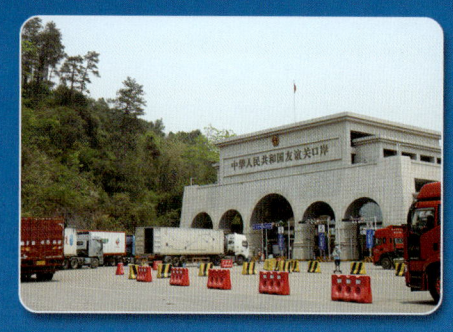

友谊关口岸

凭祥物流园

广西凭祥综合保税区

联系地址：广西凭祥市夏石镇产业大道凭祥产业园规划馆

招商热线
0771-8587688

青岛空港综合保税区

　　青岛空港综合保税区于2022年2月24日获批设立，成为全国第156个、山东省第14个、青岛市第5个综合保税区，规划面积1.44平方千米，位于青岛胶东国际机场西北侧，毗邻胶州北站高铁站、机场高速机场下道口、青银高速马店下道口。青岛空港综合保税区围网外即为青岛胶东临空经济示范区，产业基础扎实、配套能力较强，可实现网内网外联动发展。

　　作为全省首个空港海关特殊监管区域，2023年8月28日，青岛空港综合保税区正式开关运行。截止2024年1月12日，青岛空港综合保税区累计实现外贸进出口额36.4亿元，货物进出区30万吨，创造企业营收3.1亿元。

　　放大优势，打造区域对外开放新引擎。 推动区港联动，前置机场部分口岸功能，助力网内网外联动发展，提升企业空运货物运转效率，实现了综合保税区与空港之间"无缝隙对接"。

　　政策赋能，助推生产要素"软联通"。 挂牌运行前置货站、"一票多车"政策、优化企业注册、账册设立、货物通关等举措为青岛胶东临空经济示范区人流、物流、资金流等生产要素便捷高效流动增添新动力。

　　协同发力，与空港型国家物流枢纽互为补充。 在空港型国家物流枢纽的品牌外溢效应下，积极打造RCEP衔接上合组织的贸易枢纽、东北亚地区面向全球的要素配置中心。

　　创新驱动，助力上合示范区不断扩能。 发挥青岛海运、空运传统优势，开通日韩/北美—青岛空港综合保税区—新疆等地综合保税区海陆空多式联运模式，实现保税物流跨越式发展，打造面向上合—中亚、日韩—北美的贸易大通道。

　　下一步，青岛空港综合保税区将充分发挥"保税+口岸+临空经济+上合示范"叠加优势，通过与机场口岸的联动发展，进一步提升园区通关便利化、贸易便利化水平，全力打造综合保税区及配套区政策洼地。

武汉东湖综合保税区

武汉东湖综合保税区于2011年8月获批设立，是湖北省首家综合保税区、武汉东湖国家自主创新示范区和中国（湖北）自由贸易试验区武汉片区"双自联动"核心区，规划面积5.41平方千米。

自成立以来，武汉东湖综合保税区大力推动"光芯屏端网"全产业链发展，不断壮大以光电子信息为主导的产业规模；依托生物材料和特殊物品进出口公共服务平台，加速生物医药企业集聚，打造中部地区药品进出口分拨中心；引进行业头部跨境贸易主体及外贸综合服务平台，促进数字贸易业务发展，形成大宗商品、跨境电商、一般贸易融合发展的外贸生态体系。

近年，武汉东湖综合保税区搭建创新平台，助力产业提档升级。建设的湖北省首家生物材料和特殊物品进出口公共服务平台，为生物材料和特殊物品进出口提供审批、通关、报检、查验等一站式服务，大幅提升企业通关效率。东湖陆港光谷货站入选国家综合货运枢纽补链强链项目，正加快推进与亚洲第一专业货运枢纽、航空物流国际口岸——鄂州花湖国际机场，中部首家4F级民用国际机场——武汉天河国际机场安检互认工作，"两场一站"互联互通将实现机场口岸服务前移至综合保税区，助力企业增效降本。

2023年，武汉东湖综合保税区全年实现进出口总额402亿元，同比增长27.3%。

招商电话
027-86639389

石家庄综合保税区

石家庄综合保税区于2014年9月15日获批设立，规划面积2.86平方千米（围网面积2.49平方千米），2016年4月通过验收并封关运作，2017年正式开展通关业务。

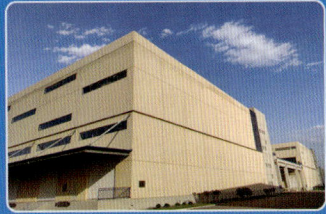

石家庄综合保税区重点发展航空产业、生物医药、现代物流、先进装备制造四大产业体系，统筹利用国内国际两个市场两种资源，发挥海关特殊监管区政策功能作用，坚持对外开放，加快创新升级，着力打造河北省会对外开放新高地。

口岸功能逐步完善——2022年9月1日，获批增设石家庄航空口岸为药品进口口岸。区内企业港通物流公司已筛选进口药品，并于2022年10月25日实现首单药品进口通关业务，彻底结束了全省只有进口药需、没有药品进口的历史。2023年3月9日，石家庄国际邮件互换局正式通过验收；12月1日国际邮件互换局正式运营后，省内出口邮件占到河北省国际邮件进出口业务的70%左右，并且大大提升国际邮件的运发效率，节约在途时间2～4天，有效提升了通关、报关效率，改善了客户用邮体验。国际邮件互换局是向境外邮政机构封发邮件总包和接收、开拆、处理境外发来邮政总包的机构，是支撑跨境电商发展的重要平台。石家庄国际邮件互换局由石家庄综合保税区投资建设，占地1.6万平方米，总建筑面积7 800平方米，总投资1亿元。

跨境电商起步发展——跨境电商产业园1号库已建设完成，园区建筑面积约为1万平方米，内部设置有1条跨境电商"1210"查验线，可开展跨境电商"1210"（保税备货）等业务模式。园区已引进跨境电商企业、现代物流企业、快递企业、第三方支付企业及货运代理等相关服务企业进驻，形成产业集聚效应；已引进京东国际、河北环海物流、河北省外贸等跨境电商企业入驻；与深圳盘古、福建领秀集团合作，推进构建跨境电商生态圈。石家庄国际邮件互换局已正式运营，有效缩短了国际邮件运输时限，提高了通关效率，降低了物流企业运营成本，下一步将推动国际业务"邮商并举"，完善"9610"通关信息系统建设，为更多的跨境电商企业提供服务。

物流产业特色明显——圆通速递华北区域总部项目已竣工运营，年处理邮件达12亿票；由石家庄综合保税区、石家庄国际陆港两个片区共同合作，以石家庄陆港供应链有限公司为运营主体的石家庄陆港型国家物流枢纽成功入选"十四五"首批国家物流枢纽建设名单，致力于推动形成"一体两翼、南北呼应"发展格局，同时秉持开放姿态，以业务合作为纽带，吸引各类市场主体广泛参与，推进枢纽的共商共治共享。

海口综合保税区

海口综合保税区是海南首个综合保税区，海南自由贸易港13个重点园区及3个海关特殊监管区域之一。园区占地面积1.93平方千米（约合2 895亩），下辖老城、空港和金盘3个片区。老城片区紧邻国家一类口岸马村港（约2千米），距环岛高速公路最近出入口5千米，15千米范围内有海口、老城、福山3个高铁站，距新海港30千米，距美兰国际机场40千米，距洋浦港90千米。空港片区紧邻美兰国际机场。金盘片区是海口市重点工业园区。

园区充分发挥"自由贸易港+综合保税区"政策叠加优势，持续优化通关效率，着力提升贸易自由化和便利化水平，不断加快进口消费品、先进制造、国际贸易、保税维修等产业发展及配套体系建设，着力打造千亿级消费精品贸易与加工产业集群。

综合保税区大门

跨境电商产业园

菜鸟智能仓库

郑州经开综合保税区

2016年12月6日，河南郑州出口加工区和河南保税物流中心（B型）获批整合成郑州经开综合保税区。2019年6月28日，郑州经开综合保税区顺利通过验收。郑州经开综合保税区规划面积2.12平方千米，共分三个区块，其中区块一规划面积0.78平方千米、区块二规划面积0.48平方千米、区块三规划面积0.86平方千米。

郑州经开综合保税区位于郑州经济技术开发区内，交通便利，距郑州高铁东站不到10分钟车程，距新郑国际机场仅15分钟车程，周边铁路口岸、汽车口岸、粮食口岸、国际邮件转运口岸等资源集聚。郑州经开综合保税区初步形成了以电子信息、超硬材料加工、跨境电商和保税医疗服务等为主的产业体系，并于近年陆续引进保税检测、保税维修等新兴业态，为园区发展注入了新的活力。在跨境电商运营方面，创新推出"1210"进口监管模式和"9710""9810"出口监管模式，以及"秒通关"信息化系统、多式联运、一区多功能模式等制度创新成果。全国首个跨境电商进口药品和医疗器械试点于2022年4月实现首单运营，开辟了跨境电商进口药品的新渠道，带动23家药企入驻、70家境外药企合作。

郑州经开综合保税区将持续围绕"五大中心"建设，加快推动园区高水平开放高质量发展，力争将园区打造成为中部地区对外开放新业态新领域的试验田、国际消费中心城市的核心区和外向型经济发展的新高地。

相关政策咨询、企业入驻联系方式：0371-66866120
地址：河南省郑州市经开区第八大街160号附9号

常州综合保税区

常州综合保税区规划面积1.66平方千米，首期围网面积1.329平方千米，已建成标准厂房16.3万平方米、区内外仓储2.1万平方米、货物堆场2.1万平方米、综合服务大楼1万平方米。

园区拥有省级重点物流基地、省级跨境电商产业园，建有公共保税仓库、进口预包装食品（化妆品）监管区、常州市跨境电商综合服务中心、监管通关中心、常州市跨境电商公共服务平台等功能区域。

2023年，常州综合保税区锚定建设高水平开放示范区、一体化发展先行区的建设目标，踔厉奋发、勇挑重担，全力推进项目招引，全年共签约落地项目9个，签署行业战略合作协议5个，项目总投资11亿元，其中超亿元项目5个、跨境电商项目4个。罗勒科技保税维修项目的落地，实现了常州综合保税区保税维修业态零的突破。11月中旬，签约落地的菜鸟保税中心仓项目正式开仓，业务量单日达8 000单，助力常州市"1210"保税进口业务跻身全省前列。年内，跨境电商"1210"模式累计进出口额1 774.11万元，同比增长34.72%；新增注册企业20家，其中跨境电商企业8家；外贸进出口额86.1亿元，同比增长11.8%。

贵安综合保税区

贵安综合保税区位于贵安新区腹地。贵安新区是贵州省的几何中心，位于贵阳市和安顺市结合部、黔中经济区核心地带，是全省地势平坦开阔、用地条件好的地方。贵安综合保税区于2015年1月12日获批设立，2015年12月通过国家验收，2016年3月封关运作，规划面积2.2平方千米，围网面积1.98平方千米。按照贵安新区马场产业新城规划，统筹规划范围67.14平方千米，构建了"一核两区三园"的空间架构布局。一核，即以贵安综合保税区为核心；两区，即数据中心集聚区、功能延展区；三园，即龙山工业园、智能终端园、高端装备制造园。贵安综合保税区重点发展电子信息制造业、新能源电池材料及高端装备制造业，打造东西部协作开放平台。

2023年，贵安综合保税区完成外贸进出口73.8亿元、规模以上工业总产值91.22亿元、工业投资92.81亿元，新增规模以上工业企业4家，新开工标准厂房18万平方米。2024年目标：外贸进出口额完成140亿元，同比增长30%；实际利用外资2 268万美元，同比增长20%。

贵安综合保税区具有多平台叠加支持优势，享受全国海关特殊监管区域、全省"1+9"国家级开放创新平台政策支持，是推动打造贵安新区产业发展的主战场、全省对外开放的领头雁、全国数据中心集群发展的排头兵。

公众号：贵安综保　　　　**招商电话：0851-88502070**

贵阳综合保税区

贵阳综合保税区于2013年9月14日获批设立，2014年12月27日正式封关运作，是贵州省第1家封关运作的综合保税区，是贵州省"1+9"国家级开放创新平台之一，总规划面积10.83平方千米，其中海关特殊监管区域面积3.01平方千米。

贵阳综合保税区先后获批跨境电商综合试验区、加工贸易产业园、进口贸易促进创新示范区、服务贸易创新示范区、生产服务型国家物流枢纽、全省跨境电子商务产业园、外贸转型升级基地等牌子；着力"区港联动"，建成全国首个综保型国际陆港、全省首个"综保型国际陆港海关监管作业场所"；开行"贵港直通车"，打通"一港通"快速通关模式，与广州港、盐田港、湛江港等7家港口建设"组合港"，畅通了中欧、中亚、中老、黔粤、黔渝、西部陆海新通道"六向"通道；二手车出口、飞机融资租赁实现了全省零的突破，跨境电商"线上+线下"助力"黔货出海、洋货入黔"。

贵阳综合保税区坚持以国际贸易为主，以"贸易+产业+物流+金融"为路径，围绕保税加工、保税物流、保税服务等业态，大力推进"保税+"产业集聚，重点加快"两集群三基地"（光电制造产业集群，医美电子产业集群、义乌智造基地、二手车出口基地、跨境电商服务基地）建设，"以开放促改革、以改革促开放"，锚定打造服务全省开放型经济高质量发展功能区和内陆开放型经济新高地先行区目标，奋力谱写中国式现代化贵阳综保篇章。

衡阳综合保税区

衡阳综合保税区于2012年10月25日获批设立，2014年9月9日正式封关运作，运行面积为0.66平方千米，2019年12月获批增值税一般纳税人资格试点，2020年1月纳入跨境电商零售进口试点范围。2022年11月，根据区内外企业联动需要，促成衡阳获批跨境电商综合试验区。2023年6月，获批中国（湖南）自由贸易试验区协同联动区。

衡阳综合保税区已形成以电子信息为主，以生物医药、跨境电商为辅，保税仓储、保税展示、保税维修、融资租赁等业态竞相发展的产业格局。2023年，衡阳综合保税区完成进出口总额217.56亿元，同比增长6.74%；区内企业完成地方财政收入同比增长192.08%，缴纳海关税收总额同比增长88%。

下一步，衡阳综合保税区将以推进产业链发展为核心，构建多业态发展格局，致力打造加工制造中心、仓储物流中心、现代服务贸易中心，大力发展保税加工、保税物流、跨境电商、进口展示和检测维修等外贸业务，奋力建成现代产业强市的重要生力军、对外开放的新高地。

扬州综合保税区
YANGZHOU FREE TRADE ZONE

【投资环境】

扬州综合保税区集保税区、出口加工区、保税物流园、港口功能于一体，享受"境外货物入区保税、境内货物入区退税、区内交易免税"政策，可以从事加工制造、物流分拨、研发设计、检测维修、销售服务等业务。2019年12月，园区获批增值税一般纳税人资格试点，有效兼顾国内国际两个市场。园区区位优势明显，毗邻国家一类对外开放口岸扬州港，距离扬州主城约10千米，距离高速出入口约5千米，距离南京禄口机场、扬泰机场、扬州东站、镇江南站分别约90分钟、50分钟、30分钟、30分钟车程，对外交通便捷。园区已建成标准厂房10幢17.8万平方米，海关监管仓库2 100平方米，保税仓库3.7万平方米。园区围网外建成1.5万平方米的职工公寓2幢，建筑面积1.4万平方米。

【发展趋势】

按照区域融合、区港联动的发展思路，坚持外贸优先、做大规模总量，定位以先进制造为基础、货物贸易为重点、服务贸易为亮点，重组构建扬州综合保税区现代产业体系，推动产业转型升级、园区二次创业发展。

先进制造： 根据扬州市6群13链产业体系和开发区"三新三高"产业定位，结合当前存续、在建、在谈项目，扬州综合保税区未来重点发展电子信息、高端装备和医疗健康等先进制造业，结合园区基础条件，以重点招引"两头在外"或"一头在外"的加工贸易型项目为主。

货物贸易： 有效利用综合保税区平台功能，完善建立与开发区、扬州港区域联动发展机制和全市跨区域产业协作网络平台，重点聚焦跨境电商、大宗商品物流贸易、供应链管理（含外贸综合服务、冷链物流等）三大领域，打造具有区域影响力的国际贸易和现代物流中心。

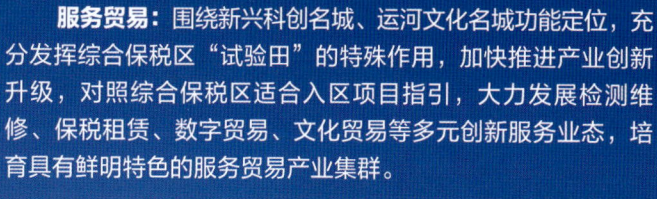

服务贸易： 围绕新兴科创名城、运河文化名城功能定位，充分发挥综合保税区"试验田"的特殊作用，加快推进产业创新升级，对照综合保税区适合入区项目指引，大力发展检测维修、保税租赁、数字贸易、文化贸易等多元创新服务业态，培育具有鲜明特色的服务贸易产业集群。

【招商部门】

扬州综合保税区招商引资工作由扬州综合保税区管理局招商部负责。

地址：扬州市扬子江南路9号综合保税区大楼11楼　　联系电话：0514—87529089

临沂综合保税区

2023年,临沂综合保税区围绕"打造全市涉外产业集聚区、区域对外开放综合高地"这一目标,攻坚克难、奋勇向前,各项工作取得新突破。

一是经济指标实现新跨越。 2023年,实现进出口277.3亿元、固定资产投资7.68亿元、税收3.04亿元,获评全省"外贸新业态特色园区",增设为全国第三批关税基层联系点。

二是国企外贸实现新突破。 聚力做大国企外贸,推动市属国有企业在区内注册成立外贸企业13家。总结探索4种外贸综合服务模式,助力临沂市解决大宗原材料采购资金不足、进口数据流失、银行授信难等问题。

三是政策创新实现新成效。 复制推广"保税仓储+直播"模式,实现进口渠道与销售渠道的无缝对接;深化跨境电商"保税+新零售"(急速提)改革,设置"保税+新零售"线下展示展销区域,实现"现场体验、线上下单、急速配送";青岛关区内首单消费品"区内直转"业务顺利落地,圆满完成省对市考核中联动创新工作的保四任务。

四是出口退税再提速。 实现"即报即审""即审即退"。2023年,办理出口退税9.8亿元,退税户次同比增长23.22%,位居全市县区首位。

赣州综合保税区

赣州综合保税区于2014年1月22日获批设立，2021年11月获批规划调整至赣州市南康区，与赣州国际陆港相邻，总占地面积约1.308平方千米，已建成8万平方米的标准厂房、13万平方米的保税物流仓库、10万平米的电子信息标准厂房。

——具有融入大湾区、联动全球优势

赣州综合保税区现位于赣州市南康区深赣合作核心区，毗邻赣州国际陆港。赣州国际陆港作为内陆江西唯一对外开放铁路口岸，具备国际贸易"起运港""目的港"功能，纳入了全球航运和国际贸易体系，拥有通畅的国际物流通道，航线可达大西洋、美洲东海岸等港口群，线路通达中亚、南亚及欧洲20多个国家和地区的100多个城市；同时，与深圳港、广州港、珠海港等港口紧密合作，内贸班列通达全国主要城市；是共建"一带一路"重要的枢纽节点、江西融入粤港澳大湾区的桥头堡、大湾区世界港口群货物首选疏解地。综合保税区内企业可以有效依托赣州国际陆港常态化开行的中欧（亚）班列、三同班列、跨境电商班列等铁路班列，实现长距离、多品类、专业化运输，轻松"买全球、卖全球"。

——具有"区港联动"优势

赣州综合保税区通过"区港联动"创新模式的运行有效克服了内陆地区不靠海、不临空、不沿边的区位短板。利用赣州国际陆港与赣州综合保税区仅"一网之隔"的距离优势，赣州综合保税区、赣州国际陆港正深入推进"区港一体化"改革，实现区港所有货品"一次报关、全港区通行"，减少审批环节，改变转关方式，通关时效提升60%以上，企业运输成本降低50%以上。

——具有产业集聚优势

赣州综合保税区以深赣对口合作为契机，坚持复合型综合保税区的定位，大力建设加工制造中心、研发设计中心、物流分拨中心、检测维修中心、销售服务中心"五大中心"，周边产业发展成熟，与现代家居产业园、电子信息产业园、现代物流园区等重点产业集聚区相接，业态之间可以实现优势互补、互通有无。其中，已高标准高规格打造江西省规模大、商品种类多、保税业态全的进口商品集采中心，大力培育发展跨境电商产业。

红河综合保税区

HONGHE COMPREHENSIVE BONDED ZONE

红河综合保税区位于云南省红河州蒙自市，地处中越经济走廊主干线，是云南省辐射南亚东南亚中心和对外开放的前沿，于2013年12月16日获批设立，2015年5月8日正式封关运作，规划面积1.97平方千米，已建成综合服务楼、仓库厂房、员工食堂、研发中心及展示厅、专家公寓和廊桥等配套设施约83万平方米。

红河综合保税区以保税加工、保税物流、保税服务为重点产业，以电子信息制造产业为支柱产业；建成了手机组装、集成电路、蓝牙耳机等加工贸易业务生产线；持续发展饲料原料加工等产业，供给保障下游产业发展，提高产品附加值，增强辐射带动作用；积极推进货物状态分类监管、跨境电商、保税展示交易等新业态，已搭建起跨境电商通关服务平台及相关配套设施，支持开展"9710""1210"等业务模式。

截至2023年年底，红河综合保税区累计完成进出口总值162.78亿美元，工业总产值1 718.97亿元，引进省外到位资金116.11亿元，实际利用外资7 150万美元。2023年，红河综合保税区完成进出口总值21.99亿美元，占全州外贸总值的56.89%，占全省外贸总值的5.97%，实现工业总产值429.95亿元，实际利用外资3 000万美元，以全州0.006%的面积实现全州56.89%的外贸进出口值。

红河综合保税区致力于建设成为国家面向南亚、东南亚共建"一带一路"的加工制造基地、中国与东盟经贸合作交流的重要窗口、滇越边境的开放连接枢纽、省市（州）开发开放的战略支点、中国（云南）自由贸易试验区红河片区向内陆腹地延伸的保税加工与保税物流基地，打造加工制造中心、研发设计中心、物流分拨中心、检测维修中心、销售服务中心。

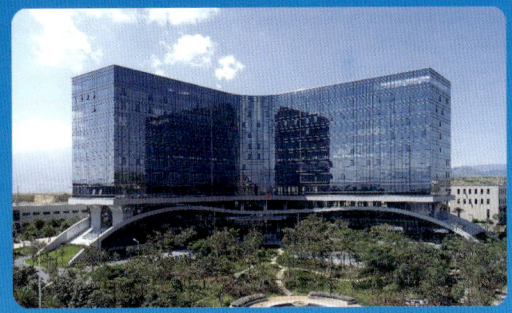

红河综合保税区综合服务楼

红河综合保税区标准厂房

江阴综合保税区

江阴综合保税区坐落于江阴临港经济开发区，毗邻国家对外开放一类口岸江阴港，于2016年1月获批设立，一期1.2平方千米于2019年封关运作，建有仓储及办公用房15.5万平方米、标准厂房12万平方米、科创载体10万平方米。近年来，江阴综合保税区聚焦"保税+"，持续打造"五大中心"，引进美国凯迈机械智造、中园慧创科创产业总部、筷牧食品冷链销售总部、长三角光伏实验室暨产业促进中心等一批重点项目入驻，积极探索"区港一体"叠加保税功能、港口功能，做强新能源产业装备和大宗商品全球分拨中心，先后获批一般纳税人资格试点、中国（江苏）自由贸易试验区联动创新发展区、江苏省跨境电商产业园，进出口额2021年至2023年连续3年实现同比2位数增长。

上海金桥综合保税区

上海金桥综合保税区是上海金桥经济技术开发区的重要组成部分，于2018年11月19日获批由金桥出口加工区（南区）整合优化形成，封关面积1.52平方千米。

区内已初步形成以集成电路、智能制造、生物医药和现代服务业为特色的"3+1"的产业格局，集聚了一批半导体材料、电子设备、工业自动化、生物医药、精密仪器和医疗器械生产等高端制造和研发领域的重点企业，目标打造高水平科技创新型综合保税区的先行区和具有国际影响力科创中心的重要功能承载区。

联系电话：021-58584690

成都国际铁路港综合保税区

　　成都国际铁路港综合保税区于2019年12月20日获批设立，规划面积1.03平方千米，2020年12月25日通过验收，2021年1月28日正式封关运作，位于中国（四川）自由贸易试验区青白江片区的核心位置，是中欧班列（成都）和西部陆海新通道的交会点和起始点，也是共建"一带一路"倡议，成渝地区双城经济圈建设，国家、全省"四向拓展、全域开放"战略的叠加区和引领区。

　　近年来，园区聚焦产业基础高级化、产业链现代化，加快构建以保税加工、保税物流、国际贸易三大基础产业为支撑，以智能电器、食品冷链、整车及零配件、大宗商品四大细分领域为引领，保税展示、跨境电商等新兴业态多元并进的"3+4+N"现代化开放型产业体系。园区已成功落地增值税一般纳税人资格试点，在全省率先落地跨境电商退货中心仓、"前店后仓+快速配送"、进口整车区外保税展示等新业态和货物按状态分类监管、区内直转、内陆综合保税区通关一体化等新模式，已集聚TCL、法国邮政、长久物流、深圳大洋供应链等企业。2023年，园区实现进出口总值336.35亿元，同比增长40.4%，位居全国综合保税区第42位。

黄石棋盘洲综合保税区

黄石棋盘洲综合保税区于2021年8月7日获批设立，2023年2月10日通过验收并封关运作。

黄石棋盘洲综合保税区位于湖北黄石新港（物流）工业园区，规划面积0.96平方千米，封关围网面积0.88平方千米，是湖北省设立的第6个综合保税区，也是湖北省内"一主两副"城市之外的首个综合保税区。黄石棋盘洲综合保税区，临近国家一类水运口岸黄石新港港口和亚洲最大货运机场花湖国际机场，开放平台条件完备，外贸产业基础雄厚，公铁水空"四港联动"无缝对接，发展优势得天独厚。

黄石棋盘洲综合保税区已正式运营，总建筑面积约39万平方米，主要包括核心区、保税物流区、保税加工区、展示服务区4个功能区。结合业务发展需要，棋盘洲综合保税区已建成跨境电商监管中心、恒温仓、危化品仓库、花湖国际机场城市货站等专业基础设施，为相关业务的开展提供了有力支撑，为区内企业发展提供了有力保障。棋盘洲综合保税区对外开放功能齐备，是黄石深化对外开放合作、发展外向型经济、实现跨越转型和高质量发展的重要窗口和平台。

重庆永川综合保税区

一、概况

永川综合保税区于2021年7月获批设立,是全国第152个、重庆市第6个综合保税区,规划面积1.11平方千米,2023年6月正式封关运作。

作为对外开放平台,永川综合保税区位于永川国家高新区核心区域,产业基础扎实,集聚了长城汽车、雅迪摩托、利勃海尔等一批龙头企业;同时,这里航空及公铁水运条件便利,距规划建设的重庆新机场约18千米、距长江永川港区28千米,毗邻渝新欧栏杆滩火车站、渝昆高铁永川南站、重庆三环高速永川南下道口。永川综合保税区发挥了永川连接东西、通江达海的区位优势,进一步推动永川及毗邻地区融入共建"一带一路"和长江经济带发展。

二、基础设施项目情况

一期项目已顺利完工并投入使用,完成投资10.8亿元,已建成厂房3.57万平方米、仓库1.06万平方米。

二期项目分3批建设,总建筑面积为29.25万平方米。其中,第一批建设内容包括公寓、商业用房、办公用房、车库、保税仓库、标准厂房以及数字化建设,总建筑面积14.42万平方米;第二批建设内容包括监管仓库、保税冷库及标准厂房,总建筑面积10.06万平方米;第三批建设内容包括公寓、办公用房、酒店、商业用房及车库,总建筑面积47.68万平方米。第一批项目于2023年9月开工建设,累计完成投资6.15亿元,已完成前期基础施工,正进行网外配套A区、仓库区、厂房区主体施工。正在开展第二和第三批次项目启动前期工作。

三、配套资源

永川综合保税区根据产业需求与区域规划,全力推进网外产业配套服务区建设,致力于打造共享化的园区服务平台及设施,为进驻企业提供便利、高效、全方位、多元化、高品质的产业配套服务。

永川综合保税区二期项目商业规划建筑面积为49.62万平方米,涵盖人才公寓楼及酒店2.08万平方米、办公楼0.63万平方米、地下车库16.51万平方米以及配套商业0.61万平方米。人才公寓提供单人间、双人间及四人间等多种房型,共420套。室内配备空调、热水器、衣柜等家电家具,为员工提供舒适的居住环境。配套商业区设有智慧餐厅、便利店、快递驿站、停车场等生活配套设施,充分满足企业员工在餐饮、娱乐、休闲、商务等各方面的需求。

四、产业定位及发展思路

围绕"1233"发展思路,锚定"打造双城经济圈中部对外开放先行区"一个目标,做强"汽摩整车及零部件、电子信息及核心零部件"两大百亿级产业集群,建设"重庆重要的保税加工基地、陆港型国际物流基地、跨境贸易综合服务基地"三大基地,实施"招大引强攻坚、外资外贸集聚、口岸枢纽升级"三大行动,加快"贸易+产业+供应链"协同发展,着力构建"开放平台+保税产业+开放通道+口岸功能"发展新格局。

根据产业基础和功能定位,永川综合保税区主要发展汽摩整车及零部件出口、高端数控机床、特色食品、医药医疗器械、电子信息、跨境电商等主导产业,已集聚以长城KD工厂为代表的汽摩整车及零部件出口产业,以利勃海尔机床、埃斯维机床为代表的高端数控机床保税加工研发产业,以进口咖啡生豆烘焙、东南亚坚果保税加工为核心的特色食品产业,以国药器械为代表的医疗耗材保税加工及分拨产业,以第三代半导体新材料为核心的电子信息产业,加快打造"跨境电商+产业带"新模式。围绕产业数字化、绿色低碳、职业教育等方面,与西门子共建数字化赋能展示中心、工业数字化西部培训中心、"双元制"教学实训中心。截至2023年年底,签约入驻项目10个,重点在谈项目29个,其他在谈项目50个。

当前,永川综合保税区正加快建设辐射渝西川南的外向型经济开放平台,为打造内陆开放型经济先行区夯基垒土。产业方面,持续招大引强,全面落实"渝车出海"行动计划,建设整车出口基地,厚植外向产业高质量发展新动能;基础功能方面,加快建成投用栏杆滩海关监管作业场所及集装箱装卸铁路专用线,同永川港、团结村联动发展,构筑区域物流集散中心;营商环境方面,提升服务产业质效,加快实现投资贸易自由化、便利化,打造国际化一流营商新环境。

下一步,永川综合保税区将聚焦主责主业,以"保税+"为发力点,打好外贸、外资、外经组合拳,在产业集聚上发力,在以贸促产上发力,在开放通道上发力,加快打造新质生产力新引擎、内陆开放经济新高地。

招商热线:023-85363005
地址:重庆市永川区昌龙大道1999号

潍坊综合保税区

潍坊综合保税区是全国第14个、山东省首个综合保税区，总面积13.68平方千米，其中网内监管区3.84平方千米、网外配套区9.84平方千米，一区两片、南北联动、陆海统筹优势明显。南区面积4.1平方千米，位于潍坊市中心城区东部，位置优越，交通便利；北区面积9.58平方千米，紧靠国家一类开放口岸潍坊港，服务北部沿海开发开放。

潍坊综合保税立足高能级开放平台功能定位，以"新保税·新作为"凝聚奋进力量，奋力冲刺千亿级外贸园区，在2023年发布的2022年度全国综合保税区（含其他特殊区域）发展绩效评估中，居全国138个海关特殊监管区第4位、全省14家综合保税区第1位，创全省历史最好成绩；外贸进出口额自2021年起3年内连续突破200亿元—700亿元6个整数关口，以不到潍坊市1/1 000的土地面积贡献了近1/4的进出口总量，GDP、一般公共预算收入等主要经济指标3年内均实现翻番增长；先后获评全省首批绿色低碳高质量发展先行区建设试点、全省首个华侨开放发展试验区、山东省人才工作表现突出单位、山东省改革创新团队等称号。

潍坊综合保税区聚力攻坚主责主业，积极探索全国全省首创性制度创新成果，打造保税加工、保税物流、跨境电商三大进出口百亿级产业集群。聚力培强优势产业，加力推进全省首批绿色低碳高质量发展先行区试点建设，持续巩固VR产品全球80%市场份额优势，培育壮大以佩特来、美国德纳、唐宁专汽为代表的汽车装备智能制造产业，加快新材料技术研发攻关，推动总投资124.2亿元的11个重点项目提速建设，形成高质量发展硬核支撑。聚力强化创新引领，扛牢中国（潍坊）跨境电商综合试验区核心区建设责任，持续深化"1+3+1"产业发展体系，全面提升孵化培育、快速通关、展示展销三大平台运营效能，打造跨境电商高质量发展引领区。聚力做优发展生态，全省首推高效办成"外贸一件事"集成服务改革，深入实施园区品质提升工程，坚决守稳守牢"一排底线"，擦亮"保如意"服务品牌。

宜宾综合保税区

Yibin Comprehensive Bonded Zone

宜宾综合保税区于2019年12月20日获批设立，2021年1月28日正式封关运作。宜宾综合保税区位于四川首个省级新区——宜宾三江新区，紧邻长江上游干支中转港——宜宾港，区内规划面积0.89平方千米，区外规划了1.55平方千米产业配套区；距G93成渝环线高速临港收费站2千米，距成贵高铁宜宾西站22千米，距渝昆高铁、川南城际高铁临港站2千米，距宜宾五粮液新机场28千米，与国家级宜宾临港经济技术开发区、国家临时开放口岸——宜宾港等协同发展，是宜宾深化对外开放合作、聚焦战略新兴产业、发展外向型经济的重要平台。

宜宾综合保税区结合功能特点、区位优势以及产业布局，确立了打造川滇黔结合部交通物流枢纽和物资集散地、西南地区开放型经济核心区、川南进出口贸易示范引领区的发展定位，在加工制造、物流分拨、研发设计、检测维修、销售服务"五大中心"建设中，着重围绕现代物流、加工制造及保税服务三大业务方向，制定了以打造"物流与供应链为基石，产业链为核心，服务链为支撑"三链一体产业发展生态圈的发展路径。截至2023年年底，区内已落户企业89家，有落地意向企业10余家；已建成保税仓库9.7万平方米、标准厂房23.9万平方米。2024年前8个月，实现外贸进出口总额105.2亿元，同比增长26.7%，在全国159个有进出口实绩的综合保税区中排名第70位，同比上升9位。力争到2025年外贸进出口总值达260亿元，进入全国综合保税区前50强。

绍兴综合保税区

　　绍兴综合保税区于2020年9月10日获批设立,位于绍兴滨海新区袍江片区,总规划面积1.72平方千米,分两期建设,其中一期约91万平方米、二期81.3万平方米。2022年3月3日,一期正式封关运作。绍兴综合保税区紧紧围绕集成电路、生物医药两大"万亩千亿"产业平台,以"高端制造+新型服务贸易"为主要功能业态,加快打造具有全球核心竞争力的外向型高端研发制造中心、跨境贸易集聚中心和国际开放交流中心,努力建设成为浙江链动全球关键极核、长三角开放创新平台枢纽、国内国际双循环重要节点。截至2023年年底,高端制造产业园、两岸集成电路产业园、保税物流分拨中心等项目均完工投用,保税研发中心(一期)、二期市政基础设施工程东段全面开工建设,综保跨境电商中心开园运营,科迪华首台"中国制造"喷墨打印设备成功出货,全国首个"枫桥式"外汇服务驿站设立,增值税一般纳税人资格试点全面推进,京东、菜鸟、抖音三大头部电商平台签约落户,累计入区企业83家,实现进出口额171.3亿元,进出口额排名全国第78位,提前完成"百亿百强"年度目标。

绍兴综合保税区高端制造产业园

徐州综合保税区

徐州综合保税区位于徐州经济技术开发区北部产业集聚区，于2017年12月28日获批设立，批准面积1.9平方千米；2018年12月28日正式封关运作，实现了"一年申报获批、一年建成运营"。

园区内卡特彼勒路面机械保税加工生产基地、高压胶管保税加工生产基地均已投产达规，徐工保税、佳利达供应链等已获得海关AEO认证，工程机械整机及零配件进出口保税分拨中心有序运营。园区运营以来，不断深化与海关的融合发展运行机制，定期召开联席会议，组建工作专班，全省首班"区港联动"保税班列、全省首单"非保税转保税"、全省首例"一票多车"等创新举措先后落地，进出口总值在2020年"破百亿"、2022年"破两百亿"，已成为徐州市双向开放的首要平台。

招商热线：0516-83255691 83255958　　服务热线：0516-68910818 68910822

宁波保税区（宁波北仑港综合保税区）

宁波保税区于1992年获批设立，规划面积2.3平方千米；宁波出口加工区于2002年设立，规划面积3平方千米。2020年4月，宁波出口加工区获批整合优化为宁波北仑港综合保税区；2020年9月，宁波保税区（宁波北仑港综合保税区）整体列入中国（浙江）自由贸易试验区宁波片区。2022年年初，宁波保税区、宁波北仑港综合保税区与宁波大榭开发区、宁波梅山保税港区、原宁波开发区以及中国（浙江）自由贸易试验区宁波片区整合为新的宁波经济技术开发区，形成了"一套班子、六块牌子"的管理体制。

截至2023年年底，宁波保税区（宁波北仑港综合保税区）共集聚各类企业约1.2万家，其中外资企业355家，投资总额94亿美元，形成国际贸易、先进制造、现代物流及展示展销四大产业发展格局。2023年，宁波保税区（宁波北仑港综合保税区）完成工业总产值353亿元；实现限额以上商品销售额4 079.5亿元；完成固定资产投资13.7亿元；其他营利性服务业营业收入10.8亿元；外贸进出口1 738.16亿元，规模占北仑区的38.6%。其中，跨境电商进口销售额达227亿元，占宁波市的80.6%，从2016年至2024年连续八年位居全国单个园区跨境网购进口第一。

（中区）航空跨境产业园

广州白云机场综合保税区

广州白云机场综合保税区于2010年7月3日获批设立，已引进唯品会广州空港跨境电商运营总部、跨境电商孵化基地、华南生物医药制品分拨中心、航空跨境产业园等项目，是广东省获批的第一个综合保税区和全国少有的实现"区港一体化"运作的综合保税区之一。作为全面复制推广中国（广东）自由贸易试验区相关先行先试监管政策的核心区域，园区具有保税加工、保税物流、保税服务等核心功能，也是广州国家跨境电商综合试验区的核心功能区，具备独特的区位优势和政策优势，园区进出口总额从2015年的121.2亿元快速增长到2023年的300.9亿元，增长了1.48倍。

面向未来，广州白云机场综合保税区将按照"五大中心"建设要求，进一步开展政策和业务创新，充分发挥空港型综合保税区的特色与优势，加大保税业务空间供给，吸引跨境电商、保税展贸、加工制造、研发设计、检测维修、高端物流等优质项目入驻。

（中区）华南生物医药制品分拨中心

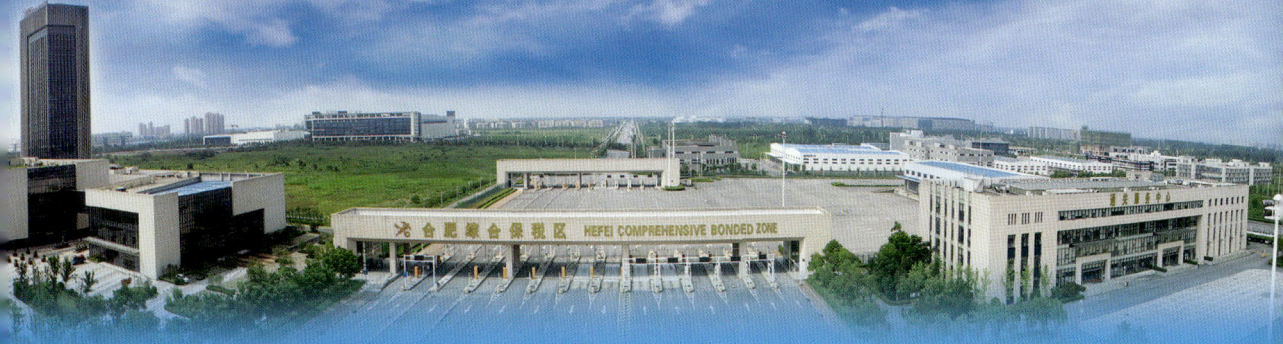

合肥综合保税区

合肥综合保税区位于合肥市新站高新区，于2015年6月封关运作，规划面积2.6平方千米，是安徽省首个综合保税区。合肥综合保税区始终秉持"产业立区"的发展理念，引进和培育晶合、视涯等诸多行业龙头，集聚了集成电路产业链重点上下游企业26家，着力打造特色产业集群，已成为产业特色鲜明的综合保税区。2023年，合肥综合保税区完成规模以上工业产值104.32亿元，实现进出口贸易额207亿元。未来，合肥综合保税区将全力打造国际化、智慧化高端产业园区，推动合肥乃至安徽外向型经济焕发更强劲的生命力。

合肥经济技术开发区综合保税区

合肥经济技术开发区综合保税区位于合肥市西南。其前身为安徽合肥出口加工区，于2010年7月获批设立，2012年8月正式封关运作，2019年4月获批整合优化为合肥经济技术开发区综合保税区，规划面积1.40平方千米，2020年4月通过联合验收。

截至2023年年底，园区累计落户企业48家，已形成以联宝（合肥）电子科技有限公司为代表的电子信息产业，以合肥显耀显示科技有限公司为代表的集成电路产业，以保税维修、跨境电商、保税物流、商品展示为代表的新兴产业。其中，联宝（合肥）电子科技有限公司2023年入选世界经济论坛与麦肯锡咨询公司共同评选的全球"灯塔工厂"。

乌鲁木齐综合保税区

乌鲁木齐综合保税区于2015年7月20日获批设立，规划面积2.41平方千米，于2018年6月正式封关运作，重点开展保税加工、保税物流、国际贸易、跨境电商和综合服务等功能业务，建设"综保区+口岸+中心站"三位一体的区港联动型综合保税区，集口岸多式联运物流、国际贸易（含跨境电商）、国际中转、保税物流、展示交易、研发加工制造等于一体的发展区。乌鲁木齐综合保税区立足成为推进向西开放特色鲜明、运转高效、辐射带动强的创新型新区。2023年10月31日，《中国（新疆）自由贸易试验区总体方案》印发，乌鲁木齐综合保税区纳入中国（新疆）自由贸易试验区乌鲁木齐片区实施范围。

自园区设立至2024年年底，已累计投入45亿元，高标准推进监管和基础设施建设，实现"七通一平"，建成标准厂房、库房、综合办公区及海关监管区等57万平方米，其中国际贸易服务区（一期）25万平方米，为企业营造良好营商环境。截至2024年年底，区内已注册企业190家，累计实现进出口贸易值750.5亿元（其中2024年完成268亿元）。2024年，支持加工企业稳定进口，实现满负荷生产，商品汽车保税图定班列、集装箱中亚班列稳定运行，黄金饰品"1210"保税进口业务落地，大型工程机械、商用服务器保税租赁出口业务持续开展，境外文化艺术品保税展示业务实现零的突破。

下一步，乌鲁木齐综合保税区将以建设丝绸之路经济带核心区、中国（新疆）自由贸易试验区、"一港五中心"为契机，聚焦"聚产业、扩贸易、提能级、强物流、优服务"，全面履行国家赋予综合保税区改革开放新使命，切实发挥综合保税区在扩大开放和丝绸之路经济带核心区建设中的引领示范和辐射带动作用，推动中国（新疆）自由贸易试验区乌鲁木齐片区创新升级，培育发展特色优势产业，成为乌鲁木齐外向型经济发展的重要支撑，为新疆打造向西开放新高地作出贡献。

编辑说明

一、《中国保税区域年鉴》（以下简称《年鉴》）是由中国保税区出口加工区协会主编，中国海关出版社有限公司编辑出版的大型资料性实用工具书，公开向国内外发行。

二、《年鉴》的宗旨是面向海内外政府官员、投资商、研究机构、科技界及其他各界人士，用翔实的统计数据和文字全面、系统、准确地介绍中国保税区域的开发建设历程和成就，介绍其基础条件、投资环境及有关法规和优惠政策等，为各有关机构与单位提供媒介服务，以推动中国保税区域经济的协调发展。

三、《年鉴》中的数据已经上海自由贸易试验区保税区信息中心审核，《年鉴》部分区域经济发展分析中的数据，由于统计口径不同，方法不一，可能出现不一致，应以统计资料篇中的数据为准。2024年版《年鉴》统计资料篇中未收录各区域进出口贸易相关统计表。

四、《年鉴》中的数据表格"比上年增长（%）"显示为"—"或"-100"的，表示上年同期数据没有或不可比。

五、《年鉴》中的数据表格如"历年招商引资情况表""历年主要外商投资情况表"中的"历年"数据截至2023年年底。其统计数据均包含我国港澳台地区。

六、《年鉴》中货币单位为"元"的，均指人民币。

目 录

文献法规篇

国发〔2023〕23号
　　［国务院关于印发《全面对接国际高标准经贸规则推进中国（上海）自由贸易
　　试验区高水平制度型开放总体方案》的通知］ ………………………………………… 3
国发〔2023〕17号
　　［国务院关于印发《中国（新疆）自由贸易试验区总体方案》的通知］ …………… 10
国发〔2023〕12号
　　（国务院关于印发《河套深港科技创新合作区深圳园区发展规划》的通知） ……… 17
国发〔2023〕11号
　　（国务院关于进一步优化外商投资环境　加大吸引外商投资力度的意见） ………… 26
国发〔2023〕9号
　　（国务院印发关于在有条件的自由贸易试验区和自由贸易港试点对接国际高标准
　　推进制度型开放若干措施的通知） …………………………………………………… 30
国办发〔2023〕42号
　　（国务院办公厅印发《关于加快内外贸一体化发展的若干措施》的通知） ………… 34
国办发〔2023〕10号
　　（国务院办公厅关于推动外贸稳规模优结构的意见） ………………………………… 37
国函〔2023〕144号
　　（国务院关于《前海深港现代服务业合作区总体发展规划》的批复） ……………… 40
国函〔2023〕143号
　　（国务院关于《横琴粤澳深度合作区总体发展规划》的批复） ……………………… 56
国函〔2023〕130号
　　（国务院关于《支持北京深化国家服务业扩大开放综合示范区建设工作方案》的
　　批复） …………………………………………………………………………………… 57
国函〔2023〕122号
　　（国务院关于同意在海南自由贸易港暂时调整实施有关行政法规规定的批复） …… 66

国函〔2023〕115号
　　（国务院关于在上海市创建"丝路电商"合作先行区方案的批复）………… 67
国函〔2023〕56号
　　（国务院关于做好自由贸易试验区第七批改革试点经验复制推广工作的通知）……… 68
海关总署令第262号
　　（海关总署关于修改部分规章的决定）…………………………………… 73
海关总署公告2023年第202号
　　（关于发布《中华人民共和国海关对横琴粤澳深度合作区监管办法》的公告）…… 90
海关总署公告2023年第200号
　　（关于进一步优化综合保税区进出区管理的公告）……………………… 93
海关总署公告2023年第199号
　　（关于推进《内地海关及香港海关陆路进/出境载货清单》无纸化工作的公告）…… 94
海关总署公告2023年第197号
　　（关于修订《〈中华人民共和国海关进出口货物减免税管理办法〉实施有关事项的公告》的公告）………………………………………………………… 95
海关总署公告2023年第196号
　　（关于执行2024年关税调整方案等政策有关事宜的公告）……………… 99
海关总署公告2023年第190号
　　（关于公布《中华人民共和国海关关于〈中华人民共和国政府和尼加拉瓜共和国政府自由贸易协定〉项下进出口货物原产地管理办法》的公告）…… 137
海关总署公告2023年第185号
　　（关于优化综合保税区仓储货物按状态分类监管的公告）……………… 152
海关总署公告2023年第178号
　　（关于优化铁路快速通关业务模式的公告）……………………………… 153
海关总署公告2023年第177号
　　[关于实施中国—澳大利亚海关"经认证的经营者"（AEO）互认的公告]…… 162
海关总署公告2023年第170号
　　（关于失信企业认定标准相关事项的公告）……………………………… 163
海关总署公告2023年第166号
　　（关于实施放宽加工贸易深加工结转申报时限等措施的公告）………… 164
海关总署公告2023年第158号
　　（关于进一步规范综合保税区电子账册管理有关事项的公告）………… 166
海关总署公告2023年第156号
　　（关于发布《检测实验室质量安全风险管理　通则》等60项行业标准的公告）… 169
海关总署公告2023年第148号
　　（关于支持综合保税区内高级认证企业分送集报免除担保的公告）…… 174
海关总署公告2023年第131号
　　（关于发布"导热液体"商品归类决定的公告）………………………… 175

海关总署公告 2023 年第 127 号
　　（关于处理主动披露违规行为有关事项的公告） ………………………… 176
海关总署公告 2023 年第 111 号
　　［关于实施中国—南非海关"经认证的经营者"（AEO）互认的公告］ …… 180
海关总署公告 2023 年第 109 号
　　（关于增列保税展品及保税中转监管方式的公告） ……………………… 181
海关总署公告 2023 年第 108 号
　　（关于调整进口铅矿砂及其精矿、锌矿砂及其精矿检验监管方式的公告） …… 183
海关总署公告 2023 年第 105 号
　　（关于修改海关总署公告 2015 年第 59 号第十条的公告） ……………… 184
海关总署公告 2023 年第 104 号
　　（关于综合保税区内开展保税货物租赁的补充公告） …………………… 185
海关总署公告 2023 年第 102 号
　　［关于实施中国—塞尔维亚海关"经认证的经营者"（AEO）互认的公告］ …… 186
海关总署公告 2023 年第 94 号
　　（关于发布 2023 年商品归类决定的公告） ………………………………… 187
海关总署公告 2023 年第 86 号
　　［关于发布《进口离岸现货交易大豆监督管理规范（试行）》的公告］ …… 188
海关总署公告 2023 年第 82 号
　　（关于中国与新西兰原产地电子联网升级有关事宜的公告） …………… 192
海关总署公告 2023 年第 76 号
　　（关于调整小轿车、越野车进出口商品归类有关技术特性要求的公告） …… 193
海关总署公告 2023 年第 75 号
　　（关于进一步规范保税仓库、出口监管仓库管理有关事项的公告） …… 196
海关总署公告 2023 年第 74 号
　　［关于实施中国—哥斯达黎加海关"经认证的经营者"（AEO）互认的公告］ …… 199
海关总署公告 2023 年第 53 号
　　（关于《区域全面经济伙伴关系协定》对菲律宾实施有关事宜的公告） …… 200
海关总署公告 2023 年第 49 号
　　［关于实施内地—澳门海关"经认证的经营者"（AEO）互认的公告］ …… 201
海关总署公告 2023 年第 47 号
　　（关于发布《进出口工业产品风险分级基本要求》等 84 项行业标准并废止 5 项行业
　　标准的公告） ………………………………………………………………… 202
海关总署公告 2023 年第 45 号
　　［关于实施中国—乌干达海关"经认证的经营者"（AEO）互认的公告］ …… 208
海关总署公告 2023 年第 44 号
　　（关于进一步拓展吉林省内贸货物跨境运输业务范围的公告） ………… 209

海关总署公告 2023 年第 43 号
　　[关于开展《货物进口证明书（汽车、摩托车）》和《进口机动车辆随车检验单》
　　"两证合一"改革试点的公告] ……………………………………………………… 210
海关总署公告 2023 年第 42 号
　　（关于通过深圳前海联合交易中心进口大豆有关通关事项的公告） …………… 211
海关总署公告 2023 年第 41 号
　　（公布《中华人民共和国海关关于〈中华人民共和国政府和尼加拉瓜共和国政府
　　关于自由贸易协定早期收获的安排〉项下进出口货物原产地管理办法》的公告）… 214
海关总署公告 2023 年第 29 号
　　（关于进一步加强进口危险化学品检验监管的公告） …………………………… 229
海关总署公告 2023 年第 27 号
　　（关于开展属地查检业务管理系统及检验检疫证单"云签发"模式试运行的公告） … 230
海关总署公告 2023 年第 14 号
　　（关于调整进口货物报关单申报要求的公告） …………………………………… 232
署贸函〔2023〕155 号
　　（海关总署关于印送推动综合保税区高质量发展综合改革措施的函） ………… 233
财关税〔2023〕14 号
　　（关于调整海南自由贸易港交通工具及游艇"零关税"政策的通知） ………… 236
发改地区〔2023〕958 号
　　（国家发展改革委关于印发《关于推动虹桥国际开放枢纽进一步提升能级的若干
　　政策措施》的通知） ………………………………………………………………… 238
发改体改〔2023〕1786 号
　　（国家发展改革委　商务部　国家市场监督管理总局关于支持广州南沙放宽市场
　　准入与加强监管体制改革的意见） ………………………………………………… 241
发改体改〔2023〕1730 号
　　（国家发展改革委　商务部关于支持横琴粤澳深度合作区放宽市场准入特别措施
　　的意见） ……………………………………………………………………………… 245
商贸发〔2023〕308 号
　　（商务部等 10 部门关于提升加工贸易发展水平的意见） ………………………… 250
财政部　生态环境部　商务部　海关总署　国家税务总局公告 2023 年第 75 号
　　（关于在有条件的自由贸易试验区和自由贸易港试点有关进口税收政策措施
　　的公告） ……………………………………………………………………………… 253
海关总署　商务部　国家税务总局　国家市场监督管理总局　国家外汇管理局公告
　2023 年第 164 号
　　（关于进一步便利电子口岸企业入网手续办理的公告） ………………………… 256
财政部　海关总署　国家税务总局公告 2023 年第 34 号
　　（关于延续实施跨境电子商务出口退运商品税收政策的公告） ………………… 257

海关总署　财政部　国家税务总局公告2023年第25号
　　（关于增加海南离岛免税购物"担保即提"和"即购即提"提货方式的公告）…… 258
财政部　海关总署　国家税务总局公告2023年第4号
　　（关于跨境电子商务出口退运商品税收政策的公告）……………………… 260
上海海关通告2023年第3号
　　（上海海关关于保税仓库、出口监管仓库布局规划的通告）……………… 261
沪商口岸〔2023〕234号
　　（上海市商务委员会　上海市发展改革委员会关于印发《加快推进本市综合保税区
　　功能提升的若干措施》的通知）………………………………………………… 263
津自贸发〔2023〕4号
　　[中国（天津）自由贸易试验区管理委员会关于印发《中国（天津）自由贸易试验区
　　联动创新示范基地（泰达综合保税区）建设实施方案》的通知]…………… 267

文字资料篇

中国保税区出口加工区协会2023年工作总结及2024年工作计划 ………………… 273
2023年度我国综合保税区等海关特殊监管区域以及保税物流中心（B型）的
　　外贸进出口情况简析 ………………………………………………………… 277
上海外高桥保税区
SHANGHAI WAIGAOQIAO FREE TRADE ZONE ………………………………… 293
宁波保税区（宁波北仑港综合保税区）
NINGBO FREE TRADE ZONE ……………………………………………………… 296
广州保税区
GUANGZHOU FREE TRADE ZONE ………………………………………………… 299
天津泰达综合保税区
TIANJIN TEDA COMPREHENSIVE BONDED ZONE ……………………………… 300
秦皇岛综合保税区
QINHUANGDAO COMPREHENSIVE BONDED ZONE …………………………… 302
廊坊综合保税区
LANGFANG COMPREHENSIVE BONDED ZONE ………………………………… 304
洋山特殊综合保税区
YANGSHAN FREE TRADE AREA ………………………………………………… 306
上海浦东机场综合保税区
SHANGHAI PUDONG AIRPORT FREE TRADE ZONE …………………………… 308
上海外高桥港综合保税区
SHANGHAI WAIGAOQIAO PORT FREE TRADE ZONE ………………………… 311
松江综合保税区
SONGJIANG COMPREHENSIVE BONDED ZONE ………………………………… 314

金桥综合保税区
JINQIAO COMPREHENSIVE BONDED ZONE ················· 316
奉贤综合保税区
FENGXIAN COMPREHENSIVE BONDED ZONE ················ 319
嘉定综合保税区
JIADING COMPREHENSIVE BONDED ZONE ················· 321
苏州工业园综合保税区
SUZHOU INDUSTRIAL PARK INTEGRATED FREE TRADE ZONE ················· 323
苏州高新技术产业开发区综合保税区
SUZHOU NATIONAL NEW & HI-TECH DISTRICT INTEGRATED FREE TRADE ZONE ··· 326
无锡高新区综合保税区
WUXI NEW DISTRICT FREE TRADE ZONE ················· 329
南京综合保税区（龙潭）
NANJING FREE TRADE ZONE（LONGTAN） ················· 331
南京综合保税区（江宁）
NANJING FREE TRADE ZONE（JIANGNING） ················· 334
连云港综合保税区
LIANYUNGANG COMPREHENSIVE BONDED ZONE ················ 336
镇江综合保税区
ZHENJIANG COMPREHENSIVE BONDED ZONE ················ 339
常州综合保税区
CHANGZHOU FREE TRADE ZONE ················· 341
吴中综合保税区
WUZHONG FREE TRADE ZONE ················· 344
扬州综合保税区
YANGZHOU FREE TRADE ZONE ················· 346
常熟综合保税区
CHANGSHU FREE TRADE ZONE ················· 348
武进综合保税区
WUJIN FREE TRADE ZONE ················· 350
南通综合保税区
NANTONG FREE TRADE ZONE ················· 352
太仓港综合保税区
TAICANG PORT COMPREHENSIVE BONDED ZONE ················· 354
杭州综合保税区
HANGZHOU COMPREHENSIVE FREE TRADE ZONE ················· 356
绍兴综合保税区
SHAOXING COMPREHENSIVE BONDED ZONE ················· 359

泉州综合保税区
QUANZHOU COMPREHENSIVE BONDED ZONE …………………………………… 361
东营综合保税区
DONGYING COMPREHENSIVE FREE TRADE ZONE ……………………………… 363
烟台综合保税区
YANTAI FREE TRADE ZONE ………………………………………………………… 366
青岛胶州湾综合保税区
QINGDAO JIAOZHOU BAY FREE TRADE ZONE ………………………………… 368
青岛西海岸综合保税区
QINGDAO WEST COAST COMPREHENSIVE BONDED AREA ………………… 371
深圳盐田综合保税区
SHENZHEN YANTIAN INTEGRATED FREE TRADE ZONE ……………………… 374
广州黄埔综合保税区
GUANGZHOU HUANGPU FREE TRADE ZONE …………………………………… 376
海南自由贸易港海口综合保税区
HAINAN FREE TRADE PORT HAIKOU COMPREHENSIVE BONDED ZONE ………… 378
九江综合保税区
JIUJIANG INTEGRATED FREE TRADE ZONE ……………………………………… 382
武汉新港空港综合保税区
WUHAN NEW PORT AND AIRPORT COMPREHENSIVE BONDED ZONE ………… 384
宜昌综合保税区
YICHANG COMPREHENSIVE BONDED ZONE …………………………………… 387
衡阳综合保税区
HENGYANG COMPREHENSIVE BONDED ZONE ………………………………… 390
岳阳城陵矶综合保税区
YUEYANG CHENGLINGJI FREE TRADE ZONE …………………………………… 392
长沙黄花综合保税区
CHANGSHA HUANGHUA FREE TRADE ZONE …………………………………… 395
钦州综合保税区
QINZHOU COMPREHENSIVE BONDED ZONE …………………………………… 398
广西凭祥综合保税区
GUANGXI PINGXIANG INTEGRATED FREE TRADE ZONE …………………… 401
北海综合保税区
BEIHAI INTEGRATED FREE TRADE ZONE ………………………………………… 403
重庆西永综合保税区
CHONGQING XIYONG COMPREHENSIVE BONDED ZONE …………………… 405
重庆江津综合保税区
CHONGQING JIANGJIN COMPREHENSIVE BONDED ZONE ………………… 408

成都高新综合保税区（高新园区）
CHENGDU HI-TECH COMPREHENSIVE BONDED ZONE（HI-TECH ZONE） ………… 410
贵安综合保税区
GUI'AN FREE TRADE ZONE ………………………………………………… 412
红河综合保税区
HONGHE COMPREHENSIVE BONDED ZONE ………………………………… 415
陕西西咸空港综合保税区
SHAANXI XIXIAN AIRPORT COMPREHENSIVE BONDED ZONE ……………… 417
西宁综合保税区
XINING COMPREHENSIVE BONDED ZONE …………………………………… 421
乌鲁木齐综合保税区
URUMQI FREE TRADE ZONE ………………………………………………… 423
沈阳综合保税区桃仙园区
SHENYANG COMPREHENSIVE BONDED ZONE TAOXIAN AREA ……………… 425

统计资料篇

2023年全国部分保税区经济指标统计汇总表 ………………………………………… 431
2023年东部地区部分综合保税区经济指标统计汇总表 ……………………………… 435
2023年中西部和东北地区部分综合保税区经济指标统计汇总表 …………………… 491
上海外高桥保税区统计数据表 …………………………………………………………… 514
广州保税区统计数据表 …………………………………………………………………… 516
天津泰达综合保税区统计数据表 ………………………………………………………… 519
秦皇岛综合保税区统计数据表 …………………………………………………………… 521
廊坊综合保税区统计数据表 ……………………………………………………………… 524
洋山特殊综合保税区统计数据表 ………………………………………………………… 526
上海浦东机场综合保税区统计数据表 …………………………………………………… 528
上海外高桥港综合保税区统计数据表 …………………………………………………… 529
松江综合保税区统计数据表 ……………………………………………………………… 530
奉贤综合保税区统计数据表 ……………………………………………………………… 533
嘉定综合保税区统计数据表 ……………………………………………………………… 535
苏州工业园综合保税区统计数据表 ……………………………………………………… 538
苏州高新技术产业开发区综合保税区统计数据表 ……………………………………… 540
连云港综合保税区统计数据表 …………………………………………………………… 543
镇江综合保税区统计数据表 ……………………………………………………………… 546
常州综合保税区统计数据表 ……………………………………………………………… 549
常熟综合保税区统计数据表 ……………………………………………………………… 552

武进综合保税区统计数据表	555
南通综合保税区统计数据表	558
太仓港综合保税区统计数据表	561
宁波北仑港综合保税区统计数据表	564
杭州综合保税区统计数据表	567
东营综合保税区统计数据表	569
青岛胶州湾综合保税区统计数据表	571
青岛西海岸综合保税区统计数据表	574
深圳盐田综合保税区统计数据表	577
海口综合保税区统计数据表	579
九江综合保税区统计数据表	582
衡阳综合保税区统计数据表	585
岳阳城陵矶综合保税区统计数据表	587
北海综合保税区统计数据表	590
重庆江津综合保税区统计数据表	593
乌鲁木齐综合保税区统计数据表	596

文献法规篇

国发〔2023〕23号

[国务院关于印发《全面对接国际高标准经贸规则推进中国（上海）自由贸易试验区高水平制度型开放总体方案》的通知]

各省、自治区、直辖市人民政府，国务院各部委、各直属机构：

现将《全面对接国际高标准经贸规则推进中国（上海）自由贸易试验区高水平制度型开放总体方案》印发给你们，请认真贯彻执行。

国务院
2023年11月26日

（本文有删减）

全面对接国际高标准经贸规则推进中国（上海）自由贸易试验区高水平制度型开放总体方案

支持中国（上海）自由贸易试验区（含临港新片区，以下简称上海自贸试验区）对接国际高标准经贸规则，推进高水平制度型开放，是新时代全面深化改革和扩大开放的重要举措。为全面实施自由贸易试验区提升战略，更好发挥上海自贸试验区先行先试作用，打造国家制度型开放示范区，制定本方案。

一、总体要求

以习近平新时代中国特色社会主义思想为指导，全面贯彻落实党的二十大精神，贯彻落实总体国家安全观，坚持稳中求进工作总基调，完整、准确、全面贯彻新发展理念，构建新发展格局，推动高质量发展，更好统筹国内国际两个大局，统筹发展和安全，全面对接国际高标准经贸规则，稳步扩大规则、规制、管理、标准等制度型开放，在上海自贸试验区规划范围内，率先构建与高标准经贸规则相衔接的制度体系和监管模式，为全面深化改革和扩大开放探索新路径、积累新经验。

二、加快服务贸易扩大开放

（一）金融服务

1. 鼓励金融机构和支付服务提供者率先推出电子支付系统国际先进标准，开展数字身份跨境认证与电子识别。支持依法依规引进境外电子支付机构。电子支付监管机构应及时公开电子支付相关法律法规。

2. 在国家数据跨境传输安全管理制度框架下，允许金融机构向境外传输日常经营所需的数据。涉及金融数据出境的，监管部门可基于国家安全和审慎原则采取监管措施，同时保证重要数据和个人信息安全。

3. 深化金融科技国际合作，便利金融机构开展跨境资产管理，为境外设立的基金产品提供境内投资管理、估值核算等服务。有序推进数字人民币试点，探索数字人民币在贸易领域的应用场景。在风险可控前提下，审慎探索在临港新片区内放宽非居民并购贷款限制，扩大贷款适用场景，支持本地金融监管机构在充分总结个案试点经验和全面评估风险管理情况基础上研究制定业务指引。

4. 优化跨国公司跨境资金集中运营管理政策，支持跨国公司设立资金管理中心，完善资金池安排。在临港新片区内建设再保险国际板。支持保险资金依托上海自贸试验区内有关交易所试点投资黄金等大宗商品。

5. 提升自由贸易账户系统功能，优化账户规则，实现资金在上海自贸试验区与境外间依法有序自由流动。

6. 研究符合条件的资产管理公司（不含金融资产管理公司、基金管理公司、地方资产管理公司）开展资产支持证券跨境转让业务，探索融资租赁资产跨境转让并试点以人民币结算。支持商业保理公司在符合进出口与收付汇一致性要求前提下，办理基于真实国际贸易背景的商业保理业务。

（二）电信服务

7. 基础电信企业在不影响质量和可靠性前提下，提供合理和非歧视待遇，依法依规及时提供移动电话号码（非物联网号码）携号转网服务，并不断提高服务质量。

8. 在遵守法律法规和行业管理要求前提下，基础电信企业进一步完善移动通信转售业务服务体系，合理确定费率，且不设置歧视性条件。

三、提升货物贸易自由化便利化水平

（一）特定货物进口

9. 对符合条件的自境外暂时准许进入上海自贸试验区海关特殊监管区域内进行修理的货物实施保税，复运出境的免征关税，不复运出境、转为内销的须照章征收关税。

10. 在上海自贸试验区进口葡萄酒和蒸馏酒，且境内代理商注册地在区内的，贸易商可免于在容器、标签、包装上标示商标或商品名的中文译文以及有效日期、保质期、最迟销售日期。若由于包装、容器问题或易腐成分添加导致上述日期比消费者预期更短，贸易商应作标示。

11. 在上海自贸试验区进口医疗器械，且境外注册人或备案人指定的境内代理人住所在区内的，境内代理人可在医疗器械质量管理体系有效管控下，于销售或供应前在海关特殊监管区域内按规定粘贴中文标签或副标签。粘贴中文标签或副标签应向属地药品监管部门报告，并接受属地药品监管部门监督。海关、属地药品监管部门建立工作配合机制，共享上述粘贴中文标签或副标签进口医疗器械的信息，海关在进口环节根据属地药品监管部门提供的信息做好通关及检验监管。

（二）商用密码产品管理

12. 除列入商用密码进口许可清单的外，对不涉及国家安全、社会公共利益的商用密码产品进口，不采取限制措施。

13. 除涉及国家安全、社会公共利益外，对制造、出售、分销、进口或使用商用密码产品的，不强制制定或实施技术法规及合格评定程序以获取专有密码信息、要求与境内企业合伙或使用特定密码算法等。

14. 加快推进商用密码检测认证体系建设，鼓励积极采信商用密码检测认证结果。涉及国家安全、国计民生、社会公共利益的商用密码产品，应由具备资格的商用密码检测、认证机构检测认证合格后，方可销售或提供。

（三）通关便利化

15. 优化国际中转集拼平台运作模式，吸引全球拼箱企业在洋山特殊综合保税区内设立拼箱中心，允许开展出口拼箱、国际中转拆拼箱等多业态同场作业。对由境外启运，经洋山特殊综合保税区换装、分拆、集拼，再运往其他国家或地区的中转货物不检验（法律法规等另有规定的除外）。

16. 对在上海自贸试验区进口的货物，允许境外出口商或生产商通过其在区内的代理人向属地海关申请预裁定。

17. 对在境外实施符合要求检疫处理后的特定品类进口货物，简化境内检疫措施。

18. 支持境外利益相关方依法平等参与上海自贸试验区相关标准制修订。除依法需保密的外，上海自贸试验区在制定地方性法规和规章时，应将草案及其说明等向社会征求意见，期限一般不少于60日，鼓励重要文件同时提供外文版供参考。

19. 在确保数据安全前提下，支持上海国际贸易"单一窗口"建设数据跨境交换系统；采用国际公认标准及可获得的开放标准，加强系统兼容性和交互操作性；通过国际合作，分享数据交换系统开发和管理领域的信息、经验和最佳实践，共同开发数据交换系统试点项目。

20. 鼓励物流企业优化创新"最后一公里"配送解决方案。试点在洋山港建设自动化驾驶智能测试专用道。

21. 试点在洋山特殊综合保税区开展区港一体化管理，允许在口岸区域开展物流和加工，取消货物堆存期限限制。在符合监管条件前提下，经外高桥港区、浦东国际机场等上海其他口岸进出洋山特殊综合保税区的货物，试点适用海关一线径予放行政策。

（四）海关监管执法

22. 对有关经营主体依法依规向海关提交的秘密信息（包括一旦披露可能损害信息提供者竞争地位的信息），上海自贸试验区应设置相关程序防止其未经经营主体授权被披露。

23. 对进出口的涉嫌侵权假冒货物，海关依职权采取边境措施。对发现的过境涉嫌侵权假冒货物，海关可将货物相关信息通报给货物目的国海关。

四、率先实施高标准数字贸易规则

（一）数据跨境流动

24. 企业和个人因业务需要确需向境外提供数据，且符合国家数据跨境传输安全管理要求的，可以向境外提供。

25. 按照数据分类分级保护制度，支持上海自贸试验区率先制定重要数据目录。指导数据处理者开展数据出境风险自评估，探索建立合法安全便利的数据跨境流动机制，提升数据跨境流动便利性。

26. 在遵守网络管理制度前提下，消费者可使用不对网络造成损害的终端设备接入互联网和使用网上可获得的服务与应用。

27. 实施数据安全管理认证制度，引导企业通过认证提升数据安全管理能力和水平，形成符合个人信息保护要求的标准或最佳实践。

（二）数字技术应用

28. 支持上海自贸试验区参考联合国国际贸易法委员会电子可转让记录示范法，推动电子提单、电子仓单等电子票据应用。

29. 加强全面数字化的电子发票管理，增强电子发票跨境交互性，鼓励分享最佳实践，开展国际合作。支持电子发票相关基础设施建设，支持对企业开展电子发票国际标准应用能力培训。

30. 支持上海自贸试验区研究完善与国际接轨的数字身份认证制度，开展数字身份互认试点，并就政策法规、技术工具、保障标准、最佳实践等开展国际合作。

31. 借鉴国际经验，研究建立人工智能技术的伦理道德和治理框架。支持设立人工智能伦理专家咨询机构。制定人工智能伦理规范指南，发布企业人工智能伦理安全治理制度示范案例。

32. 支持可信、安全和负责任地使用人工智能技术。优化"人工智能+医疗器械"

应用审评审批程序，对进入创新医疗器械特别审查程序的人工智能辅助诊断医疗器械加快审评审批。完善外资企业参与创新药物研发等领域人工智能创新合作的方式及要求。在保障安全前提下，探索开展高度自动驾驶车辆在高速公路和高架道路上测试及示范应用，加快推动智能网联汽车商业化应用。深入开展智能网联汽车高精度地图应用试点。

（三）数据开放共享和治理

33. 建立健全数据共享机制，支持企业依法依规共享数据，促进大数据创新应用。支持建设国际开源促进机构，参与全球开源生态建设。支持探索开展数据交易服务，建设以交易链为核心的数据交易和流通关键基础设施，创建数据要素流通创新平台，制定数据、软件资产登记凭证标准和规则。

34. 扩大政府数据开放范围，明确获取和使用公开数据方式，发布开放数据集目录。探索开展公共数据开发利用，鼓励开发以数据集为基础的产品和服务。

35. 举办数字中小企业对话会，促进中小企业合作与数字化发展。支持中小企业利用相关平台、数字工具等参与政府采购。

36. 推动境内外机构开展合作，搭建中小企业参与数字经济信息交流平台。支持开展数字包容性国际合作，分享数字经济可持续发展成果和最佳实践。

37. 加强对非应邀商业电子信息的监管，强化监管技术应用和国际合作。

38. 健全数字经济公平竞争常态化监管制度，发布数字市场竞争政策和最佳实践，促进竞争政策信息和经验国际交流，开展政策制定和执法能力建设培训。

五、加强知识产权保护

（一）商标与地理标志

39. 上海自贸试验区内经营主体提出商标注册申请时，主管部门应在商标注册公告和初步审定公告中标明货物或服务名称，并根据尼斯分类进行分组。

40. 充分公开国外地理标志（含意译、音译或字译）在中国获得保护的法律手段，明确异议处理及注销相关规定。

41. 通过规范以下行为，对地理标志产品实施高水平保护：使用地理标志指示产品源自非其真正产地的某一地理区域；指示并非来自该产地的某一相同或近似产品；指示不符合受保护名称产品规范的某一相同或近似产品。

（二）专利

42. 专利行政部门对发明专利申请满18个月未作出审查决定的，应当公布专利申请信息。对经初步审查不符合相关要求或还需进一步审查的，应说明原因。专利行政部门可依申请提早公布申请结果。

43. 对已获准在中国境内上市销售的新农用化学品的未披露实验等数据实施保护。即使该化学品在境内的另一专利保护期先行届满，仍应继续按该数据的保护期给予保护。

（三）行政监管和司法保护

44. 加大行政执法监管力度和对权利人的司法保护力度，规范具有商业规模、故意使用以下标签或包装的行为：未经授权在标签或包装上使用与已在中国境内注册商标相同或无法区别的商标；意图在商业交易过程中将标签或包装用于商品或服务，且该商品或服务与已在中国境内注册商标的商品或服务相同。

45. 对以营利为目的，未经授权在电影院放映过程中对电影作品进行复制且对权利人造成重大损害的行为，加大行政执法监管力度和对权利人的司法保护力度。

46. 进一步完善商业秘密保护制度，为商业秘密权利人提供全面法律救济手段。对以下侵犯商业秘密且情节严重的行为，加大行政执法监管力度和对权利人的司法保护力度；未经授权获取计算机系统中的商业秘密；未经授权盗用、披露商业秘密（包括通过计算机系统实施上述行为）。

六、推进政府采购领域改革

（一）采购程序

47. 在上海自贸试验区内，国家机关、事业单位、团体组织和指定的其他采购实体，为了自身履职或提供公共服务需要，以合同方式取得货物、工程和服务，以及订立"建设—运营—移交"合同和公共工程特许合同，适用本方案相关规定（涉及国家安全和国家秘密的项目除外）。

48. 在上海自贸试验区进行的政府采购一般应实行公开竞争。对以下情形，可采用单一来源方式采购：无投标、无合格投标、无合格供应商或存在串通投标；只能由特定供应商提供；为保持技术一致性或避免重新采购，对原采购补充采购；有限试用或委托研发的首创性货物及服务；发生不可预见的紧急情况，不能从其他供应商处采购等。

49. 政府采购实行有限竞争时，采购人应发布包括采购人信息、采购说明、资格要求等充分信息的资格预审公告，邀请供应商提交资格预审申请文件。如采购人有意选择有限数量的合格供应商投标，需说明相应选择标准和数量限额。

50. 政府采购实施邀请招标时，采购人应提前发布相关信息。开展200万元以上的货物、服务采购或5000万元以上的工程采购，采用邀请招标方式的采购人应设定提交资格预审申请文件的最后日期，一般应自资格预审文件发出之日起不少于25日，紧急情况下不少于10日。

51. 政府采购实施招标时，采购人设定提交投标文件的最后日期，一般应自招标文件发出之日起不少于40日。符合特殊情形的，可以适当缩短期限，但不得少于10日。

（二）采购管理

52. 采购人编制政府采购预算时，应充分考虑以下因素：各类费用、佣金、利息等；选择性购买的价格；同一采购项下的所有合同。

53. 依法依规进行政府采购信息公开。尽可能免费向供应商提供招标文件，并鼓励以中英两种语言发布采购公告。

54. 采购人有证据证明有关供应商在参与政府采购活动前3年内，履行与采购人或与采购人存在管理关系单位的采购合同时，发生过重大实质性违约且未及时采取合理补救措施的，可以拒绝其参与采购活动，但应当在采购文件中载明。

55. 采购人在编制政府采购需求时可以设置关于环境保护以及信息保护的技术要求。采购标的存在国际标准的，采购人可根据实际情况采用国际标准。

56. 应未中标、成交供应商请求，采购人应向其答复未中标、成交的理由或中标、成交供应商的优势说明，答复内容不得涉及商业秘密。

57. 采购人、采购代理机构应妥善保存政府采购项目每项采购活动的采购文件、记录和报告，不得伪造、变造、隐匿或者销毁。采购相关文件应从采购结束之日起至少保存15年。

58. 提升政府采购电子化采购平台的数字技术应用水平，推动采购流程透明化、规范化和智能化，推进电子证照应用。

59. 政府采购应便于中小企业参与，鼓励通过电子化方式进行采购。根据采购的规模、设计和结构，可对中小企业实施合同分包。

（三）采购监督

60. 指定独立于采购人的审查主管机关，就供应商对政府采购活动提出的投诉进行审查。鼓励采购人和供应商通过磋商解决投诉。

61. 供应商认为政府采购文件、采购过程和中标结果、成交结果使自身权益受到损害的，可以在知道或应知道其权益受到损害之日起10日内，以书面方式向采购人提出质疑。

七、推动相关"边境后"管理制度改革

（一）国有企业改革

62. 深化国资监管机构职能转变，对国资监管机构持股的混合所有制企业、股权多元化的国有全资公司，实施有别于国有独资公司的管理新模式，规范股东履职程序，发挥好股东会作用。

63. 上海自贸试验区内指定专营企业购买、销售货物或服务时，应依照商业考虑进行决策。

64. 对在上海自贸试验区内提供公共产品和服务的企业，建立科学合理、稳定可靠的补偿机制。

65. 建立健全国有企业信息公开制度，持续完善、规范信息披露程序，加强对国有企业信息公开工作的分类指导，推动国有企业控股或参股上市公司提升治理运作的规范化水平。

（二）劳动者权益保护

66. 支持上海自贸试验区内企业率先创建和谐劳动关系，全面落实劳动合同、集体合同制度，依法依规保障劳动者劳动报酬、休息休假、劳动安全卫生、社会保险、职业技能培训等基本权益，建立劳动者工资集体协商和正常增长机制，加强劳动保护，改善劳动条件。强化工会劳动法律监督，开展劳动用工法治体检。

67. 依据相关法律法规规定，并参照国际劳工组织工商业劳动监察公约等要求，在上海自贸试验区配备劳动保障监察员，实施智慧监察，加大劳动保障监察执法力度。鼓励和支持开展国际劳工领域人才培养培训。

68. 推动完善相关地方性法规、政府规章，地方政府、有关部门和机构不得为促进贸易或投资而降低劳动者权益保护水平。

69. 健全协调劳动关系三方机制，日常受理劳动者、工会、企业等提出的相关意见；处理、接受有关领域公众书面意见，开展公众意见审议，酌情公开审议结果；积极培育基层劳动关系服务站点等，鼓励和支持社会力量参与劳动人事争议协商调解。

（三）环境保护

70. 出台生物多样性保护政策，支持上海自贸试验区加强对生物多样性的保护和可持续利用。

71. 支持开展绿色低碳领域国际合作、经验分享和能力建设。加快推进设立全国碳排放权交易机构。允许临港新片区内企业以加工贸易或保税物流方式开展以船供为目的的高低硫燃料油混兑调和业务，符合条件的仓储设施可以同时具备出口监管仓库和保税仓库功能。支持临港新片区加快氢能核心技术攻关与标准体系建设，允许依法依规建设制氢加氢一体站，开展滩涂小规模风电制氢，完善高压储氢系统。

72. 支持设立认证机构，开展绿色产品和生态产品认证，进行认证产品溯源，建立认证产品溯源机制。

73. 支持通过规范渔具渔法、减少捕捞时间、削减渔船数量、实施捕捞配额等措施，打击非法、不报告和不管制捕捞行为，以保护相关鱼类种群。

74. 鼓励环境产品和服务进出口，丰富绿色金融产品和服务体系，研究推广绿色债券以及环境、社会和治理（ESG）指数，推动开展环境产品和服务合作。

八、加强风险防控体系建设

75. 健全风险评估机制。及时跟踪试点

进展，分析评估新情况新问题，根据风险程度，分别采取调整、暂缓或终止等处置措施。

76. 建立风险预警制度。以新技术为支撑提升监管效率，采用大数据分析技术判断识别风险，根据风险程度进行分类监管。

77. 加强金融风险防控。金融监管部门基于审慎原则采取合理措施，保护金融消费者合法权利，保障金融系统稳定运行。依法依规开展金融监管信息共享、监管协作和风险跨境处置合作。加强对跨境收支业务数据的采集、监测和运用。通过"沙盒监管"等监管机制创新，确保风险有效隔离。坚持金融业务持牌经营要求，通过风险提示、风控指标计算、信息报送等，加强相关风险监测和防范。

78. 加强监管互认与合作。借鉴国际通行惯例与规则，视情采信其他国家监管机构报告，研究启动监管互认机制，做好数据交换、结果互认、工作协同、执法互助。建立与境外网络安全机构合作机制，推动形成网络安全问题全球合作解决方案。

79. 强化安全审查机制。落实好外商投资准入负面清单，用好外商投资安全审查等机制。全面加强网络安全检查，落实关键信息基础设施防护责任。依法依规开展信息公开，进一步规范重要信息公开程序。

80. 推进全流程监管。完善监管规则，创新监管方法，健全权责明确、公平公正、公开透明、简约高效的监管体系，统筹推进市场监管、质量监管、安全监管、网络监管等，加强协同监管，堵塞监管漏洞。

上海市人民政府要强化主体责任，根据本方案确定的任务，进一步完善工作机制，扎实推进各项措施落实；要建立完善制度创新机制，鼓励大胆试、大胆闯；要用足用好浦东新区法规制定权，强化改革试点法治保障；要加强安全评估和风险防范，提升重大突发事件应对水平；要加快建设高水平专业化对外开放工作队伍，为打造国家制度型开放示范区提供有力支撑。国务院有关部门要按职责分工，给予积极支持，形成工作合力，确保各项措施落实到位。对确需制定具体意见、办法、细则、方案的，应在本方案印发之日起一年内完成，确保落地见效。商务部要加强统筹协调，组织开展成效评估，指导落实试点任务，支持上海总结成熟经验并及时复制推广。需调整现行法律或行政法规的，按法定程序办理。对本方案实施中出现的新情况、新问题，上海市人民政府和商务部要及时进行梳理和研究，不断调整优化措施，重大事项及时向党中央、国务院请示报告。

国发〔2023〕17号

[国务院关于印发《中国（新疆）自由贸易试验区总体方案》的通知]

各省、自治区、直辖市人民政府，新疆生产建设兵团，国务院各部委、各直属机构：

现将《中国（新疆）自由贸易试验区总体方案》印发给你们，请认真贯彻执行。

国务院

2023年10月21日

（本文有删减）

中国（新疆）自由贸易试验区总体方案

建立中国（新疆）自由贸易试验区（以下简称自贸试验区）是党中央、国务院作出的重大决策，是新时代推进改革开放的重要战略举措。为高标准高质量建设自贸试验区，制定本方案。

一、总体要求

（一）指导思想

以习近平新时代中国特色社会主义思想为指导，全面贯彻落实党的二十大精神，统筹推进"五位一体"总体布局和协调推进"四个全面"战略布局，完整、准确、全面贯彻新时代党的治疆方略，坚持稳中求进工作总基调，完整、准确、全面贯彻新发展理念，加快构建新发展格局，着力推动高质量发展，更好统筹发展和安全，主动服务和融入国家重大战略，坚持推进高水平对外开放，加快实施自由贸易试验区提升战略，发挥好改革开放综合试验平台作用，把自贸试验区建设成为新时代改革开放新高地。

（二）战略定位及发展目标

以制度创新为核心，以可复制可推广为基本要求，全面贯彻落实第三次中央新疆工作座谈会精神，深入贯彻落实习近平总书记关于新疆工作的系列重要讲话和指示批示精神，牢牢把握新疆在国家全局中的战略定位，把依法治疆、团结稳疆、文化润疆、富民兴疆、长期建疆各项工作做深做细做实，努力打造促进中西部地区高质量发展的示范样板，构建新疆融入国内国际双循环的重要枢纽，服务"一带一路"核心区建设，助力创建亚欧黄金通道和我国向西开放的桥头堡，为共建中国—中亚命运共同体作出积极贡献。

赋予自贸试验区更大改革自主权，充分发挥新疆"五口通八国、一路连欧亚"的区位优势，深入开展差别化探索，培育壮大新疆特色优势产业。经过三至五年改革探索，努力建成营商环境优良、投资贸易便利、优势产业集聚、要素资源共享、管理协同高效、辐射带动作用突出的高标准高质量自由贸易园区。

二、区位布局

（一）实施范围

自贸试验区的实施范围179.66平方公里，涵盖三个片区：乌鲁木齐片区134.6平方公里（含新疆生产建设兵团第十二师30.8平方公里；含乌鲁木齐综合保税区2.41平方公里），喀什片区28.48平方公里（含新疆生产建设兵团第三师3.81平方公里；含喀什综合保税区3.56平方公里），霍尔果斯片区16.58平方公里（含新疆生产建设兵团第四师1.95平方公里；含霍尔果斯综合保税区3.61平方公里）。

自贸试验区的开发利用须遵守土地利用、生态环境保护、规划有关法律法规，符合国土空间规划，并符合节约集约用地的有关要求。

（二）功能划分

乌鲁木齐片区依托陆港空港联动发展区位优势，加强陆港型国家物流枢纽建设，重点发展国际贸易、现代物流、先进制造业、纺织服装业及生物医药、新能源、新材料、软件和信息技术服务等新兴产业，积极发展科技教育、文化创意、金融创新、会展经济等现代服务业，打造与中亚等周边国家交流合作的重要平台。喀什片区依托国际贸易物流通道优势，做大做强外向型经济，重点发展农副产品精深加工、纺织服装制造、电子产品组装等劳动密集型产业，大力推动进口资源落地加工，积极培育国际物流、跨境电商等现代服务业，打造联通中亚、南亚等市场的商品加工集散基地。霍尔果斯片区依托跨境合作及陆上边境口岸型国家物流枢纽等优势，重点发展跨境物流、跨境旅游、金融服务、展览展示等现代服务业，做大做强特色医药、电子信息、新材料等产业，打造跨境经贸投资合作新样板。

三、主要任务和措施

（一）加快转变政府职能

1. 打造一流营商环境。率先推进"数字政府"建设，提高政府运行效能，推进服务数字化、规范化、智能化，打造全疆标杆。赋予自贸试验区更大改革自主权，新疆维吾尔自治区、新疆生产建设兵团能够下放的经济社会管理权限，凡具有实际需要、符合下放条件的，全部依法下放至自贸试验区。探索实施食品经营许可等"证照同办"。授权自贸试验区对食品相关产品等重要工业品生产许可证采取告知承诺制方式直接受理和审批。探索将农作物种子进出口企业的种子生产经营许可证核发权限下放至新疆省级农业农村部门，同时加强管理，促进种子市场规范有序发展。支持乌鲁木齐建设"丝绸之路经济带法务区"，完善法律服务机制，集聚高素质法律服务人才，积极引进更多有国际影响力的涉外法律服务机构。提升法律服务能力，组建涉外法律专家和律师团队，建立涉外法律服务专家库，开展国际法律及合规培训，提升法治保障水平。

2. 提升科技服务能力和合作水平。推动在风力发电等领域建设国家技术创新中心，持续推动"一带一路"联合实验室建设。布局建设具有区域特色的新疆实验室，优化提升自治区重点实验室，紧紧围绕特色产业开展基础研究、应用基础研究和前沿技术研究。探索与中亚等周边国家在农业、能源、资源、环境、医药健康等领域共建联合实验室或联合研究中心，搭建集成研究、科技人才交流与培养合作平台。建立中国—中亚等区域创业创新创客基地和技术转移中心，建设科技成果孵化基地和科技企业孵化器。

3. 坚持生态优先和低碳发展。推动重大生态环保改革举措优先在自贸试验区试点，指导支持自贸试验区开展生态文明示范创建。鼓励自贸试验区内企业开展自愿碳减排，推动符合条件的企业参与碳排放权交易。实施企业环境信息依法披露制度，探索完善环保信用评价与修复机制，推进环保信用评价制度建设。深入探索减污降碳协同增效路径，支持建设绿色低碳生态园区。拓展

"三线一单"（生态保护红线、环境质量底线、资源利用上线和生态环境准入清单）应用场景，加强生态环境分区管控成果对生态、大气、固废等环境管理的支撑，促进产业发展绿色转型。持续提升重点领域和行业环评管理效能，发挥环评制度源头预防效力。在大气环境容量偏低的区域，涉气重点行业落实好产能等量置换要求，着力构建科技含量高、资源消耗低、环境污染小的绿色产业结构。

（二）深化投资领域改革

4. 推动投资自由化便利化。健全外商投资服务保障机制，切实保障外商投资企业依法公平参与政府采购、招投标、标准制定等事项，支持符合条件的企业平等享受产业和区域发展政策。鼓励设立外资研发中心，在研发费用、专职研发人员数量、购置设备等方面降低准入门槛。支持采取"平台+园区"、"机构+企业"的共享开放合作发展模式，建设国别产业合作园区。

5. 提升对外投资合作水平。构建对外投资政策促进、服务保障和风险防控体系，建设企业"走出去"窗口和综合服务平台。鼓励支持自贸试验区内企业通过合资、合作、并购、参股等多种方式，对中亚等周边共建"一带一路"国家在能源资源、新材料、特色医药、农产品种植等领域开展对外投资，与国内产业衔接、产能互补、协同发展。完善对外投资管理，提升非金融类境外投资的便利化水平。

（三）推动对外贸易创新发展

6. 提升贸易便利化水平。加快中国（新疆）国际贸易"单一窗口"建设，丰富跨境电商、物流全程协同等地方特色应用。扩大自中亚等周边国家优质农产品、食品进口。率先推进边境口岸农副产品快速通关"绿色通道"全覆盖。扩大周边国家特色中药材进口，对进口睡莲花、秋水仙、洋甘菊、石榴花、玫瑰花、牛舌草等新疆急需中药材批量开展风险评估，加快签订双边议定书。探索进口大麦加工为饲用芽苗的闭环监管模式。依托中哈霍尔果斯国际边境合作中心（以下简称合作中心），加强与周边国家农产品、食品风险信息互通、检测执法互助领域合作。推进中国—中亚区域检验检疫安全技术合作与交流，搭建中国—中亚法规标准信息交流平台。推动综合保税区与自贸试验区统筹发展。实施重要矿产品"口岸+卸货地"联合监管模式。探索在满足监管条件的基础上，打造国际邮件、国际快件、跨境电商集约化监管模式。对边民互市贸易进口商品实施分层查验、分类监管。做好进口资源性商品的采信试点工作，鼓励符合资质要求的第三方检验检测机构参与，进一步提高通关效率。

7. 培育外贸新业态新模式。推动建设边境仓、海外仓，鼓励优势企业在中亚国家建设海外仓，构建多仓联动跨境集运模式。支持符合条件的边境贸易商贸中心和商品市场夯实市场采购贸易发展基础，按程序申请开展市场采购贸易方式试点。集聚供应链管理、贸易中间商等功能性企业，探索开展离岸贸易，培育具备全球资源配置功能的中转集拼和国际分拨业务。支持自贸试验区内符合条件的企业按照综合保税区维修产品目录开展"两头在外"的工程机械、轨道交通、航空航天等高技术、高附加值、符合环保要求的保税维修业务。建立"一次检测、一次运输、一体化作业"整车保税仓储"三个一"监管模式。整合中亚粮食、棉花等优势农产品资源，支持符合条件的粮食加工、棉纺企业做好粮食、棉花进口业务。

8. 推进内外贸一体化发展。在自贸试验区内开展内外贸一体化先行先试，聚焦棉纺、番茄、硅基等优势产业，用足用好现有支持政策，支持企业一体化经营、一体化市场开拓、一体化品牌培育。加快构建特色产品全产业链标准体系，推动棉纺、番茄、硅基产品标准与国际标准协调对接，提升内外标准一致化水平。统筹推进棉花认证体系建设工作，打造具有国际影响力的棉花认证品牌。发挥重点贸易促进平台作用，借助中国国际进口博览会、中国进出口商品交易会、中国国际服务贸易交易会、中国国际消费品博览会等大型综合展会开展组展招商工作，安排一定面积展销特色产品，对参展企业给予展位费减免。加强非商业性境外展会公共服务，支持企业参加特色产品国际展会。加强与行业商协会合作，开展特色产品进商超、进电商平台、进批发市场活动。组织电商平台、线下零售企业举办特色产品主题消费活动，推动电商平台等设置特色产品专区。

（四）打造开放型特色产业体系

9. 做大做强传统优势产业。大力发展服装等吸纳就业能力强的纺织终端产业，高质量发展棉纺织业，打造国家优质棉纱生产基地，提高纺织服装产业促进就业能力。利用现有对二甲苯（PX）产能，打造炼化纺产业链条。支持自贸试验区内纺织服装和电子产品组装、鞋帽皮具、箱包等劳动密集型产业发展。提升林果、葡萄酒、乳制品等特色产品加工业标准化、规模化水平，打造特色优势品牌。支持新疆承接东部地区出口导向型特别是劳动密集型产业链转移，通过整合中亚国家初级产品、欧洲国家科技创新和高端部件制造能力，打造亚欧大陆产业链合作的重要节点，形成具有新疆特色的产业体系，提高就业吸纳能力。依托传统优势特色产业，加大中小企业特色产业集群培育力度，促进中小企业专精特新发展。

10. 推动制造业转型升级。依托现有石油化工产业基础，推动延链补链强链。建设国家战略性矿产资源基地和有色金属产业基地，提高有色金属就地转化比例。推动在综合保税区开展保税混矿业务。加快发展轨道交通装备、农牧机械、农产品加工装备、纺织专用装备、建筑与矿山机械装备等制造业，加快形成先进制造业集群。支持承接中东部先进装备制造业产业转移，打通绿色铸造等装备制造业配套环节，加快发展新能源汽车零部件配套产业。拓展通用航空商业化市场，推进相关基础设施建设，大力发展航空器制造维护、通航飞行、教育培训、应急救援等通用航空全产业链，打造通用航空产业集群。壮大安全应急产业，培育国家安全应急产业示范基地。打造特色医药产业，建设大宗原料药生产基地，将符合条件的创新药、中成药纳入国家医保药品目录和基本药物目录。

11. 推动数字经济创新发展。加快数字基础设施建设，构建综合数字服务平台，支持自贸试验区充分发挥新疆能源和气候优势建设数据中心，带动数据中心相关产业向新疆转移，推动新疆积极参与"东数西算"工程建设、融入国家算力网络体系。加快国际通信设施建设，助力数字丝绸之路建设。支持新疆面向中亚国家，加快布局软件及信息技术服务类企业。为中小企业数字化转型提供政策支持，加快企业数字化转型。支持乌鲁木齐片区与中亚国家依法有序开展数据信息交流合作，推动实现数据信息服务、互联网业务等领域互联互通。

（五）深化金融服务和开放创新

12. 增强金融服务功能。鼓励自贸试验区内非金融企业和金融机构与共建"一带一路"国家金融机构创新合作方式、深化交流合作。支持境外金融机构在自贸试验区依法依规新设银行、保险、证券等法人金融机构。将自贸试验区内中外资银行分行级以下分支机构（不含分行）设立、变更、终止和高级管理人员任职资格核准事项，保险支公司及以下分支机构设立、迁址、撤销和高级管理人员任职资格核准事项，由事前审批改为事后报告。鼓励银行业金融机构按照法治化、市场化原则加大对自贸试验区基础设施及配套设施建设的金融支持力度。支持在自贸试验区内综合保税区开展期货保税交割、融资租赁、仓单质押融资等业务。

13. 推动投融资便利化。在依法合规、风险可控的前提下，鼓励银行业金融机构创新科技金融服务模式，不断提升对自贸试验区内科创企业的金融服务水平。完善债券融资支持机制，推动企业发行绿色公司债券、绿色债务融资工具等。扩大出口信用保险覆盖面，支持自贸试验区内企业通过"单一窗口"、跨境金融区块链服务平台等开展线上保单融资。

14. 扩大人民币跨境使用。依托双边政府间合作平台和联动机制，推动与共建"一带一路"国家在大宗商品贸易、境外承包工程、边民互市等领域开展人民币跨境结算。拓展与共建"一带一路"国家商业银行间合作，鼓励开展双边本币直接交易和现钞跨境调运。服务合作中心建设，在依法合规、风险可控的前提下，探索开展自贸试验区内金融机构向共建"一带一路"国家转让贸易融资资产等金融业务创新。

15. 建立健全金融风险防控体系。坚持系统观念、底线思维，加强重大风险识别和系统性金融风险防范，依托信息技术创新风险研判和风险防控手段，建立联防联控机制，完善金融分类监管机制，强化反洗钱、反恐怖融资和反逃税工作，打击非法金融活动，不断提升金融风险防控能力。

（六）建设联通欧亚的综合物流枢纽

16. 构建现代综合交通枢纽体系。推动建设乌鲁木齐临空经济区，推进与国际陆港区联动发展。加快建设乌鲁木齐陆港型国家物流枢纽，推动建设空港型国家物流枢纽。扎实推进综合货运枢纽补链强链，推进跨运输方式一体化融合，强化区域协同联动，服务产业链供应链稳定顺畅。推动建设国家骨干冷链物流基地。强化国际邮件互换局（交换站）功能，探索建设"中国邮政中亚—中欧海外仓枢纽站"。支持发展中吉乌公铁联运，探索发展中巴多式联运，合作建设中吉乌等铁路项目，推动自贸试验区内陆港、口岸、园区、企业等集疏运体系建设。加快现有口岸现代化改造，增强铁路口岸能力，畅通自贸试验区多式联运大通道和末端网络。

17. 创新物流运输服务模式。推进公铁联运"一次委托、一单到底、一次结算"，探索建立符合沿边地区多式联运发展特点的业务模式和规则标准，加快与国际联运规则衔接和标准互认，推动多式联运规则标准"走出去"。探索赋予运单物权凭证功能，为有关国际规则制定提供实践支撑。探索开展基于铁路运输单证的金融服务。加强中欧班列集结中心建设，积极支持乌鲁木齐国际陆港区开行中欧班列，有效对接西部陆海新通道班列。支持搭建国际多式联运物流信息平台。优化自贸试验区与周边国家主要城市航路航线网络衔接，根据平等互利原则并结合乌鲁木齐机场、喀什机场国际航线网络建设需要，与有关国家和地区扩大包括第五航权在内的航权安排，培育发展国际航空市场。

18. 推动内陆口岸经济创新发展。支持乌鲁木齐药品进口口岸建设，提升口岸运营水平。支持开展国际航线航班保税航油加注业务。研究开展国际邮件和跨境电商商品搭乘中欧班列（乌鲁木齐）出口等业务。积极引进国际物流企业，完善流通加工、包装、信息服务、物流金融等物流服务，构建"通道+枢纽+网络"的现代物流运行体系。支持探索口岸联动发展，加快"单一窗口"优化升级，推动"智慧海关、智能边境、智享联通"建设与发展。依托现有机构构建统一高效的口岸监管体系。开展口岸综合绩效评估，清理规范口岸收费。完善口岸联防联控机制，推动监管部门信息互换、监管互认、执法互助。

（七）深化向西开放多领域交流合作

19. 强化与周边国家经贸合作。充分发挥上海合作组织、"中国—中亚五国"相关合作机制、中亚区域经济合作（CAREC）等国际交流平台和多双边机制作用，支持参与或承办相关框架下活动。不断完善合作中心三级联动机制。高质量举办中国—亚欧博览会，探索与共建"一带一路"国家特别是中亚国家、上海合作组织国家合作举办国家主题展会和行业专题展会。优化合作中心出入境通行证办理程序。

20. 推进国际文化教育交流。加强国际传播能力建设，创新文化服务海外推广模式，开展音乐舞蹈、文化遗产、艺术展览、文化创意、竞技赛事等国际交流活动，打造多元文化交流平台。支持申请创建国家对外文化贸易基地，打造一批具有中国特色、丝路元素的优势文化产品和服务。充分发挥旅游业提供岗位多、带动能力强的优势，依托新疆自然风光和人文风情，打造具有世界影响力的丝绸之路旅游走廊，带动各族群众就业增收。支持创建边境旅游试验区和跨境旅游合作区。联合周边国家打造跨境旅游线路，研究开行国际旅游列车。实施"留学新疆"计划，委托符合条件的高校承担中国政府奖学金生培养任务，对优秀留学生赴新疆高校学习予以奖学金支持，鼓励高校招收自费来疆留学生，培养服务自贸试验区发展需要的国际化人才。

21. 提升国际医疗服务能力。推动互联网跨境远程医疗深入发展，引进国内外高端医疗资源和高层次医疗团队，升级远程会诊服务平台，支持打造服务周边国家的"云医院"。培育国际学术交流平台，鼓励举办医疗健康领域国际会议和会展活动。以乌鲁木齐片区为核心，依托区域医疗资源优势，开展对周边国家的国际诊疗业务。探索开展干细胞、免疫细胞、基因治疗等临床前沿诊疗技术研究。探索建立国际医疗商业保险、跨国医疗保险等衔接机制，为外籍患者提供便利高效的医疗服务，积极打造辐射周边的国际医疗服务中心。支持医药产品开展以共建"一带一路"国家为重点的国际注册。

（八）深化人才发展体制机制改革

22. 示范推行人才改革政策。支持自贸试验区率先落实编制岗位、科研经费、人才评价、激励保障等人才改革政策。推行以增加知识价值为导向的分配政策，探索年薪制、协议工资制和项目工资制等分配形式，鼓励通过股权、期权、分红等激励方式，调动高层次人才积极性。支持自贸试验区优化人才管理制度，更好促进人才流动。支持国有企业在职和退休专业技术人才，事业单位在职和退休专业技术人才、管理人才按规定在自贸试验区兼职兼薪、按劳取酬，支持高校、科研院所符合条件的科研人员按规定到自贸试验区创新创业。

23. 集聚高层次和急需紧缺人才。按程序认定的高层次人才到自贸试验区长期工作的，地方可按照有关规定，在住房、医疗、子女教育等方面给予支持。对具有国际国内一流水平、能够引领产业发展的人才，"一事一议"给予支持。支持地方为优秀高校毕业生提供实习补贴，对优秀的博士或博士后研究人员给予经费支持，吸引人才来疆创新创业。

24. 建设人才创新创业平台。支持自贸试验区加快人才发展平台建设，支持行业龙头企业培育建设重点实验室、企业研发中心、高技能人才实训基地、技能大师工作室等平台，建设产业创新研究院等新型研发机构，开展联合技术攻关、协同创新和科研成果转化。支持企业与高校、科研院所开展产学研用合作，共建产业技术联盟、技术孵化基地、实习实训基地、行业公共（共性）技术平台等。

25. 加强涉外人才服务保障。支持出入境人员综合服务"一站式"平台建设，为外籍高层次人才投资创业、讲学交流、经贸活动等提供出入境便利。对在自贸试验区工作的外籍高层次人才、外籍技术技能人才等重点群体，提供签证、工作许可、居留和永久居留、驾照转换等便利服务，不断提升服务质量。支持自贸试验区大力发展人力资源服务业，创建国家级人力资源服务产业园和人力资源服务出口基地，引进培育一批高水平人力资源服务机构。

四、保障机制

坚持把加强党的全面领导贯穿于自贸试验区建设的全过程，牢固树立总体国家安全观，聚焦新疆工作总目标，加强抓稳定和促发展两方面工作的统筹结合，强化底线思维和风险意识，切实加强自贸试验区风险防控体系建设，完善防范化解重大风险隐患机制，维护国家安全和社会安全，牢牢守住不发生区域性系统性风险底线。坚持绿色发展，筑牢生态安全屏障，落实生态环境分区管控要求，切实维护国家生态环境安全和人民群众身体健康。

自由贸易试验区工作部际联席会议机制要发挥好统筹协调作用，充分发挥地方和部门积极性，抓好各项改革试点任务落实，高标准高质量建设自贸试验区。新疆维吾尔自治区和新疆生产建设兵团要切实履行主体责任，坚持规划统筹、政策协调、资源整合、优势互补，合力推进自贸试验区建设；完善工作机制，构建精简高效、权责明晰的自贸试验区管理体制；加强地方立法，建立公正透明、体系完备的法治环境；加强监测预警，深入开展风险评估，制定相关工作方案，切实防范化解重大风险；加强人才培养，打造高素质专业化管理队伍；坚持"三个区分开来"，鼓励大胆试、大胆闯。新疆维吾尔自治区、新疆生产建设兵团和有关部门要依法及时下放相关管理权限，完善配套政策，确保各项改革举措落地实施。自贸试验区各片区要把工作做细，制度做实，严格监督，严格执纪执法。

国务院关于在自由贸易试验区暂时调整实施有关行政法规规定的决定统一适用于中国（新疆）自由贸易试验区。自贸试验区内的综合保税区以及合作中心的实施范围和税收政策适用范围维持不变。本方案提出的各项改革政策措施，凡涉及调整现行法律或行政法规的，按规定程序办理。重大事项及时向党中央、国务院请示报告。

国发〔2023〕12号

(国务院关于印发《河套深港科技创新合作区深圳园区发展规划》的通知)

广东省人民政府，国务院各部委、各直属机构：

现将《河套深港科技创新合作区深圳园区发展规划》印发给你们，请认真遵照执行。

国务院
2023年8月8日

河套深港科技创新合作区深圳园区发展规划

以习近平同志为核心的党中央高度重视河套深港科技创新合作区（以下简称合作区）建设。2017年7月1日，习近平总书记亲自见证签署《深化粤港澳合作推进大湾区建设框架协议》，其中明确要共同开发建设合作区。2018年7月，中共中央、国务院印发《粤港澳大湾区发展规划纲要》，对合作区规划建设作出部署。2020年10月14日，习近平总书记在深圳经济特区建立40周年庆祝大会上发表重要讲话，明确指出要规划建设好河套深港科技创新合作区。为全面贯彻落实习近平总书记重要指示精神，深入实施《粤港澳大湾区发展规划纲要》，高质量、高标准、高水平推进合作区深圳园区建设，积极主动与香港园区协同发展、优势互补，制定本规划。规划近期到2025年，展望到2035年。

一、规划背景

2017年1月，香港特别行政区政府和深圳市人民政府签署合作备忘录，共同开发合作区。合作区地处香港特别行政区北部和深圳市中南部跨境接壤地带，是香港北部都会区与广深港科技创新走廊的天然交汇点，面积约3.89平方公里。其中，深圳园区（即合作备忘录所称"深方科创园区"）面积3.02平方公里，香港园区（即合作备忘录所称"港深创新及科技园"）面积0.87平方公里。深圳园区规划范围包括福田保税区和皇岗口岸片区：福田保税区面积1.35平方公里，东起皇岗口岸边、南沿深圳河、西至新洲河、北至绒花路；皇岗口岸片区面积1.67平方公里，东至华强南路、南临深圳河、西至皇岗路、北至滨河大道。

规划建设合作区，是推进粤港澳大湾区建设和支持深圳建设中国特色社会主义先行示范区的有力支撑，是深港双方积极把握新一轮科技革命重大机遇，互利合作、协同推进科技创新和产业发展的重要举措，有利于深圳市创新科技管理机制、对接国际通行创新规则、开展国际协同创新、建设现代化国际化创新型城市；有利于香港特别行政区将自身科技创新、金融开放等优势与珠三角地区完备产业链深度衔接，推动香港建设国际创新科技中心和规划发展北部都会区；有利于丰富"一国两制"实践内涵、支持香港融入国家发展大局，推动粤港澳大湾区高质量发展、打造世界级创新平台和增长极。

当前，深入推进合作区规划建设具有良好的发展基础。

——区位优势突出，跨境合作条件优越。深圳园区与香港园区一河之隔，直接跨境接壤，拥有福田口岸和皇岗口岸两个连接深港两地的陆路口岸，是深港科技创新合作最直接的对接点。深圳园区可快速衔接香港国际机场、深圳宝安国际机场、广深港高铁福田站，与深圳光明科学城、香港科学园等创新节点形成"半小时科研圈"，与广州、东莞、惠州等城市形成"一小时产业圈"，具备集成粤港澳大湾区优势产业资源、汇聚全球科技创新要素、联动国际国内市场的特殊优势。

——经济基础雄厚，科技创新活力强劲。深圳营商环境好，民营经济发达，创新创业氛围浓厚，高新技术产业发展优势明显，具有应用场景丰富、产业体系健全和连通内地广阔市场等综合优势。香港是国际金融、航运、贸易中心，实行自由港政策，拥有专业化的服务机构体系和高度开放的科研环境，科教资源丰富。深圳园区依托深港高水平市场化、国际化及科技产业互补优势，在链接国际科技创新网络、开展国际科技合作、对接国际通行规则等方面具备独特条件，可建立起"基础研究+技术攻关+成果产业化+科技金融+人才支撑"的全过程创新生态链，成为原始创新策源地、关键核心技术发源地、科技成果产业化最佳地、科技金融深度融合地和全球一流科技创新人才向往的集聚地。

——深港合作开发意愿强烈，协同发展潜力巨大。科技创新是深港合作的"最大公约数"，双方合作共识度高、意愿积极、互动活跃，基本形成了高效协作、相互支撑的合作机制。深港两地政府成立联合专责小组合作开发香港园区，支持深圳园区发展，共同建立合作区。目前，深圳园区土地整备、空间筹集、项目储备等工作进展迅速，福田保税区已利用现有空间集聚了一批香港科研创新机构和创业团队，香港高校提出了一批希望落户深圳园区的尖端科研项目；香港正推进筹备香港园区加快发展和优化功能的计划，运营公司将积极配合，并已在预算中安排充足的开发建设费用。

当前，全球新一轮科技革命和产业变革方兴未艾，国际经济和科技竞争形势复杂，高科技领域国际竞争日趋激烈，香港期待以创新科技推动产业结构优化，深圳希望进一步增强经济增长内生动力，双方对构建开放型协同创新共同体提出了迫切需求。由于法律、体制、规则等方面的深层次差异，深港两地在科技创新要素跨境流动、资源开放共享、科技产业协作方面还面临许多瓶颈制约。新时代赋予了深港合作新内涵、新使命，亟需以合作区为突破口和先行区，推动开放创新和协同发展、推动更大范围有效配置资源、推动创新要素便捷高效流动，为推动粤港澳大湾区高质量发展提供科技和制度创新供给。

二、总体要求

（一）指导思想

以习近平新时代中国特色社会主义思想为指导，深入贯彻落实党的二十大精神，完整、准确、全面贯彻新发展理念，加快构建新发展格局，着力推动高质量发展，紧紧围绕协同香港推进国际科技创新这一中心任务，牢牢把握粤港澳大湾区建设和深圳建设中国特色社会主义先行示范区重大战略机遇，坚持科技创新和制度创新双轮驱动，坚持深圳园区和香港园区协同发展，坚持着眼全球配置一流科创资源，充分发挥香港"背靠祖国、联通世界"的"超级联系人"作用，构建最有利于科技创新的政策规则体系，建设国际领先的科研实验设施集群，建立更加完备的科技创新生态体系，率先融入全球创新网络，打造粤港澳大湾区国际科创中心重要极点，努力成为粤港澳大湾区高质量发展的重要引擎。

（二）发展定位

——深港科技创新开放合作先导区。利用深圳园区独特的"平台"和"通道"作用，联合香港园区建设国际一流的科研实验设施集群，集聚全球高端创新要素资源，汇聚国际顶尖科技人才，链接国际科技创新网络，积极开展国际科技合作，携手打造深港科技创新开放合作新标杆和国际科技创新高地。

——国际先进科技创新规则试验区。发挥深港科技产业互补、园区跨境接壤以及深圳园区海关特殊监管区域的优势，紧紧围绕制度创新与科技创新的任务，营造高度开放的国际化科研制度环境，对接香港及国际先进科研规则，加快形成灵活高效、风险可控的跨境科技创新体制机制，为新时期深化科技体制改革、扩大开放发挥示范引领作用。

——粤港澳大湾区中试转化集聚区。汇聚粤港澳三地优势，坚持面向世界科技前沿、面向经济主战场、面向国家重大需求、面向人民生命健康，着力突破重点领域关键核心技术，加快实现从研发到工程化的中试转化，打造国际一流中试转化服务平台，形成一批技术创新和产业创新成果，为大湾区建设持续产生高质量的科技创新供给。

（三）发展目标

紧密衔接香港园区和大湾区综合性国家科学中心建设时序，以2025年和2035年为关键节点，分阶段推进深圳园区建设。

到2025年，基本建立高效的深港科技创新协同机制，深港科技创新开放合作取得积极成效。皇岗口岸整体完成重建，跨境基础设施互联互通，实现运转高效的通关查验模式创新。深圳园区监管模式运作成熟，与香港园区基本实现要素流动畅通、创新链条融通、人员交流顺通。建立与香港及国际全面对接的科研管理制度，集聚一批香港及国际优势学科重点实验室集群和卓越研究中心、顶尖企业研发中心，与香港科技合作取得一批重大成果。

到2035年，与香港园区协同创新的格局全面形成，科技创新国际化程度居于全球领先地位，创新要素跨境自由有序流动，培育一批世界一流的创新载体和顶尖科技企业研发中心，成为世界级的科研枢纽，有力支撑粤港澳大湾区国际科技创新中心广深港科技创新走廊建设。

三、总体布局

（四）区域联动格局

联动深圳光明科学城，着力为科学城原始创新提供国际化科研环境和平台，持续输出创新经验成果，推动科技创新和制度创新相互促进、相得益彰。联动香港园区，加强与香港园区建设时序、重点领域、重大项目的衔接，推动设施互联、服务共享、创新协作，积极配合香港科技创新发展战略，有力支撑香港北部都会区规划建设。联动粤港澳大湾区国际科技创新中心广深港、广珠澳科技创新走廊节点，实现科技创新要素高效便捷流动，开展高水平合作和高效率协同，有效融合香港原始创新和珠三角地区高新技术产业优势，辐射带动粤港澳大湾区科技创新。

（五）区内空间布局

立足深圳园区现有口岸设施分布、土地空间条件、区域建设基础，围绕发展目标和任务，主动衔接香港园区空间功能布局、建筑形态，构建"一心两翼"的总体空间格局。中心区域包括福田口岸、皇岗口岸旅检区及周边生活区，规划建设国际高端科技服务枢纽，承担口岸综合服务和高端科技服务功能。西翼包括福田保税区，规划建设高端科研区和中试转化基地。东翼包括皇岗口岸现状货检区及其东北侧生活区，规划建设国际协同创新区和国际人才社区。

（六）分区监管布局

基于深圳园区海关特殊监管区域现有的管理设施和基础条件，在风险可控的前提下，在福田保税区等海关监管区域建立产业、机构和个人"白名单"制度，对实施特定封闭管理的海关监管区域人员进出、货物流动实行"一线"、"二线"分线管理，构建高度开放的特殊监管体系，促进创新要素高效便捷流动，创造高度衔接香港及国际的科研制度环境。其中，海关监管区域与香港之间设为"一线"，实行口岸管理；海关监管区域与中华人民共和国关境内其他地区之间设为"二线"，实行通道管理。

衔接香港园区开发建设时序，分步对福田保税区和皇岗口岸片区实施特殊监管。福田保税区利用现有的海关特殊监管体系和设施，通过清单管理等方式逐步腾退非保税企业和生产加工型业态，有序导入香港及国际高端科创资源，2025年前基本形成国际化现代化的高端科研区。皇岗口岸片区结合口岸重建及取消货运货检功能，释放货检区土地空间，视合作区发展需要确定监管安排，在实现封闭管理前，暂不实施分线管理相关税收政策。

（七）重大基础设施布局

——完善区域对外交通网络。研究引入穗莞深等城际铁路，加快深圳城市轨道交通6号线支线进一步南延至深圳园区等项目建设，实现深圳园区与深圳光明科学城、东莞松山湖科学城等粤港澳大湾区重大科创平台的轨道交通连接；推进皇岗路提升改造和新洲路南延工程，畅通深圳园区与深圳重点发展片区的连接通道。积极配合香港研究北环线支线经落马洲河套地区的香港园区接入新皇岗口岸的可行性。

——优化区域内部交通网络。完善深圳园区对外出入口布局，畅通内部各片区交通联系，构建"五横六纵"道路网络，推进落马洲大桥和连接线改造。在深圳园区预留合适位置建设与香港园区的跨境通道，实现双方园区科技人员便捷往来。

——推动口岸及周边片区改造。加快推进皇岗口岸整体重建和福田保税区一号通道改造升级，实现皇岗口岸片区、福田口岸片区和福田保税区便捷互联。推动皇岗口岸现状货检区改建，携手香港园区共同打造国际一流科技园区。推进皇岗口岸生活区和福田口岸片区连片改造，扩展和完善口岸片区功能，实现双口岸协同发展，建设面向国内国际的现代化口岸和综合服务枢纽。支持深圳园区创新土地整备模式，试点土地供应新方式，探索园区更新新模式。在确保建筑结构和消防安全的前提下，支持建筑设计创新，优化相关审批与监管手续。

四、协同香港推动国际科技创新

（八）推动深港双方园区协同发展

深圳园区主动加强与香港园区的规划衔接，协同推进基础设施建设和园区运营管理，强化"一河两岸"、"一区两园"的统筹开发利用。围绕香港园区关注的重点领域和重点事项，在深圳园区建设一批功能相互支撑、领域关联紧密的重大协同项目，加强生产、生活、生态相关配套设施的无缝对接和高效协作。

（九）支持港澳高校优势学科发展能级跃升

引进港澳知名高校优势学科重点科研项目，支持港澳全国重点实验室和中国科学院香港创新研究院在深圳园区拓展空间，开展具有重大引领作用的跨学科基础研究及技术攻关。支持深港两地高校联合成立研究生院，共同培养创新人才。支持两地高校、科研院所、企业联合承担国家科技重大专项、科技创新2030—重大项目、国家重点研发计划，共同参与国际大科学计划和大科学工程。

（十）联手打造国际一流科技创新平台

面向信息科学与技术、材料科学与技术、生命科学与技术等重点方向，聚焦网络与通信、半导体与集成电路、智能终端、智能传感器、智能机器人、精密仪器设备、新材料、高端医疗器械、生物医药、区块链与量子信息、细胞与基因等前沿交叉领域，支持深港联合国内外高校、科研院所在深圳园区共建卓越研究中心、前沿交叉研究平台、人工智能应用示范平台、数字经济与金融超级计算集群、"量子谷"，促进粤港澳大湾区科技资源深度融合。协同香港引进国际顶尖研发型企业，设立联合研发中心，推动深港及粤港澳大湾区应用基础研究能力跃升。

五、建设具有国际竞争力的产业中试转化基地

（十一）推动新一代信息技术产业突破发展

发挥好市场导向、企业主体、产学研深度融合优势，瞄准集成电路设计、软件开发、封测及中试、第五代移动通信（5G）等，加快建设5G中高频器件测试、先进显示研发验证、集成电路科研试验、高端芯片设计验证、半导体先进封测、微机电系统研发、机器人检测认证等中试公共服务平台，开展产业链关键技术攻关，加快实现信息产业前沿共性技术突破，推动形成相关技术标准。围绕国家信息技术产业发展战略，大力培育发展未来网络、新型显示、下一代网络设备等前沿信息产业。

（十二）支持先进生物医药技术创新应用

推动生物技术与信息技术、材料技术交叉融合，加快医学影像、精准医疗、细胞治疗、新型生物医用材料等交叉学科领域技术创新，重点围绕药物及疫苗、基因检测及诊疗、高端医疗器械、人工智能在生物科技中的应用等领域开展合作，重点发展新一代基因测序仪、医疗机器人等高性能医疗器械。大力发展创新药物，搭建生物医药公共研发服务平台，支持全球顶尖医药研发生产外包服务企业提供一体化医药研发服务。充分发挥国家药品监督管理局药品审评检查大湾区分中心、医疗器械技术审评检查大湾区分中心和粤港澳大湾区国际临床试验中心作用，加快推动药品和医疗器械审评、检查、临床试验等规则与国际接轨。依法依规在深圳园区海关监管区域探索建立适合细胞治疗、基因治疗等新型生物药械研究发展的新型管理模式，试点放宽外资生物医药企业准入限制。

（十三）加快布局人工智能与数字经济发展前沿领域

抢抓人工智能产业发展先机，搭建人工智能开放创新平台，支持智能传感器、人工智能算法、图形处理芯片等基础软硬件开发，打造智能制造无人工厂示范基地、智能网联全无人自动驾驶公交应用示范区，推动人工智能与数字产业发展。加快制定人工智能技术标准框架体系，在智能制造、智慧医疗、智能网联汽车等领域开展创新应用试点示范。积极探索大数据、云计算、区块链等技术在金融领域的规范应用，在依法合规、风险可控、商业可持续的前提下，稳妥有序开展金融业务模式创新。加快建设深圳数据交易场所，深化数据要素市场化配置改革。

六、构建国际化的科技创新体制机制

（十四）便利科研人员进出

按照稳妥推进、分步实施的原则，先期采取"一线高度便利出入境"的通关模式。待后期条件成熟后，与香港一道探索在深圳园区海关监管区域内实行更加便利的出入境及停居留政策。物品经"一线"进入深圳园区，按照现行行李邮递物品有关规定监管、征税。加快推进合作区跨境专用口岸筹建及对外开放，为合作区内企业和科研机构跨境交流提供通关便利。结合皇岗口岸实施"一地两检"计划，一并研究处理合作区跨境专用口岸的连接安排，与香港方面的口岸设施和管理制度做好衔接。

（十五）实施货物分线管理

深圳园区海关监管区域实施特殊监管，对货物实施"一线放开、二线管住、区内自由"的监管模式，便利科技创新相关货物出入。探索实行科研机构与企业"白名单"制备案管理，对符合条件的进口自用科研货物免征关税、进口环节增值税和消费税，实行海关便利化通关管理模式。经"二线"进入深圳的货物，按照进口货物有关规定征收关税、进口环节增值税和消费税，"一线"已缴税货物除外；从深圳经"二线"进入海关监管区域，涉及出口关税应税商品的还应征收出口关税。具体管理办法由财政部、海关总署、税务总局等有关部门另行制定。

（十六）创新科研相关资金跨境流动监管

支持内地和香港创投资本共同设立创投基金，打造面向两种资源、两个市场的创投基金集聚地，发挥人民币国际投资基金优势，探索组建河套深港科技创新合作区跨境双币早期母基金和系列专业子基金，投资粤港澳大湾区科创企业。允许科研资金跨境资助深港两地科研项目，借鉴国际经验和香港做法，研究完善科研资金监管制度。在深圳园区针对"白名单"科研机构与企业，进一步促进跨境贸易投资便利化。加强深港合作，推动粤港澳大湾区债券平台发展，持续优化和深化跨境债券产品试点工作。鼓励深圳针对深圳园区内优质企业制定便利科研相关资金跨境流动的支持政策。探索新型金融监管方式。

（十七）探索国际互联网数据跨境安全有序流动

支持在深圳园区建设国际数据专用通道，探索建设国际通信出入口局等国际信息通信设施。在国家数据跨境传输安全管理制度框架下，研究建设固网接入国际互联网的绿色通道，探索形成既能便利数据流动又能保障安全的机制。支持经备案的科研机构及企业在保障安全前提下，实现科学研究数据跨境互联互通。在深圳园区海关监管区域开展取消手机长途和漫游费试点，探索允许符合条件的香港通信服务商在海关监管区域内建设通信基础设施，提供通信服务。试点在深圳园区设立香港电信运营企业数据灾备中心等，建立互联网接入服务商准入资质背景审核、接入用户实名登记和管理机制。

（十八）加快建立更高水平的知识产权保护制度

加强知识产权保护，进一步探索完善与国际接轨的知识产权保护制度，准确适用惩罚性赔偿制度，鼓励通过调解、仲裁等多种方式解决知识产权纠纷。加强知识产权保护能力建设，为深圳园区提供一站式服务。在不违反国家法律基本原则并且不损害国家主权、安全和社会公共利益的前提下，研究允许在深圳园区海关监管区域内注册的港资企业协议选择适用香港法律解决合同纠纷以及协议选择香港为仲裁地。探索知识产权跨境转让交易路径，形成可借鉴、可复制的知识产权证券化模式。

（十九）营造与香港趋同的税负环境

对特定封闭区域内鼓励类产业企业减按15%税率征收企业所得税，并由财政部、税务总局按程序制定优惠产业目录。落实好粤港澳大湾区符合条件的境外（含港澳台）高端人才和紧缺人才个人所得税税负差额补贴政策，对在深圳园区工作的香港居民，其个人所得税税负超过香港税负的部分予以免征，有效降低科研机构和人员的税负水平。

（二十）实行国际化的就业和社会保障政策

在深圳园区推行"白名单"制专业资格管理便利化政策，支持"白名单"内具有港澳职业资格人士经备案后直接提供专业服务（法律服务、证券基金期货等特殊行业除外）。增强劳动力市场灵活性，依照有关法律法规规定，在订立无固定期限劳动合同、设定经济补偿上限等方面探索完善劳动合同制度。对于在深圳园区从业、已在香港参加当地社会保险并继续保留社会保险关系的香港居民，可以持相关授权机构出具的证明，免于在深圳园区参加基本养老保险和失业保险。允许雇主购买香港雇员补偿保险，鼓励积极研究探索优化工伤保险待遇结构。

（二十一）全面接轨国际科研管理体制机制

完善科研资源配置方式，改革科研项目立项和组织实施方式，在科研项目评审、经费支出、过程管理等方面合理借鉴香港及国际管理制度。聚焦产业需求，对重大科技问题实行全球揭榜。深入实施政企联动机制，支持企业等社会力量设立科学基金、科技奖项，对已获企业投资的科研院所开展的基础研究、应用基础研究和技术开发项目，实行便利化财政跟投，符合条件的可免于项目评审申请一定比例的财政资金配套支持。健全完善科技成果分类评价体系，采用市场化的科技成果评价制度，引入国际同行评议，建立评审专家信用评价制度。改革科研经费管理，推行经费包干制，培育科研项目经理，赋予科研机构与科研人员更大的人财物自主支配权，开展赋予科研人员职务科技成果所有权或长期使用权、成果评价、收益分配等试点，加大科研资金跨境使用力度，探索适用港澳审计准则。探索财政科技计划非涉密（敏感）项目向境外科研机构有序开放。推动深港共建共享科研仪器设备设施，实现科技资源双向开放和高效利用。促进科技与金融、研发与市场、科学家和企业家深度对接交流，推动技术创新和财富创造双轮驱动。

（二十二）建立高度便利的市场准入制度

深化商事制度改革，探索在深圳园区海关监管区域试点实行企业登记注册行政确认制，推进"一件事一次办"场景式主题服务改革。全面落实外商投资准入前国民待遇加负面清单管理制度。在医疗科技、大数据及人工智能、机器人、新材料、微电子等领域适度放宽港资机构可开展的业务范围。积极推动两地机构更多利用内地金融科技创新监管工具与香港金融管理局金融科技监管沙盒对接联网的安排，便利金融机构及科技公司利用一站式平台就其跨境金融科技项目在香港及大湾区内地城市同时进行测试。支持应用创新科技的创意产业（包括电影和电视制作、专业设计及广告服务提供商）依法依规落户。

七、打造汇聚全球智慧的科技合作平台

（二十三）深化国际交流与合作

支持深圳园区科研基础设施、科技创新平台共同构建更加开放的创新体系，推动科技资源共享和技术标准合作，吸引全球顶尖人才开展科研合作。支持组建世界创新城市合作组织，推动全球创新城市之间的机制对接、平台对接和项目对接。支持金砖国家未

来网络研究院等国际科技组织在深圳园区设立分支机构，建立与全球主要创新高地的创新创业直通车，实现资本、人才、信息、技术和教育资源的互联互通。支持创新国际性产业与标准组织管理制度，对于住所在深圳园区的世界无线局域网应用发展联盟等特定国际性产业与标准组织，在申请成立登记时，取消业务主管单位前置审批，简化注册流程，缩短注册时间，允许在全球范围内吸纳会员；同时，参照脱钩后的全国性行业协会商会建立综合监管机制，加强监管。

（二十四）构筑国际创新人才港

构建具有国际竞争力的引才用才机制，为外籍人才（包括外籍香港居民人才）申请签证、居留证件提供便利，集聚一批具有国际视野的科技领军人才。全面放开对港澳台及外籍人士担任企业机构董事、监事、高管及负责人等职位的限制。构建符合科研规律、适应科技创新发展要求的科研诚信体系。建设国际科技人才综合服务平台，提供国际人才引进一站式服务，为经备案的境外人士在深圳园区海关监管区域停居留及工作提供便利。

（二十五）完善全方位科研服务

加强与国家科技资源共享服务平台的衔接，结合合作区实际，建设公共科研设施和仪器服务平台，为合作区内科研机构、企业等提供开放共享的科研设施；建设国际科技信息服务平台，提供科技文献、动态、政策等国际科技信息服务。集聚国际知名风投机构、仲裁、调解组织以及法律、会计、人力资源等高端专业服务机构，为科研活动提供高质量服务。探索建立项目与资本对接平台，引入国内外创业投资企业参与推动科技成果转化。

（二十六）塑造国际化高品质的科研生活社区

借鉴先进园区发展经验，在深圳园区海关监管区域内引入国际一流的教育、健康、文体资源，建设多元优质的国际化高品质生活配套设施，实施好境外旅客购物离境退税政策。科学配置高端人才生活空间，完善服务标准体系，创新园区治理模式，提升对国际科研人员的吸引力和凝聚力。

八、保障措施

（二十七）全面加强党的领导和党的建设

落实新时代党的建设总要求，把党的领导落实到深圳园区规划建设各领域各方面各环节，适应深圳园区开发建设新模式和对外开放新要求，积极创新国际化环境中党的建设工作，把党的政治优势、组织优势、制度优势转化为深圳园区全面深化改革和扩大开放的坚强保障。

（二十八）强化法治保障

充分发挥"一国两制"制度优势，在遵循宪法和香港特别行政区基本法前提下，探索在深圳园区海关监管区域逐步构建民商事规则衔接香港、接轨国际的制度体系。有关改革开放政策措施，涉及暂时调整或者暂时停止适用现行法律规定的，由有关方面按法定程序向全国人大或其常委会提出相关议案，经授权或决定后实施；涉及暂时调整或者暂时停止适用现行行政法规规定的，由有关方面按法定程序提请国务院授权或决定后实施。在遵循宪法和法律、行政法规基本原则前提下，用足用好深圳经济特区立法权，允许深圳立足深圳园区改革创新实践需要，根据授权对法律、行政法规、地方性法规作变通规定。

（二十九）完善合作机制

在深港双方组建香港园区联合专责小组的基础上，深化深港双方合作区建设发展协调机制，建立定期会晤制度和专题会商制度，统筹合作区政策制定、合作开发等重大事项。支持深港双方联合成立深圳园区理事会和专家咨询委员会，吸纳深港两地各界优秀代表参与，共同为"一区两园"提供战略咨询，重点研讨深圳园区优先发展领域、重大研究计划、重大项目布局、科研资助管理、园区运营管理、招商引资、产业导入、人才引进、国际推介及园区服务等关键事项，形成协同规划、联合建设、共享成果的合作推进机制。

（三十）加强组织实施

在中央区域协调发展领导小组领导下，统筹推进深圳园区重大事项、重大政策和重大项目等。各有关部门要结合职能加大指导和支持力度，及时研究解决合作区在体制机制创新、政策措施细化和重大项目建设等方面的困难问题，发挥好中央预算内投资导向作用。建立健全制度创新动态调整机制，持续谋划形成创新政策清单，条件成熟后提请中央区域协调发展领导小组审议。国家发展改革委要会同有关部门加强统筹协调，跟踪督促规划任务贯彻落实，适时组织开展评估，重大事项按程序向党中央、国务院请示报告。广东省要将深圳园区作为全省深化改革扩大开放的前沿阵地和试验平台，全力做好各项指导支持工作。深圳市要落实主体责任，强化工作力量，健全工作机制，细化工作任务，解放思想、锐意进取，全力抓好深圳园区建设各项工作。

国发〔2023〕11号

（国务院关于进一步优化外商投资环境　加大吸引外商投资力度的意见）

各省、自治区、直辖市人民政府，国务院各部委、各直属机构：

积极吸引和利用外商投资，是推进高水平对外开放、构建开放型经济新体制的重要内容。为进一步优化外商投资环境，提高投资促进工作水平，加大吸引外商投资力度，现提出如下意见。

一、总体要求

以习近平新时代中国特色社会主义思想为指导，全面贯彻落实党的二十大精神，坚持稳中求进工作总基调，完整、准确、全面贯彻新发展理念，构建新发展格局，推动高质量发展，更好统筹国内国际两个大局，营造市场化、法治化、国际化一流营商环境，充分发挥我国超大规模市场优势，更大力度、更加有效吸引和利用外商投资，为推进高水平对外开放、全面建设社会主义现代化国家作出贡献。

二、提高利用外资质量

（一）加大重点领域引进外资力度。支持外商投资在华设立研发中心，与国内企业联合开展技术研发和产业化应用，鼓励外商投资企业及其设立的研发中心承担重大科研攻关项目。在符合有关法律法规的前提下，加快生物医药领域外商投资项目落地投产，鼓励外商投资企业依法在境内开展境外已上市细胞和基因治疗药品临床试验，优化已上市境外生产药品转移至境内生产的药品上市注册申请的申报程序。支持先进制造、现代服务、数字经济等领域外商投资企业与各类职业院校（含技工院校）、职业培训机构开展职业教育和培训。

（二）发挥服务业扩大开放综合试点示范引领带动作用。对接国际高标准经贸规则，加大服务业扩大开放综合试点示范先行先试力度。鼓励开展知识产权、股权及相关实体资产组合式质押融资，支持规范探索知识产权证券化。有序增加股权投资和创业投资份额转让试点地区。稳妥增加国内互联网虚拟专用网业务（外资股比不超过50%）、信息服务业务（仅限应用商店，不含网络出版服务）、互联网接入服务业务（仅限为用户提供互联网接入服务）等增值电信业务开放试点地区。

（三）拓宽吸引外资渠道。鼓励符合条件的外国投资者设立投资性公司、地区总部，相关投资性公司投资设立的企业，可按国家有关规定享受外商投资企业待遇。深入实施合格境外有限合伙人（QFLP）境内投资试点，建立健全QFLP外汇管理便利化制度，支持以所募的境外人民币直接开展境内相关投资。

（四）支持外商投资企业梯度转移。依托自由贸易试验区、国家级新区、国家级开发区等各类开放平台，鼓励东部地区与中西部和东北地区、沿边地区探索通过产值、利益等分享机制，结对开展产业转移协作。对在中国境内进行整体性梯度转移的外商投资企业，按照原所在地区已取得的海关信用等级实施监督。

（五）完善外资项目建设推进机制。健全重大和重点外资项目工作专班机制，加强要素支撑、政策支持和服务保障，推动外资项目早签约、早落地、早开工、早投产。出台促进绿色电力消费政策措施，支持外商投资企业更多参与绿证交易和跨省跨区绿色电力交易。

三、保障外商投资企业国民待遇

（六）保障外商投资企业依法参与政府采购活动。尽快出台相关政策措施，进一步明确"中国境内生产"的具体标准。研究创新合作采购方式，通过首购订购等措施，支持外商投资企业在我国创新研发全球领先产品。推动加快修订政府采购法。开展保障经营主体公平参与政府采购活动专项检查，依法查处对外商投资企业实行差别待遇等违法违规行为，适时通报典型案例。外商投资企业如认为政府采购活动使其权益受到损害，可依规提起质疑和投诉，各级财政部门应依法受理并公平处理。

（七）支持外商投资企业依法平等参与标准制定工作。推进标准制定、修订全过程信息公开，保障外商投资企业与内资企业依法平等参加标准化技术委员会及标准制定工作。鼓励外商投资企业自行制定或与其他企业联合制定企业标准，开展标准化服务。在服务业扩大开放综合试点示范地区推进国家级服务业标准化试点。

（八）确保外商投资企业平等享受支持政策。各地出台的支持产业发展、扩大内需等政策，除法律法规有明确规定或涉及国家安全领域外，不得通过限定品牌或以外资品牌为由排斥或歧视外商投资企业及其产品和服务，不得对外商投资企业及其产品和服务享受政策设置额外条件。

四、持续加强外商投资保护

（九）健全外商投资权益保护机制。完善国际投资争端应对工作机制，压实主体责任，强化争端预防，妥善处理国际投资争端。坚决打击通过网络发布、传播虚假不实和侵权信息等侵害外商投资合法权益的恶意炒作行为，依法严肃查处相关责任机构和责任人。建立健全省级外商投资企业投诉协调工作机制，推动解决涉及多部门事项或政策性、制度性问题。

（十）强化知识产权行政保护。完善专利侵权纠纷行政裁决制度，加大行政裁决执行力度。支持各地区依托展会知识产权工作站，受理参展产品版权、专利、商标等知识产权申请，提供有效预防侵权措施。加强药品和医用耗材采购领域知识产权保护，企业参加采购活动须自主承诺不存在违反专利法等法律法规的情形。对涉及知识产权纠纷的产品，有关部门要加强沟通会商，依法依规开展采购活动；对经知识产权部门行政裁决或人民法院生效判决认定为专利侵权的产品，及时采取不予采购、取消中选资格等措施。

（十一）加大知识产权行政执法力度。坚决打击侵犯外商投资企业知识产权行为，针对跨区域、链条化侵权违法行为开展专项执法行动。健全知识产权快速协同保护机制，对事实清楚、证据确凿的案件依法加快办理进度，建立完善线上线下一体化执法机制，适当简化程序性要求。

（十二）规范涉外经贸政策法规制定。制定各类涉外经贸政策措施应注重增强透明度和可预期性，依法听取外商投资企业意见，新出台政策措施应合理设置过渡期。

五、提高投资运营便利化水平

（十三）优化外商投资企业外籍员工停居留政策。持续优化入出境政策措施，为外商投资企业的外籍高管、技术人员本人及家属提供入出境、停居留便利。指导我驻重点引资国家或地区使领馆继续为跨国公司高管申请签证提供便利，通过驻外经商机构及时宣介我入境政策。为符合条件的外商投资企业聘雇并推荐的外籍高级管理、技术人才申请永久居留提供便利。提高外国人永久居留身份证在公共交通、金融服务、医疗保障、互联网支付等场景应用便利度。

（十四）探索便利化的数据跨境流动安全管理机制。落实网络安全法、数据安全法、个人信息保护法等要求，为符合条件的外商投资企业建立绿色通道，高效开展重要数据和个人信息出境安全评估，促进数据安全有序自由流动。支持北京、天津、上海、粤港澳大湾区等地在实施数据出境安全评估、个人信息保护认证、个人信息出境标准合同备案等制度过程中，试点探索形成可自由流动的一般数据清单，建设服务平台，提供数据跨境流动合规服务。

（十五）统筹优化涉外商投资企业执法检查。统筹推进"双随机、一公开"监管与信用风险分类管理，对信用风险低的外商投资企业进一步降低抽查比例和频次。支持有条件的地区统筹安全生产、环境保护、产品质量等涉企执法检查事项，实现"进一次门、查多项事"。

（十六）完善外商投资企业服务保障。建立健全外商投资企业圆桌会议制度。各级重大和重点外资项目工作专班建立健全联动协调机制，及时协调解决项目签约、建设、投产中遇到的困难和问题。做好自由贸易协定原产地证书签证工作，为外商投资企业享受关税减免政策提供便利。

六、加大财税支持力度

（十七）强化外商投资促进资金保障。通过中央外经贸发展专项资金统筹加大对外资标志性项目的支持力度，促进项目尽快落地实施。完善地方各级政府外商投资促进资金使用，加大重点产业链引资服务力度。支持各地区在法定权限范围内对重点跨国公司的投资项目给予支持。

（十八）鼓励外商投资企业境内再投资。落实外国投资者境内取得利润再投资暂不征收预提所得税政策，加大宣传辅导力度，指导地方各级商务、税务等部门细化政策适用范围、申报材料、办理程序，做好具体实施工作。

（十九）落实外商投资企业相关税收优惠政策。辅导帮助外籍个人按照国家有关规定享受住房补贴、语言训练费、子女教育费等津补贴免税优惠政策。指导帮助外资研发中心按照国家有关规定享受支持科技创新进口税收政策和采购国产设备增值税退税政策。

（二十）支持外商投资企业投资国家鼓励发展领域。支持各地区在法定权限范围内，对符合鼓励外商投资产业目录规定的外商投资企业实施配套奖励措施。做好鼓励类外商投资项目进口设备免税工作有关配套政策措施落实。

七、完善外商投资促进方式

（二十一）健全引资工作机制。开展"投资中国年"系列活动，持续打造"投资中国"品牌，建立健全工作机制，指导服务地方开展外商投资促进工作。鼓励有条件的地区与相关国家或地区建立投资促进合作机制，采取多种形式构建投资促进平台。鼓励各地区探索对外商投资促进部门和团队的非公务员、非事业编制岗位实行更加有效灵活的用人机制和薪酬制度，通过跨地区跨层级跨部门调剂等方式，加强外商投资促进人员配备，加快建立多元化外商投资促进工作体系，推动形成政府、引资机构、商协会、中介机构、产业链龙头企业等多方参与、灵活高效的外商投资促进协调联动机制。

（二十二）便利境外投资促进工作。支持各地区投资促进团组常态化赴境外开展招商引资、参会参展等活动，邀请外商来华投资洽谈。对重大和重点外资项目，按工作需要为项目相关外方人员签发多次往返商务签证。

（二十三）拓展外商投资促进渠道。加强我使领馆与驻在国家或地区重点企业的联系，宣介中国投资机遇。支持各地区加强与商务部、中国贸促会驻外经贸和投资促进机构的沟通，更好发挥本地区设立在境外的投资促进机构（代表处）作用，强化与境外经贸和投资促进机构的联系合作。

（二十四）优化外商投资促进评价。建立健全外商投资促进成效评价体系，注重引资对经济社会发展的实际贡献，防止简单以引资规模和实际到资金额统计数据作为考核和相关企业、人员奖惩的依据，切实防止外商投资促进"注水"造假和恶性竞争行为。

八、加强组织实施

各地区、各部门和有关单位要坚决落实党中央、国务院决策部署，提高政治站位，切实做好进一步优化外商投资环境、加大吸引外商投资力度工作，全力实现利用外资促稳提质目标。鼓励各地区因地制宜出台配套举措，增强政策协同效应。商务部要会同有关部门和单位加强指导协调，做好政策宣介，及时落实政策措施，为外国投资者营造更加优化的投资环境，有效提振外商投资信心。

国务院

2023年7月25日

国发〔2023〕9号

(国务院印发关于在有条件的自由贸易试验区和自由贸易港试点对接国际高标准推进制度型开放若干措施的通知)

各省、自治区、直辖市人民政府，国务院各部委、各直属机构：

现将《关于在有条件的自由贸易试验区和自由贸易港试点对接国际高标准推进制度型开放的若干措施》印发给你们，请认真贯彻执行。

国务院
2023年6月1日

(此件有删减)

关于在有条件的自由贸易试验区和自由贸易港试点对接国际高标准推进制度型开放的若干措施

推进高水平对外开放，实施自由贸易试验区提升战略，加快建设海南自由贸易港，稳步扩大规则、规制、管理、标准等制度型开放，是贯彻落实习近平新时代中国特色社会主义思想的重大举措，是党的二十大部署的重要任务。为更好服务加快构建新发展格局，着力推动高质量发展，在有条件的自由贸易试验区和自由贸易港聚焦若干重点领域试点对接国际高标准经贸规则，统筹开放和安全，构建与高水平制度型开放相衔接的制度体系和监管模式，现提出如下措施。

一、推动货物贸易创新发展

1. 支持试点地区开展重点行业再制造产品进口试点。相关进口产品不适用我国禁止或限制旧品进口的相关措施，但应符合国家对同等新品的全部适用技术要求（包括但不限于质量特性、安全环保性能等方面）和再制造产品有关规定，并在显著位置标注"再制造产品"字样。试点地区根据自身实际提出试点方案，明确相关进口产品清单及适用的具体标准、要求、合格评定程序和监管措施；有关部门应在收到试点方案后6个月内共同研究作出决定。有关部门和地方对再制造产品加强监督、管理和检验，严防以再制造产品的名义进口洋垃圾和旧品。（适用范围：上海、广东、天津、福建、北京自由贸易试验区和海南自由贸易港，以下除标注适用于特定试点地区的措施外，适用范围同上）

2. 对暂时出境修理后复运进入试点地区的航空器、船舶（含相关零部件），无论其是否增值，免征关税。上述航空器指以试点地区为主营运基地的航空企业所运营的航空器，船舶指在试点地区注册登记并具有独立法人资格的船运公司所运营的以试点地区内港口为船籍港的船舶。（适用范围：海南自由贸易港）

3. 对自境外暂时准许进入试点地区进行

修理的货物,复运出境的,免征关税;不复运出境转为内销的,照章征收关税。(适用范围:海南自由贸易港实行"一线"放开、"二线"管住进出口管理制度的海关特殊监管区域)

4. 自境外暂时进入试点地区的下列货物,在进境时纳税义务人向海关提供担保后,可以暂不缴纳关税、进口环节增值税和消费税:符合我国法律规定的临时入境人员开展业务、贸易或专业活动所必需的专业设备(包括软件,进行新闻报道或者摄制电影、电视节目使用的仪器、设备及用品等);用于展览或演示的货物;商业样品、广告影片和录音;用于体育竞赛、表演或训练等所必需的体育用品。上述货物应当自进境之日起6个月内复运出境,暂时入境期间不得用于出售或租赁等商业目的。需要延长复运出境期限的,应按规定办理延期手续。

5. 试点地区海关不得仅因原产地证书存在印刷错误、打字错误、非关键性信息遗漏等微小差错或文件之间的细微差异而拒绝给予货物优惠关税待遇。

6. 海关预裁定申请人在预裁定所依据的法律、事实和情况未发生改变的情况下,可向试点地区海关提出预裁定展期申请,试点地区海关应在裁定有效期届满前从速作出决定。

7. 在符合我国海关监管要求且完成必要检疫程序的前提下,试点地区海关对已提交必要海关单据的空运快运货物,正常情况下在抵达后6小时内放行。

8. 在符合我国相关法律法规和有关规定且完成必要检疫程序的前提下,试点地区海关对已抵达并提交通关所需全部信息的货物,尽可能在48小时内放行。

9. 如货物抵达前(含抵达时)未确定关税、其他进口环节税和规费,但在其他方面符合放行条件,且已向海关提供担保或已按要求履行争议付款程序,试点地区海关应予以放行。

10. 在试点地区,有关部门批准或以其他方式承认境外合格评定机构资质,应适用对境内合格评定机构相同或等效的程序、标准和其他条件;不得将境外合格评定机构在境内取得法人资格或设立代表机构作为承认其出具的认证结果或认证相关检查、检测结果的条件。

11. 对于在试点地区进口信息技术设备产品的,有关部门应允许将供应商符合性声明作为产品符合电磁兼容性标准或技术法规的明确保证。

12. 在试点地区,允许进口标签中包括chateau(酒庄)、classic(经典的)、clos(葡萄园)、cream(柔滑的)、crusted/crusting(有酒渣的)、fine(精美的)、late-bottledvintage(迟装型年份酒)、noble(高贵的)、reserve(珍藏)、ruby(宝石红)、specialreserve(特藏)、solera(索莱拉)、superior(级别较高的)、surlie(酒泥陈酿)、tawny(陈年黄色波特酒)、vintage(年份)或 vintagecharacter(年份特征)描述词或形容词的葡萄酒。

二、推进服务贸易自由便利

13. 除特定新金融服务外,如允许中资金融机构开展某项新金融服务,则应允许试点地区内的外资金融机构开展同类服务。金融管理部门可依职权确定开展此项新金融服务的机构类型和机构性质,并要求开展此项服务需获得许可。金融管理部门应在合理期限内作出决定,仅可因审慎理由不予许可。

14. 试点地区金融管理部门应按照内外一致原则,在收到境外金融机构、境外金融机构的投资者、跨境金融服务提供者提交的与开展金融服务相关的完整且符合法定形式的申请后，于120天内作出决定，并及时通知申请人。如不能在上述期限内作出决定，金融管理部门应立即通知申请人并争取在合理期限内作出决定。

15. 允许在试点地区注册的企业、在试点地区工作或生活的个人依法跨境购买境外金融服务。境外金融服务的具体种类由金融管理部门另行规定。

16. 鼓励境外专业人员依法为试点地区内的企业和居民提供专业服务，支持试点地区建立健全境外专业人员能力评价评估工作程序。

三、便利商务人员临时入境

17. 允许试点地区内的外商投资企业内部调动专家的随行配偶和家属享有与该专家相同的入境和临时停留期限。

18. 对拟在试点地区筹建分公司或子公司的外国企业相关高级管理人员，其临时入境停留有效期放宽至2年，且允许随行配偶和家属享有与其相同的入境和临时停留期限。

四、促进数字贸易健康发展

19. 对于进口、分销、销售或使用大众市场软件（不包括用于关键信息基础设施的软件）及含有该软件产品的，有关部门及其工作人员不得将转让或获取企业、个人所拥有的相关软件源代码作为条件要求。

20. 支持试点地区完善消费者权益保护制度，禁止对线上商业活动消费者造成损害或潜在损害的诈骗和商业欺诈行为。

五、加大优化营商环境力度

21. 试点地区应允许真实合规的、与外国投资者投资相关的所有转移可自由汇入、汇出且无迟延。此类转移包括：资本出资；利润、股息、利息、资本收益、特许权使用费、管理费、技术指导费和其他费用；全部或部分出售投资所得、全部或部分清算投资所得；根据包括贷款协议在内的合同所支付的款项；依法获得的补偿或赔偿；因争议解决产生的款项。

22. 试点地区的采购人如采用单一来源方式进行政府采购，在公告成交结果时应说明采用该方式的理由。

23. 对于涉及试点地区内经营主体的已公布专利申请和已授予专利，主管部门应按照相关规定公开下列信息：检索和审查结果（包括与相关现有技术的检索有关的细节或信息等）；专利申请人的非保密答复意见；专利申请人和相关第三方提交的专利和非专利文献引文。

24. 试点地区人民法院对经营主体提出的知识产权相关救济请求，在申请人提供了可合理获得的证据并初步证明其权利正在受到侵害或即将受到侵害后，应不预先听取对方当事人的陈述即依照有关司法规则快速采取相关措施。

25. 试点地区有关部门调查涉嫌不正当竞争行为时，应对被调查的经营者给予指导，经营者作出相关承诺并按承诺及时纠正、主动消除或减轻危害后果的，依法从轻、减轻或不予行政处罚。

26. 支持试点地区内企业、商业组织、非政府组织等建立提高环境绩效的自愿性机制（包括自愿审计和报告、实施基于市场的激励措施、自愿分享信息和专门知识、开展政府和社会资本合作等），鼓励其参与制修订自愿性机制环境绩效评估标准。

27. 支持试点地区内企业自愿遵循环境领域的企业社会责任原则。相关原则应与我国赞成或支持的国际标准和指南相一致。

28. 支持试点地区劳动人事争议仲裁机构规范、及时以书面形式向当事人提供仲裁裁决，并依法公开。

六、健全完善风险防控制度

29. 试点地区应建立健全重大风险识别及系统性风险防范制度，商务部会同有关部门加强统筹协调和指导评估，强化对各类风险的分析研判，加强安全风险排查、动态监测和实时预警。

30. 健全安全评估机制，商务部会同有关部门和地方及时跟进试点进展，结合外部环境变化和国际局势走势，对新情况新问题进行分析评估，根据风险程度，分别采取调整、暂缓或终止等处置措施，不断优化试点实施举措。

31. 强化风险防范化解，细化防控举措，构建制度、管理和技术衔接配套的安全防护体系。

32. 落实风险防控责任，有关地方落实主体责任，在推进相关改革的同时，建立健全风险防控配套措施，完善安全生产责任制；有关部门加强指导监督，依职责做好监管。

33. 加强事前事中事后监管，完善监管规则，创新监管方式，加强协同监管，健全权责明确、公平公正、公开透明、简约高效的监管体系，统筹推进市场监管、质量监管、安全监管、金融监管等。

各有关部门和地方要以习近平新时代中国特色社会主义思想为指导，深入贯彻党的二十大精神，坚持党的全面领导，认真组织落实各项制度型开放试点任务。要统筹开放和安全，牢固树立总体国家安全观，强化风险意识，树立底线思维，维护国家核心利益和政治安全，建立健全风险防控制度，提高自身竞争能力、开放监管能力、风险防控能力。要坚持绿色发展，筑牢生态安全屏障，切实维护国家生态环境安全和人民群众身体健康。商务部要发挥统筹协调作用，会同有关部门加强各项试点措施的系统集成，推动部门和地方间高效协同。各有关部门要按照职责分工加强指导服务和监督管理，积极推动解决改革试点中遇到的问题。有关自由贸易试验区、自由贸易港及所在地省级人民政府要承担主体责任，细化分解任务，切实防控风险，加快推进各项试点措施落地实施。对确需制定具体意见、办法、细则、方案的，应在本措施印发之日起一年内完成，确保落地见效。需调整现行法律或行政法规的，按法定程序办理。重大事项及时向党中央、国务院请示报告。

国办发〔2023〕42号

(国务院办公厅印发《关于加快内外贸一体化发展的若干措施》的通知)

各省、自治区、直辖市人民政府，国务院各部委、各直属机构：

《关于加快内外贸一体化发展的若干措施》已经国务院同意，现印发给你们，请认真贯彻执行。

国务院办公厅
2023年12月7日
(本文有删减)

关于加快内外贸一体化发展的若干措施

加快内外贸一体化发展是构建新发展格局、推动高质量发展的内在要求，对促进经济发展、扩大内需、稳定企业具有重要作用。为贯彻落实党中央、国务院决策部署，加快内外贸一体化发展，提出如下措施。

一、促进内外贸规则制度衔接融合

（一）促进内外贸标准衔接。对标国际先进水平，建立完善国际标准跟踪转化工作机制，转化一批先进适用国际标准，不断提高国际标准转化率。加强大宗贸易商品、对外承包工程、智能网联汽车、电子商务、支付结算等重点领域标准外文版编译，加大宣传推广力度，帮助企业降低市场转换的制度成本。完善"一带一路"共建国家标准信息平台，进一步发挥《出口商品技术指南》作用，优化国内国际标准服务。推进国家级服务业标准化试点（商贸流通专项）工作，加强标准创新。

（二）促进内外贸检验认证衔接。完善合格评定服务贸易便利化信息平台功能。鼓励检验检测认证机构提供"一站式"服务。推动与更多国家开展检验检疫电子证书国际合作。深化共建"一带一路"、《区域全面经济伙伴关系协定》（RCEP）等框架下检验检疫、认证认可国际合作。推动内地和港澳地区检测认证规则对接和结果互信互认，推进"湾区认证"。鼓励符合资质要求的检验检测机构参与进出口商品检验采信，扩大第三方检验检测结果采信范围。加强对出口转内销产品强制性产品认证绿色通道的政策宣传。

（三）促进内外贸监管衔接。着力破除各种形式的地方保护和市场分割，加快建设全国统一大市场，促进内外贸资源要素顺畅流动，促进内外资企业公平竞争。探索完善短缺药品供应保障应急机制，建立医疗器械紧急使用有关制度，便利药品、医疗器械等商品在发生自然灾害、公共卫生事件等突发情况下快速进入国内市场。简化用于食品加工的食药物质进口程序。支持监管方式成熟、国内需求旺盛的进口展品在境内销售。

（四）推进内外贸产品同线同标同质。优化同线同标同质（以下称"三同"）产品认定方式，鼓励企业对其产品满足"三同"要求作出自我声明或委托第三方机构进行认证，鼓励各方采信"三同"认证结果，加强"三同"企业和产品信息推介。

二、促进内外贸市场渠道对接

（五）支持外贸企业拓展国内市场。组织开展外贸优品拓内销系列活动，加强市场对接和推广，鼓励开展集中采购，支持优质外贸产品进电商平台、进商场超市、进商圈步行街、进工厂折扣店、进商品交易市场。

（六）支持内贸企业拓展国际市场。加强外贸新业态新模式及相关政策宣传和业务培训，支持内贸企业采用跨境电商、市场采购贸易等方式开拓国际市场。推动高质量实施RCEP等自由贸易协定，拓展企业的国际发展空间。

（七）发挥平台交流对接作用。发挥好中国国际进口博览会、中国进出口商品交易会、中国国际服务贸易交易会等展会作用，培育一批内外贸融合展会，促进国内国际市场供采对接。培育一批内外贸融合商品交易市场，完善国内国际营销网络，强化生产服务、物流集散、品牌培育等功能，促进国内国际市场接轨。推动境外经贸合作区提质升级，鼓励内外贸企业以合作区为平台开展跨国经营。

三、优化内外贸一体化发展环境

（八）加强知识产权保护。加大对外贸企业商标权、专利权的保护力度，以服装鞋帽、家居家装、家用电器等为重点，开展打击侵权假冒专项行动。落实电商平台对网络经营者资格和商品的审查责任，完善投诉举报处理制度，及时纠正制止网络侵权行为。

（九）完善内外贸信用体系。发挥全国信用信息共享平台作用，推动企业信用信息共享应用，帮助企业获得更多信贷支持。鼓励内外贸企业使用信用报告、保险、保理等信用工具，防范市场销售风险。推动电商平台、产业集聚区等开展信用体系建设试点，营造有利于畅通国内国际市场的信用环境。

（十）提升物流便利性。加强与境外港口跨境运输合作，鼓励航运企业基于市场化原则拓展内外贸货物跨境运输业务范围。加快发展沿海和内河港口铁水联运，拓展主要港口国内国际航线和运输服务辐射范围。支持符合条件的企业开展内外贸集装箱同船运输，推行集装箱外贸内支线进出口双向运作模式。加快建设跨境物流基础设施，支持在重点城市建设全球性和区域性国际邮政快递枢纽。

（十一）强化内外贸人才支撑。加强内外贸一体化相关专业建设，发布一批教学标准，打造一批核心课程、优质教材和实践项目。支持开展内外贸实务及技能培训，搭建线上线下融合、内外贸融合的人才交流对接平台。

四、加快重点领域内外贸融合发展

（十二）深化内外贸一体化试点。赋予试点地区更大改革创新自主权，加快对接国际高标准经贸规则，促进内外贸规则制度衔接，复制推广一批创新经验和典型案例。更好发挥自由贸易试验区、国家级新区、国家级经济技术开发区、综合保税区等开放平台示范引领作用，鼓励加大内外贸一体化相关改革创新力度。

（十三）培育内外贸一体化企业。培育一批具有国际竞争力、内外贸并重的领跑企业，增强全球资源整合配置能力，支持供应链核心企业带动上下游企业协同开拓国内国际市场。建设农业国际贸易高质量发展基地，培育壮大内外贸一体化农业企业。支持台资企业拓展大陆市场，支持港澳企业拓展内地市场。对受到国外不合理贸易限制措施影响的企业加大帮扶纾困力度，支持其内外贸一体化经营。

（十四）培育内外贸融合发展产业集群。在重点领域培育壮大一批内外贸融合发展产业集群。推动商业科技创新中心建设，促进互联网、大数据、人工智能和内外贸相关产业深度融合。促进"跨境电商+产业带"模式发展，带动更多传统产业组团出海。引导产业向中西部、东北地区梯度转移，提升中西部等地区内外贸一体化发展水平，支持边境地区特色产业更好衔接国内国际两个市场。

（十五）加快内外贸品牌建设。实施"千企百城"商标品牌价值提升行动，推进全国质量品牌提升示范区建设，支持发展区域品牌，发展绿色、有机、地理标志和名特优新农产品公共品牌。支持内外贸企业培育自主品牌，鼓励外贸代工企业与国内品牌商合作，支持流通企业、平台企业发展自有品牌，与制造企业开展品牌合作。鼓励发展反向定制（C2M）。培育一批中国特色品牌厂商折扣店。建设新消费品牌孵化基地，增强内外贸领域品牌孵化创新活力。加大中国品牌海外宣传力度，鼓励老字号走向国际市场。培育知识产权优势示范企业，支持企业发挥专利、商标等多种类型知识产权组合效应，提升品牌综合竞争力。

五、加大财政金融支持力度

（十六）落实有关财政支持政策。在符合世贸组织规则前提下，用好用足外经贸发展专项资金等现有中央和地方财政资金渠道，积极支持内外贸一体化发展。允许地方政府发行专项债券支持符合投向领域和项目条件的国家物流枢纽等物流基础设施建设，畅通内外贸商品集散运输。

（十七）更好发挥信用保险作用。加强出口信用保险和国内贸易信用保险协同，按照市场化原则加大内外贸一体化信用保险综合性支持力度，优化承保和理赔条件。鼓励保险机构开展国内贸易信用保险业务，推动保险机构在依法合规前提下，通过共保、再保等形式，提升国内贸易信用保险承保能力。鼓励有条件的地方以市场化方式支持内外贸一体化企业投保国内贸易信用保险。

（十八）加大金融支持力度。充分利用全国一体化融资信用服务平台网络、国家产融合作平台，强化金融机构对内外贸企业的服务能力。在依法合规前提下，鼓励金融机构依托应收账款、存货、仓单、订单、保单等提供金融产品和服务，规范发展供应链金融。推广跨境融资便利化试点政策。扩大本外币合一银行结算账户体系试点范围。支持更多符合条件的支付机构和银行为跨境电商等新业态提供外汇结算服务。

各地方、各有关部门要以习近平新时代中国特色社会主义思想为指导，全面贯彻党的二十大精神，坚决贯彻落实党中央、国务院决策部署，按照分工积极推进各项政策措施落实，打通阻碍内外贸一体化的关键堵点，助力企业在国内国际两个市场顺畅切换，争取尽早取得实质性突破。各地方人民政府要完善工作机制，优化公共服务，因地制宜出台配套支持政策，大力推动本地区内外贸一体化发展。商务部要会同有关部门密切跟踪分析形势变化，充分发挥相关工作协调机制作用，加强协同配合和督促指导，确保各项政策措施落实到位，及时总结推广各地好经验好做法。

国办发〔2023〕10号

(国务院办公厅关于推动外贸稳规模优结构的意见)

各省、自治区、直辖市人民政府,国务院各部委、各直属机构:

外贸是国民经济的重要组成部分,推动外贸稳规模优结构,对稳增长稳就业、构建新发展格局、推动高质量发展具有重要支撑作用。为全面贯彻落实党的二十大精神,更大力度推动外贸稳规模优结构,确保实现进出口促稳提质目标任务,经国务院同意,现提出以下意见:

一、强化贸易促进拓展市场

(一)优化重点展会供采对接。推动国内线下展会全面恢复。办好中国国际进口博览会、中国进出口商品交易会、中国国际服务贸易交易会、中国国际消费品博览会等重点展会。支持中国进出口商品交易会优化展区设置和参展企业结构,常态化运营线上平台。各地方和贸促机构、商协会进一步加大对外贸企业参加各类境外展会的支持力度,加强组织协调和服务保障,持续培育境外自办展会、扩大办展规模。

(二)便利跨境商务人员往来。加强对外沟通,提高 APEC 商务旅行卡办理效率,加大工作力度推动其他国家畅通我商务人员申办签证渠道、提高办理效率。继续为境外客商办理来华签证提供便利。研究优化远端检测措施。尽快推进国际客运航班特别是国内重点航空枢纽的国际客运航班稳妥有序恢复,推动中外航空公司复航增班,更好为商务人员往来提供航空运输保障。

(三)加强拓市场服务保障。我驻外使领馆通过完善合作机制、加强信息交流、推介重点展会等举措,创造更多贸易机会,加大对外贸企业特别是中小微外贸企业开拓市场的支持力度。发挥贸促机构驻外代表处作用,做好信息咨询、企业对接、商事法律等方面服务。发布相关国别贸易指南,想方设法稳住对发达经济体出口,引导企业深入开拓发展中国家市场和东盟等区域市场。支持外贸大省发挥好稳外贸主力军作用。

二、稳定和扩大重点产品进出口规模

(四)培育汽车出口优势。各地方、商协会组织汽车企业与航运企业进行直客对接,引导汽车企业与航运企业签订中长期协议。鼓励中资银行及其境外机构在依法合规、风险可控前提下,创新金融产品和服务,为汽车企业在海外提供金融支持。各地方进一步支持汽车企业建立和完善国际营销服务体系,提升在海外开展品牌宣传、展示销售、售后服务方面的能力。

(五)提升大型成套设备企业的国际合作水平。加大出口信用保险支持力度,更好服务大型成套设备项目。金融机构在加强风险防控基础上,统筹考虑项目具体情况,保障大型成套设备项目合理资金需求。鼓励各地方通过开展招聘服务等方式,保障企业用工需求,加强岗位技能培训,确保履约交付，推动行业长期健康发展。

（六）扩大先进技术设备进口。加快修订鼓励进口技术和产品目录，进一步提高进口贴息政策精准性，引导企业扩大国内短缺的先进技术设备进口。

三、加大财政金融支持力度

（七）用足用好中央财政资金政策。开展第二批外经贸提质增效示范工作。研究设立服务贸易创新发展引导基金二期。

（八）加大进出口信贷支持。商业性金融机构进一步提升中西部地区分支机构在贸易融资、结算等业务方面的服务能力。鼓励银行和保险机构扩大保单融资增信合作，加大对中小微外贸企业的融资增信支持力度。在依法合规、风险可控前提下，鼓励国有大型金融机构加大资源倾斜，积极满足中小微企业外贸融资需求。鼓励政府性融资担保机构为符合条件的小微外贸企业提供融资增信支持。

（九）更好发挥出口信用保险作用。进一步扩大出口信用保险承保规模和覆盖面。加大对跨境电商等新业态新模式的支持力度，加快拓展产业链承保，进一步扩大对中小微外贸企业的承保覆盖面，优化承保和理赔条件。

（十）优化跨境结算服务。鼓励金融机构创新完善外汇衍生品和跨境人民币业务，进一步扩大跨境贸易人民币结算规模，更好满足外贸企业汇率避险和跨境人民币结算需求。支持各地方加强政策宣介、优化公共服务，推动银企精准对接、企业充分享惠。

四、加快对外贸易创新发展

（十一）稳定和提升加工贸易。强化用工、用能、信贷等要素保障，引导加工贸易向中西部、东北地区梯度转移，促进加工贸易持续健康发展和产业链供应链稳定。新认定一批国家加工贸易产业园。办好中国加工贸易产品博览会，支持东中西部产业交流对接。加快推进一批"两头在外"重点保税维修试点项目落地，强化全生命周期服务保障。

（十二）完善边境贸易支持政策。做大沿边省份对外贸易。有力有序推进边民互市贸易进口商品落地加工试点工作。探索建设边民互市贸易进口商品数据监测平台。修订出台边民互市贸易管理办法，优化边民互市贸易多元化发展的政策环境，增加自周边国家进口。

（十三）推进贸易数字化。支持大型外贸企业运用新技术自建数字平台，培育服务中小微外贸企业的第三方综合数字化解决方案供应商。支持粤港澳大湾区全球贸易数字化领航区发展，加快贸易全链条数字化赋能，充分发挥先行示范效应，适时总结发展经验。在粤港澳大湾区、长三角地区，2023—2025年每年遴选5~10个数字化推动贸易高质量发展的典型案例，并推广应用。

（十四）发展绿色贸易。指导商协会等行业组织制订外贸产品绿色低碳标准，支持相关产品进一步开拓国际市场。组织开展重点行业企业培训，增强企业绿色低碳发展意识和能力。

（十五）推动跨境电商健康持续创新发展。支持外贸企业通过跨境电商等新业态新模式拓展销售渠道、培育自主品牌。鼓励各地方结合产业和禀赋优势，创新建设跨境电商综合试验区，积极发展"跨境电商+产业带"模式，带动跨境电商企业对企业出口。加快出台跨境电商知识产权保护指南，引导跨境电商企业防范知识产权风险。建设跨境电商综合试验区线上综合服务平台并发挥好其作用，指导企业用好跨境电商零售出口相关税收政策措施。持续完善跨境电商综合试验区考核评估机制，做好评估结果应用，充分发挥优秀试点示范引领作用。

五、优化外贸发展环境

（十六）妥善应对国外不合理贸易限制措施。加强对地方和外贸企业的培训指导，对受影响的重点实体帮扶纾困。发挥好预警体系和法律服务机制作用，支持各级应对贸易摩擦工作站和预警点提升公共服务能力，帮助企业积极应对不合理贸易限制措施。发挥贸促机构作用，做好风险评估和排查。

（十七）提升贸易便利化水平。深入推进"单一窗口"建设，扩大"联动接卸"、"船边直提"等措施应用范围，提高货物流转效率。稳步实施多元化税收担保，助力企业减负增效。加大对外贸企业的信用培育力度，使更多符合认证标准的外贸企业成为海关"经认证的经营者"（AEO）。进一步便利出口退税办理，推动实现出口退税申报报关单、发票"免填报"，更好服务广大外贸企业。各地方做好供需对接和统筹调度，健全应急运力储备，完善应急预案，保障外贸货物高效畅通运输。提升口岸通关效率、强化疏导分流、补齐通道短板、提升口岸过货能力。

（十八）更好发挥自由贸易协定效能。高质量实施已生效的自由贸易协定，编发重点行业应用指南，深入开展《区域全面经济伙伴关系协定》（RCEP）等专题培训，组织论坛等多种形式的交流活动，加强地方和企业经验分享，提高对企业的公共服务水平，不断提升自由贸易协定的综合利用率。鼓励和指导地方组织面向RCEP等自由贸易伙伴的贸易促进活动。

六、加强组织实施

各地方、各相关部门和单位要以习近平新时代中国特色社会主义思想为指导，全面贯彻党的二十大精神，坚决落实党中央决策部署，高度重视、切实做好推动外贸稳规模优结构工作，全力实现进出口促稳提质目标任务。鼓励各地方因地制宜出台配套支持政策，增强政策协同效应。商务部要会同各相关部门和单位密切跟踪外贸运行情况，分析形势变化，针对不同领域实际问题，不断充实、调整和完善相关政策，加强协作配合和政策指导，实施好稳外贸政策组合拳，帮助企业稳订单拓市场。

国务院办公厅
2023年4月11日

国函〔2023〕144号

（国务院关于《前海深港现代服务业合作区总体发展规划》的批复）

广东省人民政府、国家发展改革委：

你们关于报请审批《前海深港现代服务业合作区总体发展规划（送审稿）》的请示收悉。现批复如下：

一、原则同意《前海深港现代服务业合作区总体发展规划》（以下简称《规划》），请认真组织实施。

二、《规划》实施要以习近平新时代中国特色社会主义思想为指导，深入贯彻党的二十大精神，坚持稳中求进工作总基调，完整、准确、全面贯彻新发展理念，加快构建新发展格局，着力推动高质量发展，统筹发展和安全、深化改革开放、强化制度创新，在"一国两制"框架下先行先试，聚焦现代服务业这一香港优势领域，加快推进与港澳规则衔接、机制对接，进一步丰富协同协调发展模式，探索完善管理体制机制，打造粤港澳大湾区全面深化改革创新试验平台，建设高水平对外开放门户枢纽，在深化深港合作、支持香港经济社会发展、高水平参与国际合作方面发挥更大作用。

三、广东省人民政府要切实加强对《规划》实施的组织领导，强化对前海深港现代服务业合作区改革发展中重大问题的指导和协调，加强对实施情况的检查督促。深圳市人民政府要明确工作分工，落实工作责任，制定年度工作计划和专项推进方案，优化资源要素配置予以重点保障，把《规划》各项任务落到实处。前海深港现代服务业合作区要切实履行主体责任，全力做好《规划》实施各项工作，及时总结提炼好的政策措施和做法，形成可复制可推广的经验。

四、国务院有关部门要结合各自职能加大政策保障和指导支持力度。国家发展改革委要加强统筹指导和督促服务，协调解决前海深港现代服务业合作区改革发展中遇到的困难和问题，重大事项及时向党中央、国务院请示报告。

国务院
2023年12月10日

前海深港现代服务业合作区总体发展规划

目　录

前　言

第一章　奋力开启前海合作区开发开放新篇章
　　第一节　发展基础
　　第二节　总体要求
　　第三节　战略定位
　　第四节　发展目标

第二章　陆海统筹构建协同发展的空间格局
　　第一节　构建"一心一带双港五区"的空间结构

第二节　打造要素集聚、产城融合的产业空间布局
第三节　塑造蓝绿交织、山海融城的生态格局

第三章　联动港澳打造优质高效的现代服务业新体系
第一节　深化金融业开放创新
第二节　提升会展业和商贸物流发展能级
第三节　加快科技服务业发展
第四节　提高专业服务业国际化水平
第五节　大力发展新型国际贸易
第六节　培育壮大现代海洋产业

第四章　先行示范营造市场化法治化国际化营商环境
第一节　建立开放型市场准入体系
第二节　高标准建设前海深港国际法务区
第三节　建设高端创新人才基地
第四节　提升对外交流合作水平

第五章　对标一流创建宜居韧性智慧枢纽新城
第一节　建设绿色生态的宜居城区
第二节　建设更为安全的韧性城区
第三节　建设运转高效的智慧城区
第四节　建设互联互通的枢纽城区

第六章　面向国际建设高品质生活圈
第一节　大力发展国际化专业化教育
第二节　提供高品质卫生健康服务
第三节　促进文体旅游繁荣发展
第四节　打造港澳居民新家园

第七章　创新机制探索区域治理新模式
第一节　完善区域管理体制机制
第二节　创新社会治理模式
第三节　探索香港参与前海发展新模式

第八章　规划实施保障
第一节　坚持和加强党的领导
第二节　强化政策支持
第三节　防范化解风险
第四节　科学推进实施

前　言

习近平总书记始终关心关爱前海的开发开放。开发建设前海深港现代服务业合作区（以下简称前海）是支持香港经济社会发展、提升粤港澳合作水平、构建对外开放新格局的重要举措。2010 年 8 月，国务院批复实施《前海深港现代服务业合作区总体发展规划（2010—2020 年）》，对前海联动香港发展现代服务业作出全面部署，拉开了前海开发开放的序幕。

党的十八大以来，习近平总书记多次亲临前海视察指导，发表重要讲话、作出重要指示批示，为前海开发建设指明了方向，提供了根本遵循。2018 年 7 月，中共中央、国务院印发《粤港澳大湾区发展规划纲要》，专节对前海开发开放作出部署。2019 年 8 月，《中共中央、国务院关于支持深圳建设中国特色社会主义先行示范区的意见》提出进一步深化前海改革开放，以制度创新为核心，不断提升对港澳开放水平。2021 年 9 月，中共中央、国务院公开发布《全面深化前海深港现代服务业合作区改革开放方案》（以下简称《前海方案》），进一步扩展前海发展空间，赋予前海打造全面深化改革创新试验平台、建设高水平对外开放门户枢纽的战略使命。

为深入贯彻习近平总书记重要讲话和指示批示精神，落实《前海方案》各项任务要求，推动前海在粤港澳大湾区建设中更好发挥示范引领作用、进一步拓展香港发展空间，编制本规划。规划范围为前海深港现代服务业合作区全域，共 120.56 平方公里，规划期至 2035 年。

第一章　奋力开启前海合作区开发开放新篇章

第一节　发展基础

自前海深港现代服务业合作区设立以来，前海始终坚持支持香港融入国家发展大局，开发建设取得了重要成效。深港全方位合作成果丰硕，与香港规则衔接、机制对接不断增强，2022年港资占实际使用外资比例达95.7%。改革创新取得标志性成果，截至2022年底累计推出制度创新成果765项，在全国复制推广76项。对外开放合作迈出坚实步伐，搭建起通达全球25个国家的港口网络，联通世界五大洲60多个境外城市的国际航空网络，吸引42个共建"一带一路"国家在前海投资。经济高质量发展成效显著，金融业、现代物流、信息服务、科技服务和专业服务等现代服务业增加值占比达52.5%。城市建设初具规模，现代化国际化城市发展实现"一年一个样"的变化。

进入新时代，奋进新征程，前海迎来扩区赋能的重大利好。将宝安、南山部分区域划入合作区后，前海区位优势、交通优势更加明显，具备深中通道、深圳机场、深圳港西部港区等重大交通设施；发展综合实力显著增强，高端资源聚合力、要素组织运筹力、科技创新牵引力更加强劲；经济和人口承载力大幅提升，为打造优质生产生活生态空间提供了坚实基础。前海作为我国改革开放前沿阵地和粤港澳大湾区重大合作平台，具有率先扩大规则、规制、管理、标准等制度型开放良好基础，同时也面临制度创新系统集成不够、与香港衔接有待深化等问题，进一步深化改革扩大开放任重道远。

第二节　总体要求

以习近平新时代中国特色社会主义思想为指导，全面贯彻党的二十大精神，扎实推进中国式现代化，坚持稳中求进工作总基调，完整、准确、全面贯彻新发展理念，加快构建新发展格局，着力推动高质量发展，统筹发展和安全，深化改革开放、强化制度创新，聚焦现代服务业这一香港优势领域，加快推进与港澳规则衔接、机制对接，进一步丰富协同协调发展模式，探索完善管理体制机制，打造粤港澳大湾区全面深化改革创新试验平台、建设高水平对外开放门户枢纽，在深化深港合作、支持香港经济社会发展、高水平参与国际竞争合作方面发挥更大作用。

第三节　战略定位

——全面深化改革创新试验平台。坚持以制度创新为核心，在区域治理、营商环境、现代服务业发展、科技创新等重要领域和关键环节先行先试，打造一批首创性、标志性改革品牌，形成一批可复制可推广的制度创新成果。

——高水平对外开放门户枢纽。坚持"引进来"和"走出去"相结合，强化开放前沿、枢纽节点、门户联通功能，重点扩大贸易、航运、金融、法律事务等领域对外开放，进一步增强对全球资源要素的吸引力，不断提升投资贸易自由化便利化水平。

——深港深度融合发展引领区。坚持依托香港、服务香港，加快推进规则机制一体化衔接、基础设施一体化联通、民生领域一体化融通，促进粤港澳青少年广泛交往、全面交流、深度交融，为香港经济发展进一步拓展空间。

——现代服务业高质量发展高地。巩固提升现代金融、法律服务、信息服务、贸易物流等优势领域，积极开拓海洋经济、数字经济等服务业新技术新业态新模式，推动现代服务业和先进制造业深度融合，携手香港推动现代服务业蓬勃发展。

第四节　发展目标

到2025年，与港澳规则衔接、机制对接不断深化，市场一体化进程显著推进，协同协调发展模式更加完善，青少年交往交流交融更为紧密，对大湾区发展的新引擎作用日益彰显。更高层次开放型经济新体制不断健全，与国际高标准经贸规则相衔接的投资贸易制度体系更加成熟，初步形成具有全球竞争力的营商环境，国际法律服务中心和国际商事争议解决中心加快建立，前海合作区投资者保护条例出台实施，公平竞争委员会设立运行，国际船舶登记和配套制度改革取得明显进展，政务服务流程再造取得明显成效，经济活跃度和发展质量显著提高。高端要素集聚、辐射作用突出的现代服务业蓬勃发展，金融、现代物流等一批千亿级产业集群培育形成，战略性新兴产业和未来产业加快布局，多轮驱动创新体系初步构建，科技发展体制机制改革创新取得重大突破，制度创新成果不断涌现。中心引领、双港驱动、组团联动的空间格局基本成型，开放便捷的综合交通网络加快形成，公共服务体系和重大设施布局更加优质均衡，城市治理科学化精细化智能化水平明显提升，现代化滨海新城更具规模。

2025年前海经济社会发展主要指标目标

类别	序号	指标	单位	2022年基期值	2025年目标值
深港合作	1	港资企业数	家	8 274	11 000
	2	香港居民就业数	人	5 879	10 000
	3	在港澳提供跨境政务服务事项	项	238	400
改革开放	4	新增制度创新全国复制推广数	项	11	[30-50]
	5	新增制度型开放典型案例[1]	项	10	[40-60]
	6	实际使用外资规模	亿美元	58.64	[280-320]
	7	拥有国际性组织数量[2]	个	1	3-5
	8	深圳机场国际及地区年旅客吞吐量	万人次	525.45*	1 000
	9	深圳港西部港区集装箱吞吐量	万标箱	1 591.04	1 700
现代服务业发展	10	现代服务业增加值	亿元	1 022.45	1 360
	11	引进、培育前海全球服务商[3]	家	20	[40-50]
	12	涉外法律服务机构	个	42	60
	13	港资、外资金融机构	家	191	300
	14	境外专业人士备案执业人数	人	517	1 000

注：表中带［］数据为2021—2025年累计值、*为2019年数据。

1 制度型开放典型案例是指推进规则、规制、管理、标准等制度型开放方面形成的具有典型意义的案例数。

2 国际性组织包括全球综合性组织、全球专门性组织、区域综合性组织、区域专门性组织、国际性经济社会组织等，目前世界自然保护联盟物种生存委员会中国总部落户前海。

3 前海全球服务商是指前海重点引进、培育的以现代金融、商贸物流、信息服务、科技服务、文化创意、商务服务、航运服务等生产性服务业和公共服务业为主要业务，位列全球前50、国内前20，或在行业内具有较高知名度的企业和机构总部或区域性、功能性总部。

到 2030 年，与港澳规则深度衔接、机制高度对接，深港服务贸易自由化深入推进，港澳居民学习、就业、生活便利度大幅提升，引领带动粤港澳全面合作。更高水平开放经济新体制充分构建，投资者保护的法律制度体系更为健全，专业独立的公平竞争审查机制基本形成，营商环境跃居世界前列，国际合作竞争优势进一步彰显。

以现代服务业为引领、以战略性新兴产业为支撑的现代化产业体系更加完备，现代服务业标准体系基本建立，国际创新协同能力不断提升，一批世界一流企业集聚发展，深圳前海联合交易中心等一批高开放度的功能型平台能级持续放大，经济质量效益和核心竞争力显著提高。现代化国际化滨海新城基本建成，生态生产生活空间安排更加均衡，紧密对接香港、高效服务湾区的基础设施和公共服务体系更加完善，基本实现城市治理体系和治理能力现代化。

到 2035 年，高水平对外开放体制机制更加完善，营商环境达到世界一流水平，货物、资金、人才、技术、数据等要素便捷流动、高效配置，与港澳产业协同联动、市场互联互通、创新驱动支撑的发展模式建立健全，建成新型国际贸易中心、国际高端航运服务中心，制度创新、科技创新、产业创新等多轮驱动成效显著，宜居宜业宜游的国际化滨海新城全面建成，成为全球资源配置能力强、创新策源能力强、协同发展带动能力强的高质量发展引擎，形成一批可广泛推广的改革创新经验。

第二章 陆海统筹构建协同发展的空间格局

第一节 构建"一心一带双港五区"的空间结构

"一心"即前海城市新中心。包含桂湾、前湾及妈湾片区、宝中片区、大铲湾片区等。着力提升全球资源配置能力，大力发展高能级总部经济、高流量贸易经济、高端化服务经济、高层次会展经济，打造湾区"国际会客厅"。

"一带"即绿色活力海岸带。依托深圳西部海岸带，联动环深圳湾、环交椅湾，实施"连山、通海、贯城、串趣"的山海连城计划，打通海陆生态空间联系，串联城市公园、社区公园和公共空间，提升海岸带城市功能品质，打造蓝绿交织的活力海岸带。

"双港"即深圳国际航空枢纽港、国际航运枢纽港。统筹发挥深圳机场海空铁联运优势，构建面向亚太地区、连接欧美澳、衔接共建"一带一路"国家的航线网络，建设临空经济区，打造高品质国际航空枢纽港。依托深圳港西部港区，联动香港提升航运高端资源配置功能，强化港城融合，共建辐射全球的国际航运枢纽港。

"五区"即依托自南向北的蛇口及大小南山片区、桂湾前湾及妈湾片区、宝中及大铲湾片区、机场及周边片区、会展新城及海洋新城片区等五个片区，布局科技创新、国际金融、会展海洋、商贸物流、先进制造等产业功能组团。

第二节 打造要素集聚、产城融合的产业空间布局

蛇口及大小南山片区：包含深港海洋科技组团、蛇口及大小南山生态创意组团，重点发展现代海洋产业（海洋科技）、会展业和商贸物流（航运物流）、数字与时尚、文体旅游业。

桂湾、前湾及妈湾片区：包含深港国际金融及法务组团、深港科技服务组团、深港自贸服务组团，重点发展金融业、专业服务业、科技服务业、新型国际贸易、会展业和商贸物流。

宝中及大铲湾片区：包含西乡综合配套组团、宝中商务服务组团、大铲湾深港数字经济组团，重点发展专业服务业、金融业、

数字与时尚、文体旅游业、会展商贸。

机场及周边片区：包括深港现代物流组团、机场商务服务组团、深中通道门户组团，重点发展会展业和商贸物流（航空物流）、新型国际贸易、专业服务业（航旅服务）、数字与时尚（工业设计、工业互联网）、先进制造业。

会展新城及海洋新城片区：包含深港现代海洋组团、深港国际会展组团、宝安航运物流组团、深港田园文旅组团、深港先进制造组团，重点发展现代海洋产业、会展业和商贸物流（国际会展和航运物流）、文体旅游业、先进制造业（激光和增材制造、智能机器人、智能终端、超高清视频显示、网络与通信）。

第三节 塑造蓝绿交织、山海融城的生态格局

强化环湾生态共治。环深圳湾区域，由深港协同重点开展深圳湾水环境综合治理，保育大湾区湿地和红树林等自然景观及生态资源。环交椅湾区域，由深莞共同开展河口湿地、红树林等自然资源保护，优化茅洲河、滨海岸线功能。

加强生态廊道网络建设。依托茅洲河、西乡河、双界河等河涌和大小南山等山体生态屏障，加强生态廊道的用地管控和生态修复，构建城市与山海相望的生态安全格局，维护生物多样性和生态平衡，形成多条垂海生态景观廊道。

营造湾区都会魅力形象。沿滨海一线布局公共设施、地标建筑、特色商业和文化艺术设施，强化超高层建筑规划建设管理，加强建筑风格管控，打造湾区活力空间和滨海天际线，塑造"山、海、城"交织共融的城市意象。

第三章 联动港澳打造优质高效的现代服务业新体系

第一节 深化金融业开放创新

深化深港金融融合发展。高水平建设前海深港国际金融城，支持符合条件的港澳及外资银行、保险机构在前海设立分支机构及独资或合资法人金融机构，以及符合条件的证券机构设立独资或合资法人金融机构。支持香港金融机构在前海设立研发中心、数据中心、运营中心等，试点征信数据等金融数据深港跨境流动。加快推动以负面清单为基础的更高水平金融开放，探索与港澳金融市场高水平互联互通。积极推进粤港澳大湾区保险服务中心建设，支持内地与香港保险机构在依法合规的前提下合作开展养老险、航运险、信用保险、机动车辆险及再保险等跨境保险业务。允许香港私人银行、家族财富管理机构等在前海设立专营机构，支持符合条件的香港资产管理机构在前海设立合资理财公司，依法开展跨境资产管理业务。深化前海外商投资股权投资企业（QFLP）、合格境内投资者境外投资（QDIE）试点，拓宽居民跨境投资渠道。支持前海企业依法利用香港开放式基金型公司或有限合伙基金等平台进行融资及开拓海外业务，鼓励优质地产及基础设施项目在香港上市及进行融资。支持前海基金公司积极参与交易所买卖基金（ETF）互挂及内地与香港公开募集证券投资基金互认。实施高水平的资本项目开放政策，吸引跨国企业设立财资中心，研究拓展自由贸易账户（FT账户）功能及试点银行范围。支持符合条件的金融机构开展跨境证券投资等业务，便利企业在真实业务背景和全口径跨境融资宏观审慎管理框架下灵活开展跨境融资。开展数字人民币跨境试点，探索跨境应用场景，打造深港数字金融平台。支持深圳前海联合交易中心探索期现货联动发展。

提升金融服务深港实体经济发展水平。支持银行机构设立科技支行，探索知识产权质押融资、科创保险等服务模式。支持金融机构通过科技手段开展产品、业务、模式、

业态创新，加大对中小微企业的融资支持力度。建设国际风投创投集聚区，开展私募股权和创业投资份额转让试点。支持符合条件的融资租赁母子公司共享外债额度，打造融资租赁集聚区。大力发展绿色金融，探索参与港澳绿色金融市场，研究绿色金融（交易）产品、标准互认可行性。

创新前海金融监管机制。加强深港监管协作，与香港建立跨境金融监管联席协同机制，为两地金融机构进行跨境业务提供更大便利。在风险可控的前提下，加强与香港金融科技"监管沙盒"对接，支持一批具有跨境特色的应用项目开展试点。推动科技监管创新与应用，开展跨境金融风险监测预警与监管创新。高标准建设中国（深圳）证券仲裁中心。

第二节 提升会展业和商贸物流发展能级

有力支撑深圳打造国际会展之都。加快深圳国际会展中心二期建设，联动港澳引进国际知名行业展会，推动深港、深澳"一会展两地"联合办展。优化参会参展出入境及展品通关便利措施，高水平举办中国海洋经济博览会等专业性展会。

打造国际高端专业消费市场。建设前海国际消费体验区、前海港货展示销售中心，试点境外旅客离境退税"便捷支付"，实施离境退税"即买即退"政策。引进香港零售、餐饮、娱乐等优势品牌，打造香港品牌消费目的地。支持国际知名品牌布局研发、运营、配送和消费体验中心，做强首店经济、首发经济。

发展现代时尚产业。引进世界级时尚品牌和龙头企业，促进国际设计大师、时尚媒体等优质时尚资源集聚。支持数字内容原创研发，加快动漫游戏、短视频、虚拟现实/增强现实（VR/AR）等发展，推动创意设计与影视动画、旅游、体育等跨界融合发展。加强深港影视合作，打造深港影视产业基地。

提升现代物流业发展能级。发挥香港航空和海运物流优势，加快国际跨境快邮集散中心、国内航空货运库、国际物流功能区等建设，建立湾区机场中性航空货运站，打造空港型国家物流枢纽。拓展多国集拼物流模式，开展全球揽货、中转分拨等一站式业务和全路径多式联运。大力发展全球采购分销、金融结算等业务，引进国际一流航运物流企业。加快建立与国际接轨的供应链标准。

第三节 加快科技服务业发展

打造科技服务产业集群。与香港共建技术转移中心，促进技术贸易发展。探索深港检测认证业务互认，推进"湾区认证"，实行"一次认证、一次检测、两地通行"。支持香港数码港等在前海设立分支机构，建立创业项目孵化培育联动机制。加强与香港北部都会区科技产业合作，鼓励科创企业互设总部和创新平台。加快中国（深圳）知识产权仲裁中心、国家版权创新发展基地、世界知识产权组织技术与创新支持中心（TISC）、国家海外知识产权纠纷应对指导中心深圳分中心等建设，构建便民利民的知识产权公共服务体系，完善知识产权保护运营和海外维权援助制度。

加强科技创新资源协同。加强与光明科学城、松山湖科学城、南沙科学城等周边区域科技创新平台联动，支持龙头企业与高校、科研机构组建科技创新联合体。支持国际性科技创新创业大赛获奖项目落户，完善创新基金等全链条配套措施。探索"区内注册、海内外经营"等新模式，鼓励企业和科研机构到海外设立创新平台。

创新科技管理体制机制。完善科研资源配置方式，改革科研项目立项和组织实施方式，在科研项目评审、经费支出、过程管理等方面合理借鉴香港及国际管理制度。完善科技成果评价体系，建立自由探索型和任务导向型科技项目分类评价制度。支持新型研发机构实施以章程管理、综合预算管理和绩效评价为基础的更具弹性的管理模式。制定新技术新产品目录清单，探索分类监管模式。探索建立"正面清单+事前备案"的管理机制，简化研发设备、样本样品（特殊物品除外）进出口手续。建立企业研发进口微量耗材管理服务平台，在进口许可、通关便利、允许分销等方面予以支持。

大力发展工业互联网等新业态。探索建设深港设计中心，规划建设"创新创意+柔性制造+中试服务"工业设计平台，支持香港理工大学设计学院等设立分支机构。加快大湾区工业大数据中心建设，建设国家级工业互联网示范基地，推动大湾区工业互联网创新中心等重大平台落地。发展信息技术应用创新和基础软件产业，培育国际领先的云服务提供商。建设深港人工智能产业集聚区，大力推进智能算力基础设施建设。聚焦工业母机、智能机器人等领域，加快推动制造业数字化网络化智能化发展。

第四节 提高专业服务业国际化水平

积极发展建筑及相关工程领域服务业。便利香港工程、建筑、测量、园林环境领域专业机构及专业人士在前海备案执业，完善投标配套措施，支持香港已备案企业和专业人士在规划设计等阶段提供服务。探索在招投标、建设监管、工程计价计量等领域，形成符合国际通行规则的建设工程管理制度。扩大试行香港工程建设管理模式范围，稳步推进建筑师负责制，打造规划设计集聚区。

大力发展会计咨询等专业服务。鼓励会计师事务所拓展海外资产评估业务、承接大型银行及保险公司涉税业务，支持联合香港会计师开展非审计业务，打造财税服务集聚区。支持国际知名咨询公司设立区域总部或分支机构，引进高端咨询人才。发展中国特色新型智库，打造国际高端智库集聚区，建设粤港澳研究基地。

第五节 大力发展新型国际贸易

有序发展数字贸易、离岸贸易。建设前海数字贸易综合服务平台，联动香港推进数字贸易项目化产品化，构建数字贸易跨境交易结算新机制。推动数字证书和电子签名国际互认，积极参与全球数字贸易新规则制定。鼓励银行为诚信守法企业开展真实合规的离岸贸易提供跨境资金结算便利，吸引离岸贸易企业集聚。扩大离岸银行账户（OSA）业务范围，允许已取得离岸银行业务资格的商业银行设立离岸银行业务专营机构或法人机构。加快前海综合保税区创新升级，在保障安全的前提下，在一定领域内探索实施"一线径予放行、二线单侧申报、优化账册管理模式"制度，研究优化贸易监管、许可和程序要求，我国法律法规以及我国缔结或者参加的国际条约、协定另有规定的除外。发展"两头在外"检测维修业务，引进第三方检验检测认证机构。探索"两头在外"研发、航材包修转包、文化艺术品展示交易等业务。

建设新型国际贸易平台。联动建设国际贸易组合港，稳妥拓展组合港覆盖范围。依托现有平台开展天然气、大豆等交易，打造大宗商品贸易集聚区。高质量建设进口贸易促进创新示范区，组建市场化运作的电子元器件和集成电路国际交易中心，加快开展整车进出口业务。打造跨境电商集聚区，推进公共海外仓建设。加快跨境贸易大数据平台建设，在相关领域有序开展境内外口岸数据互联、单证互认、监管互助互认。推动国际贸易"单一窗口"功能向物流、贸易服务拓展，加强与港澳国际贸易"单一窗口"互联互通。提升口岸管理信息化智能化水平，推广先期机检、智能审图等智能化查验模式。

第六节　培育壮大现代海洋产业

提升海洋科技创新能力。积极吸引海洋领域国家级实验室、工程研究中心等创新载体落户，与港澳共建实验室、研究中心。规划建设海上综合试验场，开展海洋多学科交叉实验、海洋工程与高新技术研发等科研活动。打造海洋设备质量检验、海洋高端装备服务平台，提供开发设计、产品试制、小批量制造等服务。

发展海洋战略性新兴产业和未来产业。支持开展新型动力船舶、大型邮轮等研发、设计、改造相关业务，推动无人船中控系统、船舶安全信息智能交互服务平台等建设。加快海洋清洁能源综合智能化技术研究，鼓励港口推广氢能等清洁能源示范应用。积极培育海洋生物医药、海洋新材料、深地深海等海洋新兴产业。

加快高端航运服务集聚发展。联动香港建设国际高端航运服务中心，拓展航运领域金融、法务、经纪等服务，鼓励国际航运企业、国际组织和功能性机构集聚。推进海员公共服务平台建设，开展船员培训及专业评估，探索允许符合条件的香港籍船员到船籍港为深圳的船舶上任职。推动成立粤港航运服务业融合发展咨询委员会，加强深港航运交流合作。高质量建设深圳国家远洋渔业基地（深圳国际金枪鱼交易中心）。

深化国际船舶登记和配套制度改革。推进"中国前海"船籍港国际船舶登记制度改革，探索将海洋装备、海上设施等纳入登记适用范围，研究设立国际船舶登记服务平台。支持符合条件的外国籍船员在"中国前海"籍船舶任职。试行对从境外购买或通过其他合法途径取得且拟在区内申请国际船舶登记的旧船舶，免办重点旧机电产品进口许可证。支持"中国前海"籍中资国际船舶在符合相关政策情况下经营沿海航线业务。

第四章　先行示范营造市场化法治化国际化营商环境

第一节　建立开放型市场准入体系

深化商事制度改革。对接国际高标准商事制度规则，试点商事登记行政确认制和市场准营承诺即入制，完善歇业备案、除名、简易注销以及依职权注销等制度。试点"一照通行"改革，推进电子营业执照和电子印章全面应用。推动港澳跨境政务服务便利化，加强电子证照、公证文书、数字证书跨境共享应用，实现港澳投资者"足不出港澳、一站式"办理商事登记等事项。加强对港澳跨境破产协助，试点与香港开展相互认可和协助破产程序。

持续放宽市场准入。对标《全面与进步跨太平洋伙伴关系协定》（CPTPP）和《数字经济伙伴关系协定》（DEPA）等高标准经贸规则，率先开展压力测试。全面实施外商投资准入前国民待遇加负面清单管理制度，有序推进电信、互联网、教育、文化、医疗等领域相关业务开放。实施跨境服务贸易负面清单管理制度，稳步放宽对跨境交付、境外消费和自然人移动等限制性措施。有序探索减少互联网融合类产品及服务市场准入限制。

创新全生命周期监管方式。建立事前信用承诺、事中分级分类监管、事后失信联合惩戒的全链条监管机制。创建信用经济试验区，推进信用在融资、租赁、创新创业等领域应用，探索培育具有全球话语权的征信机构和信用评级机构。加强与港澳跨境信用合作和区域信用服务市场共建，探索深港征信互通。

营造公平竞争市场环境。探索实施公平竞争独立审查制度，设立议事协调机构性质的公平竞争委员会和独立的公平竞争审查机构，试行集中审查、专业审查工作模式。制定实施前海合作区投资者保护条例，健全外资和民营企业权益保护机制。深化区域性国资国企综合改革试验，开展国有资本运营公司改革试点。

第二节　高标准建设前海深港国际法务区

推动跨境法律规则衔接。推动涉港澳司法机制综合改革，推进内地与港澳民商事诉讼规则相互衔接，简化涉港澳案件审理程序，探索更加便捷高效的法律文书送达方式，建设大湾区民商事司法协助电子平台。在不违反我国法律基本原则且不损害国家主权、安全和社会公共利益的前提下，允许前海港资企业协议选择香港法律解决合同纠纷，支持选用香港作仲裁地解决民商事纠纷。支持前海法院依法有序扩大涉外民商事案件管辖范围。建立聘任港澳法律专业人士参与涉外涉港澳台案件审理机制，细化港澳人士担任人民陪审员相关规范，选任符合条件的港澳人士担任人民监督员。简化与港澳跨境司法交流合作审批程序，推动建立大湾区司法研究平台。

建设国际法律服务中心。鼓励外国和港澳律师事务所设立代表机构，开展中国内地律师事务所与外国律师事务所联营试点。便利持律师执业证（粤港澳大湾区）的港澳律师执业，推动前海律师事务所聘请香港法律执业者、澳门执业律师担任法律顾问。成立大湾区涉外律师学院，培养高素质涉外法律服务人才。

建设国际商事争议解决中心。建立完善国际商事审判、仲裁、调解等国际商事争议解决平台，健全一站式国际商事纠纷多元解决机制。支持最高人民法院第一巡回法庭（第一国际商事法庭）、"一带一路"国际商事诉调对接中心等建设，加快广州海事法院前海巡回法庭建设，加强涉外审判、金融审判等组织和机制建设。支持深圳国际仲裁院在国际投资仲裁调解、海事仲裁等方面创新发展，引进相关国际组织和知名仲裁机构。加强国际商事调解组织建设，完善前海法院与港澳调解机构诉调对接机制，吸纳符合条件的港澳调解机构、调解员及律师参与纠纷调解，探索由前海法院试点受理该类型调解协议的司法确认案件。建立粤港澳调解员资格统一认定制度。

第三节　建设高端创新人才基地

实施更开放的引才机制。聚焦重点产业和新兴产业发展需求，建设海外人才离岸创新创业平台，建立离岸柔性引才新机制，优化前海紧缺人才清单，靶向引进具有国际一流水平的领军人才和创新团队。加强"前海国际人才合伙人"引进力度，构建完善的国际人才吸引网络、技术转移服务平台和跨境联合孵化平台。深入实施深港联合招才引智计划，鼓励深港联合培养优秀青年人才。

优化人才就业创业环境。建立国际职业资格认可清单，制定境外专业人才执业管理规定。推动符合条件具有港澳或国际职业资格的金融、税务、规划、文化、旅游等领域专业人才备案或注册后在前海提供服务，并认可其境外从业经历。优化港澳医师短期行医执业注册审批流程。为持港澳永久性居民身份证的外籍高层次人才来大湾区内地九市洽谈商务、任职工作提供办理长期签证或居留许可便利。

强化人才全流程服务。通过人才补贴、创新人才奖等方式建立对人才的持久激励机制。为前海创新企业办理往来港澳商务登记备案，以及创新创业人才办理往来港澳签注提供便利。支持在前海工作、生活的香港居民以及在前海投资的香港商户取得香港机动车临时入境机动车号牌和行驶证后，通过深圳湾口岸多次驾驶机动车往返深港。研究制定具有前海特色的国际高端人才和港澳人才住房政策，提供人才公寓、国际化社区等多元化住房。

第四节 提升对外交流合作水平

加强国际传播能力建设。支持中央广播电视总台粤港澳大湾区之声等媒体国际化发展，打造国际一流媒体集群。建强国际传播专门人才队伍，探索设立国际传播学院，加强国际传播学科建设和人才培养。支持国际主流媒体在前海设立分支机构。

打造"一带一路"交流平台。积极承办重大主场外交活动，高水平举办前海论坛和大湾区—东盟经济合作（前海）论坛，推动与香港共同举办高层次经济金融论坛。支持"一带一路"新闻合作联盟创新发展。完善"一带一路"法治地图，健全涉外法律服务等海外投资保障机制。联动香港设立国际担保机构，支持企业到共建"一带一路"国家乃至全球发展。携手港澳赴共建"一带一路"国家合作举办各类交流活动。

第五章 对标一流创建宜居韧性智慧枢纽新城

第一节 建设绿色生态的宜居城区

营造开放包容的居住环境。优化住房空间布局，在轨道交通站点、主要就业节点周边增加住房供应，推动产城融合、职住平衡。

按照"可负担可持续"原则，拓宽保障性租赁住房供给渠道。鼓励港资企业投资开发综合性民生项目，建设集居住、教育、医疗等于一体的完整社区。推进前海石公园等建设，构建滨海公园绿地网络。

强化生态环境综合治理。加强多污染物协同治理和区域联防联控，推动大气环境质量达到国际一流水平。强化港口污染防治，推广零排放重型货车。推动河流水质持续改善，到2025年茅洲河等主要河流断面水质稳定Ⅳ类以上，力争达到Ⅲ类。开展海洋生态系统保育和修复，稳妥有序推进海湾清淤，协同削减珠江口及邻近海域入海污染物排放总量，到2025年陆源污染总氮负荷削减10%。加强噪声源头预防和监管，实施机场周边区域声环境质量提升工程。加强深港环境执法协作、信息共享与应急联动，推动环境质量和污染物排放有关标准衔接。

促进绿色低碳发展。实施机场、港口、办公楼宇等重点区域节能降碳行动，研究建立碳排放统计核算机制及低碳管理运营体系，开展碳监测评估试点工作。鼓励高校、科研机构、企业建设"碳中和"实验室及创新中心，促进零碳智慧技术产业化应用。加强深港在低碳社区建设、绿色技术研发推广等领域交流合作。

第二节 建设更为安全的韧性城区

提升城市建筑安全水平。加强办公楼宇、高密度居住社区等建筑空间安全保障，提高抗御自然灾害能力。创新高层建筑安全管理长效机制，建立高层建筑定期体检制度，完善超高层建筑安全监测制度。持续开展高层建筑消防安全管理标准化建设。

加强城市生命线系统建设。健全能源保障体系，规划建设油氢气电混合的综合能源补给设施，优化油气设施布局，完善综合能源供应系统。建设更加灵活的城市配电网，供电可靠性保持领先。打造全面入户的高品质供水系统。构建先进的污水、垃圾收集和处理系统，打造健康城区"代谢系统"。高效集约推进地下综合管廊系统建设。

全面提升防灾应急能力。开展海绵城市建设，推动广场、滨水区域等大型公共空间的海绵化改造，提高城市面临洪涝灾害的弹性应对能力。提升防洪（潮）排涝工程标准，到2035年实现区域防洪能力达200年一遇及以上，西部海堤实现1000年一遇防潮能力，内涝防治重现期达到100年一遇。动态化精细化制定城市安全风险清单，开展城区灾害防御恢复和应急能力评估。完善深港应急救援协调联动机制，加强战略物资和应急物资保障。

第三节 建设运转高效的智慧城区

建设面向未来的新型基础设施和数据服务体系。适度超前布局新型信息基础设施，推动互联网协议第六版（IPv6）规模化应用和第五代移动通信（5G）网络深度覆盖，建设国际一流5G网络和万兆无源光网络，超前布局第六代移动通信（6G）、量子通信等前沿技术，构建新一代高速通信网络体系。加强物联网传感器在城市治理、公共服务等领域布局，构建全域覆盖的智能感知体系。构建开放安全的国际数据环境，建立规范统一的数据资源开放目录和标准，稳步推进公共数据资源开发利用试点。研究推进深港数据跨境流动合作，拓展深港数据融合应用。

培育多场景智慧城市应用生态。推进数字技术在城市运行中应用，构建统一指挥的城市信息管理智能中枢。以跨部门数据融合智慧应用场景为突破，推动城市治理一网统管。推广建筑信息模型（BIM）、城市信息模型（CIM）技术应用。以机场、港口、物流园区等为场景，建设智能网联汽车、无人机、无人船的海陆空全空间无人管理平台，适度拓展无人机低空飞行空域范围。建设智慧应急平台，强化重要基础设施和重点区域的动态监测和智慧管控。

第四节 建设互联互通的枢纽城区

完善内部综合交通体系。依托深圳市城市轨道交通第五期建设规划，加快前海轨道建设。规划建设宝鹏通道、妈湾跨海通道及蛇口—赤湾连接线等，完善港口集疏运体系。构建以轨道站点和公交首末站为核心的步行和骑车空间，建立复合立体的慢行交通网络。

畅通深港跨境交通体系。积极研究论证港深西部铁路（洪水桥—前海），提升深港西部跨境交通便利性。探索创新直升机跨境直飞监管模式及飞行服务组织模式，提供便捷高效的深港跨境直升机服务。加快设立前海口岸，研究叠加航空（直升机）口岸功能，探索"一地两检"创新政策，强化水上交通衔接，构建陆海空客运服务网络。

建设更加畅达连通大湾区内地城市的交通网络。加强各类交通方式有效衔接，推动构建与湾区核心城市核心城区枢纽间30分钟通达，与湾区其他城市1小时直达的综合交通网络。向西构建功能清晰、结构合理的多元跨江通道体系，加快深圳至江门铁路、深中通道（公路）等项目建设，研究谋划深珠城际（伶仃洋通道）等项目。向北加强与广深港科技创新走廊节点联系，加快推进穗莞深城际深圳机场至皇岗口岸段建设。向东提升联系惠州、汕头的交通服务能力，推进深惠城际、深大城际、机荷高速复合通道等项目建设，规划建设外环快速并对接惠州高快速路网络。

打造更加开放的海空全球通达系统。加快推动深圳机场改扩建工程建设，优化机场国际航线网络、航班时刻和国际航权配置，拓展定期洲际全货运航线，用足用好航权资源加密航线航班，完善国际航线网络布局。加快西部港区出海航道二期工程等建设，拓展西部港区国际航线，探索建立全球港口合作机制。

第六章 面向国际建设高品质生活圈

第一节 大力发展国际化专业化教育

引进国际化教育资源。吸引港澳和国际优质高等教学资源，开展人才培养、学科建设和科研合作，建设港澳青年教育培训基地。创新中外合作办学模式，探索部市联合审批，支持中外合作办学项目和不具有法人资格的中外合作办学机构落地建设。推动在前海新建港人子弟学校（班）、高端外籍人员子女学校。大力引进优秀外籍教师，积极承接"内地与香港教师交流及协作计划"和

"香港教师赴内地交流协作计划"。

提升专业化教育能级。深化科教产教融合发展，高起点规划建设与产业链、创新链相匹配的创新创业特色学院，鼓励高校、职业院校设立产教融合基地。建立校企联合培养创新人才的长效机制，分类打造一批高技术技能人才培养培训基地。深入开展与港澳职业技能等级互认。

第二节 提供高品质卫生健康服务

提升医疗服务和创新水平。引进港澳和国际优质医疗资源，建设高水平国际化医院集团，打造国际医疗服务集聚区。支持符合条件的港澳服务提供者以独资、合资等方式在前海设置医疗机构。鼓励社会资本建设高端民营医院和健康管理机构。支持符合条件的指定医疗机构使用临床急需、已在港澳上市的药品以及使用临床急需、港澳公立医院已采购使用、具有临床应用先进性的医疗器械。支持符合条件的医疗机构按规定开展肿瘤免疫细胞、干细胞等前沿医疗技术研究。探索开展手术、护理、检查、康复等医疗康复机器人的研究应用。

加强深港医疗服务跨境衔接。完善临床治疗、疾病控制、科学研究的跨境协同机制，推进与香港公立医院在管理体制、医疗服务等领域合作。在持续评估及监测香港"长者医疗券"在大湾区试点使用成效基础上，探索利用"长者医疗券"资助香港居民使用更多医疗服务。扩大香港病人跨境转诊服务定点医疗机构数量，优化医疗转运车辆口岸通关模式，探索建立紧急医疗转运无障碍绿色通道。推动深港商业医疗保险资源对接共享、互认互通，合作开发符合规定的跨境商业医疗保险产品，开展国际商业医疗保险结算试点。建设区域公共卫生应急救治中心，推进空海救援医院项目建设，探索与港澳建立联合开展紧急医学救援机制。

第三节 促进文体旅游繁荣发展

加强文化艺术交流。加快前海深港广场等公共文化设施建设，打造城市文化新地标。鼓励国内外博物馆合作策展，培育国际文化艺术活动品牌，支持港澳艺术院团、演艺学校及机构跨境演出。高质量建设国家对外文化贸易基地，服务文化旅游企业开拓国际市场。依托中国（深圳）国际文化产业博览交易会等重大项目，打造面向海外市场的文化产品开发、创作和发行集散基地。

丰富高品质文体服务供给。扩大新型公共文体生活空间，鼓励创业园区、科研机构、学校等开放文体设施，打造"十分钟文体服务圈"。培育市场化、专业化体育俱乐部，打造体育知识产权与赛事资源交易平台。加快重大体育设施建设，支持举办世界帆船对抗巡回赛总决赛等国内外重大体育赛事。加强与港澳体育交流合作，联合承办国际体育赛事，打造国际性文化体育品牌。

促进滨海文化旅游发展。整合滨海岸线和海洋、生态文化资源，加快推进滨海廊桥、海上田园、文旅综合体等重大项目建设。积极拓展国际邮轮航线，支持蛇口邮轮港增设国际旅客中转功能，推进深港国际邮轮港优势互补、客源互送、合作共享。推进大湾区国际游艇旅游自由港建设，完善游艇出入境信用管理制度，联动港澳建立大湾区游艇出入境大数据平台。

第四节 打造港澳居民新家园

便利港澳居民在内地生活。深入实施"湾区通"工程，加强交通、通信、信息、支付等日常领域与港澳标准互认、规则衔接。丰富港澳居民证件应用场景，推进以港澳居民来往内地通行证为载体的"一卡通"服务管理模式。推动与香港通信运营商联合创新通信产品，逐步降低深港手机长途和漫游费。

大力支持港澳青年就业创业。持续开展

前海港澳青年招聘计划，实施"展翅计划"港澳台大学生实习专项行动，对接香港特别行政区政府实施的"大湾区青年就业计划"，吸引港澳青年到前海就业。以前海深港青年梦工场为载体，引进国内外知名孵化运营机构，完善面向港澳青年的创业扶持措施。加强与香港创新及科技基金合作，联合发起设立创业天使基金，支持获香港青年发展基金资助的创业团队落户前海。鼓励港澳青年服务机构设立代表处。

促进粤港澳青少年交往交流交融。加快推动深圳大湾区青年发展中心和港澳青年之家建设，组织开展研学实践、国情考察等交流活动，高水平举办粤港澳台青年创新创业大赛等活动。大力支持广东省港澳青少年"根·魂·梦"交流基地、港澳青少年宪法和基本法研修基地、港澳青少年国情教育基地等平台建设。建设湾区青年大数据中心和"深港澳青年一站通"平台，提供专业化全链条服务。

第七章　创新机制探索区域治理新模式

第一节　完善区域管理体制机制

明确行政区和经济区职责分工。深入实施优化前海管理体制机制实施方案和权责分工清单，健全动态调整机制，形成行政区和经济区适度分离、优势叠加、边界清晰、权责对等的良好局面。前海合作区侧重规划建设、产业发展、制度创新、深港合作等领域工作，南山、宝安等行政区承担城市管理、社会管理和公共服务职能，保障经济社会发展安全。完善前海财政管理体制，建立财权与事权相匹配、与管理体制机制和改革发展相适应的财政管理体制。建立健全符合前海改革开放实际、有利于调动行政区与经济区积极性的统计体系。协助做好垂直管理或者双重领导并以上级单位领导为主的单位驻前海机构设置及业务范围优化调整工作。优化前海涉及的街道行政区划，推进街道边界和经济区边界相衔接。

加大事权下放力度。赋予前海更加充分的自主发展、自主改革和自主创新管理权限，进一步落实前海管理机构享有相当于计划单列市管理权限的政策。对于广东省下放及委托深圳市的经济社会管理权限，原则上同步下放及委托前海。已下放及委托广东自由贸易试验区深圳前海蛇口片区实施的省级、市级管理事项，支持拓展至前海全域。根据发展需要，将广东省、深圳市在科技创新、规划管理、产业促进等领域管理事项下放或委托至前海。

深化合作区管理机构改革。精准匹配扩区后的管理范围和履职需要，优化前海管理机构法人治理结构、职能设置和管理模式，推进以法定机构承载部分政府区域治理职能的体制机制创新。赋予前海管理机构在人员聘用、岗位设置等方面更大自主权，建立健全适应市场变化、运作灵活规范的选人用人机制。加强干部考核评价，做好鼓励改革创新、宽容失败的容错纠错工作，实行与业绩贡献相匹配、与考核结果相挂钩的薪酬分配和长效激励约束机制，激励干部敢于担当、积极作为。探索丰富政府职能实现方式，充分调动市场力量承接基础设施建设、园区管理等服务事项。

第二节　创新社会治理模式

完善社会治理格局。深化"多网合一"网格化服务管理，依托智能社会治理平台开展精细化管理。推行公共服务与社会治理"区街联动、分级处置"机制，完善社区网格运行机制。引导社会力量参与基层治理，在平台经济等领域探索政府和企业协同治理模式。支持以市场化方式发起成立国际性经济、科技、标准、人才等组织，创新国际性产业和标准组织管理制度，加强国际性组织人才培养输送。

构建多元化纠纷解决体系。完善人民调解、行政调解、司法调解联动工作体系，加强基层人民调解工作，促进行业性、专业性调解组织建设，建立综合性矛盾纠纷调解中心。扩大行政裁决适用范围，积极发展快速裁决法庭，提供一站式诉讼服务。探索建立深港跨境用工劳动争议调解仲裁处理机制，聘任港澳籍仲裁员、调解员参与处理涉港澳劳动争议案件。

第三节　探索香港参与前海发展新模式

健全深港各层级合作机制。加强前海管理机构与香港特别行政区政府有关部门的日常联络沟通和业务对接，统筹好深港合作重大项目、重大载体布局建设，深化金融、法治等重点领域常态化合作。实施好前海新出让产业用地向港资港企倾斜的政策，建立健全在重大规划、产业发展等领域听取香港方面意见的机制。探索深港合作建设运营一体化新模式，积极支持香港特别行政区有关部门及相关企业参与前海重大项目建设运营。

拓宽港澳和外籍人士参与前海治理渠道。推动更多符合条件的港澳和外籍人士到前海法定机构担任职务。在中央和广东省有关部门的指导支持下，积极稳妥做好前海管理机构与香港特别行政区政府部门公职人员交流学习工作。完善前海咨询委员会运行机制，鼓励更多港澳和外籍人士为前海开发开放建言献策。建立与香港重要勋章获得者、港区全国人大代表和全国政协委员等重要人士以及港澳重点行业协会的联络机制，高标准规划建设前海港澳联谊中心，

搭建粤港澳职业共同体交流发展平台。

第八章　规划实施保障

第一节　坚持和加强党的领导

坚持和加强党的全面领导，深刻领悟"两个确立"的决定性意义，增强"四个意识"、坚定"四个自信"、做到"两个维护"，充分发挥党总揽全局、协调各方的领导核心作用，落实新时代党的建设总要求，以改革创新精神在加强党的全面领导和党的建设方面率先示范，把党的领导贯彻到前海全面深化改革开放各方面全过程。创新基层党建工作方式，广泛调动基层党员的积极性，打造基层坚强战斗堡垒，以高质量党建引领前海改革开放工作。坚定不移推动全面从严治党向纵深发展，推进廉洁前海建设，强化重点领域廉政风险防控，营造风清气正的良好政治生态。

第二节　强化政策支持

强化法治保障。用足用好深圳经济特区立法权，修订完善《深圳经济特区前海深港现代服务业合作区条例》、《深圳经济特区前海蛇口自由贸易试验片区条例》，并根据前海改革开放需要推动制定相关法律法规，在遵循宪法的规定以及法律和行政法规的基本原则前提下，根据授权对法律、行政法规、地方性法规作变通规定，推动前海在深港合作、现代服务业开放、要素市场化改革、科技创新等领域率先探索。各项改革开放政策措施，涉及需要调整现行法律的，由有关方面按法定程序向全国人大或其常委会提出相关议案，经授权或决定后实施；涉及需要调整现行行政法规的，由有关方面按法定程序提请国务院授权或决定后实施。

加大重大项目支持力度。探索按规划期实施的建设用地总量管控模式。持续推进城市立体复合开发，完善建设用地使用权在土地的地表、地上或者地下分别设立的配套政策，探索不同产业用地类型的合理转换。支持前海优质项目纳入粤港澳大湾区建设重大项目库，予以重点推动。支持前海将符合条件的项目纳入地方政府专项债券支持范围，在全口径跨境融资宏观审慎框架下，支持前海符合条件的企业赴港发行绿色债券和获取银行绿色融资。

加强财税政策支持。对前海符合条件的企业按规定减按 15% 的税率征收企业所得税，并根据前海发展情况和服务香港巩固提升竞争优势需要，适时调整企业所得税优惠目录。对在前海工作的境外高端人才和紧缺人才，其个人所得税税负超过 15% 的部分给予补贴，对补贴免征个人所得税。对在前海工作的香港居民，其个人所得税税负超过香港税负的部分予以免征。

第三节 防范化解风险

牢固树立总体国家安全观，加强安全评估和风险防范，提升安全监管水平，牢牢守住安全底线。夯实有关机构主体责任，防范化解贸易、投资、跨境资金、跨境数据、人员进出等领域重大风险。完善大湾区进出口商品质量安全风险预警和快速反应监管体系，建设国家级质量安全风险评估中心。建立健全风险监测和评估框架，探索与国际金融体系相适应的包容审慎监管模式。依托跨境贸易大数据平台，加大离岸贸易真实性审核力度。建立完善服务业相关产业统计监测和风险评估体系。

第四节 科学推进实施

在中央区域协调发展领导小组领导下，各有关方面要加快推动本规划落实。国务院有关部门要充分认识全面深化前海改革开放的重大意义，结合各自职能，制定支持前海建设发展的具体政策措施。广东省要加强组织领导，强化对前海发展中重大问题的指导和协调，加强实施情况的检查督促和经验总结。深圳市要明确工作分工，落实工作责任，制定年度工作计划和专项推进方案，优化资源要素配置予以重点保障，把规划各项任务落到实处。前海要切实履行主体责任，全力做好规划实施各项工作，及时总结提炼好的政策措施和做法，形成可复制可推广可操作的经验。中央区域协调发展领导小组办公室、国家发展改革委要加强统筹指导和督促服务，研究协调前海改革发展中遇到的问题困难。要加强对本规划内容的宣传解读，营造广泛支持前海建设的良好氛围。本规划实施涉及的重要政策、重点项目、重大工程，要按规定程序报批，重大事项及时向党中央、国务院请示报告。

国函〔2023〕143号

(国务院关于《横琴粤澳深度合作区总体发展规划》的批复)

国家发展改革委：

国家发展改革委《关于报送〈横琴粤澳深度合作区总体发展规划〉（送审稿）的请示》（发改区域〔2023〕1603号）收悉。现批复如下：

一、原则同意《横琴粤澳深度合作区总体发展规划》（以下简称《规划》），请认真组织实施。

二、《规划》实施要以习近平新时代中国特色社会主义思想为指导，深入贯彻党的二十大精神，坚持稳中求进工作总基调，完整、准确、全面贯彻新发展理念，加快构建新发展格局，着力推动高质量发展，统筹发展和安全，紧紧围绕促进澳门经济适度多元发展，坚持"一国两制"、依法办事，坚持解放思想、改革创新，坚持互利合作、开放包容，创新完善推动琴澳一体化发展的政策措施，丰富拓展合作内涵，以更加有力的开放举措统筹推进粤澳深度合作，大力发展促进澳门经济适度多元的新产业，加快建设便利澳门居民生活就业的新家园，着力构建与澳门一体化高水平开放的新体系，不断健全粤澳共商共建共管共享的新体制，支持澳门更好融入国家发展大局，为澳门"一国两制"实践行稳致远注入新动能。

三、广东省人民政府要与澳门特别行政区加强沟通协调，加大支持力度，为横琴粤澳深度合作区规划建设提供坚实保障。横琴粤澳深度合作区管理委员会要加强统筹协调、提高议事决策效率，切实履行合作区规划建设主体责任。横琴粤澳深度合作区执行委员会要勇于担当、善于作为，务实承担合作区规划建设主体执行责任，深入推进改革创新、开放合作，高标准、高质量、高效率推进合作区开发建设。

四、国务院有关部门要结合自身职能加大政策保障力度，加强全过程指导，把横琴粤澳深度合作区作为本领域深化改革、扩大开放的试验田和先行区。国家发展改革委要完善工作协调机制，会同有关部门加强对《规划》实施和横琴粤澳深度合作区建设的统筹指导，协调解决实施过程中遇到的困难和问题，重大事项及时向党中央、国务院请示报告。

国务院
2023年12月10日

国函〔2023〕130号

(国务院关于《支持北京深化国家服务业扩大开放综合示范区建设工作方案》的批复)

北京市人民政府、商务部：

你们关于支持北京深化国家服务业扩大开放综合示范区建设的请示收悉。现批复如下：

一、原则同意《支持北京深化国家服务业扩大开放综合示范区建设工作方案》（以下简称《工作方案》），请认真组织实施。

二、《工作方案》实施要以习近平新时代中国特色社会主义思想为指导，全面贯彻落实党的二十大精神，按照党中央、国务院决策部署，坚持稳中求进工作总基调，完整、准确、全面贯彻新发展理念，构建新发展格局，推动高质量发展，更好统筹国内国际两个大局，推动发展和安全深度融合，充分发挥我国超大市场优势，提升服务领域贸易投资合作质量和水平，稳步扩大规则、规制、管理、标准等制度型开放，开展对接国际高标准经贸规则先行先试，为推进高水平对外开放、全面建设社会主义现代化国家作出贡献。

三、北京市人民政府要立足首都城市战略定位，服务国家重大战略，加强对《工作方案》实施的组织领导，在风险可控的前提下，精心组织，大胆实践，深化国家服务业扩大开放综合示范区建设，在努力构建高标准服务业开放制度体系、建设现代化产业体系等方面取得更多可复制可推广的经验，更好为全国服务业开放创新发展发挥引领作用。

四、国务院有关部门要按照职责分工，积极支持北京深化国家服务业扩大开放综合示范区建设。商务部要会同有关部门加强指导和协调推进，组织开展督促和评估工作，确保《工作方案》各项改革开放措施落实到位。

五、需要暂时调整实施相关行政法规、国务院文件和经国务院批准的部门规章的部分规定的，按规定程序办理。国务院有关部门要根据《工作方案》相应调整本部门制定的规章和规范性文件。《工作方案》实施中的重大问题，北京市人民政府、商务部要及时向党中央、国务院请示报告。

附件：支持北京深化国家服务业扩大开放综合示范区建设工作方案

国务院
2023年11月18日

附件

支持北京深化国家服务业扩大开放综合示范区建设工作方案

为贯彻落实党中央、国务院关于支持北京深化国家服务业扩大开放综合示范区（以下简称综合示范区）建设的决策部署，促进服务业高水平开放、高质量发展，特制定本工作方案。

一、总体要求

（一）指导思想

以习近平新时代中国特色社会主义思想为指导，全面贯彻落实党的二十大精神，坚持稳中求进工作总基调，完整、准确、全面贯彻新发展理念，构建新发展格局，推动高质量发展，更好统筹国内国际两个大局，推动发展和安全深度融合，充分发挥我国超大市场优势，立足首都城市战略定位，深化综合示范区建设，更好发挥对全国服务业开放创新发展的引领作用，提升服务领域贸易投资合作质量和水平，稳步扩大规则、规制、管理、标准等制度型开放，为推进高水平对外开放、全面建设社会主义现代化国家作出贡献。

（二）基本原则

坚持守正创新。坚持和加强党的全面领导，坚持社会主义市场经济改革方向，坚持高水平对外开放。围绕综合示范区建设目标任务，持续开展更大范围、更宽领域、更深层次服务业开放探索，激发市场活力和社会创造力，促进现代化建设成果更多更公平惠及全体人民，服务经济社会发展大局。

强化示范引领。聚焦制度创新，立足服务业开放创新发展实际，精准对接国际高标准经贸规则，加强服务领域规则建设，探索更多可复制可推广的经验，构建高标准服务业开放制度体系，更好发挥对全国服务业开放创新发展的引领作用。立足北京"四个中心"功能定位，加快要素合理流动和高效集聚，构建京津冀协同发展的高水平对外开放平台，打造全国高质量发展的新动力源，推动形成优势互补、高质量发展的区域经济布局。

深化系统集成。服务现代化产业体系建设，坚持系统思维和问题导向，统筹政策与服务、准入与准营、"边境上"与"边境后"、贸易投资与人才智力引进，推进服务业全产业链、全环节改革开放，优化产业发展整体生态。深化电信、健康医疗、金融、文化教育、专业服务等优势产业、重点行业改革开放，培育新兴业态，丰富应用场景，拓展发展路径，构建优质高效的服务业新体系，塑造国际合作和竞争新优势。

加强风险防控。牢固树立总体国家安全观，统筹发展和安全，着力构建高效协同的服务业监管体系、保障产业安全的风险防控体系。坚持先立后破，制定完善重点产业开放实施方案和监管措施，进一步完善文化、金融、生物、数据流动等重点领域的风险评估预警机制及管控处置机制，提升开放监管能力，增强风险防控能力，牢牢守住不发生系统性区域性风险底线。

二、主要任务

（一）推进服务业重点领域深化改革扩大开放

1. 电信服务领域。研究建设国家新型互联网交换中心。在北京取消信息服务业务（仅限应用商店，不含网络出版服务）、互联网接入服务业务（仅限为用户提供互联网接入服务）等增值电信业务外资股比限制，研究适时进一步扩大增值电信业务开放。

2. 健康医疗服务领域。支持符合条件的外籍及港澳台医生在京开设诊所。探索对干细胞与基因领域医药研发企业外籍及港澳台从业人员的股权激励方式。支持符合条件的医疗机构开展干细胞等临床试验。支持干细胞与基因研发国际合作。促进在京港澳企业人类遗传资源管理服务便利化。对在京注册企业在我国境内获得上市许可的创新药械（大型医用设备除外），在指定医疗机构根据临床需求"随批随进"。支持在京建立临床急需进口药械审批绿色通道。推动真实世界数据在医疗技术领域研究中的应用。建立生物医药前沿领域多部门全流程协同监管体系。加快无疯牛病疫情禁令国家（地区）牛黄等牛源性中药材风险评估和检疫准入，服务中医药健康产业发展需求。依托全国统一医保信息平台电子处方中心开展处方流转。探索健康医疗数据共建共享新模式，进一步加强临床医疗数据标准化和院际开放互通。深化康复辅助器具产业国家综合创新试点，推广康复辅助器具社区租赁试点成果，支持康复辅助器具研发运用对外合作，推动康复辅助器具产业发展。搭建中医药国际综合服务平台，建设中医药线上交易平台，支持企业开拓国际市场。以我国加入药品检查合作计划（PIC/S）等为契机，推动有条件的企业高质量参与共建"一带一路"等国际合作，助力创新药品"走出去"。

3. 金融服务领域。对境外金融机构、境外金融机构的投资者、跨境金融服务提供者提交的要件完整且符合法定形式的金融业务相关申请，金融管理部门按照内外一致原则，在收到申请后120天内作出决定并及时通知申请人，如不能如期作出决定，应立即通知申请人并争取在合理期限内作出决定。探索支持保险资产管理公司在账户独立、风险隔离的前提下，向境外发行合理规模的人民币计价的资产管理产品。支持创业投资、股权投资机构与各类金融机构开展市场化合作，依法依规为被投资企业提供融资服务。在风险可控的前提下，探索建立不动产、股权等作为信托财产的信托财产登记机制。

4. 文化教育服务领域。研究延续支持文化体制改革和文化企业发展的税收政策。落实支持中国文物回流相关税收政策。支持视听节目服务机构引进优秀境外影视作品，优化和规范对重点网络视听平台的管理与服务。将外商投资设立演出场所、娱乐场所、互联网上网服务场所的审批权下放至区级。支持外商独资设立经营性职业技能培训机构。强化多部门、跨区域会商评估，强化正向引导，构建完善文化领域全流程闭环管理和综合治理体系。

5. 专业服务领域。允许境外符合条件的个人从事证券投资咨询、期货交易咨询业务。动态完善境外职业资格证书认可清单，健全配套支持政策。依法依规探索推进京港澳专业服务机构共建合作，建立港澳专业人士来京对接服务机制。引进高品质国际会展，积极申办国际组织年会和会展活动，打造一批有国际影响力的会展品牌，建设国际会展之都。

（二）探索新兴业态规则规范

6. 推动构建数字经济国际规则。支持北京建设国际信息产业和数字贸易港，加强数字领域国际合作，推动相关国际规则制定，争取在数据跨境传输、数字产品安全检测与认证、数据服务市场安全有序开放等方面实现互惠互利、合作共赢。试点推动电子签名证书跨境互认和电子合同跨境认可机制，推广电子签名互认证书在公共服务、金融、商贸等领域应用。支持北京参与制定数字经济领域标准规范，探索人工智能治理标准研究与规则建设，参与相关国际、国家、行业标准制定。深入推广数据安全管理认证等安全保护认证制度。利用中国国际服务贸易交易会、中关村论坛、金融街论坛、全球数字经济大会等平台，支持北京加强与《数字经济伙伴关系协定》（DEPA）成员方在数字身份、数字包容性、网络安全、金融科技、物流等方面的合作和交流。

7. 推动数据资源开发利用。支持北京积极创建数据基础制度先行区，推动建立健全数据产权制度、数据要素流通和交易制度、数据要素收益分配制度、数据要素治理制度。壮大北京国际数据交易联盟，健全交易标准和市场运营体系，推进数据托管服务试点。推动完善数据权属登记和数据资产评估机制，探索将数据资产纳入资产管理体系。制定数据交易标准合同指引，出台数据交易负面清单和谨慎清单。加大公共数据开放力度，完善第三方多元主体开发利用数据机制，探索建设安全可信的数据共享空间，鼓励多方公共数据导入和融合应用。扩大面向北京市具备数据加工处理和分析能力的经营主体范围，免费提供知识产权标准化数据，降低数据再加工成本，助力建设世界一流知识产权数据库。在国家数据跨境传输安全管理制度框架下，开展数据出境安全评估、个人信息出境标准合同备案、个人信息保护认证工作，探索形成既能便利数据流动又能保障安全的机制。推动建设数据跨境服务中心与技术服务平台，探索提供安全治理、监测审计、体系认证等全链条第三方服务。支持设立跨国机构数据流通服务窗口，以合规服务方式优先实现集团内数据安全合规跨境传输。探索制定自动驾驶、生物基因等行业数据分类分级指南和重要数据目录，以重点领域企业数据出境需求为牵引，明确重要数据识别认定标准，做好数据安全保护支撑。深化运用金融科技创新监管工具，充分发挥数字技术和数据要素作用，提升金融科技守正创新能力和惠民利企水平。聚焦自动驾驶、数据交易等业务场景开展全链条"沙盒监管"和包容创新运用。

8. 优化金融服务模式和管理手段。鼓励金融机构支持在北京证券交易所（北交所）、全国中小企业股份转让系统（新三板）上市的中小企业发展，探索完善普惠金融政策业务考核体系，进一步优化中小企业融资环境。支持商业银行等金融机构结合创新型中小企业特点优化金融产品和服务，围绕企业科技研发、技术引进、投资并购等关键环节开发信贷、担保、供应链金融等专项业务，适度放宽对北交所上市企业贷款融资的担保要求。研究并适时推出交易型开放式指数基金（ETF）。积极推进北交所对外开放工作。鼓励证券公司、专业服务机构依托北交所、新三板开展业务，参与服务中小企业全生命周期发展。在风险可控的前提下，支持境外保险公司直接发起设立保险资产管理公司在京落地。规范发展金融科技，探索优化金融机构在京设立金融科技公司流程，加快金融科技企业落地效率。支持在京探索数字人民币在税费征缴等公共事业领域的应用。鼓励创业投资、股权投资机构发起设立供应链金融领域投资基金。优化创业投资机构的设立和资金退出机制。依法依规支持北京区域性股权市场发挥认股权综合服务功能，面向私募基金等探索开发认股权相关产品等。支持符合条件的消费金融、金融租赁公司发行金融债券。允许真实合规、与外国投资者投资相关的所有资金依法依规自由汇入、汇出且无迟延。推动北京大数据平台与金融城域网、金融综合服务网数据共享和业务联动，扩大政府部门与金融机构数据共享、系统互联互通覆盖面。

9. 促进金融服务绿色低碳循环经济发展。培育和丰富绿色金融体系。支持国内外绿色金融标准认证及评级机构在京发展。支持北京绿色交易所建设全国统一的温室气体自愿减排交易中心，逐步丰富交易产品种类。完善企业碳账户体系，优化与碳排放量挂钩的环境权益价格发现机制。推动有条件的金融机构不断提高环境信息披露水平。完善统计、信用体系，支持、推动绿色金融发展。推动绿色金融标准制定和执行，探索开展与国际接轨的绿色债券评级等标准应用，鼓励信用评级机构开展绿色债券评级服务。支持符合条件的金融机构和企业赴境外发行绿色债券。提升绿色信贷、绿色保险等绿色金融专业服务能力。推动包括温室气体自愿减排交易在内的各类绿色资产交易。支持北京探索环境、社会和治理（ESG）评价标准制定工作,支持企业自愿遵循环境领域与国际通行标准和指南相一致的企业社会责任原则。

(三)优化贸易投资制度安排

10. 探索与服务贸易创新发展相适应的规则体系。梳理调整与外商投资准入等负面清单不相适应的地方性法规。积极组织相关单位开展国家级服务业标准化试点,及时总结标准化创新实践成果,制定与国际接轨的服务业国家标准。在跨境服务贸易中,探索引入服务贸易代理、境外公司主动申报税款缴纳等新模式,提升服务贸易跨境资金结算便利化水平。

11. 持续降低贸易成本和壁垒。支持北京建立贸易监管便利化工作联席会议机制。海关预裁定申请人在预裁定所依据的法律、事实和情况未发生改变的情况下,可向海关提出预裁定展期申请,海关在裁定有效期届满前从速作出决定。除出于人体健康或安全考虑外,对仅颜色深浅不同或香味存在差异的进口普通化妆品不作重新测试或重新评估。探索通过国际贸易"单一窗口"与主要贸易伙伴国开展互联互通和信息共享,推动贸易单证电子化传输。拓展国际贸易"单一窗口"特色功能,增设服务贸易板块。支持北京和DEPA成员方在无纸贸易方面试点开展合作。支持拓展与欧美等地客货运航线。支持开展民营企业低轨卫星出口业务试点。

12. 优化跨境贸易监管服务模式。允许符合条件的企业代理进口经安全风险评估的细胞与基因治疗产品和临床急需药品。支持在北京天竺综合保税区建立罕见病药品保障先行区,探索进口未在国内注册上市的罕见病药品,由特定医疗机构指导药品使用。试点实施部分再制造产品按新品进口监管。探索对在京注册、通过海关高级认证且为高新技术企业进口自用的,列入海关法定检验的设备和料件(动植物及其产品、卫生检疫特殊物品等涉及检疫的货物,成套设备、旧机电、医疗器械、特种设备等质量安全风险较高的货物除外),试行采用"合格保证+符合性验证"的检验监管模式。支持合规制度运行良好的企业对特定两用物项申请通用许可,实现一次办理、一年内多批次进出口。对允许列入跨境电商零售进口商品清单的中国国际服务贸易交易会进境展览品(药品除外),在展览结束后进入海关特殊监管区域或保税物流中心(B型)的,符合条件的可按照跨境电商网购保税零售进口商品模式销售。推进北京双枢纽空港综合服务平台建设,推动与津冀货运平台系统对接,实现跨境贸易全链条数据共享,深化数字口岸建设。

13. 提升资金跨境流动便利度。探索优化资本项目下负面清单管理模式,缩减企业资本项目收入使用负面清单。探索优化合格境内有限合伙人(QDLP)与合格境外有限合伙人(QFLP)试点企业余额管理模式,简化外汇登记手续。推进外债登记管理方式改革,探索由银行办理非金融企业外债登记。推进跨境融资便利化试点。深化本外币合一银行结算账户体系试点,持续扩大参与银行范围。扩大跨国公司本外币一体化资金池业务试点,探索优化额度管理,提升资金池效能。支持区内企业进口支付的人民币在境外直接购汇后支付给境外出口商。探索扩大以境外机构境内结算账户(人民币NRA账户)发放境外人民币贷款和开展境内证券投资业务的适用范围。允许银行向境外机构发放贸易融资贷款,以境外机构境内外汇账户(外汇NRA账户)、离岸账户(OSA账户)等接收。研究外商投资企业再投资免于外汇登记。提升资本金账户便利度,允许使用电子快捷方式开展收支业务。创新发展新型离岸国际贸易,鼓励银行探索优化业务真实性审核方式,提高诚信合规企业贸易结算便利化水平。

14. 支持企业"走出去"。支持"一带一路"联合实验室建设，打造国家对外科技合作创新高级别平台。支持在京建设数字丝绸之路经济合作试验区。支持在京成立绿色丝绸之路建设专业组织。鼓励北京进出口环境产品和服务，开展与环境产品和服务相关的双边及多边合作项目。继续实施"一带一路"卫生健康国际合作项目和世界卫生组织合作中心品牌项目。完善企业"走出去"综合服务，推动对外投资电子证照应用推广，优化京企"走出去"综合服务平台，设立投资促进站点，加快培育世界一流的境外投资专业机构。

（四）完善公共服务政策环境

15. 推进政府职能转变。加快数字政府建设，在重点园区率先实现高频政务服务事项100%全程网办，新业态、新模式涉及的行政许可事项办理"最多跑一次"。在已制定强制性标准等领域，探索涉企经营许可事项实行审批改备案、告知承诺制。打造外商投资一站式服务体系，探索制定重点领域投资指引，为高频事项提供综合服务和办事指南。促进更多电商平台便捷利用专利权评价报告。推进公平竞争审查全覆盖，加强反垄断与反不正当竞争执法，支持北京积极参加市场监管总局与境外竞争执法机构开展的交流合作。

16. 建设创新成果转化运用体系。支持成立科技类国际标准组织和产业联盟组织。搭建检验检测公共服务平台。支持设立北京文化创意版权服务机构，探索创新作品创作过程版权保护，优化版权登记服务。开辟创新药发明专利保密审查绿色通道。发挥国家级知识产权保护中心作用，为创新主体提供知识产权保护一站式综合服务。研究探索在重点前沿科技领域建立专利池市场化运营机制。发挥国家级运营服务平台作用，完善专利开放许可运行机制，打造综合性知识产权运营服务枢纽平台。构建银行、保险公司、担保公司、专业服务机构共同参与的知识产权评估机制。探索优化完善知识产权融资模式，深化知识产权保险服务体系建设，鼓励保险机构拓展海外知识产权保险等服务。优化著作权及专利权质押登记流程，简化企业融资手续。优化技术出口中涉及的知识产权对外转让审查制度。建立完善知识产权公共服务区域协同工作机制，推进京津冀知识产权公共服务一体化。对于进口、分销、销售或使用大众市场软件（不包括用于关键信息基础设施的软件）及含有该软件产品的，有关部门及其工作人员不得将转让或获取企业、个人所拥有的相关软件源代码作为条件要求。

17. 创新人才全流程服务管理模式。便利引进人才签证办理，为短期来华科研等提供签证便利。为持有居留许可的外籍专家入出境提供通关便利。允许在京外商投资企业内部调动专家的随行家属享有与该专家相同的停居留期限。对拟在京筹建分公司或子公司的外国企业相关高级管理人员，签发2年以内有效的签证或居留许可，且允许随行家属享有与其相同的停居留期限。在全市范围推广外国人工作许可、工作类居留许可"一口受理、并联审批"。持有效签证或居留许可拟在京工作的外籍高端人才可在境内直接办理工作许可。支持在京高等学校国际学生按有关规定勤工助学。探索建设外籍人才办事"单一窗口"，推动跨部门一站式办理、跨地区信息互通互认。推动在京成立国际人才合作组织。优化在京外籍人才薪资收入汇出业务办理模式。

18. 构建公平透明的政府采购营商环境。通过需求调查或前期设计咨询能够确定详细规格和具体要求、无需与供应商协商谈判的政府采购项目，应当采用招标方式采购。采购人如采用单一来源方式进行政府采购，在公告成交结果时应说明采用该方式的理由。便利中小企业参加政府采购，中国政府采购网北京分网作为单一电子门户提供包括中小企业认定事项在内的中小企业参与政府采购的全部信息，尽可能向中小企业免费提供招标文件，并通过电子方式或其他新型信息通信技术开展采购。采购人在制定、采用或适用技术规格时，可以促进自然资源保护或环境保护为目的。如供应商对采购人采购行为提出质疑，鼓励采购人与供应商通过磋商解决质疑；采购人应对相关质疑给予公正和及时考虑，且不损害该供应商参加正在进行的或未来进行的采购以及投诉或寻求法律救济的权利，并将有关信息向社会公开。建立健全涉及政府采购投诉解决前的快速临时措施，以保护提出投诉的供应商参加采购的机会，并确保采购人遵守政府采购规定。如采取临时措施对包括公共利益在内的有关利益产生重大不利后果，则可不采取行动；不采取行动的合理理由应当以书面形式提供。

（五）强化权益保护机制

19. 打造一流国际商事纠纷解决优选地。打造面向全球的国际商事仲裁中心。坚持高标准建设北京国际商事法庭，坚持高水平运行北京国际商事纠纷一站式多元解纷中心，打造国际商事纠纷多元解决机制的北京样板。完善域外法查明平台，明确涉外纠纷法律适用规则指引。支持国内外商事仲裁机构、商事调解组织等在京发展。支持国际商事争端预防与解决组织做大做强。研究探索授权仲裁庭作出临时措施决定并由法院依法执行的制度。推进仲裁机构体制机制改革，优化法人治理结构，探索专业领域仲裁规则。支持仲裁机构人才队伍国际化建设，给予仲裁机构聘请的外籍工作人员签证便利。建立完善涉外律师人才库。

20. 完善争议解决机制。探索制定临时仲裁庭仲裁涉外纠纷的规则。在当事人自愿的前提下，建立涉外商事案件专业调解前置机制。鼓励外籍及港澳台调解员参与涉外纠纷解决。支持仲裁机构与法院、行业管理部门合作，建立专业领域仲裁案件专家咨询、信息通报以及资源共享机制。强化诉讼与仲裁、调解、公证、行政复议、行政裁决等非诉讼方式有机衔接。

21. 优化知识产权保护体系。探索建立分级分类的数据知识产权保护模式，探索开展数据知识产权工作试点。积极参与并推动标准必要专利国际知识产权规则研究与完善。开展地理标志专用标志使用核准改革试点。依法保护国外地理标志的意译、音译或字译，并适用法定救济程序。加强对遗传资源的专利保护，试点实施生物遗传资源获取和惠益分享制度及跨部门信息共享制度。建立跨区域、跨部门知识产权联合执法协调机制，促进知识产权行政保护和司法保护有效衔接，健全联合惩戒机制。优化知识产权司法资源配置，加大案件繁简分流、诉调对接、在线诉讼等工作力度。对经营主体提出的知识产权相关救济请求，在申请人提供合理获得的证据并初步证明其权利正在受到侵害或即将受到侵害后，依照有关法律及时采取相关措施。积极参与知识产权信息国际交流，与国家知识产权保护信息平台实现数据共享和业务协同。完善海外知识产权重大事件快速响应和纠纷信息通报研判机制，加强知识产权风险预警和纠纷应对指导服务。

（六）健全风险防控体系

22. 建设风险防控协同监管体系。深入贯彻外商投资法及其实施条例，落实好外商投资安全审查、出口管制、网络安全审查、文化产品进口内容审查、反垄断审查等各项管理措施，强化风险防范化解，细化防控举措，建立完善与高标准经贸规则相匹配的风险防控体系。加强事前事中事后监管，完善监管规则，创新监管方式，加强协同监管，健全权责明确、公平公正、公开透明、简约高效的监管体系，统筹推进市场监管、质量监管、安全监管、金融监管等。支持北京依法依规归集有关领域公共数据和部门管理数据，探索建立外商投资信息共享机制，依托信息技术创新风险研判和防控手段，不断增强风险处置能力。

23. 加强重点领域风险防范。完善文化领域安全管理机制，建立健全常态化风险防控机制，准确把握风险挑战，加强风险研判和安全预警，推进联合巡查，加强执法检查，持续深入开展文化领域风险排查，精准防控风险隐患，筑牢文化安全底线。健全金融风险防控机制，依法将各类金融活动全部纳入监管，加快建立具有中国特色的监管体系，形成金融风险预警预防和化解工作合力。坚持金融业务持牌经营和同类业务同等监管要求，加强对非法金融活动的治理，保障金融有序竞争，保护金融消费者权益。落实属地监管职责，完善金融风险应急预案，探索运用现代信息技术手段防范化解风险，逐步建立风险准备金、投资者保护基金等风险缓释制度安排，强化地方金融机构风险处置和退出机制。压实政府部门、金融机构、金融机构股东和实际控制人等各方责任，加强属地和监管部门工作协同，推进金融领域管理信息共享、监管协作和跨境风险处置合作。加强生物安全管理，防范生物安全风险，加强人类遗传资源安全与生物资源安全联防联控，强化对人类遗传资源和生物资源采集、保藏、利用、对外提供等活动的监管，提升生物技术研究和开发应用活动的风险防控和应急预警能力。深化健康医疗安全监管，深入推进监管技术手段创新，充分运用信息技术，提升风险防御、预警、处置能力，加强日常监督检查、动态监督监测。属地监管部门全面落实全过程管理要求，健全完善药品和医疗器械全过程追溯体系，实现药品和医疗器械来源可溯、去向可追、风险可控、责任可究。完善企业境外安全和权益保护联动工作机制。建立数据安全监管体系，建立健全数据安全风险评估、报告、信息共享、监测预警、应急处置机制。

三、组织实施

坚持和加强党对国家服务业扩大开放综合示范区建设的全面领导，加强与国际科技创新中心建设、全球数字经济标杆城市建设、国家高水平人才高地建设联动，助力国际消费中心城市建设，服务京津冀协同发展，促进营商环境优化。国务院批准的北京市服务业扩大开放综合试点、建设国家服务业扩大开放综合示范区的系列工作方案等各项政策措施继续实施，遇有与本工作方案规定不一致的，依照本工作方案规定执行。

北京市人民政府要根据本工作方案确定的目标任务，进一步完善工作机制，加强人才培养和高素质专业化管理队伍建设，构建精简高效、权责明晰的综合示范区管理体制，扎实推进各项措施落实；要建立完善制度创新机制，鼓励大胆试、大胆闯；要加强安全评估和风险防范，提升重大突发事件应对水平；对相关产业开放、审批权下放事项，要制定实施方案、明确监管措施，实现相关工作有序推进。商务部要加强统筹协调，组织开展成效评估工作，指导落实试点任务，支持北京总结成熟经验并及时组织推广。国务院有关部门要按职责分工，给予积极支持，形成工作合力，确保各项改革开放措施落实到位。需要暂时调整实施有关行政法规、国务院文件和经国务院批准的部门规章的部分规定的,按规定程序办理。涉及港澳服务及服务提供者的单独政策优惠措施纳入内地与香港、澳门关于建立更紧密经贸关系的安排(CEPA)框架下实施。对深化综合示范区建设中出现的新情况、新问题,北京市人民政府和商务部要及时进行梳理和研究,不断调整优化措施,重大事项及时向党中央、国务院请示报告。

国函〔2023〕122号

（国务院关于同意在海南自由贸易港暂时调整实施有关行政法规规定的批复）

海南省人民政府：

《海南省人民政府关于报送调规事项的请示》（琼府〔2023〕3号）收悉。现批复如下：

一、为支持海南自由贸易港建设，按照《海南自由贸易港建设总体方案》，同意自即日起在海南自由贸易港暂时调整实施《中华人民共和国认证认可条例》、《中华人民共和国市场主体登记管理条例》有关规定（目录附后），在海南自由贸易港仅开展出口产品认证业务的境外认证机构，无需取得认证机构资质和办理经营主体登记，向国务院认证认可监督管理部门备案后，即可开展出口产品认证业务，认证结果仅限出口企业境外使用。备案条件和程序由国务院认证认可监督管理部门制定。

二、海南省人民政府要建立健全相关工作协同机制，强化信息共享，加强对相关认证经营活动的监督管理，切实维护良好市场秩序。具体管理办法由海南省人民政府制定，经国务院认证认可监督管理部门同意后实施。

三、国务院将根据有关政策在海南自由贸易港的实施情况，适时对本批复的内容进行调整。

附件：国务院决定在海南自由贸易港暂时调整实施的有关行政法规规定目录

国务院
2023年10月27日

附件

国务院决定在海南自由贸易港暂时调整实施的有关行政法规规定目录

序号	有关行政法规规定	调整实施情况
1	《中华人民共和国认证认可条例》 第九条 取得认证机构资质，应当经国务院认证认可监督管理部门批准，并在批准范围内从事认证活动。 未经批准，任何单位和个人不得从事认证活动。	在海南自由贸易港仅开展出口产品认证业务的境外认证机构，无需取得认证机构资质，向国务院认证认可监督管理部门备案后，即可从事相关认证经营活动。
2	《中华人民共和国市场主体登记管理条例》 第三条 市场主体应当依照本条例办理登记。未登记，不得以市场主体名义从事经营活动。法律、行政法规规定无需办理登记的除外。 市场主体登记包括设立登记、变更登记和注销登记。	在海南自由贸易港仅开展出口产品认证业务的境外认证机构，无需办理经营主体登记，无需取得营业执照，即可从事相关认证经营活动。

国函〔2023〕115号

(国务院关于在上海市创建"丝路电商"合作先行区方案的批复)

商务部、上海市人民政府：

《商务部、上海市人民政府关于呈请审批〈关于在上海市创建"丝路电商"合作先行区的方案（送审稿）〉的请示》（商电发〔2023〕197号）收悉。现批复如下：

一、原则同意《关于在上海市创建"丝路电商"合作先行区的方案》（以下简称《方案》）。《方案》由商务部、上海市人民政府印发，并认真组织实施。

二、"丝路电商"合作先行区建设要坚持以习近平新时代中国特色社会主义思想为指导，全面贯彻落实党的二十大精神，立足新发展阶段，完整、准确、全面贯彻新发展理念，加快构建新发展格局，统筹发展和安全，发挥上海在改革开放中的突破攻坚作用，鼓励先行先试，对接国际高标准经贸规则，探索体制机制创新，扩大电子商务领域对外开放，打造数字经济国际合作新高地，在服务共建"一带一路"高质量发展中发挥重要作用。

三、上海市人民政府要切实加强组织领导，按照《方案》明确的目标定位和重点任务，健全机制、明确分工、落实责任，加强风险防范化解，扎实有效推进"丝路电商"合作先行区创建工作。商务部要会同有关部门按照职责分工，加强对"丝路电商"合作先行区创建工作的统筹协调和督促指导，注重总结经验，切实维护国家安全。重大事项及时向国务院报告。

国务院
2023年10月17日

国函〔2023〕56号

(国务院关于做好自由贸易试验区第七批改革试点经验复制推广工作的通知)

各省、自治区、直辖市人民政府,国务院各部委、各直属机构:

建设自由贸易试验区(以下简称自贸试验区)是党中央、国务院在新时代推进改革开放的重要战略举措,肩负着更好发挥改革开放综合试验平台作用,为全面深化改革和扩大开放探索新途径、积累新经验的重大使命。按照党中央、国务院决策部署,自贸试验区所在地区和有关部门结合各自贸试验区功能定位和特色特点,全力推进制度创新实践,形成了自贸试验区第七批改革试点经验,将在全国范围内复制推广。现就有关事项通知如下:

一、复制推广的主要内容

(一)在全国范围内复制推广的改革事项。

1. 投资贸易便利化领域:"工程建设项目审批统一化、标准化、信息化""出口货物检验检疫证单'云签发'平台""航空货运电子信息化"等3项。

2. 政府管理创新领域:"水路运输危险货物'谎报瞒报四步稽查法'""海事政务闭环管理""国际航行船舶'模块化'检查机制""应用电子劳动合同信息便捷办理人力资源社会保障业务""医药招采价格调控机制"等5项。

3. 金融开放创新领域:"跨境人民币全程电子缴税""对外承包工程类优质诚信企业跨境人民币结算业务便利化""证券、期货、基金境外金融职业资格认可机制""动产质押融资业务模式""科创企业票据融资新模式""知识产权质押融资模式创新"等6项。

4. 产业高质量发展领域:"制造业智能化转型市场化升级新模式""健康医疗大数据转化应用""专利导航助力产业创新协同联动新模式""专利开放许可新模式""深化知识产权服务业集聚发展改革"等5项。

5. 知识产权保护领域:"知识产权纠纷调解优先机制""知识产权类案件'简案快办'""专利侵权纠纷'先行裁驳、另行请求'裁决模式"等3项。

(二)在特定区域复制推广的改革事项。

1. 在自贸试验区复制推广"推广知识产权海外侵权责任险"。

2. 在沿海地区复制推广"入海排污口规范化'分级分类管理'新模式"。

二、高度重视复制推广工作

各地区、各部门要以习近平新时代中国特色社会主义思想为指导,深入贯彻党的二十大精神,深刻认识复制推广自贸试验区改革试点经验的重大意义,将复制推广工作作为贯彻新发展理念、推动高质量发展、建设现代化经济体系的重要举措。要把复制推广第七批改革试点经验与巩固落实前六批改革试点经验结合起来,同一领域的改革试点经验要加强系统集成，不同领域的改革试点经验要强化协同耦合，推动各方面制度更加成熟更加定型，把制度优势转化为治理效能，推进治理体系和治理能力现代化，进一步优化营商环境，激发市场活力，建设更高水平开放型经济新体制。

三、切实做好组织实施

各省（自治区、直辖市）人民政府要将自贸试验区改革试点经验复制推广工作列为本地区重点工作，加强组织领导，加大实施力度，确保复制推广工作顺利推进、取得实效。国务院各有关部门要结合工作职责，主动作为，指导完成复制推广工作。需报国务院批准的事项要按程序报批，需调整有关行政法规、国务院文件和部门规章规定的，要按法定程序办理。各地区、各部门要统筹发展和安全，落实好安全生产责任，强化复制推广全过程风险防控。商务部要牵头组织开展复制推广工作成效评估，协调解决重点和难点问题。重大问题及时报告国务院。

附件：自由贸易试验区第七批改革试点经验复制推广工作任务分工表

国务院
2023年6月24日
（此件公开发布）

附件

自由贸易试验区第七批改革试点经验复制推广工作任务分工表

序号	改革事项	主要内容	负责单位	推广范围
1	工程建设项目审批统一化、标准化、信息化	统一省域内工程建设项目审批事项名称、受理条件、申请材料等要素，实现审批事项清单、办事指南、办理流程等标准化。整合建设覆盖省、市、县三级的工程建设项目审批管理系统，与土地、规划等部门业务系统深度融合，部署应用审批标准化成果，通过细化项目编码规则，大力推行电子证照，实现工程建设项目审批"一网通办"和建设过程精准管理，切实提升企业、群众办事便利度。	住房城乡建设部	全国
2	出口货物检验检疫证单"云签发"平台	依托国际贸易"单一窗口"建立出口货物检验检疫证单"云签发"平台，实现出口货物海关检验检疫证书数据电子化。	海关总署	全国
3	航空货运电子信息化	探索建立航空货运电子信息标准体系。搭建电子货运信息服务平台，为航空公司、机场货站、枢纽机场、货代企业、卡车企业等提供跟踪查询、在线监控、在线物流交易等信息服务，实现出港收货—安检—货物鉴定等全流程一站式电子化操作。推进航空货运电子运单应用，实现机场货站与航空公司数据实时互联互通。	中国民航局	全国

续表1

序号	改革事项	主要内容	负责单位	推广范围
4	水路运输危险货物"谎报匿报四步稽查法"	海事部门搭建多途径互联互通渠道,在水路运输危险货物监管中实行"智慧获取、信息核查、开箱查验、调查处理"四步稽查法,精准打击危险货物谎报匿报行为。	交通运输部	全国
5	海事政务闭环管理	推动海事政务服务事项不见面办理,通过实施不见面受理、网上审批、不见面补正、邮寄发证等措施,大幅提高海事政务服务效率。	交通运输部	全国
6	国际航行船舶"模块化"检查机制	遵循"自上而下、从后到前、由外至内"的原则,对国际航行船舶驾驶台、无线电等十个模块进行安全检查,提升检查服务效率与质量,同时利用信息技术形成"无接触"远程模块化检查模式。	交通运输部	全国
7	应用电子劳动合同信息便捷办理人力资源社会保障业务	推行电子劳动合同应用,公布接收电子劳动合同信息的数据格式和标准,方便企业和劳动者向人力资源社会保障部门报送电子劳动合同信息。依托电子劳动合同信息,支持企业和劳动者便捷办理劳动用工备案、就业失业登记、社会保险经办和待遇申领等人力资源社会保障相关业务。	人力资源社会保障部	全国
8	医药招采价格调控机制	依托全国医药价格监测工程,对参与药品和医用耗材招标与采购的企业、医疗机构开展价格监测,督促企业和医疗机构遵守集采、谈判等价格管理结果,引导价格回归合理水平。	国家医保局	全国
9	跨境人民币全程电子缴税	依托财税库银横向联网系统与人民币跨境支付机制,为境外非居民纳税人提供直接使用人民币跨境缴纳税款的便利。	中国人民银行、税务总局	全国
10	对外承包工程类优质诚信企业跨境人民币结算业务便利化	支持银行在业务背景真实的前提下,为优质诚信企业办理与境外分公司、项目部等机构账户之间的跨境人民币资金收付业务,解决对外承包工程企业境内外资金划转难题。	中国人民银行、商务部	全国
11	证券、期货、基金境外金融职业资格认可机制	建立证券、期货、基金"三位一体"的境外金融职业资格认可机制。具有境外相关金融职业资格,所在国家(地区)与中国金融监管部门签署《证券期货监管合作谅解备忘录》的金融人才,无需参加专业知识考试,通过相关法律法规和职业道德规范考试后,即可申请注册从业资格或办理执业登记,开展金融专业服务。	中国证监会	全国
12	动产质押融资业务模式	积极开展应收账款、存货、仓单等权利和动产质押融资业务,推动改善中小微企业信用条件,助力解决其融资难、融资贵问题。	中国人民银行、金融监管总局	全国

续表2

序号	改革事项	主要内容	负责单位	推广范围
13	科创企业票据融资新模式	根据政府管理部门发布的科创类企业名单，建立银行系统支持名录，运用票据再贴现等货币政策工具引导银行给予企业融资支持。引导金融机构在风险可控的条件下加快办理贴现，或通过引入市场化融资担保机构等资源提供担保支持办理贴现。	中国人民银行、金融监管总局	全国
14	知识产权质押融资模式创新	打造以企业知识产权和综合创新能力评价为核心的知识产权质押融资产品，通过搭建平台载体，实现知识产权质押融资产品线上发布、办理及代办质押登记，提高融资效率。广泛开展银企对接活动，拓宽融资渠道。综合运用信贷、保险、证券等多种金融工具，解决创新型中小微企业融资难题。	国家知识产权局、中国人民银行、金融监管总局	全国
15	制造业智能化转型市场化升级新模式	有需求的地区结合当地实际与行业特点编制智能制造技术指南并设置榜单，明确揭榜要求。揭榜企业按照榜单推进智能制造示范工厂和场景建设。专业机构提供检验检测、咨询诊断、评估评价等公共服务。通过政府、企业、专业机构三方联动，解决企业智能化转型过程中"不会转、资源少、管理难"问题。	工业和信息化部	全国
16	健康医疗大数据转化应用	依托健康医疗大数据中心，构建健康医疗大数据"存、管、算、用"标准化一站式转化应用平台，提供数据安全、授权使用和保障隐私计算的环境，建立"实名申请、快速审批、定点调取、分类使用、全程监控、多方监管"的数据安全共享管理规范和转化应用流程，做到"数据不出机房"，在保证数据安全的前提下，为公共卫生、临床科研、产业发展等领域提供数据支撑。	国家卫生健康委	全国
17	专利导航助力产业创新协同联动新模式	围绕产业创新发展需求，系统化组织实施区域规划类、产业规划类、企业经营类专利导航项目，促进创新资源科学高效配置，助力破解关键核心技术"卡脖子"问题，助推产业转型升级。	国家知识产权局	全国
18	专利开放许可新模式	知识产权管理部门征集市场前景好、适合多个主体应用的专利，由高校院所等专利权人自愿明确许可使用费等条件并公开发布，中小微企业等技术需求方支付相应费用即可方便快速达成"一对多"许可，提升谈判效率、降低交易成本、促进技术供需对接。	国家知识产权局	全国
19	深化知识产权服务业集聚发展改革	优化升级知识产权服务业集聚发展区，拓展线下知识产权综合服务内容，建设重点产业知识产权大数据平台，集成知识产权交易、许可、专利导航、质押、保险等功能，实现知识产权服务"最多跑一地"。	国家知识产权局	全国

续表3

序号	改革事项	主要内容	负责单位	推广范围
20	知识产权纠纷调解优先机制	侵犯注册商标专用权违法行为（涉嫌犯罪的案件除外）在立案前达成调解协议并履行完毕的，可以不予立案。立案后达成调解协议并履行完毕，主动消除或者减轻违法行为危害后果的，应当从轻或者减轻处罚；违法行为轻微并及时改正，没有造成第三人合法权益或公共利益受到损害等危害后果的，不予行政处罚。	国家知识产权局、市场监管总局	全国
21	知识产权类案件"简案快办"	强化庭前会议功能，推动案件繁简分流，形成案件审理要素确认表，做到庭前即固定侵权证据、明确案件争点。优化庭审程序，适宜合并庭审的系列案件可以进行合并庭审，围绕争议焦点重点开展法庭调查和法庭辩论。强化当庭宣判，推广要素式判决，实现判决书的标准化与流程化。	最高人民法院	全国
22	专利侵权纠纷"先行裁驳、另行请求"裁决模式	专利行政部门在办理专利侵权纠纷行政裁决案件过程中，若涉案专利权被国务院专利行政部门宣告无效，可以告知请求人撤案，请求人坚持不撤案的，可以先行驳回请求，但在裁决书中写明，若经司法审查专利权维持有效的，请求人有权另行提出裁决请求。	国家知识产权局、最高人民法院	全国
23	推广知识产权海外侵权责任险	推出知识产权海外侵权责任险，支持保险机构搭建起"承保前进行风险评估、承保中提供专业预警服务、出险后积极有效应对"的全链条工作机制，帮助企业以市场化手段解决涉外知识产权纠纷，支持企业"走出去"。	国家知识产权局、金融监管总局	自贸试验区
24	入海排污口规范化"分级分类管理"新模式	搭建入海排污口"分级分类"精细化管理体系，根据入海排污口特性及其对海洋生态环境的影响程度，明确不同类型入海排污口的责任主体及管理要求，实行重点、一般和简化分类管理。	生态环境部	沿海地区

海关总署令第 262 号

(海关总署关于修改部分规章的决定)

《海关总署关于修改部分规章的决定》已于 2023 年 3 月 6 日经海关总署署务会议审议通过，现予公布，自 2023 年 4 月 15 日起施行。

署　长　俞建华
2023 年 3 月 9 日

海关总署关于修改部分规章的决定

为贯彻落实党的二十大精神，按照党中央、国务院关于优化营商环境的决策部署以及全面实行行政许可事项清单管理的有关要求，海关总署决定对《中华人民共和国海关预裁定管理暂行办法》等 22 部规章进行修改，具体内容如下：

一、对《中华人民共和国海关预裁定管理暂行办法》（海关总署令第 236 号公布）作如下修改：

（一）将第四条中的"注册登记"修改为"备案"。

（二）将第七条第一款中的"注册"修改为"备案"。

二、对《中华人民共和国海关加工贸易货物监管办法》（海关总署令第 219 号公布，根据海关总署令第 235 号、第 240 号、第 243 号、第 247 号修正）作如下修改：

（一）将第十二条第一款中的"按照本办法第十一条、第十二条规定"修改为"按照本办法第十条、第十一条规定"。

（二）将第四十条中的"加工贸易企业，包括经海关注册登记的经营企业和加工企业"修改为"加工贸易企业，包括经海关备案的经营企业和加工企业"；将"经营企业，是指负责对外签订加工贸易进出口合同的各类进出口企业和外商投资企业，以及经批准获得来料加工经营许可的对外加工装配服务公司。"修改为"经营企业，是指负责对外签订加工贸易进出口合同的各类进出口企业和外商投资企业，以及依法开展来料加工经营活动的对外加工装配服务公司。"

三、对《中华人民共和国海关加工贸易企业联网监管办法》（海关总署令第 150 号公布）作如下修改：

将第三条第一款第二项中的"注册"修改为"备案"。

四、对《中华人民共和国海关对平潭综合实验区监管办法（试行）》（海关总署令第 208 号公布，根据海关总署令第 243 号修正）作如下修改：

（一）将第二条、第五条第一款中的"注册登记"修改为"备案"。

（二）将第二十七条第二项中的"《中华人民共和国海关进出口货物减免税管理办法》第四十五条"修改为"《中华人民共和国海关进出口货物减免税管理办法》第二十九条"。

五、对《中华人民共和国海关对横琴新区监管办法（试行）》（海关总署令第 209 号公布，根据海关总署令第 243 号修正）作如下修改：

将第二条、第五条第一款中的"注册登记"修改为"备案"。

六、对《中华人民共和国海关关于超期未报关进口货物、误卸或者溢卸的进境货物和放弃进口货物的处理办法》（海关总署令第 91 号公布，根据海关总署令第 198 号、第 218 号、第 238 号、第 243 号修正）作如下修改：

将第十二条中的"经海关报关注册登记"修改为"向海关办理报关单位备案"。

七、对《中华人民共和国海关对上海钻石交易所监管办法》（海关总署令第 152 号公布，根据海关总署令第 240 号修正）作如下修改：

将第十一条中的"海关准予注册登记"修改为"经海关备案"。

八、对《中华人民共和国海关行政裁定管理暂行办法》（海关总署令第 92 号公布）作如下修改：

（一）将第四条第一款中的"注册登记"修改为"备案"。

（二）将附件：中华人民共和国海关行政裁定申请书（格式 1、2、3）中的"海关报关注册登记代码"修改为"海关备案编码"。

九、对《中华人民共和国海关对进出境快件监管办法》（海关总署令第 104 号公布，根据海关总署令第 147 号、第 198 号、第 240 号修正）作如下修改：

（一）将第七条修改为："运营人申请办理进出境快件代理报关业务的，应当在所在地海关办理登记手续。"

（二）将第八条第一项修改为："（一）已经获得国务院对外贸易主管部门或者其委托的备案机构办理的《国际货运代理企业备案表》，但法律法规另有规定的除外。"将第三项中的"注册登记"修改为"备案"；增加一项，作为第九项："（九）已取得邮政管理部门颁发的国际快递业务经营许可。"

（三）将第九条中的"海关注销该运营人从事进出境快件报关的资格"修改为"海关注销该运营人登记"。

（四）删除第二十六条第二款。

十、对《进出口商品数量重量检验鉴定管理办法》（原国家质量监督检验检疫总局令第 103 号公布，根据原国家质量监督检验检疫总局令第 172 号和海关总署令第 238 号、第 240 号修正）作如下修改：

（一）删除第十四条第一款中的"、可用作原料的固体废物"。

（二）删除第二十六条。

（三）将第二十七条中的"已经海关总署许可的境内外各类检验鉴定机构必须在许可的范围内接受对外经济贸易关系人的委托"修改为"依法设立的境内外各类检验机构可以接受对外经济贸易关系人的委托"。

（四）删除第二十九条第一款；将第二款修改为"从事进出口商品检验鉴定业务的检验机构违反国家有关规定，扰乱检验鉴定秩序的，由主管海关责令改正，没收违法所得，可以并处 10 万元以下的罚款，海关可以暂停其 6 个月以内检验鉴定业务。"

十一、对《进口商品残损检验鉴定管理办法》（原国家质量监督检验检疫总局令第 97 号公布，根据海关总署令第 238 号修正）作如下修改：

（一）将第四条第一款、第六条中的"经海关总署许可"修改为"依法设立"。

（二）删除第二十二条。

（三）将第二十三条第一款中的"已经海关总署许可的境内外各类检验机构必须在许可的范围内，"修改为"依法设立的境内外各类检验机构可以"。

（四）删除第二十六条第一款。

十二、对《进出境转基因产品检验检疫管理办法》（原国家质量监督检验检疫总局令第62号公布，根据原国家质量监督检验检疫总局令第196号和海关总署令第238号、第243号修正）作如下修改：

删除第五条。

十三、对《出入境邮轮检疫管理办法》（原国家质量监督检验检疫总局令第185号公布，根据海关总署令第238号、第240号修正）作如下修改：

将第二十四条第三款修改为："检疫处理工作应当依法实施并接受海关监督。"

十四、对《国际航行船舶出入境检验检疫管理办法》（原国家质量监督检验检疫总局令第38号公布，根据原国家质量监督检验检疫总局令第196号和海关总署令第238号、第240号修正）作如下修改：

将第三十三条修改为："海关对从事船舶食品、饮用水供应的单位以及从事船舶进出境动植物检疫除害处理的单位实行许可管理；对从事船舶代理、船舶物料服务的单位实行备案管理。"

十五、对《进出境集装箱检验检疫管理办法》（原国家质量监督检验检疫总局令第17号公布，根据海关总署令第238号修正）作如下修改：

（一）删除第十一条。

（二）将第二十一条修改为："进出境集装箱卫生除害处理工作应当依法实施并接受海关监督。"

十六、对《中华人民共和国海关对用于装载海关监管货物的集装箱和集装箱式货车车厢的监管办法》（海关总署令第110号公布，根据海关总署令第198号、第240号修正）作如下修改：

（一）将第七条第一款中的"国际集装箱班轮公司或者其代理人凭交通主管部门的批准文件和自制的集装箱调运清单，向调出地和调入地海关申报。调运清单内容应当包括：承运集装箱原进境船舶名称、航（班）次号、日期，承运调运空箱的船舶名称、航（班）次号、集装箱箱号、尺寸、目的口岸、箱体数量等，并向调出地和调入地海关传输相关的电子数据。"修改为"国际集装箱班轮公司或者其代理人应当按照海关规定申报相关电子数据。"

（二）将第二十三条、第二十四条中的"注册"修改为"备案"。

（三）删除第三十条。

十七、对《中华人民共和国海关关于境内公路承运海关监管货物的运输企业及其车辆的管理办法》（海关总署令第88号公布，根据海关总署令第121号、第227号、第235号、第240号修正）作如下修改：

（一）将第二条中的"经海关注册登记"修改为"向海关备案"。

（二）将第三条、第四条、第六条、第九条、第十三条中的"注册登记"修改为"备案"。

（三）将第二章章名修改为"备案"。

（四）将第五条中的"资格条件"修改为"条件"。

（五）将第七条修改为："海关对运输企业递交的有关材料进行审核，符合规定的，予以备案。

"备案有效期为其营业执照上注明的营业期限。"

（六）将第十条修改为："海关对车辆监管条件及相关文件进行审核，符合规定的，予以备案。

"车辆备案有效期为其机动车行驶证上注明的强制报废期。"

（七）删除第十一条、第十四条、第十六条。

（八）将第十二条中的"应向注册地海关交回《注册登记证书》、《汽车载货登记簿》等相关证件，办理手续"修改为"应向备案地海关办理备案注销手续"。

（九）将第十七条修改为："海关可以对备案车辆实施卫星定位管理。"

（十）删除第二十三条第二项中的"如实填报交验汽车载货登记簿或者"；删除第五项；将第六项改为第五项，修改为："（五）更换车辆（车辆发动机、车牌号码），改装车厢、车体，未向海关重新办理备案手续的"；将第七项改为第六项。

（十一）将第二十五条中的"海关可以撤销其注册登记或者停止其从事有关业务"修改为"海关可以注销其备案"；将第四项修改为："（四）其他需要注销备案的情形。"

（十二）将第二十六条修改为："运输企业备案有效期届满未续展的，海关应当依照有关规定办理注销手续。"

（十三）将第二十七条中的"海关注销其承运海关监管货物运输资格"修改为"海关注销其备案"。

十八、对《中华人民共和国海关对免税商店及免税品监管办法》（海关总署令第132号公布，根据海关总署令第240号修正）作如下修改：

（一）将第二条、第七条中的"设立"修改为"经营"。

（二）将第二章章名修改为："免税商店的经营和终止"。

（三）将第八条修改为："海关总署按照《中华人民共和国行政许可法》及《中华人民共和国海关行政许可管理办法》规定的程序和期限办理免税商店经营许可事项。"

（四）删除第九条、第十条中的"的设立"。

（五）将第十一条第一款、第十二条第二款中的"经批准设立的免税商店"修改为"经审批准予经营的免税商店"。

（六）将第十八条第二款、第十九条、第二十条中的"人员"修改为"旅客"。

（七）将第二十六条增加一款，作为第二款："除前款规定情形外，免税品需要退运的，免税商店应当向主管海关办理相关海关手续。"

（八）将第三十条中的"免税商店是指经海关总署批准，由经营单位在中华人民共和国国务院或者其授权部门批准的地点设立符合海关监管要求的销售场所和存放免税品的监管仓库，向规定的对象销售免税品的企业。"修改为"免税商店是指经国务院有关部门批准设立，经海关总署批准经营，向规定的对象销售免税品的企业。"

十九、对《进出口饲料和饲料添加剂检验检疫监督管理办法》（原国家质量监督检验检疫总局令第118号公布，根据原国家质量监督检验检疫总局令第184号和海关总署令第238号、第240号、第243号修正）作如下修改：

删除第三十二条第二项；将第三项改为第二项；将第四项改为第三项，并删除"，并提供重点区域的照片或者视频资料"；将第五项改为第四项。

二十、对《进境动物遗传物质检疫管理办法》（原国家质量监督检验检疫总局令第47号公布，根据海关总署令第238号、第240号修正）作如下修改：

删除第二十条第一项；将第二项改为第一项；将第三项改为第二项。

二十一、对《进出境非食用动物产品检验检疫监督管理办法》（原国家质量监督检验检疫总局令第159号公布，根据原国家质量监督检验检疫总局令第184号和海关总署令第238号、第240号修正）作如下修改：

（一）删除第三十一条。

（二）将第三十五条第一款中的"本办法第三十四条"修改为"本办法第三十三条"。

（三）将第三十九条第二项中的"本办法第三十四条"修改为"本办法第三十三条"；第五项中的"本办法第三十八条"修改为"本办法第三十七条"。

（四）删除第四十三条第二项中的"，并提供重点区域的照片或者视频资料"。

（五）将第七十一条中的"《中华人民共和国进出口商品检验法实施条例》第四十三条"修改为"《中华人民共和国进出口商品检验法实施条例》第四十二条"。

（六）将第七十二条中的"《中华人民共和国进出口商品检验法实施条例》第四十四条"修改为"《中华人民共和国进出口商品检验法实施条例》第四十三条"。

（七）将第七十三条中的"《中华人民共和国进出口商品检验法实施条例》第四十五条"修改为"《中华人民共和国进出口商品检验法实施条例》第四十四条"。

（八）将第七十四条第一款中的"《中华人民共和国进出口商品检验法实施条例》第四十六条第一款"修改为"《中华人民共和国进出口商品检验法实施条例》第四十五条第一款"。

（九）将第七十五条中的"《中华人民共和国进出口商品检验法实施条例》第四十七条"修改为"《中华人民共和国进出口商品检验法实施条例》第四十六条"。

（十）将第七十六条中的"《中华人民共和国进出口商品检验法实施条例》第四十八条"修改为"《中华人民共和国进出口商品检验法实施条例》第四十七条"。

二十二、对《进境动植物检疫审批管理办法》（原国家质量监督检验检疫总局令第25号公布，根据原国家质量监督检验检疫总局令第170号和海关总署令第238号、第240号修正）作如下修改：

（一）将第三条修改为："海关总署统一管理本办法所规定的检疫审批工作。

"由海关总署负责实施的检疫审批事项，海关总署可以委托直属海关负责受理申请并开展初步审查。

"海关总署授权直属海关实施的检疫审批事项，由直属海关负责检疫审批的受理、审查和决定。"

（二）删除第六条第一款。删除第六条第二款中的"初审机构"；删除第二款第一项；将第二款第二项改为第一项，修改为："（一）输入动物需要隔离检疫的，应当提交有效的隔离场使用证；"将第二款第三项改为第二项，修改为："（二）输入进境后需要指定生产、加工、存放的动植物及其产品，应当提交生产、加工、存放单位信息以及符合海关要求的生产、加工、存放能力证明材料；"将第二款第四项改为第三项；将第二款第五项改为第四项。

（三）将第七条中的"初审机构对申请单位检疫审批申请进行初审的内容包括"修改为"海关对申请单位检疫审批申请进行审查的内容包括"。

（四）删除第八条、第九条、第十二条、第十九条。

（五）将第十条中的"海关总署或者初审机构"修改为"海关"。

（六）将第十一条修改为："海关总署及其授权的直属海关自受理申请之日起二十日内作出准予许可或者不予许可决定。二十日内不能作出决定的，经海关总署负责人或者授权的直属海关负责人批准，可以延长十日，并应当将延长期限的理由告知申请单位。

"法律、行政法规另有规定的，从其规定。"

（七）将第十三条修改为："《检疫许可

证》的有效期为十二个月或者一次有效。"

（八）将第十六条修改为："国家依法发布禁止有关检疫物进境的公告或者禁令后，海关可以撤回已签发的《检疫许可证》。

"根据本办法第十一条规定许可数量全部核销完毕或者《检疫许可证》有效期届满未延续的，海关应当依法办理检疫审批的注销手续。

"其他依法应当撤回、撤销、注销检疫审批的，海关按照相关法律法规办理。"

此外，对相关规章中的条文序号作相应调整。

本决定自 2023 年 4 月 15 日起施行。

《中华人民共和国海关预裁定管理暂行办法》、《中华人民共和国海关加工贸易货物监管办法》、《中华人民共和国海关加工贸易企业联网监管办法》、《中华人民共和国海关对平潭综合实验区监管办法（试行）》、《中华人民共和国海关对横琴新区监管办法（试行）》、《中华人民共和国海关关于超期未报关进口货物、误卸或者溢卸的进境货物和放弃进口货物的处理办法》、《中华人民共和国海关对上海钻石交易所监管办法》、《中华人民共和国海关行政裁定管理暂行办法》、《中华人民共和国海关对进出境快件监管办法》、《进出口商品数量重量检验鉴定管理办法》、《进口商品残损检验鉴定管理办法》、《进出境转基因产品检验检疫管理办法》、《出入境邮轮检疫管理办法》、《国际航行船舶出入境检验检疫管理办法》、《进出境集装箱检验检疫管理办法》、《中华人民共和国海关对用于装载海关监管货物的集装箱和集装箱式货车车厢的监管办法》、《中华人民共和国海关关于境内公路承运海关监管货物的运输企业及其车辆的管理办法》、《中华人民共和国海关对免税商店及免税品监管办法》、《进出口饲料和饲料添加剂检验检疫监督管理办法》、《进境动物遗传物质检疫管理办法》、《进出境非食用动物产品检验检疫监督管理办法》、《进境动植物检疫审批管理办法》，根据本决定作相应修改，重新公布。

附件：1. 中华人民共和国海关预裁定管理暂行办法（略）

2. 中华人民共和国海关加工贸易货物监管办法

3. 中华人民共和国海关加工贸易企业联网监管办法

4. 中华人民共和国海关对平潭综合实验区监管办法（试行）（略）

5. 中华人民共和国海关对横琴新区监管办法（试行）

6. 中华人民共和国海关关于超期未报关进口货物、误卸或者溢卸的进境货物和放弃进口货物的处理办法（略）

7. 中华人民共和国海关对上海钻石交易所监管办法（略）

8. 中华人民共和国海关行政裁定管理暂行办法（略）

9. 中华人民共和国海关对进出境快件监管办法（略）

10. 进出口商品数量重量检验鉴定管理办法（略）

11. 进口商品残损检验鉴定管理办法（略）

12. 进出境转基因产品检验检疫管理办法（略）

13. 出入境邮轮检疫管理办法（略）

14. 国际航行船舶出入境检验检疫管理办法（略）

15. 进出境集装箱检验检疫管理办法（略）

16. 中华人民共和国海关对用于

装载海关监管货物的集装箱和集装箱式货车车厢的监管办法（略）

17. 中华人民共和国海关关于境内公路承运海关监管货物的运输企业及其车辆的管理办法（略）

18. 中华人民共和国海关对免税商店及免税品监管办法（略）

19. 进出口饲料和饲料添加剂检验检疫监督管理办法（略）

20. 进境动物遗传物质检疫管理办法（略）

21. 进出境非食用动物产品检验检疫监督管理办法（略）

22. 进境动植物检疫审批管理办法（略）

附件 2

中华人民共和国海关加工贸易货物监管办法

（2014 年 3 月 12 日海关总署令第 219 号公布　根据 2017 年 12 月 20 日海关总署令第 235 号公布的《海关总署关于修改部分规章的决定》第一次修正　根据 2018 年 5 月 29 日海关总署第 240 号令《海关总署关于修改部分规章的决定》第二次修正　根据 2018 年 11 月 23 日海关总署令第 243 号《海关总署关于修改部分规章的决定》第三次修正　根据 2020 年 12 月 11 日海关总署第 247 号令《海关总署关于修改部分规章的决定》第四次修正　根据 2023 年 3 月 9 日海关总署令第 262 号《海关总署关于修改部分规章的决定》第五次修正）

第一章　总　则

第一条　为了促进加工贸易健康发展，规范海关对加工贸易货物管理，根据《中华人民共和国海关法》（以下简称《海关法》）以及其他有关法律、行政法规，制定本办法。

第二条　本办法适用于办理加工贸易货物手册设立、进出口报关、加工、监管、核销手续。

加工贸易经营企业、加工企业、承揽者应当按照本办法规定接受海关监管。

第三条　本办法所称"加工贸易"是指经营企业进口全部或者部分原辅材料、零部件、元器件、包装物料（以下统称料件），经过加工或者装配后，将制成品复出口的经营活动，包括来料加工和进料加工。

第四条　除国家另有规定外，加工贸易进口料件属于国家对进口有限制性规定的，经营企业免于向海关提交进口许可证件。

加工贸易出口制成品属于国家对出口有限制性规定的，经营企业应当取得出口许可证件。海关对有关出口许可证件电子数据进行系统自动比对验核。

第五条　加工贸易项下进口料件实行保税监管的，加工成品出口后，海关根据核定的实际加工复出口的数量予以核销。

加工贸易项下进口料件按照规定在进口时先行征收税款的，加工成品出口后，海关根据核定的实际加工复出口的数量退还已征收的税款。

加工贸易项下的出口产品属于应当征收出口关税的，海关按照有关规定征收出口关税。

第六条　海关按照国家规定对加工贸易货物实行担保制度。

经海关批准并办理有关手续，加工贸易货物可以抵押。

第七条　海关对加工贸易实行分类监管，具体管理办法由海关总署另行制定。

第八条　海关可以对加工贸易企业进行

核查，企业应当予以配合。

海关核查不得影响企业的正常经营活动。

第九条 加工贸易企业应当根据《中华人民共和国会计法》以及海关有关规定，设置符合海关监管要求的账簿、报表以及其他有关单证，记录与本企业加工贸易货物有关的进口、存储、转让、转移、销售、加工、使用、损耗和出口等情况，凭合法、有效凭证记账并且进行核算。

加工贸易企业应当将加工贸易货物与非加工贸易货物分开管理。加工贸易货物应当存放在经海关备案的场所，实行专料专放。企业变更加工贸易货物存放场所的，应当事先通知海关，并办理备案变更手续。

第二章　加工贸易货物手册设立

第十条 经营企业应当向加工企业所在地主管海关办理加工贸易货物的手册设立手续。

第十一条 除另有规定外，经营企业办理加工贸易货物的手册设立，应当向海关如实申报贸易方式、单耗、进出口口岸，以及进口料件和出口成品的商品名称、商品编号、规格型号、价格和原产地等情况，并且提交经营企业对外签订的合同。经营企业委托加工的，还应当提交与加工企业签订的委托加工合同。

经营企业自身有加工能力的，应当取得主管部门签发的《加工贸易加工企业生产能力证明》；经营企业委托加工的，应当取得主管部门签发的加工企业《加工贸易加工企业生产能力证明》。

第十二条 经营企业按照本办法第十条、第十一条规定，提交齐全、有效的单证材料，申报设立手册的，海关应当自接受企业手册设立申报之日起5个工作日内完成加工贸易手册设立手续。

需要办理担保手续的，经营企业按照规定提供担保后，海关办理手册设立手续。

第十三条 有下列情形之一的，海关应当在经营企业提供相当于应缴税款金额的保证金或者银行、非银行金融机构保函后办理手册设立手续：

（一）涉嫌走私，已经被海关立案侦查，案件尚未审结的；

（二）由于管理混乱被海关要求整改，在整改期内的。

第十四条 有下列情形之一的，海关可以要求经营企业在办理手册设立手续时提供相当于应缴税款金额的保证金或者银行、非银行金融机构保函：

（一）租赁厂房或者设备的；

（二）首次开展加工贸易业务的；

（三）加工贸易手册延期两次（含两次）以上的；

（四）办理异地加工贸易手续的；

（五）涉嫌违规，已经被海关立案调查，案件尚未审结的。

第十五条 加工贸易企业有下列情形之一的，不得办理手册设立手续：

（一）进口料件或者出口成品属于国家禁止进出口的；

（二）加工产品属于国家禁止在我国境内加工生产的；

（三）进口料件不宜实行保税监管的；

（四）经营企业或者加工企业属于国家规定不允许开展加工贸易的；

（五）经营企业未在规定期限内向海关报核已到期的加工贸易手册，又重新申报设立手册的。

第十六条 经营企业办理加工贸易货物的手册设立，申报内容、提交单证与事实不符的，海关应当按照下列规定处理：

（一）货物尚未进口的，海关注销其手册；

（二）货物已进口的，责令企业将货物退运出境。

本条第一款第（二）项规定情形下，经营企业可以向海关申请提供相当于应缴税款金额的保证金或者银行、非银行金融机构保函，并且继续履行合同。

第十七条　已经办理加工贸易货物的手册设立手续的经营企业可以向海关领取加工贸易手册分册、续册。

第十八条　加工贸易货物手册设立内容发生变更的，经营企业应当在加工贸易手册有效期内办理变更手续。

第三章　加工贸易货物进出口、加工

第十九条　经营企业进口加工贸易货物，可以从境外或者海关特殊监管区域、保税监管场所进口，也可以通过深加工结转方式转入。

经营企业出口加工贸易货物，可以向境外或者海关特殊监管区域、保税监管场所出口，也可以通过深加工结转方式转出。

第二十条　经营企业以加工贸易方式进出口的货物，列入海关统计。

第二十一条　加工贸易企业开展深加工结转的，转入企业、转出企业应当向各自的主管海关申报，办理实际收发货以及报关手续。具体管理规定由海关总署另行制定并公布。

有下列情形之一的，加工贸易企业不得办理深加工结转手续：

（一）不符合海关监管要求，被海关责令限期整改，在整改期内的；

（二）有逾期未报核手册的；

（三）由于涉嫌走私已经被海关立案调查，尚未结案的。

加工贸易企业未按照海关规定进行收发货的，不得再次办理深加工结转手续。

第二十二条　经营企业开展外发加工业务，应当按照外发加工的相关管理规定自外发之日起3个工作日内向海关办理备案手续。

经营企业开展外发加工业务，不得将加工贸易货物转卖给承揽者；承揽者不得将加工贸易货物再次外发。

经营企业将全部工序外发加工的，应当在办理备案手续的同时向海关提供相当于外发加工货物应缴税款金额的保证金或者银行、非银行金融机构保函。

第二十三条　外发加工的成品、剩余料件以及生产过程中产生的边角料、残次品、副产品等加工贸易货物，经营企业向所在地主管海关办理相关手续后，可以不运回本企业。

第二十四条　海关对加工贸易货物实施监管的，经营企业和承揽者应当予以配合。

第二十五条　加工贸易货物应当专料专用。

经海关核准，经营企业可以在保税料件之间、保税料件与非保税料件之间进行串换，但是被串换的料件应当属于同一企业，并且应当遵循同品种、同规格、同数量、不牟利的原则。

来料加工保税进口料件不得串换。

第二十六条　由于加工工艺需要使用非保税料件的，经营企业应当事先向海关如实申报使用非保税料件的比例、品种、规格、型号、数量。

经营企业按照本条第一款规定向海关申报的，海关核销时应当在出口成品总耗用量中予以核扣。

第二十七条　经营企业进口料件由于质量存在瑕疵、规格型号与合同不符等原因，需要返还原供货商进行退换，以及由于加工贸易出口产品售后服务需要而出口未加工保税料件的，可以直接向口岸海关办理报关手续。

已经加工的保税进口料件不得进行退换。

第四章 加工贸易货物核销

第二十八条 经营企业应当在规定的期限内将进口料件加工复出口，并且自加工贸易手册项下最后一批成品出口或者加工贸易手册到期之日起30日内向海关报核。

经营企业对外签订的合同提前终止的，应当自合同终止之日起30日内向海关报核。

第二十九条 经营企业报核时应当向海关如实申报进口料件、出口成品、边角料、剩余料件、残次品、副产品以及单耗等情况，并且按照规定提交相关单证。

经营企业按照本条第一款规定向海关报核，单证齐全、有效的，海关应当受理报核。

第三十条 海关核销可以采取纸质单证核销、电子数据核销的方式，必要时可以下厂核查，企业应当予以配合。

海关应当自受理报核之日起30日内予以核销。特殊情况需要延长的，经直属海关关长或者其授权的隶属海关关长批准可以延长30日。

第三十一条 加工贸易保税进口料件或者成品内销的，海关对保税进口料件依法征收税款并且加征缓税利息，另有规定的除外。

进口料件属于国家对进口有限制性规定的，经营企业还应当向海关提交进口许可证件。

第三十二条 经营企业因故将加工贸易进口料件退运出境的，海关凭有关退运单证核销。

第三十三条 经营企业在生产过程中产生的边角料、剩余料件、残次品、副产品和受灾保税货物，按照海关对加工贸易边角料、剩余料件、残次品、副产品和受灾保税货物的管理规定办理，海关凭有关单证核销。

第三十四条 经营企业遗失加工贸易手册的，应当及时向海关报告。

海关按照有关规定处理后对遗失的加工贸易手册予以核销。

第三十五条 对经核销结案的加工贸易手册，海关向经营企业签发《核销结案通知书》。

第三十六条 经营企业已经办理担保的，海关在核销结案后按照规定解除担保。

第三十七条 加工贸易货物的手册设立和核销单证自加工贸易手册核销结案之日起留存3年。

第三十八条 加工贸易企业出现分立、合并、破产、解散或者其他停止正常生产经营活动情形的，应当及时向海关报告，并且办结海关手续。

加工贸易货物被人民法院或者有关行政执法部门封存的，加工贸易企业应当自加工贸易货物被封存之日起5个工作日内向海关报告。

第五章 附则

第三十九条 违反本办法，构成走私行为、违反海关监管规定行为或者其他违反《中华人民共和国海关法》行为的，由海关依照《中华人民共和国海关法》和《中华人民共和国海关行政处罚实施条例》的有关规定予以处理；构成犯罪的，依法追究刑事责任。

第四十条 本办法中下列用语的含义：

来料加工，是指进口料件由境外企业提供，经营企业不需要付汇进口，按照境外企业的要求进行加工或者装配，只收取加工费，制成品由境外企业销售的经营活动。

进料加工，是指进口料件由经营企业付汇进口，制成品由经营企业外销出口的经营活动。

加工贸易货物，是指加工贸易项下的进口料件、加工成品以及加工过程中产生的边角料、残次品、副产品等。

加工贸易企业，包括经海关备案的经营企业和加工企业。

经营企业，是指负责对外签订加工贸易进出口合同的各类进出口企业和外商投资企业，以及依法开展来料加工经营活动的对外加工装配服务公司。

加工企业，是指接受经营企业委托，负责对进口料件进行加工或者装配，并且具有法人资格的生产企业，以及由经营企业设立的虽不具有法人资格，但是实行相对独立核算并已经办理工商营业证（执照）的工厂。

单位耗料量，是指加工贸易企业在正常生产条件下加工生产单位出口成品所耗用的进口料件的数量，简称单耗。

深加工结转，是指加工贸易企业将保税进口料件加工的产品转至另一加工贸易企业进一步加工后复出口的经营活动。

承揽者，是指与经营企业签订加工合同，承接经营企业委托的外发加工业务的企业或者个人。

外发加工，是指经营企业委托承揽者对加工贸易货物进行加工，在规定期限内将加工后的产品最终复出口的行为。

核销，是指加工贸易经营企业加工复出口或者办理内销等海关手续后，凭规定单证向海关报核，海关按照规定进行核查以后办理解除监管手续的行为。

第四十一条 实施联网监管的加工贸易企业开展加工贸易业务，按照海关对加工贸易企业实施计算机联网监管的管理规定办理。

第四十二条 加工贸易企业在海关特殊监管区域内开展加工贸易业务，按照海关对海关特殊监管区域的相关管理规定办理。

第四十三条 单耗的申报与核定，按照海关对加工贸易单耗的管理规定办理。

第四十四条 海关对加工贸易货物进口时先征收税款出口后予以退税的管理规定另行制定。

第四十五条 本办法由海关总署负责解释。

第四十六条 本办法自公布之日起施行。2004年2月26日以海关总署令第113号发布，并经海关总署令第168号、195号修正的《中华人民共和国海关对加工贸易货物监管办法》同时废止。

附件3

中华人民共和国海关加工贸易企业联网监管办法

（2006年6月14日海关总署令第150号公布 根据2023年3月9日海关总署令第262号《海关总署关于修改部分规章的决定》修正）

第一条 为了规范海关对加工贸易企业的管理，根据《中华人民共和国海关法》及其他有关法律、行政法规的规定，制定本办法。

第二条 海关对加工贸易企业实施联网监管，是指加工贸易企业通过数据交换平台或者其他计算机网络方式向海关报送能满足海关监管要求的物流、生产经营等数据，海关对数据进行核对、核算，并结合实物进行核查的一种加工贸易海关监管方式。

第三条 实施联网监管的加工贸易企业（以下简称联网企业）应当具备以下条件：

（一）具有加工贸易经营资格；

（二）在海关备案；

（三）属于生产型企业。

海关特殊监管区域、保税监管场所内的

加工贸易企业不适用本办法。

第四条 加工贸易企业需要实施联网监管的，可以向主管海关提出申请；经审核符合本办法第三条规定条件的，海关应当对其实施联网监管。

第五条 联网企业通过数据交换平台或者其他计算机网络方式向海关报送数据前，应当进行加工贸易联网监管身份认证。

第六条 联网企业应当将开展加工贸易业务所需进口料件、出口成品清单及对应的商品编号报送主管海关，必要时还应当按照海关要求提供确认商品编号所需的相关资料。

主管海关应当根据监管需要，按照商品名称、商品编码和计量单位等条件，将联网企业内部管理的料号级商品与电子底账备案的项号级商品进行归并或者拆分，建立一对多或者多对一的对应关系。

第七条 联网企业应当在料件进口、成品出口前，分别向主管海关办理进口料件、出口成品的备案、变更手续。

联网企业应当根据海关总署的有关规定向海关办理单耗备案、变更手续。

第八条 海关应当根据联网企业报送备案的资料建立电子底账，对联网企业实施电子底账管理。电子底账包括电子账册和电子手册。

电子账册是海关以企业为单元为联网企业建立的电子底账；实施电子账册管理的，联网企业只设立一个电子账册。海关应当根据联网企业的生产情况和海关的监管需要确定核销周期，按照核销周期对实行电子账册管理的联网企业进行核销管理。

电子手册是海关以加工贸易合同为单元为联网企业建立的电子底账；实施电子手册管理的，联网企业的每个加工贸易合同设立一个电子手册。海关应当根据加工贸易合同的有效期限确定核销日期，对实行电子手册

管理的联网企业进行定期核销管理。

第九条 联网企业应当如实向海关报送加工贸易货物物流、库存、生产管理以及满足海关监管需要的其他动态数据。

第十条 联网企业的外发加工实行主管海关备案制。加工贸易企业开展外发加工前应当将外发加工承接企业、货物名称和周转数量向主管海关备案。

第十一条 海关可以采取数据核对和下厂核查等方式对联网企业进行核查。下厂核查包括专项核查和盘点核查。

第十二条 经主管海关批准，联网企业可以按照月度集中办理内销补税手续；联网企业内销加工贸易货物后，应当在当月集中办理内销补税手续。

第十三条 联网企业加工贸易货物内销后，应当按照规定向海关缴纳缓税利息。

缴纳缓税利息的起始日期按照以下办法确定：

（一）实行电子手册管理的，起始日期为内销料件或者制成品所对应的加工贸易合同项下首批料件进口之日；

（二）实行电子账册管理的，起始日期为内销料件或者制成品对应的电子账册最近一次核销之日。没有核销日期的，起始日期为内销料件或者制成品对应的电子账册首批料件进口之日。

缴纳缓税利息的终止日期为海关签发税款缴款书之日。

第十四条 联网企业应当在海关确定的核销期结束之日起 30 日内完成报核。确有正当理由不能按期报核的，经主管海关批准可以延期，但延长期限不得超过 60 日。

第十五条 联网企业实施盘点前，应当告知海关；海关可以结合企业盘点实施核查核销。

海关结合企业盘点实施核查核销时，应当将电子底账核算结果与联网企业实际库存

量进行对比,并分别进行以下处理:

(一)实际库存量多于电子底账核算结果的,海关应当按照实际库存量调整电子底账的当期余额;

(二)实际库存量少于电子底账核算结果且联网企业可以提供正当理由的,对短缺的部分,海关应当责令联网企业申请内销处理;

(三)实际库存量少于电子底账核算结果且联网企业不能提供正当理由的,对短缺的部分,海关除责令联网企业申请内销处理外,还可以按照《中华人民共和国海关行政处罚实施条例》对联网企业予以处罚。

第十六条 联网企业有下列情形之一的,海关可以要求其提供保证金或者银行保函作为担保:

(一)企业管理类别下调的;

(二)未如实向海关报送数据的;

(三)海关核查、核销时拒不提供相关账册、单证、数据的;

(四)未按照规定时间向海关办理报核手续的;

(五)未按照海关要求设立账册、账册管理混乱或者账目不清的。

第十七条 违反本办法,构成走私或者违反海关监管规定行为的,由海关依照《中华人民共和国海关法》和《中华人民共和国海关行政处罚实施条例》的有关规定予以处理;构成犯罪的,依法追究刑事责任。

第十八条 本办法下列用语的含义:

"电子底账",是指海关根据联网企业申请,为其建立的用于记录加工贸易备案、进出口、核销等资料的电子数据库。

"专项核查",是指海关根据监管需要,对联网企业就某一项或者多项内容实施的核查行为。

"盘点核查",是指海关在联网企业盘点时,对一定期间的部分保税货物进行实物核对、数据核查的一种监管方式。

第十九条 本办法由海关总署负责解释。

第二十条 本办法自2006年8月1日起施行。2003年3月19日海关总署令第100号发布的《中华人民共和国海关对加工贸易企业实施计算机联网监管办法》同时废止。

附件5

中华人民共和国海关
对横琴新区监管办法(试行)

(2013年6月27日海关总署令第209号公布 根据2018年11月23日海关总署令第243号《海关总署关于修改部分规章的决定》第一次修正 根据2023年3月9日海关总署令第262号《海关总署关于修改部分规章的决定》第二次修正)

第一章 总 则

第一条 为了规范海关对横琴新区(以下简称横琴)的管理,根据《中华人民共和国海关法》和其他有关法律、行政法规,制定本办法。

第二条 海关对经横琴进出境、进出横琴的运输工具、货物、物品以及横琴内海关备案企业、场所等进行监管和检查适用本办法。

第三条 横琴与澳门之间的口岸设定为"一线"管理;横琴与中华人民共和国关境内的其他地区(以下称区外)之间的通道设定为"二线"管理。海关按照"一线放宽、二线管住、人货分离、分类管理"的原则实行分线管理。

第四条 横琴应当设立符合海关监管要求的环岛巡查、监控设施和海关信息化管理平台;"一线"、"二线"海关监管区和横琴内海关监管场所应当设立符合海关监管要求的设施、设备、场地等。经海关总署验收合格后，横琴方可开展相关业务。

第五条 在横琴内从事进出口业务，享受保税、减免税、入区退税政策以及与之相关的仓储物流和从事报关业务的企业和单位（以下简称企业），应当向海关办理备案手续。

企业应当依法设置符合海关监管要求的账簿、报表等，并接受海关稽查。

企业应当建立符合海关监管要求的计算机管理系统，与海关实行电子计算机联网和进行电子数据交换。

第六条 除法律、行政法规和规章另有规定外，海关对进出横琴以及在横琴内存储的保税货物、与生产有关的免税货物以及从区外进入横琴并享受入区退税政策的货物（以下简称退税货物）实行电子账册管理。

第七条 法律、行政法规、规章禁止进境的货物、物品不得从"一线"进入横琴，法律、行政法规、规章禁止出境的货物不得从"二线"以报关方式进入横琴。

横琴内企业不得开展列入《加工贸易禁止类商品目录》商品的加工贸易业务。

第二章 对横琴与境外之间进出货物的监管

第八条 除法律、行政法规和规章另有规定外，海关对横琴与境外之间进出的保税货物、与生产有关的免税货物及退税货物实行备案管理，对横琴与境外之间进出的其他货物按照进出口货物的有关规定办理报关手续。

第九条 除下列货物外，海关对从境外进入横琴与生产有关的货物实行保税或者免税管理：

（一）生活消费类、商业性房地产开发项目等进口货物；

（二）法律、行政法规和规章明确不予保税或免税的货物；

（三）列入财政部、税务总局、海关总署会同有关部门制定的"一线"不予保税、免税的具体货物清单的货物。

第十条 除法律、行政法规和规章另有规定外，从境外进入横琴的实行备案管理的货物，不实行进口配额、许可证件管理。

从横琴运往境外的货物，实行出口配额、许可证件管理。

第三章 对横琴与区外之间进出货物的监管

第十一条 横琴内保税、减免税、退税货物销往区外，应当按照进口货物有关规定办理报关手续；从区外销往横琴的退税货物，应当按照出口货物的有关规定办理报关手续。上述货物应当经海关指定的申报通道进出横琴；办理相关海关手续后，上述货物可以办理集中申报，但不得跨月、跨年申报。

其他货物经由海关指定的无申报通道进出横琴，海关可以实行查验。

横琴内未办结海关手续的海关监管货物需要转入区外其他监管场所的，一律按照转关运输的规定办理海关申报手续。

第十二条 区外与生产有关的货物销往横琴视同出口，海关按规定实行退税，但下列货物除外：

（一）生活消费类、商业性房地产开发项目等采购的区外货物；

（二）法律、行政法规和规章明确不予退税的货物；

（三）列入财政部、税务总局、海关总署会同有关部门制定的"二线"不予退税的具体货物清单的货物。

入区退税货物应当存放在经海关认可的地点。

第十三条 对设在横琴的企业生产、加工并销往区外的保税货物，海关按照货物实际报验状态照章征收进口环节增值税、消费税。

对设在横琴的企业生产、加工并销往区外的保税货物，企业可以申请选择按料件或者按实际报验状态缴纳进口关税。企业没有提出选择性征收关税申请的，海关按照货物实际报验状态照章征收进口关税。企业申请按料件缴纳关税的，按照以下规定办理：

（一）企业应当在手册备案时向海关提出申请；在海关征税前，企业可以变更申请；

（二）海关以货物对应的保税料件征收关税；

（三）对应料件如涉及优惠贸易原产地管理的，企业应当在该料件备案时主动向海关申明并提交有关单证，否则在内销征税时不得适用相应的优惠税率；对应料件如涉及反倾销、反补贴等贸易救济措施，海关按照有关贸易救济措施执行。

第十四条 经横琴运往区外的优惠贸易政策项下货物，符合海关相关原产地管理规定的，可以申请享受优惠税率。

第十五条 从横琴运往区外办理报关手续的货物，实行进口配额、许可证件管理。其中对于同一配额、许可证件项下的货物，海关在进境环节已验核配额、许可证件的，在出区环节不再验核配额、许可证件。

从区外运往横琴办理报关手续的货物，不实行出口配额、许可证件管理。

第四章 对横琴内货物的监管

第十六条 横琴内使用电子账册管理的货物在横琴内不同企业间流转的，双方企业应当及时向海关报送相关电子数据信息。

第十七条 横琴内企业不实行加工贸易银行保证金台账制度，海关对横琴内加工贸易货物不实行单耗标准管理。

办理相关海关手续后，横琴内企业与区外企业之间可以开展加工贸易深加工结转和外发加工业务。

对从事国际服务外包业务的企业，其进出口货物按照有关规定办理。

第十八条 在横琴内销售保税货物，存在以下情形的，应当事先办理相关海关手续，并按照本办法第十三条规定缴纳进口关税和进口环节增值税、消费税：

（一）销售给个人；

（二）销售给区内企业，不再用于生产的；

（三）其他需要征税的情形。

第十九条 横琴内的减免税货物的后续监管按照减免税有关规定实施监管。

第二十条 从区外进入横琴的退税货物，按以下方式监管：

（一）原状或用退税货物加工成成品经"一线"出境的，实行备案管理；

（二）原状或用退税货物加工成成品在区内销售并用于生产的，实行电子账册管理；

（三）原状或用退税货物加工成成品销往区外加工贸易企业以及运往海关特殊监管区域或者保税监管场所的，按照保税货物有关规定办理；

（四）原状或用退税货物加工成成品后属于区内建设生产厂房、仓储设施所需的基建物资的，按照相关部门核定的审批项目及耗用数量核销；

（五）原状或用退税货物加工成成品在区内销售，但不属于本条第（二）项、第（四）项规定情形的，或销往区外但不按照保税货物管理的，按照进口货物的有关规定办理报关手续；

（六）其他情形按照进口货物的有关规定办理报关手续。

第二十一条 对横琴与其他海关特殊监管区域、保税监管场所以及加工贸易企业之间往来的保税货物，海关继续实行保税监管。

第二十二条 横琴内保税、减免税、退税货物因检测维修等情形需临时进出横琴的，须办理相关海关手续，不得在区外用于加工生产和使用，并且应当在规定时间内运回横琴。

第二十三条 对横琴内企业在进口保税料件加工生产过程中产生的边角料、副产品，海关按照加工贸易边角料、副产品的有关规定监管。

第二十四条 有以下情形之一的，横琴内企业应当及时书面报告海关：

（一）海关监管货物遭遇不可抗力等灾害的；

（二）海关监管货物遭遇非不可抗力因素造成损坏、损毁、灭失的；

（三）海关监管货物被行政执法部门或者司法机关采取查封、扣押等强制措施的；

（四）企业分立、合并、破产的。

第二十五条 因不可抗力造成海关监管货物损坏、损毁、灭失的，企业书面报告海关时，应当如实说明情况并提供保险、灾害鉴定部门的有关证明。经海关核实确认后，按照以下规定办理：

（一）货物灭失，或者虽未灭失但完全失去使用价值的，海关予以办理核销手续；

（二）货物损坏、损毁，失去原使用价值但可以再利用的，仍应接受海关监管。

第二十六条 因保管不善等非不可抗力因素造成海关监管货物损坏、损毁、灭失的，按照以下规定办理：

（一）对于从境外进入横琴的保税货物，横琴内企业应当按照有关规定，按照海关审定的货物损毁或灭失前的完税价格，以海关接受损坏、损毁、灭失货物申报之日适用的税率、汇率，依法向海关缴纳进口税款；属于进口配额、许可证件管理的，应当取得相关进口配额、许可证件，海关对相关进口许可证件电子数据进行系统自动比对验核。

（二）对于从境外进入横琴的减免税货物，横琴内企业应当按照一般贸易进口货物的规定，按照海关审定的货物损毁或灭失前的完税价格，以海关接受损坏、损毁、灭失货物申报之日适用的税率、汇率，依法向海关缴纳进口税款；属于进口配额、许可证件管理的，应当取得相关进口配额、许可证件，海关对相关进口许可证件电子数据进行系统自动比对验核。

（三）对于从区外进入横琴的退税货物，按照进口货物的有关规定办理报关手续。

第二十七条 进出横琴的下列海关监管货物，办理相关海关手续后，可以由横琴内企业指派专人携带或者自行运输：

（一）价值1万美元及以下的小额货物；

（二）因品质不合格进出横琴退换的货物；

（三）其他已办理相关海关手续的货物。

未办理相关海关手续的，个人不得携带、运输横琴内保税、免税以及退税货物进出横琴。

第五章 对进出横琴运输工具和个人携带物品的监管

第二十八条 经"一线"进出横琴的运输工具按《中华人民共和国海关进出境运输工具监管办法》（海关总署令第196号）和《中华人民共和国海关进出境运输工具舱单管理办法》（海关总署令第172号）的规定进行监管。

海关可以对所有经"二线"进出横琴的运输工具实施检查。经"二线"进出横琴的运输工具不得运输未办理相关海关手续的海关监管货物。

第二十九条 对横琴与境外之间进出的澳门单牌车辆，海关根据国务院授权广东省政府与澳门特区政府签订的相关协定实行监管，车辆经横琴进境后仅限在横琴内行驶。

第三十条 旅客携带的行李物品通关管理办法由海关总署会同有关部门另行制定。

第六章 附 则

第三十一条 除法律、行政法规和规章另有规定外，经"一线"从境外进入横琴的货物和从横琴运往境外的货物列入海关统计，经"二线"指定申报通道进入横琴的货物和从横琴运往区外的货物列入海关单项统计。

横琴内企业之间转让、转移的货物，以及横琴与其他海关特殊监管区域、保税监管场所之间往来的货物，不列入海关统计。

第三十二条 违反本办法，构成走私行为、违反海关监管规定行为或者其他违反海关法行为的，由海关依照《中华人民共和国海关法》和《中华人民共和国海关行政处罚实施条例》的有关规定予以处理；构成犯罪的，依法追究刑事责任。

第三十三条 本办法由海关总署负责解释。

第三十四条 本办法自2013年8月1日起施行。

海关总署公告 2023 年第 202 号

(关于发布《中华人民共和国海关对横琴粤澳深度合作区监管办法》的公告)

为贯彻落实《横琴粤澳深度合作区建设总体方案》要求，支持横琴粤澳深度合作区高质量发展，特制定《中华人民共和国海关对横琴粤澳深度合作区监管办法》，现予发布。

特此公告。

附件：中华人民共和国海关对横琴粤澳深度合作区监管办法

海关总署
2023 年 12 月 28 日

附件

中华人民共和国海关对横琴粤澳深度合作区监管办法

第一章 总 则

第一条 为支持横琴粤澳深度合作区(以下简称合作区)高质量发展，规范海关监督管理，根据《中华人民共和国海关法》《中华人民共和国进出口商品检验法》《中华人民共和国进出境动植物检疫法》《中华人民共和国国境卫生检疫法》《中华人民共和国食品安全法》等相关法律、行政法规，制定本办法。

第二条 海关遵循信用管理、风险管理、分类管理理念，依照本办法对下列对象实施监督管理：

(一) 合作区与中华人民共和国澳门特别行政区(以下简称澳门特区)之间进出的交通运输工具、运输设备、人员、货物、物品；

(二) 合作区与中华人民共和国关境内其他地区(以下简称内地)之间进出的免税、保税货物；

(三) 从内地进入合作区申报出口的货物；

(四) 从合作区的对外开放口岸免税放行入区再进入内地的物品；

(五) 合作区内未办结海关手续的货物。

前款规定的交通运输工具、运输设备、人员、货物、物品，应当从合作区设立海关的地点进出。

第三条 海关依法负责合作区的对外开放口岸及其他设立海关的地点的监管，查缉走私等违法犯罪行为，对与进出口经营活动直接有关的企业、单位等实施管理。

合作区有关部门负责反走私综合治理工作，加强对非设关地的管控，建立健全反走私联防联控机制。

第四条 合作区的对外开放口岸及其他设立海关的地点，应当设立符合海关监管要求的设施、设备、信息化系统等，验收合格后方可开展业务。

第五条 海关建立与合作区发展相适应的智慧监管体系，建设海关智慧监管平台，为企业、单位和个人办理海关手续提供便利，实现高效监管。

合作区执行委员会建设公共信息服务平台，实现跨部门间数据交换和信息共享。

第六条 海关遵循粤澳共商共建共管共享体制机制，依职责与澳门特区政府有关部门、广东省人民政府有关部门、合作区执行委员会在信用管理、安全准入（出）等方面开展合作。

第七条 除法律法规另有规定外，海关对合作区与境外之间进出的货物实施进出口货物贸易统计；对合作区与内地之间进出的货物，根据管理需要实施海关单项统计；对与合作区相关的海关监督管理活动和内部管理事务实施海关业务统计。

第二章 合作区与澳门特区之间进出的监管

第八条 对合作区与澳门特区之间进出的交通运输工具、运输设备、人员、货物、物品等，海关依法实施检验检疫，法律法规另有规定除外。

第九条 经合作区的对外开放口岸进出的免税、保税货物实行简化申报，合作区内企业、单位按照规定申报备案清单，填制规范另行制定。

备案清单与报关单具有同等法律效力。

经合作区的对外开放口岸进出的其他货物，按照进出口货物的有关规定办理海关手续。

第十条 海关按照国家有关规定会同澳门特区政府有关部门开展监管合作。

在未发生可能威胁两地公共卫生安全的国际关注的突发公共卫生事件或重大生物安全事件时，海关与澳门特区政府有关部门实施"合作查验、一次放行"旅客卫生检疫模式。

对在合作区学习、就业、创业、生活的澳门特区居民，携带相关动植物产品进入合作区的，海关按照国家有关规定实行便利化措施。

原产地为澳门特区，经合作区的对外开放口岸入区并仅在区内销售、使用的法检货物，除食品、化妆品、动植物及其产品外，符合条件的可采用"合格保证+符合性验证"的检验监管模式。

第十一条 经合作区直接往来澳门特区与内地的货物，在合作区的对外开放口岸办理海关手续。

第十二条 经合作区的对外开放口岸进出的个人携带、寄递物品，海关依法实施监管。寄递物品限值按照有关规定执行。

个人携带、寄递物品以自用、合理数量为限且符合有关管理规定，除法律、行政法规明确规定不予免税的外，海关予以免税放行。

第三章 合作区与内地之间进出的监管

第十三条 对合作区与内地之间进出的货物、物品等，海关不实施检验检疫；但对未经检验的进口保税货物等，海关依法实施检验。

第十四条 本办法第二条第一款第（二）（三）项所列货物，应当按照现行规定向海关如实申报，接受海关监管。

第十五条 交通运输工具、人员应当经设立海关的地点从合作区进入内地，海关根据需要实施检查。

第十六条 从内地进入合作区申报出口的货物，海关依法征收出口关税。出口退税按照国家有关规定办理。

第十七条 保税货物从合作区进入内地申报进口需征收税款的，按照实际报验状态缴纳进口关税、进口环节增值税和消费税，不适用选择性征收关税政策。

第十八条 对合作区内企业生产的含进口料件在合作区加工增值达到或超过30%的

货物，从合作区进入内地免征进口关税，按规定征收进口环节增值税和消费税。具体办法另行制定。

第十九条　对合作区与内地海关特殊监管区域、保税监管场所、区外加工贸易企业等之间往来的保税货物，海关继续实施保税管理。

第二十条　经合作区的对外开放口岸免税放行入区的物品，通过个人携带或寄递方式从合作区进入内地时，海关参照自澳门特区进入内地进境物品有关规定实施监管。寄递物品限值按照自澳门特区进境寄递物品限值执行。

前款规定物品应当以自用、合理数量为限，按照国家有关规定实施税收征免。

第二十一条　合作区与内地之间进出的国内流通货物、物品（包括已按规定缴纳进口税收的货物等），海关不实施监管。

第四章　合作区内监管

第二十二条　合作区内企业经营保税货物的，应当设立海关电子账册。

合作区内企业可以按照规定开展保税加工、保税仓储、保税研发、保税维修、保税展示交易、保税融资租赁、跨境电商等业务。

第二十三条　合作区内企业、单位销售保税货物，不再适用保税政策的，应当按照进口货物有关规定办理海关手续，并按照实际报验状态缴纳进口关税、进口环节增值税和消费税。

未经检验的进口保税货物及其他货物，经海关检验后方可在合作区内销售、使用。

第二十四条　从内地进入合作区申报出口的货物，海关参照经合作区的对外开放口岸进出的免税、保税货物实施管理。

境外货物以保税方式，经合作区以外的其他对外开放口岸进出合作区的，海关参照经合作区的对外开放口岸进出的保税货物实施管理。

第二十五条　海关依法对与进出口货物直接有关的企业、单位开展稽查、核查，相关企业、单位应当予以配合，如实提供相关帐簿、单证等有关资料及电子数据。

第五章　附　则

第二十六条　国家对进出合作区以及合作区内的海关监管货物、物品有进出境禁止性或者限制性规定的，海关按照有关规定实施监管。

第二十七条　涉及实施关税配额管理，贸易救济措施，中止关税减让义务、加征关税措施，为征收报复性关税而实施加征关税措施的货物，海关按照国家有关规定实施监管。

第二十八条　保税货物的集中申报，保税货物在合作区内流转、损毁、灭失、销毁的管理，合作区内企业、单位申请放弃保税货物的处置，合作区内保税货物的存储期限等监管事项，海关参照综合保税区有关规定执行。

第二十九条　合作区内固体废物的处置，按照国家有关规定执行。

第三十条　海关对合作区自澳门特区进口货物的免税管理规定另行制定。

第三十一条　本办法没有规定的，按照现行有关法律法规执行。

第三十二条　海关在合作区依法实施监管不影响地方政府和其他部门履行其相应职责。

第三十三条　本办法由海关总署负责解释。

第三十四条　本办法自合作区相关监管设施验收合格、正式封关运作之日起施行。《横琴出入境检验检疫监督管理办法》（原质检总局2013年第46号公告印发）同时予以废止。

海关总署公告 2023 年第 200 号

(关于进一步优化综合保税区进出区管理的公告)

为推动落实综合保税区高质量发展综合改革，进一步优化综合保税区进出区管理，现就实施卡口分类分级管理有关事项公告如下：

一、本公告所称卡口分类分级管理适用于综合保税区。

二、允许具备条件的综合保税区在卡口设置专门的便捷进出区通道，对进出区货物实行分类通行。

三、对区内建设所需的基建物资、区内企业和行政管理机构自用的办公用品、区内企业所需的劳保用品、区内人员所需的生活消费品等境内进出区货物实施卡口登记管理，通过便捷进出区通道进出。根据卡口设置实际，常规货物通道可以兼行卡口登记货物。

四、对卡口登记货物实施差别化分级管理。简化核放单填报要素，对于第三条所述的基建物资、劳保用品、办公用品、生活消费品，其运输工具绑定的核放单中的"料号""商品编码"为非必填项，对于其他卡口登记货物，其运输工具绑定的核放单中的"料号"为非必填项。对上述货物优化进区重量验核。

五、对采用报关单、备案清单或保税核注清单办理进出区手续的危险化学品，企业须如实申报，并在保税核注清单勾选商品"危化品标志"。

六、海关对卡口登记货物进行抽查。

本公告自公布之日起施行。

特此公告。

海关总署

2023 年 12 月 29 日

海关总署公告 2023 年第 199 号

(关于推进《内地海关及香港海关陆路进/出境载货清单》无纸化工作的公告)

为促进内港两地经济发展，方便两地经贸往来，进一步简化海关监管手续，海关总署决定进一步推进《内地海关及香港海关陆路进/出境载货清单》（以下简称《载货清单》）无纸化工作。现就有关事项公告如下：

企业在向内地海关办理内地、香港陆路货运车辆（含货运空车）和所载货物各项通关监管手续时，无需提交纸质《载货清单》。《载货清单》的其他相关事项仍按照海关总署公告 2004 年第 42 号执行。

本公告自 2024 年 2 月 1 日起施行。

特此公告。

海关总署

2023 年 12 月 29 日

海关总署公告 2023 年第 197 号

(关于修订《〈中华人民共和国海关进出口货物减免税管理办法〉实施有关事项的公告》的公告)

《中华人民共和国行政复议法》（中华人民共和国主席令第九号，以下简称《行政复议法》）自 2024 年 1 月 1 日起施行。为配合《行政复议法》实施，海关总署对海关总署公告 2021 年第 16 号（关于《中华人民共和国海关进出口货物减免税管理办法》实施有关事项的公告）附件 2、6、17、20 所列法律文书格式文本进行了修订，修订后的法律文书格式文本详见附件。

本公告自 2024 年 1 月 1 日起执行，海关总署公告 2021 年第 16 号附件 2、6、17、20 同时废止。

特此公告。

附件：
1. 中华人民共和国海关进出口货物征免税确认通知书
2. 中华人民共和国海关不准予办理减免税货物税款担保通知书
3. 中华人民共和国海关不准予办理减免税货物贷款抵押通知书
4. 中华人民共和国海关不准予办理减免税货物贷款抵押延期通知书

海关总署
2023 年 12 月 29 日

附件1

中华人民共和国海关进出口货物征免税确认通知书

编号：

减免税申请人			征免性质/代码			政策依据			
征免税确认日期 年 月 日				有效期至 年 月 日止					
进（出）口岸		申报地海关		成交方式		合同协议号	项目性质		
项号	商品编号	商品名称	规格型号	申报数量	计量单位	总价	币制	主管海关确认征减免意见		
								关税	增值税	其他
1										
2										
3										
4										
5										
减免税货物使用地点										
备注										
主管海关盖章： 年 月 日		申报地海关批注： 年 月 日		注意事项及权利义务提示： 1. 本通知书使用一次有效。不同批次申报进口的货物应分别办理减免税审核确认手续。 2. 减免税申请人应当在本通知书有效期内向申报地海关办理有关进出口货物征减免税相关手续。如需延期，应当在有效期内向主管海关办理延期手续。 3. 在海关监管年限内，减免税申请人应当按照海关规定保管、使用减免税货物，并依法接受海关监管。 4. 减免税申请人对主管海关确认的征减免意见不服的，依照《中华人民共和国行政复议法》第二十条、第二十三条、第二十七条，《中华人民共和国海关法》第六十四条之规定，可以在六十日内向上一级海关申请行政复议；对复议决定仍不服的，依照《中华人民共和国行政诉讼法》第四十五条之规定，可以自收到复议决定书之日起十五日内，向人民法院提起诉讼。							

附件 2

中华人民共和国海关不准予办理减免税货物税款担保通知书

编号：

＿＿＿＿＿＿＿＿公司（单位）： 　　你公司（单位）所递交的＿＿＿＿＿＿＿＿减免税货物税款担保申请，不符合《中华人民共和国海关进出口货物减免税管理办法》第九条规定的情形，不予办理减免税货物税款担保。 　　如不服本决定，依照《中华人民共和国行政复议法》第二十条、第二十三条、第二十七条，《中华人民共和国海关法》第六十四条之规定，可以在六十日内向上一级海关申请行政复议；对复议决定仍不服的，依照《中华人民共和国行政诉讼法》第四十五条之规定，可以自收到复议决定书之日起十五日内，向人民法院提起诉讼。 　　　　　　　　　　　　　　　　　　　　　　　　海关（盖章） 　　　　　　　　　　　　　　　　　　　　　　　　　年　月　日
备注

附件 3

中华人民共和国海关不准予办理减免税货物贷款抵押通知书

编号：

＿＿＿＿＿＿＿＿公司（单位）： 　　你公司（单位）递交的＿＿＿＿＿＿＿＿减免税货物贷款抵押申请，不符合《中华人民共和国海关进出口货物减免税管理办法》相关规定，海关不准予办理减免税货物贷款抵押。 　　如不服本决定，依照《中华人民共和国行政复议法》第二十条、第二十三条、第二十七条，《中华人民共和国海关法》第六十四条之规定，可以在六十日内向上一级海关申请行政复议；对复议决定仍不服的，依照《中华人民共和国行政诉讼法》第四十五条之规定，可以自收到复议决定书之日起十五日内，向人民法院提起诉讼。 　　　　　　　　　　　　　　　　　　　　　　　　海关（盖章） 　　　　　　　　　　　　　　　　　　　　　　　　　年　月　日
备注

附件 4

中华人民共和国海关不准予办理减免税货物贷款抵押延期通知书

编号：

_____公司（单位）：

你公司（单位）递交的_____减免税货物贷款抵押延期申请，不符合《中华人民共和国海关进出口货物减免税管理办法》相关规定，我关不准予办理减免税货物贷款抵押延期。

如不服本决定，依照《中华人民共和国行政复议法》第二十条、第二十三条、第二十七条，《中华人民共和国海关法》第六十四条之规定，可以在六十日内向上一级海关申请行政复议；对复议决定仍不服的，依照《中华人民共和国行政诉讼法》第四十五条之规定，可以自收到复议决定书之日起十五日内，向人民法院提起诉讼。

海关（盖章）

年　月　日

备注	

海关总署公告 2023 年第 196 号

(关于执行 2024 年关税调整方案等政策有关事宜的公告)

根据《国务院关税税则委员会关于 2024 年关税调整方案的公告》(税委会公告〔2023〕第 10 号),自 2024 年 1 月 1 日起,对部分商品的进出口关税进行调整。为准确实施,现将有关事宜公告如下:

一、涉及有关进出口税收政策的海关商品编号申报要求

为有效实施 2024 年信息技术产品最惠国税率、进出口商品暂定税率、抗癌药品和罕见病药品等进口环节增值税政策、部分油品等进口环节消费税政策、对美加征关税商品排除延期清单等,海关总署为非全税目适用进出口环节税收政策的商品拆分了 10 位海关商品编号,并编制了《2024 年进出口非全税目信息技术产品对应海关商品编号表》《2024 年进出口非全税目暂定税率商品对应海关商品编号表》《2024 年进出口非全税目适用进口环节增值税、消费税政策部分商品对应海关商品编号表》《2024 年进出口非全税目对美加征关税排除延期清单商品对应海关商品编号表》(见附件 1~4)。

企业进出口符合上述有关进出口税收政策规定的商品时,应按照本公告附件相应表格所列商品编号进行申报,政策适用范围以《2024 年关税调整方案》、有关进口环节增值税和消费税政策等规定为准。

二、其他有关事项

(一)《进出口税则商品及品目注释》

根据世界海关组织对 2022 年版《商品名称及编码协调制度注释》相关修订情况,海关总署对《进出口税则商品及品目注释》(2022 年版)进行同步修订,并调整部分翻译内容,已发布于海关总署门户网站。

(二)关税税目、税率及规范申报查询事宜

根据《2024 年关税调整方案》调整的关税税目、税率内容及海关进出口商品涉税规范申报目录(2024 年版)均可通过海关总署门户网站查询,供申报参考。

(三)商品归类决定及行政裁定

根据《中华人民共和国海关行政裁定管理暂行办法》(海关总署令第 92 号)、《中华人民共和国海关进出口货物商品归类管理规定》(海关总署令第 252 号)的规定,因税目调整等原因失效的商品归类决定、行政裁定清单将发布于海关总署门户网站并动态更新。

特此公告。

附件:1. 2024 年进出口非全税目信息技术产品对应海关商品编号表

2. 2024年进出口非全税目暂定税率商品对应海关商品编号表
3. 2024年进出口非全税目适用进口环节增值税、消费税政策部分商品对应海关商品编号表
4. 2024年进出口非全税目对美加征关税排除延期清单商品对应海关商品编号表

海关总署
2023年12月29日

附件1

2024年进出口非全税目信息技术产品对应海关商品编号表

序号	ex[注]	税则号列	信息技术产品名称	海关商品编号
1	ex	32151100	黑色，用于装入税目8443.31、8443.32或8443.39所列设备的工程形态的固体油墨	3215110010
2	ex	32151900	其他，用于装入税目8443.31、8443.32或8443.39所列设备的工程形态的固体油墨	3215190010
3	ex	35069190	专门或主要用于显示屏或触摸屏制造的光学透明膜黏合剂和光固化液体黏合剂	3506919020
4	ex	39079991	热塑性液晶芳香族聚酯共聚物	3907999110
5	ex	39079999	热塑性液晶芳香族聚酯共聚物	3907999910
6	ex	39199090	半导体晶圆制造用自粘式圆形抛光垫	3919909010
7	ex	39231000	税目3923.10或8486.90的，具有特定形状或装置，供运输或包装半导体晶圆、掩模或光罩的塑料盒、箱、板条箱及类似物品	3923100010
8	ex	49070090	给予存取、安装、复制或使用软件（含游戏）、数据、互联网内容物（含游戏内或应用程序内内容物）、服务或电信服务（含移动服务）权利的印刷品	4907009010
9	ex	49119910	给予存取、安装、复制或使用软件（含游戏）、数据、互联网内容物（含游戏内或应用程序内内容物）、服务或电信服务（含移动服务）权利的印刷品	4911991010
10	ex	49119990	给予存取、安装、复制或使用软件（含游戏）、数据、互联网内容物（含游戏内或应用程序内内容物）、服务或电信服务（含移动服务）权利的印刷品	4911999010
11	ex	59119000	半导体晶圆制造用自粘式圆形抛光垫	5911900010
12	ex	84141000	专门或主要用于半导体或平板显示屏制造的真空泵	8414100060
13	ex	84145990	专门或主要用于微处理器、电信设备、自动数据处理设备或装置的散热扇	8414599060
14	ex	84195000	用氟聚合物制造的、入口管和出口管内径不超过3厘米的热交换装置	8419500060

续表1

序号	ex[注]	税则号列	信息技术产品名称	海关商品编号
15	ex	84201000	专门或主要用于印刷电路板基板或印刷电路制造的滚压机	8420100020
16	ex	84212910	用氟聚合物制造的厚度不超过140微米的过滤膜或净化膜的液体过滤或净化机器及装置	8421291010
17	ex	84212990	用氟聚合物制造的厚度不超过140微米的过滤膜或净化膜的液体过滤或净化机器及装置	8421299010
18	ex	84213200	装备不锈钢外壳、入口管和出口管内径不超过1.3厘米的气体过滤或净化机器及装置	8421320020
19	ex	84213921	装备不锈钢外壳、入口管和出口管内径不超过1.3厘米的气体过滤或净化机器及装置	8421392110
20	ex	84213922	装备不锈钢外壳、入口管和出口管内径不超过1.3厘米的气体过滤或净化机器及装置	8421392210
21	ex	84213923	装备不锈钢外壳、入口管和出口管内径不超过1.3厘米的气体过滤或净化机器及装置	8421392310
22	ex	84213924	装备不锈钢外壳、入口管和出口管内径不超过1.3厘米的气体过滤或净化机器及装置	8421392410
23	ex	84213929	装备不锈钢外壳、入口管和出口管内径不超过1.3厘米的气体过滤或净化机器及装置	8421392910
24	ex	84213940	装备不锈钢外壳、入口管和出口管内径不超过1.3厘米的气体过滤或净化机器及装置	8421394010
25	ex	84213950	装备不锈钢外壳、入口管和出口管内径不超过1.3厘米的气体过滤或净化机器及装置	8421395010
26	ex	84213990	装备不锈钢外壳、入口管和出口管内径不超过1.3厘米的气体过滤或净化机器及装置	8421399010
27	ex	84219990	用厚度不超过140微米的氟聚合物制造的液体过滤或净化机器及装置的零件；装备不锈钢外壳、入口管和出口管内径不超过1.3厘米的气体过滤或净化机器及装置的零件	8421999010
28	ex	84233010	以电子方式称重的恒定秤、物料定量装袋或装容器用的衡器，包括库秤	8423301010
29	ex	84233030	以电子方式称重的恒定秤、物料定量装袋或装容器用的衡器，包括库秤	8423303010
30	ex	84233090	以电子方式称重的恒定秤、物料定量装袋或装容器用的衡器，包括库秤	8423309010
31	ex	84238190	其他以电子方式称重的衡器，最大称量不超过30千克	8423819010
32	ex	84238210	其他以电子方式称重的衡器，最大称量大于30千克但不超过5 000千克，但对车辆称重的衡器除外	8423821010

续表2

序号	ex[注]	税则号列	信息技术产品名称	海关商品编号
33	ex	84238290	其他以电子方式称重的衡器，最大称量大于30千克但不超过5 000千克，但对车辆称重的衡器除外	8423829010
34	ex	84238910	其他以电子方式称重的衡器，最大称量超过5 000千克，但对车辆称重的衡器除外	8423891010
35	ex	84238920	其他以电子方式称重的衡器，最大称量超过5 000千克，但对车辆称重的衡器除外	8423892010
36	ex	84238930	其他以电子方式称重的衡器，最大称量超过5 000千克，但对车辆称重的衡器除外	8423893010
37	ex	84238990	其他以电子方式称重的衡器，最大称量超过5 000千克，但对车辆称重的衡器除外	8423899010
38	ex	84239000	以电子方式称重的衡器的零件，但对车辆称重的衡器零件除外	8423900010
39	ex	84759000	税目8475.21所列机器的零件	8475900010
40	ex	84768900	钱币兑换机	8476890010
41	ex	84769000	钱币兑换机的零件	8476900010
42	ex	85059090	专门或主要用于核磁共振成像装置的电磁体，但税目90.18所列电磁铁除外	8505909020
43	ex	85151900	专门或主要用于印刷电路组件制造的其他波峰焊接机器	8515190010
44	ex	85159000	专门或主要用于印刷电路组件制造的其他波峰焊接机器的零件	8515900010
45	ex	85272100	具备接收和转换数字广播数据系统信号功能需外接电源的汽车用收录（放）音组合机	8527210010
46	ex	85393990	用于平板显示器背光源的冷阴极管荧光灯	8539399011 8539399019
47	ex	85437099	飞行数据记录仪	8543709910
48	ex	85480000	触摸感应数据输入装置（即触摸屏）无显示的性能，安装于有显示屏的设备中，通过检测显示区域内触摸动作的发生及位置进行工作。触摸感应可通过电阻、静电电容、声学脉冲识别、红外光或其他触摸感应技术来获得	8548000030
49	ex	88026000	通信卫星	8802600010
50	ex	90131000	设计用为本章或第十六类的机器、设备、仪器或器具部件的望远镜	9013100010
51	ex	90139010	零件及附件，但武器用望远镜瞄准器具或潜望镜式望远镜用零件及附件除外	9013901090
52	ex	90189020	电血压测量仪器及器具	9018902010
53	ex	90189070	电麻醉设备	9018907010

续表3

序号	ex[注]	税则号列	信息技术产品名称	海关商品编号
54	ex	90189099	电外科或电子医疗仪器或器具及其零件及附件	9018909911 9018909991
55	ex	90229090	应用除α射线、β射线、γ射线以外的离子射线的医疗、外科、牙科或兽医用设备的零件及附件	9022909050

注：ex表示商品应在该税则号列范围内，具体范围以商品描述为准。

附件2

2024年进出口非全税目暂定税率商品对应海关商品编号表

序号	ex[注]	税则号列	商品名称	海关商品编号	暂税范围
1	ex	03035990	冻毛鳞鱼，但食用杂碎除外	0303599010	仅进口暂税
2	ex	03038990	冻平鲉属鱼	0303899020	仅进口暂税
3	ex	05069090	已脱胶骨、角柱	0506909011 0506909021 0506909031 0506909091	仅出口暂税
4	ex	05119190	丰年虫卵（丰年虾卵）	0511919020	仅进口暂税
5	ex	07129099	种用甜玉米	0712909920	仅进口暂税
6	ex	08029990	鲜或干的碧根果	0802999030	仅进口暂税
7	ex	08119090	冷冻鳄梨	0811909060	仅进口暂税
8	ex	08134090	蔓越橘干	0813409020	仅进口暂税
9	ex	09092100	种用芫荽	0909210010	仅进口暂税
10	ex	12119039	种用牛蒡	1211903994	仅进口暂税
11	ex	12149000	其他紫苜蓿（粗粉及团粒除外）	1214900001	仅进口暂税
12	ex	12149000	以除紫苜蓿外的禾本科和豆科为主的多种混合天然饲草	1214900002	仅进口暂税
13	ex	14049090	椰糠（条/块）	1404909010	仅进口暂税
14	ex	15042000	鱼油软胶囊	1504200011 1504200091	仅进口暂税
15	ex	15119020	固态棕榈硬脂（50摄氏度≤熔点≤56摄氏度）	1511902001	仅进口暂税
16	ex	19011010	供婴幼儿食用的零售包装配方奶粉（乳基特殊医学用途婴幼儿配方食品除外）	1901101090	仅进口暂税
17	ex	19011010	乳基特殊医学用途婴幼儿配方食品	1901101010	仅进口暂税

续表1

序号	ex[注]	税则号列	商品名称	海关商品编号	暂税范围
18	ex	19019000	乳基特殊医学用途配方食品	1901900010	仅进口暂税
19	ex	20091200	白利糖度值不超过20的非冷冻橙汁,最小独立包装净重不低于180千克	2009120010	仅进口暂税
20	ex	20091900	白利糖度值超过20的非冷冻橙汁,最小独立包装净重不低于180千克	2009190010	仅进口暂税
21	ex	21069090	非乳基特殊医学用途婴儿配方食品、非乳基特殊医学用途配方食品	2106909001	仅进口暂税
22	ex	25081000	钠基膨润土	2508100010	仅进口暂税
23	ex	25199099	其他氧化镁含量在70%（含70%）以上的矿产品	2519909910	仅进口暂税
24	ex	25292100	按重量计氟化钙含量≤97%、砷含量≤0.0005%的萤石	2529210010	仅进口暂税
25	ex	25292200	按重量计氟化钙含量>97%、砷含量≤0.0005%的萤石	2529220010	仅进口暂税
26	ex	26080000	灰色饲料氧化锌（氧化锌ZnO含量大于80%）	2608000001	仅出口暂税
27	ex	27082000	针状沥青焦	2708200001	仅进口暂税
28	ex	27101291	壬烯（碳九混合异构体含量高于90%）	2710129101	仅进口暂税
29	ex	27101299	异戊烯同分异构体混合物	2710129910	仅进口暂税
30	ex	27101929	350度以下馏出物体积百分比小于20%,550度以下馏出物体积百分比大于80%的蜡油	2710192910	仅进口暂税
31	ex	28042900	氦	2804290010	仅进口暂税
32	ex	28045000	碲	2804500001	仅进口暂税
33	ex	28129019	三氟化磷	2812901940	仅进口暂税
34	ex	28129019	三氟化硼	2812901950	仅进口暂税
35	ex	28259049	五氧化二铌	2825904910	仅进口暂税
36	ex	28269090	氟钽酸钾	2826909010	仅进口暂税
37	ex	28332990	钴的硫酸盐	2833299010 2833299020	仅进口暂税
38	ex	28342990	硝酸钡	2834299001	仅进口暂税
39	ex	28399000	锆的硅酸盐	2839900001	仅进口暂税
40	ex	28419000	钴酸锂	2841900010	仅进口暂税
41	ex	28419000	铼酸盐及高铼酸盐	2841900020	仅进口暂税
42	ex	28419000	铌酸锂	2841900030	仅进口暂税
43	ex	28439000	抗癌药原料（奥沙利铂、卡铂、奈达铂、顺铂）	2843900031	仅进口暂税

续表2

序号	ex[注]	税则号列	商品名称	海关商品编号	暂税范围
44	ex	28439000	燃料电池用氧化铱（铱含量75%及以上，粒径40~100纳米，金属杂质总量小于500 ppm）	2843900040	仅进口暂税
45	ex	28441000	天然铀及其化合物	2844100010	仅进口暂税
46	ex	28442000	含铀235浓度低于5%的低浓铀及其化合物	2844200010	仅进口暂税
47	ex	28444210	氯化镭［223Ra］注射液	2844421010	仅进口暂税
48	ex	28444390	钇［90］微球注射液	2844439040	仅进口暂税
49	ex	28459000	氘丁苯那嗪	2845900050 2845900060	仅进口暂税
50	ex	28459000	抗癌药原料（甲苯磺酸多纳非尼）	2845900050	仅进口暂税
51	ex	28500090	砷烷	2850009010	仅进口暂税
52	ex	28539040	磷烷	2853904020	仅进口暂税
53	ex	29053990	抗癌药原料（白消安）	2905399091	仅进口暂税
54	ex	29053990	1,3-丙二醇	2905399001	仅进口暂税
55	ex	29121900	乙二醛	2912190001	仅进口暂税
56	ex	29209000	碳酸二苯酯	2920900011	仅进口暂税
57	ex	29214990	盐酸舍曲林	2921499034	仅进口暂税
58	ex	29225090	抗癌药原料（盐酸米托蒽醌）	2922509091	仅进口暂税
59	ex	29242990	抗癌药原料（氟他胺）	2924299091	仅进口暂税
60	ex	29269090	己二腈	2926909020	仅进口暂税
61	ex	29309090	抗癌药原料（比卡鲁胺）	2930909092	仅进口暂税
62	ex	29309090	罕见病药原料（青霉胺）	2930909068	仅进口暂税
63	ex	29321900	恩格列净	2932190030	仅进口暂税
64	ex	29329990	贝前列素钠	2932999032	仅进口暂税
65	ex	29329990	抗癌药原料（多西他赛、紫杉醇）	2932999021 2932999029	仅进口暂税
66	ex	29329990	阿卡波糖水合物	2932999092	仅进口暂税
67	ex	29329990	抗癌药原料（淫羊藿素）	2932999033	仅进口暂税
68	ex	29331990	抗癌药原料（赛沃替尼）	2933199020	仅进口暂税
69	ex	29333990	抗癌药原料（吉美嘧啶、甲磺酸阿帕替尼、西达本胺、甲苯磺酸尼拉帕利）	2933399091	仅进口暂税
70	ex	29334900	抗癌药原料（马来酸吡咯替尼）	2933490040	仅进口暂税
71	ex	29335990	恩替卡韦	2933599053	仅进口暂税

续表3

序号	ex[注]	税则号列	商品名称	海关商品编号	暂税范围
72	ex	29335990	利格列汀	2933599060	仅进口暂税
73	ex	29335990	抗癌药原料（甲磺酸伊马替尼、硫唑嘌呤、培美曲塞二钠、左亚叶酸钙、甲磺酸氟马替尼、甲磺酸阿美替尼、泽布替尼、奥雷巴替尼）	2933599091	仅进口暂税
74	ex	29336990	抗癌药原料（奥替拉西钾）	2933699091	仅进口暂税
75	ex	29337900	抗癌药原料（来那度胺）	2933790091	仅进口暂税
76	ex	29337900	罕见病药原料（吡非尼酮）	2933790042	仅进口暂税
77	ex	29337900	抗新型冠状病毒药原料（奈玛特韦）	2933790043	仅进口暂税
78	ex	29339900	抗癌药原料（阿那曲唑、来曲唑、硼替佐米、替莫唑胺、帕米帕利）	2933990092	仅进口暂税
79	ex	29339900	阿托伐他汀钙	2933990091	仅进口暂税
80	ex	29339900	维格列汀	2933990093	仅进口暂税
81	ex	29341090	抗癌药原料（达沙替尼）	2934109091	仅进口暂税
82	ex	29342000	罕见病药原料（利鲁唑）	2934200021	仅进口暂税
83	ex	29349990	抗癌药原料（地西他滨、氟脲苷、环磷酰胺、吉非替尼、卡培他滨、雷替曲塞、磷酸氟达拉滨、替加氟、阿糖胞苷、盐酸阿糖胞苷、盐酸埃克替尼、盐酸吉西他滨、异环磷酰胺、呋喹替尼）	2934999076 2934999091 2934999092	仅进口暂税
84	ex	29359000	罕见病药原料（波生坦）	2935900036	仅进口暂税
85	ex	29371900	抗癌药原料（醋酸曲普瑞林）	2937190091	仅进口暂税
86	ex	29372319	抗癌药原料（福美坦）	2937231910	仅进口暂税
87	ex	29372900	抗癌药原料（依西美坦）	2937290091	仅进口暂税
88	ex	29375000	罕见病药原料（曲前列尼尔）	2937500010	仅进口暂税
89	ex	29389090	甘草酸	2938909010 2938909040	仅进口暂税
90	ex	29397990	抗癌药原料（酒石酸长春瑞滨、硫酸长春新碱、盐酸托泊替康、盐酸伊立替康）	2939799091	仅进口暂税
91	ex	29419090	抗癌药原料（吡柔比星、丝裂霉素、盐酸表柔比星、盐酸多柔比星、盐酸平阳霉素、盐酸柔红霉素、盐酸伊达比星）	2941909091	仅进口暂税
92	ex	29419090	吗替麦考酚酯	2941909013	仅进口暂税
93	ex	29419090	盐酸阿柔比星	2941909014	仅进口暂税

续表4

序号	ex[注]	税则号列	商品名称	海关商品编号	暂税范围
94	ex	30044900	具有抗癌作用的含有生物碱及其衍生物的药品（混合或非混合，治病或防病用已配定剂量或零售包装）	3004490091	仅进口暂税
95	ex	30044900	噻托溴铵粉吸入剂、噻托溴铵喷雾剂、吸入用异丙托溴铵溶液、吸入用复方异丙托溴铵溶液、异丙托溴铵气雾剂	3004490092	仅进口暂税
96	ex	30044900	盐酸羟考酮缓释片	3004490093	仅进口暂税
97	ex	30063000	碘普罗胺注射液、钆布醇注射液	3006300010	仅进口暂税
98	ex	32029000	无铬鞣剂	3202900010	仅进口暂税
99	ex	32041700	彩色光刻胶用光刻胶颜料分散液	3204170010	仅进口暂税
100	ex	33012999	黄樟油	3301299910	仅进口暂税
101	ex	35022000	乳清蛋白粉（按重量计干质成分的乳清蛋白含量超过80%）	3502200010	仅进口暂税
102	ex	35022000	乳铁蛋白	3502200020	仅进口暂税
103	ex	35079090	抗癌药原料（门冬酰胺酶）	3507909010	仅进口暂税
104	ex	37024292	红色或红外激光胶片，宽度>80厘米，长度>1 000米	3702429201	仅进口暂税
105	ex	37071000	感光乳剂（不含银的）	3707100001	仅进口暂税
106	ex	38231900	植物酸性油	3823190001	仅进口暂税
107	ex	38231900	植物油脱臭馏出物（DD油）	3823190002	仅进口暂税
108	ex	38249999	用于生产聚酰胺的发酵液（含氨基酸、有机酸、有机胺、有机醇、核苷酸、多糖等）	3824999992	仅进口暂税
109	ex	38249999	载金炭	3824999993	仅进口暂税
110	ex	38249999	高钛渣（二氧化钛质量百分含量大于70%的）	3824999960	仅进口暂税
111	ex	38249999	按重量计氧化锌含量在50%及以上的混合物	3824999980	仅进口暂税
112	ex	38249999	粗氢氧化镍钴	3824999995	仅进口暂税
113	ex	39011000	比重小于0.94的聚乙烯（进口CIF价高于3 800美元/吨）	3901100001	仅进口暂税
114	ex	39012000	比重在0.94及以上的聚乙烯（进口CIF价高于3 800美元/吨）	3901200011 3901200091	仅进口暂税
115	ex	39073000	溴的质量百分含量在18%及以上或进口CIF价格高于3 800美元/吨的环氧树脂（如溶于溶剂，以纯环氧树脂折算溴的百分含量）	3907300001	仅进口暂税
116	ex	39119000	偏苯三酸酐和异氰酸预缩聚物	3911900005	仅进口暂税
117	ex	39119000	芳基酸与芳基胺预缩聚物	3911900001	仅进口暂税

续表5

序号	ex[注]	税则号列	商品名称	海关商品编号	暂税范围
118	ex	39119000	改性三羟乙基脲酸酯类预缩聚物	3911900003	仅进口暂税
119	ex	39209100	聚乙烯醇缩丁醛膜（厚度不超过3毫米）	3920910001	仅进口暂税
120	ex	39209990	聚酰亚胺膜（厚度不超过0.03毫米）	3920999001	仅进口暂税
121	ex	39211990	电池隔膜	3921199010	仅进口暂税
122	ex	39219090	离子交换膜	3921909001	仅进口暂税
123	ex	39269090	聚氨酯制避孕套	3926909020	仅进口暂税
124	ex	40169500	轨道机车用气囊升弓装置	4016950010	仅进口暂税
125	ex	40169910	奶衬	4016991001	仅进口暂税
126	ex	40169990	动车组用胶囊、外风挡板	4016999001	仅进口暂税
127	ex	41012020	生驴皮	4101202011 4101202091	仅进口暂税
128	ex	41062100	蓝湿山羊皮	4106210001	仅进口暂税
129	ex	44160090	橡木制大桶、琵琶桶、盆和其他木制箍桶及其零件，包括桶板	4416009030	仅进口暂税
130	ex	56013000	由两种或两种以上有机聚合物纺制的纤维（横截面为皮芯结构或并列结构或海岛结构），长度不超过5毫米	5601300010	仅进口暂税
131	ex	56039110	乙烯聚合物制电池隔膜基布	5603911010	仅进口暂税
132	ex	56039210	乙烯聚合物制电池隔膜基布	5603921010	仅进口暂税
133	ex	56039310	乙烯聚合物制电池隔膜基布	5603931010	仅进口暂税
134	ex	59119000	体外膜肺氧合机用聚甲基戊烯中空纤维膜	5911900020	仅进口暂税
135	ex	62012000	毛制男式大衣、斗篷	6201200010	仅进口暂税
136	ex	62013090	棉制男式大衣、斗篷	6201309010	仅进口暂税
137	ex	62022000	毛制女式大衣、斗篷	6202200010	仅进口暂税
138	ex	62023090	棉制女式大衣、斗篷	6202309010	仅进口暂税
139	ex	68061090	矿物纤维，渣球含量小于5%	6806109001	仅进口暂税
140	ex	68151390	燃料电池用气体扩散层	6815139010	仅进口暂税
141	ex	68151900	碳化硅外延生产设备用石墨配件（金属含量≤5 ppm）	6815190010	仅进口暂税
142	ex	68159990	电熔高锆质砖，氧化锆含量大于87%	6815999010	仅进口暂税
143	ex	70023200	药用硼硅玻璃管（三氧化二硼含量≥8%）	7002320010	仅进口暂税
144	ex	70031900	液晶或有机发光二极管（OLED）显示屏基板用原板玻璃	7003190001	仅进口暂税
145	ex	70031900	手机或平板电脑盖板（包括前盖、后盖）用原板玻璃	7003190002	仅进口暂税

续表6

序号	ex[注]	税则号列	商品名称	海关商品编号	暂税范围
146	ex	70049000	光学平板玻璃,厚度0.7毫米以下	7004900001	仅进口暂税
147	ex	70049000	液晶或有机发光二极管（OLED）显示屏基板用原板玻璃	7004900002	仅进口暂税
148	ex	70049000	手机或平板电脑盖板（包括前盖、后盖）用原板玻璃	7004900003	仅进口暂税
149	ex	70052900	液晶或有机发光二极管（OLED）显示屏基板用原板玻璃	7005290002	仅进口暂税
150	ex	70052900	手机或平板电脑盖板（包括前盖、后盖）用原板玻璃	7005290003	仅进口暂税
151	ex	70060000	液晶玻璃基板,6代（1 850毫米×1 500毫米）以上,不含6代	7006000001	仅进口暂税
152	ex	70071110	空载重量25吨及以上飞机的挡风玻璃	7007111001	仅进口暂税
153	ex	70182000	熔融球形二氧化硅微粉,直径小于等于100微米	7018200001	仅进口暂税
154	ex	70200099	石英玻璃,平整度小于等于1微米	7020009901	仅进口暂税
155	ex	71012110	养殖黑珍珠	7101211001	仅进口暂税
156	ex	71012190	养殖黑珍珠	7101219001	仅进口暂税
157	ex	71012210	养殖黑珍珠	7101221001	仅进口暂税
158	ex	71012290	养殖黑珍珠	7101229001	仅进口暂税
159	ex	71129220	铂含量在3%以上的其他含铂或铂化合物的废碎料	7112922001	仅进口暂税
160	ex	72041000	符合GB/T 39733标准要求的再生钢铁原料	7204100010	仅进口暂税
161	ex	72044100	符合GB/T 39733标准要求的再生钢铁原料	7204410010	仅进口暂税
162	ex	72269990	铁镍合金带材（生产集成电路框架用或显示面板精密金属掩膜版用）,宽度小于600毫米	7226999001	仅进口暂税
163	ex	74010000	铜锍	7401000090	仅进口暂税
164	ex	74031111	高纯阴极铜（铜含量高于99.993 5%,但低于99.999 9%）	7403111101	同时涉及进出口暂税
165	ex	74031111	高纯阴极铜（铜含量不低于99.999 9%）	7403111190	同时涉及进出口暂税
166	ex	74040000	再生黄铜原料、再生铜原料	7404000020 7404000030	同时涉及进出口暂税
167	ex	74081900	其他含氧量小于5 ppm的精炼铜丝	7408190001	同时涉及进出口暂税
168	ex	74111019	其他含氧量小于5 ppm,外径不超过25毫米的精炼铜管	7411101901	仅进口暂税
169	ex	76011010	按重量计含铝量在99.995%及以上的未锻轧非合金铝	7601101010	仅出口暂税

续表7

序号	ex[注]	税则号列	商品名称	海关商品编号	暂税范围
170	ex	76020000	再生铸造铝合金原料	7602000020	同时涉及进出口暂税
171	ex	81052090	钴锍及其他冶炼钴时所得的中间产品	8105209001	仅进口暂税
172	ex	81059000	外科植入用钴铬钼合金棒（钴≥55%，铬26%~30%，钼5%~7%）	8105900010	仅进口暂税
173	ex	81059000	血管支架用钴铬合金管（钴含量45%及以上，铬含量19%~21%，钨含量14%~16%，镍含量9%~11%）	8105900020	仅进口暂税
174	ex	81061010	未锻轧铋	8106101011 8106101091	仅进口暂税
175	ex	81069010	未锻轧铋	8106901011 8106901019	仅进口暂税
176	ex	81089010	外科植入用钛合金条、杆、型材及异型材（钛≥88%，5.5%≤铝≤6.75%，3.5%≤钒≤4.5%），复合材料除外	8108901030	仅进口暂税
177	ex	81129240	未锻轧铌（铌废碎料除外）	8112924090	仅进口暂税
178	ex	81129920	其他钒氮合金	8112992001	仅进口暂税
179	ex	81130090	铝碳化硅（AlSiC）基板	8113009020	仅进口暂税
180	ex	82073000	加工税目87.03所列车辆车身冲压件用的4种关键模具（侧围外板模具、翼子板模具、拼接整体侧围内板模具、拼焊整体侧围加强板模具）	8207300010	仅进口暂税
181	ex	82073000	加工税目87.03所列车辆车身冲压件用的4种特种模具（σb≥980牛每平方毫米的冷冲压模具、热成型模具、内高压成型模具和铝板模具）	8207300020	仅进口暂税
182	ex	84041010	使用（可再生）生物质燃料的非水管蒸汽锅炉的辅助设备	8404101010	仅进口暂税
183	ex	84049090	使用（可再生）生物质燃料的非水管蒸汽锅炉的辅助设备的零件；水蒸汽或其他蒸汽动力装置的冷凝器的零件	8404909010	仅进口暂税
184	ex	84079090	叉车用汽油发动机（800转/分钟≤转速≤3 400转/分钟）	8407909031	仅进口暂税
185	ex	84079090	立式输出轴汽油发动机	8407909040	仅进口暂税
186	ex	84082010	输出功率在441千瓦（600马力）及以上的柴油发动机	8408201001	仅进口暂税
187	ex	84099199	汽车用电子节气门	8409919910	仅进口暂税
188	ex	84099999	电控柴油喷射装置及其零件	8409999910	仅进口暂税

续表8

序号	ex[注]	税则号列	商品名称	海关商品编号	暂税范围
189	ex	84118100	涡轮轴航空发动机	8411810001 8411810002	仅进口暂税
190	ex	84118100	功率≥3 500千瓦的涡轮轴发动机（航空发动机除外）	8411810010	仅进口暂税
191	ex	84119910	涡轮轴航空发动机用零件	8411991010	仅进口暂税
192	ex	84122100	飞机发动机用液压直线作动筒	8412210010	仅进口暂税
193	ex	84122990	抓桩器（抱桩器）	8412299010	仅进口暂税
194	ex	84122990	飞机发动机用液压作动器	8412299020	仅进口暂税
195	ex	84123100	三坐标测量机用平衡气缸	8412310001	仅进口暂税
196	ex	84123100	飞机舱门气动作动筒	8412310010	仅进口暂税
197	ex	84123900	飞机发动机用气压作动器	8412390010	仅进口暂税
198	ex	84129090	风力发动机零件	8412909010	仅进口暂税
199	ex	84129090	飞机发动机用作动筒壳体	8412909020	仅进口暂税
200	ex	84135020	电动吸奶器	8413502040	仅进口暂税
201	ex	84135031	飞机用液压柱塞泵	8413503110	仅进口暂税
202	ex	84135031	其他往复式液压柱塞泵	8413503101 8413503190	仅进口暂税
203	ex	84136022	回转式液压油泵，输入转速>2 000转/分钟，输入功率>190千瓦，最大流量>2×280升/分钟	8413602201 8413602202	仅进口暂税
204	ex	84136022	其他液压式齿轮回转泵	8413602210 8413602220 8413602290	仅进口暂税
205	ex	84137099	飞机发动机用燃油泵	8413709970	仅进口暂税
206	ex	84148030	乘用车机械增压器	8414803001	仅进口暂税
207	ex	84148049	燃料电池增压器	8414804950	仅进口暂税
208	ex	84148049	飞机用离心式氮气系统压缩机	8414804960	仅进口暂税
209	ex	84148090	燃料电池循环泵	8414809057	仅进口暂税
210	ex	84162011	溴化锂空调用天然气燃烧机	8416201101	仅进口暂税
211	ex	84179090	垃圾焚烧炉和放射性废物焚烧炉的零件	8417909010	仅进口暂税
212	ex	84193390	冷冻式或喷雾式污泥干燥机	8419339050	仅进口暂税
213	ex	84193990	污泥干燥机（冷冻式、喷雾式除外）	8419399050	仅进口暂税
214	ex	84196090	通过冷凝分离和去除污染物的气体液化设备	8419609020	仅进口暂税
215	ex	84201000	织物轧光机	8420100001	仅进口暂税

续表9

序号	ex[注]	税则号列	商品名称	海关商品编号	暂税范围
216	ex	84212199	船舶压载水处理设备用过滤器	8421219920	仅进口暂税
217	ex	84212199	喷灌设备用叠式净水过滤器	8421219910	仅进口暂税
218	ex	84213200	摩托车发动机排气过滤及净化装置（装备不锈钢外壳、入口管和出口管内径不超过1.3厘米的气体过滤或净化机器及装置除外）	8421320010	仅进口暂税
219	ex	84213200	柴油发动机排气过滤及净化装置（装备不锈钢外壳、入口管和出口管内径不超过1.3厘米的气体过滤或净化机器及装置除外）	8421320030	仅进口暂税
220	ex	84213200	汽油机颗粒捕集器（装备不锈钢外壳、入口管和出口管内径不超过1.3厘米的气体过滤或净化机器及装置除外）	8421320040	仅进口暂税
221	ex	84223010	乳品加工用自动化灌装设备	8422301010	仅进口暂税
222	ex	84223030	全自动无菌灌装生产线用包装机，加工速度≥20 000只/小时	8422303001	仅进口暂税
223	ex	84223090	全自动无菌灌装生产线用贴吸管机，加工速度≥22 000只/小时	8422309001	仅进口暂税
224	ex	84224000	半导体检测分选编带机	8422400010	仅进口暂税
225	ex	84229020	乳品加工用自动化灌装设备用零件	8422902010	仅进口暂税
226	ex	84229090	全自动无菌灌装生产线用包装机（加工速度≥20 000只/小时）、贴吸管机（加工速度≥22 000只/小时）用零件	8422909010	仅进口暂税
227	ex	84229090	半导体检测分选编带机专用零件	8422909020	仅进口暂税
228	ex	84241000	飞机用灭火器	8424100010	仅进口暂税
229	ex	84281010	无障碍升降机	8428101001	仅进口暂税
230	ex	84313100	无障碍升降机的零件	8431310001	仅进口暂税
231	ex	84335100	功率≥200马力的联合收割机	8433510001	仅进口暂税
232	ex	84335990	自走式青储饲料收获机	8433599001	仅进口暂税
233	ex	84419010	切纸机用横切刀单元	8441901002	仅进口暂税
234	ex	84419010	切纸机用弧形辊	8441901001	仅进口暂税
235	ex	84431313	四色平张纸胶印机，对开单张纸单面印刷速度≥17 000张/小时；对开单张纸双面印刷速度≥13 000张/小时；全张或超全张单张纸单面印刷速度≥13 000张/小时	8443131301 8443131302 8443131303	仅进口暂税

续表10

序号	ex[注]	税则号列	商品名称	海关商品编号	暂税范围
236	ex	84431319	五色及以上平张纸胶印机，对开单张纸单面印刷速度≥17 000张/小时；对开单张纸双面印刷速度≥13 000张/小时；全张或超全张单张纸单面印刷速度≥13 000张/小时	8443131901 8443131902 8443131903	仅进口暂税
237	ex	84431600	苯胺印刷机（柔性版印刷机），线速度≥350米/分钟，幅宽≥800毫米	8443160001	仅进口暂税
238	ex	84431600	具有烫印或全息或丝网印刷功能单元的机组式柔性版印刷机，线速度≥160米/分钟，250毫米≤幅宽<800毫米	8443160002	仅进口暂税
239	ex	84431700	凹版印刷机，印刷速度≥350米/分钟	8443170001	仅进口暂税
240	ex	84431921	纺织用圆网印花机	8443192101	仅进口暂税
241	ex	84431922	纺织用平网印花机	8443192201	仅进口暂税
242	ex	84451190	宽幅非织造布梳理机，工作幅宽>3.5米，工作速度>120米/分钟	8445119001	仅进口暂税
243	ex	84452031	全自动转杯纺纱机	8445203101	仅进口暂税
244	ex	84481100	多臂机或提花机，转速指标：500转/分以上	8448110001	仅进口暂税
245	ex	84490010	高速针刺机，针刺频率>2 000次/分钟	8449001001	仅进口暂税
246	ex	84798200	用于废物和废水处理的混合、搅拌、轧碎、研磨、筛选、均化或乳化机器	8479820020	仅进口暂税
247	ex	84811000	喷灌设备用减压阀	8481100001	仅进口暂税
248	ex	84812010	飞机发动机用液压传动阀	8481201010	仅进口暂税
249	ex	84812020	飞机发动机用气压传动阀	8481202010	仅进口暂税
250	ex	84818039	飞机发动机用流量阀	8481803920	仅进口暂税
251	ex	84818040	废气再循环阀	8481804030	仅进口暂税
252	ex	84818040	高压涡轮间隙控制阀门	8481804020	仅进口暂税
253	ex	84818040	飞机发动机用预冷控制阀门	8481804040	仅进口暂税
254	ex	84818040	其他阀门	8481804010 8481804090	仅进口暂税
255	ex	84821010	绝缘调心球轴承（高铁电机用，绝缘电阻>1吉欧姆，直流耐压≥3 000伏，额定动载荷≥210 000牛顿）	8482101010	仅进口暂税
256	ex	84821040	飞机发动机用推力球轴承（滚珠轴承）	8482104011 8482104019	仅进口暂税
257	ex	84822000	6兆瓦及以上风力发电机用锥形滚子轴承	8482200010	仅进口暂税

续表11

序号	ex[注]	税则号列	商品名称	海关商品编号	暂税范围
258	ex	84824000	飞机发动机用滚针轴承	8482400010	仅进口暂税
259	ex	84824000	其他滚针轴承	8482400090	仅进口暂税
260	ex	84825000	飞机发动机主推进轴用滚子轴承	8482500020	仅进口暂税
261	ex	84825000	二环、三环偏心滚动轴承，飞机发动机主推进轴用滚子轴承除外	8482500010	仅进口暂税
262	ex	84831090	飞机发动机用传动轴	8483109010	仅进口暂税
263	ex	84834010	飞机水平尾翼螺旋杆	8483401010	仅进口暂税
264	ex	84834090	飞机发动机用齿轮传动装置（齿轮箱）	8483409010	仅进口暂税
265	ex	84836000	压力机用组合式湿式离合/制动器，离合扭距为60千牛米~300千牛米，制动扭距为30千牛米~100千牛米	8483600001	仅进口暂税
266	ex	84836000	高速轴联轴器（风力发电机组用），扭矩保护值为160千牛米~1 000千牛米	8483600020	仅进口暂税
267	ex	84839000	车用凸轮轴相位调节器	8483900010	仅进口暂税
268	ex	84839000	飞机发动机用齿轮箱用单个齿轮	8483900020	仅进口暂税
269	ex	85011091	激光视盘机机芯精密微型电机（1瓦≤功率≤18瓦，20毫米≤直径≤30毫米）	8501109101	仅进口暂税
270	ex	85011091	摄像机、摄录一体机用精密微型电机（0.5瓦≤功率≤10瓦，20毫米≤直径≤39毫米）	8501109102	仅进口暂税
271	ex	85011099	功率≤0.5瓦（圆柱型：直径≤6毫米，高≤25毫米；扁圆型：直径≤15毫米，厚≤5毫米）非用于激光视盘机机芯的微型电机	8501109901	仅进口暂税
272	ex	85011099	激光视盘机机芯用精密微型电机（0.5瓦≤功率≤2瓦，5毫米≤直径<20毫米）	8501109902	仅进口暂税
273	ex	85011099	摄像机、摄录一体机用精密微型电机（0.5瓦≤功率≤10瓦，5毫米≤直径<20毫米或39毫米<直径≤40毫米）	8501109903	仅进口暂税
274	ex	85016410	由使用可再生燃料锅炉和涡轮机组驱动的交流发电机，750千伏安<输出功率≤350兆伏安	8501641010	仅进口暂税
275	ex	85016420	由使用可再生燃料锅炉和涡轮机组驱动的交流发电机，350兆伏安<输出功率≤665兆伏安	8501642010	仅进口暂税
276	ex	85016430	由使用可再生燃料锅炉和涡轮机组驱动的交流发电机，输出功率>665兆伏安	8501643010	仅进口暂税
277	ex	85022000	以沼气为燃料的装有点燃式活塞内燃发动机的发电机组（功率≥1 000千瓦，发电效率≥40%）	8502200010	仅进口暂税

续表12

序号	ex[注]	税则号列	商品名称	海关商品编号	暂税范围
278	ex	85023900	依靠可再生能源（太阳能、小水电、潮汐、沼气、地热能、生物质/余热驱动的汽轮机）生产电力的发电机组	8502390010	仅进口暂税
279	ex	85030090	由使用可再生燃料锅炉和涡轮机组驱动的输出功率超过750千伏安的交流发电机的零件；依靠可再生能源（太阳能、小水电、潮汐、沼气、地热能、生物质/余热驱动的汽轮机）生产电力的发电机组的零件	8503009020 8503009030	仅进口暂税
280	ex	85030090	飞机发动机用交流发电机定子	8503009040	仅进口暂税
281	ex	85030090	燃料电池用膜电极组件（主要由质子交换膜、催化剂和气体扩散层构成）	8503009050	仅进口暂税
282	ex	85030090	燃料电池用双极板	8503009060	仅进口暂税
283	ex	85073000	飞机用镍镉蓄电池	8507300010	仅进口暂税
284	ex	85076000	飞机用锂离子蓄电池	8507600030	仅进口暂税
285	ex	85114010	飞机辅助动力装置电源启动马达	8511401010	仅进口暂税
286	ex	85119010	飞机发动机用三相交流发电机用壳体	8511901010	仅进口暂税
287	ex	85144000	焊缝中频退火装置	8514400001	仅进口暂税
288	ex	85152120	汽车生产线电阻焊接机器人	8515212001	仅进口暂税
289	ex	85158010	汽车生产线激光焊接机器人	8515801001	仅进口暂税
290	ex	85159000	税目85.15所列货品的零件（专门或主要用于印刷电路组件制造的其他波峰焊接机器的零件除外）	8515900090	仅进口暂税
291	ex	85241990	未切割的电子墨水屏	8524199010	仅进口暂税
292	ex	85249190	专用于平板电脑和笔记本电脑的带触摸屏的液晶模组	8524919010	仅进口暂税
293	ex	85285910	车载液晶显示器	8528591010	仅进口暂税
294	ex	85285910	航空器用显示器	8528591020	仅进口暂税
295	ex	85318010	音量不超过110分贝的小型蜂鸣器	8531801001	仅进口暂税
296	ex	85359000	受电弓	8535900030	仅进口暂税
297	ex	85359000	250千米/小时及以上高速动车组用高压电缆接头	8535900040	仅进口暂税
298	ex	85371011	机床用可编程序控制器（PLC）	8537101101	仅进口暂税
299	ex	85371019	机床用数控单元（包括单独进口的CNC操作单元）	8537101901	仅进口暂税
300	ex	85371090	电梯用控制柜及控制柜专用印刷电路板	8537109001	仅进口暂税
301	ex	85371090	飞机用控制模块	8537109030	仅进口暂税
302	ex	85393240	彩色投影机的照明光源	8539324001	仅进口暂税
303	ex	85393240	光刻机用高压汞灯（功率≥1千瓦）	8539324020	仅进口暂税

续表13

序号	ex[注]	税则号列	商品名称	海关商品编号	暂税范围
304	ex	85415140	半导体基滤波器	8541514010	仅进口暂税
305	ex	85443020	车辆用电控柴油机的线束	8544302001	仅进口暂税
306	ex	85446012	250千米/小时及以上高速动车组用高压电缆	8544601210	仅进口暂税
307	ex	85446090	额定电压为500千伏及以上的气体绝缘金属封闭输电线	8544609001	仅进口暂税
308	ex	85451900	燃料电池用碳电极片	8545190010	仅进口暂税
309	ex	85462090	输变电架空线路用长棒形瓷绝缘子瓷件（单支长度为1~2米，实芯）	8546209001	仅进口暂税
310	ex	85480000	电磁干扰滤波器	8548000001	仅进口暂税
311	ex	85480000	非电磁干扰滤波器	8548000002	仅进口暂税
312	ex	87019410	功率超过110千瓦，但不超过130千瓦的轮式拖拉机	8701941010	仅进口暂税
313	ex	87019510	功率超过130千瓦的轮式拖拉机	8701951010	仅进口暂税
314	ex	87024010	纯电动机坪客车	8702401010	仅进口暂税
315	ex	87042300	仅装柴油或半柴油发动机的车辆总重量≥31吨清障车专用底盘	8704230030	仅进口暂税
316	ex	87042300	仅装柴油或半柴油发动机的固井水泥车、压裂车、混砂车、连续油管车、液氮泵车用底盘（车辆总重量>35吨，装驾驶室）	8704230010	仅进口暂税
317	ex	87044300	装有压燃式发动机的混合动力的车辆总重量≥31吨清障车专用底盘	8704430030	仅进口暂税
318	ex	87044300	装有压燃式发动机的混合动力的固井水泥车、压裂车、混砂车、连续油管车、液氮泵车用底盘（车辆总重量>35吨，装驾驶室）	8704430010	仅进口暂税
319	ex	87044300	装有压燃式发动机的混合动力的起重55吨及以上的汽车起重机用底盘	8704430020	仅进口暂税
320	ex	87059099	跑道除冰车	8705909901	仅进口暂税
321	ex	87083099	纯电动或混合动力汽车用电动制动器（由制动器电子控制单元、踏板行程模拟器、制动执行器等组成）	8708309911	仅进口暂税
322	ex	87083099	燃油汽车用电动制动器（由制动器电子控制单元、踏板行程模拟器、制动执行器等组成）	8708309920	仅进口暂税
323	ex	87084010	发动机功率65千瓦及以上的动力换挡拖拉机用变速箱	8708401010	仅进口暂税
324	ex	87084030	扭矩>1 500牛米的非公路自卸车用变速箱	8708403001	仅进口暂税
325	ex	87084091	税目87.03所列车辆用自动变速箱用液力变矩器	8708409110	仅进口暂税

续表14

序号	ex[注]	税则号列	商品名称	海关商品编号	暂税范围
326	ex	87084091	税目87.03所列车辆用自动变速箱用铝阀芯	8708409120	仅进口暂税
327	ex	87084091	税目87.03所列车辆用无级变速箱用钢带	8708409130	仅进口暂税
328	ex	87085071	发动机功率65千瓦及以上的动力换挡拖拉机用驱动桥	8708507110	仅进口暂税
329	ex	87089310	发动机功率65千瓦及以上的动力换挡拖拉机用离合器	8708931010	仅进口暂税
330	ex	87141000	星型轮及碟刹件	8714100001	仅进口暂税
331	ex	87141000	摩托车用防抱死制动系统（ABS）及其零件	8714100020	仅进口暂税
332	ex	90021190	彩色投影机和数字光处理器的镜头及镜头组件	9002119010	仅进口暂税
333	ex	90066100	照相手机用闪光灯组件	9006610001	仅进口暂税
334	ex	90079200	电影放映机（不包括2K及以上分辨率的硬盘式）用零附件	9007920090	仅进口暂税
335	ex	90079200	2K及以上分辨率的硬盘式数字电影放映机用零附件	9007920010	仅进口暂税
336	ex	90138090	光刻机用光斑调节装置	9013809010	仅进口暂税
337	ex	90189099	医用可解脱弹簧圈	9018909912	仅进口暂税
338	ex	90189099	颅内取栓支架	9018909913	仅进口暂税
339	ex	90189099	伞形下腔静脉滤器	9018909914	仅进口暂税
340	ex	90213900	人工心脏瓣膜	9021390010	仅进口暂税
341	ex	90229090	射线发生器的零部件	9022909060	仅进口暂税
342	ex	90229090	数字化X射线摄影系统平板探测器	9022909040	仅进口暂税
343	ex	90229090	X射线断层检查仪专用探测器	9022909030	仅进口暂税
344	ex	90229090	X射线断层检查仪专用闪烁体、准直器	9022909070	仅进口暂税
345	ex	90328990	电喷点火程序控制单元	9032899060	仅进口暂税
346	ex	90328990	机床用成套数控伺服装置（包括CNC操作单元，带有配套的伺服放大器和伺服电机）	9032899050	仅进口暂税
347	ex	90328990	印刷机用成套数控伺服传动装置（包括运动控制器或可编程序自动控制器、人机界面单元，带有配套的伺服驱动器和伺服电机）	9032899070	仅进口暂税
348	ex	90328990	三坐标测量机用自动控制柜	9032899030	仅进口暂税
349	ex	90328990	纯电动或混合动力汽车用电机控制器总成	9032899080	仅进口暂税
350	ex	90328990	飞机自动驾驶系统（包括自动驾驶、电子控制飞行、自动故障分析、警告系统配平系统及推力监控设备及其相关仪表）	9032899040	仅进口暂税

续表15

序号	ex[注]	税则号列	商品名称	海关商品编号	暂税范围
351	ex	90328990	具有可再生能源和智能电网应用的自动电压和电流调节器；非液压或气压的自动调控流量、液位和湿度的仪器	9032899010	仅进口暂税
352	ex	90328990	发动机气门正时控制（VTC）模块	9032899091	仅进口暂税
353	ex	90328990	光刻机用电机控制器	9032899093	仅进口暂税
354	ex	90329000	飞机自动驾驶系统（包括自动驾驶、电子控制飞行、自动故障分析、警告系统配平系统及推力监控设备及其相关仪表）的零件	9032900001	仅进口暂税
355	ex	90329000	飞机发动机燃油控制器用电路板	9032900010	仅进口暂税
356	ex	90330000	用于90章下列环境产品，包括太阳能定日镜、其他测量海洋、水文、气象或地球物理用仪器及设备，测量、检验液体流量或液位的仪器，测量、检验压力的仪器及装置，税目90.26中其他税目未列名的液体或气体测量仪器及装置，气体或烟雾分析仪，色谱仪和电泳仪，使用光学射线（紫外线、可见光、红外线）的分光仪、分光光度计及摄谱仪以及其他理化分析仪器及装置，用于测量、记录、分析和评估环境样品或对环境的影响的理化分析仪器及装置，检镜切片机，轮廓投影仪，光栅测量装置，其他光学测量或检验仪器和器具，测振仪，手振动仪，具有可再生能源和智能电网应用的自动电压和电流调节器，自动调控流量、液位和湿度的仪器，且在其他税目未列名的零附件	9033000010	仅进口暂税
357	ex	92012000	完税价格50 000美元及以上的大钢琴	9201200001	仅进口暂税
358	ex	92021000	完税价格15 000美元及以上的弓弦乐器	9202100011 9202100091	仅进口暂税
359	ex	92051000	完税价格2 000美元及以上的铜管乐器	9205100001	仅进口暂税
360	ex	92059090	完税价格10 000美元及以上的其他管乐器	9205909001	仅进口暂税
361	ex	96019000	牛角纽扣坯圆片（濒危动物制除外）	9601900020	仅进口暂税

注：ex表示商品应在该税则号列范围内，具体范围以商品描述为准。

附件3

2024年进出口非全税目适用进口环节增值税、消费税政策部分商品对应海关商品编号表

一、第一批非全税目适用增值税政策的抗癌药品及原料药清单

序号	ex[注]	税则号列	药品名称/活性成分通用名称	海关商品编号
1	ex	29339900	阿那曲唑	2933990092
2	ex	28439000	奥沙利铂	2843900031
3	ex	29336990	奥替拉西钾	2933699091
4	ex	29053990	白消安	2905399091
5	ex	29309090	比卡鲁胺	2930909092
6	ex	29419090	吡柔比星	2941909091
7	ex	29371900	醋酸曲普瑞林	2937190091
8	ex	29341090	达沙替尼	2934109091
9	ex	29349990	地西他滨	2934999091
10	ex	29329990	多西他赛	2932999029
11	ex	29349990	氟脲苷	2934999091
12	ex	29242990	氟他胺	2924299091
13	ex	29372319	福美坦	2937231910
14	ex	29349990	环磷酰胺	2934999091
15	ex	29349990	吉非替尼	2934999091
16	ex	29333990	吉美嘧啶	2933399091
17	ex	29333990	甲磺酸阿帕替尼	2933399091
18	ex	29335990	甲磺酸伊马替尼	2933599091
19	ex	29397990	酒石酸长春瑞滨	2939799091
20	ex	28439000	卡铂	2843900031
21	ex	29349990	卡培他滨	2934999091
22	ex	29337900	来那度胺	2933790091
23	ex	29339900	来曲唑	2933990092
24	ex	29349990	雷替曲塞	2934999091
25	ex	29349990	磷酸氟达拉滨	2934999091
26	ex	29397990	硫酸长春新碱	2939799091
27	ex	29335990	硫唑嘌呤	2933599091
28	ex	35079090	门冬酰胺酶	3507909010

续表1

序号	ex[注]	税则号列	药品名称/活性成分通用名称	海关商品编号
29	ex	28439000	奈达铂	2843900031
30	ex	29335990	培美曲塞二钠	2933599091
31	ex	29339900	硼替佐米	2933990092
32	ex	28439000	顺铂	2843900031
33	ex	29419090	丝裂霉素	2941909091
34	ex	29349990	替加氟	2934999091
35	ex	29339900	替莫唑胺	2933990092
36	ex	29333990	西达本胺	2933399091
37	ex	29349990	盐酸阿糖胞苷	2934999091
38	ex	29349990	盐酸埃克替尼	2934999091
39	ex	29419090	盐酸表柔比星	2941909091
40	ex	29419090	盐酸多柔比星	2941909091
41	ex	29349990	盐酸吉西他滨	2934999091
42	ex	29225090	盐酸米托蒽醌	2922509091
43	ex	29419090	盐酸平阳霉素	2941909091
44	ex	29419090	盐酸柔红霉素	2941909091
45	ex	29397990	盐酸托泊替康	2939799091
46	ex	29419090	盐酸伊达比星	2941909091
47	ex	29397990	盐酸伊立替康	2939799091
48	ex	29372900	依西美坦	2937290091
49	ex	29349990	异环磷酰胺	2934999091
50	ex	29329990	紫杉醇	2932999021
51	ex	29335990	左亚叶酸钙	2933599091
52	ex	30049090	阿那曲唑	3004909093
53	ex	30049090	阿糖胞苷	3004909093
54	ex	30049090	阿昔替尼	3004909093
55	ex	30049090	阿扎胞苷	3004909093
56	ex	30049090	奥沙利铂	3004909093
57	ex	30049090	奥替拉西/吉美嘧啶/替加氟	3004909093
58	ex	30049090	白消安	3004909093
59	ex	30049090	苯丁酸氮芥	3004909093

续表2

序号	ex[注]	税则号列	药品名称/活性成分通用名称	海关商品编号
60	ex	30049090	比卡鲁胺	3004909093
61	ex	30042090	表柔比星	3004209091
62	ex	30043900	醋酸阿比特龙	3004390091
63	ex	30043900	醋酸奥曲肽	3004390091
64	ex	30043900	醋酸戈舍瑞林	3004390021
65	ex	30043900	醋酸亮丙瑞林	3004390021
66	ex	30043900	醋酸曲普瑞林	3004390021
67	ex	30049090	达卡巴嗪	3004909093
68	ex	30049090	达沙替尼	3004909093
69	ex	30049090	地西他滨	3004909093
70	ex	30049090	多西他赛	3004909093
71	ex	30049090	氟尿嘧啶	3004909093
72	ex	30049090	氟他胺	3004909093
73	ex	30043900	氟维司群	3004390091
74	ex	30043900	福美坦	3004390091
75	ex	30049090	福莫司汀	3004909093
76	ex	30049090	枸橼酸他莫昔芬	3004909093
77	ex	30049090	枸橼酸托瑞米芬	3004909093
78	ex	30049090	环磷酰胺	3004909093
79	ex	30049090	吉非替尼	3004909093
80	ex	30049090	甲氨蝶呤	3004909093
81	ex	30049090	甲苯磺酸拉帕替尼	3004909093
82	ex	30049090	甲苯磺酸索拉非尼	3004909093
83	ex	30049090	甲磺酸阿帕替尼	3004909093
84	ex	30049090	甲磺酸奥希替尼	3004909093
85	ex	30049090	甲磺酸伊马替尼	3004909093
86	ex	30044900	酒石酸长春瑞滨	3004490091
87	ex	30049090	卡铂	3004909093
88	ex	30049090	卡莫氟	3004909093
89	ex	30049090	卡培他滨	3004909093
90	ex	30049090	克拉屈滨	3004909093

续表3

序号	ex[注]	税则号列	药品名称/活性成分通用名称	海关商品编号
91	ex	30049090	克唑替尼	3004909093
92	ex	30049090	来那度胺	3004909093
93	ex	30049090	来曲唑	3004909093
94	ex	30049090	雷替曲塞	3004909093
95	ex	30043900	磷酸雌莫司汀	3004390091
96	ex	30049090	磷酸氟达拉滨	3004909093
97	ex	30049090	磷酸芦可替尼	3004909093
98	ex	30049090	磷酸依托泊苷	3004909093
99	ex	30044900	硫酸长春地辛	3004490091
100	ex	30044900	硫酸长春新碱	3004490091
101	ex	30049090	洛铂	3004909093
102	ex	30049090	马来酸阿法替尼	3004909093
103	ex	30049090	美法仑	3004909093
104	ex	30049090	门冬酰胺酶	3004909093
105	ex	30049090	奈达铂	3004909093
106	ex	30049090	尼洛替尼	3004909093
107	ex	30049090	培美曲塞二钠	3004909093
108	ex	30049090	培门冬酶	3004909093
109	ex	30049090	培唑帕尼	3004909093
110	ex	30049090	硼替佐米	3004909093
111	ex	30049090	苹果酸舒尼替尼	3004909093
112	ex	30044900	羟喜树碱	3004490091
113	ex	30049090	巯嘌呤	3004909093
114	ex	30049090	去氧氟尿苷	3004909093
115	ex	30049090	瑞戈非尼	3004909093
116	ex	30043900	双羟萘酸曲普瑞林	3004390021
117	ex	30049090	顺铂	3004909093
118	ex	30042090	丝裂霉素	3004209091
119	ex	30049090	替加氟	3004909093
120	ex	30049090	替莫唑胺	3004909093
121	ex	30049090	替尼泊苷	3004909093

续表4

序号	ex[注]	税则号列	药品名称/活性成分通用名称	海关商品编号
122	ex	30049010	维莫非尼	3004901020
123	ex	30049090	西达本胺	3004909093
124	ex	30049090	亚叶酸钙	3004909093
125	ex	30049090	亚叶酸钠	3004909093
126	ex	30049090	盐酸阿糖胞苷	3004909093
127	ex	30049090	盐酸埃克替尼	3004909093
128	ex	30042090	盐酸吡柔比星	3004209091
129	ex	30042090	盐酸表柔比星	3004209091
130	ex	30042090	盐酸博来霉素	3004209091
131	ex	30049090	盐酸氮芥	3004909093
132	ex	30042090	盐酸多柔比星	3004209091
133	ex	30049090	盐酸厄洛替尼	3004909093
134	ex	30049090	盐酸吉西他滨	3004909093
135	ex	30049090	盐酸尼莫司汀	3004909093
136	ex	30042090	盐酸平阳霉素	3004209091
137	ex	30042090	盐酸柔红霉素	3004209091
138	ex	30044900	盐酸托泊替康	3004490091
139	ex	30042090	盐酸伊达比星	3004209091
140	ex	30044900	盐酸伊立替康	3004490091
141	ex	30049090	伊布替尼	3004909093
142	ex	30049090	依托泊苷	3004909093
143	ex	30049090	依维莫司	3004909093
144	ex	30043900	依西美坦	3004390091
145	ex	30049090	异环磷酰胺	3004909093
146	ex	30044900	重酒石酸长春瑞滨	3004490091
147	ex	30049090	紫杉醇	3004909021
148	ex	30049090	左亚叶酸钙	3004909093
149	ex	30049090	尿嘧啶/替加氟	3004909093
150	ex	30021500	贝伐珠单抗注射液	3002150010
151	ex	30021500	利妥昔单抗注射液	3002150010
152	ex	30021500	西妥昔单抗注射液	3002150010

续表5

序号	ex[注]	税则号列	药品名称/活性成分通用名称	海关商品编号
153	ex	30021500	注射用曲妥珠单抗	3002150010
154	ex	30021500	尼妥珠单抗注射液	3002150010

二、第一批非全税目适用增值税政策的罕见病药品及原料药清单

序号	ex[注]	税则号列	药品名称/活性成分通用名称	海关商品编号
1	ex	29359000	波生坦	2935900036
2	ex	29337900	吡非尼酮	2933790042
3	ex	29309090	青霉胺	2930909068
4	ex	29342000	利鲁唑	2934200021
5	ex	30049010	波生坦片	3004901030
6	ex	30049090	安立生坦片	3004909098
7	ex	30049090	利奥西呱片	3004909098
8	ex	30049090	马昔腾坦片	3004909098
9	ex	30043900	吸入用伊洛前列素溶液	3004390095
10	ex	30043900	曲前列尼尔注射液	3004390095
11	ex	30049090	吡非尼酮胶囊	3004909098
12	ex	30049090	乙磺酸尼达尼布软胶囊	3004909098
13	ex	30049090	注射用伊米苷酶	3004909098
14	ex	30049090	注射用阿糖苷酶α	3004909098
15	ex	30049090	麦格司他胶囊	3004909098
16	ex	30043900	重组人生长激素注射液	3004390022
17	ex	30049090	盐酸沙丙蝶呤片	3004909098
18	ex	30021500	重组人干扰素β1a注射液	3002150030
19	ex	30049090	青霉胺片	3004909098
20	ex	30049090	利鲁唑片	3004909098
21	ex	30021200	人凝血因子Ⅷ	3002120093
22	ex	30021200	注射用重组人凝血因子Ⅷ	3002120093
23	ex	30021200	注射用重组人凝血因子Ⅸ	3002120093
24	ex	30021200	人凝血酶原复合物	3002120093
25	ex	30021200	注射用重组人凝血因子Ⅶa	3002120093

三、第二批非全税目适用增值税政策的抗癌药品及原料药清单

序号	ex[注]	税则号列	药品名称/活性成分通用名称	海关商品编号
1	ex	29349990	呋喹替尼	2934999076
2	ex	29334900	马来酸吡咯替尼	2933490040
3	ex	29335990	甲磺酸氟马替尼	2933599091
4	ex	29335990	甲磺酸阿美替尼	2933599091
5	ex	29333990	甲苯磺酸尼拉帕利	2933399091
6	ex	29335990	泽布替尼	2933599091
7	ex	30049090	达可替尼	3004909093
8	ex	30049090	哌柏西利	3004909093
9	ex	30049090	奥拉帕利	3004909093
10	ex	30049090	呋喹替尼	3004909093
11	ex	30049090	甲磺酸艾立布林	3004909093
12	ex	30049090	甲磺酸仑伐替尼	3004909093
13	ex	30049090	马来酸吡咯替尼	3004909093
14	ex	30049090	塞瑞替尼	3004909093
15	ex	30049090	阿来替尼	3004909093
16	ex	30049090	安罗替尼	3004909093
17	ex	30043900	地加瑞克	3004390091
18	ex	30049090	苯达莫司汀	3004909093
19	ex	30049090	伊沙佐米	3004909093
20	ex	30043900	兰瑞肽	3004390091
21	ex	30021500	纳武利尤单抗	3002150010
22	ex	30021500	达雷妥优单抗	3002150010
23	ex	30021500	地舒单抗	3002150010
24	ex	30021500	帕博利珠单抗	3002150010
25	ex	30021500	帕妥珠单抗	3002150010
26	ex	30021500	特瑞普利单抗	3002150010
27	ex	30021500	信迪利单抗	3002150010
28	ex	30021500	卡瑞利珠单抗	3002150010
29	ex	30049090	美法仑	3004909093
30	ex	30049090	曲美替尼	3004909093

续表

序号	ex[注]	税则号列	药品名称/活性成分通用名称	海关商品编号
31	ex	30049090	马来酸奈拉替尼	3004909093
32	ex	30049090	甲磺酸氟马替尼	3004909093
33	ex	30049090	甲磺酸阿美替尼	3004909093
34	ex	30049090	曲氟尿苷替匹嘧啶	3004909093
35	ex	30049090	恩扎卢胺	3004909093
36	ex	30049090	甲苯磺酸尼拉帕利	3004909093
37	ex	30049010	达拉非尼	3004901020
38	ex	30049090	阿帕他胺	3004909093
39	ex	30021500	度伐利尤单抗	3002150010
40	ex	30021500	维布妥昔单抗	3002150010
41	ex	30021500	恩美曲妥珠单抗	3002150010
42	ex	30021500	替雷利珠单抗	3002150010
43	ex	30021500	阿替利珠单抗	3002150010
44	ex	30049090	泽布替尼	3004909093
45	ex	30021500	伊尼妥单抗	3002150010

四、第二批非全税目适用增值税政策的罕见病药品及原料药清单

序号	ex[注]	税则号列	活性成分通用名称	海关商品编号
1	ex	30021500	注射用重组人干扰素 β-1b	3002150030
2	ex	30049090	特立氟胺片	3004909098
3	ex	30049090	诺西那生钠注射液	3004909098
4	ex	30049090	盐酸芬戈莫德胶囊	3004909098
5	ex	30049010	司来帕格片	3004901030
6	ex	30021500	依库珠单抗注射液	3002150030
7	ex	30021500	艾美赛珠单抗注射液	3002150030
8	ex	30049010	波生坦分散片	3004901030
9	ex	28459000	氘丁苯那嗪片	2845900050
10	ex	30049090	西尼莫德片	3004909098
11	ex	30049090	注射用阿加糖酶 β	3004909098
12	ex	30049090	依洛硫酸酯酶 α 注射液	3004909098
13	ex	30049090	注射用拉罗尼酶浓溶液	3004909098
14	ex	30021200	人凝血因子 IX	3002120093

五、第三批非全税目适用增值税政策的抗癌药品及原料药清单

序号	ex[注]	税则号列	药品名称/活性成分通用名称	海关商品编号
1	ex	29335990	奥雷巴替尼	2933599091
2	ex	28459000	甲苯磺酸多纳非尼	2845900050
3	ex	29339900	帕米帕利	2933990092
4	ex	29331990	赛沃替尼	2933199020
5	ex	29329990	淫羊藿素	2932999033
6	ex	29349990	阿糖胞苷	2934999092
7	ex	30049090	阿贝西利	3004909093
8	ex	30049090	阿伐替尼	3004909093
9	ex	30049090	艾伏尼布	3004909093
10	ex	30049090	奥布替尼	3004909093
11	ex	30049090	布格替尼	3004909093
12	ex	30049090	达罗他胺	3004909093
13	ex	30049090	度维利塞	3004909093
14	ex	30049090	氟唑帕利	3004909093
15	ex	30049090	富马酸吉瑞替尼	3004909093
16	ex	30049090	甲磺酸伏美替尼	3004909093
17	ex	30049090	卡非佐米	3004909093
18	ex	30049090	磷酸索立德吉	3004909093
19	ex	30049090	硫酸拉罗替尼	3004909093
20	ex	28444210	氯化镭［223Ra］	2844421010
21	ex	28444390	钇［90］微球注射液	2844439040
22	ex	30049090	佩米替尼	3004909093
23	ex	30049090	普拉曲沙	3004909093
24	ex	30049090	普拉替尼	3004909093
25	ex	30049090	羟乙磺酸达尔西利	3004909093
26	ex	30049090	瑞派替尼	3004909093
27	ex	30049090	塞利尼索	3004909093
28	ex	30049090	索凡替尼	3004909093
29	ex	30049010	维奈克拉	3004901020
30	ex	30049090	盐酸丙卡巴肼	3004909093

续表

序号	ex[注]	税则号列	药品名称/活性成分通用名称	海关商品编号
31	ex	30049090	盐酸恩沙替尼	3004909093
32	ex	30049090	盐酸米托蒽醌	3004909093
33	ex	30042090	优替德隆	3004209091
34	ex	30049090	紫杉醇（白蛋白结合型）	3004909021
35	ex	30049090	紫杉醇聚合物胶束	3004909021
36	ex	30049090	左亚叶酸	3004909093
37	ex	30025100	阿基仑赛	3002510010
38	ex	30021500	奥加伊妥珠单抗	3002150010
39	ex	30021500	奥妥珠单抗	3002150010
40	ex	30021500	贝林妥欧单抗	3002150010
41	ex	30021500	达妥昔单抗 β	3002150010
42	ex	30021500	恩沃利单抗	3002150010
43	ex	30021500	雷莫西尤单抗	3002150010
44	ex	30021500	派安普利单抗	3002150010
45	ex	30025100	瑞基奥仑赛	3002510010
46	ex	30021500	赛帕利单抗	3002150010
47	ex	30021500	舒格利单抗	3002150010
48	ex	30021500	斯鲁利单抗	3002150010
49	ex	30021500	维迪西妥单抗	3002150010
50	ex	30021500	伊匹木单抗	3002150010
51	ex	30049059	淫羊藿素	3004905920

六、第三批非全税目适用增值税政策的罕见病药品及原料药清单

序号	ex[注]	税则号列	药品名称/活性成分通用名称	海关商品编号
1	ex	29375000	曲前列尼尔	2937500010
2	ex	30049090	富马酸二甲酯	3004909098
3	ex	30049090	氨吡啶	3004909098
4	ex	30049090	一氧化氮	3004909098
5	ex	30049090	丁苯那嗪	3004909098
6	ex	30049090	利司扑兰	3004909098
7	ex	30049090	维拉苷酶 α	3004909098

续表

序号	ex[注]	税则号列	药品名称/活性成分通用名称	海关商品编号
8	ex	30021500	奥法妥木单抗	3002150030
9	ex	30049090	阿加糖酶 α	3004909098
10	ex	30049090	艾度硫酸酯酶 β	3004909098
11	ex	30021500	伊奈利珠单抗	3002150030
12	ex	30021200	艾诺凝血素 α	3002120093
13	ex	30021500	司妥昔单抗	3002150030
14	ex	30049090	醋酸艾替班特	3004909098
15	ex	30021500	拉那利尤单抗	3002150030
16	ex	30021500	布罗索尤单抗	3002150030
17	ex	30021500	萨特利珠单抗	3002150030
18	ex	30049090	氯苯唑酸葡胺	3004909098
19	ex	30049090	尼替西农	3004909098
20	ex	30049090	吡非尼酮	3004909098

七、非全税目适用增值税政策的进口种子种源商品清单（第二批）

序号	ex[注]	税则号列	商品名称	海关商品编号
1	ex	01012100	改良种用马（濒危野马除外）	0101210090
2	ex	01013010	改良种用驴（濒危野驴除外）	0101301090
3	ex	01023100	改良种用水牛（濒危水牛除外）	0102310090
4	ex	01031000	改良种用猪（鹿豚、姬猪除外）	0103100090
5	ex	01061310	改良种用骆驼及其他骆驼科动物（濒危骆驼及其他濒危骆驼科动物除外）	0106131090
6	ex	01061410	改良种用家兔及野兔（濒危除外）	0106141090
7	ex	01061910	改良种用梅花鹿、马鹿、驯鹿、水貂、银狐、北极狐、貂（濒危除外）	0106191020
8	ex	01063310	改良种用鸵鸟；鸸鹋（濒危鸵鸟除外）	0106331090
9	ex	01063910	改良种用鸽、鹌鹑	0106391020
10	ex	03011100	淡水鱼观赏鱼种苗（濒危除外）	0301110020
11	ex	03011900	非淡水观赏鱼种苗（濒危除外）	0301190020
12	ex	03019210	鳗鱼（鳗鲡属）鱼苗（濒危除外）	0301921090
13	ex	03019310	鲤属鱼鱼苗	0301931010

续表1

序号	ex[注]	税则号列	商品名称	海关商品编号
14	ex	03019919	其他鱼苗（濒危除外）	0301991990
15	ex	03029100	鲜、冷的种用鱼卵（濒危除外）	0302910020
16	ex	03039100	冻的种用鱼卵（濒危除外）	0303910020
17	ex	03063990	其他甲壳动物的种用卵	0306399010
18	ex	03076010	蜗牛及螺种苗，海螺除外（濒危除外）	0307601090
19	ex	03077110	蛤、鸟蛤及舟贝种苗（濒危除外）	0307711090
20	ex	03081110	海参（仿刺参、海参纲）种苗（濒危除外）	0308111090
21	ex	03089011	其他水生无脊椎动物的种苗（甲壳动物及软体动物和其他濒危水生无脊椎动物除外）	0308901190
22	ex	04071900	其他孵化用受精禽蛋（濒危禽蛋除外）	0407190090
23	ex	05111000	牛的精液（濒危野牛的精液除外）	0511100090
24	ex	05119111	受精鱼卵（包括发眼卵，濒危除外）	0511911190
25	ex	05119910	其他动物精液（牛的精液和其他濒危动物精液除外）	0511991090
26	ex	05119920	猪、牛、山羊、绵羊胚胎（濒危除外）	0511992020
27	ex	06011021	种用休眠的其他百合球茎	0601102190
28	ex	06011091	种用休眠的鳞茎、块茎、块根、球茎、根颈及根茎（濒危除外）	0601109199
29	ex	06012000	生长或开花的鳞茎、块茎、块根、球茎、根颈及根茎；菊苣植物及其根（濒危除外）	0601200099
30	ex	06021000	无根插枝及接穗（濒危除外）	0602100090
31	ex	06029091	其他种用苗木（濒危除外）	0602909199
32	ex	07129099	甜玉米种子（种用甜玉米）	0712909920
33	ex	07133500	种用牛豆（豇豆）	0713350010
34	ex	09092100	种用芫荽子（种用芫荽）	0909210010
35	ex	09096190	种用茴香子	0909619001
36	ex	12040000	亚麻种子	1204000010
37	ex	12060010	观赏用向日葵种子	1206001010
38	ex	12079910	大麻子	1207991010
39	ex	12079910	种用紫苏子	1207991020
40	ex	12093000	草本花卉植物种子（濒危除外）	1209300090
41	ex	12099900	黄麻种子、红麻种子、柴胡种子、白芷种子	1209990020
42	ex	12099900	果树及其他林木种子（濒危除外）	1209990030
43	ex	12119039	牛蒡种子（种用牛蒡）	1211903994

续表2

序号	ex[注]	税则号列	商品名称	海关商品编号
44	ex	12119039	当归种子	1211903995
45	ex	12122110	不超过10厘米的海带种苗及其配子或孢子	1212211010
46	ex	12122132	不超过10厘米的裙带菜种苗及其配子或孢子	1212213210
47	ex	12122142	不超过5厘米的紫菜种苗及其配子或孢子	1212214210
48	ex	12122169	其他麒麟菜种苗及其配子或孢子	1212216919
49	ex	12122179	江篱种苗及其配子或孢子	1212217910
50	ex	12122190	其他适合供人食用的藻类（石花菜、羊栖菜、苔菜等）种苗及其配子或孢子	1212219010

八、非全税目适用增值税政策的部分进口饲料清单

序号	ex[注]	税则号列	商品名称	海关商品编号
1	ex	23033000	干玉米酒糟	2303300011

九、非全税目适用增值税政策的进口黄金和黄金矿砂、黄金伴生矿、粗铜清单

序号	ex[注]	税则号列	商品名称	海关商品编号
1	ex	26030000	铜矿砂及其精矿（黄金价值部分）	2603000010
2	ex	26040000	镍矿砂及其精矿（黄金价值部分）	2604000001
3	ex	26050000	钴矿砂及其精矿（黄金价值部分）	2605000001
4	ex	26070000	铅矿砂及其精矿（黄金价值部分）	2607000001
5	ex	26169000	黄金矿砂	2616900001
6	ex	26171090	其他锑矿砂及其精矿（黄金价值部分）	2617109001
7	ex	74020000	锭状未精炼铜（黄金价值部分）	7402000001

十、非全税目适用消费税政策的部分商品清单

序号	ex[注]	税则号列	商品名称	海关商品编号
1	ex	27075000	200摄氏度以下时蒸馏出的芳烃以体积计小于95%的产品	2707500010
2	ex	27150000	440摄氏度以下时蒸馏出的矿物油以体积计大于5%的产品	2715000010
3	ex	85434000	可将税目24041200所列产品中的雾化物雾化为可吸入气溶胶的设备及装置，无论是否配有烟弹	8543400010

注：ex表示商品应在该税则号列范围内，具体范围以商品名称/药品名称/活性成分通用名称为准。

附件 4

2024 年进出口非全税目对美加征关税排除延期清单商品对应海关商品编号表

一、第十二次排除延期清单

序号	ex[注]	税则号列	商品名称	海关商品编号
1	ex	26169000	黄金矿砂	2616900001
2	ex	27101999	白油（液体烃类混合物组成的无色透明油状液体，由原油分馏所得。商品成分为 100% 白矿油，40℃ 时该产品粘度为 65 mm^2/s，闪点为 225℃，倾点为-10℃，比重（20℃/20℃）为 0.885）	2710199910
3	ex	27129010	食品级微晶石蜡，相应指标符合《食品级微晶蜡》（GB 22160—2008）的要求	2712901010
4	ex	28046190	其他含硅量>99.999 999 9% 的多晶硅（太阳能级多晶硅、多晶硅废碎料除外）	2804619019
5	ex	28439000	贵金属汞齐	2843900091
6	ex	28439000	其他贵金属化合物（不论是否已有化学定义），氯化钯、铂化合物除外	2843900040 2843900050 2843900092 2843900099
7	ex	28444100	氚、氚化物和氚的混合物，以及含有上述任何一种物质的产品［氚-氢原子比不超过千分之一的或含氚（任何形态）量小于 1.48×10^3 GBq 的产品］	2844410090
8	ex	28444290	锕-225、锕-227、锕-253、锔-240、锔-241、锔-242、锔-243、锔-244、锿-253、锿-254、钇-148、钋-208、钋-209、钋-210、铀-230 或铀-232 及其化合物；含这些元素、同位素及其化合物的合金、分散体（包括金属陶瓷）、陶瓷产品及混合物。以下除外：发射 α 粒子，其 α 半衰期为 10 天或更长但小于 200 年的放射性核素（1. 单质；2. 含有 α 总活度为 37 GBq/kg 或更大的任何这类放射性核素的化合物；3. 含有 α 总活度为 37 GBq/kg 或更大的任何这类放射性核素的混合物；4. 含有任何上述物质的产品，不包括所含 α 活度小于 3.7 GBq 的产品）	2844429090
9	ex	28444390	其他放射性元素、同位素及其化合物（子目 2844.10、2844.20、2844.30 以外的放射性元素、同位素），含这些元素、同位素及其化合物的合金、分散体（包括金属陶瓷）、陶瓷产品及混合物。以下除外：铀-233 及其化合物（包括呈金属、合金、化合物或浓缩物形态的各种材料）；发射 α 粒子，其 α 半衰期为 10 天或更长但小于 200 年的放射性核素（1. 单质；2. 含有 α 总活度为 37 GBq/kg 或更大的任何这类放射性核素的化合物；3. 含有 α 总活度为 37 GBq/kg 或更大的任何这类放射性核素的混合物；4. 含有任何上述物质的产品，不包括所含 α 活度小于 3.7 GBq 的产品）	2844439021 2844439029 2844439040 2844439090

续表1

序号	ex[注]	税则号列	商品名称	海关商品编号
10	ex	29053990	1,3-丙二醇	2905399001
11	ex	29159000	其他饱和无环一元羧酸及其酸酐［(酰卤、过氧) 化物, 过氧酸及其卤化、硝化、磺化、亚硝化衍生物］, 茅草枯、抑草蓬、四氟丙酸和氟乙酸钠除外	2915900014 2915900015 2915900030 2915900090
12	ex	29269090	己二腈	2926909020
13	ex	29319000	硫酸三乙基锡, 二丁基氧化锡等 (包括氧化二丁基锡, 乙酸三乙基锡, 三乙基乙酸锡)	2931900017
14	ex	29336990	西玛津、莠去津、扑灭津、草达津等 (包括特丁津、氰草津、环丙津、甘扑津、甘草津)	2933699011
15	ex	38089400	医用消毒剂	3808940010
16	ex	39012000	茂金属高密度聚乙烯, 密度 0.962 g/cm^3, 熔流率 0.85 g/10min	3901200011 3901200019
17	ex	39014010	粘指剂 (一种乙烯丙烯共聚物, 成分为乙烯 65%, 丙烯 35%, 比重小于 0.94)	3901401010
18	ex	39014020	线性低密度的乙烯与 1-辛烯共聚物	3901402010
19	ex	39021000	共聚抗冲等级聚丙烯, 熔融指数 MI<0.5 g/10min, UL 认证黄卡中 RTI (相当于长期工作温度) 115℃, 悬臂梁缺口冲击强度 (测量方法 ISO 180): 23℃时为 64 KJ/m^2, -40℃时为 4.0 KJ/m^2	3902100020
20	ex	59119000	半导体晶圆制造用自粘式圆形抛光垫	5911900010
21	ex	85143200	真空电弧重熔炉、电弧熔炉和电弧融化铸造炉 (容量 1 000~20 000 立方厘米, 使用自耗电极, 工作温度 1 700℃以上)	8514320010
22	ex	85143900	非真空电弧重熔炉、电弧熔炉和电弧融化铸造炉 (容量 1 000~20 000 立方厘米, 使用自耗电极, 工作温度 1 700℃以上)	8514390010
23	ex	85249120	用于雷达设备及无线电导航设备用的液晶平板显示模组, 含驱动器和控制电路	8524912020
24	ex	85249220	用于雷达设备及无线电导航设备用的有机发光二极管平板显示模组, 含驱动器和控制电路	8524922020
25	ex	85261090	飞机机载雷达 (包括气象雷达, 地形雷达和空中交通管制应答系统)	8526109011 8526109019
26	ex	85299020	税目 85.24 所列设备用零件, 用于雷达设备及无线电导航设备	8529902010
27	ex	85371090	数字控制器 (专用于编号 84798999.59 电动式振动试验系统)	8537109022
28	ex	85437099	飞行数据记录器、报告器	8543709910
29	ex	85480000	非电磁干扰滤波器	8548000002

续表2

序号	ex[注]	税则号列	商品名称	海关商品编号
30	ex	88062110	最大起飞重量≤250克的遥控航拍无人机，用于特种用途的电视摄像或数字照相	8806211010
31	ex	88062210	250克<最大起飞重量≤7千克的遥控航拍无人机，用于特种用途的电视摄像或数字照相	8806221011 8806221019
32	ex	88062310	7千克<最大起飞重量≤25千克的遥控航拍无人机，用于特种用途的电视摄像或数字照相	8806231011 8806231019
33	ex	88062410	25千克<最大起飞重量≤150千克的遥控航拍无人机，用于特种用途的电视摄像或数字照相	8806241011 8806241019
34	ex	88062910	最大起飞重量>150千克的遥控航拍无人机，用于特种用途的电视摄像或数字照相	8806291011 8806291019
35	ex	88069110	最大起飞重量≤250克的其他航拍无人机，用于特种用途的电视摄像或数字照相	8806911010
36	ex	88069210	250克<最大起飞重量≤7千克的其他航拍无人机，用于特种用途的电视摄像或数字照相	8806921011 8806921019
37	ex	88069310	7千克<最大起飞重量≤25千克的其他航拍无人机，用于特种用途的电视摄像或数字照相	8806931011 8806931019
38	ex	88069410	25千克<最大起飞重量≤150千克的其他航拍无人机，用于特种用途的电视摄像或数字照相	8806941011 8806941019
39	ex	90211000	矫形或骨折用钛管；矫形或骨折用抗拉强度在800兆帕及以上的螺钉及螺栓，不论是否带有螺母或垫圈	9021100020 9021100050

二、第十三次排除延期清单

序号	ex[注]	税则号列	商品名称	海关商品编号
1	ex	04041000	饲料用乳清（按重量计蛋白含量2%~7%，乳糖含量76%~88%）	0404100010
2	ex	12149000	其他紫苜蓿（粗粉及团粒除外）	1214900001
3	ex	27101299	脱模剂（按重量计石油及从沥青提取的油≥70%）	2710129920
4	ex	27101919	异构烷烃溶剂（初沸点225摄氏度，闪点92摄氏度，密度0.79 g/cm³，黏度3.57mm²/s）	2710191920
5	ex	27101993	润滑油基础油（产品黏度100摄氏度时37~47，黏度指数80及以上，颜色实测2.0左右，倾点实测−8摄氏度左右）	2710199310
6	ex	29349990	环线威、杀虫环、杀虫钉、多噻烷等（包括甲基硫环磷、噻嗪酮、恶虫酮、茚虫威）	2934999022

续表1

序号	ex[注]	税则号列	商品名称	海关商品编号
7	ex	29349990	地西他滨、氟脲苷、环磷酰胺、吉非替尼、卡培他滨、雷替曲塞、磷酸氟达拉滨、替加氟、盐酸阿糖胞苷、盐酸吉西他滨、盐酸埃克替尼、异环磷酰胺	2934999091
8	ex	44039100	其他栎木（橡木）原木（用油漆、着色剂、杂酚油或其他防腐剂处理的除外）	4403910090
9	ex	44079100	端部接合的其他栎木（橡木）厚板材（经纵锯、纵切、刨切或旋切的，厚度超过6毫米）	4407910019
10	ex	44079100	非端部接合的其他栎木（橡木）厚板材（经纵锯、纵切、刨切或旋切的，厚度超过6毫米）	4407910099
11	ex	47032100	其他漂白针叶木碱木浆或硫酸盐木浆（包括半漂白的，溶解级的除外）	4703210090
12	ex	84135010	气动式耐腐蚀波纹或隔膜泵（流量大于0.6立方米/时，接触表面由特殊耐腐蚀材料制成）	8413501020
13	ex	84135020	电动式耐腐蚀波纹或隔膜泵（流量大于0.6立方米/时，接触表面由特殊耐腐蚀材料制成）	8413502020
14	ex	84135031	其他非农业用柱塞泵	8413503190
15	ex	84136021	其他非农业用电动齿轮泵（回转式排液泵，多重密封泵除外）	8413602190
16	ex	84136022	其他非农业用液压齿轮泵（回转式排液泵，多重密封泵除外）	8413602290
17	ex	84136040	其他非农业用螺杆泵（回转式排液泵，多重密封泵除外）	8413604090
18	ex	84141000	专门或主要用于半导体或平板显示屏制造的真空泵	8414100060
19	ex	84212990	用氟聚合物制造的厚度不超过140微米的过滤膜或净化膜的其他液体过滤或净化机器及装置	8421299010
20	ex	84212990	液体截流过滤设备（可连续分离致病性微生物、毒素和细胞培养物）	8421299040
21	ex	84219990	用氟聚合物制造的厚度不超过140微米的过滤膜或净化膜的液体过滤或净化机器及装置的零件；装备不锈钢外壳、入口管和出口管内径不超过1.3厘米的气体过滤或净化机器及装置的零件	8421999010
22	ex	84625100	数控金属管道、管材、型材、空心型材和棒材的锻造或冲压机床及锻锤	8462510010
23	ex	84625900	非数控金属管道、管材、型材、空心型材和棒材的锻造或冲压机床及锻锤	8462590010
24	ex	84626110	数控锻造或冲压机床及锻锤	8462611010
25	ex	84626190	非数控锻造或冲压机床及锻锤	8462619010
26	ex	84626210	数控锻造或冲压机床及锻锤	8462621010
27	ex	84626290	非数控锻造或冲压机床及锻锤	8462629010

续表2

序号	ex[注]	税则号列	商品名称	海关商品编号
28	ex	84626300	数控锻造或冲压机床及锻锤	8462630010
29	ex	84626910	数控锻造或冲压机床及锻锤	8462691010
30	ex	84626990	非数控锻造或冲压机床及锻锤	8462699010
31	ex	84629010	其他数控锻造或冲压机床及锻锤	8462901010
32	ex	84629090	其他非数控锻造或冲压机床及锻锤	8462909010
33	ex	84798999	生物反应器（两用物项管制机器及机械器具）	8479899952
34	ex	84821040	飞机发动机用外径30厘米的推力球轴承（滚珠轴承）	8482104011
35	ex	85076000	纯电动汽车或插电式混合动力汽车用锂离子蓄电池系统（包含蓄电池模块、容器、盖、冷却系统、管理系统等，比能量≥80 Wh/kg）	8507600020
36	ex	85415112	检测温度的半导体传感器	8541511210
37	ex	90139010	激光器以及作为本章或第十六类的机器、设备、仪器或器具部件的望远镜用的零件及附件（武器用望远镜瞄准具或潜望镜式望远镜用零件及附件除外）	9013901090
38	ex	90181291	彩色超声波诊断仪的零件及附件	9018129190
39	ex	90189030	内窥镜的零件及附件	9018903090
40	ex	90192020	具有自动人机同步追踪功能或自动调节呼气压力功能的无创呼吸机	9019202011 9019202019
41	ex	90221400	医用直线加速器	9022140010
42	ex	90251910	温度传感器（半导体传感器除外）	9025191010
43	ex	90269000	液位仪用探棒	9026900010
44	ex	90271000	用于连续操作的气体检测器［可用于出口管制的化学品或有机化合物（含有磷、硫、氟或氯，其浓度低于0.3毫克/立方米）的检测，或为检测受抑制的胆碱酯酶的活性而设计］	9027100010
45	ex	90273000	傅里叶红外光谱仪	9027300010
46	ex	90273000	近红外光谱仪	9027300020
47	ex	90273000	台式与手持拉曼光谱仪	9027300030
48	ex	90275090	流式细胞仪	9027509010
49	ex	90278990	转矩流变仪	9027899010
50	ex	90309000	频率带宽在81 GHz以上，且探针最小间距在周围排列下为50微米，阵列下为180微米的用于声表面波滤波器测试的测试头	9030900010
51	ex	90329000	飞机自动驾驶系统的零件（包括自动驾驶、电子控制飞行、自动故障分析、警告系统配平系统及推力监控设备及其相关仪表的零件）	9032900001

注：ex表示排除商品应在该税则号列范围内，以具体商品描述为准。

海关总署公告 2023 年第 190 号

(关于公布《中华人民共和国海关关于〈中华人民共和国政府和尼加拉瓜共和国政府自由贸易协定〉项下进出口货物原产地管理办法》的公告)

为了正确确定《中华人民共和国政府和尼加拉瓜共和国政府自由贸易协定》项下进出口货物原产地，促进我国与尼加拉瓜的经贸往来，海关总署制定了《中华人民共和国海关关于〈中华人民共和国政府和尼加拉瓜共和国政府自由贸易协定〉项下进出口货物原产地管理办法》，现予公布。

进口货物收货人或者其代理人在货物进口时申请享受《中华人民共和国政府和尼加拉瓜共和国政府自由贸易协定》项下税率的，应当按照海关总署公告 2021 年第 34 号对"尚未实现原产地电子信息交换的优惠贸易协定项下进口货物"的有关要求填制《中华人民共和国海关进口货物报关单》（以下简称《进口报关单》），提交原产地单证。在填报《进口报关单》商品项"优惠贸易协定享惠"类栏目时，"优惠贸易协定代码"栏应填报代码"24"。

《中华人民共和国政府和尼加拉瓜共和国政府自由贸易协定》项下原产地证书为可自助打印证书。

特此公告。

海关总署
2023 年 12 月 22 日

中华人民共和国海关关于《中华人民共和国政府和尼加拉瓜共和国政府自由贸易协定》项下进出口货物原产地管理办法

第一条 为了正确确定《中华人民共和国政府和尼加拉瓜共和国政府自由贸易协定》（以下简称《协定》）项下进出口货物原产地，促进我国与尼加拉瓜的经贸往来，根据《中华人民共和国海关法》《中华人民共和国进出口货物原产地条例》和《协定》的规定，制定本办法。

第二条 本办法适用于我国与尼加拉瓜之间的《协定》项下进出口货物的原产地管理。

第三条 符合下列条件之一的货物，是《协定》项下原产货物（以下简称原产货物），具备《协定》项下原产资格（以下简称原产资格）：

（一）在中国或者尼加拉瓜完全获得或者生产的；

（二）在中国或者尼加拉瓜仅使用符合本办法规定的原产材料生产的；

（三）在中国或者尼加拉瓜使用非原产材料生产的：

1. 属于《产品特定原产地规则》（以下简称《特定规则》，见附件1）适用范围，并且符合相应的税则归类改变或者其他规定的；

2. 不属于《特定规则》适用范围，但是符合用本办法第五条所列公式计算的区域价值成分不低于40%的；

《特定规则》所列《协定》项下产品特定原产地规则发生变化时，由海关总署另行公告。

第四条 本办法第三条所称"在中国或者尼加拉瓜完全获得或者生产的"货物是指：

（一）在中国或者尼加拉瓜出生并饲养的活动物；

（二）在中国或者尼加拉瓜从本条第（一）项所述活动物中获得的货物；

（三）在中国或者尼加拉瓜种植、收获、采摘或采集的植物及植物产品；

（四）在中国或者尼加拉瓜狩猎、诱捕、捕捞、水产养殖、采集或捕获获得的货物；

（五）在中国或者尼加拉瓜的土壤、水域、海床或者海床下的底土中提取或者得到的未包括在本条第（一）至（四）项的矿物质及其他天然生成物质；

（六）在中国或者尼加拉瓜领水以外的水域、海床或海床底土提取的货物，只要按照国际法及其国内法规定，该方有权开发上述水域、海床或者海床底土；

（七）在中国或者尼加拉瓜注册并悬挂该方国旗的船只在该方领水以外海域捕捞获得的鱼类和其他海产品；

（八）在中国或者尼加拉瓜注册并悬挂该方国旗的加工船上，仅由本条第（七）项所述货物加工或制成的货物；

（九）在中国或者尼加拉瓜加工过程中产生的仅适用于原材料回收的废碎料；

（十）在中国或者尼加拉瓜消费并收集的仅适用于原材料回收的旧货；

（十一）在中国或者尼加拉瓜仅由本条第（一）至（十）项所指货物生产的货物。

第五条 本办法第三条第一款第（三）项规定的"区域价值成分"应当按照下列公式计算：

$$区域价值成分 = \frac{离岸价格 - 非原产材料价格}{离岸价格} \times 100\%$$

其中，"非原产材料价格"是指按照《WTO估价协定》确定的非原产材料的进口成本、运至目的港口或者地点的运费和保险费，包括不明原产地材料的价格。非原产材料在中国或者尼加拉瓜境内获得时，按照《WTO估价协定》确定的成交价格，应当为在中国或者尼加拉瓜最早确定的非原产材料的实付或应付价格，不包括将该非原产材料从供应商仓库运抵生产商所在地的运费、保险费、包装费及任何其他费用。

根据本条第一款计算货物的区域价值成分时，非原产材料价格不包括在生产过程中为生产原产材料而使用的非原产材料的价格。

第六条 适用《特定规则》规定的税则归类改变要求确定原产资格的货物，生产过程中使用的不满足税则归类改变要求的非原产材料（包括不明原产地材料），按照本办法第五条确定的价格，不超过该货物离岸价格的10%，且符合本办法所有其他规定的，应当视为原产货物。

第七条 原产于中国或者尼加拉瓜的材料在另一方被用于生产另一货物的，该材料应当视为另一方的原产材料。

第八条 符合本办法第三条第一款第（三）项规定的货物，如在生产中使用的非原产材料仅经过下列一项或者多项加工或者处理，该货物不具备原产资格：

（一）为确保货物在运输或者储存期间

保持良好状态而进行的保存操作；

（二）将零件简单组装成完整成品，或者将产品拆卸成零件；

（三）为销售或者展示目的进行的包装、拆除包装或者再包装处理；

（四）动物屠宰；

（五）洗涤、清洁、除尘、除去氧化物、除油、去漆以及去除其他涂层；

（六）纺织品的熨烫或者压平；

（七）简单的上漆及磨光操作；

（八）谷物及大米的脱壳、部分或者全部漂白、抛光及上光；

（九）食糖上色或者加工成糖块的操作；

（十）水果、坚果及蔬菜的去皮、去核及去壳；

（十一）削尖、简单研磨或者简单切割；

（十二）过滤、筛选、挑选、分类、分级、匹配（包括成套物品的组合）、切割、分切、弯曲、卷绕或者展开；

（十三）简单装瓶、装罐、装壶、装袋、装箱或者装盒、固定于纸板或者木板及其他简单包装操作；

（十四）在产品或者其包装上粘贴或者印刷标志、标签、标识或者其他类似的区别标记；

（十五）简单混合货物，不论是否有不同种类；

（十六）仅用水或者其他物质稀释而未实质上改变货物的特性；

（十七）仅为便于港口装卸而进行的处理。

第九条　对于出于商业目的可相互替换且性质实质相同的货物或者材料，应当通过下列方法之一区分后分别确定其原产资格：

（一）物理分离；

（二）出口方公认会计准则承认且至少连续使用12个月的库存管理方法。

第十条　在货物生产、测试或者检验过程中使用且本身不构成该货物组成成分的下列物料，应当视为原产材料：

（一）燃料、能源、催化剂及溶剂；

（二）厂房、装备及机器，包括用于测试或者检查货物的设备及用品；

（三）手套、眼镜、鞋靴、衣服、安全设备及用品；

（四）工具、模具及型模；

（五）用于维护设备和建筑的备件及材料；

（六）在生产中使用或者用于设备运行和建筑维护的润滑剂、油（滑）脂、合成材料及其他材料；

（七）在货物生产过程中使用但未构成该货物组成成分的其他货物。

第十一条　下列包装材料和容器不影响货物原产资格的确定：

（一）用于货物运输的包装材料和容器；

（二）与货物一并归类的零售用包装材料和容器。

货物适用区域价值成分要求确定原产资格的，在计算货物的区域价值成分时，与货物一并归类的零售用包装材料和容器的价格应当纳入原产材料或者非原产材料的价格予以计算。

第十二条　与货物一并申报进口，在《税则》中一并归类并且不单独开具发票的附件、备件、工具和说明材料不影响货物原产资格的确定。

货物适用区域价值成分标准确定原产资格的，在计算货物的区域价值成分时，前款所列附件、备件、工具和说明材料的价格应当纳入原产材料或者非原产材料的价格予以计算。

附件、备件、工具和说明材料的数量与价格应当在合理范围之内。

第十三条　对于《税则》归类总规则三所定义的成套货物，如果其所有组件是原产的，则该成套货物应当视为原产。当该成套货物是由原产及非原产产品组成时，如果按照本办法第五条（区域价值成分）确定的非原产货物的价值不超过该成套货物总值的15%，则该成套货品仍应视为原产。

第十四条 从出口方运输至进口方的原产货物，符合下列条件之一的，货物保有其原产资格：

（一）未途经其他国家（地区）；

（二）途经其他国家（地区），除转换运输工具外，符合下列条件：

1. 货物经过这些国家或者地区仅是由于地理原因或者运输需要；

2. 货物未经过除装卸或者为保持货物良好状态的处理以外的其他任何处理；

3. 临时储存不超过180天；

4. 货物未进入贸易或者消费领域；

5. 货物在这些国家或者地区转运时始终处于海关监管之下。

第十五条 《协定》项下原产地证书应当符合以下规定：

（一）所列货物具备本办法所述原产资格；

（二）由中国或者尼加拉瓜签证机构签发；

（三）具有唯一的证书编号；

（四）所列的一项或者多项货物为同一批次的货物；

（五）注明货物具备原产资格的依据；

（六）原产地证书的签证机构印章、签名与出口方通知进口方的样本相符；

（七）以英文填制并符合《原产地证书格式》（见附件2）所列格式。

第十六条 原产地证书应当在货物装运前或者装运时签发，并自出口方签发之日起1年内有效。

如果因不可抗力、非故意的错误、疏忽或者其他合理原因导致原产地证书未在货物装运前或者装运时签发，原产地证书可以在货物装运之日起1年内补发。补发的原产地证书应当注明"ISSUED RETROACTIVELY"（补发）字样，且自装运之日起1年内有效。

第十七条 原产地证书被盗、遗失或者意外损毁时，出口商或者生产商可以向出口方的签证机构书面申请签发经核准的原产地证书副本。经核准的原产地证书副本应当注明"CERTIFIED TRUE COPY of the original Certificate of Origin number _____ dated _____"［原产地证书正本（编号_____日期_____）的经认证的真实副本］字样，有效期与原产地证书正本相同。

第十八条 具备原产资格的进口货物，可以适用《协定》项下税率。

第十九条 进口货物收货人或者其代理人为进口原产货物申请适用《协定》项下税率的，应当按照海关总署有关规定申报，并且凭以下单证办理：

（一）符合本办法规定的原产地证书；

（二）货物的商业发票；

（三）货物的全程运输单证。

货物途经其他国家（地区）运输至中国境内的，还应当提交其他国家或者地区海关出具的证明文件或者海关认可的其他证明文件。

进口货物收货人或者其代理人提交的本条第一款第（三）项所述运输单证可以满足直接运输相关规定的，无需提交本条第二款所述证明文件。

第二十条 对《协定》项下原产于尼加拉瓜货物进行海关申报时，进口货物收货人或者其代理人在办结海关手续前未取得有效的《协定》项下原产地证书的，应当在办结海关手续前就该货物是否具备原产资格向海关进行补充申报（格式见附件3），但海关总署另有规定的除外。

进口货物收货人或者其代理人依照前款

规定，就进口货物具备原产资格向海关进行补充申报并且提供税款担保的，海关应当依法办理进口手续。依照法律、行政法规规定不得办理担保的情形除外。因提前放行等原因已经提交了与货物可能承担的最高税款总额相当的税款担保的，视为符合本款关于提供税款担保的规定。

第二十一条　为了确定原产地证书真实性和准确性、确定进出口货物的原产资格，或者确定进出口货物是否满足本办法规定的其他要求，海关可以通过以下方式开展原产地核查：

（一）要求进口货物收货人或者其代理人提供补充信息；

（二）要求尼加拉瓜相关主管机构核查原产地证书的真实性及货物的原产资格，必要时提供出口商或者生产商以及货物的相关信息；

（三）对出口方进行核查访问。

核查期间，海关可以应进口货物收货人或者其代理人申请办理担保放行，但法律法规另有规定的除外。

第二十二条　具有下列情形之一的，进口货物收货人或者其代理人可以在海关批准的担保期限内向海关申请解除税款担保：

（一）进口货物收货人或者其代理人已经按照本办法规定向海关进行补充申报并且提交了有效的《协定》项下原产地证书的；

（二）已经按照本办法规定完成原产地核查程序，核查结果足以认定货物原产资格的。

第二十三条　具有下列情形之一的，进口货物不适用《协定》项下税率：

（一）进口货物收货人或者其代理人在货物办结海关手续前未按照本办法第十八、十九条规定申请适用《协定》项下税率，也未按照本办法第二十条规定补充申报的；

（二）货物不具备原产资格的；

（三）原产地证书不符合本办法规定的；

（四）原产地证书所列货物与实际进口货物不符的；

（五）自出口成员方签证机构或者主管机构收到原产地核查要求之日起180日内，海关未收到核查反馈，或者反馈结果不足以确定原产地证书真实性、货物原产资格的；

（六）进口货物收货人或者其代理人存在其他违反本办法有关规定的行为的。

第二十四条　出口货物发货人及其代理人、境内生产商及其代理人（以下统称申请人）可以向我国签证机构申请签发原产地证书。

第二十五条　申请人应当在货物装运前或者装运时申请签发原产地证书，同时提交证明货物原产资格的材料。申请人应当对其提交材料的真实性、完整性、准确性负责。

第二十六条　签证机构应当对申请人提交的材料进行审核，符合本办法规定的，签发原产地证书；不符合本办法规定的，决定不予签发原产地证书，书面通知申请人并且说明理由。

签证机构进行审核时，可以通过以下方式核实货物的原产资格：

（一）要求申请人补充提供与货物原产资格相关的信息和资料；

（二）实地核实出口货物的生产设备、加工工序、原材料及零部件的原产资格、原产国（地区）以及出口货物说明书、包装、商标、唛头和原产地标记；

（三）查阅、复制有关合同、发票、账簿以及其他相关资料。

第二十七条　海关可以通过以下方式对出口货物的原产地情况进行核查：

（一）要求申请人补充提供与货物原产资格相关的信息和资料；

（二）实地核实出口货物的生产设备、加工工序、原材料及零部件的原产资格、原产国（地区）以及出口货物说明书、包装、商标、唛头和原产地标记；

（三）查阅、复制有关合同、发票、账簿以及其他相关资料。

第二十八条 出口货物申报时，出口货物发货人及其代理人应当按照海关的申报规定填制《中华人民共和国出口货物报关单》。

第二十九条 申领原产地证书的出口货物发货人和生产商应当自原产地证书签发之日起 3 年内，保存能够充分证明货物原产资格的文件记录。

适用《协定》项下税率进口货物的收货人应当自货物办结海关手续之日起 3 年内，保存能够充分证明货物原产资格的文件记录。

签证机构应当自原产地证书签发之日起 3 年内，保存原产地证书副本以及其他相关申请资料。

上述文件记录可以以电子或者纸质形式保存。

第三十条 本办法下列用语的含义：

（一）出口方、进口方，分别是指货物申报出口和进口时所在的成员方；

（二）签证机构，是指由成员方指定或者授权签发原产地证书，并且依照《协定》规定已向另一成员方通报的机构。直属海关、隶属海关、中国国际贸易促进委员会及其地方分会是我国签证机构；

（三）主管机构，是指由成员方指定并且依照《协定》的规定已向另一成员方通报的一个或者多个政府机构。海关总署是我国主管机构；

（四）《WTO 估价协定》，是指《关于实施 1994 年关贸总协定第七条的协定》；

（五）到岸价，是指包括运抵进口方进境口岸或者地点的保险费和运费在内的进口货物价格；

（六）离岸价格，是指包括货物运抵最终出境口岸或地点的运输费用在内的船上交货价格；

（七）公认会计准则，是指一成员方普遍接受或者官方认可的有关记录收入、费用、成本、资产和负债、信息披露以及编制财务报表的会计准则，包括普遍适用的广泛性指导原则以及详细的标准、惯例和程序；

（八）货物，是指任何商品、产品、物品或材料；

（九）材料，是指组成成分、零件、部件、半组装件，以及（或者）以物理形式构成另一产品的组成部分或者已用于另一产品生产过程的产品；

（十）非原产材料或非原产货物，是指根据本办法规定不具备原产资格的材料或货物；

（十一）原产材料或原产货物，是指根据本办法规定具备原产资格的材料或货物；

（十二）可互换材料，是指为商业目的可以互换的材料，其性质实质相同，且仅靠表观检查无法加以区分；

（十三）产品，是指被生产的产品，即使它是为了在另一个生产操作后续使用；

（十四）生产，是指任何获得货物的方法，包括但不限于货物的种植、饲养、开采、收获、捕捞、水产养殖、耕种、诱捕、狩猎、抓捕、采集、收集、养殖、提取、制造、加工或者装配；

（十五）水产养殖，是指对水生生物体的养殖，包括从卵、鱼苗、鱼虫和鱼卵等胚胎开始，养殖鱼类、软体类、甲壳类、其他水生无脊椎动物和水生植物等，通过诸如规律的放养、喂养或者防止捕食者侵袭等方式对饲养或者生长过程进行干预，以提高蓄养群体的生产量。

第三十一条 本办法由海关总署负责解释。

第三十二条 本办法自 2024 年 1 月 1 日

起施行。

附件：1. 产品特定原产地规则
2. 原产地证书格式
3. 进口货物原产资格申明

三、"章改变"是指从任何其他章改变至本章，即在货物生产中使用的所有非原产材料均已在协调制度的前两位数级别上发生改变。

四、"品目改变"是指从任何其他品目改变至本品目，即指在货物生产中使用的所有非原产材料均已在协调制度的前四位数级别上发生改变。

五、"子目改变"是指从任何其他子目改变至本子目，即在货物生产中使用的所有非原产材料均已在协调制度的前六位数级别上发生改变。

六、本附件以 2022 版协调制度为基础制定。

附件 1

产品特定原产地规则

注释：

一、废碎料（包括未具体列名的废碎料）应当适用完全获得标准。

二、税则归类改变要求仅适用于非原产材料。

税则号列	商品描述	产品特定原产地规则
01	活动物	完全获得
02	肉及使用杂碎	完全获得
03	鱼、甲壳动物、软体动物及其他水生无脊椎动物	章改变
04.01	未浓缩及未加糖或其他甜物质的乳及稀奶油	完全获得
04.02	浓缩、加糖或其他甜物质的乳及稀奶油	完全获得
04.03	酸乳；酪乳、结块的乳及稀奶油、酸乳、酸乳酒及其他发酵或酸化的乳和稀奶油，不论是否浓缩、加糖、加其他甜物质、加香料、加水果、加坚果或加可可	完全获得
04.04	乳清，不论是否浓缩、加糖或其他甜物质；其他税目未列名的含天然乳的产品，不论是否加糖或其他甜物质	完全获得
04.05	黄油及其他从乳中提取的脂和油；乳酱	完全获得
04.06	乳酪及凝乳	完全获得
04.08	去壳禽蛋及蛋黄，鲜、干、冻、蒸过或水煮、制成型或用其他方法保藏的，不论是否加糖或其他甜物质	完全获得
07	食用蔬菜、根及块茎	完全获得
08	食用水果及坚果；柑橘属水果或甜瓜的果皮	完全获得
09.01	咖啡，不论是否焙炒或浸除咖啡碱；咖啡豆荚及咖啡豆皮；含咖啡的咖啡代用品	

续表1

税则号列	商品描述	产品特定原产地规则
	未烘焙的咖啡	
0901.11	未浸除咖啡碱	完全获得
0901.12	已浸除咖啡碱	完全获得
	已烘焙的咖啡	
0901.21	未浸除咖啡碱	完全获得
0901.22	已浸除咖啡碱	完全获得
0901.90	其他（咖啡豆荚及豆皮；含咖啡的咖啡代用品）	完全获得
09.02	茶，不论是否加香料	章改变
10.01	小麦及混合麦	完全获得
10.02	黑麦	完全获得
10.03	大麦	完全获得
10.04	燕麦	完全获得
10.05	玉米	完全获得
10.06	稻谷、大米	完全获得
10.07	食用高粱	完全获得
10.08	荞麦、谷子及加那利草子；其他谷物	完全获得
11.01	小麦或混合麦的细粉	章改变，从第10章改变至此除外
11.02	其他谷物细粉，但小麦或混合麦的细粉除外	章改变，从第10章改变至此除外
11.03	谷物的粗粒、粗粉及团粒	章改变，从第10章改变至此除外
11.04	经其他加工的谷物（例如，去壳、滚压、制片、制成粒状、切片或粗磨），但税目10.06的稻谷、大米除外；谷物胚芽，整粒、滚压、制片或磨碎的	章改变，从第10章改变至此除外
11.05	马铃薯的细粉、粗粉、粉末、粉片、颗粒及团粒	完全获得
11.08	淀粉；菊粉	完全获得
12.01	大豆，不论是否破碎	完全获得
12.02	未焙炒或未烹煮的花生，不论是否去壳或破碎	完全获得
12.04	亚麻子，不论是否破碎	完全获得
12.05	油菜子，不论是否破碎	完全获得
12.06	葵花子，不论是否破碎	完全获得

续表2

税则号列	商品描述	产品特定原产地规则
12.07	其他含油子仁及果实，不论是否破碎	完全获得
12.08	含油子仁或果实的细粉及粗粉，但芥子粉除外	完全获得
15.07	豆油及其分离品，不论是否精制，但未经化学改性	章改变，从第12章改变至此除外
15.08	花生油及其分离品，不论是否精制，但未经化学改性	完全获得
15.09	油橄榄油及其分离品，不论是否精制，但未经化学改性	章改变
15.11	棕榈油及其分离品，不论是否精制，但未经化学改性	完全获得
15.12	葵花油、红花油或棉子油及其分离品，不论是否精制，但未经化学改性	章改变，从第12章改变至此除外
15.13	椰子油、棕榈仁油或巴巴苏棕榈果油及其分离品，不论是否精制，但未经化学改性	完全获得
15.14	菜子油或芥子油及其分离品，不论是否精制，但未经化学改性	章改变，从第12章改变至此除外
15.15	其他固定植物或微生物油、脂（包括希蒙得木油）及其分离品，不论是否精制，但未经化学改性	章改变
15.16	动、植物或微生物油、脂及其分离品，全部或部分氢化、相互酯化、再酯化或反油酸化，不论是否精制，但未经进一步加工	章改变
15.17	人造黄油；本章各种动、植物或微生物油、脂及其分离品混合制成的食用油、脂或制品，但税目15.16的食用油、脂及其分离品除外	章改变
16.01	肉、食用杂碎、动物血或昆虫制成的香肠及类似产品；用香肠制成的食品	完全获得
16.02	其他方法制作或保藏的肉、食用杂碎、动物血或昆虫	章改变，从品目0201、0202、0203和0207改变至此除外
17.01	固体甘蔗糖、甜菜糖及化学纯蔗糖	完全获得
17.02	其他固体糖，包括化学纯乳糖、麦芽糖、葡萄糖及果糖；未加香料或着色剂的糖浆；人造蜜，不论是否掺有天然蜂蜜；焦糖	完全获得
17.04	不含可可的糖食（包括白巧克力）	完全获得
18.01	整颗或破碎的可可豆，生的或焙炒的	完全获得
18.02	可可荚、壳、皮及废料	完全获得
18.03	可可膏，不论是否脱脂	完全获得
18.04	可可脂、可可油	完全获得
18.05	未加糖或其他甜物质的可可粉	完全获得

续表3

税则号列	商品描述	产品特定原产地规则
1901.10	适合供婴幼儿食用的零售包装食品	章改变,从第4章改变至此除外
1901.90	其他(麦精;未列名的食品)	章改变,从第4章改变至此除外
1904.10	谷物或谷物产品经膨化或烘炒制成的食品	章改变,从品目10.06改变至此除外
1904.90	其他预煮或经其他方法制作谷物(玉米除外)	章改变,从品目10.06改变至此除外
1905.31	甜饼干	章改变,从品目11.01改变至此除外
1905.90	其他(未列名焙烘糕饼;装药空囊、封缄、糯米纸等)	章改变,从品目11.01改变至此除外
2001.90	其他用醋制作蔬菜、果品及植物其他食用部分	章改变,从第7章改变至此除外
20.02	番茄,用醋或醋酸以外的其他方法制作或保藏的	章改变
2004.10	非醋方法制作或保藏的冷冻马铃薯	章改变,从第7章改变至此除外
2005.20	非醋方法制作或保藏的未冷冻马铃薯	章改变,从第7章改变至此除外
2008.11	花生	完全获得
22.07	未改性乙醇,按容量计酒精浓度在80%及以上;任何浓度的改性乙醇及其他酒精	完全获得
2208.40	朗姆酒及蒸馏已发酵甘蔗产品制得的其他烈性酒	完全获得
24.02	烟草或烟草代用品制成的雪茄烟及卷烟	品目改变
26	矿砂、矿渣及矿灰	完全获得
37.01	未曝光的摄影感光硬片及平面软片,用纸、纸板及纺织物以外任何材料制成;未曝光的一次成像感光平片,不论是否分装	品目改变,从子目3707.10改变至此除外
37.02	成卷的未曝光摄影感光胶片,用纸、纸板及纺织物以外任何材料制成;未曝光的一次成像感光卷片	品目改变,从子目3707.10改变至此除外
37.03	未曝光的摄影感光纸、纸板及纺织物	品目改变,从子目3707.10改变至此除外

续表4

税则号列	商品描述	产品特定原产地规则
38.08	杀虫剂、杀鼠剂、杀菌剂、除草剂、抗萌剂、植物生长调节剂、消毒剂及类似产品,零售形状、零售包装或制成制剂及成品（例如,经硫磺处理的带子、杀虫灯芯、蜡烛及捕蝇纸）	品目改变（但仅为货物零售进行包装、展示而发生的税号改变除外）
39.26	其他塑料制品及税目39.01至39.14所列其他材料的制品	品目改变
40.01	天然橡胶、巴拉塔胶、古塔波胶、银胶菊胶、糖胶树胶及类似的天然胶,初级形状或板、片、带	完全获得
44	木及木制品；木炭	完全获得
52.01	未梳的棉花	完全获得
52.03	已梳的棉花	完全获得
52.08	棉机织物,按重量计含棉量在85%及以上,每平方米重量不超过200克	品目改变
54.01	化学纤维长丝纺制的缝纫线,不论是否供零售用	品目改变
55.12	合成纤维短纤纺制的机织物,按重量计合成纤维短纤含量在85%及以上	品目改变
58.01	起绒机织物及绳绒织物,但税目58.02或58.06的织物除外	品目改变
61	针织或钩编的服装及衣着附件	品目改变
62	非针织或非钩编的服装及衣着附件	品目改变
85.44	绝缘（包括漆包或阳极化处理）电线、电缆（包括同轴电缆）及其他绝缘电导体,不论是否有接头；由多根具有独立保护套的光纤组成的光缆,不论是否与电导体装配或装有接头	品目改变

附件 2

原产地证书格式
CERTIFICATE OF ORIGIN

1. Exporter's full name, address and country:	Certificate No.: CERTIFICATE OF ORIGIN China-Nicaragua Free Trade Agreement Issued in: _____
2. Consignee's full name, address, country:	For official use only:
3. Means of transport and route (as far as known) Departure date: Vessel/Flight/Train/Vehicle No.: Port of loading: Port of discharge:	4. Remarks:

5. Item number	6. Marks and numbers on packages; Number and kind of packages; Description of goods	7. HS code (6-digit code)	8. Origin criterion	9. Quantity (e.g. Quantity Unit, litres, m^3)	10. Number, Date of Invoice

11. Declaration by the producer/exporter The undersigned hereby declares that the above stated information is correct and that the goods exported to _____ (Importing Party) comply with the origin requirements specified in the China-Nicaragua Free Trade Agreement. Place, date and signature of authorized person	12. Certification On the basis of the control carried out, it is hereby certified that the information herein is correct and that the described goods comply with the origin requirements of the China- Nicaragua Free Trade Agreement. Place and date Signature and stamp of the Authorized Body

Overleaf Instruction

Box 1: State the full legal name and address of the exporter in China or Nicaragua.

Box 2: State the full legal name and address of the importer in China or Nicaragua, if known. If unknown, add "＊＊＊" (three stars).

Box 3: Complete the means of transport and route and specify the departure date, transport vehicle number, and port of loading and discharge, as far as known. If unknown, add "＊＊＊" (three stars).

Box 4: Customer's Order Number, Letter of Credit Number, among others, may be included. If the Certificate of Origin has not been issued before or at the time of shipment, the authorized body should mark "ISSUED RETROSPECTIVELY" here.

Box 5: State the item number.

Box 6: State the shipping marks and numbers on packages, when such marks and numbers exist.

The number and kind of packages shall be specified. Provide a full description of each good. The description should be sufficiently detailed to enable the products to be identified by the Customs Officers examining them and relate it to the invoice description and to the HS description of the good. If goods are not packed, state "in bulk". When the description of the goods is finished, add " * * * " (three stars) or " \ " (finishing slash).

Box 7: For each good described in Box 6, identify the HS tariff classification to a six-digit code.

Box 8: For each good described in Box 6, state which criterion is applicable, in accordance with the following instructions. The rules of origin are contained in Chapter 3 (Rules of Origin and Implementation Procedures) and Annex3-A (Product Specific Rules of Origin).

Origin Criterion	Insert in Box 8
The good is "wholly obtained" in the territory of a Party, as referred to in Article3.2 (Goods Wholly Obtained) or required so in Annex3-A (Product Specific Rules of Origin).	WO
The good is produced entirely in the territory of a Party, exclusively from materials whose origin conforms to the provisions of Chapter3 (Rules of Origin and Implementation Procedures).	WP
General rule as ≥40% regional value content.	RVC
The good is produced in the territory of a Party, using non-originating materials that comply with the Product Specific Rules and other applicable provisions of Chapter3 (Rules of Origin and Implementation Procedures).	PSR

Box 9: State quantity with units of measurement for each good described in Box 6. Other units of measurement, e.g. volume or number of items, which would indicate exact quantities may be used where customary.

Box 10: The number and date of invoice (including the invoice issued by a non-Party operator) should be shown here.

Box 11: The box must be completed by the producer or exporter. Insert the place date and signature of authorized person.

Box 12: The box must be completed, dated, signed and stamped by the authorized person of the authorized body.

中文参考

1. 出口商名称、地址、国家：	证书编号：
	原产地证书
	中国—尼加拉瓜自由贸易协定
	签发于：_____
2. 收货人的名称、地址、国家：	仅供官方使用：
3. 运输方式及路线（如已知） 离港日期： 船舶/飞机/火车/车辆编号： 装货口岸： 卸货口岸：	4. 备注：

5. 项目号	6. 包装唛头及编号；包装件数及种类货物名称	7. HS 编码（6位）	8. 原产地标准	9. 数量（例如数量单位、升、立方米）	10. 发票编号及日期

11. 出口商或者生产商 申明上述填报资料陈述无误，该货物出口至 _____ （进口方） 符合中国—尼加拉瓜自由贸易协定的原产地要求。 地点、日期及授权人签名	12. 证明 依据所实施的监管，兹证明所列信息正确无误，所述货物符合中国—尼加拉瓜自由贸易协定的原产地要求。 地点和日期 签字以及授权机构盖章

背页说明

第1栏：注明中国或者尼加拉瓜出口商详细的依法登记的名称和地址。

第2栏：如果已知，注明中国或者尼加拉瓜进口商详细的依法登记的名称和地址。如果未知，填写"＊＊＊"（三个星号）。

第3栏：如果已知，填写运输方式及路线，详细说明离港日期、运输工具编号以及装货和卸货口岸。如果未知，填写"＊＊＊"（三个星号）。

第4栏：本栏可填写客户订单编号、信用证编号及其他可能包括的信息。如果在装运前或者装运时未签发原产地证书，授权机构应当在此注明"补发"。

第5栏：注明商品项号。

第6栏：如有唛头及编号，则注明包装上的唛头及编号。详细列明包装数量及种类。详列每种货物的名称，以便于海关关员查验时加以识别。名称应当与发票上的描述及货物的协调制度描述相符。如果是散装货，应当注明"散装"。当商品描述结束时，加上"＊＊＊"（三颗星）或者"\"（结束斜线符号）。

第7栏：对应第6栏中的每种货物，填写协调制度税则归类编码（6位）。

第8栏：对应第6栏中的每种货物，依据下表的指示填写其适用的载于第3章（原产地规则和实施程序）和附件3-A（产品特定原产地规则）的相关原产地标准。

原产地标准	填于第8栏
依据本章第二条（完全获得货物）或者附件3-A（产品特定原产地规则），货物在一方完全获得	WO
货物完全在一方领土内仅由符合第3章"原产地规则和实施程序"规定的原产材料生产	WP
主规则≥40%的区域价值成分	RVC
在一方领土内使用非原产材料进行生产，符合产品特定原产地规则和第3章"原产地规则和实施程序"其他有关要求的货物	PSR

第9栏：第6栏每项货物对应表明数量和计量单位。可依照惯例采用其他计量单位（例如体积、件数等）来精确地反映数量。

第10栏：本栏应当填写发票的编号和日期（包括非缔约方运营商开具的发票）。

第11栏：本栏必须由生产商或者出口商填写，填写内容为地点、日期以及生产商或出口商授权人员的签名。

第12栏：本栏必须由授权机构授权人员填写、注明日期、签名并盖章。

附件3

进口货物原产资格申明

本人_____（姓名及职务）为进口货物收货人/进口货物收货人代理人（不适用的部分请划去），兹申明编号为_____的报关单所列第____项货物原产自尼加拉瓜，且货物符合《中华人民共和国政府和尼加拉瓜共和国政府自由贸易协定》项下原产地规则的要求。

本人申请对上述货物适用《中华人民共和国政府和尼加拉瓜共和国政府自由贸易协定》项下税率，并提供税款担保后放行货物。本人承诺自提供税款担保之日起6个月内或者在海关批准延长的担保期限内补交《中华人民共和国政府和尼加拉瓜共和国政府自由贸易协定》原产地证书。

签名：_____

日期：_____

海关总署公告 2023 年第 185 号

（关于优化综合保税区仓储货物按状态分类监管的公告）

为推动落实综合保税区高质量发展综合改革，优化综合保税区仓储货物按状态分类监管，支持开展区内直转业务，现就有关事项公告如下：

一、本公告所称仓储货物按状态分类监管区内直转（以下简称区内直转），是指对区内实施分类监管的非保税货物申报转为保税仓储货物的，或保税仓储货物办结海关手续后申请以分类监管方式继续在区内存储的，允许完成报关手续后，直接核增核减海关账册，不要求实货进出卡口的管理模式。

二、开展区内直转业务的企业应符合以下条件：

（一）通过物理隔离方式设置专门"待检区"，并向海关提供具备符合监管要求的全方位无盲区视频监控，视频存储时间不少于3个月。"待检区"内不得存放与区内直转业务无关的货物。

（二）使用符合海关监管要求的计算机仓储管理系统（WMS 系统），能够实现对货物状态、存储位置等信息的全程跟踪以及对保税仓储货物和非保税货物的分别存放、分开管理。

三、区内直转前，企业通过金关二期海关特殊监管区域系统申报保税核注清单，"清单类型"为"区内直转"。

四、保税核注清单审核通过后，区内企业应将区内直转货物存放至"待检区"，在办结海关手续前，不得擅自挪动。"待检区"同时存放多票区内直转货物的，企业应当按单证分开放置，并设置明显区分标识。

五、区内直转货物存放至"待检区"后，企业按规定申报报关单，通过金关二期海关特殊监管区域系统申报对应的核放单，并在报关单和核放单"备注"填写"区内直转"。

六、企业完成核放单申报手续后，应及时告知海关。

七、货物验放时需实施查验的在"待检区"内完成。

八、办结海关手续后，区内企业可将完成状态转换的货物移至相应的存储区。

本公告自公布之日起施行。

特此公告。

海关总署

2023 年 12 月 20 日

海关总署公告 2023 年第 178 号

(关于优化铁路快速通关业务模式的公告)

为支持推进高质量共建"一带一路",进一步促进国际铁路联运班列发展,提高境内段铁路进出口货物快速通关运输效率和便利化水平,海关总署决定优化铁路快速通关(以下简称快通)业务模式,现将相关事项公告如下:

一、进出口货物收发货人或其代理人、进出境运输工具负责人可以通过国际贸易"单一窗口"申请开展快通业务。

二、进口货物收货人(或其代理人)或者进出境运输工具负责人应当在理货报告传输前,向海关传输进境货物快通申请信息。

出口货物发货人(或其代理人)或者进出境运输工具负责人应当在预配舱单电子数据入库后、启运地海关办理报关申报手续前,向海关传输出境货物快通申请信息。

进出境运输工具负责人或海关监管作业场所经营人应当向海关传输进出境快通货物载运信息、进出境快通货物指运(启运)到货信息、运抵报告等铁路舱单电子数据。

进出境货物快通申请信息数据项、进出境快通货物载运信息数据项、进出境快通货物指运(启运)到货信息数据项、铁路进出境快速通关数据项填制规范详见附件。

三、进出口货物收发货人或其代理人可以向指运地(启运地)海关申请办理舱单归并和舱单分票手续。

四、快通货物符合舱单变更条件情形的,进出境运输工具负责人可以向指运地(启运地)海关申请修改原始舱单、预配舱单电子数据。

五、快通货物运输途中因故需破封整理、更换集装箱的,进出境运输工具负责人应通知指运地(启运地)海关。指运地(启运地)海关核实同意后,协调途经地海关监管换装并书面通知进境地(出境地)海关。

本公告内容自 2023 年 12 月 15 日起施行。海关总署 2021 年第 5 号公告有关内容与本公告不一致的,以本公告为准。

特此公告。

附件:1. 进出境货物快通申请信息数据项

2. 进出境快通货物载运信息数据项

3. 进出境快通货物指运(启运)到货信息数据项

4. 中华人民共和国海关铁路进出境快速通关数据项填制规范

海关总署

2023 年 12 月 8 日

附件1

进出境货物快通申请信息数据项

序号	中国海关数据元名称	WCO DATA MODEL 或 UNTDED 编号	填制条件 进境	填制条件 出境
1	传输人代码	R006 Representative person name	必填	必填
2	进出境口岸代码	085 First port of arrival, coded	必填	必填
3	进出境关区代码	065 Office of declaration, coded	必填	必填
4	进境指运地/出境启运地关区代码	065 Office of declaration, coded	必填	必填
5	进境指运地/出境启运地口岸及地点代码	085 First port of arrival, coded	必填	必填
6	运单号	015 Transport document number	必填	必填
7	进出境车号	160 Identification of means of transport crossing the border	必填	选填
8	备注	105 Free text	选填	选填
9	变更原因描述	Change reason description	条件	条件
10	变更申请联系人姓名	Change reason contact name	条件	条件
11	变更申请联系人电话	Change reason contact number	条件	条件

附件2

进出境快通货物载运信息数据项

序号	中国海关数据元名称	WCO DATA MODEL 或 UNTDED 编号	填制条件 进境	填制条件 出境
1	传输人代码	R006 Representative person name	必填	必填
2	运单号	015 Transport document number	必填	必填
3	进境指运地/出境启运地关区代码	065 Office of declaration, coded	必填	必填
4	进出境车号	160 Identification of means of transport crossing the border	必填	—
5	进出境关区代码	065 Office of declaration, coded	必填	必填
6	发运时间	209 Itinerary departure date and time	必填	必填
7	境内车号	160 Identification of means of transport crossing the border	必填	必填
8	集装箱（器）编号	159 Equipment identification number	条件	条件

续表

序号	中国海关数据元名称	WCO DATA MODEL 或 UNTDED 编号	填制条件 进境	填制条件 出境
9	集装箱（器）封志类型（M｜E）/封志号@施加封志人类型	165 Seal number	条件	条件
10	备注	105 Free text	选填	选填
11	变更原因描述	Change reason description	条件	条件
12	变更申请联系人姓名	Change reason contact name	条件	条件
13	变更申请联系人电话	Change reason contact number	条件	条件

附件3

进出境快通货物指运（启运）到货信息数据项

序号	中国海关数据元名称	WCO DATA MODEL 或 UNTDED 编号	填制条件 进境	填制条件 出境
1	传输人代码	R006 Representative person name	必填	必填
2	进出境车号	160 Identification of means of transport crossing the border	必填	—
3	运单号	015 Transport document number	必填	必填
4	进境指运地/出境启运地关区代码	065 Office of declaration, coded	必填	必填
5	进出境关区代码	065 Office of declaration, coded	必填	必填
6	卸货地代码	080 Place of discharge, coded	必填	必填
7	到达卸货地日期	173 Date of arrival at place of discharge	必填	必填
8	托运货物件数	146 Total number of packages	条件	条件
9	包装种类	141 Type of packages identification	选填	选填
10	货物总毛重	131 Total gross weight	条件	条件
11	备注	105 Free text	选填	选填
12	集装箱（器）编号	159 Equipment identification number	选填	选填
13	集装箱（器）封志类型（M｜E）/封志号@施加封志人类型	165 Seal number	条件	条件
14	变更原因描述	Change reason description	条件	条件
15	变更申请联系人姓名	Change reason contact name	条件	条件
16	变更申请联系人电话	Change reason contact number	条件	条件

附件4

中华人民共和国海关铁路进出境快速通关数据项填制规范

第一部分：数据项填制要求

进出境货物快通申请信息、进出境快通货物载运信息、进出境快通货物指运（启运）到货信息有电子数据传输和删除报文。

一、数据项之间存在关联关系的，其中一个数据项填写，另外的数据项也必须要填写。

1. 进出境口岸代码，进出境关区代码；
2. 件数，包装种类；
3. 变更原因描述，变更申请联系人姓名，变更申请联系人电话。

二、进出境货物快通申请信息、进出境快通货物载运信息、进出境快通货物指运（启运）到货信息应当以运单为单元传输。

三、删除报文。

舱单传输人代码、进出境关区代码、车号（仅进境）、运单号、进境指运地/出境启运地关区代码、变更原因描述、变更申请联系人姓名、变更申请联系人电话等必填，其余不填写。

四、变更原因描述，变更申请联系人姓名、变更申请联系人电话只有在删除报文中填写，其他不填写。

第二部分：数据项填制规范

模板说明：
数据项号

（数据项名称）	（WCO数据模型序号、名称）
（WCO数据项描述）	
（填制要求）	
（公告对应数据项）	

0001

传输人代码	R006 Representative person name
Name of the representative of the party making the declaration.	
传输人代码填写经海关备案的企业海关备案代码（4位海关关区号+9位组织机构代码），组织机构代码不得出现"-"、"*"等特殊符号。最大长度：70位字符。	
进出境货物快通申请信息1、进出境快通货物载运信息1、进出境快通货物指运（启运）到货信息1	

0002

进出境口岸代码 进境指运地/出境启运地口岸及地点代码	085 First port of arrival, coded

To identify the first arrival location. This would be a port for sea, airport for air and border post for land crossing.

进出境口岸代码：填写进出境列车抵达中国关境的铁路口岸代码。

进境指运地/出境启运地口岸及地点代码：填写进境快通货物指运地口岸代码或出境快通货物启运地口岸及地点代码。

格式为5位口岸及地点代码（代码表编号：CN003）。

最大长度：17位字符。

进出境货物快通申请信息2、进出境货物快通申请信息5

0003

进出境关区代码 进境指运地/出境启运地关区代码	065 Office of declaration, coded

To identify a location at which a declaration is lodged.

进出境关区代码：填写进出境列车抵达中国关境的四位中国海关关区代码。

进境指运地/出境启运地关区代码：填写进境快通货物指运地关区代码或出境快通货物启运地关区代码。

格式为4位关区代码（代码表编号：CC011）。

最大长度：4位字符。

进出境货物快通申请信息3、进出境货物快通申请信息4、进出境快通货物载运信息3、进出境快通货物载运信息5、进出境快通货物指运（启运）到货信息4、进出境快通货物指运（启运）到货信息5

0004

运单号	015 Transport document number

Reference number to identify a document evidencing a transport contract.

填写铁路运单实际记载的运单号。

最大长度：35位字符。

进出境货物快通申请信息6、进出境快通货物载运信息2、进出境快通货物指运（启运）到货信息3

0005

进出境车号 境内车号	160 Identification of means of transport crossing the border
Name to identify the means of transport used in crossing the border.	
进出境车号：填写进出境列车单节车厢（节）编号。 境内车号：填写境内列车单节车厢（节）编号。 最大长度：35 位字符。	
进出境货物快通申请信息 7、进出境快通货物载运信息 4、进出境快通货物载运信息 7、进出境快通货物指运（启运）到货信息 2	

0006

备注	105 Free text
Free text field available to the message sender for information.	
填写报文发送方自由填写信息的字段。 最大长度：512 位字符。	
进出境货物快通申请信息 8、进出境快通货物载运信息 10、进出境快通货物指运（启运）到货信息 11	

0007

变更原因描述	中国海关标准
Change reason description	
填写变更原因及需要说明的情况，使用中文表述。 最大长度：512 位字符。	
进出境货物快通申请信息 9、进出境快通货物载运信息 11、进出境快通货物指运（启运）到货信息 14	

0008

变更申请联系人姓名	中国海关标准
Change reason contact name	
填写提交变更申请的企业联系人姓名，使用中文或英文表述。 最大长度：50 位字符。	
进出境货物快通申请信息 10、进出境快通货物载运信息 12、进出境快通货物指运（启运）到货信息 15	

0009

变更申请联系人电话	中国海关标准
Change reason contact number	
填写变更申请联系人的联系电话。 最大长度：50 位字符。	
进出境货物快通申请信息 11、进出境快通货物载运信息 13、进出境快通货物指运（启运）到货信息 16	

0010

卸货地代码	080 Place of discharge, coded
To identify a seaport, airport, freight terminal, rail station or other place at which goods are unloaded from the means of transport having been used for their carriage.	
填写进出境快通货物运抵的海关辖区监管作业场所代码或 4 位关区代码，没有监管作业场所的填写关区代码（代码表编号：CC011）。 最大长度：17 位字符。	
进出境快通货物指运（启运）到货信息 6	

0011

到达卸货地日期	173 Date of arrival at place of discharge
Date of arrival at port or airport with intent to unload.	
填写到达卸货地的日期（CCYYMMDD）（北京时间）。 最大长度：日期格式。	
进出境快通货物指运（启运）到货信息 7	

0012

托运货物件数	146 Total number of packages
Count of total number of packages of the entire declaration/ consignment.	
填写运单托运货物包装总件数。 最大长度：8 位整数。	
进出境快通货物指运（启运）到货信息 8	

0013

包装种类	141 Type of packages identification
Code specifying the type of package of an item.	
按照不同的货物类型填写包装种类代码（代码表编号：CN005）。 最大长度：2位字符，由大写字母与数字组成。	
进出境快通货物指运（启运）到货信息9	

0014

货物总毛重	131 Total gross weight
Weight（mass）of goods including packaging but excluding the carrier's equipment for a declaration.	
填写实际货物重量。 单位：KG 最大长度：8位整数，并可精确到小数点后3位。	
进出境快通货物指运（启运）到货信息10	

0015

集装箱（器）编号	159 Equipment identification number
Marks（letters and/or numbers）which identify equipment e. g. unit load device.	
填写集装箱（器）编号。 最大长度：17位字符。	
进出境快通货物载运信息8、进出境快通货物指运（启运）到货信息12	

0016

集装箱（器）封志类型（M｜E）/ 封志号@施加封志人类型	165 Seal number
The identification number of a seal affixed to a piece of transport equipment.	
填写集装箱（器）封志类型加封志号，中间以"/"分隔，重箱必须填写。格式为：M（机械封志）或E（电子封志）+"/"+封志号码。 对于特种箱不能施封，但属于重箱的封志号码填写"0000"。 施加封志人类型：填写施加封志人类型（代码表编号：CN017）。 最大长度：35位字符。	
进出境快通货物载运信息9、进出境快通货物指运（启运）到货信息13	

0017

发运时间	209 Itinerary departure date and time
Date and time vessel departs at itinerary port.	
进境：填写载运进境快通货物的运输工具离开进境地监管作业场所的时间。 出境：填写载运出境快通货物的运输工具离开启运地监管作业场所的时间。 填报格式为"CCYYMMDDHHMMZZZ"（北京时间）。 最大长度：15位字符。	
进出境快通货物载运信息6	

海关总署公告 2023 年第 177 号

[关于实施中国—澳大利亚海关"经认证的经营者"（AEO）互认的公告]

2017 年 11 月，中国与澳大利亚两国海关正式签署了《中华人民共和国海关总署和澳大利亚移民与边境保卫署及边境执法署关于中国海关企业信用管理制度与澳大利亚诚信贸易商计划互认的安排》（以下简称《互认安排》），决定自 2023 年 12 月 14 日起正式实施。现就有关事项公告如下：

一、根据《互认安排》规定，中澳双方相互认可对方的"经认证的经营者"（Authorized Economic Operator，简称 AEO），为进口自对方 AEO 企业的货物提供通关便利。其中，澳大利亚海关认可中国海关高级认证企业为互认的 AEO 企业，中国海关认可经澳大利亚海关诚信贸易商计划认证的企业为互认的 AEO 企业。

二、中澳双方海关在进口货物通关时，相互给予对方 AEO 企业如下通关便利措施：通过减少单证审核和实货检查加快通关；对需实货检查的货物给予优先查验；开展风险评估时，对 AEO 企业资格予以考虑；指定海关联络员，负责沟通处理 AEO 企业在通关中遇到的问题；致力于在国际贸易中断并恢复后提供快速通关。

三、中国 AEO 企业向澳大利亚出口货物时，需要将 AEO 编码（AEOCN+在中国海关注册登记和备案的 10 位企业编码，例如 AEOCN1234567890）告知澳大利亚进口商，由其按照澳大利亚海关规定申报，澳大利亚海关确认中国海关 AEO 企业身份并给予相关便利措施。

四、中国企业自澳大利亚 AEO 企业进口货物时，需要分别在进口报关单"境外发货人"栏目中的"境外发货人编码"一栏和水、空运货运舱单中的"发货人 AEO 企业编码"一栏填写澳大利亚 AEO 企业编码。填写方式为："国别代码（AU）+AEO 企业编码（11 位数字）"，例如"AU12345678910"。中国海关确认澳大利亚 AEO 企业身份并给予相关便利措施。

特此公告。

海关总署
2023 年 12 月 8 日

海关总署公告 2023 年第 170 号

(关于失信企业认定标准相关事项的公告)

为深入贯彻党中央、国务院推动外贸"稳规模、优结构"工作部署，支持企业纾困解难，更好激发市场主体活力，现就非报关企业非主观故意违反海关监管规定的海关信用管理有关事项公告如下：

非报关企业因非主观故意，造成的 1 年内违反海关监管规定被海关行政处罚的行为，不列入海关认定失信企业信用状况的记录。

本公告有效期自 2023 年 12 月 1 日起至 2025 年 12 月 31 日。

特此公告。

海关总署
2023 年 11 月 21 日

海关总署公告 2023 年第 166 号

(关于实施放宽加工贸易深加工结转申报时限等措施的公告)

为贯彻落实党中央、国务院关于推动货物贸易优化升级，加快建设贸易强国的决策部署，进一步发挥加工贸易在稳经济、稳外贸、稳就业方面的作用，海关总署研究决定出台推动加工贸易持续高质量发展相关措施。现将有关事项公告如下：

一、放宽深加工结转集中申报时限

采用集中申报方式办理深加工结转业务的，企业应于每月底前对上月深加工结转核注清单及报关单进行集中申报。实施手册管理的企业集中申报不得超过手册有效期；实施账册管理的企业需跨核销周期（年度申报周期）申报的，可在下一个核销周期（年度申报周期）完成集中申报手续。

结转双方需跨年度办理深加工结转申报业务的，应协商统一在年前或年后办理，避免年度商品编码变更影响申报。

二、优化加工贸易成品出口退换管理

对实施加工贸易账册管理的企业，因出口成品品质、规格或其他原因需办理成品退换手续，无法在同一核销周期（年度申报周期）内完成的，经企业书面申请海关同意后，企业可在同一账册项下跨核销周期（年度申报周期）办理相关手续。成品退换进口时限不得超过下一个核销周期（年度申报周期）截止日期，成品退换出口时间不得超过退换进口之日起下一个核销周期（年度申报周期）截止日期。确实不能复出口的，由企业按照《中华人民共和国海关关于加工贸易边角料、剩余料件、残次品、副产品和受灾保税货物的管理办法》（海关总署令第 111 号）的相关规定办理。

涉及新旧账册切换的，企业在旧账册最后一个核销周期（年度申报周期）出口货物无法在本核销周期（年度申报周期）办理"成品退换"手续的，经企业书面申请海关同意后，可在新设账册的首个核销周期（年度申报周期）办理相关手续。

三、拓展企业集团加工贸易监管模式适用范围

信息技术、人工智能、生物医药、新能源、新材料、重大装备制造等行业中内部管理规范、信息化系统完备的非失信企业，可作为牵头企业向海关申请适用企业集团加工贸易监管模式。

四、简化集中内销手续

企业集中内销的，免于办理集中内销备案手续，无需再提交《集中办理内销纳税手续情况表》（海关总署公告 2013 年第 70 号附件 1）。失信企业不适用内销集中纳税。

五、简化国内采购设备出区手续

从境内（区外）进入综合保税区并已享受出口退税的设备，监管期限届满出区的，企业按照"调整类清单"的监管方式（代码AAAA）申报出区核注清单，不再办理进口报关单申报手续，按规定免于提交许可证件，不实施商品检验。

本公告自公布之日起实施。海关总署公告2013年第70号、海关总署公告2018年第23号、海关总署公告2019年第218号、海关总署公告2021年第80号与本公告不一致的，以本公告为准。

特此公告。

海关总署

2023年11月14日

海关总署公告 2023 年第 158 号

(关于进一步规范综合保税区电子账册管理有关事项的公告)

为进一步规范综合保税区电子账册管理，根据《中华人民共和国海关综合保税区管理办法》(海关总署令第 256 号，以下简称《办法》)及有关法律法规的规定，现将综合保税区电子账册管理有关事项公告如下：

一、海关通过电子账册（以下简称账册）对综合保税区内保税货物、监管年限内的自用设备等的进、出、转、存和耗用情况进行管理，凭保税核注清单核注账册。

根据综合保税区不同业务类型，账册分为加工账册、物流账册、设备账册等。

二、企业应用金关二期海关特殊监管区域管理系统设立账册时，应当根据生产经营业务的实际状态，选择相匹配的账册类型和用途，不得随意扩大特定用途账册的适用范围。对同时开展多种类型业务的企业，可以根据实际需要，设立不同类型和用途的账册。

企业开展同一类型业务的，原则上采用一本账册管理。企业根据生产经营实际需要提出申请，经主管海关同意的，可以设立多本同一类型和用途账册。

三、企业申请设立账册，应当满足以下条件：

（一）已办理进出口货物收发货人备案，取得所在地综合保税区内企业海关注册编码；

（二）在区内具备生产经营所必须的场所和设施。

账册设立后，企业可以根据实际情况对相关信息申请变更。

四、企业申请注销账册的，应当提前办结该本账册所有保税业务，账册保税货物无库存，其中实施核销管理的账册，海关在企业办理账册核销手续后予以注销。

五、企业在综合保税区内开展加工、维修、研发等业务，应当设立加工账册。加工账册管理应当符合以下规定：

（一）除另有规定外，企业申报的料件、成品存在以下情形之一的，海关不予账册设立变更：

1. 进口料件或出口成品属于国家禁止进口、出口的；

2. 进口料件或出口成品按照加工贸易禁止类商品进行管理的；

3. 加工产品属于国家禁止在我国境内加工生产的；

4. 进口料件属于海关无法实行保税监管的。

（二）经主管海关同意，具备条件的企业可以根据生产经营实际，采用单耗、耗料清单和工单等不同方式核算保税料件耗用。

企业选用单耗核算方式的，应当如实向海关申报进口料件、出口成品、单耗等信息，海关实施备案式账册管理。

企业选用耗料清单核算方式的，应当符

合海关监管要求，并如实向海关申报进口料件、出口成品及耗料单信息，海关实施记账式账册管理。

企业选用工单核算方式的，应当依托信息化系统使用工单记录保税货物生产、库存等情况，并如实向海关申报工单数据，海关实施备案式账册管理。

实施备案式管理的账册，企业可以自主备案商品信息。

（三）海关按照核销周期对加工账册进行核销管理。核销周期可结合企业实际生产经营周期确定，除另有规定外，原则上不超过1年。

企业应当在加工账册核销周期结束之日起60日内完成报核。确有正当理由不能按期报核的，经主管海关批准可以延期，但延长后报核期限不得超过90日。

（四）企业应当在规定时间内向海关办理加工账册报核手续，如实报送本核销周期内的下列电子数据：

1. 参与本核销周期核算的核注清单编号。除特殊情况外，本核销周期内已核扣的核注清单应当全部纳入核算；

2. 期末实际库存数据；

3. 边角料、残次品、副产品、受灾保税货物、销毁货物等处置的电子数据；

4. 选用耗料清单核算方式的，报送耗料清单核算电子数据；选用工单核算方式的，报送工单核算结果。

海关认为有必要的，可以要求企业以电子或纸本方式提供关于核销有关情况的补充说明。

（五）海关实施账册核销，将电子底账核算结果与企业申报的实际库存量进行对比，并分别进行以下处理：

1. 实际库存量与电子底账核算结果一致的，直接办结核销手续；

2. 实际库存量多于电子底账核算结果且企业可以提供正当理由的，按照实际库存量调整电子底账的当期结余数量；

3. 实际库存量少于电子底账核算结果且企业可以提供正当理由的，对短缺部分，企业应当办理后续补税手续；

4. 实际库存量与电子底账核算结果不一致且企业不能提供正当理由的，海关按有关规定进行相应处置。

（六）企业在区内开展维修、研发、委托加工等业务的，应当在设立加工账册时选择相应的账册用途，账册管理按照相关业务政策规定执行。

六、企业在综合保税区内开展保税货物存储、物流分拨等业务，应当设立物流账册。物流账册管理应当符合以下规定：

（一）企业申请设立物流账册，应当如实向海关备案仓储地址、仓储面（容）积等信息。

（二）物流账册实施记账式管理，企业可以根据实际需要，自主选择账册记账模式为可累计或不累计。

七、《办法》第十二条所列货物和第二十条所列机器、设备，以及从区内企业结转而来的自用设备（包括机器设备、基建物资和办公用品等），海关纳入设备账册实施监管。设备账册管理应当符合以下规定：

（一）海关对设备账册实施记账式管理，记账模式为不累计。

（二）设备账册下的货物，监管年限届满的，按规定解除监管，不再按照海关监管货物实施监管。

（三）设备账册下的货物，可以在不同企业设备账册间自由流转，监管年限连续计算，转入、转出企业申报的核注清单表体内容应当一一对应。设备维修、检测期间，监管期限连续计算。

八、企业确有正当理由需要调整电子底账数据的，可以申报调整类核注清单。海关审核同意后，对电子底账数据进行调整。

九、保税区等其他类型海关特殊监管区域账册管理参照本公告实施。

十、本公告自 2023 年 12 月 1 日起实施。

特此公告。

海关总署
2023 年 11 月 3 日

海关总署公告 2023 年第 156 号

(关于发布《检测实验室质量安全风险管理　通则》等 60 项行业标准的公告)

现发布《检测实验室质量安全风险管理　通则》等 60 项行业标准（目录见附件）。《技术性贸易措施工作规程　国外技术性贸易措施影响企业调查》（SN/T 4499—2016）等 3 项被代替标准自新标准实施之日起废止。

本次发布的标准文本可通过中国技术性贸易措施网站（http://www.tbtsps.cn）标准栏目查阅。

特此公告。

附件：《检测实验室质量安全风险管理　通则》等 60 项行业标准目录

海关总署
2023 年 11 月 1 日

附件

《检测实验室质量安全风险管理　通则》等 60 项行业标准目录

序号	标准编号	标准名称	替代标准号	实施日期
1	SN/T 5624—2023	检测实验室质量安全风险管理　通则		2024-5-1
2	SN/T 1681—2023	蜜蜂美洲幼虫腐臭病检疫技术规范	SN/T 1681—2011	2024-5-1
3	SN/T 1988—2023	出口动物源食品中头孢类抗生素残留量的测定　液相色谱—质谱/质谱法	SN/T 1988—2007	2024-5-1
4	SN/T 4445.4—2023	进口医疗器械检验技术要求　第 4 部分：输液泵		2024-5-1
5	SN/T 4499—2023	技术性贸易措施工作规程　国外技术性贸易措施影响企业统计调查	SN/T 4499—2016	2024-5-1
6	SN/T 4544.3—2023	商品化试剂盒检测方法　菌落总数　方法三		2024-5-1
7	SN/T 5512—2023	出口动物源食品中那西肽残留量的测定　液相色谱—质谱/质谱法		2024-5-1
8	SN/T 5513—2023	出口禽肉中弯曲菌计数方法		2024-5-1

续表1

序号	标准编号	标准名称	替代标准号	实施日期
9	SN/T 5514—2023	出口食品中产毒素真菌快速检测方法　实时荧光PCR法		2024-5-1
10	SN/T 5515—2023	出口食品中氟唑菌酰胺残留量的测定　液相色谱—质谱/质谱法		2024-5-1
11	SN/T 5517—2023	出口水产品及其制品中甲基汞的测定　全自动甲基汞分析仪法		2024-5-1
12	SN/T 5518—2023	出口植物源食品中棉隆及其代谢物残留量的测定　气相色谱—质谱/质谱法		2024-5-1
13	SN/T 5519—2023	出口植物源性食品中氰氟草酯和氰氟草酸残留量的测定		2024-5-1
14	SN/T 5520—2023	动物源食品中苯乙醇胺A的测定　液相色谱—质谱/质谱法		2024-5-1
15	SN/T 5521—2023	进口麦卢卡蜂蜜中5种特征物质的测定　液相色谱—质谱/质谱法		2024-5-1
16	SN/T 5523—2023	水中铜绿假单胞菌的测定　酶底物法		2024-5-1
17	SN/T 5561—2023	出口食品中乙嘧硫磷残留量的测定　气相色谱法		2024-5-1
18	SN/T 5599—2023	进境鲜冻肉类产品名称规范		2024-5-1
19	SN/T 5602—2023	豇豆花叶病毒属病毒RT-PCR筛查方法		2024-5-1
20	SN/T 5603—2023	进出境旅客行李物品中有害物质气味嗅探技术规程		2024-5-1
21	SN/T 5604—2023	东北林蛙物种鉴定方法　实时荧光PCR法		2024-5-1
22	SN/T 5605—2023	蝾螈壶菌检疫技术规范		2024-5-1
23	SN/T 5615—2023	进出口纺织品　再生纤维素纤维定性分析　显微镜法		2024-5-1
24	SN/T 5622—2023	化学分析实验室标准物质的选择和使用		2024-5-1
25	SN/T 5623—2023	技术性贸易措施工作规程　WTO/TBT-SPS特别贸易关注		2024-5-1

续表2

序号	标准编号	标准名称	替代标准号	实施日期
26	SN/T 5636—2023	16种鱼类成分定性检测方法 实时荧光PCR法		2024-5-1
27	SN/T 5637—2023	6种常见黑松露成分定性检测方法 实时荧光PCR法		2024-5-1
28	SN/T 5638—2023	冰葡萄酒中20种醛酮类物质的测定 气相色谱—质谱/质谱法		2024-5-1
29	SN/T 5642.1—2023	出口乳制品中乳酸菌检测方法 数字PCR计数法 第1部分：青春双歧杆菌		2024-5-1
30	SN/T 5642.2—2023	出口乳制品中乳酸菌检测方法 数字PCR计数法 第2部分：两双歧杆菌		2024-5-1
31	SN/T 5642.3—2023	出口乳制品中乳酸菌检测方法 数字PCR计数法 第3部分：动物双歧杆菌		2024-5-1
32	SN/T 5642.4—2023	出口乳制品中乳酸菌检测方法 数字PCR计数法 第4部分：植物乳杆菌		2024-5-1
33	SN/T 5642.5—2023	出口乳制品中乳酸菌检测方法 数字PCR计数法 第5部分：鼠李糖乳杆菌		2024-5-1
34	SN/T 5642.6—2023	出口乳制品中乳酸菌检测方法 数字PCR计数法 第6部分：嗜酸乳杆菌		2024-5-1
35	SN/T 5642.7—2023	出口乳制品中乳酸菌检测方法 数字PCR计数法 第7部分：副干酪乳杆菌		2024-5-1
36	SN/T 5643.1—2023	出口食品中化学污染物的快速检测方法 第1部分：砷、镉、汞、铅含量的测定 X射线荧光光谱法		2024-5-1
37	SN/T 5643.2—2023	出口食品中化学污染物的快速检测方法 第2部分：碱性嫩黄O的测定 拉曼光谱法		2024-5-1
38	SN/T 5643.3—2023	出口食品中化学污染物的快速检测方法 第3部分：苋菜红的测定 拉曼光谱法		2024-5-1
39	SN/T 5643.4—2023	出口食品中化学污染物的快速检测方法 第4部分：西布曲明的测定 拉曼光谱法		2024-5-1

续表3

序号	标准编号	标准名称	替代标准号	实施日期
40	SN/T 5643.5—2023	出口食品中化学污染物的快速检测方法 第5部分：4种真菌毒素含量的测定 生物芯片试剂盒法		2024-5-1
41	SN/T 5649—2023	动物源食品中克百威及代谢物3-羟基克百威残留量的测定 液相色谱—质谱/质谱法		2024-5-1
42	SN/T 5655.1—2023	商品化试剂盒检测方法 预包装食品致敏原免疫分析法 第1部分：麸质		2024-5-1
43	SN/T 5655.2—2023	商品化试剂盒检测方法 预包装食品致敏原免疫分析法 第2部分：甲壳纲类动物		2024-5-1
44	SN/T 5655.3—2023	商品化试剂盒检测方法 预包装食品致敏原免疫分析法 第3部分：蛋类		2024-5-1
45	SN/T 5655.4—2023	商品化试剂盒检测方法 预包装食品致敏原免疫分析法 第4部分：花生		2024-5-1
46	SN/T 5655.5—2023	商品化试剂盒检测方法 预包装食品致敏原免疫分析法 第5部分：大豆		2024-5-1
47	SN/T 5655.6—2023	商品化试剂盒检测方法 预包装食品致敏原免疫分析法 第6部分：乳		2024-5-1
48	SN/T 5655.7—2023	商品化试剂盒检测方法 预包装食品致敏原免疫分析法 第7部分：扁桃仁		2024-5-1
49	SN/T 5655.8—2023	商品化试剂盒检测方法 预包装食品致敏原免疫分析法 第8部分：腰果		2024-5-1
50	SN/T 5655.9—2023	商品化试剂盒检测方法 预包装食品致敏原免疫分析法 第9部分：榛子		2024-5-1
51	SN/T 5655.10—2023	商品化试剂盒检测方法 预包装食品致敏原免疫分析法 第10部分：巴西坚果		2024-5-1
52	SN/T 5655.11—2023	商品化试剂盒检测方法 预包装食品致敏原免疫分析法 第11部分：夏威夷果		2024-5-1
53	SN/T 5655.12—2023	商品化试剂盒检测方法 预包装食品致敏原免疫分析法 第12部分：开心果		2024-5-1

续表4

序号	标准编号	标准名称	替代标准号	实施日期
54	SN/T 5655.13—2023	商品化试剂盒检测方法 预包装食品致敏原免疫分析法 第13部分：胡桃		2024-5-1
55	SN/T 5656—2023	食品中5种杂粮成分定性检测方法 实时荧光PCR法		2024-5-1
56	SN/T 5658.1—2023	蒸馏酒质量鉴别方法 第1部分：18种挥发性成分含量的测定 气相色谱法		2024-5-1
57	SN/T 5658.2—2023	蒸馏酒质量鉴别方法 第2部分：橡木浸出物的测定 超高效液相色谱法		2024-5-1
58	SN/T 5658.3—2023	蒸馏酒质量鉴别方法 第3部分：多酚总量的测定 分光光度法		2024-5-1
59	SN/T 5659—2023	进出口危险化学品检验规程 发火液体 基本要求		2024-5-1
60	SN/T 5660—2023	进出口危险化学品检验规程 甲酸		2024-5-1

海关总署公告 2023 年第 148 号

(关于支持综合保税区内高级认证企业分送集报免除担保的公告)

为深入贯彻落实党的二十大精神，主动服务构建新发展格局，进一步推动综合保税区（以下简称综保区）高质量发展，降低企业经营成本，现将在批次进出、集中申报（以下称分送集报）业务领域推行高级认证企业（AEO）免除担保措施的有关事项公告如下：

一、综保区内高级认证企业（以下简称区内高级认证企业）开展分送集报业务时，可向所在综保区主管海关申请免除担保。

二、区内高级认证企业申请免除担保，通过金关二期加工贸易及保税监管子系统申报分送集报类型的业务申报表无需填报担保信息。

三、有下列情形之一的，海关可暂停企业适用免除担保措施：

（一）区内高级认证企业或区外收发货人未在规定期限内办理集中申报手续，依法缴纳关税和进出口环节税的；

（二）海关认为存在监管风险的。

四、在业务开展过程中，区内高级认证企业的信用状况发生变化，被认定为非高级认证企业的，海关应暂停企业适用免除担保措施。

五、法律、行政法规另有规定或海关认为存在监管风险的，区内高级认证企业不适用免除担保措施。

六、解除本公告第三、四条所列情形后，区内高级认证企业可向海关申请恢复适用免除担保措施。

本公告自发布之日起实施。

特此公告。

海关总署
2023 年 10 月 27 日

海关总署公告 2023 年第 131 号

(关于发布"导热液体"商品归类决定的公告)

为便于进出口货物的收发货人及其代理人正确申报商品归类事项,保证海关商品归类的统一,根据《中华人民共和国海关进出口货物商品归类管理规定》(海关总署令第 252 号公布)有关规定,海关总署将世界海关组织协调制度委员会关于"导热液体"商品归类意见转化为商品归类决定(见附件),现予以公布。原"苄基甲苯和苯基苯乙烷混合物"商品归类决定(归类决定编号 Z2010-0006,海关总署公告 2010 年第 15 号发布)同时失效。

本公告自发布之日起执行。

特此公告。

附件:"导热液体"商品归类决定

海关总署
2023 年 10 月 11 日

附件

"导热液体"商品归类决定

序号	1	归类决定编号	W2023-25	子目号	3824.99
商品名称	导热液体					
英文名称	Heat transfer fluid					
其他名称						
商品描述	设计用于无压或低压的间接加热系统。 该产品是通过脱氢缩合得到聚苯混合物,而后经蒸馏去除混合物中残留的联苯和其他杂质,最后加氢制得。 该产品的成分为:部分氢化的三联苯(CAS 号:61788-32-7)(74%~87%)、部分氢化的四联苯及苯环数大于 4 的多联苯(CAS 号:68956-74-1)(10%~18%)及三联苯(CAS 号:26140-60-3)(3%~8%)。					
归类依据	归类总规则一及六					

海关总署公告 2023 年第 127 号

(关于处理主动披露违规行为有关事项的公告)

为进一步优化营商环境，促进外贸高质量发展，根据《中华人民共和国海关法》《中华人民共和国行政处罚法》《中华人民共和国海关稽查条例》等有关法律法规规章的规定，现就处理进出口企业、单位在海关发现前主动披露违反海关规定的行为且及时改正的有关事项公告如下：

一、进出口企业、单位主动披露违反海关规定的行为，有下列情形之一的，不予行政处罚：

（一）自涉税违规行为发生之日起六个月以内向海关主动披露的。

（二）自涉税违规行为发生之日起超过六个月但在两年以内向海关主动披露，漏缴、少缴税款占应缴纳税款比例 30% 以下的，或者漏缴、少缴税款在人民币 100 万元以下的。

（三）影响国家出口退税管理的：

1. 自违规行为发生之日起六个月以内向海关主动披露的；

2. 自违规行为发生之日起超过六个月但在两年以内向海关主动披露，影响国家出口退税管理且可能多退税款占应退税款的 30% 以下，或者可能多退税款在人民币 100 万元以下的。

（四）加工贸易企业因工艺改进、使用非保税料件比例申报不准确等原因导致实际单耗低于已申报单耗，且因此产生的剩余料件、半制成品、制成品尚未处置的，或者已通过加工贸易方式复出口的。

（五）适用《中华人民共和国海关行政处罚实施条例》第十五条第（一）项规定，及时改正没有造成危害后果的：

1. 违法违规行为发生当月最后一日 24 点前，向海关主动披露且影响统计人民币总值 1 000 万元以下的；

2. 违法违规行为发生当月最后一日 24 点后 3 个自然月内，向海关主动披露且影响统计人民币总值 500 万元以下的。

（六）适用《中华人民共和国海关行政处罚实施条例》第十五条第（二）项规定处理的。

（七）适用《中华人民共和国海关行政处罚实施条例》第十八条规定处理，未影响国家有关进出境的禁止性管理、出口退税管理、税款征收和许可证件管理的违反海关规定行为的。

（八）进出口企业、单位违反海关检验检疫业务规定的行为，且能够及时办理海关手续，未造成危害后果的（见附件1）。但涉及检疫类事项，以及检验类涉及安全、环保、卫生类事项的除外。

二、进出口企业、单位主动向海关书面报告其涉税违规行为并及时改正，经海关认定为主动披露的，进出口企业、单位可依法向海关申请减免税款滞纳金。符合规定的，海关予以减免。

三、进出口企业、单位主动披露且被海

关处以警告或者100万元以下罚款的行为，不列入海关认定企业信用状况的记录。高级认证企业主动披露违反海关规定行为的，海关立案调查期间不暂停对该企业适用相应管理措施。但检验类涉及安全、环保、卫生类事项的除外。

四、进出口企业、单位对同一违反海关规定行为（指性质相同且违反同一法律条文同一款项规定的行为）一年内（连续12个月）第二次及以上向海关主动披露的，不予适用本公告有关规定。

涉及权利人对被授权人基于同一货物进行的一次或多次权利许可，进出口企业、单位再次向海关主动披露的，不予适用本公告有关规定。

五、进出口企业、单位向海关主动披露的，需填制《主动披露报告表》（见附件2），并随附账簿、单证等材料，向报关地、实际进出口地或注册地海关报告。

本公告有效期自2023年10月11日起至2025年10月10日。海关总署公告2022年第54号同时废止。

特此公告。

附件：1. 检验检疫业务适用主动披露的情形及条件
2. 主动披露报告表

海关总署
2023年10月8日

附件1

检验检疫业务适用主动披露的情形及条件

序号	违法行为	适用条件
1	未经海关允许，将进口食品提离海关指定或者认可的场所的	应同时符合下列情形的： 1. 提离的食品经检验检疫合格； 2. 违规食品尚未销售、使用。
2	出口未获得备案出口食品生产企业生产的食品的	应同时符合下列情形的： 1. 食品来自于国内食品生产许可企业； 2. 食品生产企业在主动披露前，完成备案的； 3. 违法食品价值不满人民币1万元的。
3	出口食品生产企业生产的出口食品未按照规定使用备案种植、养殖场原料的	应同时符合下列情形的： 1. 食品无质量安全问题； 2. 未发生食品安全事故； 3. 未被境外主管机构通报； 4. 违法食品价值不满人民币1万元的。
4	出境竹木草制品未报检的	应同时符合下列情形的： 1. 违规竹木草制品尚未实际出口； 2. 违规竹木草制品能完成补充检验检疫的； 3. 违规竹木草制品经检验检疫合格的。

续表

序号	违法行为	适用条件
5	出境竹木草制品报检与实际不符的	应同时符合下列情形的： 1. 违规竹木草制品尚未实际出口； 2. 违规竹木草制品能完成补充检验检疫的； 3. 违规竹木草制品经检验检疫合格的。
6	代理报检企业、出入境快件运营企业、报检人员未进行合理审查或工作疏忽导致骗取证单的	应同时符合下列情形的： 1. 所涉证单尚未使用； 2. 主动向海关退回证单。

附件 2

主动披露报告表

_____海关：

经自查，发现我企业/单位存在_____违反海关规定的情形，现报告如下：

企业/单位名称		统一信用代码	
企业海关注册编码		信用等级	
注册地址			
联系人及电话		联系人证件名称及证件号码	
违反海关规定涉及事项		违反海关规定行为发生日	
主动披露内容	（可另附自查情况详细说明）		
随附材料清单	1. _____ 2. _____ 3. _____ 以上材料共　　　页。		

企业、单位印章
年　月　日

本报告表一式两份，海关留存一份，申请单位留存一份。

主动披露报告签收单

（正　本）

_____：
　　今收到你单位向_____海关送交的企业主动披露报告及随附资料，共_____页。
　　送交人签字：_____

　　　　　　　　　　　　　　　　　　　　　　　海关签收人：
　　　　　　　　　　　　　　　　　　　　　　　签收日期：

（此件交企业、单位）

主动披露报告签收单

（副　本）

_____：
　　今收到你单位向_____海关送交的企业主动披露报告及随附资料，共_____页。
　　送交人签字：_____

　　　　　　　　　　　　　　　　　　　　　　　海关签收人：
　　　　　　　　　　　　　　　　　　　　　　　签收日期：

（此件由海关留存）

海关总署公告 2023 年第 111 号

[关于实施中国—南非海关"经认证的经营者"(AEO)互认的公告]

2021 年 6 月，中国与南非两国海关正式签署了《中华人民共和国海关总署和南非税务署关于中国海关企业信用管理制度与南非税务署"经认证的经营者"制度互认的安排》（以下简称《互认安排》），决定自 2023 年 9 月 1 日起正式实施。现就有关事项公告如下：

一、根据《互认安排》规定，中南双方相互认可对方的"经认证的经营者"（Authorized Economic Operator，简称 AEO），为进口自对方 AEO 企业的货物提供通关便利。其中，南非税务署认可中国海关高级认证企业为互认的 AEO 企业，中国海关认可经南非税务署"经认证的经营者"制度认证的企业为互认的 AEO 企业。

二、中南双方海关在进口货物通关时，相互给予对方 AEO 企业如下通关便利措施：适用较低的单证审核率；适用较低的进口货物查验率；对布控查验的货物在最大程度上给予优先查验；指定海关联络员，负责沟通处理 AEO 企业在通关中遇到的问题；在国际贸易中断时保障 AEO 企业货物优先能够得到最大程度的便利和快速处置。

三、中国 AEO 企业向南非出口货物时，需要将 AEO 编码（AEOCN+在中国海关注册登记和备案的 10 位企业编码，例如 AEOCN1234567890）告知南非进口商，由其按照南非海关规定申报，南非海关确认中国海关 AEO 企业身份并给予相关便利措施。

四、中国企业自南非 AEO 企业进口货物时，需要分别在进口报关单"境外发货人"栏目中的"境外发货人编码"一栏和水、空运货运舱单中的"发货人 AEO 企业编码"一栏填写南非 AEO 企业编码。填写方式为："国别代码（ZA）+AEO 企业编码（5 位至 8 位数字）"，例如"ZA12345"。中国海关确认南非 AEO 企业身份并给予相关便利措施。

特此公告。

海关总署

2023 年 8 月 31 日

海关总署公告 2023 年第 109 号

(关于增列保税展品及保税中转监管方式的公告)

为规范海关特殊监管区域和保税物流中心监管和统计，海关总署决定增列海关监管方式代码，现公告如下：

一、保税展品

（一）增列海关监管方式代码"5072"，全称"海关特殊监管区域进出境展览品"，简称"区内保税展品"，适用于海关特殊监管区域内企业（以下简称"区内企业"）将展览品从境外运至海关特殊监管区域及复运出境的经营活动，不适用于保税存储货物的展示。

增列海关监管方式代码"6072"，全称"保税物流中心进出境展览品"，简称"中心保税展品"，适用于保税物流中心内企业（以下简称"中心内企业"）将展览品从境外运至保税物流中心及复运出境的经营活动，不适用于保税存储货物的展示。

（二）海关特殊监管区域或保税物流中心与境外之间进出的展览品，区内企业申报监管方式"区内保税展品"（代码5072）、中心内企业申报监管方式"中心保税展品"（代码6072），运输方式为实际进出境运输方式，实施海关单项统计。

从境外暂时进境的展览品（ATA 单证册项下暂时进境货物除外）转入海关特殊监管区域和保税物流中心的，出境时区内企业申报监管方式"区内保税展品"（代码5072）、中心内企业申报监管方式"中心保税展品"（代码6072），运输方式为实际进出境运输方式，实施海关单项统计。

（三）上述展览品留购时，企业按实际监管方式申报，运输方式为"其他"（代码9），启运国（地区）为进境时的启运国（地区），列入进口货物贸易统计。

二、保税国际中转

（一）增列海关监管方式代码"5073"，全称"海关特殊监管区域国际中转货物"，简称"区内国际中转"，适用于区内企业在海关特殊监管区域开展的国际中转运输业务，即从境外运入海关特殊监管区域到从海关特殊监管区域运往境外的全过程均能确定运输安排的货物，不适用于在海关特殊监管区域进行仓储、分拨等保税物流作业的货物。

增列海关监管方式代码"6073"，全称"保税物流中心国际中转货物"，简称"中心国际中转"，适用于中心内企业在保税物流中心开展的国际中转运输业务，即从境外运入保税物流中心到从保税物流中心运往境外的全过程均能确定运输安排的货物，不适用于在保税物流中心进行仓储、分拨等保税物流作业的货物。

（二）海关特殊监管区域或保税物流中心与境外之间进出的国际中转货物，区内企业申报监管方式"区内国际中转"（代码5073）、中心内企业申报监管方式"中心国际中转"（代码6073），运输方式为实际进境运输方式，实施海关单项统计。

（三）上述国际中转货物留购时，企业按实际监管方式申报，运输方式为"其他"（代码9），启运国（地区）为进境时的启运国（地区），列入进口货物贸易统计。

本公告自2024年1月1日起实施。特此公告。

海关总署
2023年8月31日

海关总署公告 2023 年第 108 号

（关于调整进口铅矿砂及其精矿、锌矿砂及其精矿检验监管方式的公告）

为进一步提高贸易便利化水平，促进外贸稳规模优结构，海关总署决定对进口铅矿砂及其精矿、锌矿砂及其精矿检验监管模式进行调整优化。现就有关事项公告如下：

一、将现行由海关对进口铅矿砂及其精矿、锌矿砂及其精矿逐批实施抽样品质检验调整为依企业申请实施；必要时，海关实施监督检验。

二、进口收货人或者代理人需要海关出具品质证书的，向海关提出申请，海关对进口矿产品实施现场检验检疫，并实施现场抽样、实验室检测、出具品质证书。

三、进口收货人或者代理人不需要海关出具品质证书的，海关对进口矿产品实施现场检验检疫，不实施现场抽样、实验室检测、出具品质证书。

四、本公告第二、三条中"现场检验检疫"包括现场放射性检测、外来夹杂物检疫处理、疑似或掺杂固体废物排查。

本公告自 2023 年 9 月 1 日起施行。

特此公告。

海关总署

2023 年 8 月 30 日

海关总署公告 2023 年第 105 号

(关于修改海关总署公告 2015 年第 59 号第十条的公告)

为进一步规范海关特殊监管区域内企业开展保税维修业务，根据生态环境部、商务部、国家发展改革委、海关总署公告 2020 年第 53 号（关于全面禁止进口固体废物有关事项的公告），参照商务部、生态环境部、海关总署公告 2020 年第 16 号（关于支持综合保税区内企业开展维修业务的公告），决定对海关总署 2015 年第 59 号公告（关于海关特殊监管区域内保税维修业务有关监管问题的公告）第十条进行修改。现将修改后的内容公告如下：

十、进境维修过程中产生的维修边角料、坏件、旧件等，原则上应全部复运出境，监管方式为"进料边角料复出"（代码 0864）或"来料边角料复出"（代码 0865）。确实无法复运出境的，一律不得内销，应进行销毁处置，销毁参照加工贸易货物销毁处置有关规定。

对从境内（区域外）进入区域的待维修货物产生的维修坏件、旧件和维修边角料，可通过卡口登记方式运至境内（区域外）。

维修边角料、坏件、旧件等属于固体废物的，应当按照国内固体废物相关规定进行管理。

本公告自公布之日起实施。

特此公告。

海关总署
2023 年 8 月 28 日

海关总署公告 2023 年第 104 号

(关于综合保税区内开展保税货物租赁的补充公告)

为规范海关对综合保税区内开展保税货物租赁业务的监管和统计，现对海关总署公告 2019 年第 158 号（关于综合保税区内开展保税货物租赁和期货保税交割业务的公告）有关事项补充如下：

一、区外承租企业办理租赁货物留购申报手续时，企业按实际监管方式申报，运输方式为"保税港区（综合保税区）"（代码 Y）、"洋山特殊综合保税区"（代码 S）或"洋浦保税港区"（代码 P），实施海关单项统计。

二、租赁企业与境外企业发生资产交易的，承租企业或租赁企业对租赁货物以不实际进出境通关方式办理进出境申报手续时，监管方式为"其他"（代码 9900），运输方式为"其他"（代码 9），实施海关单项统计。申报时，不实行许可证件管理，但法律法规另有规定的除外。

上述规定自 2023 年 10 月 1 日起实施。特此公告。

海关总署
2023 年 8 月 23 日

海关总署公告 2023 年第 102 号

[关于实施中国—塞尔维亚海关"经认证的经营者"（AEO）互认的公告]

2021 年 2 月 4 日，中国政府与塞尔维亚政府正式签署了《中华人民共和国政府和塞尔维亚共和国政府关于中华人民共和国海关总署企业信用管理制度与塞尔维亚共和国财政部海关署"经认证的经营者"制度互认的协定》（以下简称《互认协定》），决定自 2023 年 10 月 1 日起正式实施。现就有关事项公告如下：

一、根据《互认协定》规定，中塞双方相互认可对方海关的"经认证的经营者"（AEO），为进口自对方 AEO 企业的货物提供通关便利。其中，塞尔维亚海关认可中国海关高级认证企业为互认的 AEO 企业，中国海关认可塞尔维亚海关"经认证的经营者"为互认的 AEO 企业。

二、中塞双方海关在进出口货物通关时，相互给予对方 AEO 企业如下通关便利措施：适用较低的单证审核率；适用较低的查验率；对需要实货检查的货物给予优先查验；指定海关联络员，负责沟通解决 AEO 企业在通关中遇到的问题；在国际贸易中断并恢复后优先通关。

三、中国 AEO 企业向塞尔维亚出口货物时，需要将 AEO 编码（AEOCN+在中国海关注册登记和备案的 10 位企业编码，例如 AEOCN0123456789）告知塞尔维亚进口商，由其按照塞尔维亚海关规定填写申报，塞尔维亚海关确认中国海关 AEO 企业身份并给予相关便利措施。

四、中国企业自塞尔维亚 AEO 企业进口货物时，需要分别在进口报关单"境外发货人"栏目中的"境外发货人编码"一栏和水、空运货运舱单中的"发货人 AEO 企业编码"一栏填写塞尔维亚 AEO 企业编码。填写方式为："国别代码（RS）+AEOF/AEOS+24 位企业编码"，例如，RSAEOF123456789012345678901234 或 RSAEOS123456789012345678901234。中国海关确认塞尔维亚 AEO 企业身份并给予相关便利措施。

特此公告。

海关总署
2023 年 8 月 21 日

海关总署公告 2023 年第 94 号

(关于发布 2023 年商品归类决定的公告)

为便于进出口货物的收发货人及其代理人正确申报商品归类事项，保证海关商品归类的统一，根据《中华人民共和国海关进出口货物商品归类管理规定》（海关总署令第 252 号公布）有关规定，海关总署制定了有关商品归类决定（见附件 1）。同时，根据我国进出口商品及国际贸易实际，将世界海关组织协调制度委员会的部分商品归类意见转化为商品归类决定（见附件 2）并予以公布。

本公告自 2023 年 8 月 1 日起实施。

特此公告。

附件：1. 有关商品归类决定（略）
2. 2023 年世界海关组织有关商品归类意见转化的商品归类决定（略）

海关总署

2023 年 7 月 28 日

海关总署公告 2023 年第 86 号

[关于发布《进口离岸现货交易大豆监督管理规范（试行）》的公告]

根据《中华人民共和国生物安全法》《中华人民共和国海关法》等相关法律法规规定，海关总署制定了《进口离岸现货交易大豆监督管理规范（试行）》，现予以发布。

本公告自发布之日起施行。

特此公告。

海关总署
2023 年 7 月 7 日

进口离岸现货交易大豆监督管理规范（试行）

第一章 总 则

第一条 为规范海关对进口离岸现货交易大豆的监督管理工作，根据《中华人民共和国生物安全法》《中华人民共和国海关法》《中华人民共和国进出境动植物检疫法》及其实施条例、《农业转基因生物安全管理条例》等法律法规规定，制定本规范。

第二条 离岸现货交易大豆，是指通过深圳前海联合交易中心（以下简称"前海联交中心"）进口、交易，用于加工的非种用大豆。

第三条 前海联交中心应建设交易业务管理信息化系统，根据海关监管要求，向海关业务管理系统等推送相关信息、数据。

第四条 前海联交中心应根据海关监管要求建立进口商白名单，向海关总署报备。名单内的进口商（以下简称"进口商"）可通过前海联交中心开展进口大豆离岸现货交易。

第五条 海关总署负责监督管理、指导协调和组织实施全国进口离岸现货交易大豆规范管理工作。

直属海关负责监督管理、指导协调和组织实施本关区进口离岸现货交易大豆规范管理工作，组织开展保税交易库考核认定工作。

隶属海关负责实施本辖区内进口离岸现货交易大豆监管工作，对保税交易库实施监管。

第二章 保税交易库认定

第六条 保税仓库或海关特殊监管区域、保税物流中心（B 型）内的仓储场所，经前海联交中心推荐，由场所经营企业向所在地直属海关或其授权的隶属海关提交《保税交易库申请表》（见附件1）及相关材料，提出申请。

第七条 申请材料合格，且经检查符合"保税交易库防疫要求"（见附件2）的，由场所所在地直属海关认定为保税交易库，在直属海关门户网站公布并向海关总署报备。保税交易库改建、扩建、迁址，或植物疫情管理制度发生重大变化时应重新申请认定。

第八条 认定为保税交易库的经营企

业，应在进境粮食检验检疫管理系统（以下简称"粮食系统"）中申请取得企业类型为"现货大豆保税交易库"的账号。

第三章　检疫审批

第九条　大豆进境前，进口商可以保税交易库作为境内存放场所，申请取得用途为"现货交易和期货实物交割"的进境动植物检疫许可证（以下简称"检疫许可证"）。

海关审核检疫审批申请时，应核定保税交易库可用仓容。

第十条　对取得检疫许可证但尚未报关或者备案进境的大豆，在前海联交中心达成交易后，进口商需变更检疫许可证载明的用途或进境口岸信息的，进境口岸直属海关或授权的隶属海关应优先重新办理检疫许可证，原检疫许可证予以作废。

第四章　申报和计税

第十一条　大豆从境外进入保税交易库报关或者备案时，境内收货人或其代理人应当在报关单或备案清单的"货物存放地点"栏填写保税交易库经营企业10位海关编码，"运输方式"栏填写实际进出境运输方式，"用途"栏填写"现货交易和期货实物交割"，并提供检疫许可证、植物检疫证书、农业转基因生物安全证书等。

第十二条　大豆调出保税交易库办理进口报关时，境内收货人或其代理人向保税交易库主管海关申报纳税，监管方式应为一般贸易（0110），"运输方式"栏填写实际出库的特殊运输方式，"备注"栏需注明大豆从境外进入保税交易库的报关单号或者备案清单号，并提供自动进口许可证等。

第十三条　对在保税交易库存储期间发生损毁、短少、灭失的，除不可抗力外，应依法依规向海关缴纳损毁、短少、灭失货物的税款。涉及违法违规的，依规进行处置。

第十四条　保税仓单质押按照海关总署公告2023年第42号（关于通过深圳前海联合交易中心进口大豆有关通关事项的公告）有关规定执行。

第十五条　开展离岸现货交易的进口大豆，由前海联交中心向海关总署进行品种备案。保税仓单持有人应通过前海联交中心对持有的仓单进行公示。

第五章　调运管理

第十六条　海关对进境大豆实施口岸检疫，未发现应立即实施除害、退运或销毁处理等情形的，可调入保税交易库。大豆从进境口岸监管区域调运至保税交易库，应使用密闭运输工具。

附条件提离至保税交易库的大豆，所有检验检疫结果出具前，不得调出保税交易库。

第十七条　大豆调离口岸监管区域前，境内收货人应通过粮食系统提交出/入库联系单（以下简称"联系单"），注明该批大豆在保税交易库中的仓储位置。

第十八条　保税交易库经营企业应根据联系单，在粮食系统中填报入库数量等有关情况。

第十九条　不同批次进口大豆入库时须分开存储，未经海关允许，不得变更仓储位置。

第二十条　大豆调出保税交易库前，前海联交中心应将出库指令、出仓提货信息提供给保税交易库经营企业，保税交易库经营企业应在粮食系统中填报联系单和实际调运情况。

前海联交中心应对已生成出库指令的仓单锁定状态，不得转让、质押。

第二十一条　大豆调出保税交易库后，应当直接运往具备防疫、处理等条件的加工企业进行加工处理。

第六章 监督管理

第二十二条 相关企业应当在大豆装卸、运输、存放、加工、下脚料处理等环节采取防止撒漏、密封等防疫措施。

第二十三条 通过前海联交中心开展大豆离岸现货交易和作为保税交易库的企业，应符合海关监管要求，并配合海关实施监管。如进口商、保税交易库不符合前海联交中心交易管理制度要求或不再从事大豆离岸现货交易等相关业务的，前海联交中心应及时向海关报告，并更新进口商和推荐的保税交易库名单。海关对保税交易库名单实施动态管理。

涉及违法违规的，海关将依法追究相关企业责任。

第二十四条 海关按照进境粮食国内生产、加工、存放单位要求，对保税交易库经营企业实施核查，发现异常拒不整改或整改不通过的，不得再作为保税交易库。

第七章 附　则

第二十五条 海关实施本规范不妨碍其他部门依法履行其职责。

第二十六条 本规范自发布之日起施行。

第二十七条 本规范由海关总署负责解释。

附件：1. 保税交易库申请表
　　　2. 保税交易库防疫要求

附件1

保税交易库申请表

场所经营企业名称				
地址		对应进境口岸		
法人代表		传真	电话	
统一社会信用代码				
联系人		职务	电话	
用于存储保税交易大豆的库容（万吨）				
申请材料	1. 前海联合交易中心出具的推荐材料； 2. 大豆从进境口岸监管区域运至本仓储场所的运输方式和路线示意图； 3. 仓储场所平面图（包括各仓储库的大小、容量）； 4. 植物疫情防控体系和外来有害生物监测体系文件以及相关设施清单； 5. 质量管理体系文件； 6. 植物疫情防控和应急处置领导小组人员名单。			

本单位申请作为离岸现货交易大豆保税交易库，郑重承诺如下：
一、本单位知悉并严格遵守海关检验检疫相关法律法规规定；
二、本单位将配合海关监管，及时、准确填报"进境粮食检验检疫管理系统"有关信息，严格执行出入库管理制度，认真落实各项植物疫情防控措施，发现异常情况第一时间报告；
三、未经海关允许，大豆不调出本仓储场所；
四、如违反海关监管相关法律法规规定，承担相应法律责任。

（单位盖章）

日期：

附件 2

保税交易库防疫要求

一、保税交易库应与大豆进境口岸在同一直属关区，原则上不得占用现有进境粮食指定监管场地配套的口岸专用粮食仓库。周边 1 公里范围内没有农田，不种植豆科作物。布局合理，整洁卫生，地面平整硬化，无裸露土壤，设施良好，保持通风干燥，并具备防虫和防鼠措施，满足进口大豆储存条件。

二、与外界及生活区相对隔离，并采取固定隔离措施。

三、具有完善的质量管理体系并有效运行。建立进口大豆装卸、运输、储存、入库、出库等全过程质量安全管理措施，并实施可追溯的登记管理制度。

四、存储能力不低于 2.5 万吨。

五、具备进境大豆植物疫情防控、撒漏物清扫、下脚料无害化处理及库区周边植物疫情监测、铲除等条件设施及管理制度，在关键节点配备视频监控系统，能够满足海关监管需求。

六、具有植物疫情应急突发事件处置制度及相应措施。

海关总署公告 2023 年第 82 号

(关于中国与新西兰原产地电子联网升级有关事宜的公告)

为进一步便利自由贸易协定项下货物合规通关，自 2023 年 7 月 5 日起，"中国—新西兰原产地电子信息交换系统"升级功能上线运行，全面实现在《区域全面经济伙伴关系协定》（RCEP）、《中国—新西兰自由贸易协定》（以下简称《中新自贸协定》）项下新西兰签发的原产地证书和原产地声明（以下统称"原产地证明"）电子数据传输。现将有关事宜公告如下：

一、进口货物收货人或者其代理人（以下统称进口人）在货物进口时凭新西兰签发的原产地证明申请享受 RCEP 或者《中新自贸协定》协定税率的，按照海关总署公告 2021 年第 34 号规定选择"通关无纸化"方式申报时，无需通过"优惠贸易协定原产地要素申报系统"填报原产地证明电子数据和直接运输规则承诺事项，也无需以电子方式上传原产地证明。

对于系统提示不存在原产地证明电子信息的，自 2023 年 7 月 5 日至 2023 年 12 月 31 日期间，进口人可以按照海关总署公告 2021 年第 34 号的有关规定，通过"优惠贸易协定原产地要素申报系统"录入原产地证明电子信息和直接运输规则承诺事项，并以电子方式上传原产地证明；自 2024 年 1 月 1 日起，进口人应当按规定申请办理相应税款担保手续。

二、进口人选择"有纸报关"方式申报的，在申报进口时应当提交原产地证明纸质文件。

三、出口申报按照海关总署公告 2021 年第 34 号规定办理。

本公告自 2023 年 7 月 5 日起实施。自本公告实施之日起，海关总署公告 2016 年第 84 号废止。

特此公告。

海关总署
2023 年 7 月 4 日

海关总署公告 2023 年第 76 号

(关于调整小轿车、越野车进出口商品归类有关技术特性要求的公告)

根据国家标准《汽车、挂车及汽车列车的术语和定义》(GB/T 3730.1—2022，将于 2023 年 7 月 1 日实施，以下称"2022 年新标准")，现将《中华人民共和国进出口税则本国子目注释（2017 年调整部分）》(海关总署公告 2017 年第 16 号附件 1) 中，小轿车和越野车归类应满足的技术特性要求调整如下：

归入税则号列 8703.2361 项下的小轿车，应满足 2022 年新标准中"4.1.1 轿车"项下"a)""b)"、注 1 至注 3 的技术特性要求。

归入税则号列 8703.2362 项下的越野车，应满足 2022 年新标准中"4.1.3 越野乘用车"项下"a)""b)""c)""d)"、注 1 的技术特性要求。

调整后的具体技术特性要求详见附件。

本公告自 2023 年 7 月 1 日起施行。

特此公告。

附件：进出口归入小轿车、越野车税则号列的商品技术特性要求

海关总署
2023 年 6 月 28 日

附件

进出口归入小轿车、越野车税则号列的商品技术特性要求

税则号列	商品名称	商品技术特性要求
8703.2361	小轿车	归入税则号列 8703.2361 的小轿车，应属于具有如下两项技术特性之一的乘用车，但越野车除外： 1. 车身结构为三厢式车身； 2. 车身结构为两厢式车身，且同时具有以下条件： （1）座位数不超过 5 座，座椅（含可折叠座椅）不超过两排且无侧向布置； （2）一半以上的发动机长度位于车辆前风窗玻璃最前点以前，且转向盘的中心位于车辆总长的前四分之一部分之后； （3）车长不大于 4 000mm，或车长大于 4 000mm 但不大于 5 200mm 且车辆处于整车整备质量状态下车顶外覆盖件最大离地高度不大于 1 580mm。 注 1：一半以上的发动机长度，对于前横置发动机，为发动机曲轴中心线；对于前纵置发动机，为发动机第一缸和最后一缸缸心距的中心线。 注 2：两厢式车身指动力总成舱、客舱和行李舱在外形上形成两个空间形态的车身，乘用车的行李舱和客舱内部贯通（包括行李舱由一块可移动的隔板分割成上下两部分后，仅上半部分与乘客舱贯通的情形）；三厢式车身指动力总成舱、客舱和行李舱在外形上形成各自独立形态的车身。 注 3：车顶外覆盖件是指车身顶部外表面的结构件，不包括行李架、天线等附加在车顶上的附件。 归入税则号列 8703.2361 的小轿车，仅装有点燃式往复式活塞内燃发动机，气缸容量（排气量）超过 2 500 毫升，但不超过 3 000 毫升。一般具有以下特征： 1. 在驾驶员和前排乘客后面的空间具有供各人乘坐的固定座位，并带有安全装置（例如，座椅安全带或安装座位安全带的定位点和配件），或具有固定的定位点和配件，以备安装座椅和安全设备；这些座椅可以是固定的、折叠的或可从定位点移走的； 2. 沿车厢两侧带有后窗； 3. 在车厢两侧或后部具有带窗的滑动式、外掀式或提升式车门； 4. 与乘客区间相连的整个车厢内部具有装饰精致、配置舒适的特征（例如，配置地毯、通风设备、内部照明和烟灰缸等）。

续表

税则号列	商品名称	商品技术特性要求
8703.2362	越野车	归入税则号列 8703.2362 的越野车,应为具有如下各项技术特性的乘用车: 1. 至少有一个前轴和至少有一个后轴同时驱动(包括一个驱动轴可以脱开的车辆)。 2. 至少有一个差速锁止机构或至少有一个类似作用的机构。 3. 车辆处于整车整备质量和一位驾驶员状态下,单车计算爬坡度不小于 30%,并至少具有如下六项技术特性中的五项: (1) 接近角不小于 25°; (2) 离去角不小于 20°; (3) 纵向通过角不小于 20°; (4) 前轴离地间隙不小于 180 mm; (5) 后轴离地间隙不小于 180 mm; (6) 前后轴间的离地间隙不小于 200 mm。 4. 车身结构为两厢式车身时,一半以上的发动机长度位于车辆前风窗玻璃最前点以前,且转向盘的中心位于车辆总长的前四分之一部分之后。 注:装有高度可调悬架的乘用车,有一种悬架状态具有 1~4 技术特性时也视为越野乘用车。 归入税则号列 8703.2362 的越野车仅装有点燃式往复式活塞内燃发动机,气缸容量(排气量)超过 2 500 毫升,但不超过 3 000 毫升。一般具有以下特征: (1) 在驾驶员和前排乘客后面的空间具有供各人乘坐的固定座位,并带有安全装置(例如,座椅安全带或安装座位安全带的定位点和配件),或具有固定的定位点和配件,以备安装座椅和安全设备;这些座椅可以是固定的、折叠或可从定位点移走的; (2) 沿车厢两侧带有后窗; (3) 在车厢两侧或后部具有带窗的滑动式、外掀式或提升式车门; (4) 与乘客区间相连的整个车厢内部具有装饰精致、配置舒适的特征(例如,配置地毯、通风设备、内部照明和烟灰缸等)。

注:上述商品技术特性要求在对小轿车、越野车所装发动机及其气缸容量(排气量)作相应修改后,可适用于《税则》品目 87.03 项下的有关子目。

海关总署公告 2023 年第 75 号

(关于进一步规范保税仓库、出口监管仓库管理有关事项的公告)

为进一步规范保税仓库、出口监管仓库（以下统称"两仓"）管理，根据《中华人民共和国海关对保税仓库及所存货物的管理规定》（海关总署令第 105 号发布，根据海关总署令第 198 号、第 227 号、第 235 号、第 240 号、第 263 号修订）、《中华人民共和国海关对出口监管仓库及所存货物的管理办法》（海关总署令第 133 号发布，根据海关总署令第 227 号、第 235 号、第 240 号、第 243 号、第 263 号修订），现将有关事项公告如下：

一、布局要求

为促进两仓有序建设、健康发展，由各直属海关对两仓进行科学布局、规划总量、控制增量、优化存量，并对外发布。企业申请设立两仓的，应满足布局要求。

（一）因地制宜、科学规划。

结合地方经济发展规划，从有利于实施国家经济发展战略、有利于联通国内国际两个市场、有利于高质量发展的角度出发，支持管理规范、资信良好、信息化系统满足海关监管要求的现代物流企业建设两仓。

（二）按需设立，统筹兼顾。

统筹兼顾两仓发展现状及未来增量需求，与海关特殊监管区域、保税物流中心协调发展、错位布局，确保功能定位合理，助推国际物流链延伸和迭代发展，带动国内物流产业转型升级。

（三）有序推进，动态管理。

海关建立科学规范的动态管理机制，鼓励企业合理设立和注销两仓，避免资源浪费和同质竞争；对两仓利用率较低的区域不支持新设仓库，引导企业充分利用现有保税仓储资源。

二、规范运作

（一）除存储大宗商品、液体货物两仓外，两仓货物进出库应当向海关发送到货确认信息。仓库经营企业在两仓货物完成实际进出库 24 小时内，通过金关二期保税物流管理系统向海关报送到货确认核放单。超过 24 小时报送的，应主动向海关说明有关情况。海关认为有必要加强管理的，可要求存储大宗商品、液体货物的两仓经营企业按上述要求进行到货确认。

（二）保税仓库货物已经办结海关手续或出口监管仓库货物已经办结转进口手续的，收发货人应在办结相关手续之日起 20 日内提离仓库。特殊情况下，经海关同意可以延期提离，延期后累计提离时限最长不得超过 3 个月。

（三）两仓申请注销的，仓库经营企业应当办结货物进口征税、复运出境、退仓、出仓离境或销毁等出库手续，并办结核注清单、业务申报表、出入库单、担保等单证手续。

三、设置规范

对于新申请设立两仓，按照《保税仓库、出口监管仓库设置规范》（详见附件，以下简称《设置规范》）进行建设。对于2023年7月1日前已设立的两仓，如存在与《设置规范》不符情形，应及时整改，并在2025年6月30日前整改完毕（期间仓库注册登记证书到期，经企业申请，符合除《设置规范》外其他延期规定的，先予以延期），逾期未完成的，仓库注册登记证书有效期届满后不予延期。

本公告自2023年7月1日起实施。

特此公告。

附件：保税仓库、出口监管仓库设置规范

海关总署
2023年6月28日

附件

保税仓库、出口监管仓库设置规范

本规范适用于保税仓库、出口监管仓库（以下统称"两仓"）设置。海关实施本规范不妨碍其他部门依法履行其职责。

一、面积容积标准

（一）保税仓库。

1. 公用保税仓库面积不得低于2 000平方米；仓库建筑类型为储罐（筒仓）的，容积不得低于5 000立方米。

2. 液体保税仓库容积不得低于5 000立方米。

3. 寄售维修保税仓库面积不得低于2 000平方米。

（二）出口监管仓库。

1. 出口配送型仓库的面积不得低于2 000平方米。

2. 国内结转型仓库的面积不得低于1 000平方米。

3. 仓库建筑类型为储罐（筒仓）的，容积不得低于5 000立方米。

二、隔离设施标准

经营企业在同一地址不同库区经营多个不同类型仓库的，应在不同仓库间作物理隔断，并设置明显标识。

（一）普通仓库。

1. 具有独立的隔离区域，隔离设施高度不得低于2.5米。

2. 仓库内有专门储存、堆放两仓货物的场地，并设置明显的区位划分标志。

（二）露天堆场。

1. 隔离围墙应为不间断隔离设施，不得有破损和缺口，隔离围墙距地面的总净高度不得低于2.5米。隔离围墙须为金属网状、金属槛栅、实体墙、混凝土围墙板等隔离设施。

2. 堆场内有专门储存、堆放两仓货物的场地，并设置明显的区位划分标志。

（三）储罐（筒仓）。

1. 独立的密闭罐体或筒仓。

2. 罐体或筒仓具有明显的区分标志，并具备施封锁条件，进出罐体或筒仓均已加装流量计或其他计量设施。

三、监管设施标准

（一）应在仓库进出通道、货物装卸和仓储区以及隔离围墙周边等区域安装视频监控系统。

（二）监控数据保存期限不得少于90天。

（三）监控系统应在验收前安装到位，

能够正常运行。经营企业向主管海关提供专用查询账号或与海关联网，海关可实时查看仓库及货物情况。

四、内部管理和信息化系统标准

（一）内部管理。

仓库经营企业应建立专门的账册、单证、仓库管理制度，如实记录仓库货物的进、出、转、存等情况。

（二）信息化系统。

仓库应具备仓库管理系统，将货物的进出库、存储区位、核注清单等纳入管理，具有查询统计以及业务预警功能。

1. 仓库信息化系统应包含以下关键字段数据：

进出库标志、供货（提货）企业名称、货物自然序号、商品料号、电子账册项号、商品编码、商品名称、规格、原产国、计量单位、数量、价值、报关单号、核注清单号、对应进出库单号、仓位号、进出库日期，出仓模块在此基础上还应包括贸易方式、运输工具名称、运输工具编号等字段。

2. 仓库信息化系统应具备以下功能：

可实现以电子账册项号、商品名称、商品编码、日期时间段、报关单号、核注清单号等字段进行库存货物的自动累加和扣减等统计功能。可实现以电子账册项号、商品名称、商品编码、日期时间段、报关单号、仓位号等字段进行组合查询。可按货物进出库时间段查询相关进出库报关单号、核注清单号，并以列表形式输出。可实现对许可期即将届满的仓库和仓储期限即将届满的货物，在到期前45天内每日自动进行预警提示功能。经营企业向主管海关提供专用查询账号或与海关联网，海关可实时查看仓库货物进、出、转、存情况。

对已按《关于明确油气液体化工品监管相关事宜的公告》（海关总署公告2015年第45号）要求安装并正常运行油气液体化工品物流监控系统的仓库，视为已具备符合海关监管要求的仓库管理系统。

海关总署公告 2023 年第 74 号

[关于实施中国—哥斯达黎加海关"经认证的经营者"（AEO）互认的公告]

2023 年 1 月，中国与哥斯达黎加两国海关正式签署了《中华人民共和国海关总署和哥斯达黎加共和国海关署关于中国海关企业信用管理制度与哥斯达黎加海关"经认证的经营者"制度互认的安排》（以下简称《互认安排》），决定自 2023 年 7 月 1 日起正式实施。现就有关事项公告如下：

一、根据《互认安排》规定，中哥双方相互认可对方海关的"经认证的经营者"（Authorized Economic Operator，简称"AEO"），为进口自对方 AEO 企业的货物提供通关便利。其中，哥斯达黎加海关认可中国海关高级认证企业为互认的 AEO 企业，中国海关认可经哥斯达黎加海关 AEO 制度认证的企业为互认的 AEO 企业。

二、中哥双方海关在进口货物通关时，相互给予对方 AEO 企业如下通关便利措施：适用较低的查验率；对需要实货检查的货物给予优先查验；指定海关联络员，负责沟通处理 AEO 企业在通关中遇到的问题；在国际贸易中断并恢复后优先通关。

三、中国 AEO 企业向哥斯达黎加出口货物时，需要将 AEO 编码（AEOCN+在中国海关注册登记和备案的 10 位企业编码，例如 AEOCN1234567890）告知哥斯达黎加进口商，由其按照哥斯达黎加海关规定申报，哥斯达黎加海关确认中国海关 AEO 企业身份并给予相关便利措施。

四、中国企业自哥斯达黎加 AEO 企业进口货物时，需要分别在进口报关单"境外发货人"栏目中的"境外发货人编码"一栏和水、空运货运舱单中的"发货人 AEO 企业编码"一栏填写哥斯达黎加 AEO 企业编码。填写方式为："国别代码（CR）+AEO 企业编码（12 位数字）"，例如"CR123456789012"。中国海关确认哥斯达黎加 AEO 企业身份并给予相关便利措施。

特此公告。

海关总署
2023 年 6 月 26 日

海关总署公告 2023 年第 53 号

(关于《区域全面经济伙伴关系协定》对菲律宾实施有关事宜的公告)

根据《中华人民共和国海关〈区域全面经济伙伴关系协定〉项下进出口货物原产地管理办法》(海关总署令第 255 号，以下简称《办法》)，现将有关事项公告如下：

根据《区域全面经济伙伴关系协定》(以下简称《协定》)有关规定，《协定》将于 2023 年 6 月 2 日起对菲律宾生效实施。《办法》第二条所述的成员方增加菲律宾，《办法》第十四条所述的《特别货物清单》增加《出口至菲律宾特别货物清单》(见附件)。

本公告自 2023 年 6 月 2 日起实施。特此公告。

附件：出口至菲律宾特别货物清单（略）

海关总署

2023 年 5 月 24 日

海关总署公告 2023 年第 49 号

[关于实施内地—澳门海关"经认证的经营者"（AEO）互认的公告]

2023 年 2 月，海关总署与澳门海关正式签署了《海关总署和澳门海关关于内地海关企业信用管理制度与澳门海关认可经济营运商计划互认的安排》（以下简称《互认安排》），决定自 2023 年 6 月 1 日起正式实施。现就有关事项公告如下：

一、根据《互认安排》规定，内地与澳门海关双方相互认可对方海关的"经认证的经营者"（Authorized Economic Operator，简称"AEO"），为进口自对方 AEO 企业的货物提供通关便利。其中，内地海关认可澳门海关 A 级认可经济营运商为互认的 AEO 企业，澳门海关认可内地海关高级认证企业为互认的 AEO 企业。

二、内地与澳门双方海关在进口货物通关时，相互给予对方 AEO 企业如下通关便利措施：适用较低的进口货物查验率；对需要实货检查的货物给予优先查验；指定海关联络员，负责沟通处理 AEO 企业在通关中遇到的问题；在进出口贸易中断并恢复后优先通关。

三、内地 AEO 企业向澳门出口货物时，需要将 AEO 编码（AEOCN+在内地海关注册登记和备案的 10 位企业编码，例如 AEOCN1234567890）告知澳门进口商，由其按照澳门海关规定申报，澳门海关确认内地海关 AEO 企业身份并给予相关便利措施。

四、内地企业自澳门 AEO 企业进口货物时，需要分别在进口报关单"境外发货人"栏目中的"境外发货人编码"一栏和水、空运货运舱单中的"发货人 AEO 编码"一栏填写澳门 AEO 企业编码。填写方式为："地区代码（MO）+9 位数字"，例如"MO123456789"。内地海关确认澳门 AEO 企业身份并给予相关便利措施。

特此公告。

海关总署
2023 年 5 月 11 日

海关总署公告 2023 年第 47 号

(关于发布《进出口工业产品风险分级基本要求》等84项行业标准并废止5项行业标准的公告)

现发布《进出口工业产品风险分级基本要求》等84项行业标准（目录见附件1）。《进口再生原料放射性污染检验规程》（SN/T 0570—2007）等11项被代替标准自新标准实施之日起废止。

本次发布的标准文本可通过中国技术性贸易措施网站（http：//www.tbtsps.cn）标准栏目查阅。

《入出境航空器消毒规程》（SN/T 1268—2010）等5项行业标准（见附件2）自本公告发布之日起废止。

特此公告。

附件：1.《进出口工业产品风险分级基本要求》等84项行业标准目录

2. 废止行业标准目录（略）

海关总署

2023 年 5 月 5 日

附件1

《进出口工业产品风险分级基本要求》等84项行业标准目录

序号	标准编号	标准名称	替代标准号	实施日期
1	SN/T 5489—2023	进出口工业产品风险分级基本要求		2023-12-1
2	SN/T 0570—2023	进口再生原料放射性污染检验规程	SN/T 0570—2007	2023-12-1
3	SN/T 1429.1—2023	进口信息技术设备检验规程 第1部分：通用要求	SN/T 1429.1—2012	2023-12-1
4	SN/T 1537—2023	进口矿产品放射性检验规程	SN/T 1537—2005	2023-12-1
5	SN/T 1631.3—2023	进口机床产品检验规程 第3部分：磨床	SN/T 1631.3—2005	2023-12-1
6	SN/T 1781—2023	进出口化妆品中咖啡因的测定	SN/T 1781—2006	2023-12-1
7	SN/T 2108—2023	进出口化妆品中巴比妥类的测定	SN/T 2108—2008	2023-12-1
8	SN/T 2249—2023	塑料原料及其制品中34种增塑剂的测定 气相色谱—质谱法	SN/T 2249—2009 SN/T 2250—2009	2023-12-1
9	SN/T 2775—2023	商品化食品检测试剂盒评价方法	SN/T 2775—2011	2023-12-1

续表1

序号	标准编号	标准名称	替代标准号	实施日期
10	SN/T 2953—2023	生铁中硅、铬、锰、磷、钼、镍、钛、钒、钨、铜、铝、锑的测定 电感耦合等离子体发射光谱法	SN/T 2953—2011	2023-12-1
11	SN/T 3200—2023	海关技术规范体系表构建规范	SN/T 3200—2012	2023-12-1
12	SN/T 3323.7—2023	氧化铁皮 第7部分：游离 α-SiO$_2$ 含量的测定 X射线衍射K值法		2023-12-1
13	SN/T 4656.9—2023	进出口纺织品生物安全检验方法 第9部分：肠出血性大肠杆菌 O157：H7		2023-12-1
14	SN/T 5326.5—2023	进出口食品化妆品专业分析方法验证指南 第5部分：免疫学方法		2023-12-1
15	SN/T 5410.2—2023	铅矿及主要含铅的矿渣鉴别方法 第2部分：黄渣		2023-12-1
16	SN/T 5432—2023	抗菌纺织品抗菌性能的测定 ATP荧光分析法		2023-12-1
17	SN/T 5454—2023	病媒生物形态学鉴定标准编写技术要求		2023-12-1
18	SN/T 5490—2023	海关技术规范方法验证工作指南		2023-12-1
19	SN/T 5491—2023	电镀锌板与热镀锌板鉴别方法		2023-12-1
20	SN/T 5492—2023	电子电气产品聚合物材料中多溴联苯、多溴二苯醚的测定 裂解—气相色谱—质谱定性筛选法		2023-12-1
21	SN/T 5493—2023	固体和液体样品中29种芬太尼的测定 液相色谱—四级杆/飞行时间质谱法		2023-12-1
22	SN/T 5494—2023	过氧化甲基乙基酮配制品中过氧化甲乙酮含量的测定 滴定法		2023-12-1
23	SN/T 5495—2023	含铁尘泥 铁含量的测定 重铬酸钾滴定法		2023-12-1
24	SN/T 5496—2023	金属材料疲劳特性的评价 非线性超声法		2023-12-1
25	SN/T 5497—2023	进口混合橡胶通用技术规范		2023-12-1
26	SN/T 5498—2023	进口轻质循环油检验鉴别规程		2023-12-1
27	SN/T 5499—2023	矿产品中滑石含量的测定 X射线衍射全谱拟合法		2023-12-1
28	SN/T 5500.1—2023	进口工程机械检验技术要求 第1部分：混凝土搅拌机的排放		2023-12-1
29	SN/T 5500.2—2023	进口工程机械检验技术要求 第2部分：液压挖掘机的排放		2023-12-1

续表2

序号	标准编号	标准名称	替代标准号	实施日期
30	SN/T 5501.1—2023	进口机器人检验技术要求 第1部分：通用要求		2023-12-1
31	SN/T 5501.2—2023	进口机器人检验技术要求 第2部分：工业机器人用柔性电缆		2023-12-1
32	SN/T 5502.1—2023	进口无人机检验技术要求 第1部分：通用要求		2023-12-1
33	SN/T 5503—2023	进出口化妆品中乙酸乙烯酯的测定 顶空气相色谱—质谱法		2023-12-1
34	SN/T 5509—2023	进出口婴幼儿咀嚼辅食器安全要求		2023-12-1
35	SN/T 5510—2023	橡胶及橡胶制品中苯酚含量的测定 气相色谱质谱法		2023-12-1
36	SN/T 5511—2023	出口调味料、调味面制品及肉制品中罂粟碱、那可丁、蒂巴因、吗啡和可待因的测定 液相色谱—质谱/质谱法		2023-12-1
37	SN/T 5516.1—2023	出口食品中致病菌荧光重组酶介导链替换核酸扩增（RAA）检测方法 第1部分：沙门氏菌		2023-12-1
38	SN/T 5516.2—2023	出口食品中致病菌荧光重组酶介导链替换核酸扩增（RAA）检测方法 第2部分：志贺氏菌		2023-12-1
39	SN/T 5516.3—2023	出口食品中致病菌荧光重组酶介导链替换核酸扩增（RAA）检测方法 第3部分：金黄色葡萄球菌		2023-12-1
40	SN/T 5516.4—2023	出口食品中致病菌荧光重组酶介导链替换核酸扩增（RAA）检测方法 第4部分：副溶血性弧菌		2023-12-1
41	SN/T 5516.5—2023	出口食品中致病菌荧光重组酶介导链替换核酸扩增（RAA）检测方法 第5部分：克罗诺杆菌属		2023-12-1
42	SN/T 5516.6—2023	出口食品中致病菌荧光重组酶介导链替换核酸扩增（RAA）检测方法 第6部分：大肠埃希氏菌 O157		2023-12-1
43	SN/T 5516.7—2023	出口食品中致病菌荧光重组酶介导链替换核酸扩增（RAA）检测方法 第7部分：产志贺毒素大肠埃希氏菌		2023-12-1

续表3

序号	标准编号	标准名称	替代标准号	实施日期
44	SN/T 5516.8—2023	出口食品中致病菌荧光重组酶介导链替换核酸扩增（RAA）检测方法 第8部分：空肠弯曲菌		2023-12-1
45	SN/T 5516.9—2023	出口食品中致病菌荧光重组酶介导链替换核酸扩增（RAA）检测方法 第9部分：单核细胞增生李斯特氏菌		2023-12-1
46	SN/T 5516.10—2023	出口食品中致病菌荧光重组酶介导链替换核酸扩增（RAA）检测方法 第10部分：小肠结肠炎耶尔森氏菌		2023-12-1
47	SN/T 5516.11—2023	出口食品中致病菌荧光重组酶介导链替换核酸扩增（RAA）检测方法 第11部分：肺炎克雷伯氏菌		2023-12-1
48	SN/T 5516.12—2023	出口食品中致病菌荧光重组酶介导链替换核酸扩增（RAA）检测方法 第12部分：铜绿假单胞菌		2023-12-1
49	SN/T 5516.13—2023	出口食品中致病菌荧光重组酶介导链替换核酸扩增（RAA）检测方法 第13部分：蜡样芽孢杆菌		2023-12-1
50	SN/T 5516.14—2023	出口食品中致病菌荧光重组酶介导链替换核酸扩增（RAA）检测方法 第14部分：产气荚膜梭菌		2023-12-1
51	SN/T 5516.15—2023	出口食品中致病菌荧光重组酶介导链替换核酸扩增（RAA）检测方法 第15部分：霍乱弧菌		2023-12-1
52	SN/T 5516.16—2023	出口食品中致病菌荧光重组酶介导链替换核酸扩增（RAA）检测方法 第16部分：创伤弧菌		2023-12-1
53	SN/T 5522.1—2023	食用淀粉植物源成分鉴别方法 实时荧光PCR法 第1部分：红薯淀粉		2023-12-1
54	SN/T 5522.2—2023	食用淀粉植物源成分鉴别方法 实时荧光PCR法 第2部分：木薯淀粉		2023-12-1
55	SN/T 5522.3—2023	食用淀粉植物源成分鉴别方法 实时荧光PCR法 第3部分：马铃薯淀粉		2023-12-1
56	SN/T 5522.4—2023	食用淀粉植物源成分鉴别方法 实时荧光PCR法 第4部分：藕淀粉		2023-12-1

续表4

序号	标准编号	标准名称	替代标准号	实施日期
57	SN/T 5522.5—2023	食用淀粉植物源成分鉴别方法 实时荧光PCR法 第5部分：葛根淀粉		2023-12-1
58	SN/T 5522.6—2023	食用淀粉植物源成分鉴别方法 实时荧光PCR法 第6部分：山药淀粉		2023-12-1
59	SN/T 5522.7—2023	食用淀粉植物源成分鉴别方法 实时荧光PCR法 第7部分：玉米淀粉		2023-12-1
60	SN/T 5522.8—2023	食用淀粉植物源成分鉴别方法 实时荧光PCR法 第8部分：小麦淀粉		2023-12-1
61	SN/T 5522.9—2023	食用淀粉植物源成分鉴别方法 实时荧光PCR法 第9部分：绿豆淀粉		2023-12-1
62	SN/T 5522.10—2023	食用淀粉植物源成分鉴别方法 实时荧光PCR法 第10部分：豌豆淀粉		2023-12-1
63	SN/T 5559—2023	汽油中铅、铁、锰的测定 电感耦合等离子体质谱法		2023-12-1
64	SN/T 5560—2023	化妆品光毒性试验 光反应性的测定 活性氧试验		2023-12-1
65	SN/T 5563—2023	进出口肥料检验规程		2023-12-1
66	SN/T 5564—2023	船用残渣燃料油中酚类和脂肪酸甲酯类化合物的测定 气相色谱—质谱/质谱法		2023-12-1
67	SN/T 5565—2023	船运含硫化氢原油手工取样规程		2023-12-1
68	SN/T 5566—2023	激光显微拉曼光谱分析方法通则		2023-12-1
69	SN/T 5571—2023	固体废物鉴别抽样导则		2023-12-1
70	SN/T 5572—2023	进口货物固体废物属性鉴别 通用程序		2023-12-1
71	SN/T 5575—2023	进口矿产品外来夹杂物控制与监管技术规范		2023-12-1
72	SN/T 5576—2023	煤中氟和氯的测定 在线燃烧-离子色谱法		2023-12-1
73	SN/T 5577—2023	锰矿及主要含锰物料鉴别方法 通则		2023-12-1
74	SN/T 5578—2023	皮革中甲基环硅氧烷的测定 顶空—气相色谱—质谱法		2023-12-1
75	SN/T 5579—2023	炭素材料石墨化度的测定 X射线衍射法		2023-12-1
76	SN/T 5580—2023	铜精矿中金含量的测定 泡塑基颗粒活性炭富集分离—电感耦合等离子体发射光谱法		2023-12-1
77	SN/T 5581—2023	再生丙烯腈—丁二烯—苯乙烯共聚物中单体含量的测定 元素分析法		2023-12-1

续表5

序号	标准编号	标准名称	替代标准号	实施日期
78	SN/T 5582—2023	再生聚酰胺共混物中聚酰胺66含量的测定 裂解/气相色谱—质谱法		2023-12-1
79	SN/T 5583—2023	再生橡胶及其制品中芘等10种芘类化合物的测定 气相色谱—质谱法		2023-12-1
80	SN/T 5589.1—2023	进出口商品质量安全风险评估方法 第1部分：层次分析法		2023-12-1
81	SN/T 5589.2—2023	进出口商品质量安全风险评估方法 第2部分：风险矩阵法		2023-12-1
82	SN/T 5589.3—2023	进出口商品质量安全风险评估方法 第3部分：故障树法		2023-12-1
83	SN/T 5590.1—2023	进口机电产品固体废物属性鉴别指南 旧机械硬盘		2023-12-1
84	SN/T 5591—2023	进口无人机检验方法 环境适应性检验		2023-12-1

海关总署公告 2023 年第 45 号

[关于实施中国—乌干达海关"经认证的经营者"（AEO）互认的公告]

2021 年 5 月，中国与乌干达两国海关正式签署了《中华人民共和国海关总署和乌干达共和国税务署关于中国海关企业信用管理制度与乌干达税务署 AEO 制度互认的安排》（以下简称《互认安排》），决定自 2023 年 6 月 1 日起正式实施。现就有关事项公告如下：

一、根据《互认安排》规定，中乌双方相互认可对方的"经认证的经营者"（Authorized Economic Operator，简称"AEO"），为进口自对方 AEO 企业的货物提供通关便利。其中，乌干达海关认可中国海关高级认证企业为互认的 AEO 企业，中国海关认可经乌干达海关 AEO 制度认证的企业为互认的 AEO 企业。

二、中乌双方海关在进口货物通关时，相互给予对方 AEO 企业如下通关便利措施：适用较低的单证审核率；适用较低的查验率；对需要实货检查的货物给予优先查验；指定海关联络员，负责沟通处理 AEO 企业在通关中遇到的问题；在国际贸易中断并恢复后优先通关。

三、中国 AEO 企业向乌干达出口货物时，需要将 AEO 编码（AEOCN+在中国海关注册登记和备案的 10 位企业编码，例如 AEOCN1234567890）告知乌干达进口商，由其按照乌干达海关规定申报，乌干达海关确认中国海关 AEO 企业身份并给予相关便利措施。

四、中国企业自乌干达 AEO 企业进口货物时，需要分别在进口报关单"境外发货人"栏目中的"境外发货人编码"一栏和水、空运货运舱单中的"发货人 AEO 编码"一栏填写乌干达 AEO 企业编码。填写方式为："国别代码（UG）+AEO 企业编码（10 位数字）"，例如"UG1234567890"。中国海关确认乌干达 AEO 企业身份并给予相关便利措施。

特此公告。

海关总署
2023 年 5 月 4 日

海关总署公告 2023 年第 44 号

（关于进一步拓展吉林省内贸货物跨境运输业务范围的公告）

为落实国家振兴东北老工业基地的战略部署，促进利用境外港口开展内贸货物跨境运输合作，海关总署决定进一步拓展吉林省内贸货物跨境运输业务范围。现就有关事宜公告如下：

一、同意在原有吉林省内贸货物跨境运输业务范围的基础上，增加俄罗斯符拉迪沃斯托克港为内贸货物跨境运输中转口岸，增加浙江省舟山甬舟集装箱码头和嘉兴乍浦港 2 个港口为内贸货物跨境运输入境口岸。

二、跨境运输过程中，运输企业须采取有效防控措施，防止动植物疫情和外来物种传入。

三、其余事项按照海关总署公告 2014 年第 42 号执行。

本公告自 2023 年 6 月 1 日起实施。

特此公告。

海关总署

2023 年 5 月 4 日

海关总署公告 2023 年第 43 号

[关于开展《货物进口证明书（汽车、摩托车）》
和《进口机动车辆随车检验单》"两证合一"改革试点的公告]

为进一步优化营商环境，提升进口机动车辆通关效率，促进我国汽车产业持续健康发展，海关总署决定在上海海关开展《货物进口证明书（汽车、摩托车）》（以下简称《证明书》）和《进口机动车辆随车检验单》（以下简称《随车单》）"两证合一"改革试点。现就有关事项公告如下：

一、自上海海关申报进口的汽车、摩托车，对原按照海关总署公告 2015 年第 34 号（关于《货物进口证明书》相关事宜的公告）、《进口汽车检验管理办法》（原国家出入境检验检疫局令第 1 号公布，根据海关总署令第 238 号、240 号修改）等相关规定需要分别签发《证明书》和《随车单》的，在进口车辆办结放行手续并经检验合格后，试点签发"两证合一"的《证明书》。

二、收货人应自进口汽车、摩托车放行并经检验合格后三年内向海关提出签发新版《证明书》申请。

三、进口非中规车的，应在报关单"规格型号"中申报原销售目的国车版、型（如"原欧规""原美规""原加规""原中东规"等）。

四、收货人申请仅需原单一《证明书》或《随车单》的进口汽车、摩托车，按照原管理规定办理签发手续。

五、海关总署公告 2015 年第 34 号中与本公告不一致的，以本公告为准。

本公告自 2023 年 6 月 1 日起执行。

特此公告。

海关总署
2023 年 4 月 28 日

海关总署公告 2023 年第 42 号

(关于通过深圳前海联合交易中心进口大豆有关通关事项的公告)

为便利境内大豆产业链供应链相关市场主体通过深圳前海联合交易中心进口大豆，根据《中华人民共和国海关法》《中华人民共和国进出境动植物检疫法》及其实施条例、《农业转基因生物安全管理条例》等法律法规，现就有关通关事项公告如下：

一、通过深圳前海联合交易中心开展离岸现货交易的大豆，进口企业办理进境动植物检疫许可证时，可以保税仓库或海关特殊监管区域、保税物流中心（B 型）内的仓储场所（以下统称保税交易库）作为境内存放场所，"用途"栏填写"现货交易和期货实物交割"。

二、通过深圳前海联合交易中心交易进口大豆的境内收货人和存放进口大豆的保税交易库经营企业应当为海关非失信企业，保税交易库经营企业承担经营主体责任。保税交易库应当符合海关检疫监管要求。

三、大豆从境外进入保税交易库报关或者备案时，企业应当按照相关规定提交进境动植物检疫许可证、植物检疫证书和农业转基因生物安全证书。进境大豆经海关口岸检疫后，应当运至保税交易库存放，并接受海关监管。保税物流账册表头备注栏应注明"大豆保税交易库"。保税交易库内的大豆可以在境内大豆产业链供应链相关市场主体间出售、转让。

四、深圳前海联合交易中心应向海关实时提供进口大豆保税交易及交收结算单、保税仓单清单及仓单状态、出库指令等电子信息，具体可通过与海关信息化辅助管理系统联网对接等方式实现。

五、经海关批准，保税仓单可以质押。质押应当提供担保并符合海关监管要求，担保期限不短于质押期限。

（一）保税仓单持有人需要开展质押业务的，应当委托保税交易库向主管海关办理仓单质押备案手续，提交《保税仓单质押业务备案表》（见附件1），以及保证金或者银行、非银行金融机构保函。保税交易库应当做好质押货物的标识，质押期间不得办理提货。

（二）保税仓单持有人需要解除质押的，应当委托保税交易库向主管海关申请办理仓单质押解除手续，提交解除质押协议和《保税仓单质押业务解除备案表》（见附件2）。

六、大豆调出保税交易库办理进口报关时，应当逐批报关，不适用分送集报，并按规定向海关提交自动进口许可证，无需再次提交本公告第三条所列单证。大豆调出保税交易库后，应当直接运往具备防疫、处理等条件的加工企业进行加工处理。

七、进境大豆依法应当办理其他手续的，按照相关规定办理。

本公告自发布之日起实施。

特此公告。

附件：1. 保税仓单质押业务备案表 　　　　　　　　　　　海关总署
　　　2. 保税仓单质押业务解除备案表 　　　　　　　　　　2023年4月30日

附件1

保税仓单质押业务备案表

编号：（主管海关编号存档）

出质人信息	企业名称：			统一社会信用代码：	
	联系人及电话：				
	开户银行及账号：				
质权人信息	金融机构名称：			统一社会信用代码：	
	联系人及电话：				
保税交易库信息	海关备案编码：				
	保税交易库名称：				
	保税交易库地址：				
仓单号	品级/规格	品牌	货位	重量（吨）	金额（元）
		合计			

备案事项说明：

　　　　　　　　　　　　　　　　　　　　　　　　　出质人单位签章
　　　　　　　　　　　　　　　　　　　　　　　　　　年　　月　　日

主管海关审核
初审意见：　　　　　　　　　　　　　　　　　　　复审意见：

备注：

注：本备案表一式四份，海关、质权人、出质人和保税交易库各留存一份。

附件 2

保税仓单质押业务解除备案表

编号：（填写对应备案表编号）

出质人信息	企业名称：		统一社会信用代码：
	联系人及电话：		
质权人信息	金融机构名称：		统一社会信用代码：
	联系人及电话：		
	质押期限：		
保税交易库信息	海关备案编码：		
	保税交易库名称：		
	保税交易库地址：		

质押仓单号：

解除说明：
出质人单位签章 年　月　日

主管海关审核	
初审意见：	复审意见：

备注：

注：本备案表一式四份，海关、质权人、出质人和保税交易库各留存一份。

海关总署公告 2023 年第 41 号

(公布《中华人民共和国海关关于〈中华人民共和国政府和尼加拉瓜共和国政府关于自由贸易协定早期收获的安排〉项下进出口货物原产地管理办法》的公告)

为了正确确定《中华人民共和国政府和尼加拉瓜共和国政府关于自由贸易协定早期收获的安排》项下进出口货物原产地，促进我国与尼加拉瓜的经贸往来，海关总署制定了《中华人民共和国海关关于〈中华人民共和国政府和尼加拉瓜共和国政府关于自由贸易协定早期收获的安排〉项下进出口货物原产地管理办法》。现予公布，自 2023 年 5 月 1 日起施行。

进口货物收货人或者其代理人在货物进口时申请享受《中华人民共和国政府和尼加拉瓜共和国政府关于自由贸易协定早期收获的安排》项下税率的，应当按照海关总署公告 2021 年第 34 号对"尚未实现原产地电子信息交换的优惠贸易协定项下进口货物"的有关要求填制《中华人民共和国海关进（出）口货物报关单》（以下简称《报关单》），提交原产地单证。在填报《报关单》商品项"优惠贸易协定享惠"类栏目时，"优惠贸易协定代码"栏应填报代码"24"。

特此公告。

海关总署
2023 年 4 月 26 日

中华人民共和国海关关于《中华人民共和国政府和尼加拉瓜共和国政府关于自由贸易协定早期收获的安排》项下进出口货物原产地管理办法

第一条 为了正确确定《中华人民共和国政府和尼加拉瓜共和国政府关于自由贸易协定早期收获的安排》（以下简称《早期收获》）项下进出口货物原产地，促进我国与尼加拉瓜的经贸往来，根据《中华人民共和国海关法》（以下简称《海关法》）、《中华人民共和国进出口货物原产地条例》和《早期收获》的规定，制定本办法。

第二条 本办法适用于我国与尼加拉瓜之间的《早期收获》项下进出口货物的原产地管理。

第三条 符合下列条件之一的货物，是《早期收获》项下原产货物（以下简称原产货物），具备《早期收获》项下原产资格（以下简称原产资格）：

（一）在中国或者尼加拉瓜完全获得或者生产的；

（二）在中国或者尼加拉瓜仅使用符合本办法规定的原产材料生产的；

（三）在中国或者尼加拉瓜使用非原产材料生产的：

1. 属于《产品特定原产地规则》（以下简称《特定规则》，见附件1）适用范围，并且符合相应的税则归类改变或者其他规定的；

2. 不属于《特定规则》适用范围，但是符合用本办法第五条所列公式计算的区域价值成分不低于40%；

《特定规则》所列《早期收获》项下产品特定原产地规则发生变化时，由海关总署另行公告。

第四条 本办法第三条所称"在中国或者尼加拉瓜完全获得或者生产的"货物是指：

（一）在中国或者尼加拉瓜出生并饲养的活动物；

（二）在中国或者尼加拉瓜从本条第（一）项所述活动物中获得的货物；

（三）在中国或者尼加拉瓜种植、收获、采摘或采集的植物及植物产品；

（四）在中国或者尼加拉瓜狩猎、诱捕、捕捞、水产养殖、采集或捕获获得的货物；

（五）在中国或者尼加拉瓜的土壤、水域、海床或者海床下的底土中提取或者得到的未包括在本条第（一）至（四）项的矿物质及其他天然生成物质；

（六）在中国或者尼加拉瓜领水以外的水域、海床或海床底土提取的货物，只要按照国际法及其国内法规定，该方有权开发上述水域、海床或者海床底土；

（七）在中国或者尼加拉瓜注册并悬挂该方国旗的船只在该方领水以外海域捕捞获得的鱼类和其他海产品；

（八）在中国或者尼加拉瓜注册并悬挂该方国旗的加工船上，仅由本条第（七）项所述货物加工或制成的货物；

（九）在中国或者尼加拉瓜加工过程中产生的仅适用于原材料回收的废碎料；

（十）在中国或者尼加拉瓜消费并收集的仅适用于原材料回收的旧货；

（十一）在中国或者尼加拉瓜仅由本条第（一）至（十）项所指货物生产的货物。

第五条 本办法第三条第一款第（三）项规定的"区域价值成分"应当按照下列公式计算：

$$区域价值成分 = \frac{离岸价格 - 非原产材料价格}{离岸价格} \times 100\%$$

其中，"非原产材料价格"是指按照《WTO估价协定》确定的非原产材料的进口成本、运至目的港口或者地点的运费和保险费，包括不明原产地材料的价格。非原产材料在中国或者尼加拉瓜境内获得时，按照《WTO估价协定》确定的成交价格，应当为在中国或者尼加拉瓜最早确定的非原产材料的实付或应付价格，不包括将该非原产材料从供应商仓库运抵生产商所在地的运费、保险费、包装费及任何其他费用。

根据本条第一款计算货物的区域价值成分时，非原产材料价格不包括在生产过程中为生产原产材料而使用的非原产材料的价格。

第六条 适用《特定规则》规定的税则归类改变要求确定原产资格的货物，生产过程中使用的不满足税则归类改变要求的非原产材料（包括不明原产地材料），按照本办法第五条确定的价格，不超过该货物离岸价格的10%，且符合本办法所有其他规定的，应当视为原产货物。

第七条 原产于中国或者尼加拉瓜的材料在另一方被用于生产另一货物的，该材料应当视为另一方的原产材料。

第八条 符合本办法第三条第一款第（三）项规定的货物，如在生产中使用的非原产材料仅经过下列一项或者多项加工或者处理，该货物不具备原产资格：

（一）为确保货物在运输或者储存期间保持良好状态而进行的保存操作；

（二）将零件简单组装成完整成品，或者将产品拆卸成零件；

（三）为销售或者展示目的进行的包装、拆除包装或者再包装处理；

（四）动物屠宰；

（五）洗涤、清洁、除尘、除去氧化物、除油、去漆以及去除其他涂层；

（六）纺织品的熨烫或者压平；

（七）简单的上漆及磨光操作；

（八）谷物及大米的脱壳、部分或者全部漂白、抛光及上光；

（九）食糖上色或者加工成糖块的操作；

（十）水果、坚果及蔬菜的去皮、去核及去壳；

（十一）削尖、简单研磨或者简单切割；

（十二）过滤、筛选、挑选、分类、分级、匹配（包括成套物品的组合）、切割、分切、弯曲、卷绕或者展开；

（十三）简单装瓶、装罐、装壶、装袋、装箱或者装盒、固定于纸板或者木板及其他简单包装操作；

（十四）在产品或者其包装上粘贴或者印刷标志、标签、标识或者其他类似的区别标记；

（十五）简单混合货物，不论是否有不同种类；

（十六）仅用水或者其他物质稀释而未实质上改变货物的特性；

（十七）仅为便于港口装卸而进行的处理。

第九条 对于出于商业目的可相互替换且性质实质相同的货物或者材料，应当通过下列方法之一区分后分别确定其原产资格：

（一）物理分离；

（二）出口方公认会计准则承认且至少连续使用12个月的库存管理方法。

第十条 在货物生产、测试或者检验过程中使用且本身不构成该货物组成成分的下列物料，应当视为原产材料：

（一）燃料、能源、催化剂及溶剂；

（二）厂房、装备及机器，包括用于测试或者检查货物的设备及用品；

（三）手套、眼镜、鞋靴、衣服、安全设备及用品；

（四）工具、模具及型模；

（五）用于维护设备和建筑的备件及材料；

（六）在生产中使用或者用于设备运行和建筑维护的润滑剂、油（滑）脂、合成材料及其他材料；

（七）在货物生产过程中使用但未构成该货物组成成分的其他货物。

第十一条 下列包装材料和容器不影响货物原产资格的确定：

（一）用于货物运输的包装材料和容器；

（二）与货物一并归类的零售用包装材料和容器。

货物适用区域价值成分要求确定原产资格的，在计算货物的区域价值成分时，与货物一并归类的零售用包装材料和容器的价格应当纳入原产材料或者非原产材料的价格予以计算。

第十二条 与货物一并申报进口，在《税则》中一并归类并且不单独开具发票的附件、备件、工具和说明材料不影响货物原产资格的确定。

货物适用区域价值成分标准确定原产资格的，在计算货物的区域价值成分时，前款所列附件、备件、工具和说明材料的价格应当纳入原产材料或者非原产材料的价格予以计算。

附件、备件、工具和说明材料的数量与价格应当在合理范围之内。

第十三条 对于《税则》归类总规则三所定义的成套货物，如果其所有组件是原产的，则该成套货物应当视为原产。当该成套货物是由原产及非原产产品组成时，如果按照本办法第五条（区域价值成分）确定的非原产货物的价值不超过该成套货物总值的15%，则该成套货品仍应视为原产。

第十四条 从出口方运输至进口方的原产货物，符合下列条件之一的，货物保有其原产资格：

（一）未途经其他国家（地区）；

（二）途经其他国家（地区），除转换运输工具外，符合下列条件：

1. 货物经过这些国家或者地区仅是由于地理原因或者运输需要；

2. 货物未经过除装卸或者为保持货物良好状态的处理以外的其他任何处理；

3. 临时储存不超过180天；

4. 货物未进入贸易或者消费领域；

5. 货物在这些国家或者地区转运时始终处于海关监管之下。

第十五条 《早期收获》项下原产地证书应当符合以下规定：

（一）所列货物具备本办法所述原产资格；

（二）由中国或者尼加拉瓜签证机构签发；

（三）具有唯一的证书编号；

（四）所列的一项或者多项货物为同一批次的货物；

（五）注明货物具备原产资格的依据；

（六）原产地证书的签证机构印章、签名与出口方通知进口方的样本相符；

（七）以英文填制并符合《原产地证书格式》（见附件2）所列格式。

第十六条 原产地证书应当在货物装运前或者装运时签发，并自出口方签发之日起1年内有效。

如果因不可抗力、非故意的错误、疏忽或者其他合理原因导致原产地证书未在货物装运前或者装运时签发，原产地证书可以在货物装运之日起1年内补发。补发的原产地证书应当注明"ISSUED RETROACTIVELY"（补发）字样，且自装运之日起1年内有效。

第十七条 原产地证书被盗、遗失或者意外损毁时，出口商或者生产商可以向出口方的签证机构书面申请签发经核准的原产地证书副本。经核准的原产地证书副本应当注明"CERTIFIED TRUE COPY of the original Certificate of Origin number _____ dated _____"［原产地证书正本（编号_____日期_____）的经认证的真实副本］字样，有效期与原产地证书正本相同。

第十八条 具备原产资格的进口货物，可以适用《早期收获》项下税率。

第十九条 进口货物收货人或者其代理人为进口原产货物申请适用《早期收获》项下税率的，应当按照海关总署有关规定申报，并且凭以下单证办理：

（一）符合本办法规定的原产地证书；

（二）货物的商业发票；

（三）货物的全程运输单证。

货物途经其他国家（地区）运输至中国境内的，还应当提交其他国家或者地区海关出具的证明文件或者海关认可的其他证明文件。

进口货物收货人或者其代理人提交的本条第一款第（三）项所述运输单证可以满足直接运输相关规定的，无需提交本条第二款所述证明文件。

第二十条 对优惠贸易协定项下原产于尼加拉瓜货物进行海关申报时，进口货物收货人或者其代理人在办结海关手续前未取得有效的《早期收获》项下原产地证书的，应当在办结海关手续前就该货物是否具备原产资格向海关进行补充申报（格式见附件3），但海关总署另有规定的除外。

进口货物收货人或者其代理人依照前款规定就进口货物具备原产资格向海关进行补充申报并且提供税款担保的，海关应当依法办理进口手续。依照法律、行政法规规定不得办理担保的情形除外。因提前放行等原因已经提交了与货物可能承担的最高税款总额相当的税款担保的，视为符合本款关于提供税款担保的规定。

第二十一条 为了确定原产地证书真实性和准确性、确定进出口货物的原产资格，或者确定进出口货物是否满足本办法规定的其他要求，海关可以通过以下方式开展原产地核查：

（一）要求进口货物收货人或者其代理人提供补充信息；

（二）要求尼加拉瓜相关主管机构核查原产地证书的真实性及货物的原产资格，必要时提供出口商或者生产商以及货物的相关信息；

（三）对出口方进行核查访问。

核查期间，海关可以应进口货物收货人或者其代理人申请办理担保放行，但法律法规另有规定的除外。

第二十二条 具有下列情形之一的，进口货物收货人或者其代理人可以在海关批准的担保期限内向海关申请解除税款担保：

（一）进口货物收货人或者其代理人已经按照本办法规定向海关进行补充申报并且提交了有效的《早期收获》项下原产地证书的；

（二）已经按照本办法规定完成原产地核查程序，核查结果足以认定货物原产资格的。

第二十三条 具有下列情形之一的，进口货物不适用《早期收获》项下税率：

（一）进口货物收货人或者其代理人在货物办结海关手续前未按照本办法第十八、十九条规定申请适用《早期收获》项下税率，也未按照本办法第二十条规定补充申报的；

（二）货物不具备原产资格的；

（三）原产地证书不符合本办法规定的；

（四）原产地证书所列货物与实际进口货物不符的；

（五）自出口成员方签证机构或者主管机构收到原产地核查要求之日起180日内，海关未收到核查反馈，或者反馈结果不足以确定原产地证书真实性、货物原产资格的；

（六）进口货物收货人或者其代理人存在其他违反本办法有关规定的行为的。

第二十四条 出口货物发货人及其代理人、已进行原产地企业备案的境内生产商及其代理人（以下统称申请人）可以向我国签证机构申请签发原产地证书。

第二十五条 申请人应当在货物装运前或者装运时申请签发原产地证书，同时提交证明货物原产资格的材料。申请人应当对其提交材料的真实性、完整性、准确性负责。

第二十六条 签证机构应当对申请人提交的材料进行审核，符合本办法规定的，签发原产地证书；不符合本办法规定的，决定不予签发原产地证书，书面通知申请人并且说明理由。

签证机构进行审核时，可以通过以下方式核实货物的原产资格：

（一）要求申请人补充提供与货物原产资格相关的信息和资料；

（二）实地核实出口货物的生产设备、加工工序、原材料及零部件的原产资格、原产国（地区）以及出口货物说明书、包装、商标、唛头和原产地标记；

（三）查阅、复制有关合同、发票、账簿以及其他相关资料。

第二十七条 海关可以通过以下方式对出口货物的原产地情况进行核查：

（一）要求申请人补充提供与货物原产资格相关的信息和资料；

（二）实地核实出口货物的生产设备、加工工序、原材料及零部件的原产资格、原产国（地区）以及出口货物说明书、包装、商标、唛头和原产地标记；

（三）查阅、复制有关合同、发票、账簿以及其他相关资料。

第二十八条　出口货物申报时，出口货物发货人及其代理人应当按照海关的申报规定填制《报关单》。

第二十九条　申领原产地证书的出口货物发货人和生产商应当自原产地证书签发之日起3年内，保存能够充分证明货物原产资格的文件记录。

适用《早期收获》项下税率进口货物的收货人应当自货物办结海关手续之日起3年内，保存能够充分证明货物原产资格的文件记录。

签证机构应当自原产地证书签发之日起3年内，保存原产地证书副本以及其他相关申请资料。

上述文件记录可以以电子或者纸质形式保存。

第三十条　本办法下列用语的含义：

（一）出口方、进口方，分别是指货物申报出口和进口时所在的成员方；

（二）签证机构，是指由成员方指定或者授权签发原产地证书，并且依照《早期收获》规定已向另一成员方通报的机构。直属海关、隶属海关、中国国际贸易促进委员会及其地方分会是我国签证机构；

（三）主管机构，是指由成员方指定并且依照《早期收获》的规定已向另一成员方通报的一个或者多个政府机构。海关总署是我国主管机构；

（四）《WTO估价协定》，是指《关于实施1994年关贸总协定第七条的协定》；

（五）到岸价，是指包括运抵进口方进境口岸或者地点的保险费和运费在内的进口货物价格；

（六）离岸价格，是指包括货物运抵最终出境口岸或地点的运输费用在内的船上交货价格；

（七）公认会计准则，是指一成员方普遍接受或者官方认可的有关记录收入、费用、成本、资产和负债、信息披露以及编制财务报表的会计准则，包括普遍适用的广泛性指导原则以及详细的标准、惯例和程序；

（八）货物，是指任何商品、产品、物品或材料；

（九）材料，是指组成成分、零件、部件、半组装件，以及（或者）以物理形式构成另一产品的组成部分或者已用于另一产品生产过程的产品；

（十）非原产材料或非原产货物，是指根据本办法规定不具备原产资格的材料或货物；

（十一）原产材料或原产货物，是指根据本章规定具备原产资格的材料或货物；

（十二）可互换材料，是指为商业目的可以互换的材料，其性质实质相同，且仅靠表观检查无法加以区分；

（十三）产品，是指被生产的产品，即使它是为了在另一个生产操作后续使用；

（十四）生产，是指任何获得货物的方法，包括但不限于货物的种植、饲养、开采、收获、捕捞、水产养殖、耕种、诱捕、狩猎、抓捕、采集、收集、养殖、提取、制造、加工或者装配；

（十五）水产养殖，是指对水生生物体的养殖，包括从卵、鱼苗、鱼虫和鱼卵等胚胎开始，养殖鱼类、软体类、甲壳类、其他水生无脊椎动物和水生植物等，通过诸如规律的放养、喂养或者防止捕食者侵袭等方式对饲养或者生长过程进行干预，以提高蓄养群体的生产量。

第三十一条 本办法由海关总署负责解释。

第三十二条 本办法自2023年5月1日起施行。

附件：1. 产品特定原产地规则
　　　2. 原产地证书格式
　　　3. 进口货物原产资格申明

二、税则归类改变该要求仅适用于非原产材料。

三、"章改变"是指从任何其他章改变至本章，即在货物生产中使用的所有非原产材料均已在协调制度的前两位数级别上发生改变。

四、"品目改变"是指从任何其他品目改变至本品目，即指在货物生产中使用的所有非原产材料均已在协调制度的前四位数级别上发生改变。

五、"子目改变"是指从任何其他子目改变至本子目，即在货物生产中使用的所有非原产材料均已在协调制度的前六位数级别上发生改变。

六、本附件以2022版协调制度为基础制定。

附件1

产品特定原产地规则

注释：

一、废碎料（包括未具体列名的废碎料）应当适用完全获得标准。

税则号列	商品描述	产品特定原产地规则
01	活动物	完全获得
02	肉及使用杂碎	完全获得
03	鱼、甲壳动物、软体动物及其他水生无脊椎动物	章改变
04.01	未浓缩及未加糖或其他甜物质的乳及稀奶油	完全获得
04.02	浓缩、加糖或其他甜物质的乳及稀奶油	完全获得
04.03	酸乳；酪乳、结块的乳及稀奶油、酸乳、酸乳酒及其他发酵或酸化的乳和稀奶油，不论是否浓缩、加糖、加其他甜物质、加香料、加水果、加坚果或加可可	完全获得
04.04	乳清，不论是否浓缩、加糖或其他甜物质；其他税目未列名的含天然乳的产品，不论是否加糖或其他甜物质	完全获得
04.05	黄油及其他从乳中提取的脂和油；乳酱	完全获得
04.06	乳酪及凝乳	完全获得
04.08	去壳禽蛋及蛋黄，鲜、干、冻、蒸过或水煮、制成型或用其他方法保藏的，不论是否加糖或其他甜物质	完全获得
07	食用蔬菜、根及块茎	完全获得
08	食用水果及坚果；柑橘属水果或甜瓜的果皮	完全获得

续表1

税则号列	商品描述	产品特定原产地规则
09.01	咖啡,不论是否焙炒或浸除咖啡碱;咖啡豆荚及咖啡豆皮;含咖啡的咖啡代用品	
	未烘焙的咖啡	
0901.11	未浸除咖啡碱	完全获得
0901.12	已浸除咖啡碱	完全获得
	已烘焙的咖啡	
0901.21	未浸除咖啡碱	完全获得
0901.22	已浸除咖啡碱	完全获得
0901.90	其他(咖啡豆荚及豆皮;含咖啡的咖啡代用品)	完全获得
09.02	茶,不论是否加香料	章改变
10.01	小麦及混合麦	完全获得
10.02	黑麦	完全获得
10.03	大麦	完全获得
10.04	燕麦	完全获得
10.05	玉米	完全获得
10.06	稻谷、大米	完全获得
10.07	食用高粱	完全获得
10.08	荞麦、谷子及加那利草子;其他谷物	完全获得
11.01	小麦或混合麦的细粉	章改变,从第10章改变至此除外
11.02	其他谷物细粉,但小麦或混合麦的细粉除外	章改变,从第10章改变至此除外
11.03	谷物的粗粒、粗粉及团粒	章改变,从第10章改变至此除外
11.04	经其他加工的谷物(例如,去壳、滚压、制片、制成粒状、切片或粗磨),但税目10.06的稻谷、大米除外;谷物胚芽,整粒、滚压、制片或磨碎的	章改变,从第10章改变至此除外
11.05	马铃薯的细粉、粗粉、粉末、粉片、颗粒及团粒	完全获得
11.08	淀粉;菊粉	完全获得
12.01	大豆,不论是否破碎	完全获得
12.02	未焙炒或未烹煮的花生,不论是否去壳或破碎	完全获得
12.04	亚麻子,不论是否破碎	完全获得

续表2

税则号列	商品描述	产品特定原产地规则
12.05	油菜子，不论是否破碎	完全获得
12.06	葵花子，不论是否破碎	完全获得
12.07	其他含油子仁及果实，不论是否破碎	完全获得
12.08	含油子仁或果实的细粉及粗粉，但芥子粉除外	完全获得
15.07	豆油及其分离品，不论是否精制，但未经化学改性	章改变，从第12章改变至此除外
15.08	花生油及其分离品，不论是否精制，但未经化学改性	完全获得
15.09	油橄榄油及其分离品，不论是否精制，但未经化学改性	章改变
15.11	棕榈油及其分离品，不论是否精制，但未经化学改性	完全获得
15.12	葵花油、红花油或棉子油及其分离品，不论是否精制，但未经化学改性	章改变，从第12章改变至此除外
15.13	椰子油、棕榈仁油或巴巴苏棕榈果油及其分离品，不论是否精制，但未经化学改性	完全获得
15.14	菜子油或芥子油及其分离品，不论是否精制，但未经化学改性	章改变，从第12章改变至此除外
15.15	其他固定植物或微生物油、脂（包括希蒙得木油）及其分离品，不论是否精制，但未经化学改性	章改变
15.16	动、植物或微生物油、脂及其分离品，全部或部分氢化、相互酯化、再酯化或反油酸化，不论是否精制，但未经进一步加工	章改变
15.17	人造黄油；本章各种动、植物或微生物油、脂及其分离品混合制成的食用油、脂或制品，但税目15.16的食用油、脂及其分离品除外	章改变
16.01	肉、食用杂碎、动物血或昆虫制成的香肠及类似产品；用香肠制成的食品	完全获得
16.02	其他方法制作或保藏的肉、食用杂碎、动物血或昆虫	章改变，从品目0201、0202、0203和0207改变至此除外
17.01	固体甘蔗糖、甜菜糖及化学纯蔗糖	完全获得
17.02	其他固体糖，包括化学纯乳糖、麦芽糖、葡萄糖及果糖；未加香料或着色剂的糖浆；人造蜜，不论是否掺有天然蜂蜜；焦糖	完全获得
17.04	不含可可的糖食（包括白巧克力）	完全获得
18.01	整颗或破碎的可可豆，生的或焙炒的	完全获得
18.02	可可荚、壳、皮及废料	完全获得
18.03	可可膏，不论是否脱脂	完全获得

续表3

税则号列	商品描述	产品特定原产地规则
18.04	可可脂、可可油	完全获得
18.05	未加糖或其他甜物质的可可粉	完全获得
1901.10	适合供婴幼儿食用的零售包装食品	章改变,从第4章改变至此除外
1901.90	其他(麦精;未列名的食品)	章改变,从第4章改变至此除外
1904.10	谷物或谷物产品经膨化或烘炒制成的食品	章改变,从品目10.06改变至此除外
1904.90	其他预煮或经其他方法制作谷物(玉米除外)	章改变,从品目10.06改变至此除外
1905.31	甜饼干	章改变,从品目11.01改变至此除外
1905.90	其他(未列名焙烘糕饼;装药空囊、封缄、糯米纸等)	章改变,从品目11.01改变至此除外
2001.90	其他用醋制作蔬菜、果品及植物其他食用部分	章改变,从第7章改变至此除外
20.02	番茄,用醋或醋酸以外的其他方法制作或保藏的	章改变
2004.10	非醋方法制作或保藏的冷冻马铃薯	章改变,从第7章改变至此除外
2005.20	非醋方法制作或保藏的未冷冻马铃薯	章改变,从第7章改变至此除外
2008.11	花生	完全获得
22.07	未改性乙醇,按容量计酒精浓度在80%及以上;任何浓度的改性乙醇及其他酒精	完全获得
2208.40	朗姆酒及蒸馏已发酵甘蔗产品制得的其他烈性酒	完全获得
24.02	烟草或烟草代用品制成的雪茄烟及卷烟	品目改变
26	矿砂、矿渣及矿灰	完全获得
37.01	未曝光的摄影感光硬片及平面软片,用纸、纸板及纺织物以外任何材料制成;未曝光的一次成像感光平片,不论是否分装	品目改变,从子目3707.10改变至此除外
37.02	成卷的未曝光摄影感光胶片,用纸、纸板及纺织物以外任何材料制成;未曝光的一次成像感光卷片	品目改变,从子目3707.10改变至此除外

续表4

税则号列	商品描述	产品特定原产地规则
37.03	未曝光的摄影感光纸、纸板及纺织物	品目改变,从子目3707.10改变至此除外
38.08	杀虫剂、杀鼠剂、杀菌剂、除草剂、抗萌剂、植物生长调节剂、消毒剂及类似产品,零售形状,零售包装或制成制剂及成品(例如,经硫磺处理的带子、杀虫灯芯、蜡烛及捕蝇纸)	品目改变(但仅为货物零售进行包装、展示而发生的税号改变除外)
39.26	其他塑料制品及税目39.01至39.14所列其他材料的制品	品目改变
40.01	天然橡胶、巴拉塔胶、古塔波胶、银胶菊胶、糖胶树胶及类似的天然树胶,初级形状或板、片、带	完全获得
44	木及木制品;木炭	完全获得
52.01	未梳的棉花	完全获得
52.03	已梳的棉花	完全获得
52.08	棉机织物,按重量计含棉量在85%及以上,每平方米重量不超过200克	品目改变
54.01	化学纤维长丝纺制的缝纫线,不论是否供零售用	品目改变
55.12	合成纤维短纤纺制的机织物,按重量计合成纤维短纤含量在85%及以上	品目改变
58.01	起绒机织物及绳绒织物,但税目58.02或58.06的织物除外	品目改变
61	针织或钩编的服装及衣着附件	品目改变
62	非针织或非钩编的服装及衣着附件	品目改变
85.44	绝缘(包括漆包或阳极化处理)电线、电缆(包括同轴电缆)及其他绝缘电导体,不论是否有接头;由多根具有独立保护套的光纤组成的光缆,不论是否与电导体装配或装有接头	品目改变

附件 2

原产地证书格式
CERTIFICATE OF ORIGIN

1. Exporter's full name, address and country:	Certificate No.: CERTIFICATE OF ORIGIN China-Nicaragua Free Trade Agreement Issued in: _____
2. Consignee's full name, address, country:	For official use only:
3. Means of transport and route (as far as known) Departure date: Vessel/Flight/Train/Vehicle No.: Port of loading: Port of discharge:	4. Remarks:

5. Item number	6. Marks and numbers on packages; Number and kind of packages; Description of goods	7. HS code (6-digit code)	8. Origin criterion	9. Quantity (e.g. Quantity Unit, litres, m³)	10. Number, Date of Invoice

11. Declaration by the producer/exporter The undersigned hereby declares that the above stated information is correct and that the goods exported to _____ (Importing Party) comply with the origin requirements specified in the China-Nicaragua Free Trade Agreement. Place, date and signature of authorized person	12. Certification On the basis of the control carried out, it is hereby certified that the information herein is correct and that the described goods comply with the origin requirements of the China- Nicaragua Free Trade Agreement. Place and date Signature and stamp of the Authorized Body

Overleaf Instruction

Box 1: State the full legal name and address of the exporter in China or Nicaragua.

Box 2: State the full legal name and address of the importer in China or Nicaragua, if known. If unknown, add "＊＊＊" (three stars).

Box 3: Complete the means of transport and route and specify the departure date, transport vehicle number, and port of loading and discharge, as far as known. If unknown, add "＊＊＊" (three stars).

Box 4: Customer's Order Number, Letter of Credit Number, among others, may be included. If the Certificate of Origin has not been issued before or at the time of shipment, the authorized body should mark "ISSUED RETROSPECTIVELY" here.

Box 5: State the item number.

Box 6: State the shipping marks and numbers on packages, when such marks and numbers exist.

The number and kind of packages shall be specified. Provide a full description of each good. The description should be sufficiently detailed to enable the products to be identified by the Customs Officers examining them and relate it to the invoice description and to the HS description of the good. If goods are not packed, state "in bulk". When the description of the goods is finished, add " * * * " (three stars) or " \ " (finishing slash).

Box 7: For each good described in Box 6, identify the HS tariff classification to a six-digit code.

Box 8: For each good described in Box 6, state which criterion is applicable, in accordance with the following instructions. The rules of origin are contained in Chapter of Rules of Origin and Implementation Procedures and Appendix 1 (Product Specific Rules of Origin).

Origin Criterion	Insert in Box 8
The good is "wholly obtained" in the territory of a Party, as referred to in Article 3.3 (Goods Wholly Obtained) or required so in Appendix 1 (Product Specific Rules of Origin).	WO
The good is produced entirely in the territory of a Party, exclusively from materials whose origin conforms to the provisions of Chapter of Rules of Origin and Implementation Procedures.	WP
General rule as ≥40% regional value content.	RVC
The good is produced in the territory of a Party, using non-originating materials that comply with the Product Specific Rules and other applicable provisions of Chapter of Rules of Origin and Implementation Procedures.	PSR

Box 9: State quantity with units of measurement for each good described in Box 6. Other units of measurement, e. g. volume or number of items, which would indicate exact quantities may be used where customary.

Box 10: The number and date of invoice (including the invoice issued by a non-Party operator) should be shown here.

Box 11: The box must be completed by the producer or exporter. Insert the place date and signature of authorized person.

Box 12: The box must be completed, dated, signed and stamped by the authorized person of the authorized body.

中文参考

1. 出口商名称、地址、国家：	证书编号：
	原产地证书 中国—尼加拉瓜自由贸易协定 签发于：_____
2. 收货人的名称、地址、国家：	仅供官方使用：

3. 运输方式及路线（如已知）
   离港日期：
   船舶/飞机/火车/车辆编号：
   装货口岸：
   卸货口岸：
	4. 备注：

5. 项目号	6. 包装唛头及编号；包装件数及种类货物名称	7. HS 编码（6位）	8. 原产地标准	9. 数量（例如数量单位、升、立方米）	10. 发票编号及日期

11. 出口商或者生产商 申明上述填报资料陈述无误，该货物出口至 _____（进口方） 符合中国—尼加拉瓜自由贸易协定的原产地要求。 地点、日期及授权人签名	12. 证明 依据所实施的监管，兹证明所列信息正确无误，所述货物符合中国—尼加拉瓜自由贸易协定的原产地要求。 地点和日期 签字以及授权机构盖章

背页说明

第 1 栏：注明中国或者尼加拉瓜出口商详细的依法登记的名称和地址。

第 2 栏：如果已知，注明中国或者尼加拉瓜进口商详细的依法登记的名称和地址。如果未知，填写"＊＊＊"（三个星号）。

第 3 栏：如果已知，填写运输方式及路线，详细说明离港日期、运输工具编号以及装货和卸货口岸。如果未知，填写"＊＊＊"（三个星号）。

第 4 栏：本栏可填写客户订单编号、信用证编号及其他可能包括的信息。如果在装运前或者装运时未签发原产地证书，授权机构应当在此注明"补发"。

第 5 栏：注明商品项号。

第 6 栏：如有唛头及编号，则注明包装上的唛头及编号。详细列明包装数量及种类。详列每种货物的名称，以便于海关关员查验时加以识别。名称应当与发票上的描述及货物的协调制度描述相符。如果是散装货，应当注明"散装"。当商品描述结束时，加上"＊＊＊"（三颗星）或者"\"（结束斜线符号）。

第 7 栏：对应第 6 栏中的每种货物，填写协调制度税则归类编码（6 位）。

第8栏：对应第6栏中的每种货物，依据下表的指示填写其适用的载于第3章（原产地规则和实施程序章节）和附件录1（产品特定原产地规则）的相关原产地标准。

原产地标准	填于第8栏
依据本章第三条（完全获得货物）或者附录1（产品特定原产地规则），货物在一方完全获得	WO
货物完全在一方领土内仅由符合"原产地规则和实施程序"章节规定的原产材料生产	WP
主规则≥40%的区域价值成分	RVC
在一方领土内使用非原产材料进行生产，符合产品特定原产地规则和"原产地规则和实施程序"章节其他有关要求的货物	PSR

第9栏：第6栏每项货物对应表明数量和计量单位。可依照惯例采用其他计量单位（例如体积、件数等）来精确地反映数量。

第10栏：本栏应当填写发票的编号和日期（包括非缔约方运营商开具的发票）。

第11栏：本栏必须由生产商或者出口商填写，填写内容为地点、日期以及生产商或者出口商授权人员的签名。

第12栏：本栏必须由授权机构授权人员填写、注明日期、签名并盖章。

附件3

进口货物原产资格申明

本人＿＿＿＿＿＿（姓名及职务）为进口货物收货人/进口货物收货人代理人（不适用的部分请划去），兹申明编号为＿＿＿＿＿＿的报关单所列第＿＿项货物原产自尼加拉瓜，且货物符合《中华人民共和国政府和尼加拉瓜共和国政府关于自由贸易协定早期收获的安排》项下原产地规则的要求。

本人申请对上述货物适用《中华人民共和国政府和尼加拉瓜共和国政府关于自由贸易协定早期收获的安排》项下税率，并提供税款担保后放行货物。本人承诺自提供税款担保之日起6个月内或者在海关批准延长的担保期限内补交《中华人民共和国政府和尼加拉瓜共和国政府关于自由贸易协定早期收获的安排》原产地证书。

签名：＿＿＿＿＿＿

日期：＿＿＿＿＿＿

海关总署公告 2023 年第 29 号

(关于进一步加强进口危险化学品检验监管的公告)

为深入贯彻落实习近平总书记关于安全生产的重要指示批示精神，进一步加强进口危险化学品检验监管，现将有关事项公告如下：

一、检验模式

对进口危险化学品实施批批"审单验证+口岸检验或者目的地检验"模式，根据进口危险化学品属性和危险货物包装类型设定检验作业环节（地点）和比例。

二、申报要求

进口危险化学品的收货人或者代理人报关时，应在"中国国际贸易单一窗口"如实填报货物属性、检验检疫名称、危险类别、包装类别、联合国危险货物编号（UN 编号）、危险货物包装标记（包装 UN 标记）和目的地检验检疫机关等，并按照申报货物项分别上传海关总署公告 2020 年第 129 号（关于进出口危险化学品及其包装检验监管有关问题的公告）要求提交的相关材料。

进口危险化学品的收货人或者代理人报关后，应及时通过"中国国际贸易单一窗口"查询检查通知。

本公告自 2023 年 4 月 13 日起实施。

特此公告。

海关总署

2023 年 4 月 7 日

海关总署公告 2023 年第 27 号

（关于开展属地查检业务管理系统及检验检疫证单"云签发"模式试运行的公告）

为深化海关业务改革，进一步优化检验检疫业务流程，海关总署决定自 2023 年 4 月 10 日起，在全国海关启动属地查检业务管理系统（以下简称查检系统）和出口检验检疫证书"云签发"模式（以下简称"云签发"）试运行工作。现就有关事宜公告如下：

一、进出口货物收发货人或者其代理人（以下统称申请人）可通过中国国际贸易单一窗口（网址：https：//www.singlewindow.cn）或"互联网+海关"（网址：http：//online.customs.gov.cn）办理海关出口货物属地查检及出口检验检疫证书申请手续，在"预约通关"模块对出口货物预约申请海关检查，同时在"预约查询"中查看具体信息；在"货物申报"栏目下"属地查检"模块进行"电子底账申请"和"申请单查询"；在"拟证出证"模块进行"证书申请"，证书种类详见附件。目前提供"自助打印"或"现场领证"两种打印方式。若选择自助打印，申请人可通过"云签发"直接打印海关签发的证书。相关操作手册可在中国国际贸易单一窗口自行下载。

二、查检系统试运行期间，出境属地查检业务将在查检系统完成，同时保留原有系统和证书申请模式作为备用。

三、对于采用"云签发"出具的证书，中国国际贸易单一窗口提供证书真伪查询功能。

特此公告。

附件："云签发"证书种类

海关总署
2023 年 3 月 31 日

附件

"云签发"证书种类

序号	证书分类	证书中文名称	适用国家（地区）
1	品质证书	C1-1 检验证书—品质证书（英文证）	通用
2	其他证书	C1-1 检验证书—通用（英文证）	通用
3	重量证书	C1-1 检验证书—重量证书（英文证）	通用
4	卫生证书	C2-1 卫生证书—通用（英文证）	通用

续表

序号	证书分类	证书中文名称	适用国家（地区）
5	卫生证书	C2-1 卫生证书—通用（中文证）	通用
6	卫生证书	C2-1 卫生证书—通用（中英文证）	通用
7	健康证书	C2-2 健康证书—通用（中英文证）	通用
8	健康证书	C2-2 健康证书—通用（英文证）	通用
9	兽医卫生证书	C3-1 兽医（卫生）证书—供港澳冰鲜、冷冻水产品及其制品（中文证）	中国香港
10	兽医卫生证书	C3-1 兽医（卫生）证书—输日本热加工禽肉（英文证）	日本
11	兽医卫生证书	C3-1 兽医（卫生）证书—输日本熟制偶蹄肉类制品（英文证）	日本
12	兽医卫生证书	C3-1 兽医（卫生）证书—通用（中文证）	通用
13	兽医卫生证书	C3-1 兽医（卫生）证书—通用（中英文证）	通用
14	兽医卫生证书	C3-1 兽医（卫生）证书—通用（英文证）	通用
15	动物卫生证书	C4-1 动物卫生证书—输韩国水生动物（英文证）	韩国
16	动物卫生证书	C4-1 动物卫生证书—通用（英文证）	通用
17	动物卫生证书	C4-1 动物卫生证书—通用（中文证）	通用
18	动物卫生证书	C4-1 动物卫生证书—通用（中英文证）	通用
19	植物检疫证书	C5-1 植物检疫证书—通用（英文证）	通用
20	植物检疫证书	C5-1 植物检疫证书—通用（中英文证）	通用
21	熏蒸/消毒证书	C7-1 熏蒸/消毒证书—通用（英文证）	通用
22	熏蒸/消毒证书	C7-1 熏蒸/消毒证书—通用（中英文证）	通用
23	空白证书	Ce-1 空白证书—恶喹酸证书—日本—鳗鱼产品（英文证）	日本

海关总署公告 2023 年第 14 号

(关于调整进口货物报关单申报要求的公告)

根据国务院应对新型冠状病毒感染疫情联防联控机制有关部署，海关总署决定对《中华人民共和国海关进口货物报关单》和《中华人民共和国海关进境货物备案清单》有关项目的填报要求调整如下：

一、取消"已实施预防性消毒"申报项目。

二、实际进境货物的"启运日期"涉及新型冠状病毒感染疫情防控管理的，不再必须填报"启运日期"；有其他规定的，从其规定。

本公告自 2023 年 3 月 1 日起执行，海关总署 2022 年第 88 号公告同时废止。

特此公告。

海关总署

2023 年 2 月 21 日

署贸函〔2023〕155号

(海关总署关于印送推动综合保税区高质量发展综合改革措施的函)

各省、自治区、直辖市人民政府：

为深入贯彻落实党的二十大精神，主动服务构建新发展格局，进一步推动综合保税区完善政策、拓展功能、简化手续、优化流程、健全制度，提升发展质量，我署研究制定了《推动综合保税区高质量发展综合改革实施方案》并印发各直属海关。目前，各项改革措施正在有序落地实施。

现将方案中的措施印送你们。请按照国务院要求，切实落实主体责任，结合本地实际和发展需求，积极支持有关改革措施的落地并加强协同配合，共同促进综合保税区高水平开放高质量发展。

此函。

海关总署
2023年8月14日

推动综合保税区高质量发展综合改革措施

一、优化检验检疫作业模式

制定出台《综合保税区检验检疫管理公告》，优化综合保税区检验检疫作业模式和作业流程，推动综合保税区更好融入国内大循环。

二、简化生产用设备解除监管手续

对于实施许可证管理的进口设备，如有出区使用需求，允许在进入综合保税区时验核许可证件，出区进入国内处置时不再验核，其他情形按现行规定办理。监管年限届满时，自动调减账册，无需企业申报。

三、优化账册管理模式

选取综合保税区内信息化系统完备的仓储物流类高级认证企业，推动将仓库管理系统与海关联网，系统自动采集海关监管所需的企业生产经营数据，与报关数据等自动比对印证，将海关监管顺势嵌入企业生产经营过程。

四、实施卡口分类分级管理

设置报关货物通道和非报关货物通道，实行分类通行。对非报关货物分级简化填报要素，优化重量验核，实现快速进区。向综合保税区管理机构共享入区危险化学品信息，强化安全生产联防联控。

五、实施差异化风险防控

强化综合保税区以企业为单元的管理理念，优化综合保税区布控查验比例，减少货物的卡口拦截，提升监管效能和企业获得感。

六、优化核放单验放逻辑

优化金关二期系统核放单验放逻辑，支持"两步申报"货物与普通申报类型货物集拼入区。

七、优化"一票多车"货物进出区流程

允许"一票多车"货物，整报分送、单车进出区。

八、扩大高级认证企业（AEO）免除担保范围

进一步减轻企业经营成本，在分送集报业务领域推行高级认证企业免除担保措施。

九、优化分类监管货物管理

对综合保税区内非保税货物申报转为保税货物的，或办结海关手续后申请以分类监管方式继续在区内存储的，允许完成报关手续后，直接核增核减海关底账，不再要求实货进出卡口。

十、优化境外退运货物监管

对境外退运的综合保税区自产的出口工业产品，降低书面调查和现场调查比例。

十一、支持保税维修提质升级

建立定期调研机制，推动动态调整保税维修产品目录，支持高技术、高附加值、符合环保要求的低风险产品纳入保税维修产品目录。允许注册在综合保税区内的融资租赁企业进口的飞机、船舶、海洋工程结构物等大型设备，在境内区外按现行规定开展保税检测维修业务，无需实际进出境（区）。

十二、支持保税培训新业态发展

允许在综合保税区内开展航空飞行模拟器、大型医疗设备等保税培训业务。

十三、支持免税保税衔接发展

允许免税店货物经综合保税区从境外进口，按现行规定配送。

十四、支持跨关区保税展示交易

在建立跨直属海关联系配合机制的条件下，允许企业跨关区开展保税展示交易业务。

十五、支持设立生产性配套服务设施

支持综合保税区管委会统一规划，按需设立食堂、充电桩、停车场等必要的生产性配套服务设施。

十六、支持综合保税区与口岸联动发展

支持在毗邻口岸的综合保税区，开展转口业务；支持设立前置货站，开展航空货物出口前打板、进口拆板理货等业务；支持在中欧班列等沿线的综合保税区根据需要引入铁路专线。

十七、支持建设特色型综合保税区

鼓励地方政府依托区域资源禀赋和特色产业，建设以研发创新、服务贸易等为特色的综合保税区，支持差异化、特色化发展。支持创新制度举措在特色型综合保税区优先试用。

十八、调整重点商品管理措施

调整综合保税区内涉及实施关税配额管理、贸易救济措施、中止关税减让义务和报复性关税等措施的重点商品管理措施。

十九、优化账册核销作业

研究出台综合保税区账册管理规程，对物流账册实施适时核销管理。

二十、规范综合保税区企业赋码，优化统计规则

对于综合保税区规划面积内、围网外的备案企业，进一步规范企业赋码规则。优化综合保税区进出口数据的统计口径，精准反映进出综合保税区的业务情况。

二十一、完善法规和规章制度体系

研究制定《综合保税区管理条例》和综合保税区中长期发展规划。修订完善综合保税区准入、规划调整、退出、发展绩效评估等配套制度。

二十二、积极推进智慧综合保税区建设

强化科技赋能，加强联网监管，实现顺势监管、精准监管和高效监管；强化协调联动，推动监管部门、第三方机构和企业的各类数据汇聚融合、开放共享。

二十三、健全运行协调保障机制

充分发挥现有海关总署牵头的跨部委协调沟通机制（司局级）作用，共同解决综合保税区运行中存在的困难和问题，推动高质量发展。积极构建综合保税区"响应、呼应、反应"运行机制，定期收集问题诉求、研判运行态势、研究风险隐患、提供决策辅助参考。推动建立由地方人民政府牵头的跨部门综合治理机制，实现资源共享、联合防控、共管共治。

财关税〔2023〕14号

(关于调整海南自由贸易港交通工具及游艇"零关税"政策的通知)

海南省财政厅、海口海关、国家税务总局海南省税务局：

为支持海南自由贸易港建设，加大压力测试力度，现就海南自由贸易港交通工具及游艇"零关税"政策调整事项通知如下：

一、进口半挂车用的公路牵引车、机坪客车、全地形车、9座及以下混合动力小客车（可插电）等22项商品（见附件），按照本通知和《财政部 海关总署 税务总局关于海南自由贸易港交通工具及游艇"零关税"政策的通知》（财关税〔2020〕54号）有关规定，免征进口关税、进口环节增值税和消费税。

二、上述22项商品应在海南自由贸易港登记、入籍，按照交通运输、民航等主管部门相关规定开展营运，并接受监管。半挂车用的公路牵引车、9座及以下混合动力小客车（可插电），可从事往来内地的客、货运输作业，始发地及目的地至少一端须在海南自由贸易港内，在内地停留时间每年累计不超过120天，其中从海南自由贸易港到内地"点对点"、"即往即返"的客、货车不受天数限制。机坪客车、全地形车营运范围为海南自由贸易港。

违反上述规定的，按有关规定补缴相关进口税款。

三、上述22项商品的适用主体、税收政策、管理措施等其他规定，继续执行财关税〔2020〕54号文件第一条、第三条、第四条、第七条的有关规定。

四、请海南省商交通运输部、中国民航局、财政部、海关总署、税务总局等部门，根据本通知，调整完善《海南自由贸易港"零关税"进口交通工具及游艇管理办法（试行）》相关规定，明确新增商品进口后登记、入籍、营运、监管、违规处置标准等要求，防止"零关税"商品挪作他用。

五、本通知自公布之日起实施。

附件：海南自由贸易港交通工具及游艇"零关税"政策增列清单

财政部
海关总署
国家税务总局

附件

海南自由贸易港交通工具及游艇"零关税"政策增列清单

序号	税则号列	商品名称
1	87012100	半挂车用的仅装有压燃式发动机的公路牵引车
2	87012200	半挂车用的装有压燃式发动机的混合动力电动公路牵引车
3	87012300	半挂车用的装有点燃式发动机的混合动力电动公路牵引车
4	87012400	半挂车用的仅装有驱动电机的公路牵引车
5	87012900	半挂车用的其他公路牵引车
6	87021020	仅装柴油或半柴油发动机的机坪客车
7	87022010	装柴油或半柴油发动机的混合动力电动机坪客车
8	87031011	全地形车
9	87036013	装有点燃式发动机的混合动力小客车（可插电），排气量≤1 L（9座及以下）
10	87036023	装有点燃式发动机的混合动力小客车（可插电），1 L<排气量 ≤1.5 L（9座及以下）
11	87036033	装有点燃式发动机的混合动力小客车（可插电），1.5 L<排气量≤2 L（9座及以下）
12	87036043	装有点燃式发动机的混合动力小客车（可插电），2 L<排气量 ≤2.5 L（9座及以下）
13	87036053	装有点燃式发动机的混合动力小客车（可插电），2.5 L<排气量 ≤3 L（9座及以下）
14	87036063	装有点燃式发动机的混合动力小客车（可插电），3 L<排气量 ≤4 L（9座及以下）
15	87036073	装有点燃式发动机的混合动力小客车（可插电），排气量>4 L（9座及以下）
16	87037013	装有压燃式发动机的混合动力小客车（可插电），排气量≤1 L（9座及以下）
17	87037023	装有压燃式发动机的混合动力小客车（可插电），1 L<排气量 ≤1.5 L（9座及以下）
18	87037033	装有压燃式发动机的混合动力小客车（可插电），1.5 L<排气量≤2 L（9座及以下）
19	87037043	装有压燃式发动机的混合动力小客车（可插电），2 L<排气量 ≤2.5 L（9座及以下）
20	87037053	装有压燃式发动机的混合动力小客车（可插电），2.5 L<排气量 ≤3 L（9座及以下）
21	87037063	装有压燃式发动机的混合动力小客车（可插电），3 L<排气量 ≤4 L（9座及以下）
22	87037073	装有压燃式发动机的混合动力小客车（可插电），排气量>4 L（9座及以下）

注：

1. 税则号列为《中华人民共和国进出口税则（2023）》的税则号列。
2. 商品名称仅供参考，具体商品范围以《中华人民共和国进出口税则（2023）》中的税则号列对应的商品范围为准。

发改地区〔2023〕958号

(国家发展改革委关于印发《关于推动虹桥国际开放枢纽进一步提升能级的若干政策措施》的通知)

上海市、江苏省、浙江省、安徽省人民政府，中央和国家机关有关部委、有关直属机构，中国国家铁路集团有限公司：

《关于推动虹桥国际开放枢纽进一步提升能级的若干政策措施》已经国务院同意，现印发给你们，请认真组织实施。

附件：《关于推动虹桥国际开放枢纽进一步提升能级的若干政策措施》

国家发展改革委
2023年7月10日

附件

关于推动虹桥国际开放枢纽进一步提升能级的若干政策措施

近年来，长三角地区四省（市）和有关部门按照党中央、国务院决策部署，深入贯彻落实《虹桥国际开放枢纽建设总体方案》，"一核两带"功能布局初步形成，高端商务、会展、交通功能持续提升，科创产业融合日益深化。为深入贯彻党的二十大精神，推动虹桥国际开放枢纽进一步提升能级，增强国内国际两个市场两种资源联动效应，积极服务构建新发展格局，制定以下政策措施。

一、强化虹桥商务区核心功能

大力发展高能级总部经济、高流量贸易经济、高端化服务经济、高层次会展经济，加快打造功能复合型国际化中央商务区、国际贸易中心新平台。

（一）支持虹桥商务区打造"丝路电商"合作先行区辐射引领区，率先与相关国家合作试点国际高标准电子商务规则，探索互利共赢的合作新模式。

（二）支持虹桥商务区引进更多贸易促进机构、商会协会等国际经贸组织功能性机构落地，依托全球数字贸易港加快培育发展数字内容分发、知识产权交易等知识密集型服务贸易。

（三）支持虹桥商务区内符合条件的企业率先试点跨国公司本外币一体化资金池政策，允许主办企业在一定额度内购汇，允许跨国公司在境内办理境外成员企业本外币境外集中收付业务，赋予企业更多资金汇兑自主权。

（四）支持虹桥商务区内的社会办医疗机构依规定配置甲类大型医用设备。

（五）虹桥商务区内符合条件的医疗机构可按照《临床急需药品临时进口工作方案》相关规定申请临时进口临床急需的少量药品。

二、促进"一核两带"融合发展

尊重市场规律,强化优势对接,统筹区域空间,优化功能布局,支持以"一核"辐射带动北向、南向拓展带,以"两带"特色功能支撑服务"一核",依托毗邻区、产业链、创新圈、交通网,支持苏州、嘉兴打造长三角城市群重要节点城市,共同打造具有全球影响力的国际开放枢纽。

(六)推动位于虹桥商务区和北向、南向拓展带的全国重点实验室协同开展基础研究和技术攻关,构建高水平区域创新网络。

(七)按照《高新技术企业认定管理办法》,落实国家高新技术企业在虹桥国际开放枢纽区域内互认,支持高新技术企业自由流动。

(八)推进虹桥国际开放枢纽区域内智能网联汽车测试牌照和测试结果互认互通,支持在虹桥—昆山—相城、嘉昆太协同创新圈等区域构建智能网联汽车道路测试区,率先开放跨省市道路测试。

(九)支持将在虹桥商务区实施的国际人才管理改革试点等政策推广到虹桥国际开放枢纽全域。

(十)对虹桥国际开放枢纽区域内纳入当地重点扶持产业目录企业聘用的外国"高精尖缺"人才,按规定提供签证、工作许可、居留许可等方面便利服务。

(十一)在不直接涉及公共安全和人民群众生命健康且风险可控的领域,探索建立虹桥国际开放枢纽国际职业资格证书认可清单制度,对部分需持证上岗的职业,允许取得境外相应职业资格或公认的国际专业组织认证的国际人才,经能力水平认定或有关部门备案后上岗。

(十二)支持上海、苏州联动开展数字人民币试点,推动创新场景开放和应用互联互通。

(十三)支持上海确有需求且符合条件时申请在虹桥商务区设立综合保税区,拓展保税研发、保税维修、加工贸易等业务。支持嘉兴综合保税区在符合条件时申请扩区,并开展综合保税区高质量发展综合改革试点。支持虹桥国际开放枢纽内综合保税区联动发展。

(十四)支持太仓持续深化中德合作,推动建设中德(太仓)产业合作发展基地,打造对德合作新高地。支持苏州工业园区推进共建中新"国际化走廊",不断拓展科技创新、绿色发展、数字经济、双向投资、金融与服务业等领域合作。

(十五)扩容升级国际互联网数据专用通道和"服贸通"数据专线,支持有需求的企业依法依规接入专用通道,助力服务贸易和数字经济健康快速发展。

(十六)支持在虹桥国际开放枢纽区域内探索医学检查检验结果互认共享制度,建立健全以患者为主索引的医疗数据共享方式和制度。

三、引领长三角更高质量一体化发展

加强服务长三角地区的功能平台建设,推动虹桥国际开放枢纽与合肥、芜湖等长三角地区城市联动发展,逐步实现资源共享、政策共通、平台共建,以协同开放提升整体实力,以功能升级促进区域合作,合力打造强劲活跃增长极的新引擎。

(十七)支持虹桥国际机场进一步加密城际空中快线,提升公务机运营服务质量。加强浦东国际机场与虹桥国际机场联动,更好满足虹桥国际开放枢纽对中远程国际航线的需求。加快嘉兴航空联运中心建设,提升航空货运保障能力。支持依托芜湖航空货运枢纽建设,打造服务长三角面向国际的航空服务业集聚区。

(十八)推进太仓港区远洋集装箱中转

通道建设，用好联动接卸业务模式，鼓励发展铁水联运、江海联运和江海直达业务，打造虹桥综合交通枢纽功能拓展区。支持合肥高质量开行中欧班列，强化与沿海港口城市协同联动，发展海铁联运新通道。

（十九）支持共建跨区域轨道交通网，推动沪乍杭铁路等项目前期工作，加快实施沪苏通铁路二期、通苏嘉甬铁路、金山至平湖市域铁路等项目，提升节点城市枢纽功能。加快推进打通高速公路未贯通路段和拓宽瓶颈路段前期工作。

（二十）支持虹桥商务区为长三角地区开展招商引资、国际人才招引，以及设立城市展示中心、研发中心、营销公司、外事联络处等功能性机构预留空间、创造条件。支持在江苏、浙江、安徽举办中国国际进口博览会招商路演、供需对接等系列活动，指导支持地方参与相关展会、论坛工作。

（二十一）集聚全球创新要素，构建覆盖科技咨询、研发测试、科技金融、成果转移转化等全链条的科研服务体系，为长三角科技协同创新提供专业化服务。

（二十二）支持合肥国际金融后台服务基地建设，鼓励跨国公司和高新技术企业在基地设立研发中心，探索金融支持科创发展新模式，满足企业多元化融资需求。

（二十三）推动长三角生态绿色一体化示范区数据中心集群、芜湖数据中心集群优化算力布局，加强与国家超级计算昆山中心联动发展，积极承接长三角中心城市实时性算力需求，并在探索完善数据基础制度方面先行先试。

（二十四）支持设立国家海外知识产权纠纷应对指导机构，建立海外知识产权纠纷指导专家库，围绕重点产业不断完善海外业务知识产权纠纷应对机制。以技术产权、文化创意等领域为切入口建立知识产权公允市场价格评估体系。

发改体改〔2023〕1786号

(国家发展改革委　商务部　国家市场监督管理总局
关于支持广州南沙放宽市场准入与加强监管体制改革的意见)

国务院有关部门，广东省发展改革委、商务厅、市场监管局，有关中央企业，中国认证认可协会：

  为深入贯彻落实党中央、国务院关于完善市场准入制度有关部署，按照《广州南沙深化面向世界的粤港澳全面合作总体方案》工作要求，以标准先行、场景开放、资本推动、产业汇聚、体系升级为原则优化市场环境，加强和规范全流程监管，坚持改革创新，坚持先立后破，通过首创性改革举措，更好发挥广州南沙在粤港澳大湾区建设中引领带动作用，打造立足湾区、协同港澳、面向世界的重大战略性平台，现提出如下意见。

一、推动海陆空全空间无人体系准入标准实施和应用

  参与制定并推动实施海陆空全空间无人体系技术标准，研究制定无人系统接入城市建筑物的技术规范。探索空地一体化城市交通管理办法，打造高效包容的市场准入环境。研究建设区域无人体系管控调度系统，分类划设低空空域和航线，简化航线审批流程，率先在工业生产、物流配送、应急救援、城市管理以及海上搜救作业等领域开展无人设备产业化应用。支持参与统一的智能无人体系底层数据体系和开放服务应用平台建设。加快智能（网联）汽车多场景试点应用及商业化运营，推动电动垂直起降飞行器（eVTOL）和智能网联汽车紧密联接，构建与技术发展适配的安全标准及管理规则，实现无人体系产业协同发展和技术跨界融合。建设大湾区无人体系产业孵化基地。（责任部门：国家发展改革委、交通运输部、住房城乡建设部、工业和信息化部、中央空管办、中国民航局、市场监管总局，广东省、广州市按职责分工负责）

二、推进海洋科技创新要素加快应用

  推动各类创新资源进入天然气水合物研发和商业体系，依托南方海洋科学与工程广东省实验室（广州）、天然气水合物勘查开发国家工程研究中心，利用冷泉生态系统研究装置、天然气水合物钻采船等装备，打造全国天然气水合物研发和商业开发总部基地。加快打造高端海洋装备制造基地，推动建设智能船舶中试基地，畅通海洋科技与装备、海洋资源勘探、海洋科学与环境等海洋资源保护与开发领域关键技术场景应用、制度政策等各环节，提高海洋工程装备、高技术船舶、深海养殖装备、深潜水装备、海洋勘探等高端装备的自主研制能力。推动重点企业、研究机构等创新单元和地方建立深海领域全球前沿科学研究协同机制，积极参与国际市场准入规则和标准制定，推进重点领域创新成果便捷、高效应用，促进海洋科技

成果转移转化，实现创新链产业链融合发展。（责任部门：国家发展改革委、科技部、自然资源部、交通运输部、工业和信息化部，广东省、广州市按职责分工负责）

三、优化先进技术应用市场环境

依托南沙科学城设立国际先进技术应用推进中心（大湾区），服务重大项目需求，构建先进技术应用转化流程与评价标准，加快推进商业航天、生物医药、海洋科学等全产业链发展，在商业模式、资金合作等方面形成符合技术攻关特征的新范式，创新应用场景，促进前沿性颠覆性技术市场化应用。聚焦工业机器人等新质生产力发展，积极引入并推动自主建立相关国际标准认证组织，构建国际领先的智能设备行业标准与认证体系，面向粤港澳大湾区及共建"一带一路"国家和地区核心部件厂商开展检测认证服务。支持联合港澳高校、科研院所等开展技术攻关，推动面向科研等应用场景实现粤港澳数据跨境流通和交易，在科研项目评审、经费支出、过程管理等方面借鉴港澳及国际管理制度。（责任部门：国家发展改革委、科技部、工业和信息化部、市场监管总局，广东省、广州市按职责分工负责）

四、深化服务贸易创新

积极引入港澳等境外专业服务人才，研究建立境外职业资格认可清单，提供更便利的工作执业、跨境流动、生活等支持政策，对于在南沙从业、已在港澳参保的港澳居民，免于在南沙参加基本养老保险和失业保险。创新发展研发设计、质量认证、检验检测、跨境租赁等新兴服务贸易。优化珠江航运运价服务指数体系，探索推动注册在广东自贸试验区南沙新区片区的企业以保税物流方式开展以船供为目的的高低硫燃料油混兑调和业务。（责任部门：商务部、人力资源社会保障部、海关总署、国家移民局、市场监管总局，广东省、广州市按职责分工负责）

五、打造国际一流的企业跨境投融资综合服务体系

支持以央地统筹推进、省市区联动、港澳资源协同、市场充分参与的方式推进中国企业"走出去"综合服务基地建设。设立省级实体化运作的中国企业"走出去"综合服务中心，为企业"走出去"提供一站式服务。建立境外投资相关政务事项在综合服务基地的服务窗口，统筹集成境外投资备案等环节手续。建设专业服务业集聚区，引进法律、金融、会计、咨询等专业服务业集聚发展。探索与港澳、国际相关机构共建共享"走出去"综合服务海外布局网点。（责任部门：国家发展改革委、商务部，广东省、广州市按职责分工负责）

六、加快发展特色金融

探索建立与国际标准衔接的绿色金融标准、评估认证及规范管理体系。支持广州期货交易所立足于服务实体经济高质量发展、绿色低碳发展、粤港澳大湾区建设和共建"一带一路"，有序拓展品种布局。健全绿色建筑激励政策措施，探索完善绿色建筑预评价工作，鼓励金融机构按照市场化、法治化原则支持绿色建筑发展。加快建设粤港澳大湾区（广州南沙）跨境理财和资管中心。（责任部门：金融监管总局、人民银行、中国证监会、生态环境部、市场监管总局，广东省、广州市按职责分工负责）

七、推进绿色低碳高质量发展

研究建立碳排放统计核算、计量体系，大力推动绿色产品认证及结果采信。加快建设国家碳计量中心（广东）。深入推进气候

投融资试点工作，探索气候投融资模式和工具创新。创建广州南沙粤港融合绿色低碳示范区，研究绿色低碳园区建设运营新模式，探索与共建"一带一路"国家及欧盟碳排放相关标准互认机制，助力"零碳"产品全球范围自由流通。推进氢能等清洁能源利用，适当超前布局建设和运营换电站、高压充电桩等新能源汽车充换电新型基础设施。扩大绿证绿电交易，支持各类企业购买和使用绿证，推动广东自贸试验区南沙新区片区实现高比例绿电消费。（责任部门：国家发展改革委、国家能源局、生态环境部、工业和信息化部、交通运输部、市场监管总局，广东省、广州市按职责分工负责）

八、全面提升种业行业准入效能

支持建设特色种业创新中心、种业科技成果转化中心和种业中外合作创新中心。优化农作物种子、苗木、种畜禽、水产苗种的生产经营审批服务。推动探索种业市场准入承诺即入制，支持下放省级种业生产经营审批权限，健全市场监管执法方式。加快推进广州南沙农业对外开放合作试验区建设，优化品种审定登记程序。（责任部门：农业农村部，广东省、广州市按职责分工负责）

九、放宽医药和医疗器械市场准入限制

支持完善各类新药与医疗器械新技术研发、应用管理标准，准许细胞和基因治疗企业经卫生健康部门备案后可依托医疗机构开展限制类细胞移植治疗技术临床应用，允许符合条件的港澳企业利用境内人类遗传资源开展人体干细胞、基因诊断与治疗之外的医学研究。更好发挥粤港澳大湾区审评检查分中心作用，探索承接相关职能。鼓励国内外生物医药与健康企业和研发机构在南沙设厂开发各类产品。（责任部门：国家药监局、国家卫生健康委、海关总署，广东省、广州市按职责分工负责）

市按职责分工负责）

十、放宽其他民生重点领域市场准入

拓展广东省电子处方中心功能，优化医疗服务与药品流通体系，探索放宽特定全营养配方食品互联网销售限制。支持推动在南沙实施外国人144小时过境免签政策及邮轮免签政策。塑造国际化高品质的生活圈，支持提供与港澳相衔接的公共服务，引进香港地区注册兽医、先进动物诊疗机构进驻南沙，探索香港地区进境兽药区域定点使用模式。（责任部门：国家卫生健康委、商务部、交通运输部、国家移民局、海关总署、农业农村部、市场监管总局，广东省、广州市按职责分工负责）

十一、开展检验检测和认证结果采信试点

落实建设高标准市场体系要求，坚决破除现行标准过多过乱造成的市场准入隐性壁垒，选取电子元器件和集成电路、基础软件和工业软件等重点行业领域，引导市场采信认证和检验检测结果，推动与其他开展放宽市场准入试点的地区检验检测、认证机构"结果互认、一证通行"，有关地区和单位原则上不得要求进行重复认证和检验检测，推动实质性降低企业成本。引导检验检测和认证机构良性竞争，市场化进行优胜劣汰，加强事中事后监管，对认证检测机构试点开展信用评价，推动行业协会和相关机构自律和健康发展。（责任部门：国家发展改革委、市场监管总局、工业和信息化部、住房城乡建设部，广东省、广州市按职责分工负责）

十二、构建市场准入全链条监管体系

优化市场准入监管体系，完善事前事中事后监管，有效维护市场秩序，妥善防范重大风险，坚持先立后破、整体谋划，创新监管机制，灵活运用信用监管、行业监管、

"互联网+"监管与触发式监管等监管模式与工具，构建"准入+监管"闭环管理体系，实现各领域市场准入全链条、多方位、多渠道监管，促进各领域规范健康高质量发展。创新优化新业态新领域市场环境，依法保障有关各方合法权益，激发市场发展潜力与活力。（责任部门：各有关行业主管部门，广东省、广州市按职责分工负责）

十三、推进跨部门准入综合监管

对涉及多部门、管理难度大、风险隐患突出的监管事项，建立健全跨部门准入综合监管制度，强化条块结合、区域联动，提升准入监管的精准性和有效性。对重大预警信息开展跨部门综合研判、协同处置，利用信息技术手段全面提升监测感知能力，及早发现和处置各类风险隐患。（责任部门：各有关行业主管部门，广东省、广州市按职责分工负责）

十四、强化重点领域准入监管

探索建立无人体系产品运营违法和事故分级分类责任认定机制。优化科技监督体系，完善备案项目事中事后监管。建立健全球溯源体系标准体系和数据规则体系，构建食品药品安全全链条社会共治管理模式。做好企业"走出去"服务和管理，积极防范、妥善应对各类境外安全风险。建立健全金融监测管理体系，构筑金融"防火墙"。完善口岸种质资源进境监管查验设施，提升种质资源检验检疫能力。确保电子处方中心数据安全和可追溯，制定监测信息通报机制和风险管控措施。（责任部门：各有关行业主管部门，广东省、广州市按职责分工负责）

十五、推动协同化市场监管

构建政府监管、企业自觉、行业自律、社会监督互为支撑的协同监管格局。增强经营主体自我约束能力，发挥行业协会、产业联盟、标准组织等自律作用，针对相应准入领域建立健全行业自治与管理规则。畅通社会监督渠道，鼓励和支持社会各方面进行监督。（责任部门：各有关行业主管部门，广东省、广州市按职责分工负责）

各部门各单位要高度重视，主动作为，积极支持，协同高效推进各项任务落实。国家发展改革委、商务部、市场监管总局将会同有关部门加大协调力度，加强督促检查，组织专项评估，在条件成熟基础上推出新一批改革举措，重大情况及时向党中央、国务院请示报告。广东省要积极为各项改革举措落地创造条件，在省级事权范围内给予充分支持和授权。广州市要切实担起主体责任，整体谋划、分步实施，认真做好具体实施工作，确保取得实效。

国家发展改革委
商务部
国家市场监督管理总局
2023年12月26日

发改体改〔2023〕1730号

(国家发展改革委 商务部关于支持横琴粤澳深度合作区放宽市场准入特别措施的意见)

横琴粤澳深度合作区管理委员会，广东省发展改革委、商务厅，有关中央企业：

建设横琴粤澳深度合作区是习近平总书记亲自谋划、亲自部署、亲自推动的重大决策。《横琴粤澳深度合作区建设总体方案》明确提出，制定出台合作区放宽市场准入特别措施。为贯彻党中央、国务院决策部署，构建更好促进澳门经济适度多元发展的市场准入体系和市场环境，坚持改革创新，推动制度型开放，通过首创性改革举措促进澳门融入国家发展大局，维护澳门长期繁荣稳定，经中央区域协调发展领导小组同意，现提出如下意见。

一、优化现代金融领域市场准入

（一）允许开展便利澳门居民民生类金融服务。建立健全跨境金融监管合作机制，完善合作区澳门居民民生金融产品和服务。允许澳门政务服务智能终端在合作区特定区域布设，支持使用澳门元缴费支付。鼓励支持澳门国际银行、大西洋银行、大丰银行等澳门银行的内地分支机构在"澳门新街坊"及其他特定区域布设电子智能柜台和设立服务窗口等金融便民服务设施，针对澳门居民开展一站式金融便民服务。允许粤澳跨境车险等效先认制度适用于经横琴口岸入出合作区的澳门机动车。

（二）全面服务澳门创新资源融资需求。鼓励吸引汇聚全球优质资本和国际创新资源，支持合作区牵头建立与境内外主流证券交易机构合作交流机制，畅通创新企业投融资渠道，聚焦服务粤港澳大湾区、葡语系及共建"一带一路"国家，促进深海深空、无人体系、生物医药、新型能源、电子信息、新材料等新兴产业发展，打造服务支持澳门创新创业的新高地。

（三）推动内地与国际绿色金融标准和规则接轨应用。支持合作区吸引和集聚各类绿色金融服务机构，推动绿色金融标准和规则中外兼容，提供绿色金融产品和服务，高效对接国际绿色项目和资本，助力粤港澳大湾区、葡语系及共建"一带一路"国家绿色可持续发展。

二、放宽文化旅游领域市场准入

（四）优化文旅行业市场发展环境。琴澳联合制定便利国际游客跨区域旅游政策，携手构建"一程多站、综合运营、联动拓展"的跨境旅游产业链。允许注册在合作区符合条件的港澳合资或独资旅行社经营中国内地居民出境旅游业务（台湾地区除外）。允许符合条件的港澳导游经合作区备案后在粤港澳大湾区内地九市跨境执业。研究优化珠海经济特区旅游签证政策。率先推动放开澳门单牌营运车辆中的旅游客车出入合作区。

（五）优化文化演艺环境。支持开展共建"一带一路"文化交流合作，推动表演、创作、资本、科技等优质文化演艺资源向合作区聚集，加快建设横琴国际演艺岛。在合作区建设国际文化演艺发展区，吸引澳门等境外知名制作人、演出机构、演出团队等创新发展。支持将举办涉外涉港澳台营业性演出行政审批权限下放至合作区，广东省有关部门指导合作区完善事前事中事后全链条监管方式。允许经其他省级及以上文化旅游主管部门审批通过的国内营业性巡回演出，在合作区备案即可开演。推动合作区与澳门共同举办电子音乐节、电影节、马戏节、电子竞技等国际大型活动。允许为符合条件的外籍艺术类专家办理工作类居留许可，促进琴澳文化交流及合作。支持以中外合作办学等形式，在合作区设立国际艺术学院。

三、放宽科技创新领域市场准入

（六）支持合作区建设国际先进技术应用推进中心。利用琴澳一体化开放融合的体制优势，围绕先进技术应用推广，设立粤澳横琴国际先进技术应用推进中心，以企业化市场化方式运作，建立与境内外重要科研机构、高等院校、创新型领军企业和创新联合体的联系机制，对接澳门、葡语系国家和其他国际创新资源，吸引具有全球竞争力的科技型企业入驻合作区，加快汇聚境内外前沿技术创新成果和高端创新要素。立足国内国际两个循环，推动境内外先进创新成果直接在合作区应用转化，加速战略性前沿性颠覆性先进技术在相关领域直接应用。按照市场化原则组建投资平台，搭建创新资源与投资机构交流渠道，吸引境内外优质投资机构对先进技术应用和成果转化提供资金支持，促进新技术产业化规模化应用。与长三角、合肥等其他国际先进技术应用推进中心共享创新资源和需求信息，对接技术转化流程和评价标准，一体化协同推进。

（七）优化创新创业准入环境。创新实施"居住在澳门、工作在合作区"、"科研在澳门、转化在合作区"模式，精准链接一流人才引进。允许领衔科学家在其承担的科研项目任务范围内，自主选聘科研团队，自主安排科研经费使用，3至5年后采取第三方评估、国际同行评议等方式，对领衔科学家及其团队的研究质量、原创价值、实际贡献等进行绩效评价。加快建设澳门大学校园与合作区之间新型智能化口岸，便利境外高层次人才及其团队入境合作区。建立合作区科研试点单位研发用物品"白名单"，对合作区科研设备、样品、试剂、耗材等物资入境免于强制性产品认证。深入实施风险分类分级管理，授权拱北海关开展检疫审批，对满足生物安全管控要求的科研用生物材料进一步优化海关通关流程。

（八）加强科研管理规则衔接。优化合作区科技资金跨境流动监管，支持银行为合作区内的科技企业设立直通渠道，经常项目科研资金可便利拨付至澳门牵头科研单位。支持在合作区的澳门科研单位参照澳门有关标准编制科研项目收支预算。推动跨境科研项目实施过程中，直接费用预算调整可由项目依托共建单位自主办理，按照澳门科研项目管理有关规定执行。支持合作区新型研发机构实行"预算+负面清单"管理模式，科研经费（含省级和市级科研资金）采取总项目预算控制，不设置细化科目，项目负责人根据实际需要统筹使用、自主安排经费支出。

（九）推动合作区全域建设海陆空全空间智能无人体系。支持合作区全域规划建设海陆空全空间智能无人体系，以口岸、产业园区、城市道路、地下管廊、空中海上运输线路为依托，面向需求开放物流配送、交通运输、环境监测、城市管理、边境管控、文化旅游等场景，汇聚智能无人体系产业和创新资源。支持合作区参与统一的底层基础数据体系和开放服务应用平台建设。支持合作区按市场化原则举办全球智能无人体系展会暨无人系统装备大赛。进一步推动合作区无人驾驶空域开放，优化飞行活动申请审批流程，缩短申请办理时限，研究试点开通合作区与澳门及周边海岛等地无人机、无人船跨境跨域物流运输航线。支持设立在澳门注册、在合作区运营的相关国际性产业标准组织及认证机构。支持保险机构探索制定针对无人体系的保险产品和提供相关服务。支持依托国际先进技术应用推进中心加快智能无人体系经验海外推广。

（十）推动绿色能源国际认证平台建设。支持重点行业企业联合成立在澳门注册、在合作区运营的国际绿色能源认证中心，重点面向粤港澳大湾区、葡语系及共建"一带一路"国家开展认证业务。建设国际绿色能源认证和交易平台，运用区块链技术实现对认证凭证的生成、核发、交易、核销、统计全生命周期管理，配套碳资产管理、碳交易及电碳计量平台等辅助功能，建立健全交易功能体系。

四、创新医药健康领域市场准入方式

（十一）放宽中医药市场准入。鼓励澳门医疗机构中药制剂在粤澳医疗机构中药制剂中心研发、生产。允许粤澳医疗机构中药制剂中心承接广东省外医疗机构中药制剂的委托配制。支持经由粤澳医疗机构中药制剂中心研发的医疗机构中药制剂向中药新药转化，符合有关规定的，可不开展Ⅰ、Ⅱ期临床试验。

（十二）放宽药品和医疗器械市场准入。鼓励开展临床真实世界数据应用研究，探索将临床真实世界数据用于药品、医疗器械产品注册。支持合作区市场监管部门开展Ⅱ、Ⅲ类医疗器械产品出口销售证明管理。合作区企业生产境内获批临床使用的Ⅲ类医疗器械，按照医疗器械和医疗服务的价格政策收费。研究琴澳特定专用渠道便捷配送合作区澳门居民购买的合理自用非处方类药品的可行性。

（十三）支持新型医疗技术研发和应用。研究制定干细胞制剂质量复核检验的专业细胞检验机构、实验室的相关资质认定标准，支持引进和建设具备细胞治疗产品检定专业能力的第三方药物检验机构、实验室。推动在合作区注册并实质性经营的医药企业开展国际合作临床试验。支持合作区医疗机构利用前沿检验方法开展体检分析及诊断。放宽临床试验中涉及国际合作的人类遗传资源活动审批程序，对不涉及人类遗传资源材料出境的，备案权限由国务院主管部门下放至广东省主管部门。支持合作区发展数字疗法、移动医疗。

（十四）放宽港澳医疗机构准入限制。鼓励在合作区设立港澳独资、合资医疗机构，制定支持澳门服务提供者在合作区开办诊所、门诊部等医疗机构的政策措施。完善琴澳双向跨境转诊合作机制，优化转诊流程，对紧急转诊病人开通"绿色通道"，实现点对点跨境转诊服务。在充分保护个人数据隐私前提下，以澳门市民门户系统"一户通"为基础，试点建立粤澳医疗卫生机构医疗文书及检验检查结果互认互通机制，便利澳门居民跨境就医。

（十五）支持高端医美产业发展。鼓励境内外知名医疗美容机构落户合作区。合作区研究提出医疗美容产业发展需要的进口药品、医疗器械、化妆品企业和产品清单，协助相关企业开展注册。允许外籍高水平医疗美容医生按照有关规定进行医疗美容主诊医师备案后独立实施医疗美容项目。

五、放宽专业服务领域市场准入

（十六）优化港澳专业服务业准入条件。支持合作区依托广东省知识产权保护中心和珠海市知识产权保护中心为合作区创新主体做好专利快速预审、快速确权、快速维权等知识产权综合服务。允许港澳验楼服务、物业服务等公司在合作区便利化运营。允许港澳承建商地盘经理、注册安全主任、安全督导员、检验人员等在合作区便利执业。允许港澳人力资源服务机构在合作区提供服务。推动单向认可港澳养老护理型人才职业资格。

六、放宽其他领域市场准入

（十七）放宽数据通信领域市场准入。营造趋同澳门的国际互联网开放环境。支持发展创作者经济，探索建立数据元宇宙等产品确权出海中心，推动数字贸易创新和国际合作。允许珠澳高校、科研机构、企业和社会组织等联合建立专用科研网络并依法进行管理。在国家数据跨境流动安全管理制度框架下，充分保护个人隐私，探索制定数据跨境流动相关规则标准，加快实现科研、医疗等数据跨境安全有序流动。探索跨境数据服务交易、监管规则标准制定等。

（十八）便利通关入境环境。探索试点合作区内企业单侧申报。优化海关对真空包装的集成电路产品等高新技术货物布控查验协同模式。推动在横琴口岸实施出境与安检合作"一次过检"。研究增设横琴口岸水运口岸功能的可行性，推动法拉帝游艇码头相关水域开放，加快设施改造，满足游艇停靠条件并赋予其出入境查验功能，推进粤港澳游艇自由行政策落地。支持在合作区选定的特定区域建设琴澳直航新通道，推动其作为横琴口岸附属监管作业点，便利澳门居民往来合作区。

（十九）完善企业商事服务。支持在合作区登记的经营主体在名称中使用"横琴"或"横琴粤澳深度合作区"字样。授权委托合作区相关职能部门的商标受理窗口可以直接受理在合作区内有经营场所或固定联系机构的澳门企业的商标注册申请。支持合作区相关职能部门对接澳门市场监管规则，推出经济领域免罚清单。

（二十）创新发展澳门特色品牌产业。利用合作区"一线"货物免保税政策，选择境外高附加值进口料件在合作区加工增值。支持境内外珠宝玉石企业集团、机构在合作区开展珠宝玉石加工、鉴定、展览、交易等业务。推动澳门知名餐饮品牌和传统美食进驻合作区，由澳门主管部门或商协会出具相关认证文件，经海关认可后，允许其食品、原材料等减免进口报关和检验检疫手续进入合作区，其中涉及进口关税配额的商品按现行政策管理。积极支持合作区科技研发和高端制造、中医药等澳门品牌工业、文旅商贸会展等产业中小企业参与专精特新企业评定。

各部门各单位要主动作为、加强协调配合，协同高效推进各项任务落实。广东省和澳门特别行政区要对措施落地给予全方位支持，加强与国家对口部门沟通衔接。合作区要充分发挥主体作用，周密安排部署，围绕特别措施制定细化落实方案。同时，有关部门和广东省等方面要同步完善监管规则，坚持放宽准入和加强监管结合并重，健全事前事中事后全链条监管，确保有关市场准入限制"放得开、管得好"。本措施实施过程中，涉及需调整现行法律和行政法规的，按照

《横琴粤澳深度合作区建设总体方案》有关规定办理。本文涉及港澳服务和服务提供者市场准入开放和单独优惠待遇的措施,纳入内地与香港、澳门关于建立更紧密经贸关系的安排(CEPA)框架下实施。国家发展改革委、商务部会同有关部门加大协调力度,加强协同配合和信息共享,做好督促检查,对实施效果组织专项评估,适时研究制定合作区新一批放宽市场准入特别措施,重大情况及时向党中央、国务院请示报告。

国家发展改革委
商务部
2023 年 12 月 15 日

商贸发〔2023〕308号

(商务部等10部门关于提升加工贸易发展水平的意见)

各省、自治区、直辖市人民政府，新疆生产建设兵团：

加工贸易对扩大对外开放、稳定就业、推动产业结构升级、促进区域协调发展具有重要意义，是联结国内国际双循环、巩固提升我国在全球产业链供应链地位的重要贸易方式。为深入贯彻落实党的二十大精神，提升加工贸易水平，支持产业向中西部、东北地区梯度转移，促进加工贸易持续健康发展，加快建设贸易强国，经国务院同意，现提出以下意见：

一、鼓励开展高附加值产品加工贸易

支持电子信息、生物医药、航空航天、新能源、新材料等先进制造业和战略性新兴产业加工贸易发展，充分发挥其辐射带动和技术溢出作用，促进产业集群发展和优化升级。鼓励加工贸易企业用足用好研发费用税前加计扣除等优惠政策，加强研发和技术改造，提升制造水平和产品附加值。鼓励地方利用现有资金政策，进一步支持加工贸易企业核心技术研发创新。（国家发展改革委、科技部、财政部、工业和信息化部、商务部、税务总局，各地方人民政府按职责分工负责）

二、促进综合保税区和自贸试验区保税维修业务发展

动态调整综合保税区维修产品目录，尽快将飞机发动机短舱、船舶用柴油发动机等产品纳入目录范围。允许综合保税区内企业开展本集团国内销售的自产产品保税维修业务，维修后返回国内，不受维修产品目录限制。允许国内待维修货物进入综合保税区维修，直接出口至境外。在落实地方主体责任、完善综合监管方案、明确全链条监管机制等条件下，以试点方式推进综合保税区内企业开展维修产品目录范围外的保税维修业务。出台自贸试验区"两头在外"保税维修管理规定，支持区内海关高级认证企业参照综合保税区维修产品目录及相关要求，开展飞机、船舶、盾构机等大型装备"两头在外"保税维修业务。（商务部牵头，财政部、生态环境部、海关总署、税务总局按职责分工负责）

三、推进其他区域保税维修试点

在综合保税区和自贸试验区外，加快支持一批医疗器械、电子信息等自产出口产品"两头在外"保税维修试点项目。在对已开展试点项目系统评估的基础上，再支持一批有条件的航空航天、船舶、工程机械、电子信息等行业企业开展非自产产品"两头在外"保税维修试点。在加工贸易转型升级成效明显的苏州市、东莞市、天津市滨海新区进行"两头在外"保税维修试点，在信息化系统完备、可与生态环境和海关等部门实现联网管理的前提下，由所在地省级人民政府承担主体责任，制定多部门综合监管方案，建立全链条监管机制，参照自贸试验区"两头在外"保税维修管理规定相关要求，支持企业开展相关业务。（商务部牵头，财政部、生态环境部、海关总署、税务总局按职责分工负责）

四、加强梯度转移载体建设

高质量培育加工贸易梯度转移重点承接地、加工贸易承接转移示范地、国家加工贸易产业园等载体，完善动态评价考核机制，加强分类指导。加大宣传力度，持续引导加工贸易向中西部和东北地区转移。支持开展政策培训、经验交流等活动，促进加工贸易梯度转移的好经验好做法复制推广。（商务部牵头，人力资源社会保障部、海关总署，各地方人民政府按职责分工负责）对符合条件的梯度转移载体项目，通过地方政府专项债券给予支持。（国家发展改革委、财政部，各地方人民政府按职责分工负责）结合地方发展需求，优先支持中西部和东北地区符合条件的地方设立保税监管场所。（海关总署牵头，财政部、税务总局、国家外汇局按职责分工负责）

五、完善加工贸易梯度转移对接合作机制

拓展中国加工贸易产品博览会功能，打造线上线下常态化产业对接服务平台，线上建立各地方专栏，宣传推介投资环境、发布转入转出项目信息等，线下组织梯度转移对接交流活动，促进区域投资合作和产业对接。支持贸促机构、行业商协会等组织有意向的企业开展投资考察、交流对接等活动。（商务部牵头，中国贸促会，各地方人民政府按职责分工负责）

六、加大对边境地区支持力度

支持广西、云南等有条件的边境省区利用沿边现有平台，发挥当地产业优势，承接特色食品、服装鞋帽、电子信息等加工贸易产业。支持边境省区推进智慧口岸建设，保障陆路口岸货运物流高效畅通，持续提升口岸过货能力，为加工贸易发展打造快速跨境物流通道。（国家发展改革委、工业和信息化部、交通运输部、商务部、海关总署，有关地方人民政府按职责分工负责）

七、强化财税政策支持

统筹用好外经贸发展专项资金等中央和地方现有资金渠道，进一步支持加工贸易转型升级和梯度转移。全面落实境外投资者以分配利润直接投资暂不征收预提所得税政策。实施好《鼓励外商投资产业目录（2022年版）》《西部地区鼓励类产业目录（2020年本）》等，落实相应税收优惠政策。（国家发展改革委、财政部、商务部、税务总局，各地方人民政府按职责分工负责）

八、加强金融政策支持

鼓励银行机构加大对加工贸易企业特别是中小微企业生产经营及进出口的信贷支持力度。支持保险机构加大对加工贸易企业特别是中小微企业的出口信用保险支持力度。鼓励金融机构优化完善外汇衍生品和跨境人民币业务，更好满足包括加工贸易企业在内的外贸企业汇率避险和跨境人民币结算需求。鼓励各地加强对中小微加工贸易企业在汇率避险方面的培训、咨询等公共服务。（中国人民银行、商务部、金融监管总局、国家外汇局，各地方人民政府按职责分工负责）

九、强化交通物流与用能保障

鼓励地方因地制宜强化跨境物流运输保障。对接共建"一带一路"倡议，结合地方发展需求和重点项目布局，优化中欧班列开行布局，提升开行效率。支持国际航空运输向中西部和东北地区重点城市增加货运航线和班次。进一步优化运输组织与线路布局，促进多式联运高质量发展。鼓励中西部和东北地区加大支持力度，降低加工贸易企业国际物流运输成本。（交通运输部、国家发展改革委、中国民航局、中国国家铁路集团有限公司，各地方人民政府按职责分工负责）优化分时电价动态调整机制，进一步完善峰谷分时电价政策，强化对加工贸易梯度转移重点承接地、国家加工贸易产业园和重点加工贸易企业的用能保障。（国家发展改革委，各地方人民政府按职责分工负责）

十、满足多层次用人需求

支持地方整合相关教育培训资源，以行业企业为主体、职业院校为基础，打造制造业职业教育培训基地和平台，为加工贸易企业培养优质产业工人。引导校企联合开展现场工程师培养计划，为企业"量身定制"技术技能人才。举办公共就业服务专项活动，搭建企业和劳动者供需对接平台。鼓励地方优化人才引进政策，降低有关人才认定的标准门槛，调减引进人才享受优惠政策的限制条件，支持高技能人才享受就业、子女教育、住房、医疗等保障服务，为加工贸易企业提供人力资源保障。（教育部、人力资源社会保障部、商务部，各地方人民政府按职责分工负责）

十一、支持拓展国内市场

推进内外贸一体化，鼓励地方开展相关业务培训、宣传推介、信息服务等，为加工贸易企业内销提供人才、渠道等支持。支持企业投保多元化的保险产品，提升保险对加工贸易企业内销的保障力度。（工业和信息化部、商务部、金融监管总局，各地方人民政府按职责分工负责）

十二、优化加工贸易管理与服务

根据行业生产工艺和环保技术发展实际，适时调减加工贸易禁止类商品目录。暂停对加工贸易限制类商品采取担保管理措施至2025年，将加工贸易不作价设备监管年限由5年缩减至3年。创新海关监管机制，提升信息化管理水平，优化作业手续。（商务部、海关总署牵头）

各地方、各有关部门要以习近平新时代中国特色社会主义思想为指导，全面贯彻党的二十大精神，坚持稳中求进工作总基调，高度重视提升加工贸易发展水平。商务部要会同有关部门根据职责分工完善配套政策，建立部门间联系配合机制。各地方要结合实际细化具体措施，切实抓好组织落实，为加工贸易健康持续发展营造良好政策环境。

商务部
国家发展和改革委
工业和信息化部
财政部
人力资源社会保障部
生态环境部
交通运输部
海关总署
国家税务总局
国家金融监管总局
2023年12月25日

财政部　生态环境部　商务部　海关总署　国家税务总局公告 2023 年第 75 号

（关于在有条件的自由贸易试验区和自由贸易港试点有关进口税收政策措施的公告）

为贯彻落实国务院印发的《关于在有条件的自由贸易试验区和自由贸易港试点对接国际高标准推进制度型开放的若干措施》（国发〔2023〕9号）相关要求，现将有关政策措施公告如下：

一、关于暂时出境修理

（一）对在海南自由贸易港注册登记具有独立法人资格的企业运营的以下航空器、船舶（含相关零部件），暂时出境修理后复运进入海南自由贸易港，无论其是否增值，免征关税，照章征收进口环节增值税和消费税。具体为：

1. 以海南自由贸易港为主营运基地的航空企业所运营的航空器（含相关零部件）。

2. 船运公司所运营的以海南自由贸易港内港口为船籍港的船舶（含相关零部件）。

（二）符合享受政策措施条件的企业名单，由海南省交通运输、市场监管、海事等主管部门会同海南省财政厅、生态环境厅及海口海关、国家税务总局海南省税务局确定，动态调整，并函告海口海关。

（三）享受暂时出境修理后复运进入海南自由贸易港免关税的航空器、船舶（含相关零部件），仅限符合政策措施条件的企业运营自用，并接受海关监管；未经海关同意并补缴进口关税，不得进行转让或移作他用。转让上述航空器、船舶（含相关零部件），照章征收国内环节增值税、消费税。

符合享受政策措施条件的企业应建立满足海关监管要求的暂时出境修理货物信息化管理制度，并按照政策措施要求及相关规定管理和使用暂时出境修理复运进境的货物。

（四）海南省商财政部、生态环境部、海关总署、税务总局，以及相关行业主管部门等制定配套管理办法，明确符合政策措施条件企业名单的确定程序，享受暂时出境修理后复运进入海南自由贸易港免关税的航空器、船舶（含相关零部件）的登记、运营自用、监管等规定，以及违规处置标准、处罚办法等内容。

同时，海南省相关部门应通过信息化等手段加强监管、防控风险、及时查处违规行为，并加强省内主管部门信息互联互通，共享符合政策措施条件的企业及相关航空器、船舶（含相关零部件）的监管等信息。

（五）本政策措施所称"暂时出境"的期限由海关根据企业提交的货物修理合同及实际情况予以确定。对超过"暂时出境"期限复运进境的货物，对其按照一般进口货物的征税管理规定征收进口税款。

二、关于暂时进境修理

（一）在海南自由贸易港实行"一线"

放开、"二线"管住进出口管理制度的海关特殊监管区域内（以下称试点区域），对企业自本公告实施之日起自境外暂时准许进入试点区域进行修理的货物，复运出境的免征关税、进口环节增值税和消费税；不复运出境转为内销的，按要求办理进口手续，以修理后货物的实际报验状态，照章征收进口关税、进口环节增值税和消费税。

（二）本政策措施仅在洋浦保税港区、海口综合保税区、海口空港综合保税区，以及海南自由贸易港内经国务院批复同意的其他海关特殊监管区域适用。

（三）开展上述修理业务的货物范围包括：1. 商务部、生态环境部、海关总署制定的综合保税区维修产品目录内货物；2. 按照《商务部等6单位关于在海南自由贸易港试点放宽部分进出口货物管理措施的通知》（商自贸发〔2021〕264号）规定，可开展保税维修业务的货物；3. 按照有关规定允许在海南自由贸易港海关特殊监管区域内，开展保税维修的其他货物。

除法律、行政法规、国务院的规定或国务院有关部门依据法律、行政法规授权作出的规定准许外，试点区域内不得开展国家禁止进出口货物的修理业务，不得通过修理方式开展拆解、报废等业务。

（四）上述维修产品目录内的货物，修理后经验核许可证件允许内销，但属于国家禁止进口的和未经准许的限制进口货物，修理后应复运出境，不得经"二线"转内销；属于维修货物在修理过程中替换的旧、坏损零部件，以及在修理过程中产生的边角料等，不得经"二线"转内销。

（五）试点区域内企业申请开展上述修理业务，由企业所在海关特殊监管区域管委会会同商务、生态环境、主管海关共同研究确定试点企业名单，并报海南省商务、生态环境以及海口海关等部门备案。

（六）享受政策措施的企业应建立符合海关监管要求的信息化管理制度，能够实现对修理耗用等信息的全流程跟踪，对待修理货物，修理过程中替换的坏损零部件、在修理过程中产生的边角料、以及修理后的废用料件等进行专门管理。

（七）海南省商商务部、生态环境部、海关总署、财政部、税务总局等部门制定配套监管方案，明确入境修理货物的管理、违规处置标准、处罚办法等内容。

同时，海南省相关部门应通过信息化等手段加强监管、防控风险、及时查处违规行为，并加强省内主管部门信息互联互通，共享符合政策措施条件企业及修理货物的监管等信息。

（八）对自境外暂时进入试点区域内进行修理的货物实施保税，海关按保税维修方式办理手续，并实施监管。

三、关于暂时进境货物

（一）对自境外暂时进入上海、广东、天津、福建、北京自由贸易试验区和海南自由贸易港的下列货物，在进境时纳税义务人向海关缴纳相当于应纳税款的保证金或者提供其他担保的，可以暂不缴纳关税、进口环节增值税和消费税：

1. 符合我国法律规定的临时入境人员开展业务、贸易或专业活动所必需的专业设备（包括软件，进行新闻报道或摄制电影、电视节目使用的仪器、设备及用品等）。

2. 用于展览或演示的货物。

3. 商业样品、广告影片和录音。

4. 用于体育竞赛、表演或训练等必需的体育用品。

（二）上述所列货物仅限在本政策规定的试点区域内使用，暂时入境期间不得用于出售或租赁等商业目的，并应当自进境之日起6个月内复运出境；需要延长复运出境期限的，纳税义务人应当根据海关总署的规定向海关办理延期手续。

（三）上述所列货物未在规定的期限内复运出境的，按要求办理进口手续，海关应当依法征收进口关税、进口环节增值税和消费税。

（四）涉及海关事务担保业务的，按照海关事务担保相关规定执行。

本公告自公布之日起实施，公告公布前已征税的进口货物，不再退还相关税款。

财政部
生态环境部
商务部
海关总署
国家税务总局
2023 年 12 月 27 日

海关总署　商务部　国家税务总局　国家市场监督管理总局　国家外汇管理局公告
2023 年第 164 号

（关于进一步便利电子口岸企业入网手续办理的公告）

为深入推进口岸营商环境优化，进一步便利电子口岸企业入网，现决定对电子口岸企业入网手续办理进一步精简优化，具体公告如下：

一、企业办理电子口岸入网手续（即企业注册成为电子口岸新用户的过程），应提交入网申请及企业营业执照等相关基本信息。企业可通过中国国际贸易单一窗口（网址：https：//www.singlewindow.cn）或者中国电子口岸（网址：https：//www.chinaport.gov.cn）进行线上申请。

二、中国电子口岸数据中心各地分中心受理企业的制卡申请。电子口岸企业入网时，企业提交的申请信息经核实与营业执照信息一致的，制发电子口岸企业法人卡。

三、企业办理电子口岸入网手续时，不再对海关报关单位备案信息、贸易外汇收支企业名录等信息进行验核，相关信息仅用于企业办理相关业务权限检查。企业办理货物贸易外汇业务仍需按规定进行贸易外汇收支企业名录登记。

四、《海关总署 商务部 税务总局 工商总局 质检总局 外汇局关于进一步优化电子口岸企业入网资格审查流程的通知》（署岸发〔2016〕165 号）、《海关总署 对外贸易经济合作部 国家税务总局 国家工商行政管理局 国家外汇管理局 国家质量技术监督局关于在全国范围内对口岸电子执法系统入网用户进行资格审查的通知》（署通发〔2001〕188 号）和《海关总署 对外贸易经济合作部 国家税务总局 国家工商行政管理局 国家外汇管理局 国家质量技术监督局 2001 年第 1 号公告》自本公告发布之日起废止。

特此公告。

海关总署
商务部
国家税务总局
国家市场监督管理总局
国家外汇管理局
2023 年 10 月 17 日

财政部　海关总署　国家税务总局公告 2023 年第 34 号

(关于延续实施跨境电子商务出口退运商品税收政策的公告)

为支持跨境电子商务新业态加快发展，现将有关税收政策公告如下：

一、将《财政部　海关总署　税务总局关于跨境电子商务出口退运商品税收政策的公告》（财政部　海关总署　税务总局公告 2023 年第 4 号）第一条中的"对自本公告印发之日起 1 年内在跨境电子商务海关监管代码（1210、9610、9710、9810）项下申报出口，因滞销、退货原因，自出口之日起 6 个月内原状退运进境的商品（不含食品），免征进口关税和进口环节增值税、消费税；出口时已征收的出口关税准予退还，出口时已征收的增值税、消费税参照内销货物发生退货有关税收规定执行"调整为"对 2023 年 1 月 30 日至 2025 年 12 月 31 日期间在跨境电子商务海关监管代码（1210、9610、9710、9810）项下申报出口，因滞销、退货原因，自出口之日起 6 个月内原状退运进境的商品（不含食品），免征进口关税和进口环节增值税、消费税；出口时已征收的出口关税准予退还，出口时已征收的增值税、消费税参照内销货物发生退货有关税收规定执行"。

二、其他规定仍按照财政部、海关总署、税务总局公告 2023 年第 4 号相关规定执行。

特此公告。

财政部
海关总署
国家税务总局
2023 年 8 月 22 日

海关总署　财政部　国家税务总局公告 2023 年第 25 号

(关于增加海南离岛免税购物"担保即提"和"即购即提"提货方式的公告)

为支持海南自由贸易港建设，进一步提升离岛旅客购物体验，现就增加海南离岛旅客免税购物提货方式公告如下：

一、增加"担保即提"和"即购即提"提货方式

离岛旅客凭有效身份证件或旅行证件和离岛信息在海南离岛免税商店（不含网上销售窗口）购买免税品时，除在机场、火车站、码头指定区域提货以及可选择邮寄送达或岛内居民返岛提取方式外，可对单价超过 5 万元（含）的免税品选择"担保即提"提货方式，可对单价不超过 2 万元（不含）且在本公告附件清单内的免税品选择"即购即提"提货方式。使用"担保即提""即购即提"方式购买的离岛免税品属于消费者个人使用的最终商品，应一次性携带离岛，不得再次销售。

二、"担保即提"提货方式

（一）离岛旅客每次离岛前购买单价超过 5 万元（含）的免税品，可选择"担保即提"方式提货，离岛旅客除支付购物货款外，在向海关提交相当于进境物品进口税的担保后可现场提货。此方式下所购免税品不得在岛内使用。

（二）旅客离岛时需要对所购商品退还担保的，应当由本人主动向海关申请验核尚未启用或消费的免税品，并提交免税品购物凭证和本人有效身份证件或旅行证件。经海关验核，对旅客交验的免税品与购物信息相符的，海关在购物凭证上确认签章。

（三）有下列情形之一的，海关不予办理离岛旅客验核签章手续：

1. 离岛旅客交验免税品已经启用或已经消费的；

2. 离岛旅客交验免税品与购物凭证所列不符的；

3. 购物人员信息与交验离岛旅客本人信息不符的。

（四）经海关实物验核通过且购物旅客本人已实际离岛的，海关退还担保。对于购物旅客本人自购物之日起超过 30 天未离岛、未主动向海关申请验核免税品或未通过验核的，相关担保直接转为税款。

三、"即购即提"提货方式

离岛旅客每次离岛前购买本公告附件清单所列免税品时，对于单价不超过 2 万元（不含）的免税品，可以按照每人每类免税品限购数量的要求，选择"即购即提"方式提货。离岛旅客支付货款后可现场提货，离岛环节海关不验核实物。

四、相关法律责任

（一）离岛旅客使用上述两种方式提货，自购物之日起，离岛时间不得超过 30 天（含）；对于超过 30 天未离岛且无法说明正当理由的，三年内不得购买离岛免税品。对于构成走私行为或违反海关监管规定行为的，由海关依照有关规定予以处理，构成犯罪的，依法追究刑事责任。

（二）对于离岛免税商店未按规定销售免税品的，由海关根据《中华人民共和国海关行政处罚实施条例》第二十六条、《中华人民共和国海关对免税商店及免税品监管办法》第二十八条相关规定予以处理。

（三）对海南离岛旅客免税购物"担保即提"和"即购即提"方式的其他监管事项，按照海关总署公告2020年第79号（关于发布海南离岛旅客免税购物监管办法的公告）有关规定执行。

本公告自2023年4月1日起执行。财政部、海关总署、税务总局公告2020年第33号（关于海南离岛旅客免税购物政策的公告）中其他规定继续执行。

特此公告。

附件：允许"即购即提"方式提货的离岛免税商品清单

海关总署
财政部
国家税务总局
2023年3月18日

附件

允许"即购即提"方式提货的离岛免税商品清单

序号	商品品种	每人每次离岛限购数
1	化妆品	5件（单一品种限1件）
2	香水	1瓶
3	太阳眼镜	1副
4	服装服饰	1件
5	丝巾	1件
6	鞋帽	1件
7	箱包	1件
8	尿不湿	3包
9	婴幼儿配方奶粉	3罐（包）
10	糖果	3件
11	剃须刀	1件
12	转换插头	1个
13	体育用品	1个
14	玩具（含童车）	1件（套）
15	皮带	1件

财政部　海关总署　国家税务总局公告 2023 年第 4 号

(关于跨境电子商务出口退运商品税收政策的公告)

为加快发展外贸新业态，推动贸易高质量发展，现将跨境电子商务出口退运商品税收政策公告如下：

一、对自本公告印发之日起 1 年内在跨境电子商务海关监管代码（1210、9610、9710、9810）项下申报出口，因滞销、退货原因，自出口之日起 6 个月内原状退运进境的商品（不含食品），免征进口关税和进口环节增值税、消费税；出口时已征收的出口关税准予退还，出口时已征收的增值税、消费税参照内销货物发生退货有关税收规定执行。其中，监管代码 1210 项下出口商品，应自海关特殊监管区域或保税物流中心（B 型）出区离境之日起 6 个月内退运至境内区外。

二、对符合第一条规定的商品，已办理出口退税的，企业应当按现行规定补缴已退的税款。企业应当凭主管税务机关出具的《出口货物已补税/未退税证明》，申请办理免征进口关税和进口环节增值税、消费税，退还出口关税手续。

三、第一条中规定的"原状退运进境"是指出口商品退运进境时的最小商品形态应与原出口时的形态基本一致，不得增加任何配件或部件，不能经过任何加工、改装，但经拆箱、检（化）验、安装、调试等仍可视为"原状"；退运进境商品应未被使用过，但对于只有经过试用才能发现品质不良或可证明被客户试用后退货的情况除外。

四、对符合第一、二、三条规定的商品，企业应当提交出口商品申报清单或出口报关单、退运原因说明等证明该商品确为因滞销、退货原因而退运进境的材料，并对材料的真实性承担法律责任。对因滞销退运的商品，企业应提供"自我声明"作为退运原因说明材料，承诺为因滞销退运；对因退货退运的商品，企业应提供退货记录（含跨境电子商务平台上的退货记录或拒收记录）、返货协议等作为退运原因说明材料。海关据此办理退运免税等手续。

五、企业偷税、骗税等违法违规行为，按照国家有关法律法规等规定处理。

特此公告。

财政部
海关总署
国家税务总局
2023 年 1 月 30 日

上海海关通告 2023 年第 3 号

(上海海关关于保税仓库、出口监管仓库布局规划的通告)

为推动上海关区保税仓库、出口监管仓库健康、有序发展，根据《中华人民共和国海关对保税仓库及所存货物的管理规定》（海关总署令第 105 号发布，根据海关总署令第 198 号、第 227 号、第 235 号、第 240 号、第 263 号修订）、《中华人民共和国海关对出口监管仓库及所存货物的管理办法》（海关总署令第 133 号发布，根据海关总署令第 227 号、第 235 号、第 240 号、第 243 号、第 263 号修订）、《海关总署关于进一步规范保税仓库、出口监管仓库管理有关事项的公告》（海关总署公告 2023 年第 75 号）及有关法律法规，结合关区实际情况，制定保税仓库、出口监管仓库（以下简称"两仓"）布局规划。现就有关事项通告如下：

一、适用范围

本规划适用于上海海关关区范围内各行政区域。

二、主要内容

关区两仓布局规划兼顾上海地区东西联动、辐射内外、层级合理、协调互联的发展格局，实行规划控制。

（一）按需设立、总量控制。

以各隶属海关辖区已有的两仓建设与区域发展水平为参考，与上海经济社会发展实际相结合，符合上海持续强化"四大功能"、深化"五个中心"建设整体要求。按需设立，控制增量、优化存量，适度超前，有效整合、充分利用现有物流设施及资源，防止重复建设和浪费资源。

（二）梯次设计、合理布局。

统筹上海关区保税物流发展规划，在海关特殊监管区域、保税物流中心设立的基础上，区分功能定位，梯次设计两仓，形成错位布局，良性配套发展的态势，使两仓与海关特殊监管区域、保税物流中心互为补充，共同为地方经济发展服务。

（三）有序推进、动态管理。

建立科学规范的动态管理机制，积极促进对两仓企业的分类管理和差别化海关管理措施，鼓励企业合理设立和注销两仓，支持管理规范、资信良好、信息化系统满足海关监管要求的现代物流企业建立两仓，引导和促进两仓企业的科学发展。

（四）产业支持、突出重点。

支持重点行业产业链供应链强链稳链。对服务国家战略性资源储备（包括国家宏观导向的商业资源性储备），保障高新技术、高附加值、高时效流转需求的产品物流运转，支持跨国公司和专门从事物流的大型企业将境外物流基地迁入境内并从事保税物流集中分拨业务，承载区域外贸物流集散分拨枢纽功能等情形，择优培育、优先发展。

三、两仓管理

（一）企业拟设立两仓的，应向所在地

隶属海关申请，上海海关可根据集约化管理等需求指定仓库主管海关。

（二）上海海关加强对两仓设立和发展的审核和指导，可根据当地保税仓储等业务发展需求情况对布局规划进行适时动态调整，做好保税仓库、出口监管仓库设立审批和绩效评估工作。

（三）经营企业以隐瞒申请情况或者提供虚假申请资料、贿赂海关人员等不正当手段取得设立保税仓库、出口监管仓库行政许可的，依法撤销行政许可。

（四）经营企业设立保税仓库、出口监管仓库期间，违反海关规定的，海关依照相关法律法规予以处罚。构成犯罪的，依法追究刑事责任。

特此通告。

上海海关

2023 年 8 月 28 日

沪商口岸〔2023〕234号

(上海市商务委员会　上海市发展改革委员会关于印发
《加快推进本市综合保税区功能提升的若干措施》的通知)

各有关部门：

经市政府同意，现将《加快推进本市综合保税区功能提升的若干措施》印发给你们，请认真按照执行。

上海市商务委员会
上海市发展改革委员会
2023年9月1日

加快推进本市综合保税区功能提升的若干措施

为进一步贯彻落实《国务院关于促进综合保税区高水平开放高质量发展的若干意见》(国发〔2019〕3号)，按照《关于我市促进综合保税区高质量发展的实施意见》(沪府发〔2021〕1号)的要求，进一步发挥综合保税区的区位优势、产业优势、政策优势，更好服务和融入新发展格局，加快推动综合保税区功能提升、业态创新，促进开放型经济高质量发展，特制定本措施。

一、总体要求

以习近平新时代中国特色社会主义思想为指导，全面贯彻党的二十大精神，按照十二届市委三次全会关于深化高水平改革开放总体要求，推进本市综合保税区功能提升，进一步发挥在稳外资、稳外贸和构建新发展格局中的重要作用。对标国际、国内海关特殊监管区域最佳实践案例，结合本市综合保税区创新发展实际需求，聚焦重点领域实施集成性改革和制度创新，打通创新业务制度环境和服务链条。加快培育综合保税区贸易新业态、新模式，推动"保税+"业务实现创新突破。推动本市综合保税区发展成为产业特色更加鲜明、贸易业态更加丰富、营商环境更加优越的海关特殊监管区域。

二、主要任务

(一)推动综合保税区错位协同发展

1. 推动洋山特殊综合保税区，外高桥港、浦东机场综合保税区创新发展，依托口岸物流、信息优势，集聚跨国公司贸易总部、全球分拨中心等资源，发展期货保税交割、融资租赁，提升资源要素全球配置功能。洋山特殊综合保税区以三期扩区为契机，推进先进制造业和创新业态发展。外高桥港综合保税区拓展大宗商品集散、进口汽车保税存储等业务。浦东机场综合保税区拓展保税检测、保税研发、保税维修等业务。(责任部门和单位：市海关特殊监管区域联席会议成员单位、相关综合保税区管理机构)

2. 推动奉贤、松江、青浦、嘉定等综合保税区加快产业转型升级，以内外贸一体化为重点，加强各综合保税区与各综合保税区所在区主导产业联动，积极拓展加工制造新领域。发挥产业地图对投资促进的引导作用，推动综合保税区内重大项目引进、存量资源改造和盘活、重要功能平台打造，实现货物贸易与服务贸易、数字贸易融合发展。（责任部门和单位：市海关特殊监管区域联席会议成员单位、所在区政府、相关综合保税区管理机构）

3. 推动金桥、漕河泾综合保税区拓展保税研发等创新业态，以"金桥智造城"建设和漕河泾"数字贸易和科技创新"示范区建设为契机，支持企业在大数据、生命健康、智能制造等方面加快智能工厂和特色产业平台建设。引进新型研发机构、高新技术企业和创新孵化平台，大力发展保税研发，打造具有国际影响力的上海科创中心的重要功能承载区。（责任部门和单位：市海关特殊监管区域联席会议成员单位、上海科创办、相关综合保税区管理机构）

（二）优化综合保税区监管措施

4. 在有条件的综合保税区和口岸之间进一步发挥区港直通的区位优势，探索进出口和保税货物在口岸监管和保税监管环节无感流转，推动转口贸易及国际分拨物流发展，提高通关效率，降低通关成本。（责任单位：上海海关、各综合保税区管理机构）

5. 支持空运口岸和洋山特殊综合保税区、浦东机场综合保税区之间实施安检前置，允许空运出港货物在区内打板、安检，实现空运出口直通直装。（责任单位：民航华东管理局、上海海关、相关综合保税区管理机构）

6. 对综合保税区内企业从境外进口的自用机器、设备，因产业升级等原因需要出区处置的，探索依据设备入区申报记录，按规定解除海关监管后的有效处置方式。（责任部门和单位：市商务委、上海海关、各综合保税区管理机构）

7. 允许境内入区的不涉及出口关税，不涉贸易管制证件，不要求退税且不纳入海关统计的货物、物品，实施便捷进出区管理模式。通过现有的数据联网、智能化卡口等手段，由企业自主选择非申报方式入区。（责任单位：上海海关、各综合保税区管理机构）

8. 依托相关运营主体，因地制宜，充分运用进口舱单分拨、国际中转集拼、出口货物集拼、保税仓储物流等功能，在外高桥港综合保税区、浦东机场综合保税区、洋山特殊综合保税区等区域探索优化国际中转集拼多业态同场作业、集中查验，培育壮大综合保税区国际中转集拼业务。（责任部门和单位：市商务委、市交通委、相关综合保税区管理机构、上海海关）

9. 在综合保税区内试点运用"双随机"查验机制，优化跨境电商企业"一箱多票"及生产制造企业"一票多箱"货物进出区查验方式，促进通关便利，降低企业成本。（责任单位：上海海关、各综合保税区管理机构）

（三）支持企业开展保税研发创新

10. 支持符合条件的生产制造企业开展保税研发业务，允许企业单独设置研发账册，促进企业研发与生产的协同发展。（责任单位：上海海关、各综合保税区管理机构）

11. 优化保税研发企业研发用耗材及样品的监管，简化高频低值样品进出区手续。（责任单位：上海海关、各综合保税区管理机构）

12. 除禁止进境的外，区内企业从境外进口且在区内用于研发的有形料件、试剂、耗材及样品，免于提交许可证件，进口的消耗性材料根据实际研发耗用核销。支持保税研发企业以采信企业端信息管理系统实际领用数据做核销依据，后续核销据实核算。

（责任部门和单位：市商务委及相关许可证件主管部门、上海海关、各综合保税区管理机构）

13. 支持保税研发类企业申请一般纳税人资格试点，促进保税研发成果向市场化应用转化。（责任部门和单位：市税务局、市财政局、上海海关、各综合保税区管理机构）

（四）加大综合保税区新业态扶持力度

14. 支持扩大保税维修业务规模。允许中国（上海）自由贸易试验区（以下简称"上海自贸试验区"）内的综合保税区企业开展本集团国内自产产品的维修，不受维修产品目录限制。积极争取扩大本市综合保税区保税维修产品目录。（责任部门和单位：市商务委、上海海关、市生态环境局、市经济信息化委）

15. 支持丝路电商建设，支持综合保税区内具备条件的企业，提出丝路电商创新需求，研究探索货物进出仓海关监管新模式。（责任部门和单位：市商务委、上海海关、相关综合保税区管理机构）

16. 支持综合保税区开展跨境电商出口海外仓业务模式，货物批量出口至海外仓，通过电商平台完成零售后再将商品从海外仓送达境外消费者，丰富跨境电商出口模式。（责任部门和单位：市商务委、上海海关、各综合保税区管理机构）

17. 支持综合保税区内企业开展高技术含量、高附加值的航空航天、工程机械、数控机床等再制造业务。支持有需求的优势制造企业在综合保税区开展再制造业务，根据企业业务流程和需求研究监管模式并推动政策落地。（责任部门和单位：市经济信息化委、市商务委、上海海关、市生态环境局、各综合保税区管理机构）

（五）支持综合保税区优势产业做大做强

18. 支持综合保税区建设服务集成电路产业的物流分拨配送中心。对进口真空包装、防光包装、恒温储存等高新技术货物，采取事前风险评估备案、事中布控流程控制、事后风险验证管理模式，提升区内集成电路等特色产业供应链服务能级。（责任单位：上海海关、各综合保税区管理机构）

19. 综合保税区内企业进口用于研发、展示的医疗器械，不在国内销售使用的，可不凭医疗器械注册证书或备案凭证办理进口报关。（责任部门和单位：上海海关、市药品监管局）

20. 发挥外高桥港、浦东机场综合保税区，洋山特殊综合保税区大宗商品集散优势，推动期货保税交割、离岸贸易等业态发展。推动上海自贸试验区保税区域、奉贤综合保税区、嘉定综合保税区、漕河泾综合保税区建设一批电子产品、文化艺术品、化妆品、进口汽车等优势产品分拨中心，探索一体化展示、交易模式。（责任部门和单位：相关综合保税区管理机构、市相关部门、上海海关）

（六）优化综合保税区公共服务

21. 建立服务平台一体化管理模式，通过数据链接，实现更便利的分类监管、协同监管、智能监管，赋予企业更大的操作自由。（责任部门和单位：各综合保税区管理机构、上海海关、市商务委）

22. 利用海关特殊监管区域有形物理围网、全生命周期信息围网、分类精准信用围网的"三网协同监管"优势，在上海自贸试验区保税区域先行建立以信用为基础的新型监管机制。对诚信示范企业在货物进出口、出口退税、境外投资备案、人员出入境管理、质量认证等方面提供便利。（责任单位：市海关特殊监管区域联席会议成员单位）

外高桥保税区可结合自身实际参照推进相关政策。

三、强化综合保税区建设统筹推进机制

发挥本市海关特殊监管区域联席会议机制在指导综合保税区发展解决重大问题处理、创新管理机制等方面的统筹推动作用。强化属地政府对综合保税区运行管理的主体责任，将综合保税区发展情况纳入区政府绩效考核范畴。积极发挥中国保税区出口加工区协会、上海保税区域协会等行业组织桥梁纽带作用，畅通政企沟通协调渠道，促进综合保税区内企业提高管理运营水平。

津自贸发〔2023〕4号

[中国（天津）自由贸易试验区管理委员会关于印发《中国（天津）自由贸易试验区联动创新示范基地（泰达综合保税区）建设实施方案》的通知]

各相关单位：

为贯彻落实《中国（天津）自由贸易试验区管理委员会关于同意在泰达综合保税区建设中国（天津）自由贸易试验区联动创新示范基地的批复》（津自贸函〔2023〕1号）要求，现将《中国（天津）自由贸易试验区联动创新示范基地（泰达综合保税区）建设实施方案》印发给你们，请中国（天津）自由贸易试验区联动创新示范基地（泰达综合保税区）组织落实，确保试点任务目标落实到位。请各事权部门积极主动支持。

中国（天津）自由贸易试验区管理委员会
2023年8月18日
（此件主动公开）

中国（天津）自由贸易试验区联动创新示范基地（泰达综合保税区）建设实施方案

为贯彻落实《中国（天津）自由贸易试验区管理委员会关于同意在泰达综合保税区建设中国（天津）自由贸易试验区联动创新示范基地的批复》（津自贸函〔2023〕1号）要求，推进中国（天津）自由贸易试验区联动创新示范基地（泰达综合保税区）（以下简称联动创新示范基地）建设，现制定本实施方案。

一、指导思想

以习近平新时代中国特色社会主义思想为指导，全面贯彻党的二十大和二十届二中全会精神，深入落实习近平总书记对天津工作"三个着力"重要要求和对自贸试验区建设的系列指示批示精神，坚定不移贯彻新发展理念，始终坚持"为国家试制度"导向，对标国际高标准经贸规则，大胆试、大胆闯、自主改，探索从布局、管理、政策、产业发展、创新等方面加强统筹，进一步发挥海关特殊监管区域政策功能优势和自贸试验区改革开放试验田作用，推动两区优势互补、协同发展，加快打造两区统筹"样板间"，更好落实自由贸易试验区提升战略，积极服务国内国际双循环、建设贸易强国，以高水平开放推动高质量发展。

二、发展目标

用三年时间，在联动创新示范基地引进布局一批具备显著服务辐射功能的优质项目、创新业态和各类专业化平台，落地一批有突破、有活力、有实效的制度创新成果，培育具有自身特色及竞争优势的品牌业态或特色业务，进入全国特殊区域细分赛道前列，实现主要经济指标倍增，形成若干两区统筹服务模式和典型案例，成为高端要素聚集、服务功能完善、示范带动作用突出的高

三、主要任务

（一）促进"保税+"业态创新升级

1. 培育保税研发、检测业态。加快建设高品质载体，打造公共试验空间和研发平台，重点依托天津经济技术开发区生物医药产业基础，着力促进创新药物和高端医疗器械保税研发、检测、认证业务聚集。推动各类专业化检验、检测、认证服务机构在联动创新示范基地设立驻点服务平台，建立跨区域合作机制。

2. 打造区域性保税维修中心。积极引导天津经济技术开发区主导产业龙头企业设立保税维修中心，在完善自身服务链条、提升产品国际竞争力的同时，面向海内外特别是京津冀市场，开展精密电子、工程机械、通讯设备等产品的保税维修（全球维修）业务。积极争取在国家相关部委支持下开展禁止和限制进口货物以外的，家用电动器具等新兴衍生产品，如家/商用扫地/洗地机器人及周边零部件等的保税维修（全球维修）业务。探索发展汽车发动机、高端设备等高技术含量、高附加值产品的再制造业务。支持联动创新示范基地企业在综合保税区开展本集团国内自产产品的保税维修业务。

3. 积极发展高端装备保税租赁业务。聚焦服务滨海新区重点产业发展，积极发展智能制造装备、节能环保设备、精密仪器等高端装备以及船舶的保税租赁业务。围绕满足高端装备不同应用场景需求，在确保海关有效监管的前提下，积极探索监管路径模式创新。

4. 着力发展特色保税仓储物流。发挥联动创新示范基地临近海空两港和集疏港干线优势，加快建设多样化专业仓储设施，大力发展生物医药原料药、高端装备关键零部件、精密电子产品、高端消费品的保税仓储物流业务。重点支持天津经济技术开发区骨干制造业企业在联动创新示范基地建设跨国采购、集拼、分销中心。支持仓储物流企业开展仓库智能化改造，开展"可信仓单"质押融资。

（二）支持创新业态快速发展

5. 积极促进跨境电商发展。依托联动创新示范基地保税仓储功能，发挥环球购跨境电商产业园、于家堡抖音直播产业园等平台集聚优势，重点在自贸试验区中心商务片区积极促进跨境电商业务聚集发展，完善保税仓储、展播销售、培训孵化前后端高效衔接、"线上+线下"深入融合的产业生态，同步发展高端进口消费品保税展示交易业务。

6. 探索打造进口工业品展销中心。叠加自贸试验区中心商务片区楼宇载体优势和联动创新示范基地保税功能优势，广泛对接京津冀地区各类进口工业品展会，以工业机器人、数控机床、精密仪器、工业刀具等为重点，探索选择适宜载体设立进口工业品展示展销中心，发展"楼下展销+楼上洽谈"模式，打造"365天"工业品展示+商务专业化平台。大力发展进口医疗器械在综合保税区内备货区外保税展示交易业务模式。探索保税展示海关担保模式创新，进一步降低企业资金压力。

7. 设立保税贸易服务平台。依托自贸试验区跨境投融资综合服务中心，通过设立专门服务窗口或专席、专线方式，搭建保税贸易服务平台，为企业开展各类"保税+"业态提供政策咨询、业务指导、载体对接等"一站式"服务，更好地服务助力各类新兴贸易业务发展。

（三）探索综合赋能实体产业解决方案

8. 强化科创服务功能联动。加强与滨海—中关村科技园、国际生物医药联合研究院及其他自贸试验区联动创新示范基地等区域或平台的互动合作，建立健全产学研协同创新机制，发挥各自功能和资源优势，构建科创服务综合体。积极探索灵活模式，用足用好保税功能，更好地赋能"网外"技术创新和成果转化。

9. 助力高端制造业提质增效。探索集成自贸试验区+综合保税区政策功能"红利"，涵盖金融、贸易、科创等支持维度的综合赋能解决方案，促进延伸产业链、提升价值链、强化创新链。鼓励引导天津经济技术开发区高端制造业企业在联动创新示范基地设立研发机构、生产基地、销售服务中心等业务板块，推动业务链条加速向微笑曲线两端延伸，进一步提升综合竞争力。

10. 强化综合服务功能。实施跨国服务贸易开放创新举措，积极引进外资研发设计、服务外包、技术咨询、知识产权、航运服务、供应链管理等高端生产性服务业态。与国内龙头机构合作，探索搭建集成各类生产性服务功能的融合型公共服务平台。

（四）提升跨境便利化水平

11. 便利跨境资金流动。支持联动创新示范基地企业通过设立分公司模式便利开设自由贸易账户，探索直接开立自由贸易账户的可行路径模式。支持联动创新示范基地企业通过滨海基金小镇、跨境投融资综合服务中心等平台，提升跨境资金融通水平。鼓励各类金融机构针对联动创新示范区企业发展需求和业务特点，开发更多特色金融服务产品。

12. 便利跨境人才流动。联动创新示范基地适用自贸试验区支持外籍人才创新创业若干工作措施，为区内企业吸引外籍管理、技术类人才提供便利。

13. 提升研发用物品通关效率。支持生物医药科创企业发展，对于纳入天津市生物医药企业（研发机构）进口研发用物品"白名单"的试点企业，在办理试点物品进口手续时，可凭"白名单"认定文件代替《进口药品通关单》在天津海关办理进口申报验放手续。

四、保障措施

（一）加强组织实施

天津经济技术开发区管理委员会要切实履行主体责任，按照总体筹划、分步实施、率先突破、逐步完善的原则组织实施，明确专人负责日常工作，确保试点任务目标落实到位。中国（天津）自由贸易试验区政策与产业创新发展局要做好对联动创新示范基地建设的统筹推动和支持指导。各有关部门要大力支持，加强指导和服务，加大赋权力度，共同把联动创新示范基地建设好、管理好。

（二）总结复制推广

及时总结改革创新经验和成果，对试点效果好且可复制可推广的成果，推动在更大范围内复制推广。

（三）做好风险防控

统筹发展与安全，建立风险防范机制和风险控制体系，对易发风险点做好应对预案，定期排查，全程跟进已发风险处置过程。

文字资料篇

中国保税区出口加工区协会
2023年工作总结及2024年工作计划

中国保税区出口加工区协会秘书处

在中共中央社会工作部党建引领、民政部业务管理、海关总署业务指导下，中国保税区出口加工区协会（以下简称"两区协会"）认真学习贯彻习近平新时代中国特色社会主义思想，深入贯彻落实党的二十大精神和二十届二中全会精神，强化国家级行业协会"四个服务"职能，切实履行为国家行业主管部门宏观决策建言献策、为省级责任主体指导特殊区域发展提供智力支持、为会员单位健康发展提供务实帮助的"三项服务"工作，加大调研力度，构建交流平台，组织学习培训，强化内部治理，推进各项工作持续健康发展。

一、2023年协会主要工作完成情况

（一）深入调查研究，服务宏观决策

深入开展"四不两直"调研。分别赴江苏、黑龙江、陕西、湖南、新疆、广东和福建等18个省（自治区、直辖市）的69个会员单位，开展调研座谈、交流活动，撰写了4篇专题调研报告，反馈各地发展特色、创新做法和困难问题。在协会第三届第二次会员代表大会期间，协助海关总署自贸司区域处召开专题调研座谈会，研究分析综合保税区发展面临的形势、发展中存在的主要困难，研讨交流破解难题的路径和改革创新意见建议。

主动反映诉求建言。在海关总署征求综合保税区发展绩效评估办法修改意见期间，广泛听取会员单位意见建议，组织协会几位副秘书长和副会长单位代表在北京集中办公，提出了《综合保税区发展绩效评估办法（试行）》修订建议。两区协会主要负责人年内多次赴海关总署，面对面地向行业主管部门负责人汇报调研情况、反映影响行业发展重大问题，提出推进高质量发展的建设性意见。

强化统计数据分析利用。在上海自贸试验区保税区管理局的支持下，完成了特殊区域全口径经济社会统计工作。在广大会员单位的共同努力下，基本完成了《中国保税区域年鉴（2023）》编辑出版工作。协会秘书处持续完成了月度、季度、半年、全年的进出口统计分析，总结发展成就，分析发展特点，为会员单位了解发展动态提供参考。

（二）加强互动交流，提升特殊区域发展服务

加强咨询服务。应黑龙江、陕西和湖南等省级部门要求，协助组织调研、交流座谈，提供诊断咨询服务。开展线上线下咨询，解读交流综合保税区综合改革实施方案、绩效评估办法条款内涵和操作难点问题，介绍了会员单位特色发展和创新做法，累计为会员单位提供了180余次咨询和顾问服务。先后接待了天津、无锡、吴江、昆山、宁波、大兴、天竺、郴州、梧州等会员

单位领导来访，就综合保税区发展现状、创新思路和问题破解路径进行广泛深入的交流探讨。

联合开展培训。2023年12月，两区协会会同珠海市商务局承办了2023粤港澳大湾区服贸会"口岸海关特殊监管区域的贸易形态创新"分论坛，两区协会会长蒲少伟及业内专家分享了特殊区域发展历程、发展成就、创新做法和发展前景思考，来自全国海关特殊监管区域管理机构和企业代表等近百人参加会议。作为支持单位，组织协会会员及区内企业参加5月28日由商务部外贸发展局、重庆市商务委联合主办的中国（重庆）跨境电商交易会，为会员免去参展光地费，40多家会员单位参会参展。应邀先后为江西省、山东省、以及湖北省武汉市、浙江省义乌市等开展综合保税区高质量发展培训，累计培训综合保税区行业管理和运营人员800多人次。

组织交流互鉴。2月在上海外高桥保税区组织召开了会长扩大会议，开展"学习二十大、不忘来时路、奔向新征程"主题教育，参观了外高桥保税区展厅和洋山特殊综合保税区，回顾发展历程，探讨未来方向。11月在昆山综合保税区召开江苏省综合保税区调研交流会，研讨综合保税区创新发展成效、分析面临的问题，提出下步发展建议，并参观考察了昆山智慧综合保税区平台、咖啡产业园。

（三）优化内部治理，提升管理服务能力

促进会员参与协会治理。发挥副会长单位、常务理事单位、理事单位作用，动员更多会员参与协会治理工作。上海外高桥、洋山、北京天竺、江苏昆山、重庆两路果园港、西永、成都高新、天津东疆等副会长单位、理事单位，支持协会秘书处组织举办重大专题研讨、交流培训、创新发展观摩交流活动，协助安排会员单位考察交流，为会员提供交流平台和服务保障。

加强宣传工作。推进两区协会网站改版，于10月完成了新旧网站所有数据转移，陆续发布了最新政策、协会通知、区域动态、数据分析等内容。创建微信公众号，公众号"中国保税区域之窗"于5月正式上线，及时发布国家关于特殊区域发展相关政策、区域发展动态。创建会员微信群，为会员单位提供政策学习、互鉴交流、分享创新复制案例的平台。

加强"三员"队伍建设。健全联络员、统计员、通讯员"三员"队伍建设，通过统计员工作例会、三员表彰会，总结表彰先进，部署工作任务，保证统计、信息、联络工作规范化、制度化、标准化。

落实理事会重大决议。召开第二届会员代表大会，通过了协会更名方案、会费调整方案，与民政部社团管理局就更名相关材料和程序做了多次沟通，更名事项正在协调推进中。认真落实会费标准调整决议，新的会费标准于2024年度开始实施。

（四）加强组织建设，推进行稳致远

强化政治引领。认真开展主题教育，按"学思想、强党性、重实践、建新功"总要求，认真组织党的二十大精神专题学习会，组织集中读书、学习研讨、专题党课、专题调研、问题整改等系列活动。5月在北京举办"全国综保区学习贯彻党的二十大精神报告会"，邀请国务院发展研究中心、海关总署自贸区和特殊区域发展司领导作学习辅导报告，北京天竺、江苏昆山、广州南沙、山东潍坊、浙江杭州、天津东疆、郑州新郑、岳阳城陵矶等综合保税区作专题交流发言，来自全国12个省级主管部门负责同志、120多个会员单位代表共计260余人参加了报告会。

健全党建制度。按查摆问题、制定整改

措施要求，制定了党支部会议、党课、党支部书记述职、民主评议党员、组织生活会五项制度，落实"三会一课"制度，规范了议事规则，完善了协会管理制度，落实协会会长与协会党支部书记"一岗双责"，强化党建引领作用。实现双融双促。开展"联学联建"，与外高桥、洋山等副会长单位联合开展党建学习、座谈交流、参观体验等活动，多渠道、多维度提升党建工作质量。

加强作风建设。开展党风廉洁教育，召开警示教育会，开展廉洁谈话，提升协会工作人员廉政意识。严格执行纪律和协会规章制度，规范"三重一大"管理，落实节简办会，严格财务管理，营造风清气正干事氛围。

在肯定成绩同时，也存在一些困难和不足，主要是协会经费紧张、人员不足，调查研究深度不够，会员诉求反映渠道不够畅通，会员单位参与协会治理不够充分等，这些都需要认真研究、逐步解决。

二、2024年工作计划

在新的一年里，两区协会以习近平新时代中国特色社会主义思想为指导，全面贯彻党的二十大精神，完整、准确、全面贯彻新发展理念，以服务为宗旨，以调研为主线，强化"三项服务"职责，推动特殊区域战略提升、功能创新、政策优化、问题破解、服务升级，促进特殊区域高水平开放高质量发展。重点做好以下工作：

（一）组织多种形式交流培训

组织开展专业性政策培训。《综合保税区发展绩效评估办法》印发后，邀请国家行业主管部门为会员单位、省级、市级主管部门组织召开解读培训和政策答疑会。针对《推动综合保税区高质量发展综合改革实施方案》及其细则，开展系列政策培训。

研究开展专业定制化培训。研究一批政策培训、业务发展、创新探索、经营管理等领域专业培训课程，为会员单位开展定制化培训服务。

组织分片区交流活动。持续按沿海、东北部、中西部等片区组织交流活动，开展向北开放、梯度转移、特色发展等专题研讨活动，探索综合保税区特色发展和协同发展路径。

（二）深入推进调查研究

组织开展课题研究。针对调研中收集到的问题，开展专题研究。深化战略研究，针对国际国内形势变化，按国家关于推进高质量发展、构建双循环发展格局要求，开展综合保税区发展战略、发展模式、发展特色和创新实践研究。针对综合保税区监管模式创新、"保税+"新业态发展，组织开展相关应用研究。组织发展经验总结提炼，及时编印相关特殊区域发展总结、创新案例汇编，适时组织发展经验、创新案例宣讲交流。

（三）提升统计和宣传工作

提升统计质量。完善特殊区域发展统计工作机制，开展统计员业务培训，闭环统计指标报送和应用体系。强化统计分析，组织业内人士和有关专家，深度解读、分析，做好月度、季度和年度统计分析工作。

提升宣传渠道。依托协会年鉴、工作简报、公众号、网站等多种媒介，发挥协会联络员和通讯员的作用，广泛收集信息宣传材料，及时刊发会员发展动态、创新做法，强化交流互鉴。

（四）加强党建和内部管理

持续强化党建引领。在中共中央社会工作部的指导下，以习近平新时代中国特色社会主义思想为指导，推进协会党建各项工作，组织主题教育、学习培训活动，发挥党组织政治引领和党员先锋模范作用。

加强协会组织建设。做好协会理事会及党支部领导调整等有关工作，及时向中央社会工作部、民政部、海关总署汇报沟通，组织召开理事会议、党支部会议，按协会章程要求做好相关方案和选举工作。

做好协会有关工作。继续做好协会会籍管理、会员诉求和建议收集工作，强化对会员单位指导服务。有序推进协会更名，按照民政部关于国家级商协会更名的程序和要求，有序推进协会更名工作。

2023年度我国综合保税区等海关特殊监管区域以及保税物流中心（B型）的外贸进出口情况简析

截至2023年年底，国务院共批准设立海关特殊监管区域（以下简称"特殊区域"）171个，其中综合保税区163个、保税区5个、保税港区2个、跨境工业区1个。

截至2023年年底，全国有外贸进出口统计数据的特殊区域为165个，其中综合保税区157个、保税区5个、保税港区2个、跨境工业区1个。

根据海关总署统计月报数据，下面对2023年我国综合保税区等特殊区域以及保税物流中心（B型）的外贸进出口情况予以简析。

一、2023年度我国综合保税区等特殊区域外贸进出口基本情况

据海关总署公布的统计数据：2023年，我国165个（2022年同期为156个，同比增长5.8%）有业务统计的特殊区域累计实现进出口81 799.57亿元，其中出口39 796.41亿元、进口42 003.15亿元[①]，同比分别下降4.2%、7.7%和0.5%，分别占同期全国外贸进出口、出口和进口的19.6%、16.7%和23.4%。详见表1。

表1 2023年全国综合保税区等特殊区域外贸进出口情况统计表

区域个数	区域名称	进出口 金额（亿元）	进出口 同比（%）	出口 金额（亿元）	出口 同比（%）	进口 金额（亿元）	进口 同比（%）
	全国外贸总值	417 568.29	0.2	237 725.88	0.6	179 842.41	-0.3
165	全国特殊区域合计	81 799.57	-4.2	39 796.41	-7.7	42 003.15	-0.5
157	综合保税区	63 643.47	-4.0	34 599.08	-5.6	29 044.38	-2.1
5	保税区	15 334.02	0.7	4 421.82	-5.4	10 912.19	3.4
2	保税港区	1 052.64	18.4	197.06	-6.9	855.57	26.3
1	跨境工业区	102.38	49.7	72.65	46.0	29.73	59.5

数据来源：海关总署统计月报。

2023年度，我国特殊区域外贸进出口的整体表现不及预期，但第四季度有所回升。全行业有特色、可持续健康发展的总体趋势向好，推动高水平开放高质量发展的主体责任进一步夯实，综合保税区的发展方向更清晰、功能更聚焦、主业更突出、驱动更有力。

---

① 数据均来源于海关总署统计月报，统计月报中数据单位为万元，本文中均处理成亿元。数据四舍五入后，分项与合计数据之间存在细微差异。下同。

二、2023 年度我国特殊区域外贸进出口情况简析

海关总署公布的统计数据显示，2023 年，165 个有统计数据的特殊区域外贸进出口、出口和进口同比分别下降 4.2%、7.7% 和 0.5%，较同期全国外贸进出口、出口和进口的增速分别低 4.4、8.3 和 0.2 个百分点。

2023 年度，我国特殊区域外贸进出口在 2022 年创历史新高的基础上表现不及预期。初步分析有以下原因：一是国际市场需求疲软，加工贸易订单减少；二是招商困难，市场主体入区从业增量不旺；三是为规范管理调整了综合保税区有关业务数据的统计范围等。

2023 年 12 月，有统计的 165 个特殊区域实现外贸进出口 7 725.74 亿元，其中出口 3 805.08 亿元、进口 3 920.66 亿元，同比分别下降 10.5%、14.1% 和 6.7%，降幅较大；环比分别增长 2.1%、4.0% 和 0.3%，降中有升。详见表 2。

表 2　2023 年度及 12 月全国特殊区域外贸进出口情况统计表

区域个数	区域名称	进出口 金额（亿元）	进出口 同比（%）	进出口 环比（%）	出口 金额（亿元）	出口 同比（%）	出口 环比（%）	进口 金额（亿元）	进口 同比（%）	进口 环比（%）
165	2023 年度全国特殊区域合计	81 799.57	-4.2	—	39 796.41	-7.7	—	42 003.15	-0.5	—
165	12 月全国特殊区域小计	7 725.74	-10.5	2.1	3 805.08	-14.1	4.0	3 920.66	-6.7	0.3

数据来源：海关总署统计月报。

2023 年 12 月，我国特殊区域外贸进出口出现同比大幅下降和环比增长，主客观因素有以下方面：一是综合保税区的进出口统计方式聚焦保税业务，部分其他关联业务未再纳入统计；二是市场疲软保税区出口同比低位大幅下行，进口也出现明显下滑。详见表 3。

表 3　2023 年 12 月全国综合保税区、保税区外贸进出口情况统计表

区域个数	统计项目	进出口 金额（亿元）	进出口 同比（%）	进出口 环比（%）	出口 金额（亿元）	出口 同比（%）	出口 环比（%）	进口 金额（亿元）	进口 同比（%）	进口 环比（%）
特殊区域（165）	特殊区域合计	7 725.74	-10.5	2.1	3 805.08	-14.1	4.0	3 920.66	-6.7	0.3
综合保税区（157）	综合保税区小计	6 139.97	-8.5	5.5	3 347.85	-10.8	5.9	2 792.11	-5.5	5.1
保税区（5）	保税区小计	1 315.40	-21.2	-9.7	380.00	-34.4	-10.1	935.39	-14.2	-9.6

数据来源：海关总署统计月报。

了解2023年我国综合保税区的外贸进出口情况，特别是具体分析2023年第四季度的外贸进出口数据，直面国际市场需求萎缩、加工贸易订单减少、新业态成长缓慢等诸多不利因素，我国特殊区域如何在"聚焦保税"的前提下，采取积极措施稳定加工贸易业、提升保税物流业、培育服务贸易新业态，是全行业必须担当的新任务、追求的新目标，建议在实践中重视3个方面工作：

一是认真总结分析头部区域外贸进出口情况表现的新趋势、新特点。

2023年，我国特殊区域中进出口排名靠前的32个区域（其中以加工贸易为主导产业的区域有12个、以保税物流等为主要业务的区域有20个），共计实现进出口60 566.97亿元，占同期全国特殊区域进出口总值的74.0%。其中，以加工贸易为主导产业的12个区域的进出口，均出现不同程度的同比下降（包括排名前8位中的郑州新郑、成都高新、昆山、深圳福田和重庆西永综合保税区），其中有9个区的降幅超过两位数，占比75.0%；以保税物流等为主要业务的20个区域，实现进出口同比增长的有15个（包括排名前8位的上海外高桥保税区和洋山特殊综合保税区、深圳前海综合保税区），其中增幅超过两位数的有10个（洋山、浦东机场、广西凭祥、北京天竺、东莞虎门港和海南洋浦的增幅超过20.0%），占比50.0%。详见表4。

表4 2023年度我国特殊区域外贸进出口排名前32位情况统计表

序号	区域名称	进出口金额（亿元）	同比（%）	序号	区域名称	进出口金额（亿元）	同比（%）
	全国165个特殊区域合计	81 799.57	-4.2		全国165特殊区域均值	495.75	—
	前32位小计	60 566.97	—		前32位均值	1 892.72	—
	前16位小计	45 306.27	—		前16位均值	2 831.64	—
	前8位小计	33 491.99	—		前8位均值	4 186.50	—
1	上海外高桥保税区	9 980.29	4.1	12	厦门象屿综合保税区	1 466.70	13.6
2	郑州新郑综合保税区	4 072.78	-12.6	13	宁波保税区	1 414.14	8.2
3	成都高新综合保税区	4 070.12	-23.6	14	无锡高新区综合保税区	1 400.30	-4.7
4	昆山综合保税区	3 899.37	-0.3	15	上海浦东机场综合保税区	1 311.36	26.6
5	深圳福田保税区	3 597.87	-10.2	16	广西凭祥综合保税区	1 283.00	38.8
6	重庆西永综合保税区	2 735.75	-14.3	17	青岛前湾综合保税区	1 245.01	13.1
7	洋山特殊综合保税区	2 621.02	25.4	18	北京天竺综合保税区	1 228.32	41.0
8	深圳前海综合保税区	2 514.78	8.8	19	广州南沙综合保税区	1 166.84	-12.8
9	苏州工业园综合保税区	1 766.14	-12.7	20	烟台综合保税区	1 155.67	-9.0
10	重庆两路果园港综合保税区	1 677.29	-10.2	21	天津东疆综合保税区	1 152.92	2.8
11	松江综合保税区	1 495.37	-40.0	22	东莞虎门港综合保税区	1 149.18	20.6

续表

序号	区域名称	进出口金额（亿元）	同比（%）	序号	区域名称	进出口金额（亿元）	同比（%）
23	深圳盐田综合保税区	1 120.96	12.0	28	潍坊综合保税区	754.78	8.6
24	苏州高新综合保税区	1 042.14	-18.8	29	厦门海沧港综合保税区	688.65	16.6
25	西安关中综合保税区	1 036.86	-36.0	30	合肥经开综合保税区	646.54	-22.6
26	天津港综合保税区	918.21	-7.6	31	海南洋浦保税港区	614.32	48.1
27	西安高新综合保税区	821.05	-21.5	32	长沙黄花综合保税区	519.24	-11.6

数据来源：海关总署统计月报。

有必要根据近年来头部特殊区域外贸进出口数据反映出来的业态变化趋势，从自己所在特殊区域的区位比较优势、开放资源禀赋、区域辐射范围和主要业态现状等因素出发去分析思考，积极探索新发展路径，科学选择新发展亮点，努力夯实新发展基础，协同激活新发展动能。

二是要凝心聚力继续夯实中等规模区域的保税业态基础工作。

2023年，我国特殊区域全行业在错综复杂的国际经贸环境下，初步遏制住外贸进出口大幅下降的趋势，原因既有宏观上的政策驱动和各种积极措施保障，也有责任主体的工作加强和关联各方协同共治的推进，更重要的是有78个区域同比实现不同速度的增长，发挥了稳定全行业进出口大局的作用。这批区域中位居全国排名32位以后、进出口额超过100.0亿元以上、同比增速超过1.2%及以上的综合保税区有32个（包括同期进出口超过200.0亿元的17个区域），其中进出口额超过250.0亿元的有深圳坪山、喀什、钦州、霍尔果斯、武汉东湖、义乌、天津滨海新区、舟山港、成都国际铁路港、阿拉山口、大连大窑湾、乌鲁木齐12个综合保税区。详见表5。

表5 2023年全国特殊区域进出口额排名32位以后但增速靠前区域情况统计表

个数序号	区域名称	进出口金额（亿元）	同比（%）	个数序号	区域名称	进出口金额（亿元）	同比（%）
	全国165个特殊区域合计	81 799.57	-4.2		全国165个特殊区域均值	495.75	—
	以下区域小计	7 860.27	—		以下区域均值	245.63	—
1	深圳坪山综合保税区	512.63	1.2	6	义乌综合保税区	388.83	79.3
2	喀什综合保税区	496.53	78.1	7	天津滨海新区综合保税区	384.81	37.3
3	钦州综合保税区	444.35	13.1	8	舟山港综合保税区	344.19	2.1
4	霍尔果斯综合保税区	411.20	76.4	9	成都国际铁路港综合保税区	336.35	40.4
5	武汉东湖综合保税区	402.01	27.6	10	阿拉山口综合保税区	297.35	56.1

续表

个数序号	区域名称	进出口金额（亿元）	同比（%）	个数序号	区域名称	进出口金额（亿元）	同比（%）
11	大连大窑湾综合保税区	296.02	35.9	22	绍兴综合保税区	171.28	803.3
12	乌鲁木齐综合保税区	252.41	83.5	23	湘潭综合保税区	161.96	3.1
13	宁波北仑港综合保税区	240.43	31.5	24	武汉经开综合保税区	157.04	83.1
14	安庆综合保税区	227.77	367.6	25	青浦综合保税区	142.28	45.9
15	珠海保税区	224.58	14.5	26	满洲里综合保税区	137.79	294.8
16	衡阳综合保税区	217.56	6.7	27	宜宾综合保税区	129.19	27.6
17	天津泰达综合保税区	204.20	27.8	28	宁波前湾综合保税区	118.78	145.9
18	嘉兴综合保税区	191.99	20.1	29	泸州综合保税区	114.48	13.2
19	芜湖综合保税区	183.27	20.0	30	嘉定综合保税区	108.02	18.8
20	青岛胶州湾综合保税区	180.65	12.4	31	珠澳跨境工业区（珠海）	102.38	49.7
21	西安综合保税区	178.38	29.6	32	宁波梅山综合保税区	101.58	10.5

数据来源：海关总署统计月报。

如何采取有效措施夯实这些区域主要业态的在地化质量，提升产业聚合水平，推进和发挥好这些区域在全行业外贸高质量发展中承上启下的引导作用，值得所在地的行业主管部门、运营管理主体和协调共治关联方高度关注和重视。

三是要高度重视部分特殊区域在稳定进出口全局中的潜在动能。

2023年，因各种原因尚未完成整合为综合保税区任务的保税区等3种类型有8个特殊区域，共计实现进出口16 489.04亿元，其中出口4 691.54亿元、进口11 797.50亿元，同比分别增长1.8%、下降5.1%和增长4.8%，分别占比同期全国特殊区域外贸进出口、出口和进口的20.2%、11.8%和28.1%，整体贡献突出，表现较优。这批区域成立时间相对较早，区位优势比较明显，其中上海外高桥、宁波2个保税区全年合计实现进出口11 394.43亿元，占比全国165个特殊区域同期进出口总额的13.9%，进出口实际增长额达到466.72亿元，相当于全国排名后29位综合保税区同期进出口总值493.86亿元的94.5%。详见表6。

表 6 2023 年度我国保税区等 3 种类型 8 个特殊区域外贸进出口情况统计表

序号	区域名称	进出口金额（亿元）	同比（%）	序号	区域名称	进出口金额（亿元）	同比（%）
	全国 165 个特殊区域合计	81 799.57	-4.2		全国 165 个特殊区域均值	495.75	—
	全国 157 个综合保税区	63 643.47	-4.0		全国 157 综合保税区均值	405.37	—
	8 个 3 种类别区域合计	16 489.04	1.8		8 个 3 种类别区域均值	2 061.13	—
	全国 157 个综合保税区域	63 643.47	—		—	—	—
	8 个 3 种类别区域	16 489.04	—		—	—	—
1	上海外高桥保税区	9 980.29	4.1	5	张家港保税港区	438.32	-7.6
2	深圳福田保税区	3 597.87	-10.2	6	珠海保税区	224.58	14.5
3	宁波保税区	1 414.14	8.2	7	大连保税区	117.14	-5.4
4	海南洋浦保税港区	614.32	48.1	8	珠澳跨境工业区	102.38	49.7

数据来源：海关总署统计月报。

按照 2023 年年底召开的中央经济工作会议"稳中求进、以进促稳、先立后破"的要求，所在地采取措施支持上述区域进一步放大"保税+口岸+N"的比较优势，更好地发挥示范效应，对特殊区域全行业实现进出口促稳提质的总目标，更好地发挥资源效益和平台作用，主动融入和服务国内国际双循环具有积极意义。

三、2023 年度全国综合保税区外贸进出口情况简析

海关总署公布的统计数据显示：2023 年，我国有业务统计的 157 个综合保税区实现进出口 63 643.47 亿元，其中出口 34 599.08 亿元、进口 29 044.38 亿元，同比分别下降 4.0%、5.6% 和增长 2.1%，较同期全国外贸进出口、出口和进口的增速分别低 4.2、6.2 和 1.8 个百分点，稳外贸稳增长的压力为我国特殊区域全行业之最。

2023 年，我国 157 个有业务统计的综合保税区中，排名前 30 位的区域合计实现外贸进出口 45 969.49 亿元，分别占比全国特殊区域和全国综合保税区同期进出口总额的 56.2% 和 72.2%，比较全面地反映了综合保税区的发展趋势，以下两个特点值得关注。

一是主业不同进出口增速不同。在这 30 个综合保税区里，主导产业为加工贸易的有 12 个，进出口较 2022 年均出现不同幅度的下降，其中进出口额排名前 4 位中的郑州新郑、成都高新和重庆西永降幅较大；以保税物流为主要业态的区域有 18 个，其中有 13 个实现较快或较高速度的增长，如洋山、广西凭祥、北京天竺和新疆喀什等。

二是区位不同进出口实绩不同。在这 30 个综合保税区里，实现进出口同比增长的区域，几乎全部布局设立在毗邻和依托空港、海（水）港，以及陆港（铁路、公路）、具有口岸优势的行政区域，如上海浦东、深圳前海、天津东疆、广西凭祥和新疆喀什等地。详见表 7。

表7 2023年度全国综合保税区外贸进出口排名前30位情况统计表

序号	区域名称	进出口金额（亿元）	同比（%）	序号	区域名称	进出口金额（亿元）	同比（%）
	全国165个特殊区域合计	81 799.57	-4.2		全国165个特殊区域均值	495.75	—
	全国157个综合保税区合计	63 643.47	-4.0		全国157个综合保税区均值	405.37	—
	前30位小计	45 969.49	—		前30位均值	1 532.32	—
	前15位小计	32 787.30	—		前15位均值	2 185.82	—
	前5位小计	17 399.05	—		前5位均值	3 479.81	—
1	郑州新郑综合保税区	4 072.78	-12.6	16	广州南沙综合保税区	1 166.84	-12.8
2	成都高新综合保税区	4 070.12	-23.6	17	烟台综合保税区	1 155.67	-9.0
3	昆山综合保税区	3 899.37	-0.3	18	天津东疆综合保税区	1 152.92	2.8
4	重庆西永综合保税区	2 735.75	-14.3	19	东莞虎门港综合保税区	1 149.18	20.6
5	洋山特殊综合保税区	2 621.02	25.4	20	深圳盐田综合保税区	1 120.96	12.0
6	深圳前海综合保税区	2 514.78	8.8	21	苏州高新综合保税区	1 042.14	-18.8
7	苏州工业园综合保税区	1 766.14	-12.7	22	西安关中综合保税区	1 036.86	-36.0
8	重庆两路果园港综合保税区	1 677.29	-10.2	23	天津港综合保税区	918.21	-7.6
9	松江综合保税区	1 495.37	-40.0	24	西安高新综合保税区	821.05	-21.5
10	厦门象屿综合保税区	1 466.70	13.6	25	潍坊综合保税区	754.78	8.6
11	无锡高新区综合保税区	1 400.30	-4.7	26	厦门海沧港综合保税区	688.65	16.6
12	上海浦东机场综合保税区	1 311.36	26.6	7	合肥经开综合保税区	646.54	-22.6
13	广西凭祥综合保税区	1 283.00	38.8	28	长沙黄花综合保税区	519.24	-11.6
14	青岛前湾综合保税区	1 245.01	13.1	29	深圳坪山综合保税区	512.63	1.2
15	北京天竺综合保税区	1 228.32	41.0	30	喀什综合保税区	496.53	78.1

数据来源：海关总署统计月报。

2023年12月，我国有统计的157个综合保税区实现外贸进出口6 139.97亿元，其中出口3 347.85亿元、进口2 792.11亿元，同比分别下降8.5%、10.8%和5.5%，环比分别上升5.5%、5.9%和5.1%，总体上呈现回暖趋势。详见表8。

表8 2023年12月份我国综合保税区外贸进出口情况统计表

统计名称	金额（亿元）	同比（%）	环比（%）
进出口	6 139.97	−8.5	5.5
出口	3 347.85	−10.8	5.9
进口	2 792.11	−5.5	5.1

数据来源：海关总署统计月报。

2023年12月，我国综合保税区的外贸进出口在连续3个月同比下降的情况下，开始出现小幅回升。一是部分以加工贸易为主业的头部区域订单增加、降幅缩小，如昆山、无锡高新、合肥经开、成都高新、重庆西永和合肥经开等。二是部分有"保税+口岸"优势的综合保税区继续保持较高速度增长，稳中有进企稳向好，如北京天竺、青岛前湾、苏州工业园、洋山、上海浦东机场和天津港等。三是部分综合保税区在责任主体措施发力、运营管理力度较大的推动下实现高速增长，如厦门象屿、东莞虎门港、广西凭祥和武汉东湖等。详见表9。

表9 2023年12月综合保税区外贸进出口排名前32位情况统计表

个数序号	区域名称	进出口 金额（亿元）	同比（%）	个数序号	区域名称	进出口 金额（亿元）	同比（%）
	全国165个特殊区域合计	7 725.74	−4.2		全国165个特殊区域均值	46.82	—
	全国157个综合保税区合计	6 139.97	—		全国157个综合保税区均值	39.11	—
	以下列表区域合计	4 359.75	—		以下列表区域均值	136.24	—
1	昆山综合保税区	383.24	14.2	12	上海浦东机场综合保税区	127.10	14.9
2	成都高新综合保税区	377.34	−2.3	13	厦门象屿综合保税区	123.55	270.4
3	郑州新郑综合保税区	319.36	−37.7	14	天津东疆综合保税区	120.94	−33.5
4	重庆西永综合保税区	252.49	−1.5	15	东莞虎门港综合保税区	117.28	78.8
5	深圳前海综合保税区	234.91	−21.5	16	松江综合保税区	114.81	−41.1
6	洋山特殊综合保税区	205.81	25.9	17	深圳盐田综合保税区	108.44	−11.9
7	苏州工业园综合保税区	174.40	26.8	18	青岛前湾综合保税区	101.05	13.5
8	广西凭祥综合保税区	167.06	96.4	19	西安关中综合保税区	100.81	0.8
9	重庆两路果园港综合保税区	165.44	−7.7	20	合肥经开综合保税区	84.61	65.1
10	无锡高新区综合保税区	147.85	23.1	21	北京天竺综合保税区	78.05	3.2
11	广州南沙综合保税区	144.02	−26.7	22	天津港综合保税区	76.10	557.2

续表

个数序号	区域名称	进出口金额（亿元）	同比（%）	个数序号	区域名称	进出口金额（亿元）	同比（%）
23	烟台综合保税区	74.10	-56.5	28	曹妃甸综合保税区	64.39	-42.5
24	长沙黄花综合保税区	72.10	-35.1	29	苏州高新综合保税区	57.23	-22.3
25	岳阳城陵矶综合保税区	69.75	-0.4	30	厦门海沧港综合保税区	56.76	-46.0
26	南宁综合保税区	69.64	-1.4	31	深圳坪山综合保税区	52.75	-32.4
27	西安高新综合保税区	65.62	-18.0	32	武汉东湖综合保税区	52.73	86.3

数据来源：海关总署统计月报。

海关总署统计月报显示，截至2023年12月底，我国东部地区有进出口统计的综合保税区为83个，同期实现外贸进出口38 274.16亿元（占全国综合保税区进出口总额的60.1%），区均值461.13亿元，其中达到均值的有20个，占东部综合保税区总数的24.1%；布局在我国中部地区的有26个，同期实现进出口8 443.29亿元，区均值324.74亿元；西部地区和东北地区的有48个，同期实现进出口16 926.05亿元，区均值352.63亿元。详见表10。

表10　2023年度我国东部地区83个综合保税区外贸进出口情况统计表

序号	区域名称	进出口金额（亿元）	同比（%）	序号	区域名称	进出口金额（亿元）	同比（%）
	全国165个特殊区域合计	81 799.57	-4.2		全国165个特殊区域均值	495.75	—
	全国157个综合保税区合计	63 643.47	—		全国157个综合保税区均值	405.37	—
	东部83个综合保税区合计	38 274.16	—		东部83个综合保税区均值	461.13	—
	中部26个综合保税区小计	8 443.29	—		中部26个综合保税区均值	324.74	—
	西部（包括东北地区）48个综合保税区小计	16 926.05	—		西部（包括东北地区）48个综合保税区均值	352.63	—
	前20位合计	28 610.33	—		前20位综合保税区均值	1 430.52	—
	其他63位合计	9 663.83	—		其他63位综合保税区均值	153.39	—
1	昆山综合保税区	3 899.37	-0.3	3	深圳前海综合保税区	2 514.78	8.8
2	洋山特殊综合保税区	2 621.02	25.4	4	苏州工业园综合保税区	1 766.14	-12.7

续表1

序号	区域名称	进出口 金额(亿元)	同比(%)	序号	区域名称	进出口 金额(亿元)	同比(%)
5	松江综合保税区	1 495.37	-40.0	34	海口综合保税区	268.05	-3.9
6	厦门象屿综合保税区	1 466.70	13.6	35	济南综合保税区	260.72	-16.9
7	无锡高新区综合保税区	1 400.30	-4.7	36	临沂综合保税区	260.34	-49.0
8	上海浦东机场综合保税区	1 311.36	26.6	37	广州黄埔综合保税区	252.75	-7.6
9	青岛前湾综合保税区	1 245.01	13.1	38	宁波北仑港综合保税区	240.43	31.5
10	北京天竺综合保税区	1 228.32	41.0	39	杭州综合保税区	235.71	-7.7
11	广州南沙综合保税区	1 166.84	-12.8	40	天津泰达综合保税区	204.20	27.8
12	烟台综合保税区	1 155.67	-9.0	41	嘉兴综合保税区	191.99	20.1
13	天津东疆综合保税区	1 152.92	2.8	42	徐州综合保税区	186.66	-6.7
14	东莞虎门港综合保税区	1 149.18	20.6	43	青岛胶州湾综合保税区	180.65	12.4
15	深圳盐田综合保税区	1 120.96	12.0	44	南通综合保税区	176.03	-1.7
16	苏州高新综合保税区	1 042.14	-18.8	45	绍兴综合保税区	171.28	803.3
17	天津港综合保税区	918.21	-7.6	46	奉贤综合保税区	152.13	-1.6
18	潍坊综合保税区	754.78	8.6	47	青浦综合保税区	142.28	45.9
19	厦门海沧港综合保税区	688.65	16.6	48	汕头综合保税区	141.72	-32.3
20	深圳坪山综合保税区	512.63	1.2	49	日照综合保税区	126.08	-47.0
21	曹妃甸综合保税区	432.15	-5.9	50	宁波前湾综合保税区	118.78	145.9
22	义乌综合保税区	388.83	79.3	51	广州知识城综合保税区	117.82	-20.6
23	天津滨海新区综合保税区	384.81	37.3	52	济南章锦综合保税区	110.82	-4.0
24	吴江综合保税区	376.45	-9.6	53	嘉定综合保税区	108.02	18.8
25	南京综合保税区	351.95	-33.3	54	宁波梅山综合保税区	101.58	10.5
26	舟山港综合保税区	344.19	2.1	55	金桥综合保税区	98.77	-16.2
27	威海综合保税区	327.61	-3.3	56	福州江阴港综合保税区	88.72	-43.1
28	金义综合保税区	326.34	-0.4	57	常州综合保税区	86.14	11.8
29	上海外高桥港综合保税区	325.62	-4.5	58	石家庄综合保税区	83.42	19.3
30	青岛西海岸综合保税区	309.43	-7.1	59	连云港综合保税区	75.90	-3.4
31	广州白云机场综合保税区	300.90	-13.0	60	太仓港综合保税区	75.22	5.0
32	漕河泾综合保税区	281.24	-18.5	61	青岛即墨综合保税区	75.19	55.2
33	东营综合保税区	275.43	-17.6	62	泉州综合保税区	73.97	-15.9

续表2

序号	区域名称	进出口金额（亿元）	同比（%）	序号	区域名称	进出口金额（亿元）	同比（%）
63	秦皇岛综合保税区	73.26	10.2	74	长乐国际机场综合保税区	39.91	-44.2
64	福州综合保税区	72.14	128.9	75	泰州综合保税区	35.26	9.4
65	淮安综合保税区	71.51	68.2	76	吴中综合保税区	29.61	37.5
66	盐城综合保税区	69.32	-15.8	77	大兴国际机场综合保税区	20.48	471.8
67	温州综合保税区	61.32	-8.3	78	湛江综合保税区	20.03	—
68	常熟综合保税区	60.99	121.2	79	梅州综合保税区	18.07	165.3
69	江阴综合保税区	52.44	39.9	80	廊坊综合保税区	15.55	-60.3
70	武进综合保税区	49.64	-27.9	81	海口空港综合保税区	3.69	126.6
71	镇江综合保税区	47.90	-51.7	82	青岛空港综合保税区	2.21	—
72	扬州综合保税区	46.68	27.1	83	珠海高栏港综合保税区	0.11	—
73	淄博综合保税区	43.38	-28.7				

数据来源：海关总署统计月报。

从海关统计数据可以了解到，我国综合保税区存在着相对突出的发展不平衡、不充分矛盾，除排名靠前的头部区域外，东部地区综合保税区的发展水平整体上优于中部地区、西部地区和东北地区综合保税区的发展水平。

2023年度，中部地区有统计的综合保税区为26个，同期合计实现外贸进出口8 443.29亿元，区均值324.74亿元，明显低于东部地区的461.13亿元，达到均值的仅5个区域，占比19.2%。详见表11。

表11　2023年度我国中部地区26个综合保税区进出口情况统计表

序号	区域名称	进出口金额（亿元）	同比（%）	序号	区域名称	进出口金额（亿元）	同比（%）
	全国165个特殊区域合计	81 799.57	-4.2		全国165个特殊区域均值	495.75	—
	全国157个综合保税区合计	63 643.47	—		全国157个综合保税区均值	405.37	—
	东部83个综合保税区小计	38 274.16	—		东部83个综合保税区均值	461.13	—
	中部26个综合保税区小计	8 443.29	—		中部26个综合保税区均值	324.74	—

续表

序号	区域名称	进出口金额（亿元）	同比（%）	序号	区域名称	进出口金额（亿元）	同比（%）
	西部（包括东北地区）48个综合保税区小计	16 926.05	—		西部（包括东北地区）48个综合保税区均值	352.63	—
	前5位合计	6 134.12	—		前5位综合保税区均值	1 226.82	—
	其他21位合计	2 309.17	—		其他21位综合保税区均值	109.96	—
1	郑州新郑综合保税区	4 072.78	-12.6	14	南昌综合保税区	133.09	-34.5
2	合肥经开综合保税区	646.54	-22.6	15	九江综合保税区	127.10	-17.5
3	长沙黄花综合保税区	519.24	-11.6	16	郴州综合保税区	92.36	-44.0
4	岳阳城陵矶综保	493.55	-8.1	17	马鞍山综合保税区	90.79	-21.0
5	武汉东湖综合保税区	402.01	27.6	18	南阳卧龙综合保税区	76.63	56.6
6	郑州经开综合保税区	231.92	-46.1	19	宜昌综合保税区	62.79	-3.2
7	安庆综合保税区	227.77	367.6	20	井冈山综合保税区	42.63	-42.6
8	衡阳综合保税区	217.56	6.7	21	赣州综合保税区	36.93	-65.7
9	合肥综合保税区	206.99	-0.9	22	洛阳综合保税区	28.11	219.3
10	芜湖综合保税区	183.27	20.0	23	太原武宿综合保税区	25.61	-38.1
11	武汉新港空港综合保税区	171.63	-27.6	24	襄阳综合保税区	22.94	232.0
12	湘潭综合保税区	161.96	3.1	25	开封综合保税区	9.92	—
13	武汉经开综合保税区	157.04	83.1	26	黄石棋盘洲综合保税区	2.13	53814.1

数据来源：海关总署统计月报。

2023年度，我国西部地区和东北地区有数据统计的综合保税区有48个，同期合计实现外贸进出口16 926.05亿元，区均值为352.63亿元，低于东部地区的461.13亿元，高于中部地区的324.74亿元，达到均值的有10个，占比20.8%。成都、重庆和广西的发展情况相对较好。详见表12。

表12　2023年度我国西部地区和东北地区48个综合保税区进出口情况统计表

序号	区域名称	进出口金额（亿元）	同比（%）	序号	区域名称	进出口金额（亿元）	同比（%）
	全国165个特殊区域合计	81 799.57	-4.2		全国165个特殊区域均值	495.75	—
	全国157个综合保税区合计	63 643.47	—		全国157个综合保税区均值	405.37	—

续表1

序号	区域名称	进出口金额（亿元）	同比（%）	序号	区域名称	进出口金额（亿元）	同比（%）
	东部83个综合保税区小计	38 274.16	—		东部83个综合保税区均值	461.13	—
	中部26个综合保税区小计	8 443.29	—		中部26个综合保税区均值	324.74	—
	西部（包括东北地区）48个综合保税区小计	16 926.05	—		西部（包括东北地区）48个综合保税区均值	352.63	—
	前10位合计	13 347.22	—		前10位综合保税区均值	1 334.72	—
	其他38位合计	3 578.83	—		其他38位综合保税区均值	94.18	—
1	成都高新综合保税区	4 070.12	-23.6	20	宜宾综合保税区	129.19	27.6
2	重庆西永综合保税区	2 735.75	-14.3	21	泸州综合保税区	114.48	13.2
3	重庆两路果园港综合保税区	1 677.29	-10.2	22	沈阳综合保税区	106.77	-2.0
4	广西凭祥综合保税区	1 283.00	38.8	23	重庆涪陵综合保税区	99.39	-18.6
5	西安关中综合保税区	1 036.86	-36.0	24	长春兴隆综合保税区	95.90	30.2
6	西安高新综合保税区	821.05	-21.5	25	珲春综合保税区	93.91	66.6
7	喀什综合保税区	496.53	78.1	26	贵阳综合保税区	92.36	-1.5
8	钦州综合保税区	444.35	13.1	27	鄂尔多斯综合保税区	79.61	55.8
9	霍尔果斯综合保税区	411.20	76.4	28	昆明综合保税区	79.45	-29.4
10	南宁综合保税区	371.07	-28.8	29	贵安综合保税区	73.82	0.6
11	成都国际铁路港综合保税区	336.35	40.4	30	成都高新西园综合保税区	72.79	-14.6
12	阿拉山口综合保税区	297.35	56.1	31	绥芬河综合保税区	69.94	111.9
13	大连大窑湾综合保税区	296.02	35.9	32	哈尔滨综合保税区	69.13	31.6
14	大连湾里综合保税区	262.28	-26.2	33	呼和浩特综合保税区	65.84	58.5
15	乌鲁木齐综合保税区	252.41	83.5	34	兰州新区综合保税区	54.11	-19.1
16	西安综合保税区	178.38	29.6	35	北海综合保税区	41.83	-38.8
17	红河综合保税区	154.57	-17.3	36	陕西西咸空港综合保税区	41.37	84.2
18	重庆江津综合保税区	141.85	-3.2	37	遵义综合保税区	33.74	-38.4
19	满洲里综合保税区	137.79	294.8	38	绵阳综合保税区	23.35	-20.1

续表2

序号	区域名称	进出口金额（亿元）	同比（%）	序号	区域名称	进出口金额（亿元）	同比（%）
39	银川综合保税区	20.34	-1.8	44	重庆万州综合保税区	6.23	-47.8
40	拉萨综合保税区	16.50	60.8	45	西宁综合保税区	5.24	133.4
41	西安航空基地综合保税区	12.31	58.1	46	重庆永川综合保税区	2.35	—
42	宝鸡综合保税区	11.89	-56.6	47	梧州综合保税区	0.17	—
43	营口综合保税区	9.78	-5.8	48	陕西杨凌综合保税区	0.04	187.8

数据来源：海关总署统计月报。

情况表明，我国综合保税区仍然处于结构调整、业态创新、聚焦"保税"推进动能转换的重要阶段，全行业创新发展任务艰巨繁重。

2023年度的统计反映出我国综合保税区的主导产业仍然是加工贸易，保税物流业务的比重正在稳步上升，服务贸易新业态正在培育成长。

综合保税区进出口规模相对靠前的头部区域在全行业稳增长中的压舱石作用短期内无可替代。稳定和促进加工贸易发展在一定时期内仍然承担着综合保税区全行业稳外贸、稳外资和稳就业的重要任务。

因此，我们必须保持清醒，一方面要高度重视国际市场需求疲软、加工贸易订单减少等诸多不利因素的严峻挑战，积极应对内生动力仍然不足的问题；另一方面则要充分认识到世界百年未有之大变局给综合保税区转型提升和创新发展工作带来的难得机遇，增强信心、直面困难、主动作为、迎接挑战。

简析我国特殊区域，特别是综合保税区2023年度的外贸进出口情况，有利于更直观地了解特殊区域的发展现状和面临的困难挑战，我们既要充分肯定发展主流，同时也要坚持问题导向，采取有效措施巩固既有成绩，促进长远发展，以下工作尤为重要。

一是要结合主题教育认真领悟习近平新时代中国特色社会主义思想，深入贯彻党的二十大精神，调研分析和清醒认识综合保税区发展中存在的内生动力不强、外部需求不足等问题和矛盾的严重性，关联各方同心同德采取有效措施攻坚克难，积极主动作为应对市场挑战。

二是要继续认真贯彻落实《国务院关于促进综合保税区高水平开放高质量发展的若干意见》（国发〔2019〕3号）文件精神，围绕综合保税区的主要功能落实海关总署《推动综合保税区高质量发展综合改革实施方案》等系列利好措施的快速全面落地，大力提升自我创新能力，扎实推进可持续的高质量发展。

三是要切实聚焦保税功能立区的根本，认真落实省级主体责任，强化运营管理具体责任，围绕聚焦主责放大综合改革驱动效应，推进部门协同共治优化区域营商环境，凝心聚力抓好稳定加工贸易主业、提升保税物流质量、扶持服务贸易新业态等促进持续发展的工作。

四是要根据促进高水平开放的要求，重视新设立综合保税区，聚焦保税功能，更好地融入和服务国内国际双循环的目标任务，切实抓住对外资制造业全面开放机遇期，从实际出发优化产业定位，瞄准主导产业强力招商，聚力新业态培育，推进"保税+特色业态"落地。

四、2023年度全国保税物流中心（B型）外贸进出口情况简析

海关总署公布的统计数据显示，2023年度，我国有外贸进出口统计数据的保税物流中心（B型）为82个，共计实现进出口1 664.76亿元，其中出口503.67亿元、进口1 161.08亿元，同比分别增长13.8%、10.9%和15.0%。

2023年12月份，我国保税物流中心（B型）实现外贸进出口167.29亿元，其中出口57.32亿元、进口109.98亿元，同比分别下降0.9%、13.9%和增长7.5%，整体呈现相对较快的增长速度。详见表13。

表13　2023年我国保税物流中心（B型）外贸进出口情况统计表

统计个数	统计项目	进出口 金额（亿元）	进出口 同比（%）	出口 金额（亿元）	出口 同比（%）	进口 金额（亿元）	进口 同比（%）
82	2023年度全国保税物流中心（B型）合计	1 664.76	13.8	503.67	10.9	1 161.08	15.0
82	2022年度全国保税物流中心（B型）合计	1 505.26	23.7	477.89	4.4	1 027.37	35.4
82	2023年12月全国保税物流中心（B型）小计	167.29	-0.9	57.32	-13.9	109.98	7.5
82	2022年12月全国保税物流中心（B型）小计	168.85	41.6	66.58	66.1	102.27	29.2

数据来源：海关总署统计月报。

海关总署公布的统计数据表明，2023年，我国保税物流中心（B型）的外贸进出口在整体上延续了快速增长趋势，基本面保持了稳中向好的态势。总体发展的表现较2022年出现一些变化。一是多数头部保税物流中心（B型）的外贸进出口同比大部分恢复了平稳增长态势，排名前5位中有3个区域增长且进出口均突破100亿元。二是部分保税物流中心（B型）外贸进出口出现高速和超高速增长。如排名前30位的有19个区域的进出口增速达两位数，其中达3位数及以上的有5个区域。三是保税物流中心（B型）进出口业务量整体仍然普遍较低，发展不平衡不充分的矛盾仍然突出。如有统计的82个保税物流中心（B型）年进出口均值仅20.30亿元，排名前5位的进出口占比高达39.8%。详见表14。

表14　2023年我国保税物流中心（B型）进出口前30位情况统计表

序号	中心名称	进出口金额（亿元）	同比（%）	序号	中心名称	进出口金额（亿元）	同比（%）
	全国82个保税物流中心（B型）合计	1 664.76	13.8		全国82个保税物流中心（B型）均值	20.30	—
	前30位小计	1 422.33	—		前30位均值	47.41	—
	前15位小计	1 100.00	—		前15位均值	73.33	—
	前5位小计	661.88	—		前5位均值	132.38	—
1	北京亦庄保税中心	184.49	29.7	16	中山保税中心	28.07	-18.5
2	深圳机场保税中心	152.99	-9.0	17	成都空港保税中心	26.95	-30.4
3	天津经开保税中心	113.09	10.5	18	青岛西海岸新区保税中心	24.35	-23.1
4	义乌保税中心	111.31	9.5	19	南京空港保税中心	23.74	27.6
5	东莞清溪保税中心	99.99	-12.2	20	唐山港京唐港区保税中心	23.61	50.9
6	漳州台商投资区保税中心	72.76	67.3	21	重庆南彭公路保税中心	23.09	58.2
7	防城港保税物流中心	65.53	16.1	22	锦州港保税中心	21.58	320.4
8	连云港保税物流中心	61.28	28.9	23	湖州保税中心	21.18	682.9
9	江苏新沂保税物流中心	42.45	95.6	24	湖州德清保税中心	20.68	378.5
10	天府新区成都片区保税中心	38.72	-14.8	25	泉州石湖港保税中心	19.93	8 876.8
11	重庆铁路保税物流中心	35.77	49.8	26	厦门火炬（翔安）中心	18.49	49.6
12	河南商丘保税物流中心	33.14	0.1	27	河南许昌保税中心	18.02	-11.3
13	宜昌三峡保税物流中心	30.42	40.6	28	长沙金霞保税中心	17.93	-27.3
14	大丰港保税物流中心	29.69	49.8	29	南充保税中心	17.51	119.6
15	上海西北物流园区保税中心	28.36	15.7	30	重庆果园保税中心	17.19	-58.6

数据来源：海关总署统计月报。

保税物流中心（B型）的发展同综合保税区一样，是政策性较强、需要克服的内外部矛盾较多的综合性系统工程。保税物流中心（B型）所在地的责任主体、关联各方应该给予其更多的关注和重视，采取积极措施支持运营企业推进高质量发展，以充分发挥保税物流中心（B型）的功能载体作用、放大投资效益，更好地服务所在地的高水平开放需求。

上海外高桥保税区
SHANGHAI WAIGAOQIAO FREE TRADE ZONE

【概况】上海外高桥保税区于1990年6月经国务院批准设立，规划面积10平方千米，按照"边建设边发展"的原则，滚动开发已基本完成，进入常态化运作。

2023年，上海外高桥保税区积极贯彻落实自由贸易试验区提升战略，以制度创新为核心，着力推动经济高质量发展，区域经济稳中有进。据统计，年内上海外高桥保税区投资企业完成经营总收入2.42万亿元，同比增长0.2%；进出口总额9980.29亿元，同比增长4.1%；利润总额1118.70亿元；税务部门税收811.13亿元；外商直接投资实际到位金额23.29亿美元；全社会固定资产投资总额72.97亿元，同比增长27.6%。投资企业年末从业人员26.91万人。

【开发建设】上海外高桥保税区园区开发基本成熟，给水、雨水、污水、电力、燃气和通信管线等市政基础设施配套比较完善，园区道路长度70.2千米，道路面积114.3万平方米，公共绿地面积58.1万平方米，河道面积11.8万平方米，泵站6座。2023年，上海外高桥保税区完成固定资产投资额73.0亿元，同比增长27.6%；截至年底，累计完成固定资产投资额829亿元。

【企业设立】企业增资占相当比例。一些优质企业看好上海外高桥保税区发展前景，纷纷追加投资，企业设立中增资占了相当比重。据统计，2023年上海外高桥保税区新设企业688家（不含分支机构数量）。

从企业投资来看，2023年，新设内资企业562家，吸引内资企业注册资本191.8亿元；新设外资企业126家，吸引外资注册资本25.8亿美元，其中增资占当年吸引外资注册资本总额八成以上。

从行业分布来看，2023年，贸易类企业255家，占新设企业总数的37.1%；科学研究和技术服务类企业208家，占30.2%；商务服务类企业131家，占19.0%；物流类企业37家，占5.4%；信息传输、软件和信息技术服务类企业7家，占1.0%；加工类2家，占0.3%；租赁类企业1家，占0.1%；其他类企业47家，占6.8%。

从企业存量来看，截至2023年年底，上海外高桥保税区有注册企业22190家。其中，内资企业14534家，占企业总数的65.5%；外资企业7656家，占企业总数的34.5%。分行业看，贸易类企业10203家，占企业总数的46.0%；商务服务类企业4913家，占22.1%；科学研究和技术服务类企业2870家；物流类企业1194家；租赁类企业736家；信息传输、软件和信息技术服务类企业673家；金融类企业504家；文化体育娱乐类企业488家；加工类企业263家；其他类企业346家。

【国际贸易】进出口贸易规模近万亿元。上海外高桥保税区加速落地内外贸一体化试点，持续提升贸易便利化水平，推动进出口总额实现稳步增长。据统计，2023年，上海外高桥保税区投资企业完成进出口总额9 980.29亿元，同比增长4.1%，占上海市进出口总额的23.7%。其中，进口额7 537.86亿元，同比增长3.2%；出口额2 442.43亿元，同比增长6.9%。

物流货物和一般贸易小幅增长。随着贸易便利化改革和功能拓展的深化，上海外高桥保税区进一步发挥贸易功能和物流功能的优势，加快业务模式创新，促进了进出口贸易方式的结构优化。2023年，物流货物进出口额保持主体地位，完成5 779.10亿元，同比增长6.2%，占上海外高桥保税区进出口总额的57.9%；一般贸易进出口额完成3 652.41亿元，同比增长2.6%，占上海外高桥保税区进出口总额的36.6%；加工贸易进出口额完成463.22亿元，占上海外高桥保税区进出口总额的4.6%。

与世界各地保持紧密经贸往来。据统计，2023年，上海外高桥保税区与227个国家和地区发生了进出口业务往来。从洲际区域来看，亚洲、欧洲和北美洲占据主体地位。与亚洲国家和地区进出口额完成5 102.62亿元，占上海外高桥保税区进出口总额的51.1%；与欧洲进出口额完成2 547.37亿元，同比增长14.1%，占上海外高桥保税区进出口总额的25.5%；与北美洲进出口额完成1 194.03亿元，同比增长8.2%，占上海外高桥保税区进出口总额的12.0%。与拉丁美洲、大洋洲、非洲国家和地区合计完成进出口额1 136.19亿元，同比增长11.2%，占上海外高桥保税区进出口总额的11.4%。从国家和地区来看，全年与上海外高桥保税区进出口业务往来超过100亿元的国家和地区达到22个，这些国家和地区合计完成进出口额8 733.15亿元，同比增长4.0%，占上海外高桥保税区进出口总额的87.5%。居前5位的分别是日本1 168.59亿元、美国1 103.35亿元、中国台湾1 023.47亿元、德国700.72亿元和韩国534.49亿元。上海外高桥保税区与149个共建"一带一路"国家和地区有进出口业务往来，合计进出口额2 761.11元，占上海外高桥保税区进出口总额的27.7%。

【产业发展】贸易业保持较大能级。2023年，上海外高桥保税区贸易企业适应市场需求变化，积极融合新业务、拓展新模式、推出新产品，不断提升服务水平、扩大辐射范围，促使贸易业商品销售收入保持较大规模，完成2.2万亿元。

物流业低位运行。2023年，上海外高桥保税区物流企业努力提升现代物流运作效率，积极拓展更高附加值以及高端化、智能化、绿色化的业务，但受到全球运价持续下跌和客户需求减少等不利因素叠加影响，物流业整体处于低位运行状态。据统计，全年上海外高桥保税区物流业完成营业收入302.71亿元。

工业生产保持稳定。上海外高桥保税区工业企业积极扩大高附加值产品生产规模，努力克服行业周期变化带来的需求下降、订单减少等不利影响，产值保持合理区间运行。2023年，上海外高桥保税区规模以上工业企业完成工业总产值444.76亿元。在国家鼓励优先发展的十大高技术产业重点领域中，上海外高桥保税区涉及信息技术和高端设备制造等产业。年内，上海外高桥保税区高技术产业完成工业产值260.46亿元，占上海外高桥保税区工业总产值的58.6%。

服务业经济能级不断提升。一是科学研究和技术服务业营业收入持续增长。上海外高桥保税区持续优化创新创业生态环境，不断增强创新策源能力，区内企业积极研究新技术、开发新产品、创新新工艺，推动医学研究和试验发展、工业设计、工程设计、技术推广等多领域发展的科技服务业经济能级进一步攀升。据统计，2023年，上海外高桥保税区科学研究和技术服务业营业收入247.57亿元，同比增长17.2%。二是信息传输、软件和信息技术服务业形成百亿集群。上海外高桥保税区致力于传统产业与数字经济深度融合，推动区内企业应用新技术、赋予新功能、开拓新领域，成功打造信息传输、软件和信息技术服务业百亿级经济集群。据统计，年内上海外高桥保税区信息传输、软件和信息技术服务业营业收入跃上百亿台阶，完成126.21亿元，同比增长33.8%。三是商务服务业增势良好。上海外高桥保税区聚集了一批企业，专门服务于商贸、商务等经济活动，涉及咨询与调查、组织管理服务、法律服务、广告业、人力资源服务等行业，通过提供专业知识和优质服务，经济能级持续提升。据统计，年内上海外高桥保税区商务服务业营业收入在互联网广告业、社会经济咨询、投资与资产管理服务、旅行社服务等业务发展的带动下实现较快增长，完成149.39亿元，同比增长23.3%。

【功能培育】总部经济稳步发展。打造总部经济新高地是推动上海外高桥保税区高质量发展的重要战略抓手。截至2023年年底，上海外高桥保税区培育跨国公司地区总部、民营企业总部、贸易型总部、创新型总部、大企业总部、营运总部、区域性总部等在内的各类总部企业存续335家。据统计，年内上海外高桥保税区总部经济企业完成经营收入15 721.93亿元，占上海外高桥保税区企业经营收入的65.0%；完成税务部门税收503.94亿元，占上海外高桥保税区税务部门税收的62.1%；实现利润总额767.71亿元，占上海外高桥保税区利润总额的68.6%。

特色园区建设持续推进。大力发展和建设各类产业基地和特色园区，是提升上海外高桥保税区综合竞争力的一项重要举措。经过多年培育，保税区产业示范基地、特色产业园区发展日趋成熟。2020年3月，工业和信息化部公布第九批国家新型工业化产业示范基地名单，数据中心·上海外高桥自贸区获评国家新型工业化产业示范基地。2020年，上海外高桥国际智能制造服务产业园凭借自身聚焦技术标准高、产业定位高、国际化水平高的产业特色，入选上海市智能制造领域八大特色园区，已成为国内进口机床的主要通道和全球"工业精密机床"的展示聚集地和交易的集散地。2020年4月28日，上海外高桥生物医药产业园位列上海市5个市级特色园区之一。

【发展效益】投资企业利润总额超千亿。上海外高桥保税区投资企业受国内有效需求不足等影响，部分外资企业市场竞争加剧，成本呈持续上涨趋势，但企业利润总额仍保持千亿级规模。据统计，2023年，上海外高桥保税区投资企业共实现利润总额1 118.70亿元。

税务部门税收保持较大规模。2023年，上海外高桥保税区完成税务部门税收811.13亿元。

【招商部门】上海外高桥保税区由中国（上海）自由贸易试验区管委会保税区管理局统一管理。联系电话：021-58698500。

宁波保税区（宁波北仑港综合保税区）
NINGBO FREE TRADE ZONE

【概况】宁波保税区于1992年经国务院批准设立，规划面积2.3平方千米，包含保税东区、保税西区和保税南区3部分。宁波出口加工区于2002年设立，规划面积3平方千米，2020年4月经国务院批复整合优化为宁波北仑港综合保税区，并于当年12月通过现场封关验收。2020年9月，宁波保税区、宁波北仑港综合保税区列入中国（浙江）自由贸易试验区宁波片区。近年来，宁波保税区、宁波北仑港综合保税区相继获评国家进口贸易促进创新示范区、国家跨境电子商务综合试验区、浙江省外商投资新兴产业示范基地、浙江省"十佳"开放平台等荣誉称号。

【经济发展】2023年，宁波保税区（宁波北仑港综合保税区）实现工业总产值353亿元；限额以上商品销售额4 079.5亿元，同比增长5.9%，零售8.67亿元，同比增长22.3%；固定资产投资13.7亿元，实际到位外资5 247万美元；实现营利性服务业9.8亿元，同比增长31.7%，其他营利性服务业10.8亿元，同比增长33.5%，类增加值5.8亿元，同比增长118.3%；外贸进出口1 738.16亿元，同比增长7.05%，其中进口1 200.25亿元，同比增长13.6%。

【对外贸易】截至2023年年底，宁波保税区（宁波北仑港综合保税区）有国际贸易企业3 000余家，年内实现外贸进出口1 738.16亿元，占宁波市外贸进出口总额的13.58%。年内，宁波保税区（宁波北仑港综合保税区）进口铁矿砂、固体塑料、煤炭等进口大宗商品市场交易额约1 800亿元，是宁波口岸重要大宗商品贸易集散地。宁波保税区（宁波北仑港综合保税区）构建了国家进口贸易促进创新示范区、大宗商品市场、进口消费品市场、跨境电商交易等平台，是浙江省和宁波市进出口贸易大通道。

宁波保税区（宁波北仑港综合保税区）是全国首批开展跨境进口电商试点的园区，自2013年11月启动试点工作以来，充分发挥临港区位和保税功能优势，积极探索跨境进口电商保税备货模式，努力打造宁波跨境电商综合试验区的"先行区、示范区、核心区"。自试点以来，宁波保税区（宁波北仑港综合保税区）创造了跨境电商进口"保税备货"模式，首个建立"跨境购"平台模式，首个试运行"保税展示+跨境电商"模式，获评全省首批"浙江省网络市场监管与服务示范区"，创新推出全省首个跨境电商进口自提中心、全国首个跨境电商真品保险。截至2023年年底，跨境电商仓储总面积约75万平方米，累计备案跨境电商企业近700家，全年跨境电商进口销售额227亿元，同比增长9.8%，连续7年位居单个试点园区首位。

【先进制造】宁波保税区（宁波北仑港综合保税区）形成了电子信息、集成电路、装备制造、生物医药等制造板块，是浙江省外商投资新兴产业基地、全国重要液晶光电产业基地，聚集了内地半导体硅材料行业龙头企业、国家专精特新"小巨人"企业等一批先进制造业企业，区内企业先后获得国家技术发明二等奖、工信部信息产业重大技术发明奖等荣誉，建有5G全连接工厂、多条全自动化关灯生产线等生产设施。

【现代物流】宁波保税区（宁波北仑港综合保税区）建有各类仓储物流设施158万平方米，区内入驻仓储物流企业330多家，主营有色金属、橡胶、塑料、钴镍等大宗商品的仓储运输，开展保税仓储、进口分拨、国际采购配送、期货交割、供应链管理服务等业务，年配送货值超200亿美元。宁波保税区（宁波北仑港综合保税区）内企业于2011年开始布局海外仓业务；截至2023年年底，区内有出口海外仓备案企业5家，在全球20多个国家和地区建有海外仓35个，总体数量居宁波市第一，海外仓面积超36万平方米。

【展示展销】宁波保税区（宁波北仑港综合保税区）建有宁波进口商品中心，展厅总面积28万平方米，配套建有80万平方米跨境及食品仓库，汇聚1 000多家国内外商贸企业和全球60多个国家和地区的5万多种商品，2023年全年实现市场销售额287亿元。此外，宁波保税区进口商品市场还是目前国内最大的实体葡萄酒市场之一，打造了ICTM葡萄酒文化特色街区，同时在宁波国际会展中心9号、10号馆打造了中东欧国家特色常年馆。2023年第三届中国—中东欧国家博览会期间，常年馆二期成功开馆，咖啡、玫瑰、美妆等主题馆全新亮相。宁波保税区已形成"全球性、全品类、全覆盖""前店后仓运作""线上线下联动"的进口商品展示展销发展格局。

【发展趋势】宁波保税区（宁波北仑港综合保税区）以高水平开发促进高质量发展为主线，强力推进创新深化改革攻坚开放提升，充分发挥"自由贸易试验区+开发区+海关特殊监管区域"的政策叠加优势，锚定"率先建成新型国际贸易示范区、对标建设一流自贸创新策源地、全面打造保税功能引领核心区"三大定位，聚焦保税功能再提升，深化高水平对外开放，全力推动区域经济发展迈上新台阶。一是坚持结构优化，推进制造业强链扩容。围绕液晶光电、集成电路等优势产业，持续开展上下游项目招引，着力谋划打造一批优势产业补链、强链工程，夯实产业根基，推进液晶光电主导产业实现技术协同、市场资源共享及资本合作。二是聚焦"双循环"战略，实现国际贸易扩能提质。充分发挥保税物流、进口分拨、国际转口等的功能优势，引导高附加值货物开展保税贸易，依托龙头企业资源，深挖产业链上游链主项目，打造区域贸易总部，带动保税贸易和一般贸易同步增长。围绕自由贸易试验区大宗商品资源配置枢纽提升战略，重点引进营业规模、外贸进出口、纳税都有较好贡献的大宗贸易优质企业，努力打造钢铁、固体化工、有色金属、煤炭等大宗产业平台，不断强化大宗商品产业平台辐射效应。三是对标自贸创新，不断拓展"保税+"新业态。发挥"自由贸易试验区+海关特殊监管区域"政策叠加优势，做大保税业务规模，推动保税业态创新发展，着力探索保税检测维修、保税展示、保税拍卖、保税再制造、保税研发等"保税+"新业态发展。强化跨境电商发展优势，积极拓展跨境出口保税发展模式，以业务模式创新协同监管模式优势，持续释放发展活力。四是坚持集约利用，推动"二次开发"提质增效。推进闲置土地集约利用。加快低效厂房"腾笼换鸟"。推进楼宇功能转型提升，促进仓库资源高效利用。探索工业上楼、新兴产业用地等创新用地方式，不断提升土地使用绩效，实现有限空间无限发展。

【机构设置】2022 年年初机构改革后，宁波保税区、宁波北仑港综合保税区与原宁波开发区、宁波大榭开发区、宁波梅山保税港区以及中国（浙江）自由贸易试验区宁波片区整合为新的宁波经济技术开发区，为正厅级，形成了"一套班子、六块牌子"的管理体制。

【招商部门】宁波保税区、北仑港综合保税区招商工作由宁波经济技术开发区甬保经济发展中心下设部门负责。联系电话：0574-89286599。地址：浙江省宁波市北仑区兴业大道 1 号保税区大厦 15 楼。

广州保税区
GUANGZHOU FREE TRADE ZONE

【经济发展】2023年，广州保税区实现进出口总值117.82亿元，同比下降20.56%；规模以上工业总产值75亿元，同比增长3.76%；限额以上商贸业商品销售额130亿元，同比下降25.12%。

【投资环境】广州保税区基础设施完善，拥有便利的区位优势、优惠的政策优势和高效的体制优势，建立了通达世界的海、陆、空立体直转通关物流系统，覆盖面广、业务形态丰富，是优质的外向型经济基地。自园区设立以来，在巩固发展四大传统优势产业的基础上，积极拓展跨境电商、检测维修、汽车进口等新兴业务，构建了全方位立体化陆、海、空联合的保税物流体系，形成了以电脑及其零配件系统产品、重型机械设备制造、生物医药、模具钢材加工、食用油加工、酒类交易中心、有色金属交易市场、跨境电子商务为主导行业的支柱产业。截至2023年年底，累计近2000家企业在园区内设立，其中，400多家外资企业，10家世界500强企业。企业在海关、外汇、税收等方面享受保税区的优惠政策。实现"入区退税"，即境内货物入区视同出口，办结出口报关手续后即可申请退税。

【发展趋势】2023年以来，广州开发区穗港智造合作区管委会（保税业务管理局）加快推进广州保税区、广州出口加工区整合优化为广州知识城综合保税区。10月30日，国务院批复同意广州保税区和广州出口加工区整合优化为广州知识城综合保税区。2024年2月6日，黄埔海关已批复同意广州保税区不再按照保税区监管要求进行监管，释放约1平方千米土地资源支持穗港智造合作区扶胥古运河贯通及红酒文化街、摩天工坊等重点项目建设，着力打造广州东部中心核心商圈，发展壮大实体经济。

【机构设置】广州保税区实行广州经济技术开发区、广州高新技术开发区、广州保税区、广州出口加工区以及广州黄埔综合保税区"五个国家经济功能区合一"的管理体制，由广州开发区穗港智造合作区管委会统一管理。2003年，全区通过ISO 9001和ISO 14000双认证，拥有中国对外开放完整、系统、丰富的优惠政策体系，可供外商选择的投资领域宽、政策空间大。

【招商部门】广州开发区穗港智造合作区管理委员会（保税业务管理局）。联系电话：020-82118380。传真：020-82112070。联系人：林冠贤。

天津泰达综合保税区
TIANJIN TEDA COMPREHENSIVE BONDED ZONE

【概况】天津泰达综合保税区是天津经济技术开发区唯一的海关特殊监管区域。其前身为天津出口加工区，是国务院批准设立的首批出口加工区之一，于2019年12月经国务院批复同意整合优化为泰达综合保税区，规划面积1.06平方千米，东至东海路、南至海通街、西至泰丰路、北至东海路。天津泰达综合保税区于2020年12月正式通过海关等多部门的联合验收；2021年2月，获海关总署批复确认通过验收并开关运作；2023年5月，获批建设成为中国（天津）自由贸易试验区联动创新示范基地。天津泰达综合保税区是天津市及滨海新区推进高质量发展、高水平开放的重要发展平台。

【投资环境】天津泰达综合保税区地处京津冀都市圈和环渤海经济带的交汇点，背靠中国华北、东北、西北广大地区，依托天津、北京两大直辖市，与日本、韩国隔海相望，直接面向东北亚和迅速崛起的亚太经济圈。天津泰达综合保税区位于天津市滨海新区核心区，距北京142千米，距北京首都国际机场180千米，距北京大兴国际机场171千米，距天津市区40千米，距天津滨海国际机场38千米，距天津港5千米，距中欧班列始发站不足4千米，海、陆、空交通便利。

天津泰达综合保税区不仅承载着促进地区经济增长的使命，更是创新与开放的试验田。天津泰达综合保税区兼具"国家级经开区+综合保税区+自由贸易试验区"的开放功能优势，享有国家支持综合保税区发展的一系列政策红利，可以为区内企业发展对外贸易、高端制造、研发设计等业务提供对标国际一流的制度环境。园区着力于引进一批具有显著服务辐射功能的优质项目，力争在全国特殊区域细分赛道中脱颖而出。

【招商引资】天津泰达综合保税区围绕综合保税区"五大中心"（加工制造中心、研发设计中心、物流分拨中心、检测维修中心、销售服务中心）建设目标，对标新的综合保税区考核评价体系，锚定高质量发展，充分发挥"国家级经开区+综合保税区+自由贸易试验区"政策优势，着力推动园区产业转型和闲置载体盘活，引育和谋划具有引领作用项目。天津泰达综合保税区积极对接各类企业发展需求，以"保税+"产业模式，为天津经济技术开发区企业提供供应链解决方案，针对保税研发、保税维修、保税展示等业态重点开展招商工作。通过联合重点行业协会、专业机构举办各种政策宣讲推介会，使综合保税区政策更好辐射产业，吸引天津市乃至京津冀、长三角等区域高端业态向天津泰达综合保税区集聚，支撑天津市高质量发展。2023年，天津泰达综合保税区新增入区企业40家，保税维修业务额已突破1.56亿美元；推动京津冀区域保税展示业务跨区监管，其中艺术品保税展示业务实现单项业态零的突破。

【对外贸易】2023年，在严峻的外贸形势之下，天津泰达综合保税区联合属地海关，结合区内企业经营特点，研判形势、分析解决问题、跟踪进度，全力推动天津泰达综合保税区进出口实现持续较快增长。年内，天津泰达综合保税区进出口额完成204亿元，自2021年开关运作之时起，连续3年实现两位数同比增长，显示出园区经济的强劲活力与巨大潜力。

【企业服务】2023年，天津泰达综合保税区充分发挥党建引领作用，借助共同缔造理事会平台，坚持为企业服务的工作导向，秉承深挖经济技术开发区高端制造业企业资源的工作原则，协同商务主管部门、海关、外管等部门面向行业协会、区内外企业、各招商机构组织开展了"新形势下外贸业务风险管理""医疗器械保税维修""综保政策宣讲暨综合保税区载体推介"等多场专题培训会，开展形式多样的政策宣讲、业务培训、恳谈交流、载体推介。同时，对照国发〔2019〕3号文的21条措施、海关总署《推动综合保税区高质量发展综合改革实施方案》23条措施以及其他海关监管政策要求，持续开展系列专题培训活动，为企业赋能，为未来经开区外贸增长蓄力。

【发展规划】一是按照新的综合保税区考核评价体系要求，结合中国（天津）自由贸易试验区联动创新示范基地建设任务，积极将天津泰达综合保税区建设为科技型综合保税区，服务天津经济技术开发区主导产业，将医药保税研发及大型医疗设备保税培训等业态培育成具有竞争优势的综合保税区招牌产业。

二是按照天津市扩大高水平对外开放、促进高质量发展的要求，用好自由贸易试验区制度创新资源，充分利用海关特殊监管区域政策、经开区优势产业资源和园区载体资源，促进产业焕新工作。

三是构建"园区管家+园区建设者"工作机制，通过"工改工"城市更新为路径实现园区升级、城市更新，焕新区域面貌和提升载体功能，使天津泰达综合保税区进一步向示范基地建设目标迈进。

【机构设置】天津泰达综合保税区管理机构为天津泰达综合保税区管理委员会，与天津经济技术开发区管委会合署办公。天津泰达综合保税区管理委员会下设管委会办公室，与天津经济技术开发区综合保税区管理局合署办公，行使天津泰达综合保税区管理职能，从事日常管理、协调工作。

【招商部门】天津泰达综合保税区管委会办公室与天津经济技术开发区管委会各内设招商局（室），合作负责开展园区的招商引资对接工作。根据各项目特点和需求，由天津经济技术开发区各招商局（室）对接洽谈，天津泰达综合保税区管委会办公室配合招商，并提供项目所需相关信息，做好属地服务工作。

综合保税区管理局联系方式如下。

电话：022-25202814、25235018

地址：天津经济技术开发区第十三大街128号海关服务中心

邮政编码：300457

官方微信号（天津经开区-泰达）：teda-weishixun

新浪微博：@天津经开区-泰达

秦皇岛综合保税区
QINHUANGDAO COMPREHENSIVE BONDED ZONE

【开发建设】 秦皇岛综合保税区坐落在秦皇岛市的东部沿海。其前身为秦皇岛出口加工区，于 2003 年通过海关总署等 8 部委联合验收，2019 年 9 月经国务院批准整合优化为综合保税区，总规划面积 2.04 平方千米。秦皇岛综合保税区于 2020 年 11 月通过省直 8 个部门的实地验收；2021 年 1 月，海关总署下发了同意综合保税区验收结果的批复；2021 年 3 月，秦皇岛综合保税区正式开关运作。

秦皇岛综合保税区有可利用土地约 80 万平方米，已建成"七通一平"标准地，地基承载力在 120 千帕以上，工程地质和水文地质条件优越，适宜各项工程建设。区内道路总长 15.54 千米，配备 1 万千伏安中配室 1 座、500 千伏安箱变 2 座、3 200 千伏安配电室 1 座、1 600 千伏安配电室 1 座；泵站 1 座，日供水能力可达 1.4 万吨。区内建有标准厂房 16 栋，建筑面积约 9 万平方米；物流仓库 2 座，建筑面积 2.6 万平方米；冷库 2 座，冷藏能力 1 万吨；恒温库 1 座，存储能力 5 000 吨；特殊区域作业中心 1 座，建筑面积 4 300 平方米；4 400 平方米的公共保税仓和 2.1 万平方米的通用保税仓库均在建设中；拟建设建筑面积为 6 668 平方米的跨境电商作业库 1 座、建筑面积为 5 345 平方米和 7 173 平方米的物流分拨仓库各 1 座，为企业入驻发展提前打好基础。

【投资环境】 区位条件优势。作为共建"一带一路"重要节点城市的秦皇岛，地处华北与东北两大经济区的结合部，是环渤海经济圈的重要出海口，与日、韩隔海相望，陆海内外联动，经济腹地广阔，具备吸引外资、发展外向型经济的天然优势。

物流运输便捷。秦皇岛综合保税区南临渤海、北依燕山、东接辽宁、西近京津，距北京 298 千米，距沈阳约 400 千米。相距 15 千米的秦皇岛港跻身世界大港行列，海运业务遍及 130 多个国家和地区；相距仅 3 千米的山海关港区，可用地面积约 533 万平方米，码头岸线 1 660 米，在建 2 个 3.5 万吨级码头，还规划了 5 个 5 万~10 万吨级码头、1 个 20 万吨级码头；相距 80 千米的北戴河机场，可满足客运、货邮需求；拥有 6.35 千米铁路专用线直通山海关铁路编组站，与 6 条国铁干线连接；往北直行 3.9 千米即可与京哈、京秦、沿海、承秦 4 条高速公路及 102 国道相连。秦皇岛素有"京津后花园"之美誉，区域海、陆、空立体交通优势明显。

【招商引资】 秦皇岛综合保税区始终坚持大力度招商、精准化招商，聚焦综合保税区业务发展，精心组织产业链招商、目标企业招商和以商招商。2023 年，成功举办了秦皇岛综合保税区项目集中签约仪式暨秦皇岛市跨境电商协会成立活动，12 个入区项目集中签约，项目总贸易额 23.5 亿元。

【对外贸易】 秦皇岛综合保税区全力推

动高质量发展工作，各项主要经济指标保持了较好的增长势头。2023年，秦皇岛综合保税区完成进出口总值73.2亿元，同比增长10.2%。

【经济发展】截至2023年年底，区内实际开展业务企业达40家。其中，生产性企业10家、物流服务企业9家、贸易企业19家、其他服务类企业2家。秦皇岛综合保税区主要产业有仓储物流、服装纺织制造、跨境电商。出口产品为汽车轮毂、船舶配件、纺织品，主要出口至美国、法国、德国、日本、韩国等国家；进口产品有船舶配件、铝锭、乳胶制品，主要进口自俄罗斯、泰国、希腊等国家。

【发展趋势】秦皇岛综合保税区围绕高水平开放高质量发展这一主线，精准招商，进一步加快推进产业集聚发展和产业转移，突出发展加工制造业、保税物流业；完善基础设施建设，以现有基础，谋划建设综合保税区冷链产业物流园、研发设计与技术孵化中心和区港联动作业中心；充分发挥增值税一般纳税人资格试点政策效应，吸引更多国际贸易公司入驻综合保税区发展；在落地分类监管、租赁贸易和保税展示交易等政策的基础上，积极复制推广企业协调员制度、企业信用信息公示制度等自贸区复制推广政策。加快推进"管委+公司"体制机制改革，推进综保公司市场化运作机制，确保资源配置与业务发展相匹配，量化目标任务，推动公司高速发展。

【机制优化】一是成立市级层面综合保税区高质量发展工作领导小组，统筹推进综合保税区高质量发展工作。秦皇岛市政府出台了《关于支持秦皇岛综合保税区高质量发展的十二条措施》，秦皇岛经济技术开发区研究制发了《支持秦皇岛综合保税区入区企业发展的政策措施》，为秦皇岛综合保税区高质量发展奠定了坚实基础。二是成立综合保税区招商服务中心，围绕综合保税区主导产业，加大招商力度，确保完成全年任务目标。三是综保公司实质运营，着力完善园区现有基础设施配套和服务园区企业，同时通过市场化融资筹集发展建设资金，用于厂房建设及改造等。四是积极探索创新管理机制，与廊坊综合保税区、中共秦皇岛市委党校、燕山大学经济管理学院签订合作协议，建立校地合作关系，发挥校地双方的优势，实现互利共赢。

【机构设置】秦皇岛综合保税区的管理机构为秦皇岛综合保税区管理办公室，对外加挂秦皇岛综合保税区管理委员会牌子，归秦皇岛经济技术开发区党工委、管委会代管，正处级建制。管委会下设综合管理部、经济发展部、建设发展部、政策法规部。同时，为了更好地推进综合保税区的开发建设，成立秦开综保园区发展有限公司，承担综合保税区园区开发、运营管理、招商引资、综合服务等职能。

【招商部门】秦皇岛综合保税区招商投资服务中心承担秦皇岛综合保税区的招商职能，诚挚欢迎广大客商进行咨询、交流及前来投资和开展业务。联系人：王新卫。联系电话：18633590089。传真：0335-5180011。地址：河北省秦皇岛经济技术开发区东区温州道1号。邮编：066206。邮箱：qhdepz@163.com。

廊坊综合保税区
LANGFANG COMPREHENSIVE BONDED ZONE

【概况】廊坊综合保税区于2018年1月25日经国务院批准设立，2019年6月18日通过国家验收，位于廊坊经济技术开发区（国家级开发区）域内，规划面积0.5平方千米，是河北省首家由出口加工区整合优化成的综合保税区，也是距北京大兴国际机场最近的海关特殊监管区域，同时还是全省首个适用简化验收程序验收的综合保税区。

【经济发展】2023年，廊坊综合保税区进出口总额15.5亿元，其中保税业务进出口额4.8亿元，保税业务进出口额同比增长108.4%；海关税收4 269万元，同比增长88.9%。

【投资环境】独特的区位条件。廊坊通京津之廊，环渤海之坊，是京津冀发展主轴，也是雄安新区与北京副中心的两翼连线，更是京津冀协同发展、北京非首都核心功能疏解的一线阵地，地理位置得天独厚。廊坊综合保税区距北京城区41千米，距天津城区65千米，距雄安新区140千米，距天津港105千米。

便捷的物流运输。航空方面，距北京首都国际机场70千米，距北京大兴国际机场仅26千米，距天津滨海国际机场80千米。铁路方面，廊坊是京沪高铁从北京出发停靠的第一站，廊坊到北京用时仅需20分钟，到天津仅需18分钟，到上海仅需5小时。公路方面，廊坊与京津对接干线公路达17条、28个接口，公路路网密度全省第一，G2（京沪高速公路）穿区而过，周围G3（京台高速公路）、京津高速公路、津保高速公路、廊涿高速公路等多条国家级、省级高速公路形成四通八达的交通网络。

优质的配套服务。廊坊综合保税区位于廊坊经济技术开发区（国家级开发区）域内，依托廊坊经济技术开发区领先的智慧园区管理模式、完善的基础设施环境、配套的产业发展环境、丰富的人力资源环境、快捷的通关环境、优质的商务运行环境、与国际惯例接轨的政策体制环境，以建设集保税物流与加工贸易等多功能于一体的现代化园区为目标，积极推进功能拓展，创新服务发展模式，成为现代服务业和加工贸易类企业的理想投资之地。

【招商引资】廊坊综合保税区依托京津冀协同发展战略，主动承接北京非首都功能疏解和产业转移，优化发展环境，加大招商力度，促进产业升级，以发展保税物流为主，带动保税仓储、物流配送、转口贸易、商品展示、跨境电商、加工贸易等业务的发展，鼓励发展总部经济和现代服务业，推动实现园区跨越式发展。

【发展趋势】深入贯彻落实国务院关于促进综合保税区高水平开放高质量发展的有关要求，廊坊综合保税区将发挥资源优势，加大改革创新力度，推动产业转型升级，培育外贸新业态、新模式，创造更具吸引力的投资环境，努力把廊坊综合保税区打造成为河北省开放型经济的一个重要窗口、承接产业转移的新战场、贸易投资自由和便利化的先行区、对外经济转型升级的示范区、精准承接北京非首都功能疏解的示范区。

目前,廊坊综合保税区的发展机遇与挑战共存,廊坊综合保税区将加快创新升级,不断提高全球影响力和竞争力,成为带动廊坊及周边开放发展的强大引擎。一是统筹两个市场,打造加工制造中心;二是推动创新创业,打造研发设计中心;三是推进贸易便利化,打造物流分拨中心;四是延伸产业链条,打造检测维修中心;五是培育新动能新优势,打造销售服务中心。

【机构设置】廊坊综合保税区管理办公室,负责日常管理工作。

【招商部门】廊坊综合保税区管理办公室。联系人:刘雄、付瑜。联系电话:0316-6061721。传真:0316-6061721。地址:河北省廊坊市经济技术开发区祥云道8号。邮编:065001。

洋山特殊综合保税区
YANGSHAN FREE TRADE AREA

【总体定位】洋山特殊综合保税区于2020年1月经国务院批复设立，总体定位为"作为对标国际公认、竞争力最强自由贸易园区的重要载体，在全面实施综合保税区政策的基础上，取消不必要的贸易监管、许可和程序要求，实施更高水平的贸易自由化便利化政策和制度"，是我国目前海关特殊监管区中唯一的特殊综合保税区。洋山特殊综合保税区以打造"新型贸易示范区、全球航运新枢纽、创新业态承载地"为目标，将建设成为全球最具影响力和国际竞争力的自由贸易园区之一。

【经济发展】洋山特殊综合保税区按照党中央、国务院决策部署，立足国家战略，推进制度创新和功能拓展，经济实力不断提升。2023年，洋山特殊综合保税区实现进出口额2621亿元，同比增长25%，进出口总额在全国综合保税区中排名第5；实现限额以上批发零售业商品销售额5885亿元，同比增长22%。洋山港实现集装箱吞吐量2501万标箱，同比增长4.6%。其中，水水中转箱量1511.5万标箱，同比增长16%；国际中转和集拼箱量386.8万标箱，同比增长3.5%。洋山港在世界银行和标普全球市场财智共同编制的全球集装箱港口绩效指数（CPPI）中位居世界第1。

【开发建设】2023年4月14日，洋山特殊综合保税区三期扩区申请正式获批，规划面积由25.31平方千米扩大为28.83平方千米。当年完成3幅地块出让，面积超34万平方米。马士基临港综合物流旗舰仓、中外运临港国际物流中心等重点项目开工建设，区域当年实际完成固定资产投资额超100亿元。

【产业布局】小洋山岛区域聚焦港口服务、国际转口贸易等相关产业，着力打造具有全球竞争力的国际航运服务开放先行区。浦东国际机场南部区域以国际航空中转集拼和大飞机供应链为核心，大力发展航空制造、航空维修、航材分拨及航空中转集拼等相关产业。芦潮港6.83平方千米区域重点拓展高能级航运服务、大宗商品贸易等特色产业；1.16平方千米区域依托上海南港，大力拓展汽车滚装、件杂货、生鲜冷链等特色产业；3.47平方千米区域聚焦保税维修检测、保税研发设计、保税加工制造、保税展示交易、跨境电商等创新业态。

【发展趋势】高能级航运服务产业加速集聚。中远海运、安通物流、海通发展等一批重点项目落地，集聚25家船公司，约占全市的46%；集聚英国卫狮、德国贝仕、中国香港FLEET等全球船舶管理龙头企业25家，约占全市的43%；集聚海事仲裁、航运保险、船舶经纪、现代物流等其他各类航运服务企业1000余家。洋山港国际船籍港登记船舶数量位列国内自贸区（港）第一，国际中转集拼平台实现突破。

保税新兴业态不断丰富。初步集聚保税

维修检测、保税加工制造、保税研发设计、保税展示交易及跨境电商等各类新业态，国内首个航空发动机快修项目（GE）、首个二手汽车保税维修项目（卡洛哈海尚）、首个二手电脑保税维修项目（AST）相继落地，全球首台全高温超导托卡马克装置保税研发项目（能量奇点）建成，菜鸟华东中心仓运营、梦饷国际网红直播基地开业、中复神鹰碳纤维保税加工项目投产，区域功能业态不断改善。

【制度创新】一是推动外资班轮船公司沿海捎带政策落地，提升航运枢纽能级。2021年11月，国务院发布《关于同意在中国（上海）自由贸易试验区暂时调整实施有关行政法规规定的批复》，解决外资班轮船公司沿海捎带政策障碍。2022年3月，马士基、东方海外等外资船公司沿海捎带业务申请正式获批。同年5月，马士基完成国内首单外资班轮船公司沿海捎带业务。2023年，实现外资班轮沿海捎带集装箱吞吐量12.8万标箱，同比增长36倍。

二是推动保税液化天然气（LNG）加注业务落地，丰富港口功能业态。2021年8月，推动国内首家LNG船舶管理公司获颁资质证书，解决保税LNG加注船管理问题。同年10月，推动设立国内首个LNG双燃料船培训机构，解决保税LNG加注船员资质问题。2022年1月，出台《中国（上海）自由贸易试验区临港新片区国际航行船舶保税液化天然气加注试点业务实施细则》；同年2月，正式批复试点企业资质申请；同年3月，完成国内首单船对船保税LNG加注业务落地；同年4月起，实现常态化加注；截至2023年年底累计完成39万立方米"船对船"加注，上海成为全球第二大LNG加注服务港口。

三是首创"一司两地"监管模式，服务国家大飞机战略。结合上海飞机制造公司浦东基地、大场基地两地运作特点，在国内首次实现区内、区外企业信息系统一体化、监管主体和监管模式一体化的"一司两地"监管模式，为探索发展海关主分区模式，提供新思路。

四是推动国内首个航运指数衍生品期货上市，为航运服务业发展"保价护航"。《中国（上海）自由贸易试验区临港新片区总体方案》提出，探索发展航运指数衍生品业务，提升高端航运服务功能。2023年8月18日，成功推出国内首个航运指数衍生品期货产品，为航运企业有效平抑市场波动、高效配置全球航运资源试制度、探新路。

【招商部门】临港新片区管委会。联系人：张宇轩。联系电话：021-68283037。地址：上海市浦东新区申港大道200号。邮编：201306。

上海浦东机场综合保税区
SHANGHAI PUDONG AIRPORT FREE TRADE ZONE

【概况】上海浦东机场综合保税区于 2009 年 7 月 3 日经国务院正式批准设立，规划面积 3.59 平方千米。2010 年 4 月 2 日，开始一期 1.60 平方千米的封关运作；2011 年 12 月 28 日，完成二期 1.99 平方千米的封关验收，实现园区 3.59 平方千米整体封关运作。

2023 年，上海浦东机场综合保税区聚焦企业需求，推动功能创新取得突破，区域经济平稳运行。据统计，年内上海浦东机场综合保税区投资企业完成经营总收入 474.36 亿元、进出口总额 1 311.36 亿元、税务部门税收 45.89 亿元。

【开发建设】上海浦东机场综合保税区园区道路、河道、市政管线、监管设施、信息系统等配套设施建设进一步完善，园区道路长度 13.0 千米，道路面积 25.9 万平方米，公共绿地面积 6.1 万平方米，泵站 1 座，西货区和仓储作业区均已开展业务活动。2023 年，上海浦东机场综合保税区稳步推进吉祥航空服务产业国际中心等项目建设，完成投资额 2.32 亿元。截至年底，园区累计完成固定资产投资额 109.70 亿元。

【企业设立】新设企业数量和注册资本金额成倍增长。2023 年，上海浦东机场综合保税区聚焦企业需求，推动功能创新，围绕优势产业，招商稳商取得新成效。据统计，年内上海浦东机场综合保税区新设企业 41 家（不含分支机构数量），同比增长 1.1 倍；吸引内资企业注册资本 14.7 亿元，同比增长 13.3 倍；外资企业注册资本 10.9 亿美元，同比增长 1.7 倍，吸引合同外资 1.79 亿美元，同比增长 29.7%。

从行业分布来看，2023 年，上海浦东机场综合保税区新设企业中，租赁类企业 13 家，占新设企业总数的 31.7%；服务类企业 11 家，占新设企业总数的 26.8%；贸易类企业 7 家，占新设企业总数的 17.1%；物流类企业 8 家，占新设企业总数的 19.5%。

从企业存量来看，截至 2023 年年底，上海浦东机场综合保税区现有注册企业 866 家（不含分支机构数量）。其中，内资企业 693 家，占企业总数的 80.0%；外资企业 173 家，占企业总数的 20.0%。分行业看，租赁类企业 415 家，占企业总数的 47.9%；贸易类企业 167 家，占企业总数的 19.3%；商业服务类企业 99 家，占企业总数的 11.4%；物流类企业 82 家，占企业总数的 9.5%；科学研究和技术服务类企业 50 家，占企业总数的 5.8%；信息传输、软件和信息技术服务业 20 家，占企业总数的 2.3%；金融类企业 15 家，占企业总数的 1.7%；其他类企业 18 家，占企业总数的 2.1%。

【国际贸易】进出口贸易快速增长。2023 年，上海浦东机场综合保税区积极申报参与再制造进口试点，同时推动进口药品"柔性通关"模式有序实施，在海关的支持下，区内多家试点企业已实现常态化运作，正逐步有序拓展试点范围、扩大业务规模。据统计，年内上海浦东机场综合保税区投资企业完成进出口总额1 311.36亿元，同比增长26.6%，其中进口额447.56亿元、出口额863.80亿元。

物流货物、加工贸易快速增长。上海浦东机场综合保税区物流货物进出口额完成1 286.26亿元，同比增长26.9%，占进出口总额的98.1%；一般贸易和加工贸易分别完成进出口额16.84亿元和8.15亿元，同比分别增长2.5%和54.7%，合计占进出口总额的1.9%。

与全球130个国家和地区发生进出口业务往来。从国家和地区看，对19个国家和地区进出口额均超过10亿元，合计1 198.92亿元，同比增长29.1%，占上海浦东机场综合保税区进出口总额的91.4%。位居前3位的分别为：中国香港259.19亿元，同比增长65.0%；日本203.95亿元，同比增长61.1%；美国113.0亿元，同比下降22.2%。此外，韩国106.67亿元，同比增长1.1倍；法国95.47亿元，同比增长27.6%；德国92.45亿元，同比增长1.6倍。

【产业发展】企业经营收入基本稳定。上海浦东机场综合保税区持续优化营商环境，着力提升服务水平，全面落实创新举措，推动融资租赁、商业贸易、物流分拨、临空服务等有序发展，拓展研发生产等功能，区域企业经营收入实现较快增长。据统计，2023年，上海浦东机场综合保税区投资企业完成经营总收入474.36亿元。

贸易业务较快增长。上海浦东机场综合保税区贸易企业销售规模快速增长，2023年完成商品销售收入253.93亿元，同比增长11.2%，占上海浦东机场综合保税区经营总收入的53.5%。

租赁业营业收入稳中有增。上海浦东机场综合保税区持续推进经营性租赁收取外币租金、飞机租赁异地监管等业务常态化、规模化运作，不断拓展业务发展新模式，已形成以航空航运、能源环保、医疗健康、工程装备为核心的融资租赁业务集群，上海浦东机场综合保税区租赁业营业收入保持百亿规模。2023年，租赁企业完成营业收入160.28亿元，同比增长0.8%，占上海浦东机场综合保税区经营总收入的33.8%。

物流业营业收入占比较小。上海浦东机场综合保税区推动航空物流服务升级。2023年，物流企业完成营业收入42.43亿元，占上海浦东机场综合保税区经营总收入的8.9%。

【功能培育】进口汽车功能持续创新拓展。上海浦东机场综合保税区持续推进国发〔2019〕3号文中关于汽车保税仓储有关政策落实，不断完善上海浦东国际机场机动车公共服务中心功能，充分发挥全国综合保税区首条进口汽车检测线作用，为进口汽车提供仓储、检测、报关一站式服务，大力拓展高端汽车进口分销业务，培育覆盖亚太乃至全球的整车分拨基地，壮大高端汽车进出口全产业链功能，推动上海浦东机场综合保税区高端进口汽车产业的高质量发展。

航空培训业务稳步发展。上海浦东机场综合保税区利用保税政策进口模拟机，助推航空飞行培训业务稳步发展。试点企业春秋飞行培训公司提供飞行员初始机型训练、转机型训练、机型复训等各类培训；2019年9月，春秋飞行培训公司获中国民用航空华东地区管理局批准，成立飞行签派员培训机构，成为上海第一家具备独立进行飞行签派员培训资质类训练机构，每年培训能力为3.6万小时，培训3 000人次。

【发展效益】投资企业利润总额增长较快。上海浦东机场综合保税区租赁业务、金融业务和免税商贸业务发展态势持续向好，企业盈利能力较高，利润总额均保持不同程度的增长。据统计，2023年上海浦东机场综合保税区投资企业共实现利润总额88.42亿元，同比增长15.4%。

税务部门税收租赁业贡献过半。据统计，2023年上海浦东机场综合保税区完成税务部门税收45.89亿元，其中租赁业贡献税收占75.5%。

【招商部门】 上海浦东机场综合保税区由中国（上海）自由贸易试验区管委会保税区管理局统一管理。联系电话：021-58698500。

上海外高桥港综合保税区
SHANGHAI WAIGAOQIAO PORT FREE TRADE ZONE

【概况】 上海外高桥港综合保税区于2020年8月30日经国务院批准由上海外高桥保税物流园区整合优化而成，规划面积1.03平方千米，2021年1月全部验收封关。园区加快推动综合保税区政策落地，做优大宗商品期现联动，创新跨境电商综合管理模式，推动经济规模快速增长。据统计，2023年，上海外高桥港综合保税区投资企业完成经营总收入62.3亿元，同比增长1.6倍；贸易业商品销售收入53.3亿元，同比增长3.1倍；税务部门税收1.03亿元，同比增长5.4%。

【开发建设】 上海外高桥港综合保税区形态开发已经完成，园区道路长度6.8千米，道路面积12.6万平方米，公共绿地面积8.9万平方米，河道面积2.6万平方米，泵站2座，拥有14万平方米的集装箱转运区、三座卡口和查验场地等配套设施。截至2023年年底，上海外高桥港综合保税区累计完成固定资产投资额50亿元。

【企业设立】 企业数量保持稳定。截至2023年年底，上海外高桥港综合保税区有注册企业50家，另有28家分支机构，合计注册资本29.56亿元。

从企业性质来看，内资企业30家，占企业总数的60.0%，另有9家内资企业分支机构，内资企业注册资本合计6.84亿元；外资企业20家，占企业总数的40.0%，另有19家外资企业分支机构，外资企业注册资本合计22.72亿元。

从行业分布来看，物流类企业24家，占企业总数的48.0%；贸易类企业14家，占企业总数的28.0%；商务服务类企业7家，占企业总数的14.0%；租赁类企业2家；其他类企业3家。

【国际贸易】 据统计，2023年，上海外高桥港综合保税区投资企业完成进出口总额325.62亿元，其中出口额184.32亿元、进口额141.30亿元。

从贸易方式看，上海外高桥港综合保税区物流货物进出口额324.58亿元，占进出口总额的99.7%；一般贸易进出口额1.05亿元，占进出口总额的0.3%。

从洲际区域看，与亚洲、欧洲进出口额较大，与北美洲、非洲进出口额增长较快。其中，与亚洲进出口额138.61亿元，占进出口总额的42.6%；与欧洲进出口额76.24亿元，占进出口总额的23.4%；与北美洲进出口额37.85亿元，同比增长23.0%，占进出口总额的11.6%；与拉丁美洲进出口额32.61亿元，占进出口总额的10.0%；与非洲进出口额24.25亿元，同比增长77.5%，占进出口总额的7.4%；与大洋洲进出口额16.07亿元，占进出口总额的4.9%。

从国家和地区看，对全球33个国家和地区进出口额均超过1亿元，合计进出口额312.38亿元，占上海外高桥港综合保税区进出口总额的95.9%。其中，对11个国家和地区进出口额均超过 10 亿元，合计进出口额 224.02 亿元，占进出口总额的 68.8%，分别是：对美国进出口额规模最大，达 35.02 亿元，同比增长 27.1%，占进出口总额的 10.8%；对日本进出口额 33.02 亿元，同比增长 37.2%，占进出口总额的 10.1%；对德国进出口额 28.45 亿元，同比增长 17.2%，占进出口总额的 8.7%。与 94 个共建"一带一路"国家和地区发生进出口业务往来，合计进出口额 140.50 亿元，占进出口总额的 43.1%，其中与智利、韩国、俄罗斯进出口额分别为 26.29 亿元、16.41 亿元、11.89 亿元。

从主要进出口商品类别看，"机电产品"进出口额 157.30 亿元，同比增长 15.1%，占进出口总额的 48.3%；"未锻造的铜及铜材"进出口额 50.75 亿元，占进出口总额的 15.6%；"服装及衣着附件"进出口额 11.43 亿元，同比增长 3.8%，占进出口总额的 3.5%；"未锻轧铝及铝材"进出口额 5.04 亿元，同比增长 1.2%，占进出口总额的 1.5%。此外，列入"高新技术产品"范畴的进出口额 96.65 亿元，同比增长 10.6%，占进出口总额的 29.7%。

【产业发展】2023 年，上海外高桥港综合保税区投资企业主要开展仓储物流业务、大宗商品销售业务。上海外高桥港综合保税区投资企业积极推进功能创新，培育经济增长新动能，经营规模较快增长。据统计，年内，上海外高桥港综合保税区投资企业完成经营总收入 62.27 亿元，同比增长 1.6 倍，其中贸易业商品销售收入 53.33 亿元，同比增长 3.1 倍，物流业营业收入 7.05 亿元。

【功能拓展】全国唯一实现铜品种 4 个市场完全流通。2020 年 11 月，上海外高桥港综合保税区的世天威物流（上海外高桥保税物流园区）有限公司获批成为上海国际能源交易中心国际铜期货指定交割仓库，并于 2021 年年初生成了首张国际铜仓单；2021 年第二季度世天威物流（上海外高桥保税物流园区）有限公司成功获批为上海期货交易所"国内铜"的指定交割库，成为全国第一个大宗商品国内国际双循环战略平台，标志着铜品种在国内国际双合约交易的基础上，首次实现了在同一库区内完成"国内期货、国际期货、国内现货、国际现货"4 个市场上的完全流通，且货物本身无须进行移动，真正实现了零物流成本的"期货现货联动、国内国际打通"，铜品种在上海外高桥港综合保税区形成"四通八达"业务模式。2023 年，上海外高桥港综合保税区完成国际铜交割 5.2 万吨，同比增长 10.4%。

进口汽车保税存储业务规模化运作。随着 2021 年 1 月 18 日正式通过封关验收，上海外高桥港综合保税区积极落实国发〔2019〕3 号文的 21 条举措中的进口汽车保税存储、展示等业务。整车进口企业叠加运用进口货物入区保税、区内保税存储货物不设存储期限等政策，进口整车将实现一次运输后在区内存储期间保税，整车实际销售出区时再征税，有助于企业降低运营成本，更好地安排销售策略。2021 年 9 月，进口汽车保税存储功能在上海外高桥港综合保税区正式启动，奔驰、玛莎拉蒂等品牌的整车保税存储业务均已成功试水，标志着上海外高桥港综合保税区成功实现进口汽车保税存储功能，迈入了进口汽车从"落地征税"到"保税存储""不销不税""即销即税"发展的新时代。2023 年，完成奔驰、宝马、保时捷等品牌进口汽车保税存储运作，进区车数 3 341 辆，货值 32 亿元。

国际中转集拼功能持续拓展。针对上海外高桥港综合保税区国际中转集拼业务，海关基于上海国际中转集拼 1.0 版本给予了"先进后报"以及简化两头在外中转货物审核的便利化措施（10 位数编码审核简化）。

在原有凭舱单进区的海运直通作业模式基础上，2020年又拓展了共建"一带一路"下与内陆口岸的业务联动，形成联通亚太与欧洲之间新的中转集拼业务开展通道。2023年，上海外高桥港综合保税区完成国际中转集拼1 938标箱。

【发展效益】在大宗商品贸易企业经营规模快速扩大的拉动下，上海外高桥港综合保税区税务部门税收持续增长，2023年首次突破1亿元达1.03亿元，同比增长5.3%。

【招商部门】上海外高桥港综合保税区由中国（上海）自由贸易试验区管委会保税区管理局统一管理。联系电话：021-58698500。

松江综合保税区
SONGJIANG COMPREHENSIVE BONDED ZONE

【概况】 松江综合保税区坐落于长三角 G60 科创走廊沿线，总面积 4.10 平方千米，分为 A 区和 B 区，由上海松江出口加工区转型升级而成。松江出口加工区成立于 2000 年 4 月 27 日，为全国首批、上海首家出口加工区。自成立以来，松江出口加工区经历了多次功能拓展和政策叠加。2007 年，松江出口加工区成为全国出口加工区功能拓展 7 个试点之一。2014 年，松江出口加工区作为首批复制中国（上海）自由贸易试验区政策的区域之一，引进跨境电商、保税展示两项新业务。2016 年，松江出口加工区先后成为"企业增值税一般纳税人资格试点"和"仓储货物按状态分类监管"政策试点首批单位。2018 年 9 月 4 日，松江出口加工区经国务院批准整合升级为松江综合保税区。2019 年 9 月 27 日，松江综合保税区通过验收；同年 10 月 28 日，正式挂牌。

园区经过了多年的高速发展，形成了以广达集团、豪威、凯虹为代表，区内配套企业共同发展的雁行式发展态势，打造了电子信息、集成电路、新能源、汽车配件、现代物流等"一业特强，多业发展"的产业布局。截至 2023 年年底，园区内共落户 555 家企业，共计吸引外商总投资 24.5 亿美元。

【投资环境】 园区地处长三角 G60 科创走廊沿线，是沪杭经济发展轴上的重要节点位置，距离虹桥交通枢纽车行 25 分钟，距离浦东国际机场车行 45 分钟。园区所在的上海市松江区正积极推动综合交通枢纽建设，集国铁、城际、普速、地铁、公交车、出租车、有轨电车、社会车辆等多种交通方式于一体，周边环绕有 G60 沪昆高速、S32 申嘉湖高速、G15 沈海高速、上海绕城高速等高速公路，地理位置优越、交通运输便利，是上海西南的重要门户。

园区前身作为全国最早的出口加工区之一，已经运作多年，基础设施配套完善，管理机构运作娴熟，各类服务措施齐全，先后被评为"上海市跨境电子商务示范园区""G60 电子信息国际创新产业园"。在 2023 年发布的 2022 年度全国综合保税区（含其他特殊区域）发展绩效评估中，松江综合保税区在 138 个参评区域中被认定为 A 类，综合成绩位列全国第 5 名、东部地区第 3 名。

此外，园区不仅是长三角 G60 科创走廊核心板块之一，也属于上海市"五大新城"范畴，在享受海关特殊监管区域的相关政策的同时，还可叠加"G60 科创走廊"和"五大新城"关于创新创业、产业发展、人才引进及落户等方面政策。

【招商引资】 自 2019 年挂牌以来，松江综合保税区以国发〔2019〕3 号文的 21 条措施为政策总抓手，立足"加工贸易+保税物流"的产业底色，确定了打造先进制造业中心、全球电子产品集散中心、高端消费品集散中心、检测维修中心"四大中心"的发展定位，面向销售结算、研发设计、检测维修等多元服务贸易领域招商引资、培育业态。2023年，松江综合保税区共计引进新项目企业49家，涵盖航天科技材料研发、光伏材料进出口、半导体研发设计、精密零件智能制造等领域。

【经济发展】2024年是实现"十四五"规划目标任务的关键一年，综合保税区等特殊功能区面临着新形势下的新要求、新任务、新挑战。松江综合保税区始终以习近平经济思想为引领，全面贯彻落实新发展理念，充分依托长三角G60科创走廊、松江枢纽、"五大新城"等平台机制，协同产业发展、创新合作和资源共享，力争以高水平开放促进国内国际双循环，以高质量发展的确定性对冲国际环境的不确定性，为区域和国家经济注入澎湃动力。

2023年，松江综合保税区实现工业总产值1 000.93亿元，综合税收74.63亿元，进出口额1 495亿元，占全市综合保税区进出口值的22.9%，位列上海各综合保税区的第2、全国第9。

【发展趋势】未来松江综合保税区将从国家经济发展战略全局出发，紧密结合新发展格局，寻找新动能、转换新赛道、确立新优势，持续做大开放型经济平台。一是布局新赛道，加快发展新质生产力。将依托综合保税区保税研发、保税检测等"保税+"功能，顺应数字化、智能化、绿色化发展趋势，以技术改革和科技创新驱动产业深度转型，赋能开放型经济。二是优化服务供给，提升贸易自由化便利化水平。响应海关总署"智关强国"号召，落实智慧综合保税区建设，实现顺势监管、精准监管和高效监管；同时积极参与自贸区联动，力争复制推广更多优秀改革试点经验，形成优势互补、相互支撑、协同发展的良好格局。三是推动"人才链"与"产业链"精准对接，加强产学研深度融合。立足园区产业特色，以企业需求为导向，整合企业技术成果转化的市场主体优势和高校科研平台的资源优势，进一步激发长三角G60科创走廊发展内生动力。

【机构设置】松江综合保税区管理委员会作为松江综合保税区的职能管理部门，承担日常事务管理、企业服务、招商引资等职责。

【招商部门】松江综合保税区，招商热线：021－67857003、67857057。联系地址：上海市松江区北松公路5688号A402。

金桥综合保税区
JINQIAO COMPREHENSIVE BONDED ZONE

【概况】金桥综合保税区是上海金桥经济技术开发区的重要组成部分，封关面积1.52平方千米，于2019年11月15日通过海关总署联合工作组验收，2020年4月21日正式挂牌运作。金桥综合保税区前身为金桥出口加工区（南区），于2002年经国务院批准设立。经过多年发展，园区已经建设成为功能要素齐全、配套设施完备的现代化、外向型的海关特殊监管区。

【投资环境】金桥综合保税区区域位置优越，北至龙东大道、西接华东路、东临川沙路、南面高科东路，处于上海外高桥保税区、金桥经济技术开发区北区和张江高科技园区环绕地带，在浦东南北科创走廊和浦东海港、空港的中间位置，距上海外环3.5千米、中环5.5千米，距浦东国际机场10千米、外高桥港区19千米、虹桥国际机场30千米、洋山深水港50千米，空运、海运、陆运快捷方便。

金桥综合保税区已实现"七通一平"，"一纵三横"主干道及雨污水管道贯通全区，巡关环道围网设24小时电子监控。金桥综合保税区有高效的数据通信光缆网络，可满足区内用户通信视频传输需求。区内标准通用厂房22.8万平方米，容积率低，绿化率高，可提供单层、双层厂房选择。金桥综合保税区有3个地块正在建设，总用地约41.9万平方米，未来建成后可释放超100万平方米新载体空间。

【招商引资】2023年，金桥综合保税区引进5家企业及储备项目10多个，初步形成集集成电路、智能制造、生物医药和现代服务业于一体的"3+1"的产业格局，集聚了一批半导体材料、电子设备、工业自动化、生物医药、精密仪器和医疗器械生产等高端制造和研发领域的重点企业。2023年，区内保税研发进出口货值7 250.05万元，同比增长3.03倍，占比上海市综合保税区保税研发业务量九成以上。

【经济发展】2023年是贯彻落实党的二十大精神的开局之年，在上海市发展改革委指导和浦东新区机关坚强领导下，金桥综合保税区以推进高质量发展为目标，密切联系浦东海关职能部门，统筹做好企业服务和园区管理，确保了各项任务圆满完成。

截至2023年年底，金桥综合保税区海关注册企业37家，实际经营企业31家。其中，生产型企业16家，物流报关、金融信息等企业15家，企业总人数4 225人。近3年，金桥综合保税区经营总收入保持平稳增长，工业总产值和进出口额略有波动：经营总收入2021年127亿元、2022年146亿元、2023年159亿元；工业总产值2021年124亿元、2022年144亿元、2023年101亿元；进出口额2021年100.99亿元、2022年117.8亿元、2023年98.77亿元。2023年，金桥综合保税区完成进出口总额98.77亿元，同比下降16.2%。其中，进口额81.06

亿元,同比下降18.9%;出口额17.71亿元,同比下降1.3%。

【发展趋势】2024年是实施"十四五"规划的关键一年,在浦东新区打造社会主义现代化引领区的新征程上,金桥综合保税区将切实以上级指示精神为指导,进一步发挥综合保税区连接国内国际两个市场、利用国内国际两种资源的重要作用,打造高水平科技创新型综合保税区的先行区和具有国际影响力科创中心的重要功能承载区。

一是以高质量发展为目标。按照"产业特色更加鲜明、贸易业态更加丰富、营商环境更加优越"的发展思路,坚持创新驱动、错位发展和区域协同的发展路径,以"金桥智造城"建设为契机,挖掘"智造城里的综合保税区""科学城里的综合保税区""引领区里的综合保税区"优势,聚焦高端产业集群,完善服务配套,创新贸易业态,强化制度创新,强化健全集研发、制造、检测、维修、展示、销售等于一体的综合产业链,拉动经济内循环,促进内外贸一体,助力企业融入国际大循环,打造开放新高地。

二是打造科创高地动力源。大力发展保税研发业务,发展光刻胶、新型存储材料、新型抛光材料、EDA、离子注入设备、原子层蚀刻设备等集成电路领域保税研发。加大保税研发业态支持力度,支持保税研发类企业申请一般纳税人资格试点,激发企业研发创新动力。大力发展保税维修、检测服务。加强区内外联动,支持区内企业开展保税检测和全球维修业务。开展保税展示交易业务。积极对接珠宝玉石、黄金、稀贵金属等投资、贸易企业,打造集珠宝、黄金设计创新、品牌营销、保税展示交易于一体的创新基地。

三是筑牢转型升级基本盘。支持存量企业做大,开展企业增资扩产专项行动,通过优先选址用地、加大优惠政策落实、融资担保、上市培育的力度等措施,扶持区内企业增资扩产,积极开拓国内国际两个市场。推动存量企业做强,鼓励企业进行质量管理体系认证,引进全面质量管理、精益管理等国际先进管理方法。鼓励企业开展AEO认证。持续提升存量企业发展动力,优化区内空间布局,建立无尘查验室、公共小型危险化学品仓库等功能区。进一步实施卡口分类分级管理、仓储货物按状态分类监管等模式,提升货物进出区便利化水平。

四是建设高端产业集聚地。加大精准招商力度,紧盯北区新能源汽车板块,积极引进可快速提升进出口额的企业。聚焦集成电路、智能制造、生物医药、合成生物、关键新材料、大宗商品等领域,制定招商目录。拓宽招商引资渠道,开展中介招商、资本招商等,加大招商引资力度。加强与各地驻沪办事机构、商会协会等合作,及时掌握企业、项目、资金等投资信息。积极举办形式多样的综合保税区招商推介活动,加快赴欧洲等海外招商引资的步伐。

五是擦亮营商环境"金名片"。完善生产生活设施配套。加大投入力度,分步推进基础设施建设。联合浦东海关,开通川沙路卡口,增设高科东路卡口,进一步优化海关设施配套。提供全生命周期专业服务。加速企业集中登记地址申请工作。加快服务型管委会的转变,加强对开发主体的指导协调,建立健全开发、运行和服务的全链条管理体系。组织开展企业座谈会、调研会、咨询会,深入探讨,摸清企业诉求,多方对接解决企业实际运营难题。加快制度创新步伐。加快落实海关总署《推动综合保税区高质量发展综合改革实施方案》23条综合改革措施,加大对自由贸易试验区改革试点经验复制推广的力度。

【机构设置】金桥综合保税区管理委员会与中国(上海)自由贸易试验区管理委员

会金桥管理局、上海金桥经济技术开发区管理委员会实行"一套人马，三块牌子"。管委会内设6个部门：办公室（计划财务处）、规划建设环境管理处、工业和新兴产业促进处、商贸和服务业促进处（综合保税区管理处）、行政审批服务处、营商环境处（党群工作处）。目前由商贸和服务业促进处（综合保税区管理处）负责金桥综合保税区日常管理工作。

【招商部门】金桥管理局商贸和服务业促进处（综合保税区管理处），联系电话：021-58584690。

奉贤综合保税区
FENGXIAN COMPREHENSIVE BONDED ZONE

【开发建设】奉贤综合保税区的前身为上海闵行出口加工区，于 2003 年 3 月经国务院批准设立，坐落于上海市重点工业区——上海市工业综合开发区内。2018 年 4 月 18 日，国务院批复同意上海闵行出口加工区整合优化为奉贤综合保税区。2019 年 1 月 25 日，奉贤综合保税区封关运作，封关面积 1.88 平方千米。2019 年 3 月 20 日，奉贤综合保税区正式挂牌，成为奉贤区唯一一个国家级园区。截至 2023 年年底，奉贤综合保税区产业用地面积约 145 万平方米，已出让土地约 110 万平方米，可出让土地约 35 万平方米。

【投资环境】2019 年 1 月，国发〔2019〕3 号文出台，赋予了综合保税区更高层次的优惠和便利，鼓励综合保税区建立"五大中心"。2021 年 1 月，上海市政府印发《关于我市促进综合保税区高质量发展的实施意见》，全市综合保税区发展迎来重大政策利好；2021 年 6 月，上海市奉贤区政府印发《关于促进奉贤综合保税区高质量发展的实施意见》，重点对奉贤综合保税区"东方美谷"国际服务贸易集成平台、保税研发设计中心、保税展示交易中心和保税检测维修中心"一平台三中心"企业予以大力扶持；2024 年 5 月，上海市奉贤区政府出台新一轮《关于推进奉贤综合保税区高水平开放高质量发展的实施意见》，围绕党中央以及上海市委、奉贤区委在深化改革开放方面的新精神，更加聚焦在特色产业集聚、"保税+"功能突破、创新业态发展方面的扶持，覆盖面更广、针对性更强、契合度更高，大力支持企业在奉贤综合保税区发展，助力综合保税区做大做强。

【招商引资】2023 年，奉贤综合保税区引资多措并举有力推进招商工作。一是实体企业招商成效显著，落地实体项目 3 个，消化实体厂房 5.1 万平方米。晶澳集团通过多元化路径发展新增"三大增长极"：扩大生产，增加投资 6 亿元改扩建厂房 3 万平方米；延展产业链，引进接线盒项目消化厂房 1.2 万平方米；新增配套项目储能研发中心及 2 条示范生产线落地。保税维修企业卓耘通过扩租 4 000 平方米对办公环境重新优化，企业面貌焕然一新，严峻经济形势下业务不降反增。二是功能性招商集聚发展活力，进出口招商卓有成效，保税展示招商稳步推进，艺术品保税展示货值完成 67 亿元；美妆类危险化学品保税存储功能开拓，成为综合保税区跨境电商招商的"新引擎"。三是注册型招商夯实基础，主动出击，先后到北京、义乌、无锡、哈尔滨等地开展招商活动 18 场。

【对外贸易】一方面，奉贤综合保税区以功能突破创新为对外贸易发展注入新动能。2023 年，开拓全市首个进出口化妆品中的危险化学品保税存储功能，当年 9 月第一批货品实现入仓，已实现化妆品中的危险化学品跨境电商单量超 5 000 单，畅通了国际化妆品进出口渠道，吸引世界知名化妆品品牌和企业不断向奉贤聚集。9 月，新增一般纳税人资格试点企业晶澳卫蓝，该企业也是奉贤综合保税区内第 2 家试点企业，预计每年可帮助企业节约成本 2 940 万元。11 月，全国"首单"二手医疗器械出口业务在奉贤综合保税区实现，有利于奉贤综合保税区持续推动生物医药及医疗器械保税维修的产业布局。另一方面，奉贤综合保税区协同奉贤海关积极对接速卖通、亚马逊、拼多多平台，探索跨境出口功能突破路径，区内企业已实现海外店铺开设。

【经济发展】截至 2023 年年底，区域内共有企业 4 464 家，其中商贸型企业 4 435 家、实体型企业 29 家，包括保税加工企业 10 家、保税检测维修企业 1 家、保税物流企业 8 家、跨境电商企业 3 家。年内，奉贤综合保税区进出口规模创历史新高，达到 218 亿元，产值实现 87 亿元，总税收实现 10.1 亿元（其中海关税收 4.3 亿元、地方税收 5.8 亿元）。在 2023 年公布的 2022 年度全国综合保税区（含其他特殊区域）发展绩效评估中，奉贤综合保税区排名全市第 6。

【发展趋势】聚焦"东方美谷"美丽健康产业，奉贤综合保税区紧抓中国（上海）自由贸易试验区新片区建设契机，有力推进"一平台三中心"建设。2023 年，区内企业专利数 29 个；参与制定行业标准 6 个、国家标准 2 个；保税展示货值超 300 亿元，展示品类涵盖了名画、艺术品、奢侈品等；保税检测维修货值达 20 亿元，主要维修品类包括医疗器械、笔记本等，可以开展高科技含量、高附加值的境内外检测维修。

【美谷美购·跨境购】"美谷美购·跨境购"作为奉贤综合保税区拥有的自有品牌，集"品牌孵化、产品展示、消费体验、文化旅游、直播销售、网红实训"六大核心功能于一体，吸引了美乐家、百雀羚、韩束、一叶子、如新等知名品牌和企业入驻，截至 2023 年年底，集聚 73 家企业、466 个品牌，汇聚 1 000 余种美妆、美食、美宠、母婴用品等进口商品，中央电视台、人民网等国家级媒体都曾对跨境购进行专题报道，多位明星和知名网红主播现场打卡。奉贤综合保税区积极推进"美谷美购·跨境购"护牌行动。一是与运营方美渠共同拟订跨境购年度运营计划，并按计划有效开展相关工作。二是通过加大推广宣传力度，不断提升跨境购品牌影响力，多个微信公众号推送 70 多篇相关报道，开启"美谷美购·跨境购"2023 年品牌分享会系列活动，开展"流量思维品牌有为"、"亚马逊首店"启动、"韩国馆"入驻、"LOPITTA 品牌分享会"等专题活动 30 余场次。三是强化流量经济发展，推进美谷美妆直播基地建设，探索开拓抖音、微信生态私域流量，通过运营"美谷美购·跨境购"视频号，借助全渠道新媒体流量突破 1 亿人次。四是持续提升跨境购影响力和知名度，接待调研团、活动团来访 30 多次。

【机构设置】奉贤综合保税区管委会于 2019 年成立，管委会主任由奉贤区分管副区长兼任，管委会办公室设在上海市工业综合开发区，办公室主任由工业综合开发区党委书记兼任。

【招商部门】奉贤综合保税区管理部。联系电话：021-33655007。地址：上海市奉贤区环城西路 3111 号。

嘉定综合保税区
JIADING COMPREHENSIVE BONDED ZONE

【概况】嘉定综合保税区的前身为上海嘉定出口加工区，于2020年5月经国务院批准整合优化为综合保税区，位于上海嘉定西北角，规划面积为0.95平方千米，坐落于上海市嘉定区宝钱公路4500号，分为综合保税园区及办公大楼区域。

【经济发展】2023年，嘉定综合保税区实现进出口总值108.02亿元，同比增长18.8%，其中进口83.54亿元，同比增长31.8%；完成海关征税8.14亿元，同比增长3.76%。截至年底，上海嘉定综合保税区已累计注册企业1210家，注册资本69.3亿元。作为中国国际进口博览会综合贸易服务商联盟成员单位，嘉定综合保税区主动做好第六届中国国际进口博览会的对接与服务工作。年内，实施海关监管便利化制度7项，与嘉定海关建立联席会议制度，定期进行工作通报和共同商议，不断优化营商环境，持续提升通关效率。

【投资环境】嘉定综合保税区位于上海市嘉定区宝钱公路北侧，距虹桥国际机场25千米（20分钟车程）、浦东国际机场80千米（55分钟车程）；10分钟可到达江苏，距沈海高速（G15）道口仅2分钟车程，连接沪嘉高速（S5）、沪宁高速（G2）、郊区环线（G1501）等，城北路延伸至太仓段贯通；嘉定已建有地铁11号线、13号线及14号线，嘉闵线及其延伸段正在建设中。

嘉定综合保税区拥有优越的长三角地理优势，2小时交通可覆盖长三角，在贸易监管、保税监管、外汇结算和税收等方面享有特殊的优惠政策；以保税加工、保税物流和保税服务为基本功能，是服务国内国际两个市场，统筹利用国内国际两种资源发展开放型经济的重要平台。作为"虹桥国际开放枢纽""上海五大新城""张江高新区—嘉定园"的北向拓展带，嘉定综合保税区围绕汽车"新四化"、集成电路装备与材料、医疗健康三大产业方向，倾力打造高端制造、保税研发、检测维修、跨境贸易、国际分拨五大功能，建设一站式综合服务平台，全力打造嘉定开放型经济发展的新高地。

园区采用封闭式卡口管理，形成了"两纵两横加环"的道路框架。园区基础设施建设完善，具有完备的海关智能化监管设施，设有上海市跨境电商公共服务平台，并配有14.8万平方米的保税仓库和2.2万平方米的标准仓库，其中包含了在建的国际保税赛车服务中心3.7万平方米，预计2025年建成。

【新兴业态】截至2023年年底，嘉定综合保税区有3家上海市级国际贸易分拨中心示范企业，初步形成了以化妆品、赛车及零部件、集成电路电子元器件、文化艺术品为特色的国际分拨业态。化妆品业务规模稳步增长，服务品类已涵盖日系（花王）、韩系（爱茉莉）、欧系（欧莱雅）等国际一线品牌。赛车及零部件分拨中心已投入使用，持续提升保税赛车业务量，年内完成66台保税赛车及零部件的退运、暂时进出区及保税展示等服务；保时捷赛车已实现销售额9 600万元；继续为保时捷进口车提供保税存储业务，数量和金额较2022年均提升10%。电子元器件分拨业务继续推进，帮助企业开拓客户资源，年内已完成进出口值8.2亿元。保税艺术品业务有序开展，建成保税艺术品仓库，扩大关税保函额度，做通艺术品进口、保税展示、完税交易等业务流程；积极推动长三角相关博物馆的业务合作，已为张园、养云安缦、技能博物馆、乒乓博物馆等展馆提供艺术品及展品多批次的保税服务。与此同时，实现保税租赁新业态，上半年成功实现货值1亿元起重设备的保税租赁业务，大大降低了企业运营成本。不断扩大一般纳税人资格试点效能，不断完善区域服务外向型企业功能，帮助企业运用一般纳税人资格试点政策拓展国内国际两个市场，园区内有4家一般纳税人资格试点企业，税收约占园区总税收的五分之一。研究探索新领域，加快培育经典车业务，逐步开展经典车复出口、暂进、托管、存储等业务，为上海汽车博物馆、中国共产党代表团驻沪办事处纪念馆（周公馆）等机构提供服务；参与经典车认定国家标准制定，积极和海关、商务部门等沟通，争取经典车进口先行先试，进一步拉伸嘉定汽车产业链和价值链。

【发展趋势】嘉定综合保税区对标国务院和上海市对综合保税区高质量发展的要求，对标"五大中心"发展目标，深化国发〔2019〕3号文和海关总署《推动综合保税区高质量发展综合改革实施方案》等文件精神，用好《嘉定综合保税区项目准入暂行标准》政策，充分契合嘉定区产业发展定位，围绕汽车"新四化"、智能传感器和物联网、高性能医疗设备和精准医疗三大千亿级产业布局，引入一批头部企业、核心技术企业、产业链上下游企业入区发展，着力研究园区三大产业方向，积极拓展"保税+"业态，实现规模化发展。

【机构设置】上海嘉定综合保税区管理委员会作为园区议事机构，下设管委会办公室，由上海嘉定综合保税区发展有限公司总经理任管委会办公室主任。上海嘉定综合保税区发展有限公司为区属国有企业，作为功能类企业，承担上海嘉定综合保税区的开发建设、招商引资、企业服务、项目储备和日常管理等职能。

上海嘉定综合保税区发展有限公司。办公室电话：021-39568000。投资促进部电话：021-39561150。企业服务部电话：021-39561272。

苏州工业园综合保税区
SUZHOU INDUSTRIAL PARK
INTEGRATED FREE TRADE ZONE

【概况】苏州工业园综合保税区于2006年12月获批成立，2008年1月正式封关运作，规划面积5.28平方千米，分为东、西两个围网区（东区3.88平方千米、西区1.4平方千米），是国务院正式批复命名同意成立的全国首家"开展具有保税港区综合保税功能的海关特殊区域试点"区域，也是全国唯一具有"自由贸易试验区+综合保税区+贸易功能区"三重功能的海关特殊监管区域。苏州工业园综合保税区自成立以来，在海关、税务等部门的关心支持和园区各职能部门的协同推动下，紧贴产业发展和企业需求，积极开展政策功能创新，创造了多个全国"第一""唯一"，有效发挥了海关特殊监管区域作用，有力促进了区域开放型经济转型发展，成为展示园区持续改革创新的一扇"窗口"。

【投资环境】苏州工业园综合保税区所在的高端制造与国际贸易区是苏州工业园区距离上海最近的板块，也是苏州城区距离上海虹桥、浦东国际机场最近的区域之一，沪宁高速公路和吴淞江航道两大黄金通道横贯境内，沪宁高速园区出入口直接对接苏州工业园综合保税区，苏州园区港通过"河海联运"多式联运方式对接上海港、宁波港、太仓港等一线港口，空运直通港连通上海机场，初步形成了立体式、多功能、全覆盖的现代交通体系，高效通达的物流持续带活人流、商流、财富流汇聚园区。

苏州工业园综合保税区充分放大苏州工业园区作为开放创新的世界一流高科技园区的产业发展基础优势和开放创新制度优势，叠加自贸区创新发展新领域，以功能转型为核心、以产业升级为抓手、以制度创新为保障，推动保税功能、开放政策、监管体系有机融合，建成各类保税仓库超40万平方米、厂房170万平方米，区外周边建成非保税仓库超100万平方米、配套区域商业和办公设施共60万平方米，集保税加工、保税研发、保税检测、保税维修、保税物流和国际贸易等多种功能于一体，形成了领先的功能配套、优越的环境配套和完善的服务配套，打造了功能高端复合、贸易自由便利、产业开放多元、监管有效到位的专业化自由贸易区。

【经济总量】2023年，苏州工业园综合保税区进出口总额1 766亿元，同比下降12.7%，规模占苏州工业园区的29.1%；监管货值660亿美元；海关环节入库税额近51亿元；实现规模以上工业总产值400亿元，同比增长5.8%；规模以上生产企业营业收入390亿元，同比增长8.5%；规模以上贸易企业营业收入217亿元，同比增长4.4%；规模以上物流企业营业收入11亿元，同比下降18.2%。截至年底，苏州工业园综合保税区累计注册企业460家，累计吸引投资超44亿美元，就业人数近3万人。新型离岸国际贸易及跨境、境内转手买卖等其他特殊贸易模式发展顺利，共完成核查额近22亿美元；增值税一般纳税人资格试点企业共37家，实现销售额近81亿元，办理出口退（免）税额约10亿元。区内累计9家企业通过AEO高级认证，在全省海关特殊监管区域中名列前茅。

【产业发展】根据国发〔2019〕3号文建设"五大中心"以及综合保税区发展绩效评估考核要求，苏州工业园综合保税区加快优化产业结构布局，壮大新兴产业规模，提升产业发展能级。

加工制造中心方面，初步形成装备制造、电子信息、医疗器械、航空工业四大类高端制造产业集群。2023年，装备制造业规模以上企业实现产值142亿元，占苏州工业园综合保税区的35.4%；电子信息规模以上企业实现产值185亿元，占苏州工业园综合保税区的46.3%；医疗器械规模以上企业实现产值29亿元，占苏州工业园综合保税区的7.3%；航空产业规模以上企业整体恢复良好，实现产值近41亿元，占苏州工业园综合保税区的10.2%。

研发设计中心方面，苏州工业园综合保税区以提升国际竞争力和创新力为导向，不断推动区内研发创新能力提升，截至2023年年底已累计设立各类研发中心7家。其中，英磁新能源专业从事新能源车、轨道交通等高端电机的设计研发和生产，曾获第七届中国创新创业大赛全国总决赛初创组总冠军，已申请专利130项，年内获得7项发明专利，超导及相关40种产品已应用于中车高速列车、新能源车和外太空探测等领域。

物流分拨中心方面，截至2023年年底，区内规模以上物流企业16家，集中布局了一批全球分拨、亚太分拨以及区域分拨等规模型物流分拨中心，推动外贸在稳步壮大中转型提质，已经集聚三星半导体、特斯拉、国药、华润、香远芯通等规模型分拨中心超20个。

检测维修中心，在保税检测方面，西奥检测一直致力于推动保税检测区内外联动业务；在保税维修方面，2023年保税维修落地项目4个，完成进出口1 702万美元，进出口值同比增长6.4%，维修作为产业链重要的一环，待维修目录进一步扩大可开展更多业务，将有利于保税维修产业集聚。

销售服务中心方面，苏州工业园综合保税区充分发挥跨国制造业企业集聚的优势，积极探索销售服务发展新模式，重点推进医药销售服务产业集聚。辉士尔医药技术的主要业务是在全球范围的药品研发及为生产企业提供国际临床试验的供应链解决方案，是全球大多数药企进行国际化临床试验服务的首选合作方。2023年，辉士尔医药技术实现营收超4亿元，同比增长29.1%。

【改革优化】一是争取保税维修业务政策突破。2021年年底，商务部、海关总署、生态环境部联合发布了第二批综合保税区保税维修目录，苏州工业园综合保税区建议的部分产品被纳入，但尚有较多产品未被纳入，苏州工业园综合保税区积极争取更多产品进入维修目录，以满足园区企业保税维修业务发展需求，同时探索向上争取单个代表性核心产业保税维修的负面清单管理。二是推动跨境电商创新发展。苏州工业园综合保税区积极探索和推进"跨境电商+新零售"等创新业态的发展，山姆跨境新零售项目已顺利落地，2023年6月29日正式开展业务，截至年底，销售额约600万元，整体运作顺利；积极推动"三人行"开展跨境业务。三是建设沪苏同城数字货站。打造数字货站，实现空运物流的数字化和可视化，为企业解决供应链管理盲区和数据"黑匣子"，数字货站项目已完成系统建设并顺利通过验收，实现了空运进出口通关、物流等信息的一站式集成。四是创新开展智能网联无人车通关物流。积极探索智能网联技术与智慧海关和智能物流的有机结合，完成全国首单高度自动驾驶（L4）级别智能网联无人车载货在苏州工业园综合保税区顺利通关验放，实现了城配领域完全脱人的 L4 级别自动驾驶技术在全国综合保税区的首个应用场景突破，精准解决综合保税区内"小件、高频、24 小时通关"等货物通关配送的痛点难点问题，赋能海关特殊监管区域的全方位、多角度立体监管，保障综合保税区内监管有序、通关效率提升、物流成本降低。该项目已入围 2023 年苏州工业园区数字政府优秀场景案例评选，并获评"示范案例"。

【招商部门】产业发展局（招商局）。联系电话：0512－67253497。电子邮箱：fuyuan@sipac.gov.cn。

苏州高新技术产业开发区综合保税区
SUZHOU NATIONAL NEW & HI-TECH DISTRICT INTEGRATED FREE TRADE ZONE

【概况】苏州高新技术产业开发区综合保税区于2010年8月10日经国务院批准设立，同年11月4日通过国家十部委联合验收，实现封关运作。园区规划控制面积3.51平方千米，另有配套工业园0.59平方千米，由原高新区出口加工区（于2003年3月获批设立）和原高新区保税物流中心（B型）（于2005年8月获批设立）整合形成。园区按照功能划分为口岸作业区、保税物流区、保税加工区和配套工业园区。

【投资环境】园区在载体建设上一直坚持高标准、严要求，努力建设载体丰富、功能完善的综合保税区。截至2023年年底，园区共建成工业厂房、物流仓库、创新载体等各类载体资源226万平方米，可提供各类产业用地；已形成设施先进、配套完善、交通便利，集保税加工、保税物流和进出口贸易于一体的综合性功能区域。

园区积极响应苏州高新技术产业开发区管委会"两区两前列"发展要求，根据功能区划打造优质科创载体，规划面积达10万平方米，已引进中科院声学所（苏州）电声产业化基地、新才智高端装备制造研究院和科盟创新中心等高质量科创平台，此外还建设了科创中心等多个创新创业载体，不断优化产业功能布局。

【招商引资】截至2023年年底，园区（含围网外）累计入驻各类市场主体661家，其中工业178家，贸易177家，物流、金融及其他服务业等306家，累计项目总投资57.6亿美元。年内，引进新项目137个，包含工业项目13个、贸易项目47个、服务业项目77个。在谈项目主要为生物医药、科技研发类企业，作为园区主要项目储备，在今后提高科技创新与产业升级的关联度、融合度方面将发挥重要作用，进一步增强区域经济创新力和竞争实力，提升区域发展质量和运行效益。

园区项目主要来自欧美、日韩、东南亚、中国台湾等国家及地区，投资主要涉及新一代信息技术、高端装备制造、医疗器械与生物医药、新材料等领域，形成了具有区域竞争力的产业集群。在2023年公布的2022年度全国综合保税区（含其他特殊区域）发展绩效评估中，苏州高新技术产业开发区综合保税区获评双A类，位居全国第17名、东部第12名，稳居"第一梯队"。

【对外贸易】2023年，园区实现外贸进出口总额148.50亿美元，其中出口102.47亿美元、进口46.03亿美元，进出口总额居全国前列。

截至2023年年底，园区累计实现进出口总值2 409亿美元，其中出口1 567亿美元、进口842亿美元。

【政策优势】一般纳税人资格试点。园区于2018年获批一般纳税人资格试点，截至2023年年底，共有一般纳税人资格试点企业49家。参与试点后，企业进一步拓展国内市场，扩大业务规模，加速构建国内国际双循环发展格局，大幅提振企业投资信心。年内，一般纳税人资格试点业务共开票10 107份，金额9.11亿元，税额0.93亿元；国内采购金额7.43亿元，进项税0.97亿元。

内销选择性征税。在苏州海关驻虎丘办事处的技术指导和园区的业务支持下，区内重点企业试点了内销选择性征税政策，有效破解了综合保税区围网内企业与围网外加工贸易企业关税政策倒挂的情况，提升了企业综合运用国内国际两个市场的能力，降低了生产成本，提高了市场竞争力。

保税研发中心监管改革试点。园区深入贯彻落实国发〔2019〕3号文件精神，建设江苏省内首个综合保税区研发创新中心及产业化基地，为研发型企业提供更加便捷、高效、优质的通关服务，真正实现"无感监管、无感通关"。

【经济发展】2023年，园区经济发展稳定，完成规模以上工业总产值708.97亿元；完成全社会固定资产投资8.22亿元，其中工业投资6.99亿元；完成规模以上营利性服务业营业收入14.81亿元。截至年底，园区累计完成工业总产值8 697亿元、固定资产投资235亿元。

【产业特色】园区抢抓国家全面开放新格局的历史机遇，加强与中国（江苏）自由贸易试验区苏州片区联动创新，全力打造具有国际竞争力和创新力的"五大中心"。

一是多渠道深化加工贸易创新制度，统筹国内国际两个市场，打造加工制造中心。依托苏州高新区产业特色，初步形成了以信息技术、汽车零配件、高端制造等为主的产业集聚，并持续优化和稳定产业链供应链，加快构建完整的内需体系，以形成国内大循环为主体、国内国际双循环相互促进的新发展格局为目标，培育新形势下具有竞争新优势的加工制造中心。

二是依托高新区"大院大所"集聚特色，推动创新创业，打造研发设计中心。综合运用综合保税区政策功能优势及苏州高新区"大院大所"集聚优势，进一步吸引高端创新产业集聚，促进研发创新，建设创新高地，建设省内首个综合保税区研发创新中心及产业化基地，探索形成可复制、可推广的示范经验。

三是借助国际物流通路优势，推进贸易便利化，打造物流分拨中心。积极响应共建"一带一路"倡议，紧抓长江经济带、长三角一体化等战略叠加实施的历史机遇，打造中国（苏州）东南亚卡航、苏州中欧班列等特色物流服务中心，为苏州市深化开放合作提供高效便捷的物流通道。2023年，苏州中欧班列开行进出口班列521列、货值21.58亿美元，东南亚卡航482班次、货值4 326万美元。

四是激发检测维修项目市场潜力，延伸产业链条，打造检测维修中心。紧抓改革契机，通过重点企业示范带动、引导、支持更多企业开展检测维修业务，促进检测维修业务发展，提升企业整体竞争优势，延伸产业链条，打造检测维修中心。区内已有多家企业开展保税维修业务，维修范围涉及网络设备、电脑、半导体、直升机等，2023年检测维修进出口额近10亿美元。

五是加快跨境电商产业发展，培育新动能新优势，打造销售服务中心。依托省级电子商务示范基地、跨境电子商务产业园及全市首个跨境电商企业服务中心优势，叠加综合保税区、自由贸易试验区、跨境电商综合试验区优势，在大数据服务、品牌运营、海外推广、物流渠道、数字金融和法律保障等领域加强资源整合配置能力，打造综合保税区一站式、智慧化、国际化的跨境电商综合服务体系。2023年，完成跨境电商（含围网外）进出口业务9.45万票，总货值11.22亿元。

【发展趋势】园区将以"敢为、敢闯、敢干、敢首创"精神为指引，探索国内国际双循环发展格局下转型升级新方向，深化服务贸易创新发展试点下服务能力全面升级，推动全面开放新格局下境内外资源高效整合，持续推动区域贸易便利化、企业运营顺畅化和管理规范化，加快综合保税区高水平开放高质量发展，并探索形成可复制、可推广的示范经验，建设创新型综合保税区。在新发展格局下，园区将直面挑战，发挥既有优势，积极探寻破局之路，努力实现综合保税区的转型升级再发展。

【机构设置】2012年6月，经苏州高新技术产业开发区管委会批准，正式设立"苏州高新技术产业开发区综合保税区管理办公室"，其作为苏州国家高新产业技术开发区管理委员会的派出机构，行使对苏州高新技术产业开发区综合保税区的行政管理权。苏州高新技术产业开发区综合保税区管理办公室下设行政管理部、计划财务部、经济发展部、开发建设部、综合管理部5个工作部门。为更好地推进园区的开发建设，设立苏州高新区出口加工区投资开发有限公司、苏州高新区保税中心有限公司，负责综合保税区的土地开发、基础设施建设、标准厂房仓库租赁、物流仓储经营等事宜。

【招商部门】招商中心。联系人：李思睿。联系电话：0512-66162102。电子邮箱：Lsrvanessa37@126.com。

研发创新中心。联系人：吴耘婷。联系电话：0512-66168353。电子邮箱：sndiftzwyt@163.com。

无锡高新区综合保税区
WUXI NEW DISTRICT FREE TRADE ZONE

【概况】无锡高新区综合保税区位于国家级无锡高新技术产业开发区内，是无锡外向型经济发展的重要板块，由原无锡出口加工区（于2002年6月获批设立）转型升级而来。无锡高新区综合保税区于2012年4月28日经国务院批准设立，2013年1月31日通过国家十部委联合验收，实现封关运作，成为江苏省第4家、全国第20家综合保税区，是国内开放层次高、优惠政策多、功能齐全、手续简化的海关特殊监管区域。

【经济发展】2023年，无锡高新区综合保税区经济运行总体平稳向好，其中工业总产值、规模以上服务业营收、固定资产投资、财政总收入等经济指标实现增长。年内，完成规模以上工业总产值896亿元，完成限额以上批发业销售额452亿元，完成规模以上服务业营收7亿元，完成固定资产投资235.5亿元，完成财政总收入47亿元，完成进出口总额1 400亿元。

【招商引资】2023年，无锡高新区综合保税区实际使用外资到位8 043万美元，新批协议外资超3 000万美元项目2个；超亿元项目备案13个，其中包括超100亿元项目1个、超10亿元项目2个。招引科技企业20家，推动在谈重点项目28个，涉及总投资约85亿美元，新增产值约700亿元。累计完成12个重点项目落户，推动一大批重大半导体项目实现落地，补齐高新区半导体高端装备和材料领域的短板；推动海立马瑞利中国区总部、普发真空亚太区总部等总部型项目签约，进一步实现产业能级提升，招商引资成效显著，重大项目落户量质齐收。

【产业建设】推动中国（无锡）跨境电商综合试验区建设。元一顺利开拓无锡邮政综合保税区集采"1210"海外仓模式，优培可捷顺利开拓德国海外仓业务，成为南京关区内首家采用跨境电商出口海外仓模式备案无纸化的跨境电商企业，助推企业跨境电商出口海外仓业务快速落地，2023年跨境电商海外仓出口金额达到6 296万美元，为高新区乃至全市跨境电商产业高质量发展提供有力支撑。做大做强长三角电子元器件国际分拨中心。全力推动健适医疗、夏普电子、朗润出海、激光器产品、优培可捷等国际物流分拨项目，加快形成产业集聚效应。年内，长三角电子元器件分拨中心进出口货值达到12亿美元，辐射约40家区内外企业。"保税+"新业态稳步发展。推动综合保税区全球维修检测中心建设，综合保税区内9家维修检测企业可同时对国际、国内、特殊区域间3类货物开展全球检测维修，年内维修检测进出区货值达到1.8亿美元。

【改革创新】多个重点产业项目加速回流。无锡高新区综合保税区通过不断优化营商环境及提升贸易便利化水平，推动敦南微电子、菲尼萨光电、海立马瑞利多个新项目从总部转移，并新设菲尼萨激光器产品国际物流分拨项目和海立马瑞利全球独立研发中心。深化通关便利化改革。深入推进智慧综合保税区建设，强化"区港联动"，探索"舱单分拨"模式，稳步推进增值税一般纳税人资格试点、"同仓调拨"简化进出区管理等措施。2023年，13家一般纳税人资格试点企业开票金额达到18亿元，税额2.3亿元，继续保持稳步发展态势。全力推动新综合保税区申报建设。成立市级层面工作专班，组织召开两区联席工作会议，进一步创新合作机制，明确未来申报路径及工作计划。新综合保税区将采用"边建设、边申报、边招商"模式，快速启动相关申建工作。

【管理与服务】2023年，启动实施区本级固定资产投资项目4个，项目总投入达9 000余万元，至年底累计完成投资额3 000余万元。践行"节水优先"治水方针，成功获批江苏省节水型工业园区。建设"最干净城市"，创建优美环境优秀单元。加大服务保障力度。全力推进"一企一策"，指导企业用足用好现有惠企措施，丰富智慧场景应用，解决无人驾驶物联网联车巡逻通道转弯问题，深度应用5G、物联网、人工智能等新一代信息技术及装备，促进生产企业与物流企业共享、协同、融合发展。严守安全生产底线。排查收集33家企业27个在用冷库和1个停用冷库安全底数信息，共组织应急演练121次，参与员工44 681余名。组织安全生产检查76次，发现隐患52条，整改率100%。全年，未发生安全生产责任事故和一般事件问题。

南京综合保税区（龙潭）
NANJING FREE TRADE ZONE (LONGTAN)

【概况】南京综合保税区（龙潭）位于南京市栖霞区东部，区域规划控制面积3.83平方千米，由原南京出口加工区（于2003年3月获批设立）和原龙潭保税物流中心（B型）（于2005年8月获批设立）整合形成；2012年9月17日，经国务院批准设立；2013年10月29日，通过国家十部委联合验收，实现封关运作，一期封关面积1.12平方千米。南京综合保税区（龙潭）已建成办公大楼2.3万平方米、辅楼3 000平方米；口岸作业区近9万平方米，其中验货平台约2 000平方米、监管仓库约3 200平方米、现场查验用房约2 700平方米；并规划建设了符合海关监管要求的围网、巡逻通道、卡口及监控设施等，整个区域实现了"七通一平"；此外，建设了4万平方米的保税仓库。南京综合保税区（龙潭）以"信息化围网"方式进行监管，按照功能划分为口岸作业区、保税物流区、保税加工区。

园区还在围网外建设了跨境电商产业园7万平方米和约3 000平方米的综合保税区商业街，为园区提供生产配套和生活配套服务，并利用紧邻综合保税区的区位优势，为区内企业开展研发、检测、维修等功能拓展业务提供载体支持。

【投资环境】南京综合保税区（龙潭）在载体建设上一直坚持高标准、严要求，努力建设具有国内一流载体的综合保税区。截至2023年年底，园区（含围网外）共建成各类厂房仓库100万平方米，其中保税仓库20万平方米和企业自建仓库、厂房共80万平方米；区外规划建设普通仓库60万平方米，已完成建设及招商工作。所有载体的规划设计、环境安全均达到国内一流建设标准，广泛吸引各类优质企业投资入驻。

综合保税区报关报检服务中心，是南京口岸地区最具规模、通关功能最为齐备的一流区域物流通关平台。其将涉及货物通关流程的所有行政服务纳入其中，实现海关等行政管理部门、海关特殊监管区域管理部门，以及报关、货代等物流服务企业集中办公，真正实现"一个窗口"对外、"一条龙"服务的一站式通关模式。

园区周边规划建设有普通仓库60万平方米、商业办公设施3.7万平方米，已初步形成设施先进、配套完善、交通便利，集保税加工、保税物流和进出口贸易于一体的综合性功能区域。

【招商引资】园区结合龙潭港和综合保税区两大功能平台优势，不断创新工作思路和方式方法，制订翔实的年度招商计划，全力推进招商工作，努力完成开发区各项工作指标任务。围绕综合保税区核心功能定位，聚焦先进制造和现代物流业，洽谈推进了丹佛斯半导体功率模块、迪思伏新能源技术研究院和高比能动力与储能电池制造、东久多关节机器人智能装备基地、隆基亚太保税物流分拨中心等7个优质项目，其中丹佛斯项目已签订投资协议。精准做好落地项目服务，万纬物流二期项目实现开工建设和竣工验收，冠佳功能显示器件项目完成规划文本方案设计，协调推进了 MS、颐唐国际、新实力、AMINO、微软分公司等项目规划验收手续。

【对外贸易】自封关运作以来，园区利用功能政策优势和区位优势，依托南京龙潭港，大力发展国际贸易，积极与海关协调，主动做好企业服务工作，进一步拓展业务运作的规模。充分发挥综合保税区作为开发区虚拟口岸功能，为开发区光电显示企业提供"深加工结转"服务，帮助企业完成产品出口复进口业务，实现海关账册核销，大大降低了企业运营成本。园区已为开发区乐金显示、LG新港、LG化学、喜星电子、瑞仪光电、仕达利恩、莱斯康、中电熊猫等70余家光电显示企业提供"一日游""二线暂存""区区流转"等服务，助力企业发展。

【经济发展】2023年，南京综合保税区（龙潭）实现监管货值111.19亿美元，同比下降6.06%。

南京综合保税区（龙潭）于2019年4月实现了跨境电商保税进口"1210"业务在南京的首单运作。2023年，实现一线进口货值656.31万美元，同比下降8.52%；进口商品二线放行货值4 328.40万元，同比下降16.37%；通关票数41.03万票，同比增长10.52%；纳税383.55万元，同比下降17.73%。截至年底，聚集跨境电商企业5家，累计实现一线进口货值2 892.30万美元、进口商品二线放行货值18 667.13万元、通关票数102.92万票、纳税1 674.40万元。

"综合保税区场站运营"数据统计情况如下：2023年，实现报关单通关7.09万票，核销单4.89万票，20英尺箱量412个，40英尺箱量771个，散货4.84万车次，场站收入690.51万元，货重246.81万吨；截至年底，累计实现报关单通关83.34万票，核销单44.21万票，20英尺箱量7 229个，40英尺箱量19 981个，散货37.25万车次，场站收入4 817.23万元，货重246.81万吨。

"分类监管"业务数据统计情况如下：2023年，实现监管总货值49.59亿元，同比增长50.13%；货重121.46万吨，同比增长520.57%。

【业务拓展】跨境电子商务。按照高水平开放高质量发展要求，积极拓展综合保税区跨境电商保税备货"1210"模式新业态，率先在全市实现了跨境电商零售进口业务的开展，充分利用进口保税政策在综合保税区实现集中备货，成功争取到市级资金扶持政策，一批跨境项目成功落户，完成省对市创新业态进出口总额同比增长8%以上的考核目标。龙潭跨境电商产业园成功试运行了跨境电商零售出口商品通过跨境"9610"模式申报，搭乘中欧班列完成出境，大幅降低了电商企业物流成本，丰富了跨境电商产业园国际物流渠道，提升了产业园的核心竞争力。积极发挥龙潭跨境电商产业园、龙潭综合物流园、国家物流枢纽的平台优势。2023年，产业园累计完成大包跨境电商出口581.36万票，同比增加324.80%；累计完成小包跨境电商通关2 387.26万票，同比增加363.15%；货值15 725.87万美元，同比增加150.76%。截至年底，产业园引进电商企业105家；共完成大包跨境电商出口1 098.00万票，完成小包跨境电商通关3 669.07万小票；货值30 157.79万美元；帮助企业完成退税185万元，业务量稳居全省前列；签约落户总投资1.5亿元的视客跨境电商平台和阿里菜鸟保税仓，累计聚集电商企业130多家；通过"一体化通关"模式，率先实现与中欧班列货物快速流转，开辟了区域跨境物流新通道。发挥国家级物流平台作用，提升枢纽经济能级，帮助万纬冷链物流公司争取专项资金800万元。扎实推进与中国（江苏）自由贸易试验区南京片区的"保税+"业务合作，实现"跨境电商""保税物流"等业务合作常态化。释放龙潭港药品进口口岸优势，洽谈推进了复星国药GSP医药专用仓库及进口药品口岸配套基础设施项目。

【发展趋势】园区2023年工作取得一些成绩，但面临的挑战更加严峻，与区外相比仍存在政策倒挂的问题，制造业项目入区短期内难有突破。为此，2024年园区主要是利用新政在服务贸易和货物贸易上出成绩冲业绩，为开发区加工贸易产业链提供优质营商环境，为开发区进出口企业提高通关效率，为开发区服贸考核创佳绩，力争实现综合保税区内加工制造业零的突破。园区继续按照高水平开放高质量发展要求，围绕考核目标、重点任务，从以下几方面开展工作。

一是以高水平开放高质量发展为目标，推动综合保税区全面发展。借力国发〔2019〕3号文的"21条新举措"，推进加工制造项目招商。抢抓综合保税区增值税一般纳税人资格试点、委内加工、许可证简化等政策机遇，加快推进在手在谈的三友汽车零部件等项目，争取项目落户，弥补综合保税区的加工制造空白。抢抓跨境电商零售进口政策实施的契机，加快发展跨境电商备货业务。加强跨境电商项目招商，与龙潭跨境电商产业园联动招商，与龙潭港联动发展，充分发挥江海联运优势，力争尽快形成跨境电商产业集聚发展态势，打造开发区对外贸易新的增长极。围绕区域物流分拨中心，推进综合保税区货物贸易发展。鼓励物流企业向集约化方向发展，推动物流企业及外贸企业利用综合保税区的功能政策优势吸引外贸货源，提高综合保税区外贸进出口水平。围绕研发设计和检测维修类项目，推进服务贸易发展。积极拓展服务贸易招商，力争引进研发设计、检测维修、软件测试类项目，推动服务贸易发展。

二是强化枢纽功能，推进国家物流枢纽建设。围绕国家物流枢纽建设，进一步梳理国家物流枢纽建设的工作重点和具体任务，配合制订工作机制和3年行动计划，推动公铁水联运区规划建设工作，争取土地指标和财政支持，推进集疏运体系建设及公共服务平台建设，加强项目招商引资、宣传报道，全面推进国家物流枢纽建设工作。

三是加强政策复制及创新，进一步提升发展水平。主动对接自由贸易试验区，在综合保税区复制推广自由贸易试验区创新政策，推动自主备案、自定核销周期、自主核报、自主补缴税款、智能监管等创新监管政策落实，并探索在综合保税区进行业务创新和政策试点，进一步提升综合保税区功能和贸易便利化水平，推动综合保税区新一轮发展。

【机构设置】2013年，南京综合保税区管委会获批设立，下设办公室（与原市投促委合署）和龙潭、江宁两个管理局。南京综合保税区（龙潭）管理局为市副局级建制，下设综合服务处、产业发展处和招商处3个处室。2014年3月，根据工作实际需要，开发区又设立了南京综合保税区联合发展有限公司，主要承担载体管理、资产运营等工作。

除综合保税区的建设发展、日常管理工作外，综合保税区管理局还承担了开发区加工贸易企业服务、龙潭海港枢纽经济区和长江航运物流中心日常工作、龙潭综合物流园企业服务、三江河以东片区招商等工作。综合保税区管理局正由单纯的海关特殊监管区域管理机构向综合性的园区管理服务机构转变。

南京综合保税区（江宁）
NANJING FREE TRADE ZONE (JIANGNING)

【概况】南京综合保税区（江宁）是南京综合保税区的两个片区之一，由2003年设立的出口加工区升级而来，于2012年9月17日经国务院批准设立，2013年10月29日通过海关总署等国家十部委的联合正式验收，规划面积1.2平方千米，已验收面积0.918平方千米。在20余年的建设发展中，园区持续重项目招引、推改革创新、优企业服务、促高质发展，截至2023年年底，累计完成进出口总额超5 100亿元。园区已形成集成电路、新一代信息技术、汽车及轨道交通、装备制造、展览展示、国际物流、保税研发等产业，落户科思、盛鑫、鸣啸、DSV等50余家企业。年内，园区全力克服劳动密集型产业转移、外贸下滑的压力，完成外贸进出口总额407亿元，一般公共预算收入8 796.34万元，同比增长50.2%。

【招商引资】2023年，签约科思产业基地二期、汉桑智能制造基地、得斯威国际货运区域总部等亿元以上项目11个，签约投资总额35.69亿元；完成实际利用外资1 200万美元、实际利用内资22.44亿元，同比分别增长11.97%、280.5%；积累了一批在手在谈项目，涉及先进制造、新一代信息技术、平台经济、现代服务业等产业。

【项目建设】2023年，全力推进总建筑体量达33.9万平方米的7个在建项目。其中，盛鑫项目实现试投产，方桥、美乐威、北侧研发楼3个项目主体竣工，科思、芯长征、鸣啸3个项目序时建设。初步呈现出项目集中开工、同步建设、集中量产的良好势头。

【营商环境】全面推进综合保税区服务品质提升，打造了"红帆港"关地共建阵地、"乐享+"企业员工家园、"营商服务之家"3个服务载体，以优质品牌党建促高质量发展，贴心服务蓝领群体，打造一站式集成服务全流程陪伴发展的共享空间3个层面。举办"营商服务之家"揭牌、企业座谈会，政企互动共促发展；"乐享+青年读书会"被评为南京市优秀阅读组织；"乐享+职工书屋"获得江苏省职工书屋授牌，同时被全国总工会选为全国职工书屋建设现场推进会观摩示范点，代表江苏省职工书屋建设水平作全国性经验推广；党建共建，携手为园区企业和职工提供多元优质服务，进一步深化营商服务举措，提升企业服务质效。

【管理服务】一是提升国资载体管理质效。通过调研评估市场，对生产区标准厂房、仓库及生活区宿舍等经营性载体精准定价，同步推进两栋宿舍楼改造，增加市场竞争力，加快存量资产盘活。2023年，园区载体出租面积共计11.6万平方米，新增出租4 149平方米，清水西苑累计出租宿舍1 119间、商铺38间，全年租金收益共计7 815万元。二是优化环境加强精细化管理，完成1至8号楼标准厂房外立面出新工作，持续推进园区设施设备精细化维保管理，实现消防、电力、供热、智能卡口等全覆盖。三是协调服务及时高效。积极寻求海关支持，快速帮助企业协调码头调整、查验跳检、异地检等时限性问题，保障了时效内进出，降低了企业成本；在南部集中建设项目施工中，协调企业开辟特别绿色通道，封闭南片、安装监控、留存数据，为项目建设提效提速提供了保障。

【发展趋势】2024年，园区将在谋全局、抓重点、推进度、促发展、提质量中，紧扣产业发展、项目建设、载体拓展、服务优化、队伍建设5个方面提质效，奋力打造"特殊监管区2.0版"。一是紧扣产业深化提质增量。加大对科技含量高、税收产出高的"双高"项目招引力度，围绕国家赋予的综合保税区特殊监管政策，大力引入保税研发、保税维修、保税再制造等项目，探索"保税展示+跨境电商+实体商贸"发展模式，做大进出口规模，进一步丰富园区物流分拨、研发设计、销售服务等"五大中心"定位的发展内涵。二是紧扣项目建设提速增效。全力做好南部片区在建项目跟踪服务，积极保障各施工现场有序高效建设，助力企业如期竣工；针对主体建设已完成的项目，高效办理运行所需相关手续，助力企业早运营、早出效益。三是紧扣载体功能提档升级。进一步梳理围网内外载体定位、项目招引、增扩方向。一方面，盘活盘整低效资源，加快导入新的业务，提高产出贡献；对老旧厂房进行系统规划修缮，提升荷载、配套等承载力。另一方面，全力发展楼宇经济，加快推进园区北侧研发楼运行的前期工作。四是紧扣服务创新提优赋能。充分发挥综合保税区营商服务中心效能，通过奏好营商服务"五步曲"，聚力打造更优质的营商环境，助力企业高质发展，吸引上下游企业落户。五是紧扣队伍建设提增活力。立足提高学习深度、积淀厚度，继续抓好"周末课堂"学习培训，通过辅导学、自主学、交办学等方式提升全体人员专业素养；加强作风建设，按照开发区"六抓六提"强作风行动方案要求，抓作风、重实干、提效能，把工作作风、执规守纪、发展任务等各项工作落实落细，使综合保税区团队的精气神更加昂扬。

【机构设置】南京综合保税区管委会（江宁）管理局作为南京综合保税区（江宁）的职能管理部门，承担日常事务管理、企业服务、产业发展、招商引资等职责。

【招商部门】南京综合保税区（江宁）招商工作由江宁开发区招商九部负责。部门负责人：魏婷。电话：025-52724969。电子邮箱：wt@jndz.gov.cn。

连云港综合保税区
LIANYUNGANG COMPREHENSIVE BONDED ZONE

【概况】 2018年5月31日，国务院批复连云港出口加工区整合优化为综合保税区，规划面积2.97平方千米。连云港综合保税区是连云港市开放层次最高、功能最齐全、手续最简化的海关特殊监管区域，是中国（江苏）自由贸易试验区连云港片区的核心组成部分，是服务于连云港全市及周边地区外向型经济的助力引擎。

【开发建设】 2023年，连云港综合保税区加快推进园区升级改造，对综合保税区相关建设内容进行了重新梳理、优化，实施了综合保税区道路提升改造和综合保税区查验场站、围网等公共设施维修等项目；同时，积极推进园区相关冷链物流仓储公司设立肉类指定监管场地。此外，为加快推进跨境电商产业园建设，连云港综合保税区依托区内5 300平方米的6号、7号厂房，开展内外设施织补改造，完成"四中心"基础建设并投入运营，其中保税仓3 500平方米、办公中心800平方米、海关监管中心600平方米、体验中心400平方米。2023年6月，连云港综合保税区"两品牌、四中心"揭牌暨跨境电商体验中心启动仪式在各级领导的见证下圆满完成，标志着苏北首家综合保税区跨境电商体验中心启动运营。

【投资环境】 连云港综合保税区位于连云港市东部城区，毗邻港口，属于中国（江苏）自由贸易试验区连云港片区。连云港市是中国首批沿海对外开放城市、共建"一带一路"交汇点强支点城市、中国重点海港城市和优秀旅游城市，位于中国沿海中部、江苏省东北端，东邻日韩，西通中亚、欧洲，南连长三角，北接渤海湾，是新亚欧大陆桥经济走廊重要节点城市，是江苏省推进共建"一带一路"交汇点建设的核心区和先导区，在全国生产力布局中居重要位置。连云港是全国性综合交通枢纽，对外综合交通网络日益完善，形成了以港口、公路、铁路、航空、内河为依托的立体交通体系。连云港港是国家主枢纽港、集装箱干线港，是江苏省最大海港和唯一深水港，年吞吐量过亿吨，30万吨级深水航道已建成通航，连云港综合保税区距港口集装箱码头约10千米。连云港是全国综合性交通枢纽城市，拥有完善的立体交通网络。随着连盐、连青、连淮杨镇、连徐及盐通、沪通高铁相继开通运营，连云港市全面融入上海2小时、南京1.5小时、徐州1小时经济圈。连云港花果山机场距园区约35千米，是江苏省三大区域性国际机场之一、苏北唯一大型机场。同时，连云港是华东地区重要的能源输出基地，拥有江苏唯一的田湾核电站和新海热电厂，电力供应充足，可以保障项目需要。连云港综合保税区配套完善，尚有1平方千米可供出让的建设用地，能够满足建设项目的用地需求。

【招商引资】 2023年，连云港综合保税区持续强化项目引领，不断加大招商引资力度，以项目加快入驻、建设、投产运营作为壮大园区经济的主抓手。年内，新入区项目逐渐增多，新注册备案企业37家，总投资约6.2亿元。同时，外资企业积极增资扩股，全年新增实际利用外资8 340万美元。此外，年内连云港综合保税区有5个项目已建成投产，分别为总投资10亿元的中通进口分拨基地项目、总投资3亿元的东大食品集团总部及进口休闲食品保税加工基地项目、总投资5亿元的睿林德进口谷物精深加工项目、总投资2.5亿元年产5万吨泰贝利尔板状刚玉及其系列产品项目、总投资1.1亿元的智慧园艺器械加工出口项目。

【对外贸易】按照国务院批复文件精神，连云港综合保税区将在原有业务基础上，推动加工贸易转型升级，扩大园区产业规模，向集综合产业、保税加工、商贸会展、服务创新和保税物流等功能于一体的方向发展。2023年，连云港综合保税区结合海关特殊监管区域特有功能，不断发挥其功能优势、产业优势、政策优势，全力打造开放层次高、营商环境优、辐射能力强的开放载体。围绕做强现代制造业、做优现代物流业、做大货物贸易业，全力打造"五大中心一个基地"，即：以共建"一带一路"国家和地区资源为基础的出口加工制造中心，以农产品、水产品、食品为特色的保税物流分拨中心，为"3+N"特色产业配套的研发设计中心、检测维修中心和销售服务中心，以"1210"网购保税和"9710"出口为主导的跨境电商进出口产业基地。积极推动锦达保税矿石保税仓储分拨、五矿公司铜精矿保税混矿以及重山风力、艾业、东大、睿林德、素康等保税加工贸易业务扩大国际贸易市场，充分利用综合保税区特殊区域政策优势，发挥自身所长，为区域对外贸易作出综合保税区贡献。

【经济发展】2023年，连云港综合保税区全面贯彻落实国发〔2019〕3号文精神。坚持新发展理念，加快制度创新和转型升级步伐，紧紧围绕"五大中心一个基地"建设总的目标和自由贸易试验区制度创新要求，结合地方实际，不断优化特殊区域开放平台建设。努力打造开放层次更高、营商环境更优、辐射作用更强的开放新高地。积极探索创新，丰富园区功能。年内，连云港综合保税区完成经营总收入36.06亿元，同比增长58.13%；增加值5.44亿元，同比增长10.80%；工业总产值22.61亿元，同比减少0.44%；进出口总额10.73亿美元，同比减少9.6%；跨境电商交易额4 056万元，同比增长6.0%，进出口额536.05万美元，同比增长23.6%。

【改革创新】2023年，连云港综合保税区持续推进通关便利化、贸易便利化改革创新，不断优化区间流转、探索智能监管、升级无感卡口，推进综合保税区海关监管智慧化、信息化建设。深入推进实施机电设备"散进整出"通关新模式，该创新模式下，海关对符合减免税政策进口机电设备创新实施"散进整出"通关，切实降低了企业成本，有力保障了徐圩石化基地等重大项目建设进度。与此同时，连云港综合保税区"保税铜精矿混配'双备案+双准入'监管模式"获得江苏省自由贸易试验区第4批创新实践案例，按照"一线放开、二线管住"的总体思路，健全关地联动机制，进一步解决铜精矿进口瓶颈问题。

【发展趋势】近年来，国家先后在共建"一带一路"倡议、自由贸易试验区、长三角一体化等发展规划中，对连云港提出明确的发展定位，并在重大项目建设、政策环境营造、国际科技合作等方面给予政策支持。随着共建"一带一路"的加快实施，连云港市作为共建"一带一路"交汇点强支点城市、新亚欧大陆桥经济走廊东方起点、中哈物流合作基地和上海合作组织出海基地，东西连接的战略位置越发突出，双向开放的发展优势日益明显。连云港综合保税区作为连云港市唯一的海关特殊监管区域，是连云港市重要的对外开放平台，将深入融入共建"一带一路"交汇点建设和双向开放的快速发展中。

【机构设置】连云港经济技术开发区综合保税区管理局为连云港经济技术开发区管委会的派出机构，负责连云港综合保税区的日常管理工作，内设综合处、自贸处、建设管理处、企业服务处。

【招商部门】招商联系人：王远。电话：13961320768。

镇江综合保税区
ZHENJIANG COMPREHENSIVE BONDED ZONE

【概况】镇江综合保税区于2015年1月31日经国务院批复由镇江出口加工区原址整合优化设立，2015年12月2日通过联合验收，总规划面积2.53平方千米，其中一期0.91平方千米已封关运作。

镇江综合保税区位于素有"天下第一江山"美誉的中国江苏省镇江市的东部，位于国家级经济技术开发区镇江新区内，既是长江三角洲重要的制造业基地，也是承接国际资本和产业转移的重要窗口。镇江市是中国经济发展最具活力的"长三角"地区16个重点城市之一，是全国科技进步先进城市、国家环境保护模范城市、全国优秀旅游城市。镇江综合保税区内企业不仅可以享有海关提供的简单、快捷的通关便利，还可以享有国家级经济技术开发区和综合保税区的各项政策，还能享有专职部门为落户企业提供的一切便捷的配套服务。镇江综合保税区内建有一流的基础设施和配套设施，区外建有各种生活商务配套，可以满足企业的生产生活需求。

2023年，镇江综合保税区不断加强党的引领，推动经济发展，加强项目招引，保障安全生产，园区开放水平不断提升。

【经济发展】2023年，镇江综合保税区实现税务部门税收7 824万元；一般公共预算税收收入3 861万元，同比增长63.7%；实现规模以上工业产值16.8亿元，同比增长27.3%；固定资产投资3.62亿元，其中制造业投资完成2.5亿元，制造业投资同比增长416.9%。

【招商引资】2023年，镇江综合保税区实现招引项目3个，分别为总投资10.2亿元的众钠年产5万吨硫酸铁钠钠离子电池正极材料项目、总投资5 000万元的远信二期扩产项目和总投资5 000万元的康帕斯年产100万平方米高性能预浸料材料项目。其中，远信二期扩产项目实现当年签约、当年开工、当年投产，康帕斯年产100万平方米高性能预浸料材料项目实现当年签约、当年开工、当年建成。

【对外贸易】2023年，镇江综合保税区进出口总值47.9亿元，同比下降51.7%，其中进口11.7亿元、出口36.2亿元。

【发展趋势】以制造业为着力点，构建独具特色的产业链。充分挖掘存量资源，积极推动区内企业扩量提质，加大研发投入力度，持续保持产品技术先进性，拓展"新能源+储能领域"的运用和实践，同时吸引储能系统、锂电池高端装备、新能源汽车配套系统等领域的优质项目入区，不断延链、补链、强链，进一步利用园区周边企业的带动能力，相互配套，形成区内内外一体化发展格局；以现代物流业为支撑，打造功能完善的流通体系和服务配套体系。放大保税物流优势，努力在镇江综合保税区内形成集采购、分拣、检测、组装、包装、分拨于一体的国际分拨中心。加强综合保税区与港口联动发展，充分发挥"保税+"功能和区域交通优势，使保税功能向港口延伸，引导特色大宗生产生活资料在综合保税区仓储、分拨，让镇江综合保税区成为港口开展进出口贸易和转口贸易的重要平台；以新业态和数字经济为增长引擎，培育与地区经济相适应的新兴产业。打造保税维修、保税租赁和跨境电商等创新业态，围绕现有业务，探索出口锂电池和芯片返区保税维修业务入区的可能。

【特色工作】镇江综合保税区加强与镇江港的联动，在区内设立装箱点，锂电池货物装箱后再经镇江港采取支线转干线模式发往境外，解决了镇江港不具备锂电池本地出口的资质，孚能等企业的锂电池必须通过其他地区港口出口，严重增加企业成本的问题。

【招商部门】招商引资工作由镇江综合保税区管理局经济发展科负责，联系电话为0511-83371122。

常州综合保税区
CHANGZHOU FREE TRADE ZONE

【概况】常州综合保税区位于常州国家高新技术产业开发区内，于 2015 年 1 月经国务院批准由常州出口加工区整合优化而成。常州综合保税区规划面积 1.66 平方千米，四至范围为：东至江阴市界，西至通江大道，南至新竹路，北至沿江公路（S122 省道）。园区已建成标准厂房 16.3 万平方米、区内外仓储 3 万平方米、货物堆场 2.1 万平方米、综合服务大楼 1 万平方米。

【投资环境】园区距沪蓉高速常州出入口北 4 千米、京沪铁路常州北站 5 千米、国家一类开放口岸长江常州港 8 千米、4E 级国际机场常州奔牛国际机场 15 千米，依托便捷的交通条件在水、陆、空形成通畅的物流通道。园区拥有省级重点物流基地、省级跨境电商产业园，建有公共保税仓库、进口预包装食品（化妆品）监管区、常州市跨境电商综合服务中心、监管通关中心、常州市跨境电商公共服务平台等功能区域。

【招商引资】2023 年，常州综合保税区融合区商务局招商优势、综合保税区政策功能特点，3 月 10 日成功举办常州跨境电商峰会，与深跨协、常州大学等签署合作协议；8 月 1 日在深圳圆满举行常州国家高新区（深圳）跨境电商产业发展推介会，一批优质项目签约落户。年内，共签约落地项目 9 个，签署行业战略合作协议 5 个、项目总投资 11 亿元，其中超亿元项目 5 个、跨境电商项目 4 个。罗勒科技保税维修项目的落地，实现了常州综合保税区保税维修业态零的突破。落地注册资本 1 亿元的汇鸿国际供应链项目，已达成意向进口业务量 1.3 亿美元；落地的乐明城特色农产品干制加工出口项目，将持续带动区内蔬果种植业发展，为助农惠农提供新的增量；引进的注册资本 1 200 万美元的上海汽后科技外资云仓跨境运营总部项目，通过智能化、数字化汽摩配云仓系统，有效促进了本地汽摩配产业强链条、补短板、健体系。

2023 年，"五大中心"建设多点开花，通过罗勒科技保税维修项目实现"维修检测中心"的新赋能；依托宝钢科技轧辊出口、乐天化学 PIA 进口实现"物流分拨中心"的新叠加，形成新增进口额约 900 万美元；帮助江苏海开解决"分批入区、整批出区"痛点问题，实现进出口 1.5 亿美元，同比增长 50%；签约落地的菜鸟保税中心仓项目 11 月正式开仓，当月实现超 8 000 票，助力常州市"1210"保税进口业务跻身江苏省前列；积极推动跨境电商综合试验区建设，促进 O2O 线上线下业态互动融合，已完成 2 家跨境商品展示销售店的开业。全力推进澳洲大药房 O2O（保税+新零售）项目、深圳禹乐的保税展示交易项目落地；全力推进协调唯今国际跨境电商平台汽车零部件集散中心项目，此项目落地将进一步整合区内汽摩配产业链，提升垂直出海效能。

【经济发展】2023 年，常州综合保税区实现规模以上工业产值 17.62 亿元，同比增长 25.5%；规模以上工业销售 17.47 亿元，同比增长 27.6%；规模以上工业投资 3.7 亿元，同比增长 27.46%；完成到账外资 28 294 万美元，超过年度目标的 573.7%；跨境电商"1210"模式累计进出口额 1 772 万元，同比增长 34.55%；新增注册企业 20 家，其中跨境电商企业 8 家；外贸进出口额 86.1 亿元，同比增长 11.8%。

【发展趋势】常州综合保税区紧紧围绕"保税服务+先进制造"双轮驱动战略，健全联动招商机制，充分用好现有载体资源，推动企业把更多的上下游业务向综合保税区集中。一是坚持项目为王的鲜明导向。积极做好洽谈项目落户园区对接工作、园区企业服务跟进工作，排查区内异常企业，提高区内企业活跃度；围绕强链补链延链、龙头企业带动等方向，放大项目招引的"乘法效应"，推动在谈项目早签约、签约项目早开工、开工项目早投产。二是做优跨境电商的发展生态。坚持走访调研，充分发挥在企业、海关、商务、外管等多部门之间"润滑剂"和"黏结剂"作用，围绕"跨境电商+保税展示"的 O2O 模式、九鼎车业为代表的车灯"保税再制造"、特色产业"链主企业"，进一步做好本地化供应链完善。积极发展新业态，借助常州跨境电商促进会、上海跨境电商协会和深圳跨境电商协会资源优势，加强区内产业带和 TEMU、京东国际等国内主流平台对接合作，不断助力传统企业转型出海。三是打造软硬皆优的一流园区。全心全意做好企业服务，发挥政策导向作用，完善科技、人才、质量、上市等培育库，为企业提供申报辅导服务，规范项目审批代办流程，健全问题诉求快速响应、高效处置、及时反馈的闭环管理机制。全力以赴加快载体建设，优化产业空间布局，责任到人、主动担当、密切协作，2024 年确保中园慧创跨境电商产业园和 6.7 万平方米常州市首座高标准双层坡道仓库项目竣工，为跨境电商产业提供有力的空间支持。尽心尽力完善园区管理，结合实地调研、企业家访谈，着力改善园区道路、供水、供电、通信、绿化等基础设施硬件环境，更换破损围网、消防进水阀，井盖及道路侧石维修等切实提升服务保障水平。

【重大项目】2023 年，投资 8 000 万元的大成真空竣工验收正式投产；投资 1 亿元的中园慧创跨境电商产业园完成土地保证金缴纳；投资 7 000 万元的巴奥米特植入材料和人工器官扩建项目，设备已到位并调试投产，实现了年新增 4 000 万美元的出口量；投资 3 亿元的优谷科技于 1 月 6 日取得"四书五证"完成拿地即开工，11 月 10 日综合楼完成竣工验收，开始装修设计。

总投资 3.1 亿元保税物流中心项目于 2023 年 11 月正式开工，项目占地面积 60 927.68 平方米，项目总建筑面积 67 552 平方米。项目拟建二层坡道物流中心库，打造"双首层"概念，预期建成 4 幢高标准的公共保税仓，建筑消防等级均为丙二类，其中首层层高 11 米、二层层高 10.4 米，首层荷载为每平方米 3 吨、二层荷载为每平方米 2 吨，货物垂直运输采用二层坡道式平台，坡道及平台荷载为每平方米 3 吨。

【改革创新】一是保税维修新业态。前期深入罗勒科技，了解企业需求困难。2023 年 2 月 7 日，联合常州海关赴无锡高新区综合保税区考察学习保税维修新业态的先进经验和做法；3 月 16 日，赴苏州工业园区综合保税区考察学习。针对罗勒科技保税维修业务发展，常州综合保税区管理办联合常州海关、区商务局和区生态环境局按照"一企一方案"特为其制订监管方案，4 月 4 个部门联合完成关于罗勒科技（常州）有限公司在常州综合保税区内开展维修业务的监管方案。为更好地开展业务，常州综合保税区对罗勒科技进行全程指导，帮助企业联系区行政审批局、生态环境局等部门加快立项办证速度，协同企业进行消防安全改造、海关账册设立等，督促企业严格遵循相关规定并积极落实各项工作。罗勒科技开展保税维修业务填写备案表，根据该备案表，常州海关、综合保税区管理办、区商务局和区生态环境局联合填写意见。7月7日，综合保税区首批维修产品申报入区开展检测维修，通过外发加工，完成维修后于11月13日再申报出境，实现了全市外贸新业态保税维修业务零的突破。年内，罗勒科技业务实现进出口2 000万元，通过焕新产品价值实现企业综合增效近600万元。

二是一般纳税人资格试点。2023年，区内瑞泰光学、辰瑞光学、天合光能光电设备、酷克特斯、常裕光学和大成6家企业获得一般纳税人资格试点，6家企业免税销售额合计15.997亿元、内销增值税0.582亿元。

【机构设置】常州综合保税区管理办公室对常州综合保税区行使管理职能。综合保税区管理机构设主任室，下设3个工作部门：综合处、经济发展处、建设管理处。

【招商部门】经济发展处负责本区域的招商引资工作。电话：0519 - 85167235、85160953、85169096。传真：0519-85106061。电子邮箱：czftz@czftz.com.cn。

吴中综合保税区
WUZHONG FREE TRADE ZONE

【概况】吴中综合保税区的前身为吴中出口加工区，于 2005 年 6 月经国务院批准设立，规划面积 3 平方千米。2007 年 8 月，一期 1.38 平方千米正式封关运作。2015 年 1 月，国务院批准同意吴中出口加工区整合优化为吴中综合保税区。2019 年 8 月，经国务院办公厅批复同意将吴中综合保税区规划面积 3 平方千米核减至 0.94 平方千米。2021 年 5 月，完成区划调整后的实地验收。2022 年 5 月，新建海关监管作业场所通过验收，完成系统切换并正式启用。2023 年 12 月，完成区内剩余土地农转用征收手续。

【投资环境】吴中综合保税区位于中国最具发展潜力的长三角经济圈中心腹地，北部与苏州工业园区无缝对接，东部与国际大都市上海咫尺相望，苏嘉杭高速、绕城高速、京杭大运河、苏州轨道交通等交通条件十分便捷，至上海虹桥国际机场、无锡硕放国际机场分别仅需 1 小时、半小时车程。

毗邻苏州独墅湖高等教育区、苏州国际教育园，30 余所高校集聚教学，能为企业提供高素质专业技术人才和创新研发人才；周边建有生物医药检测、信息网络检测、电力检测、食品（化妆品）检测、环保检测等检测认证平台，能为各类企业提供完善的检测服务。

此外，吴中综合保税区紧邻经开区吴淞江科技产业园、生物医药产业园等新兴产业发展园区，并与之共同形成了"吴淞江科城"，是经开区大力打造的"一港一城一区"产业发展格局的重要组成部分，机器人产业、智能制造产业、生物医药产业集聚发展。

【经济发展】截至 2023 年年底，吴中综合保税区围网范围内共注册企业 42 家，其中物流仓储企业 30 家、生产型企业 12 家，行业类别主要为电子信息、医疗器械、新材料等。年内，监管区内注册外资 1.52 万美元，注册内资 15.6 亿元。全年，实现进出口总额 4.6 亿美元，同比增长 40.7%；工业总产值 4.2 亿元，同比增长 3%。

监管区周边入驻了伟创力、立讯精密、元脑智能科技等优质上市公司和高科技企业，一批生物医药研发型项目入驻天运广场，30 余家物流、报关公司集聚发展，共吸引就业人数近 1 万人。

【对外贸易】2023 年，吴中综合保税区内企业稳定开展 VMI（供应商管理库存）业务，并致力于打造"云平台"一体化通关服务平台，服务于吴中规模以上大型制造业工厂降本增效，协助中小外贸企业和其他保税物流企业进一步扩大保税物流业务量。全年，实现保税物流进出口值约 3.4 亿美元。跨境电商方面，完成跨境电商"1210"模式第一批次的试单，为后续"1210"保税进口超量发展奠定基础；新增"9610"出口模式，完成出口额 5 600 万元，实现业务量上的全新突破。保税维修方面，牵头落实管理局、海关、商务、环保4方联合监管协议签订工作，12月引入江苏省首个大型胶印机保税维修项目，正式落地综合保税区首单保税维修业务。

【载体和配套】吴中综合保税区区内及周边建有完善的配套设施和高质量的产业载体，已形成生产运营区、物流仓储区、商务办公区、行政办公区、生活配套区，已建、在建载体面积共计85万平方米，包含区内国资标准厂房以及企业自建厂房15万平方米、保税仓库5万平方米，在建载体面积5.4万平方米。区外建有标准厂房22万平方米；建有1.73万平方米行政办公区，综合保税区管理局、海关同楼办公；建有16幢集宿楼共16.4万平方米，为区内及周边企业提供多层次的租住服务；建有13万平方米的商务办公楼，包括一期20层主楼和7层裙楼、二期22层主楼和2幢4层裙楼，引进了超市、餐饮、健身房等商业配套，能为员工生活、工作提供便利。

【管理与服务】吴中综合保税区管理局以深化管理、优化服务，提升整体投资发展环境为主线，不断完善制度体系。2023年，管理局践行"全员都是企服员"的工作理念，组建跨部门的企业服务网格员队伍，落实一对一精准服务，助企纾难解困、降本增效，持续构建"精准、高效、便捷"的企业服务体系。

【发展趋势】吴中综合保税区将结合区位优势、产业基础、发展实际，聚焦跨境电商、物流分拨、检测维修这3个重点产业做大做强，探索改革创新发展转型之路。同时，将独特的区位优势转变为功能优势，与毗邻的吴淞江科技产业园、生物医药产业园联动融合发展，进一步拓展研发设计、展示销售、文化保税等现代服务业功能，大力发展为生产型企业赋能的新模式新业态，全面提升加工制造产业能级，打造保税产业功能升级引领区，为生物医药创新研究提供更高效便利的通关环境。同时，将综合保税区的外贸平台功能辐射至整个吴中区，将周边区域有外贸需求的企业集聚到综合保税区，进一步发挥功能优势，肩负起推动区域创新驱动发展、高质量发展的重任。

【机构设置】吴中综合保税区管理局为吴中经济技术开发区直属行政机构，正科级建制，现有一正一副两名科级领导，下设办公室、电商物流部、企业服务部、工程管理部、保障管理部5个职能部门，工作人员26名。

扬州综合保税区
YANGZHOU FREE TRADE ZONE

【概况】扬州综合保税区于2016年1月批准设立，总规划面积2.2平方千米。一期封关面积1.47平方千米，东至临江路，南至邗江河路，西至扬子江南路，北至裕元路。二期0.73平方千米尚未封关，东至临江路，南至裕元路，西至沙城中路，北至施沙路，2023年9月已向国务院申请核减。扬州综合保税区已建成标准厂房10幢17.8万平方米，海关监管仓库2100平方米，保税仓库3.7万平方米。扬州综合保税区围网外已建成1.5万平方米的职工公寓2幢和建筑面积1.4万平方米的综合办公大楼1幢12层。

【投资环境】扬州综合保税区集保税区、出口加工区、保税物流园、港口功能于一体，享受"境外货物入区保税、境内货物入区退税、区内交易免税"政策，可以从事加工制造、物流分拨、研发设计、检测维修、销售服务等业务。2019年12月，扬州综合保税区获批增值税一般纳税人资格试点，有效兼顾国内国际两个市场。扬州综合保税区区位优势明显，毗邻国家一类对外开放口岸扬州港，距离扬州主城约10千米，距离南京禄口国际机场、扬州泰州国际机场、扬州东站、镇江南站分别约90分钟、50分钟、30分钟、30分钟车程，对外交通便捷。

【招商引资】2023年，扬州综合保税区完成新签约项目17个，项目累计总投资约20.8亿元、注册外资4500万美元，其中包括天合元氢碱性电解水制氢系统、乐基农资加工贸易、普瑞思等一批重大项目；在谈项目11个，业态涵盖电子信息、装备制造、汽车及零部件、跨境电商、食品健康等多个领域。

【对外贸易】2023年，扬州综合保税区完成一线实际进出境货物进出口总额46.68亿元，同比增长27%。其中，出口38.22亿元，同比增长67%；进口8.46亿元，同比下降38%。业态涵盖保税加工、保税物流、一般贸易、保税研发、跨境电商等。

【经济发展】扬州综合保税区一期现有产业主要包括汽车零配件、电子信息、高端装备制造、高档轻工和物流、大数据等，已入区运营企业有莎罗佳、优佩易、神商、通扬设备、威凯莱等制造业企业8家和中外运、飞宇、综保供应链、超级云计算、华云大数据等33家服务业企业。新业态方面，扬州综合保税区充分利用跨境电商公共服务平台上线及综合保税区"1210"业务开通功能优势，已落地运营海库、慧源通等跨境电商龙头企业，2023年累计已实现"1210"一线进口货值7300万元；与扬州港联动，推动镍铁矿石、钢坯等大宗贸易项目落地，开展保税仓储分拨业务。

【发展趋势】扬州综合保税区按照区域融合、区港联动的发展思路，坚持外贸优先、做大规模总量，定位以先进制造为基础、以货物贸易为重点、以服务贸易为亮点，重组构建园区现代产业体系，推动产业转型升级、园区二次创业发展。

先进制造：根据扬州市6群13链产业体系和开发区"三新三高"产业定位，结合当前存续、在建、在谈项目，扬州综合保税区未来重点发展电子信息、高端装备和医疗健康等先进制造业，结合综合保税区基础条件，以重点招引"两头在外"或"一头在外"的加工贸易型项目为主。

货物贸易：有效利用综合保税区平台功能，完善建立与开发区、扬州港区域联动发展机制和全市跨区域产业协作网络平台，重点聚焦跨境电商、大宗商品物流贸易、供应链管理（含外贸综合服务、冷链物流等）三大领域，打造具有区域影响力的国际贸易和现代物流中心。

服务贸易：围绕新兴科创名城、运河文化名城功能定位，充分发挥综合保税区"试验田"的特殊身份作用，加快推进产业创新升级，对照综合保税区适合入区项目指引，大力发展检测维修、保税租赁、数字贸易、文化贸易等多元创新服务业态，培育具有鲜明特色的服务贸易产业集群。

【机构设置】扬州综合保税区由扬州经济技术开发区管委会代管，下设综合保税区管理局，负责综合保税区招商引资、经济运行、规划建设、企业服务、安全环保等工作，下设经济管理部、招商部、规划建设部和综合管理部4个部门。

【招商部门】扬州综合保税区招商引资工作由扬州综合保税区管理局招商部负责。联系电话：0514-87529089。地址：扬州市扬子江南路9号综合保税区大楼11楼。

常熟综合保税区
CHANGSHU FREE TRADE ZONE

【开发建设】常熟综合保税区的前身为常熟出口加工区，于2005年6月3日经国务院批准设立，设在常熟经济技术开发区内，规划面积0.94平方千米，实际围网面积0.88平方千米。2010年1月份，经国务院批准，常熟出口加工区划出0.35平方千米在常熟高新技术产业开发区内设立常熟出口加工区B区；A区仍在常熟经济技术开发区内，面积调整为0.53平方千米。2015年1月31日，经国务院批准，常熟出口加工区以原址原面积转型升级成为常熟综合保税区，继续分为A区和B区。2016年4月，常熟综合保税区获批正式封关运作。

自成立以来，常熟综合保税区严格按照标准做好各项功能设施建设，按照"九通一平"的要求配套完善各项基础设施。区内共分为三大功能片区：一是标准厂房区，占地约10万平方米，建有8幢总面积达7万平方米的标准厂房；二是物流配套区，占地约8万平方米，建有4幢共约2.3万平方米的保税物流仓库、2000多平方米的海关监管仓库、1万多平方米的附属查验场地等设施；三是自建厂房区，占地约24万平方米，已有多家区内企业建设了约17万平方米的生产厂房。

【投资环境】常熟综合保税区位于长江三角洲经济圈中心，东距上海80千米，南邻苏州45千米，紧靠常熟港，紧邻沪苏通铁路、沿江高速公路、苏嘉杭高速公路、沿江一级公路，离苏通大桥道口仅500米，交通区位优势十分明显。

常熟综合保税区位于常熟经济技术开发区内，依托开发区的支撑，产业基础扎实，产业配套能力强，物流运输便捷。企业入驻常熟综合保税区，不仅享有海关提供的简单、快捷的通关便利，还享有国家级综合保税区和开发区特有的优惠政策，海关、银行、仓储等机构一应俱全，落户企业不出园区即可办理一切进出口手续。常熟综合保税区卡口实行全天候通行，并逐步提高监管智能化信息化水平，为企业提供更加便利的通关服务。

【招商引资】常熟综合保税区针对所在常熟经济技术开发区的产业结构情况和地理位置，积极强化招商引资，围绕汽车零部件、精密机械、装备制造、服务型外包等产业进行全方位招商。截至2023年年底，常熟综合保税区已有超过30家生产和物流企业入驻，初步形成了精密机械、装备制造等产业。年内，万国数据项目正式投入运行，博坦机器人项目开工建设；多家公司新注册落户，其中总投资5000万美元的骅聚智能项目将在区内建设智能家电研发生产基地。

【对外贸易】常熟综合保税区充分利用功能政策和区位优势，依托常熟港，积极与海关协调，大力拓展对外贸易业务规模，为常熟经济技术开发区内企业的国内外物流业务提供直接支持，促进周边地区进、出口产品的积聚。2023 年，常熟综合保税区共完成进出口总额 8.60 亿美元，同比增加 114.7%。

【经济发展】常熟综合保税区在上级部门和领导的统一部署下，着力推进综合保税区高质量发展，积极培育综合保税区产业配套、营商环境等综合竞争新优势，加快综合保税区创新升级，促进企业发展、做大做强综合保税区。2023 年，综合保税区企业共完成工业增加值 1.91 亿元，完成工业总产值 5.74 亿元，完成经营总收入 6.84 亿元。

【发展趋势】常熟综合保税区将充分发挥海关特殊监管区域的政策功能优势，认真研究自由贸易试验区可复制推广政策，积极拓展新型业务类型，大力发展对外贸易、国际采购、分销和配送、国际中转、售后服务、商品展示等功能业务，争取吸引更多保税物流、保税研发、维修检测及展览展示项目在区内注册运营，加快综合保税区创新升级，打造对外开放新高地，推动综合保税区发展成为具有全球影响力和竞争力的加工制造中心、研发设计中心、物流分拨中心、检测维修中心、销售服务中心。

【机构设置】常熟综合保税区管委会与常熟经济技术开发区管委会合署办公，委领导由开发区领导兼任。常熟综合保税区管理局与开发区经济发展局合署办公，下设综合保税区管理科，并成立常熟出口加工区开发建设有限公司，具体负责综合保税区的投资及物流运作和物业管理等工作。

【招商部门】常熟经济技术开发区下设招商局，主要负责开发区和综合保税区的招商引资工作。招商部门联系人：招商科科长郭杰。联系电话：0512－52298901、15262517296。邮箱：j.guo@cedz.org。传真：0512-52269665。

武进综合保税区
WUJIN FREE TRADE ZONE

【概况】武进综合保税区于 2015 年 1 月由武进出口加工区升格而成的，位于武进国家高新区，批准面积 1.15 平方千米，实际围网验收面积 1.08 平方千米；2018 年 6 月 5 日，经国务院批准规划面积核减至 0.95 平方千米，实际围网面积核减至 0.88 平方千米。武进综合保税区四至范围分别为东至凤林路、南至武进大道、西至淹城路、北至阳湖路。2023 年，武进综合保税区克服国际物流成本飙升等不利因素带来的影响，全力稳外贸、保增长、解难题、促发展，年内实现外贸进出口 7.06 亿美元、完成工业总产值 85.76 亿元。在 2023 年发布的 2022 年度全国综合保税区（含其他特殊区域）发展绩效评估结果中，武进综合保税区综合评估为 B 类。

【开发建设】武进综合保税区持续引进行业龙头企业，以光宝、瑞声等龙头企业为核心，突出对新能源新材料、LED 光电一体化、电子信息 3 个重点产业的招商，打造 IT、LED 照明、光电子芯片、电脑周边产品等上下游产业链，进而吸引相关配套企业在周边落户，建立一个辐射武进乃至全市的高端加工贸易集聚中心。

据海关数据统计，武进综合保税区内的光宝科技、亨通海晨、光宝光电、麦克森供应链 4 家企业位列武进全区进出口企业前 20 强。2023 年，这 4 家企业的合计进出口额占武进区前 20 强企业进出口总额的 20.11%，其中进口额占到了前 20 强企业进口总额的 35.24%。同时，前 20 强企业中的恒立液压、赛格威科技等公司也均有部分业务已在武进综合保税区内开展。武进综合保税区内企业在武进全区外贸进出口中的主体作用日益凸显，综合保税区功能平台对周边的辐射带动作用不断增强。

【招商引资】2023 年，武进综合保税区联合海关等部门积极落实国发〔2019〕3 号文中 21 条举措。截至年底，一般纳税人资格试点、委托加工、四自一简、优化信用管理、简化进出区管理、便利货物流转、开展检测维修、促进研发创新、创新监管模式、促进内销便利等 11 项已落地实施，武进综合保税区通关便利化水平持续提升，口岸营商环境不断优化。截至年底，武进综合保税区内共有注册企业 44 家，其中加工制造企业 15 家、物流企业 19 家、贸易服务企业 9 家、其他类企业 1 家，产品涵盖电脑周边产品、半导体照明、网络通讯、汽车电子产品等领域。规模以上生产企业有光宝科技、光宝光电、光宝汽车电子、瑞声开泰 4 家。

【投资环境】武进综合保税区已有 2 个获批平台项目，分别为进口食品检验检疫监管样板、进口商品展示中心两大平台，具有仓储物流对外贸易、国际采购、分销配送、商品展示等功能。武进综合保税区进口商品展示交易中心是踏出探索民生需求的第一步，也是今后服务方向的一大突破，已吸引常州地区10多家进口商入区开展展示业务，包括澳高德庄园、添月德、赛麒、金鹏等，已收录商品包括红酒、化妆品、母婴用品、食品等200多种，分别来自澳大利亚、美国、西班牙、新西兰等世界多个地方。2023年，武进综合保税区成功举办多次综保商城惠民活动，吸引了众多消费者前来选购，极大地促进了进口，下一步将围绕惠民生的服务宗旨，搭建更大范围的进口商品选购平台。

武进综合保税区充分发挥海关特殊监管区域税收政策优势、"仓储货物按状态分类监管"等制度优势和"海事异地监装"等特色服务优势，帮助企业抢订单、拓业务。其中，针对新能源产品出口提供的"海事异地监装"特色服务水平日益提升，区内重点物流企业麦克森通过为西太湖牛电科技提供"海事异地监装"特色服务2023年实现外贸进出口1.57亿元；围绕企业融入双循环发展格局、拓展国内国际两个市场而开展的"仓储货物按状态分类监管"业务规模进一步扩大，区内重点物流企业飞力达和麦克森通过为区外企业贝内克长顺提供"仓储货物按状态分类监管"业务服务年内实现进区非保税货物1.65亿元，进区保税货物1 595万美元，"保税+"平台功能不断拓展。

【管理与服务】企业服务质量不断提高。自实行政企分开，武进综合保税区依照"总牵头、总负责、总协调"的工作定位，全力做好海关、企业等的协调联络工作，通过定期召开联席会议，落实协同联络机制等方式为企业解难题、办实事。

2023年，武进综合保税区会同区内海关以及仓储、物流、贸易企业等管理和服务单位，利用企业走访、座谈交流等多种方式向区外企业宣传推介综合保税区作为海关特殊监管区域的平台功能和政策优势，内外联动、一企一策为企业解决仓储、物流、跨境交易等方面的实际需求和困难问题。一方面，优化保税仓储资源配置，服务省市区重大项目建设，协助相关企业为重大项目提供进口设备保税仓储服务，年内实现重大项目进区进口设备货值2.06亿元；另一方面，全力服务存量企业有效利用区内闲置厂房资源加大项目投入力度，增强发展动能，积极协助企业办理厂房改造报批报建手续，推进瑞声开泰注塑连接件、微型振动马达配动块及瑞智科技高性能热管、散热模组等增资扩能项目。

【发展趋势】武进综合保税区将围绕"三大转变、五大中心"的总体发展规划创新思路，谋划发展。"三大转变"即加快实现从加工贸易向服务贸易转变，从区内为主向内外联动转变，从建设为主向服务为主转变。"五大中心"即打造制造中心、物流中心、贸易中心、研发中心、展示中心。

【机构设置】武进国家高新区管委会综合保税区管理局是武进国家高新技术产业开发区内设局，2015年年底升格为综合保税区后，2017年从正科级升为副处级编制，设局长一名、副局长两名。

【招商部门】由经济发展科负责牵头招商活动。联系人：干泽幸。联系电话：0519-86221203。传真：0519-86221200。

南通综合保税区
NANTONG FREE TRADE ZONE

【概况】南通综合保税区于2013年1月3日经国务院批准设立，规划面积5.29平方千米，实行"一区两片"的发展格局。其中，A区规划面积1.5平方千米；B区紧邻通海港区集装箱码头，规划面积3.79平方千米。2023年6月，南通综合保税区三期通过现场验收，实现总体封关。

南通综合保税区A、B区实行错位发展。A区着力发展研发设计、检测维修、医药健康、新一代信息技术、智能制造、展览展示等产业，打造研发设计中心和检测维修中心；B区着力发展新能源、跨境电商和现代商贸物流产业，打造加工制造中心、物流分拨中心和销售服务中心。

【投资环境】南通综合保税区地处国家级南通经济技术开发区，位于苏通长江大桥的北桥头堡，兼具长三角区域一体化发展、共建"一带一路"、长江经济带等多重政策叠加优势。母城南通位于中国东部海岸线与长江交汇处、长江入海口北翼，与上海隔江相望，是我国首批对外开放的14个沿海港口城市之一。

南通经济技术开发区是首批14个国家级经济技术开发区之一，常住人口34.6万人，先后获批长江经济带国家级转型升级示范开发区、国家生态工业示范园区、国家循环化改造示范试点园区、中国服务外包集聚园区、江苏省利用外资转型发展示范区、首批中日韩（江苏）产业合作示范园区、国家级绿色园区、减污降碳协同创新试点产业园区。南通经济技术开发区在2023年国家级经济技术开发区综合发展水平考核评价中排名第21位，创历史新高。南通经济技术开发区紧紧围绕新一代信息技术、高端装备、医药健康和新能源"3+1"主导产业发展方向，以"四主一最一中心"为定位，以做大总量、提升质量、调优结构为目标，全力建设贡献更大、活力更强、能级更高的长三角一流开发区。

南通综合保税区积极发挥开放平台作用，着力开拓国内国际两个市场，努力服务区域开放型经济发展；依托线下"一站式"企业服务大厅+线上"能达E企通"企业服务枢纽平台，深化"互联网+政务服务"，持续叫响"万事好通·能达无忧办"的服务品牌。南通综合保税区基础设施建设实现"九通一平"，B区邻里中心一期投入运营，商办、餐饮、职工公寓等配套设施一应俱全，商务酒店对外运营。与南通综合保税区B区相邻的通海港区，2023年完成集装箱吞吐量132万标箱；开辟日本、韩国外贸直达航线、内贸直达航线以及诸多长江支线合计22条，辐射东亚及国内沿江沿海地区。

【经济发展】2023年，南通综合保税区实现进出口总值176亿元，列苏州、南京、无锡之后；实现跨境电商"1210"进口超10亿元，规模居全省第一；二线销售出区316万单，销售金额约7.8亿元；全口径税收（含关税及海关代征税）8.5 亿元，居全省综合保税区前列；工业产值 36.5 亿元，同比增长 55.5%；新增实际利用外资 2.4 亿美元，位列全省综合保税区前列。

【招商引资】南通综合保税区紧紧围绕新一代信息技术、高端装备、医药健康和新能源"3+1"主导产业，2023 年共计 11 个项目注册领照，总投资合计超百亿元。重特大项目实现历史性突破，世界 500 强通威股份投资建设的百亿级高效光伏组件制造基地项目实现当年签约注册、当年开工投产；招引完成 30 亿元级项目 1 个、10 亿元级项目 2 个、科创项目 6 个。8 月 2 日，南通综合保税区与智利伊基克自贸区签署自由贸易综合业务合作备忘录，增强经贸产业国际合作。

【改革创新】2023 年，南通综合保税区新增发明专利 23 件，同比增长 53.3%；研发投入 1.4 亿元；区内已有省级专精特新企业 2 家、国家级高新技术企业 5 家。南通综合保税区支持企业融入国内国际双循环新发展格局，区内飞昂创新科技南通有限公司入选中国潜在独角兽企业榜单；与南通兴东国际机场联动，首次开通"莱比锡—南通"全货运航线，为南通综合保税区搭起了直通欧洲的"空中走廊"；支持区内跨境电商企业建成南通首个跨境恒温仓并投入运营，获省领导高度肯定；在全省率先推行"综保驿站"新型服务模式，全年为区内企业提供快递收发 2 000 余单、混配货物装卸及配送 800 余件，散拼货物入区时长缩短近 40%。

【发展趋势】围绕综合保税区"五大中心"建设总体定位，南通综合保税区逐步形成了以通威太阳能为代表的新能源产业，以联亚药业、华祥医药为代表的医药健康产业，以飞昂微电子、阿里巴巴数据中心为代表的新一代信息技术产业；培育发展了以福洛瑞医药研发、飞昂通讯为代表的保税研发业态，以灿达供应链、天猫国际、抖音电商、海晨供应链为代表的跨境电商、国际转口等新业态；承接服务全国 500 多家企业的保税服务需求。

南通综合保税区在继续做大做强跨境电商、保税研发等优势业态的同时，将进一步拓展保税维修、保税租赁等"保税+"业态，推动综合保税区业态创新和功能创新；进一步加强与海关的联动合作，确保南通市政府推动综合保税区高质量发展综合改革实施方案所涉措施应落尽落、取得实效，为服务构建新发展格局发挥更大作用。

【机构设置】南通综合保税区管理局是南通市经济技术开发区管理委员会的派出机构，下设行政部、招商部和经济发展部。

【招商部门】南通综合保税区 24 小时招商服务热线：0513-85981122。联系人：李士伟（南通综合保税区管理局招商部部长）。

太仓港综合保税区
TAICANG PORT COMPREHENSIVE BONDED ZONE

【概况】太仓港综合保税区规划面积2.07平方千米，封关面积0.85平方千米，是在太仓港保税物流中心（B型）基础上升级而来的，于2013年5月13日经国务院批准设立，2014年11月通过验收并封关运作，是太仓重要的国家级功能载体，是苏州港口型国家物流枢纽的重要组成部分，也是距上海最近的海关特殊监管区域。

太仓港综合保税区已形成"四横两纵"的路网格局，配备有2个智能化卡口、海关巡逻车道、超宽车道、查验平台、视频监控系统、跨境电商监管中心、跨境电商公共服务平台等软硬件设施；已建成15.2万平方米仓库和3万平方米堆场，另有8万平方米的仓库在建。区外周边已建成非保税仓库180万平方米、商业和办公设施28万平方米，已形成功能完善、设施齐全、交通便利的综合性保税功能区域。

【投资环境】地理位置优越。太仓港综合保税区位于太仓东部、苏州东南部，东濒长江、南邻上海，处于接轨上海的北门户和长三角经济区圈的中心位置。

交通条件便利。太仓港综合保税区东靠太仓港、北靠太仓港货运站、西接沿江高速，已形成公铁水齐头并进、江海河互联互通格局。2023年，太仓港完成集装箱吞吐量803.9万标箱，形成近洋直达、沿海内贸、长江（内河）喂给、洋山远洋中转4张航线网络，成为全国排名第8位、世界排名第20位的集装箱大港。铁路方面，构建包括沪宁沿江高铁和沪苏通铁路在内的沪苏通铁路二期、北沿江铁路、与嘉闵太线贯通运营的苏锡常城际铁路太仓先导段等组成的"5+1"轨道交通网络。公路方面，园区紧邻疏港高速、S338、疏港快速路，周边有苏昆太高速（S48）、沿江高速、沈海高速（G15）、常昆高速、G204等高等级公路。航空方面，100千米范围内覆盖有上海虹桥国际机场、上海浦东国际机场、苏南硕放国际机场3个机场。

营商环境优良。海关设立科室进驻现场办公，提供全天候通关服务，园区与太仓港实现"一次报关、一次查验、一次放行"的快速通关模式。建立海关、税务、市监、安环、综合保税区5部门联席会议制度，加强对重点项目、重大事项的沟通协调。

【招商引资】太仓港综合保税区坚持自身特色亮点，以保税物流为核心，形成了以日本为主要方向的出口集拼基地，以惠氏、欧莱雅等食品化妆品为特色的进口分拨基地，以钢材等为特色的德资企业生产原材料和零配件配送中心。引进总投资9000万美元的中外运华东暨长江经济带运营总部项目，项目占地约7.75万平方米。加快培育汽车整车及零部件出口集货中心，2023年出口汽车5205辆、出口金额4.46亿元。做大进口分拨和出口集货业务，落户日本服装进口、洗护用品进口分拨、风电设备出口项目。拓展转口物流和贸易业务，发挥太仓港直达航线优势，抓住企业规避贸易壁垒机遇，推动区内企业开展转口物流和贸易业务。

【对外贸易】2023年，太仓港综合保税区完成进出口75.22亿元，同比增长5.0%。其中，进口39.18亿元，占进出口总额的52%，同比下降18.3%；出口36.04亿元，占进出口总额的48%，同比增长52.4%。发生进出口业务往来的国家和地区较广，主要涉及日本、德国、美国、韩国、中国台湾、东南亚等。

【经济发展】2023年，太仓港综合保税区完成经营总收入10.65亿元、税收总额（不含关税）2 210万元。

【发展趋势】太仓港综合保税区将充分发挥背靠太仓港的资源优势，促进综合保税区功能优势与港口资源优势相互赋能，为港产城一体化发展贡献更多力量。一是加快培育汽车整车及零部件出口集货中心。太仓港周边汽车整车及零部件产业发达，拥有完整的汽车供应链，依托航线优势，太仓港正在全力打造长江沿线最大的汽车及零部件出口基地，太仓港综合保税区将进一步发挥政策优势和功能优势，深化区港联动，加快培育汽车集货出口中心，形成集聚效应。二是强化业态创新。统筹发挥全市资源，用好用足综合保税区土地空间资源，进一步强化招商引资。积极拓展制造业项目信息，探索拓展保税维修、保税研发等新业态。三是持续拓展转口物流和贸易业务。放大太仓港直达航线优势，在成功试单的基础上不断扩大业务量，加快转口物流和贸易企业落户。

【机构设置】太仓港综合保税区管委会是太仓港经济技术开发区管委会的直属机构，具体负责综合保税区经济发展、企业服务、招商引资等工作，内设2个科室，分别为综合联络科、经济发展科。

【招商部门】太仓港综合保税区管委会经济发展科。联系人：陆艳。联系电话：0512-53690016。

杭州综合保税区
HANGZHOU COMPREHENSIVE FREE TRADE ZONE

【概况】2000年4月,国务院批准设立杭州出口加工区。2015年3月,国务院批准设立全国第一个跨境电商综合试验区——中国(杭州)跨境电子商务综合试验区。2018年2月13日,国务院批准杭州出口加工区升级为杭州综合保税区。2019年6月,杭州综合保税区正式封关运作,规划面积2.007平方千米。2020年9月24日,中国(浙江)自由贸易试验区杭州片区钱塘区块获批,覆盖杭州综合保税区全域。由此杭州综合保税区实现三区叠加,开放型经济发展迎来新一轮机遇。杭州综合保税区已形成以笔记本电脑、汽车配件、家用电器为主导,以保税加工、保税物流、跨境电商为依托的全产业链格局。

【投资环境】杭州综合保税区隶属于杭州钱塘区,钱塘区地处长江三角洲南翼地理中心,杭州都市区东部门户,具有"通沪、达甬、连嘉绍"的显著区位特征。钱塘区通过海、陆、空铁等交通方式,构建了"协同高效、内畅外联"的立体化交通网络,是环杭州湾经济区的重要枢纽。空港:毗邻的杭州萧山国际机场为中国十大机场之一。高铁:毗邻杭州东站,与上海、南京、宁波形成1小时交通圈;规划的钱塘高铁站将连接环杭州湾城市群。高速:苏绍、沪杭甬等多条高速公路在此汇集。

人才优势。在距离杭州综合保税区2千米处,有浙江省最大的大学城,总面积10.12平方千米,入驻了浙江理工大学、杭州电子科技大学等14所高校,拥有27万名在校师生、109个部级重点学科、43个国家级或省部级重点实验室。

通关环境。利用海关推出的"一体化、智能化、无纸化"通关模式,优化杭州综合保税区的通关环境,平均进口通关时间达到30小时以内,在"7×24小时"通关服务模式基础上,不断提高通关时效、缩减企业经营成本,为浙江省内杭州关区通关时效最快、最便利的区域之一。

【招商引资】杭州综合保税区设立招商服务科负责综合保税区内招商工作,区内聚集了187家中外企业,已形成保税加工、物流服务、跨境电商等众多优势产业,跨境电商实现了网购保税进口、直邮进口、保税出口、进出口退换货等功能全覆盖,杭州进口肉类指定监管场地、增值税一般纳税人资格试点、杭州萧山机场(综合保税区)城市货站等多元化功能集聚杭州综合保税区内。

肉类查验场。杭州唯一的进口肉类检验检疫查验场所,查验场一体化冷库占地面积约6 972平方米,建筑面积10 944平方米,可同时满足查验275吨进口肉类和年进口20万吨肉类的业务需求。

综合保税区城市货站。国内首个综合保税区内正式投入运营的城市货站,场站拥有1 000多平方米货站仓库,具备进出口普通货物、快件分拨和进仓功能,探索"保税物流+区港联动"，推进陆空物流的互联互通，实现"当日分拨申请、当日运抵、当日放行"。

特殊生物制品一体化通关平台。与综合保税区城市货站相邻，面积约2600平方米，提供进出口集中查验、风险评估、前置审批、冷链物流、后续监管和全流程追溯等方面公共服务，实现"一关审批""一关查验"，通关时效大幅提升。

【对外贸易】杭州综合保税区持续挖掘综合保税区引擎拉动作用，发挥好进出口平台的作用。在全国率先开展网购保税进口业务；率先测试特殊监管区域B2C邮路出口模式；完成全国首创"保税进口+零售加工"进口新模式；建成全国首个保税仓直播总部基地、全国首个跨境贸易法庭落户综合保税区；创新进口超期退货商品"上链赋码"；联合天猫国际在国内首创"保税展示+新零售"模式；联合海关积极探索跨境电商B2B直接出口"9710"和跨境电商出口海外仓"9810"，在全国率先实现跨境电商B2B出口4种模式全覆盖；联合浙江工商大学成立全国首个中国（杭州）跨境电商学院。跨境电商的杭州经验"下沙模式"多次获得国务院肯定，并在全国试点城市进行推广复制。"推行跨境电商进口B2C包裹退货新模式"被国务院纳入20个深化服务贸易创新发展试点"最佳实践案例"；"跨境电商零售进口退货中心仓模式"被列入全国自由贸易试验区第六批改革试点经验，在全国复制推广。"特殊生物制品一体化通关平台助力进口生物制剂高效通关""特色产业集群发展的'和达模式'助力自贸试验区产业集聚"入选2023年中国（浙江）自由贸易试验区省级制度创新案例；"创新监管机制，加强部门协同，破解特殊物品入境难题"入选2023年浙江省"地瓜经济"提能升级"一号开放工程"首批最佳实践案例；"海关特殊监管区域进境货物木质包装检疫监管模式改革试点"入选2023年浙江省"地瓜经济"提能升级"一号开放工程"试点项目。

【经济发展】2023年，杭州综合保税区规模以上工业总产值109.17亿元，同比增长3.4%；规模以上工业企业累计实现利润总额5.27亿元，同比增长34%；实现税收总额21.84亿元，同比下降13.8%；实现货物进出口总值235.71亿元，同比下降7.7%；全年跨境零售进口额79亿元，同比增长22.6%。在2023年发布的2022年度全国综合保税区（含其他特殊区域）发展绩效评估结果中，杭州综合保税区在全国138个海关特殊监管区域中获得全国第24名和浙江省第2名的成绩。

【发展趋势】2024年是中华人民共和国成立75周年，是实施"十四五"规划的关键之年，也是钱塘新区设立5周年，杭州综合保税区（自贸办）将认真落实中央以及省市区委各项决策部署，坚持稳中求进、以进促稳、先立后破，一以贯之深入实施"八八战略"，坚定推进三个"一号工程"，紧扣"深化改革、强基固本"主题主线，深入落实区委"146"部署，以创新提质为工作总牵引，努力为高水平建设产业新城、高质量打造一流新区贡献综保力量。

在实施自由贸易试验区提升战略上聚焦用力。以深化落实省委"地瓜经济"开放提升"一号工程"为牵引，围绕"贸易自由、投资自由、资金自由、运输自由、人员从业自由、信息快捷联通"，探索更深层次、更宽领域制度型开放体系。坚持以企业需求导向为"切入点"，围绕解决自由贸易试验区内市场主体的难点问题开展制度创新。坚持以服务全区"车药芯化航"五大主导产业提质增效为"落脚点"，围绕产业链强链延链补链。坚持以促进全球要素资源在全区的整合配置为"关键点"，推动高效协同发展。

在实现综合保税区发展绩效评估新进位上聚焦用力。认清差距、补齐短板，全力打好争先进位"突围仗"。以新的考核体系为指引，重塑综保产业定位。在积极探索"保税+未来产业"延伸布局的同时，突破"保税需求"或"保税环节"的产业招商局限，谋划新业态布局，大力发展生命健康、高端制造、保税经济等主导产业，着力打造国际化的高附加值产业集聚区。以保税物流为切入口，狠抓进出口增量补强。用好"全市唯一综合保税区"优势，统筹各方资源争取本市进出口企业多利用综合保税区的保税渠道降本增效。加速区内产业结构变革，补齐科创企业短板。引导区内企业向产业链两端攀升，向复合型、科技型企业转型。完善产业生态，在保税研发、保税维修起量上要有新突破。以"保税+"赋能全区外向型企业，整合全域资源，做好"钱塘货、综保走""钱塘企、综保清""赋能钱塘、服务综保"3篇文章。

在重塑跨境电商生态圈上聚焦用力。立足钱塘全域，以"一园三区"建设为行动纲领。努力建设跨境电商全国制度创新第一园、产业出海先行区、生态要素集聚区和国际合作枢纽区。一是抓产业引培。重点招引数字化供应链、金融支付、数字营销服务机构和跨境集成服务商。培育海内外联动的跨境电商一站式物流服务平台，实现"外仓内移"。二是抓创新试点。推进杭州跨境电商进口药械OTC试点落户钱塘。探索"9610""9710"出口拼箱货物"先查验后装运"监管模式、跨境进口"保税仓直播+原产地直播"模式试点。三是抓品牌出海。鼓励钱塘企业在美国、欧洲、日本等成熟的海外市场配置海外仓，提升整体供应链的应对速度。发挥领聚数字品牌出海中心等跨境电商生态服务企业作用，构建服务传统制造业企业全球化的数字化"品牌出海"的新生态。四是抓国际合作。支持eWTP拓展海外布点，推进eWTP数字基础设施研发成果的商业化拓展。积极对接巴西驻沪总领事馆、亚洲开发银行等组织机构，推动与以巴西为代表的金砖国家跨境电商合作，打造跨境电商"世界进口商品新超市"，依托全国首个跨境电商学院与阿联酋沙迦大学等国际大学合办"丝路学院"，推动规则输出、贸易互促。

【机构设置】杭州综合保税区管理办公室是杭州钱塘新区党工委、管委会的直属行政机构，挂中国（浙江）自由贸易试验区杭州片区钱塘管理办公室牌子，承担综合保税区、跨境电商、自由贸易试验区建设和管理等职能。

【招商部门】杭州综合保税区管理办公室。联系人：王洁。联系电话：0571-89898152。

绍兴综合保税区
SHAOXING COMPREHENSIVE BONDED ZONE

【概况】绍兴综合保税区位于绍兴滨海新区，于2020年9月10日经国务院批复设立，总规划面积1.72平方千米，分两期建设，其中一期0.91平方千米、二期0.81平方千米。2022年3月3日，一期正式封关运作，封关运作后，综合保税区卡口实行全天候通行，可为企业提供"7×24小时"通关服务。绍兴综合保税区是绍兴市唯一一家综合保税区，也是长三角地区为数不多的位于主城区的综合保税区。

【投资环境】绍兴综合保税区位于长三角杭州湾湾区中枢地区，融杭、联甬、接沪，四通八达，交通便利，区位优势明显，毗邻上海、宁波等大型港口，距离宁波北仑港138千米、梅山港155千米、舟山港170千米、上海洋山港180千米，距离杭州萧山国际机场38千米、宁波栎社国际机场100千米、上海虹桥国际机场165千米、上海浦东国际机场200千米，可实现空港物流快速联动；附近有杭甬高速、常台高速、苏台高速、绍诸高速，距离杭甬高速孙端出口5千米、杭州湾环线高速绍兴出口10千米，连通长三角各主要城市；北临杭绍台高铁、杭甬高铁，距离绍兴北站12千米、绍兴东站17千米。

绍兴综合保税区先后引进了全国首台离厅式自助办税仓、全国首个"枫桥式"外汇服务（驿）站，卡口实行全天候通行，开展企业自助预约、便捷式行政卡口管理服务，同时计划引入具有综合保税区管理运营经验的第三方和专业报关代理公司，为企业提供"7×24小时"一站式通关便利化服务。

【招商引资】绍兴综合保税区以"高端制造+新型服务贸易"为主要业态，以集电路、生物医药、先进装备、高端生产性服务为主攻方向，大力发展外向型研发制造物流分拨、跨境电商、检测维修、新型离岸贸易、销售服务等业态。截至2023年年底，绍兴综合保税区累计洽谈项目200多个，注册入驻企业83家。

绍兴综合保税区主要功能平台：高端制造产业园4幢4至6层高标准工业厂房，适合集成电路、生物医药、机械电子类项目入驻；两岸集成电路产业园4幢3至4层工业厂房，专为集成电路产业打造；保税物流分拨中心4幢保税仓，有冷库、丙一类库、丙二类库，可满足大多数进出口企业仓储需求；保税研发中心主要建设研发办公楼和生产性研发楼，用于招引集成电路、生物医药等战略性新兴产业的保税研发设计、科创孵化企业入驻；商务配套中心主要建设办公总部、商品展示交易、酒店餐饮、商业配套，将打造进口商品跨境购物中心、跨境贸易中心、人才交流中心及五星级店；跨境电商创新中心建设"一平台一中心一基地"，将着力打造绍兴综保跨境电商好货中心。

【对外贸易】以开放为引领，抓平台谋发展，2023年绍兴综合保税区业务实现井喷式增长。年内,绍兴综合保税区实现进出口值171.3亿元,同比增长8.03倍,其中进口145.4亿元,同比增长7.5倍。12月,绍兴综合保税区与三大电商平台——京东、菜鸟、抖音举行集中签约仪式。京东国际浙江运营中心、绍兴菜鸟跨境电商保税物流分拨中心、抖音浙江绍兴保税跨境物流运营中心三大项目将在区内开展跨境保税电商业务,同时开展大宗商品、生产物料、工业品和日用消费品的一线进口和二线销售业务,为客户提供一站式全方位的物流供应链服务,助力电商进口B2C、B2B等业务落地绍兴。年内,绍兴综合保税区跨境电商网购保税进口额井喷至6.35亿元,跨综服平台服务出口业务1 449单,完成跨境出口1亿美元,跨境贸易集聚中心初现雏形。

【发展趋势】绍兴综合保税区坚持以习近平新时代中国特色社会主义思想为指导,全面贯彻落实习近平总书记重要讲话和重要指示批示精神,完整、准确、全面贯彻新发展理念,忠实践行"八八战略"、奋力打造"重要窗口"、努力推进"两个先行",把握3个"一号工程"的战略重点。

利用国内国际两个市场两种资源,主动融入"双循环"新发展格局,以"高端制造+新型服务贸易"为业态,进一步强化招商引资、优化运营机制、厚植产业基础,充分展现城市型综合保税区特色,推动争先进位,着力打造高水平开放提升的标杆平台,为建设新时代共同富裕地提供开放样板。

通过奋力实施"投资综保、开放综保、建设综保、创新综保、服务综保"五大攻坚行动,力争到2025年,绍兴综合保税区全域通过封关验收,产业规模和服务区域经济能力显著增强,区域影响力日益扩大,初步建成具有全球核心竞争力的外向型高端研发制造中心、跨境贸易集聚中心和国际开放交流中心,成为浙江链动全球关键极核、长三角开放创新平台枢纽、国内国际双循环重要节点。

【机构设置】2020年10月9日,绍兴滨海新区管理委员会获批增挂绍兴综合保税区管理委员会牌子,负责综合保税区管理工作。新区管委会下设绍兴滨海新区综合保税区管理办公室、绍兴综合保税区服务促进中心、绍兴综合保税区建设发展有限公司,负责具体行使行政管理、开发建设、联络协调和企业管理服务工作。

【招商部门】绍兴综合保税区服务促进中心,联系电话:0575-85211750。绍兴综合保税区建设发展有限公司,联系电话:0575-85211779。

泉州综合保税区
QUANZHOU COMPREHENSIVE BONDED ZONE

【概况】泉州综合保税区的前身为泉州出口加工区，于2005年经国务院批准设立，获批封关运作区域面积2.0472平方千米，2016年1月经国务院正式批准升格为综合保税区。泉州综合保税区是福建省泉州地区唯一的国家级海关特殊监管区域，也是本地区深化共建"一带一路"倡议及海丝先行区建设的重要经贸平台，是服务本地发展对外贸易及推广复制自由贸易试验区政策的主要载体。

【经济发展】截至2023年年底，泉州综合保税区累计引进企业及项目超300个，涉及航空维修、高端印刷、环保新材料、酒类食品、保税物流、跨境电商等类型。泉州综合保税区构建以航空保税维修、高端印刷制造、进口酒类交易三大传统特色产业为基础支撑，加快促进以跨境电商、保税物流等新兴业态为主导的发展体系，推动融入本地区"全市一区"协同发展格局，基本建成保税业务特色鲜明、保税政策支持有力、保税产业协作互补发展的现代化综合保税区。

2023年，泉州综合保税区规模以上工业产值35.92亿元，同比增长23.14%；固定资产投资额1.57亿元，同比增长35.79%；限额以上销售额18.3亿元，同比增长42.74%。年内，进出口总额73.97元，同比下降15.9%。其中，出口额70.14亿元，同比下降12.9%；进口额3.83亿元，同比下降48.3%。

【产业发展】2023年，泉州综合保税区深度融入并高效服务于地方"全市一区"总体布局建设，拓宽服务载体，做大做强"保税+"，全力推动园区提质增效。一是保税维修业务有序拓展。区内晋江太古复合材料有限公司、晋江邓禄普飞机轮胎有限公司等企业依托保税维修业务逐步形成航空零部件维修产业链，是泉州综合保税区特色支撑产业之一，业务辐射亚太地区主要航空公司。二是跨境电商业务逐步深化。深化跨境电商监管中心运作。拓展"9610""1210""9810"监管业务模式，开展集拼业务，力促多种出口业务共同发展，推动跨境电商业务高速增长，发展成为泉州市跨境电商的进出口集散、集约区。10月，开通泉州地区首条跨境电商国际货运（泉州晋江—菲律宾马尼拉）航线包机，由泉州综合保税区跨境电商监管中心负责查验。三是保税物流业务蓄能待发。借助新建成的6万平方米现代化保税物流仓储中心项目作为载体，利用本地区民营经济优势，引导一批优质企业入区享受叠加综保政策开展保税物流业务，为本地民营实体企业抱团出海提供高效服务，助力本地区进出口产业发展，在保税物流业务上取得新突破。

【项目建设】泉州综合保税区聚焦产业发展需求，2023年建设6万平方米现代化保税物流仓储中心，拓展综保平台承载能力，助力泉州综合保税区构建"区内保税仓+区外仓储物流仓"资源联动的发展格局，为本地区产业提供进出口保税仓储与中转配送服务，打造本区域一体化的保税物流服务体系和更高能级平台。

【发展趋势】泉州综合保税区坚持服务和融入国内国际双循环新发展格局，在加工制造、检测维修、保税物流、保税研发、保税展示等业态上不断破局提升，加快构建国际供应链生产、国际物流枢纽、国际贸易市场三大体系，为推动建设完备的泉州本地区国际贸易生态圈做好载体服务。服务好本地产业转型提升，将泉州综合保税区打造成为本地区开放经济创新发展高地，助力本地区外贸发展，力争到2026年初步建成地方特色突出、各产业互补发展的综合保税区。

【机构设置】2021年10月经机构改革，泉州综合保税区整合并入福建省晋江经济开发区，由晋江经济开发区管委会实施"全市一区"统筹管理；泉州综合保税区行政管理机构泉州综合保税区管理局并入晋江经济开发区管委会，设立保税业务管理科负责泉州综合保税区日常管理运作。

东营综合保税区
DONGYING COMPREHENSIVE FREE TRADE ZONE

【概况】东营综合保税区于2015年5月经国务院批复设立，规划围网面积2.12平方千米，是国家特定功能区，分两期建设，一期1.419平方千米于2016年12月底封关运作，二期0.70平方千米于2020年12月通过验收。

东营综合保税区内已建成15栋共14.3万平方米的标准化厂房、5栋共7.5万平方米的保税仓库，布局了装备制造、黄金珠宝加工、电子智能制造、纺织、食用油、葡萄酒分装和冷链物流等22个产业项目。总投资2.7亿元的保税加工物流园（一期）、标准化厂房（三期）2个专项债项目和新增标准化厂房面积5.5万平方米、仓库1.5万平方米，均已竣工验收完成，预约入驻葵花籽油分装、俄罗斯农副产品及食品保税物流等5个项目。

【投资环境】位置优势。东营综合保税区位于鲁北高端石化产业基地核心区——东营港经济开发区内，紧邻国家一类开放口岸东营港。东营港经济开发区是省级经济开发区，是国家级石油化工产业区和"黄蓝"两大国家战略确定的四大临港产业区之一。东营港经济开发区作为鲁北高端石化产业基地核心区，原油一次加工能力1580万吨，拥有原油进口指标1206万吨，油品仓储能力达到2200万立方米。总投资50亿元的10万吨级内外航道工程和4个10万吨级原油液化品码头已建成投用，标志着东营港正式进入深水大港时代，年货物吞吐量突破7000万吨。25万吨单点系泊工程、一突堤铁路专用线、LNG接收站等项目正在加快推进，中海油千万方仓储项目已建成投用，东营港原油运输及装卸能力大幅提升，为综合保税区进一步扩大原油贸易奠定了坚实的基础。东营港是黄河三角洲区域中心港，地处东北经济区与中原经济区、山东半岛与京津唐地区交通通道的中心控制区域，在渤海湾西南海岸及山东省港口布局中占据重要位置，为东营综合保税区国际物流构筑了低廉、便捷的海陆一体化的交通运输体系。东营市位于黄河入海口三角洲地带，东临渤海，与日本、韩国隔海相望，北靠京津唐经济区，南连山东半岛蓝色经济区，向西辐射广大内陆地区，是全国最大的石油装备制造基地，是全国最大的轮胎生产及出口基地。

政策优势。东营综合保税区积极争取上级政策，已获批增值税一般纳税人资格试点。积极复制推广自由贸易试验区改革创新经验，已有34项创新监管制度落地实施。重点培育新业态新模式，积极引进保税研发、保税检测、保税维修、融资租赁、供应链金融等特色产业功能平台。东营市获批跨境电子商务综合试验区，东营综合保税区为综合试验区的核心突破区，已建成跨境电商监管中心及保税仓库，跨境电商产业园开园运营。出台了高质量发展配套支持政策，扶持保税加工、保税物流、保税维修、保税研发、融资租赁等业态产业发展。2023年6月，东营市委、市政府作出东营港经济开发区、东营综合保税区一体化发展的决策部署，支持两区一体化发展、融合发展。同时，制定综保区重点发展任务清单和综合保税区发展绩效评估考核指标任务清单，按照"一项任务、一个责任领导、一个承办工作机构"的机制，切实压实工作责任，真正凝聚起推动综合保税区发展的合力。12月，东营市委、市政府出台支持东营港经济开发区和东营综合保税区加快高质量发展的意见，为两区融合高质量发展提供有力政策支持，注入发展新动能，助推东营综合保税区开创高质量发展新局面。

【招商引资】东营综合保税区始终坚持把"双招双引"作为发展的"生命线"，招商引资工作取得显著成效。一是坚持全员招商与专业招商相结合，通过组建专业招商公司东营港招商发展集团有限公司，充分发挥招商公司专业化、市场化招商作用。二是坚持线上招商与线下招商同发力。制作综合保税区宣传视频，组建企业微信服务群全天候为企业提供服务咨询。三是坚持以商招商，做大招商联动效应。充分利用已经引进落户的项目，扩大招商信息渠道。在产业链延伸项目上，山东圣道尔农业科技发展有限公司食用油1 000吨罐区项目已建成投用。技术改造项目上，山东万达海缆有限公司220千伏悬链线设备填平补齐及产能提升技术改造项目建成投产。在新招引项目上，黄金加工、红酒白兰地分装等项目顺利建成投产，食用油精炼及仓储、黄金珠宝加工产业园、进口植物油数字产业园等项目开工建设，加快推进预制菜、粮食仓储加工、匹克球系列产品等保税加工项目及铜矿石仓储物流园等保税仓储物流项目；拓展跨境电商"1210"、石油装备动力设备保税维修、进口整台套大型设备租赁贸易等业态创新业务，全方位提升对外开放水平。

【对外贸易】作为东营市唯一一个海关特殊监管区域，东营综合保税区聚力打造东营市对外开放新高地。自封关运作以来，东营综合保税区充分发挥功能政策优势，大力发展国际贸易、保税加工、保税物流等业务，外贸进出口规模不断迈上新台阶。2023年，东营综合保税区实现外贸进出口275.4亿元，其中保税业务进出口值89.2亿元、同比增长126.2%。

【经济发展】近年来，东营综合保税区不断加大招商引资和项目建设力度，外贸进出口、实际利用外资、新业态等主要经济指标实现了连续快速增长。2023年，东营综合保税区实现外贸进出口275.4亿元，到账外资1.16亿美元，聚力打造平台生态，不断开拓保税业态发展新模式。一是培育打造跨境电商生态。依托东营港开发区产业基础、港口资源和综合保税区功能政策，组建跨境电商公司，以"一平台一中心三功能区"为载体，搭建跨境电商平台，打通企业的订单、供应、物流、通关、仓储、批发、零售、数字营销等供应链全流程环节，通过"线下体验、线上交易""网购保税+实体新零售"一体化运营模式，聚力打造跨境电商产业园，形成线上线下融合、进口出口并举、国内国际一体的跨境电商发展格局。二是创新搭建数字供应链综合服务平台。依托综合保税区功能政策优势，区内国贸公司和博远供应链公司以"核心企业"身份，打造以进口商品供应链综合服务为主的国际贸易数字综合服务平台，与金融机构探索线上供应链金融新模式，构建"银行—国有平台—实体企业"的产融结合新架构，不断扩大供应链金融业务服务实体经济的覆盖面。年内，东营综合保税区实现工业总产值共72 720万元、经营总收入716 824万元、商品销售额33 390万元、固定资产投资额

12 815万元。

【发展趋势】东营综合保税区充分发挥保税、免税、退税等功能政策优势，依托东营港经济开发区产业基础和即将投用的10万吨级通用码头、集装箱码头资源，聚焦保税业务，大力发展保税加工、保税物流仓储及跨境电商"1210"业务、租赁贸易、保税维修等保税新业态，着力打造全市外向型经济高质量发展平台，服务地方经济发展。一是做优做强保税仓储物流产业。聚焦石化主业，依托区内龙头企业，围绕进口设备、催化剂、零部件等产品在区内开展保税仓储物流业务，做大做强大宗贸易。谋划实施铜矿石仓储物流园等项目，服务腹地化工、有色金属冶炼、港口码头等主导产业降本增效。二是加快谋划实施系列保税加工项目。推动预制菜产业园、匹克球系列产品保税加工等保税加工项目，做优做强跨境电商"1210"业务，提升腹地及周边人民生活消费品质。三是扩展外贸新业态，服务腹地主导产业发展。研究利用综合保税区租赁贸易功能政策服务腹地企业设备采购业务。打造石油装备保税维修及检测基地，帮助企业联通国内生产、国外作业、国内维修等业务通道，形成闭环产业链，打造设备国内生产为主体的大循环、国外设备作业与综合保税区维修保障为主的国内国际双循环的产业生态，服务东营市主导产业发展。

【机构设置】东营综合保税区实行"党工委（管委会）+公司+基金+专业招商团队"的管理体制，广泛融集社会资本参与开发建设。积极推进开发运营职能剥离，将基础设施和公共配套建设运营、投融资、"双招双引"、专业化服务等开发运营职能，交由东营港建设投资有限责任公司、东营综合保税区建设发展有限公司、东营港招商发展集团有限公司承担。东营综合保税区建设发展有限公司先后成立了东营综合保税区国际贸易有限公司、东营综合保税区博远跨境电子商务产业园有限公司，相继开展基础设施开发建设和供应链金融等业务，以供应链金融模式，服务进口大宗冻品、原油化工品等的跨境大宗商品代理采购中心已落地实施。

【招商部门】东营港招商发展集团有限公司。联系电话：0546-8019888。邮箱：dytdtzfw@163.com。

烟台综合保税区
YANTAI FREE TRADE ZONE

【概况】烟台综合保税区规划控制面积 6.18 平方千米，分为东、西两个区块。东区位于烟台港芝罘湾港区，面积 3.92 平方千米，依托烟台港，培育形成了仓储物流、跨境电商、外贸综合服务、汽车和手机部件加工等产业；西区位于烟台黄渤海新区和中国（山东）自由贸易试验区烟台片区范围内，面积 2.26 平方千米，依托富士康工业园，培育形成了电子加工产业链和保税物流业态。

2023 年，烟台综合保税区坚持以习近平新时代中国特色社会主义思想为指导，深入学习贯彻党的二十大精神，坚决落实党中央决策部署和省市工作要求，锚定"走在前、开新局、作贡献"，加压奋进、攻坚突破，各项工作取得新进展新成效，为烟台迈入万亿级城市行列作出了应有贡献。3 月，在山东省商务厅公布的 2022 年度考核结果中，烟台综合保税区位列全省 14 个综合保税区第 1 名，实现"保三争二奔第一"的目标。在年内海关总署发布的 2022 年度全国综合保税区（含其他特殊区域）发展绩效评估中，烟台综合保税区获评 A 类综合保税区。年内，烟台综合保税区完成外贸进出口额 1 155.6 亿元，全省排名第 2 名。

【政策支持】深入用好跨境电商出口退货监管，矿产品混配，进境食用水生动物、肉类、冰鲜水产品指定监管场地和增值税一般纳税人资格试点等已落地的政策，加强与烟台市重点企业对接，常态化开展送政策上门活动，助推企业充分享受政策红利。主动融入 RCEP、新旧动能转换、绿色低碳高质量发展先行区等重大战略，持续加大新政策争取力度。进境水果指定监管场地建设有序推进，指导申建主体泉之源公司加快场地改造建设，基础设施基本建设完成。集中力量突破整车进口口岸申建工作，会同港口、口岸、海关、商务等相关单位启动申建工作，申请文件已由山东省政府报国务院办公厅，国务院办公厅批转海关总署牵头研究具体意见。保税混矿政策试点获得各级商务部门支持，为混矿业务落地提供有力政策支撑。

【外贸提升】扎实开展"招商引资质效提升年"活动，通过"走出去""请进来"等多种方式，全方位推介综合保税区政策功能优势和重点产业，吸引一批新项目入区发展，其中杭州外运跨境电商"9610"出口、菜鸟全国首批 B2B 供应链金融进口仓、日本太洋物产等项目已落地见效。巩固大宗商品贸易和海工装备出口两大传统优势业务，稳住外贸基本盘，依托海港物流、森泽物流等重点企业，推动更多铁矿石、煤炭、化肥、船舶、铜精矿等入区保税。积极培育拓展跨境电商等各类外贸新动能，发展壮大加工制造业务，为稳住外贸规模提供支撑。

【业态创新】提升跨境电商新业务，持续优化外贸结构，跨境电商"9610"监管中心功能进一步完善，新增每周一、三、五至韩国出口业务，跨境电商零售出口商品跨关区退货业务顺利开展；跨境电商线下店开店运营，展销14个国家和地区的1 000多种商品。加快培育铜精矿保税混配、欧亚班列进保税、冷链产品进口等新业务，做大特色外贸新业态。积极探索供应链金融新业务，破解外贸企业资金瓶颈制约，对接10余家市内外金融机构，不断充实供应链金融"资金池"，保发公司荣获全市金融创新成果优秀奖。聚力突破研发中心进保税业务，围绕研发设备、新药研发原材料等进口事宜与有关研发机构进行了接洽。

【营商环境】通过"召开关地业务协调会议、深化综合治税机制、加强银企对接合作"等有效措施，进一步提高通关效率、出口退税效率和外汇结算服务质量，打造一流的通关、税务和金融环境。针对面临的要素资源不足、产业配套能力不强等困难，制订专门方案，开展集中调研，找准解决问题的思路办法措施。以常态化走访调研联系服务企业为抓手，推进服务企业专员工作走深走实，研究制订关于常态化走访调研联系服务企业的实施方案，建立走访调研企业工作台账，2023年领导班子成员带头调研走访72家重点企业，全面摸清企业发展状况、听诉求解难题、帮助企业谋划发展。充分利用濒临港口的区位优势，积极推进区港产一体化发展，在土地、厂房、仓库、政策等方面，建立资源要素共享机制。全年，安全生产保持了"零伤亡"的良好态势，生态环保实现排放"零超标"。

青岛胶州湾综合保税区
QINGDAO JIAOZHOU BAY FREE TRADE ZONE

【概况】青岛胶州湾综合保税区位于青岛环胶州湾产业带中间位置。其前身青岛出口加工区于 2003 年 3 月 10 日获国务院批准设立，2019 年 9 月 5 日经国务院批复同意转型升级为青岛胶州湾综合保税区，规划面积 1.58 平方千米。2020 年 7 月 24 日，青岛胶州湾综合保税区顺利通过由青岛海关等 8 部门组成的联合验收组验收。青岛胶州湾综合保税区距红岛高铁站 3 千米，距青岛胶东国际机场 10 千米，距青岛港 18 千米，距前湾港 33 千米，周边济青高铁、青连高铁、济青高速、青银高速、308 国道、204 国道等路网纵横交错，形成立体式交通网络，交通便利，区位优越。

【经济发展】2023 年，青岛胶州湾综合保税区深入学习贯彻习近平新时代中国特色社会主义思想，围绕青岛市委、市政府以及城阳区委、区政府有关部署，发挥对外开放资源优势和政策功能优势，狠抓实体经济和招商引资、园区更新和园区建设、优化营商环境等工作，推进园区实现更高水平开放、更高质量发展。年内，青岛胶州湾综合保税区实现工业总产值 76.4 亿元，同比增长 9.3%，其中高新技术企业工业总产值达到 27.7 亿元；实现工业增加值 16.8 亿元，同比增长 20%；经营总收入 76.4 亿元，同比增长 4.8%；固定资产投资 7.95 亿元，同比增长 25.7%；实现税收 3.4 亿元；实现进出口总值 193 亿元，同比增长 11%，为实现高质量发展奠定了坚实基础。

【招商引资】2023 年，青岛胶州湾综合保税区加大招商引资力度，瞄准外贸外资、新兴业态等重点领域精准招商，取得有效进展。年内，新设项目 29 个；实际利用外资完成 820 万美元，完成内资注册资本 4.2 亿元。截至年底，青岛胶州湾综合保税区累计新设企业数 477 个。其中，外资企业 85 个，合同外资 11 亿美元，实际利用外资 7.67 亿美元；内资企业注册资本 28.4 亿元。青岛胶州湾综合保税区聚集了一批投资规模比较大、技术含量相对较高的生产型项目和国际知名企业入驻，如德国斯蒂尔集团投资 8 347 万美元设立的安德烈斯蒂尔动力工具（青岛）有限公司、投资 5 000 万美元的泰科电子（青岛）有限公司、日本洋马株式会社投资 2 亿美元设立的洋马发动机（山东）有限公司等。

【产业发展】青岛胶州湾综合保税区坚持实体兴区，以加工制造业为主，经过多年的招商运作和精心培育，园区已初步形成以电子信息、装备制造、新材料等为主导产业，聚焦发展基础和优势产业，重点扶持以安德烈斯蒂尔动力工具、洋马发动机等为骨干的装备制造业和以泰科电子、星电高科技等为骨干的电子信息产业发展，打造保税加工高端制造平台。2023 年，推动制造业向数字化、网络化、智能化延伸，新增市级专精特新和创新型企业 3 家，总数达到 24 家；

新增"雏鹰"企业2家，新增高新技术企业5家，高新技术企业总数达到17家；斯蒂尔、恩利旺、天银获批"工业赋能"场景项目，总数达到5个；斯蒂尔通过2023年青岛市"绿色工厂"项目核示，天银纺织科技获青岛市科技进步奖二等奖；斯蒂尔、世多乐获市级研发机构备案。为加快产业结构转型升级步伐，青岛胶州湾综合保税区全力推动产业结构由单一的保税加工向保税加工、保税物流、保税服务多元化发展转型，促进产业链向高端延伸，打造高端产业集群。

【业态创新】青岛胶州湾综合保税区充分发挥保税政策功能优势，拓展突破保税服务新业态新领域，不断创新发展跨境电商、保税研发、保税维修、融资租赁等新业态。跨境电商综合服务平台上线运行，实现跨境电商4种模式全覆盖。投资建设9.6万平方米的综保中心，为更高水平的对外开放搭建载体，其中，9000平方米的跨境电商展示交易大厅准备投入使用，为保税新模式提供应用场景。促成昶捷科技与中国工程院外籍院士朴哲范签约，研发新材料设备，为青岛市城阳区建设首个实体保税研发中心。完成棋洋国际、品牌手机保税维修项目签约，达产后可实现进出口20亿元。2023年，连续第2年入选"全省外贸新业态特色园区"培育名单。

【投资环境】园区聚焦优化提升营商环境，全面提升服务质效。推进国发〔2019〕3号文的21条举措落地，已实施内销便利化等17条举措。2023年，深入走访企业50余家次，组织政策宣讲会6次，帮助企业申请各类奖补资金约3000万元。组织开展"强信心 优环境 促发展"助企惠企活动，举办"综有好货"惠民节，开设"综保云购"小程序，推介企业产品入驻城阳"美得好物"和日韩跨境博览会名录，帮助企业提振市场信心。开建西卡口，提升海关查验服务配套。协调海关对粮食、棉花、木材等货物实行"一票多车"通关，提升了大宗商品出入区便捷度。联合海关开展"关企面对面"调研座谈活动，为企业解决了检测等方面的问题。联合区工信、发改等部门到企业上门服务，与青岛海关技术中心签订合作备忘录，为园区企业检验检测开辟绿色通道，缩短了企业产品的检测查验周期。完成智慧园区建设方案，加快科技赋能。

【园区管理】配合统计部门，组织开展第五次全国经济普查活动，对园区企业进行调查摸底、统计培训、数据申报、查漏补缺、系统录入等工作。加强安全监管。修订了安全生产职责清单和应急预案，组织"安全周""安全月"活动，加强节假日期间和重要会议期间安全防范工作，深入推进"1+7"系列安全生产专项整治工作，对重点企业实施领导包联和驻点监督，邀请安全专家帮扶指导企业查改问题隐患，协同执法部门开展联合检查整治，2023年累计检查企业300余家次，及时发现整改一般隐患400多处，推送安全生产及警示教育资料200多次，举办集中安全培训9期，有力督促企业落实安全生产主体责任。年内，未发生安全责任事故，园区安全形势持续稳定。

【发展趋势】作为青岛市重要的对外开放"窗口"，青岛胶州湾综合保税区将充分发挥"保税+"政策功能优势，全面融入国内国际双循环新发展格局，巩固夯实保税加工基础优势，坚持创新驱动发展，着力发展保税加工、保税物流、保税服务"三大产业"和跨境电商、展示交易、保税维修、融资租赁"四大新型业务"，聚力成为具有全球影响力和竞争力的"五大中心"，致力建设青岛市综合保税区业态创新发展先行先试的重要基地、胶东半岛外向型经济发展的枢纽节点、山东省发展保税服务贸易的重要口岸、中日韩特色保税业务的重要平台，成为具有较强活力的国内国际双循环发展功能区。

【机构设置】 青岛胶州湾综合保税区管理机构为青岛胶州湾综合保税区管委会，内设部门5个，分别为综合部、经济发展部（加挂安全生产与应急管理部牌子）、规划建设部、招商促进部、财务金融部，按规定设置纪检监察机构，成立了机关党支部和工青妇组织，进一步提升了基层组织的凝聚力、战斗力。

【招商部门】 招商部门为管委会招商促进部和经济发展部。联系人：盛洁；联系电话：0532－87828881、18661951766。联系人：邱永霞；联系电话：0532－87828880、18653221224。联系人：潘晓；联系电话：电话0532-87828882、17854238370。

青岛西海岸综合保税区
QINGDAO WEST COAST COMPREHENSIVE BONDED AREA

【概况】青岛西海岸综合保税区的前身为青岛西海岸出口加工区，于 2006 年 5 月经国务院批准设立，2018 年 11 月整合优化为青岛西海岸综合保税区，2019 年 8 月纳入中国（山东）自由贸易试验区青岛片区实施范围。青岛西海岸综合保税区规划面积 2.01 平方千米，全域通过国家验收，实现了"九通一平"。园区基础设施完善，拥有高质量的查检场地、查检仓库、检疫处理场地、熏蒸场地；配备了先进的闸口通道、计算机管理系统、视频和红外监控系统；建有充足的监管业务用房；建有商务大厦 2.15 万平方米，可供企业前期办公使用；建设公共租赁房一期 6 万平方米、二期 11 万平方米；周边热源厂、110 千伏龙泉变电站、污水处理厂等配套齐全。

【投资环境】区位优势。青岛西海岸综合保税区是国家级海关特殊监管区域，位于太平洋西岸、山东半岛南端，东与韩国、日本隔海相望，紧邻青岛港，通过胶济铁路和青连铁路连接全国铁路网并辐射内陆。距离园区 20 千米的中铁联集青岛中心站，是中国 18 个特大集装箱中心站之一，与全国铁路近 600 个集装箱办理站开展运输业务，构建了园区"海陆空铁"多式联运的立体化综合交通体系。沈海高速、青兰高速在此交会。园区距山东首座 4F 级国际机场——青岛胶东国际机场 25 千米。

政策优势。青岛西海岸综合保税区位于青岛西海岸新区、中国（山东）自由贸易试验区青岛片区实施范围之内，享有国家级新区、自由贸易试验区、综合保税区等多项国家级政策叠加优势。作为青岛海关关区首个复制推广自由贸易试验区创新制度的试点园区和首个通关一体化改革的试点园区，先后有"批次进出、集中申报""统一备案清单""简化随附单证""先入区、后报关"等 20 余项自由贸易试验区创新制度落地运行，实施了增值税一般纳税人资格试点、进口设备免税、释放企业产能、开展检测维修、促进研发创新、强化企业市场主体地位、便利货物流转、促进跨境电商发展、创新监管模式、简化进出区管理等国发〔2019〕3 号文的 21 条举措，并全面覆盖青岛自贸片区各项制度创新举措。2023 年，新晟泰棉花智慧鉴重创新案例成功在海关总署备案，打造集"机械化智能称重、云端抽检复磅、云端区块链存储"等功能于一体的智慧平台，实现了仓库申请、现场鉴重、云端抽检、复磅等全过程的留痕与实时监管，减少用工 60%，节约时间成本 50% 以上，极大地提高了通关效率。

服务优势。一是党建统领提升服务。突出基层党建服务"国之大者"，在推动高质量发展、联系服务企业、优化营商环境等任务中充分发挥党员先锋模范作用；扎实落实"党员联系服务企业"制度，2023 年实地走访企业 112 家次，协调解决企业入驻、仓库租赁、监管政策、通关便利等方面问题68项；开通24小时服务电话，建立"企业信息共享微信群"，及时协调解决企业反映的各类问题，为区内企业提供优质高效便捷的服务；发挥好"企业联席会议"机制，分别召开粮食加工、仓储物流企业座谈会，收集意见建议26项，切实助力企业发展；联合海关及相关部门创新实施"关区合力、企业自觉、全程可视、闭环管理"的监管新模式，促进了区内企业的健康规范发展。二是打造卡口管理新模式。强化卡口检查人员日常管理，每月召开工作会议，定期开展培训，提高工作人员执行力；完成综合保税区卡口及视频监控系统提升、综合保税区卡口服务保障项目建设工作，实现了移动终端实时可视远程指挥调度，保障安全顺畅通行；为便利企业通行，组织录入行政通道车辆信息1166条；加强卡口车辆疏导，引导司机查询报关信息，实施车辆分流，提高通行效率。三是打造平安和谐新园区。通过企业座谈会、安全培训会以及"5·12"防灾减灾、"安全生产月"等活动，增强企业安全意识；会同驻区海关及专家开展日常巡查和各类专项检查，创新组建"夜查联盟"，对重点棉花仓储企业实施24小时不间断巡查，保障夜间安全，针对检查企业发现的安全隐患，督促企业及时整改到位，做好闭环管理，确保安全形势持续稳定。

【招商引资】2023年，青岛西海岸综合保税区聚焦以科创研发为核心，以保税加工、保税物流、国际贸易为主导，拓展跨境电商、保税研发等新业态的"1+3+N"产业方向，构建"工作队+平台"的全员招商机制，全年共引进市场主体275家，其中亿元以上项目7家、5 000万元以上项目16家；新增纳税统计单位2家。注册资本10亿元、年贸易额4亿美元的能源贸易项目和年贸易额8亿元的智慧农业项目落地运营；锰矿贸易项目落地，新增外贸额8.5亿元；汽车整车出口项目落地，年内出口整车400辆。充分利用区内现有厂房资源，深入推进"筑巢引凤"和"腾笼换鸟"，总投资11亿元的鲨湾科技总部及超级工厂项目开工并完成主体建设，打造电动摩托车研发生产基地；总投资2.2亿元的牧坤冷链物流项目开工并完成主体建设，打造跨境电商、冷链加工及物流配送中心；推动飞橡国际物流、宏鑫达生物科技项目启动建设并完成厂房主体结构施工。

【经济发展】2023年，青岛西海岸综合保税区实现固定资产投资同比增长213.93%、工业总产值同比增长35.27%、税务部门税收同比增长86.26%，发展质量和效益稳步提升。园区已形成以加工制造和国际贸易为主导，进口商品、跨境电商等新业态快速发展的产业体系。加工制造产业方面，日本独资企业青岛三美电子有限公司，主要从事游戏机控制器、智能手机精密零部件、健康运动手环等高技术含量电子零部件制造；青岛圣美尔纤维科技有限公司，从事高端全自动纺纱生产；青岛柏尊生物科技有限公司，从事进口粮食饲料加工业务；澳氏产业园引领区域科创研发，已孵化8家研发生产企业（含2家高新技术企业）。国际贸易产业方面，以原油、沥青、棉花、橡胶、粮食等大宗商品为主，已成为北方重要的进口棉花集散地。进口商品及跨境电商产业方面，依托进口商品交易中心打造青岛自贸片区进口葡萄酒集散交易中心和青岛西海岸综合保税区电商分拨基地，已吸引国内外上千家客商入驻，进口商品涉及23个国家和地区的2万个单品，成为山东进口商品、葡萄酒交易重要批发基地，打造集一般贸易电商、跨境电商、直播电商于一体的"三电合一"电商新模式。

【发展趋势】青岛西海岸综合保税区将

积极对标国内国际先进园区,进一步创新制度、拓展功能、优化管理,塑造国际化、市场化、法治化的营商环境,牢牢把握建设"五大中心"的发展要求,充分发挥要素集聚和辐射带动作用,进一步提升土地亩均效益,围绕"1+3+N"产业发展方向,全力以赴加快实现高水平开放、高质量发展目标,打造成为"开放、创新、活力、一流"的综合保税区,中国(山东)自由贸易试验区青岛片区高质量创新发展的桥头堡。

【招商部门】青岛西海岸综合保税区服务中心经济发展处。联系电话:0532-83157002、83157667。

深圳盐田综合保税区
SHENZHEN YANTIAN INTEGRATED FREE TRADE ZONE

【概况】深圳盐田综合保税区是深圳首个国家级综合保税区，于2014年1月22日经国务院批复设立，围网内面积1.54平方千米。园区建设分为两期进行，其中一期于2016年1月15日通过国家验收，已建成并投入使用的仓储载体设施超140万平方米；二期于2020年1月21日通过现场验收，并于2022年12月实现正式封关运作启用，37万平方米待发展产业用地为优质项目集聚预留充足发展空间。

园区设有一线货运卡口通道6条（3进3出）、二线货运卡口通道19条（13进6出），均配备了电子闸门放行系统、车辆自动识别系统、箱号识别系统、与货物验放部门实行联网的电子地磅系统和视频监控系统。查验场地配备了H986海关大型集装箱X光检查系统等智慧机检设备，跨境电商查验中心配备了2条跨境电商查验分拣设备线，可实现电商货品"秒级验放"。2022年7月，园区已在全国率先实现了一线二线双线"7×24小时"通关，形成了全天候免预约港区城深度联动的"不打烊"高效流通局面。

【投资环境】深圳盐田综合保税区位于中国（广东）自由贸易试验区深圳联动发展区，地处粤港澳大湾区核心引擎深圳东部重要枢纽门户——盐田区。盐田区三面环山，一面傍海，东起大鹏湾，西至梧桐山与罗湖相邻，南连香港新界，是深圳唯一与香港海陆相连的地区。盐田区山光海韵、资源独特，通过坚定不移推进"产业兴盐""创新驱动"发展战略，区域港口物流、黄金珠宝、全域旅游、生命健康等优势产业蓬勃发展，万科、周大福、华大基因等多家知名企业总部或区域性总部集聚。在深圳市"20+8"产业布局下，盐田区积极构建"5+3+1"现代产业体系，全力打造沙头角深港国际消费合作区和全球海洋中心城市核心区，加快培育现代时尚、海洋经济、生命健康、跨境电商等千亿级产业集群。

【招商引资】盐田区聚焦现代产业体系，推出了以《盐田区构建现代产业体系促进经济高质量发展扶持办法》（2023年修订）为代表的产业扶持政策体系，覆盖从传统优势产业到"海洋经济、现代时尚、数字创意、大健康、高端医疗器械"等现代产业体系的多个行业，明确针对在深圳盐田综合保税区内开展检测维修、保税研发、保税货物租赁、进口汽车保税存储展示、文物存储展示、保税展示交易等业务的企业进行发展资助。2022年12月，《盐田区关于加快推进跨境电子商务产业高质量发展扶持办法》《盐田区关于加快推进冷链产业高质量发展扶持措施》等产业专项扶持政策陆续出台，全面助力区域跨境电商及保税冷链产业发展。盐田区还出台有"梧桐人才政策"，从贡献奖励、子女教育、医疗体检、住房安居等方面给予落户企业全方位的保障。

园区属地海关提供完善监管服务，通过一企一策、量身定制等手段，实现靶向精准施策，合力推动园区优质产业项目顺利落地开展。深圳盐田综合保税区经济发展服务中心全力做好服务企业金牌"店小二"，全力推进智慧城市及数字政府服务，通过"盐i企""盐i游""盐i才""盐云聘""i盐田"等线上服务平台，为企业提供全方位、多角度、一站式智慧服务。

【对外贸易】深圳盐田综合保税区是深圳首个国家级综合保税区，作为开放型经济的重要平台，长期承担着发展对外贸易、吸引外商投资、促进产业转型升级的重要作用。园区自2016年封关运作以来，在市、区各级政府和海关等多部门的共同努力下，深入贯彻落实"产业兴盐""创新驱动"发展战略，实施发展要素"保障工程"、传统产业"强基工程"、保税新业态"跃升工程"三大工程，持续推动外贸发展提质增效。截至2023年年底，累计实现进出口总额6 809亿元，为推动外贸经济高质量发展作出了重要贡献。

园区紧邻盐田港，设有专用绿色通道24小时通行，实现区港联动。盐田港是世界级深水良港，2023年集装箱吞吐量1 404.5万标箱，拥有粤港澳大湾区内唯一近18米深、475米宽，常年不冻不淤的双向通航天然航道，可全天候容纳当今世界最大的集装箱船舶自由进出。港口拥有20个大型集装箱深水泊位，52米华南片区最高的起升岸吊和高效可靠的服务能力，是华南跨境电商首选港，货物在盐田出海13天可达美国西部、22天可达欧洲。港口拥有专用疏港铁路——平盐铁路，无缝链接国铁网络，13个内陆港、29条海铁联运线路将盐田国际集装箱码头功能辐射至内陆地区，"深赣欧"班列可无缝衔接国际物流大通道。

【经济发展】2023年，深圳盐田综合保税区实现外贸进出口总额1 121亿元，同比增长12%，高于同期全国进出口增速11.8个百分点，高于同期深圳进出口增速6.1个百分点，增幅位居深圳海关特殊监管区域首位。其中，出口总额905.4亿元，同比增长10.9%；进口总额215.6亿元，同比增长16.3%。

【发展趋势】为深入发挥开放型经济新高地作用，深圳盐田综合保税区将持续增强国内国际两个市场两种资源联动效应，不断完善政策，积极拓展功能，培育产业配套、营商环境等综合竞争新优势，把握纳入中国（广东）自由贸易试验区深圳联动发展区的关键机遇，抢抓沙头角深港国际消费合作区和全球海洋中心城市核心区建设黄金发展期，做好"保税+"产业新文章，让高质量发展的脚步更加坚实、动力更加强劲。

【机构设置】深圳盐田综合保税区实行市、区两级管理，深圳市商务局（加挂深圳市保税区管理委员会牌子）负责统筹指导、盐田区政府负责运营管理，具体事务由深圳盐田综合保税区经济发展服务中心承担。深圳盐田综合保税区经济发展服务中心为深圳市盐田区政府直属事业单位，最高行政管理岗位等级为职员五级，内设办公室、经济发展部、港区联络部（企业服务部）、公用事业管理部、综合服务部、资产与租赁部、监管保障部，负责园区招商引资、投资推广、经济数据统计分析、企业服务、设施管理维护、海关后勤保障服务、劳动安全监督管理、国有资产管理等事务。

【招商部门】深圳盐田综合保税区经济发展服务中心经济发展部。招商电话：0755-25260333。

广州黄埔综合保税区
GUANGZHOU HUANGPU FREE TRADE ZONE

【概况】广州黄埔综合保税区的前身为广州保税物流园区，于 2007 年 12 月经国务院批准在广州保税区内设立，规划面积 0.49 平方千米，主要为区内重点企业提供外贸政策支撑。2020 年 5 月，国务院批复同意广州保税物流园区整合优化为广州黄埔综合保税区。2021 年 2 月，广州黄埔综合保税区通过验收正式封关运作；同年 11 月，获批企业增值税一般纳税人资格试点。自验收以来，广州黄埔综合保税区从较单一的保税物流扩大到加工制造、物流分拨、检测维修、销售服务等，"保税+"产业形态更多元，在联动区域资源、推进主体功能培育、促进业态创新、提升辐射服务水平等方面起到重要促进作用。

【经济发展】2023 年，广州黄埔综合保税区认真贯彻落实国务院以及海关总署工作部署，用足用好国发〔2019〕3 号文的 21 条举措及海关总署关于推动综合保税区高质量发展 23 条综合改革措施，大力推动保税业态创新发展。在 2023 年发布的 2022 年度全国综合保税区（含其他特殊区域）发展绩效评估中，广州黄埔综合保税区被认定为 B 类，综合排名全国第 38 名，其中单位面积海关税收指标排名全国第 2 名。年内，广州黄埔综合保税区实现进出口总值 252.75 亿元，同比下降 7.60%；规模以上工业总产值 10 亿元，同比增长 15.3%；限额以上商贸业商品销售额 208 亿元，同比下降 25.91%。

进口汽车保税存储。广州黄埔综合保税区充分利用综合保税区政策红利，发挥汽车进口口岸优势，与属地海关、职能部门密切联系，依托综合保税区汽车保税存储制度优势，推动汽车保税存储项目落地发展，助推进口整车从"落地征税"向"保税+仓储"复合发展，打造广州黄埔综合保税区整车分拨中心。2021 年至 2023 年年底，实现奔驰、宝马、保时捷等品牌进口汽车保税存储货值 136 亿元。

创新跨境电商业态。广州黄埔综合保税区跨境电商包裹数从 2017 年的 72 万件、货值 4.5 亿元起步，到 2023 年实现包裹数 1637 万件、货值 55 亿元，分别约为 2017 年的 22 倍、12 倍。协调海关创新监管模式，全国首家跨境电商快速配送保税直购店成功开业。成功打造前店后仓、线下体验、线上下单、快速交付的"保税+"消费新模式，保税直购店下单 10 分钟即可完成清关并到店拿货。

【投资环境】广州黄埔综合保税区区位优越，位于广州市东部，广州、香港、澳门黄金三角洲的中心地带，依托广州东部发达的交通网络，1.5 小时的车程半径可覆盖整个珠江三角洲，是距离广州市中心最近的海关特殊监管区域。园区基础设施完善，管理机构运作高效顺畅，各类服务措施齐全。截至 2023 年年底，园区周边有地铁 5 号线延长线、13号线、17号线、25号线和黄埔区有轨电车2号线正在建设，未来还将与东莞轨道交通1号线连接。区内企业在享有综合保税区相关政策的同时，还可享受广州开发区、黄埔区的各项普惠性政策。得益于临近港口、海陆交通便利的地理优势和先进制造业集聚区的产业优势，广州黄埔综合保税区立足原有的保税物流、保税服务等基础性功能，聚焦汽车、有色金属、塑胶粒等产业集聚，实现综合保税区及港口功能、政策叠加，为周边地区产业链延链、补链提供重要支撑。

【发展趋势】广州黄埔综合保税区自2021年2月封关运作以来，充分发挥"经开区+综合保税区+国家进口贸易促进创新示范区"政策叠加优势，从较单一的保税物流扩大到物流、加工、贸易、检测维修等，"保税+"产业形态更多元，为众多企业开展新业态新模式提供了广阔的"试验田"。未来，广州黄埔综合保税区将继续发挥国发〔2019〕3号文的21条举措政策优势和区位优势，依托区港联动优势，立足原有的保税物流、保税服务等基础性功能，打造以大宗商品、高附加值商品、跨境电商等为特色的全球中心仓，通过建设物流集拼、分拨中心促进周边产业转型升级，带动地方外贸经济增长。

【机构设置】广州黄埔综合保税区实行广州经济技术开发区、广州高新技术开发区、广州保税区、广州出口加工区以及广州黄埔综合保税区"五个国家经济功能区合一"的管理体制，由广州开发区管委会统一管理。2003年，全区通过ISO 9001和ISO 14000双认证，拥有中国对外开放完整、系统、丰富的优惠政策体系，可供外商选择的投资领域宽、政策空间大。

【招商部门】广州开发区穗港智造合作区管理委员会（保税业务管理局）是广州黄埔综合保税区的经济业务主管部门的联系人：林冠贤。联系电话：020-82118380。传真：020-82112070。

海南自由贸易港海口综合保税区
HAINAN FREE TRADE PORT
HAIKOU COMPREHENSIVE BONDED ZONE

【概况】海口综合保税区是原海口保税区的区位调整和转型升级，围网内核准面积1.93平方千米（2 895亩），于2008年12月22日经国务院批准设立，2011年1月13日通过国家验收，同年3月16日挂牌正式运行。海口综合保税区完成土地征转审批后即全部供地，实现"五通一平"，截至2023年年底已建成项目用地约1.58平方千米、在建项目用地面积约0.15平方千米。

【投资环境】海口综合保税区是海南首个综合保税区及全省3个海关特殊监管区域之一，是目前海南开放层次最高、优惠政策最多的园区，也是海南建设中国特色自由贸易港的13个重点园区之一。

一是交通便利。海口综合保税区老城片区紧邻国家一类口岸——马村港（约2千米），距环岛高速公路最近出入口5千米，15千米范围内有海口、老城、福山3个高铁站，距新海港30千米，距美兰国际机场40千米，距洋浦港90千米。

二是配套完善。园区面积1.93平方千米，区内基础设施完善，实现"五通一平"，正在建设5G智慧园区；园区内设有国际商务中心，可为企业提供办公、会议、金融等服务；园区投资建设的日用免税品仓库（6.9万平方米）、钻石珠宝加工厂房（4.9万平方米）和智能化加工制造中心（7.4万平方米）等公共厂房仓储项目已竣工并投入使用，嘉里、菜鸟、嘉诚、国贸等在建仓库共计51.1万平方米，可为区内企业提供完善的配套仓储物流加工载体；园区建有职工生活配套区，可为园区企业职工提供宿舍、食堂。

三是服务便捷。海口综合保税区（工委）管委会是海口市委、市政府派出机构，行使政府管理职能；区内设立海关、税务、市场监管、公安等职能部门，国家珠宝玉石检验检测中心（NGTC）、国家林草局驻广州专员办（濒管办）均在园区设立服务站，企业办事不出区、方便快捷。

四是园区比较优势。率先实行"一线放开、二线管住"的进出口管理制度、加工增值超过30%免关税政策；国际互联网数据专用通道覆盖园区。园区获批金伯利进程证书制度指定口岸、全国跨境电子商务综合试验区、进境肉类指定监管场地、汽车平行进口试点口岸；获准设立首批20号胶保税期货交割仓。

【招商引资】海口综合保税区充分发挥"自由贸易港+综合保税区"的政策叠加优势，瞄准免税业强链、延链、补链，吸引产业链相关各类市场主体进驻，重点围绕进口消费品、先进制造、供应链物流、国际贸易、融资租赁、航空维修与航材贸易等产业开展招商引资。

进口消费品产业。中免等7家离岛免税企业均在园区设立海南运营总部或中心仓，路威酩轩、泰佩思琦、雅诗兰黛、戴比尔斯等高端消费品品牌企业均在园区设立区域性贸易和分拨中心。已落地企业或项目有中免（海南）运营总部有限公司、全球消费精品（海南）贸易有限公司、海南旅投免税品有限公司、深免集团（海南）运营总部有限公司、泰佩思琦（海南）集团有限公司、路威酩轩香水化妆品（海南）有限公司、酩轩·轩尼诗酒类区域性贸易中心、戴比尔斯永恒印记加工增值免关税业务等。储备项目有历峰集团区域性贸易中心、科蒂集团区域物流中心项目、DFS 海南免税总部项目、拉格代尔区域性物流项目等。

先进制造产业。充分利用好"加工增值免关税+双十五税收优惠+一次性折旧和加速摊销"的叠加政策，发展食品加工、医疗器械、珠宝玉石等产业，引入头部品牌企业项目如复星医疗器械、戴比尔斯钻石、晨光生物辣红素等。已落地项目有戴比尔斯永恒印记珠宝加工项目、复星博毅雅呼吸机加工制造项目、晨光生物辣椒红素加工项目、展宏肉类进口加工生产项目、垣阳食品进口牛肉加工项目、佳沃替代蛋白食品加工项目、皓晟欣科技保税维修项目等。储备项目有百食好进口肉类精深加工项目、波尼亚&花帝进口牛肉加工项目、索伦格风干牛肉加工项目、萨拉斯润滑油项目、海南茉莉燕窝加工项目等。

供应链物流产业。园区已引入顺丰、菜鸟、京东、嘉里大通、嘉诚国际、法拉瑞、波洛莱、海程邦达等国际头部物流企业，已建成仓储面积超过 30 万平方米，建设菜鸟全球供应链海口智慧物流中心、嘉里物流国际分拨中心、国贸物流海口仓储项目、嘉诚国际（海南）多功能数智物流中心项目等物流项目总计超过 50 万平方米。储备项目有叶水福物流项目、DSV 国际消费品仓储物流中心项目等。

国际贸易产业。已落地的有复星集团、安徽建工国际贸易（海南）有限公司、国机海南发展有限公司、海南苏美达供应链有限公司、海南国贸有限公司、海南蜀物实业有限公司、国投国际贸易（海南）有限公司、世德集团、海南中豫国际合作有限公司、中技开（海口）物产有限公司等。储备项目有 SunSign 新盛辰贸易项目、湖北国际贸易项目、北京凯奥华祺供应链结算项目等。

融资租赁产业。已落地的有中航国际租赁有限公司、天津渤海租赁有限公司、扬子江国际租赁有限公司、京东国际融资租赁有限公司等。储备项目有中信金租、中远海运船舶 SPV 项目。

航空维修与航材贸易产业。已落地的有海航航空技术有限公司、大新华飞机维修服务有限公司、海南海航斯提斯喷涂服务有限公司、海口美兰空港吉耐斯航空发动机维修工程有限公司等。谋划项目有空中客车中国公司、中国航空器材集团有限公司、中国商用飞机有限公司、中州航空有限责任公司、嘉诚国际货运航空有限公司、GE 发动机维修培训公司等。

【对外贸易】一是发挥园区优势，进口消费品持续集聚。国际知名消费品品牌汇聚，新招引宝格丽旅游零售供应链及综合售后服务中心、雅诗兰黛集团旅游零售亚太区物流中心及中国区总部落地，截至 2023 年年底区内国际知名消费品品牌达到 8 家，其中 4 家布局了亚太区或大中华区区域总部。配套物流进一步完善，波洛莱亚太区物流服务中心项目在区内投运，开通新加坡—中国香港—中国海口国际高端消费品货运航线，区内企业全货机航线已联通欧洲、东南亚、北美等区域。跨境电商触底上扬。克服宠物粮业务停滞和跨境电商线下即购即提关停带来的不利影响，协助嘉诚国际开通了中国海口—美国"物流之都"达拉斯货运航线，成为海口首条至美国全货机货运航线，首航载运 101 吨货物，创下美兰国际机场单班跨境电商货量新纪录。年内，跨境电商单量达到 110.4 万单、销售额 5.15 亿元，均实现同比增长。消费精品多维销售网络陆续建成。发挥免税主体集聚优势，集成运用线下离岛免税、线上会员购、跨境电商等多维销售网络渠道，实现离岛免税商品本地交付，提高商品流转效率。

二是坚持龙头带动，国际贸易稳步提升。海南苏美达供应链有限公司、海南海控国际贸易有限责任公司、海南国贸有限公司等龙头企业保持稳定增长，物产中大金属（海南）有限公司、海南交控航油贸易有限公司等央企踊跃进驻。2023 年，大宗商品贸易全年营业收入超 700 亿元，进出口值超 80 亿元。"零关税"交通工具政策效应显现，整车口岸汽车进口稳步增长，创历史新高。年内，通过口岸拆箱进口及区转区保税流转车辆 309 辆，进口货值约 7 900 万美元。年内，"零关税"清关车辆 218 台，减免税款约 3.1 亿元。

三是加工增值免关税政策获利主体不断丰富。进口葵花仁、彩色宝石、翡翠玉石、肉类 4 个品类自由贸易港首单加工增值业务落地园区。截至 2023 年年底，共有 13 家企业通过加工增值企业备案，其中 9 家企业投产累计出区货值约 4.9 亿元，减免关税约 8 000 万元。

四是加快拓展，空港综合保税区展现新面貌。围绕服务美兰国际机场打造面向两洋航空枢纽，空港综合保税区聚焦主业，发挥优势、学习先进。2023 年，航空维修产业总产值突破 6 亿元，保税维修进出口值 123.9 亿元、同比增长 19.3 倍。一站式飞机维修基地业务持续提升。获得美国、欧盟等 13 个国家和地区航空维修资质，可为客户提供多机型的机体大修服务和全方位一站式航空维修服务。年内，累计出厂 14 621 个维修件，完成飞机维修并出厂 667 架次，整机喷涂 62 架次，局部喷涂和广告贴膜 29 架次。航空发动机维修基地建成投产。基地获得中、美两国 Genx-1B 型号航空发动机维修许可证，首台 Genx-1B 发动机于 10 月入厂维修，全年维修达到 2 台，成为国内唯一非外资控股、唯一获得维修 Genx 系列发动机授权的基地。

【经济发展】2023 年，海口综合保税区完成营业收入 1 177.76 亿元，同比增长 11.69%；规模以上工业总产值 51.8 亿元，同比增长 1 253.97%；税收 5.48 亿元，同比增长 237.55%；进出口总值 268.05 亿元，固定资产投资 14.68 亿元。

营收方面。2023 年，营业收入实现两位数增长。大宗商品与国际贸易产业进一步提速，年内该产业完成营收 708.5 亿元，同比增长 18%，较 2022 年提升 23.4 个百分点。龙头企业突破年度目标，海南苏美达供应链有限公司、海南国贸有限公司、海南海控国际贸易有限责任公司合计完成营收 388.5 亿元，完成年度目标（340 亿元）的 114%；世德国际贸易（海南）有限公司等 2 家新增企业合计贡献营收 54 亿元。免税品产业受境外游及岛内免税店分流影响，年内营收 385.9 亿元，同比下降 9.6%，较 2022 年下降 3 个百分点。

产值方面。2023 年，产值提速明显。一是因新招引企业太古可口可乐供应链管理（海南）有限公司、海南展宏食品有限公司落地见效，贡献产值增量超 45 亿元。二是存量企业持续拓展，晨光生物科技集团（海南）有限公司、海南海马汽车零部件有限公司产值同比分别增长 47.49%、84.57%。

进出口方面。2023 年，海口综合保税区完成进出口总额 268.05 亿元，同比下滑 3.97%，较 2022 年下降 3.6 个百分点。按贸易方式分，一般贸易 77.33 亿元，同比增长

17.5%，占园区进出口总额的28.8%；免税品98.54亿元，同比增长9.3%，占园区进出口总额的36.8%；保税物流81.68亿元，同比下降18.1%，占园区进出口总额的30.5%；易货贸易9.70亿元，同比下降57.9%，占园区进出口总额的3.6%。主要因企业战略调整，易货贸易下降幅度较大，导致进出口小幅下滑。

固定投资方面。2023年，海口综合保税区全年超额完成固定资产投资年度目标，其中续建项目完成6.29亿元，占园区投资的42.3%；新开工项目完成8.13亿元，占园区投资的54.7%。区内嘉里海口物流中心、国贸物流海口仓储项目、菜鸟海口智慧物流中心项目均已完工，新增仓库面积24.3万平方米；海口综合保税区智能化加工制造中心（二期）项目等3个项目已列入2023年第3批地方政府专项债准备项目清单，解决项目建设资金需求2.4亿元。

【发展趋势】2024年，海口综合保税区将把握全岛封关运作前的关键窗口期，围绕强工业、千亿级消费精品贸易与加工产业集群建设，大抓招商引资、大抓产业落地、大抓企业服务，推动先进制造、进口消费品、国际贸易三大主导产业加速"聚链成群"，着重抓好产业集群建设、项目谋划建设、企业服务和推动空港综合保税区高质量发展4个方面工作。

【机构设置】海口综合保税区工作委员会为海口市委的正处级派出机构、海口综合保税区管理委员会为海口市政府的正处级派出机构，代表海口市委、市政府行使综合保税区有关职权，实行"两块牌子、一套人马"体制。内设8个正科级职能机构，分别为党政办公室、财政金融局（国有资产管理局）、经济发展局、投资促进局、国土规划建设局、营商环境建设局（行政审批服务局）、园区运维局、企业服务局。

【招商部门】海口综合保税区管理委员会投资促进局。地址：海南省老城经济开发区南一环路69号。电话：0898-67204908。传真：0898-67204908。

九江综合保税区
JIUJIANG INTEGRATED FREE TRADE ZONE

【概况】九江综合保税区于 2018 年 9 月 4 日经国务院批准设立，2019 年 11 月 11 日正式封关运作，位于九江经济技术开发区内，总规划面积 1.81 平方千米，是江西省唯一一个通港型综合保税区。

【经济发展】2023 年，九江综合保税区完成一线进出口贸易额 127.1 亿元，位列全国综合保税区第 83 位。

【投资环境】区位优势显著。九江综合保税区距离九江港（已获批进口肉类指定口岸、进境粮食指定口岸、进境水果指定口岸）6 千米、赛城湖高速收费站 10 千米、高铁新区 15 千米、庐山机场 28 千米、昌北国际机场 90 千米，设有综合保税区货运编组站的城西港区铁路专用线已通车，可实现陆、空、铁、水多式联运。

优质的配套服务。九江综合保税区内已实现"七通一平"，45 万平方米高标准厂房和 7 万平方米高端保税仓库、监管仓库、验货场地等设施一应俱全。监管服务大楼内海关、税务及物流供应链、金融供应链等服务类企业均已入驻，企业可足不出区"一站式"办结通关手续。九江综合保税区周边配套设施完善，东侧的综合配套区为九江综合保税区配套一流的商务区、生活区、生产配套区，附近学校、大型市场、商业等社会设施完善，周边 TCL、艾美特、生益科技等一大批现代企业林立。

全面的政策支持。九江综合保税区被九江市政府授予中国（九江）跨境电子商务综合试验区综合保税区产业园。为便于区内企业拓展国内国际两个市场，九江综合保税区已完成国家税务总局及海关总署备案，开展增值税一般纳税人资格试点，实现企业内外贸一体化。同时，九江经济技术开发区出台了关于印发支持九江综合保税区产业招商促进经济高质量发展若干扶持措施的通知，根据不同情况在厂房租金、扩大进出口、企业融资、物流运输等方面给予各类支持。

【招商引资】九江综合保税区按照"境内关外，高度放开，区港一体，协调发展"的业务模式，重点支持电子电器、高端装备制造、新能源新材料、节能环保及新能源汽车等加工制造业，保税仓储、进口分拨、出口集拼等现代物流服务业及跨境电商、保税检测维修、保税研发等各类新兴业态。同时，与上港集团九江港务有限公司达成战略合作协议，充分结合九江综合保税区的政策功能及港口的资源优势，打造区域性保税物流集散中心。

【发展趋势】深入贯彻落实国发〔2019〕3 号文的有关要求，九江综合保税区将加大改革创新力度，推动产业转型升级，培育外贸新业态、新模式，努力打造"五大中心"，将九江综合保税区建设成为全省领先、辐射长江经济带、对接共建"一带一路"倡议的现代综合保税区。

【机构设置】九江经济技术开发区商务局下设保税业务岗、园区管理岗、企业服务岗,负责综合保税区日常管理工作。

【招商部门】九江经济技术开发区商务局。联系人:张亮。联系电话:0792-8980136。地址:江西省九江市经济技术开发区港城大道200号。邮编:332000。

武汉新港空港综合保税区
WUHAN NEW PORT AND AIRPORT COMPREHENSIVE BONDED ZONE

【概况】武汉新港空港综合保税区于2016年3月11日经国务院批准设立，是加快武汉市推动"三个优势转化"、将交通区位优势转化为国内国际双循环枢纽链接优势、重塑新时代武汉之"重"的重要开放平台，也是共建"一带一路"、长江经济带的重要枢纽。

武汉新港空港综合保税区由阳逻港园区和东西湖园区组成，经国务院批复同意核减后，总规划面积1.54平方千米，其中阳逻港园区规划面积0.72平方千米、东西湖园区规划面积0.82平方千米，于2017年8月9日正式封关运作，2023年9月26日通过国家验收。

阳逻港园区毗邻的阳逻国际港是我国长江中上游最大的集装箱核心港、枢纽港，是国家一类开放口岸、全国首批进境粮食指定口岸、中西部首个进口水果内河口岸、湖北省首个进口肉类指定口岸。阳逻国际港进出口货物总量占全省的65%，集装箱运输量占全省80%，阳逻国际港是中部地区港口物流集散转运中心、国内国际双循环重要枢纽。

东西湖园区毗邻的武汉天河国际机场是我国华中地区最大航空港和国家一类空运口岸，已开通欧美、亚太等国际、地区航线31条。作为国家一类铁路口岸和汽车整车进口铁路口岸的吴家山铁路集装箱枢纽站（全国18大铁路集装箱中心站之一）在东西湖园区内，开行的汉新欧集装箱班列是"丝绸之路经济带"的有机组成部分。武汉至欧洲的中欧国际铁路货运班列从东西湖园区始发，在全国已开通的27条中欧班列中，其发货总量和回程货运量位居全国前列。

【投资环境】一是交通便利。武汉新港空港综合保税区充分利用武汉市集"路网性"公铁枢纽、长江中游航运中心、中部地区枢纽机场于一体的综合交通枢纽，通过铁水联运和区港联动实现与阳逻国际港、中欧（武汉）班列、天河机场三大国际通道的互联互通。

航运方面。阳逻国际港是长江内河第一大港，其辐射范围国内可达湖北、重庆、四川等7省市，向东"江海直达"，开通各类集装箱航线20余条，直航达日本、韩国，通过上海、宁波中转后可抵东北亚、欧美、东南亚、中东、非洲等地区；向西"水铁联运"，通过中欧班列直连40多个国家和地区的112个城市，与"海上丝绸之路"实现高效对接。江海直达航线接驳远洋国际班轮，可达世界各地。

航空方面。武汉天河国际机场已开通欧美、亚太等国际、地区航线31条，是华中地区唯一可办理落地签证的出入境口岸，国际航线可达巴黎、洛杉矶、旧金山、新加坡、东京、首尔等城市。

铁路方面。中欧班列（武汉）依托湖北港口资源整合优势，连接共建"一带一路"

与长江经济带，拥有 48 条国际物流通道，辐射 40 多个国家和地区的 112 个城市，极大提升了武汉作为中部地区物流枢纽的辐射能力，提高了湖北对外贸易能力和双向开放水平。

公路方面。东西湖园区紧邻国道 107 线和京港澳高速公路，交通便利。阳逻港园区紧邻沪鄂高速、福银高速和武鄂高速，江北快速路全长 27 千米，横跨江岸、黄陂、新洲 3 区，是长江主轴左岸大道的重要组成部分，从阳逻到汉口中心城区只需约 20 分钟。

二是人才聚集。武汉是中国三大科教中心之一，示范区形成了多层次的创新网络，集聚了 42 所各类高等院校、56 个科研院所、1 个国家光电实验室、15 个国际工程研究中心、37 个省级重点实验室和工程研究中心。500 多家高新技术企业在武汉建立了研发机构，从事科研活动人员近 2 万人，年实施科研项目 1 500 多个。武汉是中国第二大智力密集区，有 100 多万名在校大学生、30 多万名专业技术人才，每年近 30 万名毕业生保障地区人力资源供应。

三是基础设施。两园区均有充足、完备的可开展各类保税业务的海关基础设施。港区与综合保税区形成联动合力，具有"岸边直提""岸边直达"特色优势，实现港区一体化、业务开展智能化货物通关无感化。专为冷链物流、跨境电商、国际分拨、融资租赁等创新业态发展预留储备空间。

阳逻港园区有保税仓库 5.6 万平方米，分类监管仓库 8 000 平方米，重箱堆场约 8.6 平方米，空箱堆场、跨境电商海关查验中心和区港联动智能通道共约 4.9 平方米；配套冷库约 10 万平方米，冷库总建筑面积约 1.7 平方米，总储存量 3 万吨；进出货月台 18 个，年周转能力 30 万吨以上；高温库 2 704 平方米，低温库 3 727 平方米，高位立体库 3 146 平方米。

东西湖园区工业用地约 26.5 万平方米，已使用 9.8 平方米；物流用地约 42.3 万平方米，已使用 29.4 万平方米；道路、绿化及相关配套设施用地约 13.5 万平方米。建有标准厂房 2 个（11 万平方米）、保税仓 3 个（3 万平方米）、恒温仓库 1 个（1 万平方米）、查验仓库 1 个（500 平方米）；在建跨境电商保税备货仓 3 个（6 万平方米）。提供跨境电商专用查验系统，对跨境电商进出口货物进行自动查验、分拣以及海关快速布控查验监管，满足跨境电商业务开展核心需求，未来将在综合保税区建成水、陆、空齐聚的跨境电商货物集散地，成为临空港跨境电商核心节点。

【招商引资】建立"委、办、关、司"一体化联动模式，通过联席会制度，保障园区营商环境的持续优化和通关效率的提升，为入区企业提供便利服务。定期召开企业座谈会、业务知识培训会，搭建多种形式的企业培训与对话平台，让入区企业及时了解关务政策。发挥绩效考核"指挥棒"作用，将入园企业获得感、幸福感、安全感作为评价工作成效的重要标准。设立综合保税区一站式服务大厅及海关服务站，深化关地协作，为入区企业开展保税全业务流程提供代办服务专业团队。综合保税区与一类口岸阳逻港水运口岸、吴家山铁路口岸无缝对接，形成了独特的口岸优势，构筑起一个"口岸齐全、水陆空铁一体化"多层次、多功能口岸体系。综合保税区内通关"自报自缴、税收征管""一次申报、分步处置"等创新改革，进一步提升口岸通关效率。

基建物资及设备进口免征进口关税和进口环节税，境内货物入区实行出口退税，选择性征收关税，区内货物交易免征增值税、消费税。不实行进出口配额、许可证件管理。区内保税储存货物不设存储期限。区内货物销往境外，无须办理出口收汇核销；向境外支付，无须办理进口付汇核销。入区企业可享有省、市、区的总部区优惠政策，可复制推广中国（湖北）自由贸易试验区相关优惠政策，同时可享受综合保税区高质量发展支持政策。

【经济发展】阳逻港园区实现进出口货物品类涵盖智能机械、电子设备、汽车钢材等18大类150余个品种，国际辐射至欧盟、美国等50多个国家及地区，国内辐射至四川、重庆、湖南、河南等湖北周边地区；东西湖园区依托吴家山铁路集装箱中心站，辐射至中亚、欧洲等国家和地区。

依托阳逻核心港进口粮食、木材、肉类专业口岸（指定监管场所）优势，国际分拨中心地位不断巩固。引进了进口棉花、进口木材、进口饲料添加剂、进口化肥、进口聚烯烃、汽车整车出口6个国际物流分拨项目，拓展整车出口、钾肥等新型分拨业务，整车出口国际集拼中心挂牌运行。推动年产能120万吨的粮食保税加工项目建成。在保税硬盘维修业务稳定开展的基础上，拓展保税维修产品种类，启动3C电子产品（手机、平板电脑、笔记本电脑）保税维修业务，该项目已完成场所改造、设备进场、海关验收等工作。推动保税木材加工由粗加工向深加工转型，开展成品板材出口业务，抢抓新能源风口机遇，组织研究锂电池入区存储业务。东西湖园区以打造高水平跨境电商中心为目标，跟踪服务武汉跨境电商产业园、母婴用品进出口华中基地、跨境电商综合服务等项目，引导跨境电商优质项目向综合保税区聚集。

【发展趋势】武汉新港空港综合保税区以高水平开放高质量发展为目标，抢抓国家全面开放新格局的历史机遇，积极贯彻落实国发〔2019〕3号文件精神，加强与中国（湖北）自由贸易试验区武汉片区联动创新，全力打造具有国际竞争力和创新力的"五大中心"，建设国内一流综合保税区。

保税加工方面。依托阳逻港园区口岸优势，推动现有保税加工项目向深加工、高端化转型，构建保税木材、粮食等优势产业链。加大高技术、高附加值类生产加工企业引进力度，做大做强保税加工贸易规模。

保税物流方面。发挥综合保税区保税、退税等政策优势，做稳做强现有国际物流分拨中心棉花、木材、聚烯烃等优势板块。拓展产品种类，加大纸浆、有色金属、化肥等品类保税分拨业务拓展力度，推动大宗货物向高附加值货物转型。打造汽车整车出口基地，探索汽车零配件出口业务。

保税服务方面。扩大现有保税检测维修项目规模，丰富检测维修产品种类，增加3C产品等检测维修业务，拓展延伸业务形态。夯实跨境电商产业基础，推动跨境电商企业落地开展"1210""9610"模式业务。拓展电商新模式，推动冷链以及其他产品营销服务。

【机构设置】武汉新港空港综合保税区管理办公室整建制划转由长江新区管委会管理，更名为武汉新港空港综合保税区建设服务中心，负责统筹推进保税区建设发展、管理服务等工作。内设综合管理处、投资促进处、阳逻港园区服务处、东西湖园区服务处。

宜昌综合保税区
YICHANG COMPREHENSIVE BONDED ZONE

【概况】宜昌综合保税区于2020年1月9日批复设立，2021年3月22日正式封关运作。园区规划面积1.39平方千米，其中围网内面积1.29平方千米，预留产业园地约73.33万平方米。园区已建成40万平方米标准化厂房和10万平方米综合服务大楼、海关监管设施及配套项目，已实现光伏发电全覆盖。园区规划布局保税加工、物流仓储、口岸作业、综合配套四大功能板块。

【投资环境】宜昌综合保税区与国家高新区、自由贸易试验区、跨境电商综合试验区"四区叠加"，具有政策优惠、功能配套、要素保障等天然优势。2023年，在全省营商环境评价结果中，宜昌高新区"政务服务指标"在全省21个国家级开发区中排名第一。企业入驻，可享出口退税、进口保税、地方配套等政策，以及水、电、气、热等要素配套一站式代办服务。加工生产项目可享国内原材料退税、区内交易免税、进口原料保税、区内加工免配额等支持；运营流通项目可享进出口、利用外资、跨境电商回流等奖励，实现最大限度降低运营成本。截至年底，宜昌综合保税区周边有"链接全球"的创新创业平台112家，孵化器9家，双创孵化面积95万平方米。同时，宜昌综合保税区加快与宜昌跨境电商产业园、三峡机场航空口岸、三峡保税物流中心、宜昌港融合联动发展，口岸功能、贸易功能、开放功能进一步增强。

【招商引资】宜昌综合保税区始终把招商引资与项目建设作为"一号工程"，突出产业链招商，紧盯生物医药、食品、新能源、新材料等重点领域，面向国内外发达区域、优势产业开展招商，并充分利用投贸会、服贸会、深圳跨境电商推介会等活动开展推介。2023年，新签约项目12个，重点推进项目7个，储备项目20个。

【发展规划】宜昌综合保税区聚焦服务宜昌市"3+2"（现代化工新材料、生命健康、新能源及高端装备、大数据及算力、文化旅游）主导产业及特色农业，加快优质项目引进培育，提升产业发展引领力。

保税加工智造产业方面：聚焦宜昌市化工新材料、新能源及高端装备制造、大数据及算力产业的发展需求，引进加工智造、保税维修、保税检测、寄售维修库、设备融资租赁等相关项目；鼓励大型公司在区内设立加工贸易项目，建设检测服务平台。

生命健康产业研发孵化方面：充分发挥综合保税区保税研发政策优势，围绕仿制药、化学药、医疗器械、高端保健食品等领域，聚焦重点产业共性技术、关键技术以及前沿技术，吸引相关科研机构、专业研发机构、专业实验室进入园区，开展专业性保税研发业务。

大宗商品物流贸易方面：聚焦进口大豆、亚麻籽、葵花籽、菜油、水果、牛肉等非配额类大宗农产品，以及镍、钴、锂等工业原料，重点引进大宗商品进口贸易企业、加工制造企业及货运代理、智慧物流、支付结算、融资服务等生产性服务业企业。

跨境电商产业升级发展方面：巩固提升宜昌综合保税区开展跨境电商的政策优势，大力引进国内外头部电商企业。借鉴 C6 跨境购探索经验，全力招引大型保税零售企业，打造跨境购之"日韩馆""东南亚馆""欧洲馆"，以跨境消费新动能赋能商贸产业融合发展。围绕建设跨境电商服务基地着力引进金融服务、智能物流、统计监测等专业型服务企业。

【对外贸易】宜昌综合保税区聚焦特色产业，培育了一批具有核心竞争力的企业，产品远销欧美、东南亚等地区。这些产业的壮大，不仅提升了宜昌综合保税区的对外贸易水平，也推动了区域产业结构的优化升级。

此外，宜昌综合保税区还积极拓展对外贸易渠道，助推宜昌融入西部陆海新通道，加强与共建"一带一路"国家和地区的合作。通过举办各类经贸活动、参加国际展会等方式，展示了宜昌综合保税区的特色产品和优势产业，提高了区域的知名度和影响力，吸引了更多的国际合作伙伴。

【经济发展】2023 年，宜昌综合保税区实现进出口额 62.79 亿元，占全市进出口总额的 14.09%。宜昌综合保税区已基本形成以"钙、鱼、油、蛋"为特色的产业链。其中，善裕粮油建成全国最大的亚麻籽油保税加工基地，正在围绕亚麻籽油重要成分 ω-3 脂肪酸萃取工艺、生产设备、保健品生产等方向拓展产业链；默晨制药已通过 FSSC 22000 认证，成为全国最大的原料药碳酸钙生产基地；全国首家兽用营养保税加工企业法梅隆已通过兽药 GMP 认证；众达供应链公司建成鄂西渝东地区最大蛋白产品供应基地；安琪酵母（湖北自贸区）有限公司成功办理委托加工产品生产许可证增项，顺利开展全省首笔委内加工业务。建成并运营"宜荆荆"首个跨境电商国际直播基地，成功链接抖音国际版、Facebook 等国际平台，顺利实现"宜货出海"。"双 12"期间举办"海购节"活动，推动长盛川茶叶、屈姑果蔬罐头、脐橙鲜果等近千个宜昌品种远销海外，3 天时间线上线下交易额累计突破 1 亿元。

【发展趋势】一是聚集效应加快形成。充分发挥连接国内国际两个市场，统筹利用两种资源优势，保税加工、国际贸易、现代物流、跨境电商、销售服务类企业加快聚集，将发展成为宜昌外向型经济聚集区、双循环发展示范区。

二是对外贸易大幅增长。以融入西部陆海新通道为契机，推动粮食油料、冻品、新能源材料等大宗贸易进口和优特农产品加工出口业务大幅增长，具有宜昌特色的保税物流分拨中心正在加速形成。

三是平台功能加速彰显。聚焦生物医药研发、外贸新型主体、跨境电商新模式等个性化需求，作为贯通创新链链接产业链融合资金链与人才链的"四链融合"载体已初露雏形。

【机构设置】宜昌综合保税区管理办公室隶属于宜昌高新技术产业开发区管理委员会，机构级别为正处级，下设综合科、发展规划科、投资促进科、口岸物流科、跨境电商发展科 5 个科室。采取"办公室+平台公司"管理运营机制，宜昌综合保税区管理办公室与湖北自贸区（宜昌）高新投资有限公司建立了宜昌综合保税区招商运营一体化工作机制，按产业和目标区域组建招商小分队，建立从项目引进到投产的全流程工作推进机制，打造了全生命周期的一体化招商运营服务体系。

【招商部门】宜昌综保办投资促进科为主要招商机构，承担：研究拟订并实施宜昌综合保税区年度招商工作计划；对接国（境）内外客商、团组、投资促进机构，推进一体化招商、驻外招商、委托招商工作；组织开展重大投资促进活动；宣传推介宜昌综合保税区，向投资者提供有关政策、法规咨询服务。招商联系人：陶佳莉。联系电话：15327606322。

衡阳综合保税区
HENGYANG COMPREHENSIVE BONDED ZONE

【概况】衡阳综合保税区原规划面积2.57平方千米，2020年1月经国务院批准同意核减规划面积至0.85平方千米，已建成围网面积0.66平方千米，分为南北两个区块，两个区块由地下通道联通。

卡口和监管用房占地1300平方米，口岸联检办公大楼建筑面积约6108平方米；北区主卡口东侧围网外建有3层、建筑面积2900平方米的综合楼，供驻区机构使用；建有监管仓库和查验平台供海关相关部门使用；建有隔离设施，建成永久性、不间断、全封闭围墙5480米，围网上配置了156台高清晰度数字摄像头和89对红外对射报警装置。

【投资环境】衡阳地处湘南腹地，素称"沿海的内地，内地的前沿"，临近珠三角、港澳、东盟等经济区，在地理位置上具有商品集散便利的天然优势；形成了东接长三角、南连珠三角、西达川渝、北至鄂豫的有利格局，对周边省市辐射力和影响力明显增强。衡阳拥有水陆空立体交通网络，衡阳综合保税区更是位于交通网络核心地带，距高铁衡阳东站15分钟车程，距京珠高速出入口15分钟车程，距离衡阳南岳机场10分钟车程，距长沙黄花机场2小时车程，距离丁家桥千吨级码头2千米，尽享水、陆、空立体交通之便捷。

截至2023年年底，衡阳综合保税区已完成投资13亿元，建成19栋共43.7万平方米标准厂房（其中南区9栋标准厂房、北区10栋标准厂房），保税仓库2栋，总建筑面积46万余平方米；园区周边已建成湘南地区最大的22万伏真武变电站，有日供水能力20万吨的城南水厂、日处理能力10万吨的污水处理厂保障给水供应，已新建光缆汇聚机房，千兆入户，百兆到桌，已设立7个3G、3个4G站点，满足企业手机通话和数据业务需求。

【招商引资】衡阳综合保税区牢牢牵住项目引进这个"牛鼻子"，聚焦电子信息、生物医药、跨境电商等产业，制定衡阳综合保税区招商引资政策，通过驻点招商、上门招商、以商招商全力开展招商引资工作。2023年，衡阳综合保税区引进项目13个，其中9个项目开展对外进出口业务，盘活闲置厂房15.2万平方米。

【对外贸易】2023年，衡阳综合保税区完成外贸进出口217.56亿元，同比增长6.7%，占全市外贸进出口的48.8%。通过深入推进与中欧班列"区港联动"改革，已基本形成区港联动模式，年内累计实现8400万美元外贸数据回流；充分发挥供应链平台功能，为本地外向型企业提供纸浆代采服务，10月26日代采的第一批500吨进口纸浆到达广州南沙港，迈出服务本地企业拓宽外贸市场第一步外贸业态创新开展；同时，相继开展"跨境电商+保税展示"业务，推动区内跨境电商公司开发"做个买卖"线上平台，开展"网购保税进口+实体新零售"业务。

【经济发展】2023年，衡阳综合保税区全年实现新增市场主体43家，在区内开展一般贸易、加工贸易、跨境电商、"一日游"等业务，实现全口径财政收入2 182.8万元、地方财政收入1 301.8万元。

为促进区内经济腾飞，全方位推动新业态发展。全力推动跨境电商产业发展，2023年引进港资跨境电商运营项目1个，举办跨境电商培训班7期，参训人数280余人；引进富沅科技、嘉盈科技开展保税维修业务；支持乐远供应链开展服务外包业务；同时出台奖励办法，鼓励区内企业开展服务外包业务、保税展示业务、保税维修业务。精准式服务区内企业。制定干部联络制度，为区内企业提供全方位保姆式服务，年内为企业解决变压器增容、电梯置换、道路提质等问题30余个；赋能跨境电商综合服务平台、外贸综合服务平台、供应链金融服务平台，为衡阳市外向型企业提供金融、外贸等方面服务。

【发展趋势】根据"十四五"规划，到2025年，衡阳综合保税区初步形成进出口贸易、跨境电商、保税加工、保税物流、创新服务业等产业融合发展的产业生态体系，建成外贸综合服务平台，完善跨境电商平台和保税物流平台，区域协同发展、创新发展和绿色发展达到更高水平，积极融入中国（湖南）自由贸易试验区，推动创新联动区的发展，在共建"一带一路"中展现新作为，在"双循环"新发展格局中体现新担当，为打造区域开放中心、推进"三强一化"建设、加快建成名副其实的国家区域重要城市和省域副中心城市提供战略支撑。

在业态创新拓展上，积极推进"保税+维修""保税+展示""保税+医疗""保税+研发"和跨境电商"1210""9810"等业务的开展。

在招商项目引进上，着力打造以电子信息为主，以跨境电商、新能源为特色，以粮食加工、新材料、生物医药为辅的产业格局。

在重点产业发展上，加快完善综合保税区功能，激发园区生产力，立足赋能增效，加强基础设施建设，提升产业配套能力，提升内陆开放程度，聚集市场主体和资本要素。

【机构设置】根据有关文件精神，衡阳高新区党工委、管委会统一管理衡阳综合保税区管理局（正处级），内设5个科室，分别为办公室、经济合作科、企业服务科、政策法规科、财务管理科。

【招商部门】衡阳综合保税区管理局经济合作科主要负责综合保税区的招商引资工作。联系人：罗惠之；联系电话：13327349668。联系人：李雪玮；联系电话：18907474499。地址：湖南省衡阳市蒸湘南路147号。

岳阳城陵矶综合保税区
YUEYANG CHENGLINGJI FREE TRADE ZONE

【概况】岳阳城陵矶综合保税区于2014年7月经国务院批复设立，规划面积2.07平方千米，2016年8月封关运作，是湖南省首个实现二期验收的综合保税区。园区整体定位为集国内国际贸易、保税加工、保税物流、保税服务、进出口商品展示交易等内外贸于一体的新型综合保税区，并在2021年度、2022年度连续两年的全国综合保税区（含其他特殊区域）发展绩效评估中进入中西部（含东北三省）A类，是湖南省唯一一个进入地区A类的综合保税区。

【开发建设】岳阳城陵矶综合保税区充分发挥城陵矶港依靠湖南唯一通江达海的区位优势，积极融入共建"一带一路"倡议和长江经济带、中部地区崛起等国家战略，成功创建并运营肉类、粮食、汽车、原木、水果进口指定口岸。同时，大力完善口岸配套设施设备，为发展口岸经济奠定坚实基础。63万平方米的标准厂房、3.7万平方米的平行进口汽车保税停车场、6.5万平方米的国际商贸保税物流展示交易中心、2万平方米的保税冷库均已建成运营，园区水、电、气、网等相关配套设施设备一应俱全，进口农产品仓储加工物流园、进口农产品现货交易中心等一大批项目正在稳步建设。

【投资环境】政策叠加赋势。先后争取到进口粮食保税加工、区外企业委内加工、汽车平行进口综合试点、增值税一般纳税人资格试点和跨境电商综合试验区等专项政策，并成功获批纳入中国（湖南）自由贸易试验区岳阳片区实施范围，联合岳阳海关、中国（湖南）自由贸易试验区岳阳片区陆续推出"综合保税区优化进出区管理新模式""进口转关货物内河运费不计入完税价格审价机制创新""药食同源商品进口通关便利化新举措"等10余项制度创新成果，为企业降本超5 000万元。

金融创新赋能。在省内首创"一平台两机制"（融资平台、融资担保机制、风险补偿机制）外贸供应链模式。由区属平台企业岳阳观盛投资发展有限公司、岳阳邦盛实业有限公司，在严控风险前提下为入区企业生产经营、项目建设等提供全方位金融保障，并加强与银信部门合作。截至2023年年底，2家公司在25家银行累计获批综合授信超390亿元，为园区企业提供外贸金融支持超600亿元，带动银行现金流超2 000亿元，极大降低了企业的财务压力和成本。

人才保障赋力。聚焦企业用工需求，区属平台企业岳阳综合保税区洞庭天下人力资源管理服务有限公创新招聘方式、拓展招聘渠道，根据企业需求定制个性化的派遣方案，并积极对接岳阳市人力资源协会、市人社局，逐步建立中、高端人才引进机制，2023年为园区各类企事业单位提供人才近3 000人次。同时，践行产教融合理念，瞄准未来产业发展方向和企业转型升级需要，加快岳阳现代服务职业学院建设进度，打造高技能职业人才队伍培养基地。

【招商引资】依托强有力的金融支持，通过代建基础设施、参股项目运营、组建产业发展基金等措施，吸引国内外20余家知名实体企业和优质项目落户园区。截至2023年年底，园区有企业167家，其中工业企业24家、商贸类132家、平台及物流仓储类11家，形成以泰金宝精密（岳阳）有限公司、泰金宝光电（岳阳）有限公司、湖南省芯卂龙电子科技有限公司、湖南鑫源链科技有限公司等为代表的电子信息产业，以湖南海益通生物科技有限公司、湖南君泰生物科技股份有限公司、湖南竟成农业有限公司等为代表的进口粮食加工产业，以际华中晟材料科技（岳阳）有限公司等为代表的新材料产业，以湖南弘元新港供应链管理有限公司等为代表的进出口商品展示交易产业。年内，新签约项目8个，签约总额62.7亿元，其中10亿元以上项目2个（进口农产品仓储加工物流园项目、韩国OST超大型液晶显示模组项目）。

【对外贸易】坚持高质量发展理念，不断提升外贸质效。做强重点贸易，围绕原油、粮食两大重点板块，持续巩固上游供货和下游销售渠道体系。2023年，原油、粮食分别实现进出口贸易额159.78亿元、152.47亿元，提升了在"油圈""粮圈"的影响力。坚持产贸融合，以非洲橡胶、棕榈油、葵花籽等农副产品和云母、石英等非金属矿为突破口，由区属平台企业投资并建设科特迪瓦年产能10万吨的橡胶加工厂及年产能18万吨的棕榈油加工厂、坦桑尼亚葵花籽油加工厂和东、西非海外仓，打造"海外初加工厂+海外仓+国内精加工厂+全球贸易"的产贸一体化格局。优化贸易结构，新增印度调味品、南美肉类冻品、欧洲乳制品等品类，拓展对非二手车和冶金设备出口新业态，外贸品类和总量逐步扩大。年内，岳阳城陵矶综合保税区完成进出口贸易额493.5亿元，其中进口421.2亿元、出口72.3亿元。

【经济发展】2023年，岳阳城陵矶综合保税区实现经营总收入804.52亿元，同比增长66.19%。其中，工业企业营业收入219.29亿元，同比下降3.58%；批发及零售业营业收入569亿元，同比增长140.55%；服务业营业收入16.23亿元，同比下降19.36%。上缴税金约5.18亿元，同比增长24.1%；实际利用外资近2.22亿美元，同比增长743.61%。

【发展趋势】岳阳城陵矶综合保税区将结合区位优势和平台资源，抓住长三角、珠三角产业转移机遇，通过产业链招商、资本招商、以商招商等方式，大力引进粮食及肉类进口加工、平行进口汽车、电子信息等项目，围绕新紫光集团有限公司、湖南鑫源链科技有限公司等头部企业进行强链、延链、补链工作，着力提高加工贸易和保税物流等实体贸易企业的进出口比重，不断提升城陵矶辐射集聚效应，并引导园区现有加工制造企业转型升级，加快提升智能化、数字化水平，延伸价值链，增强市场竞争力。同时，积极探索"易货贸易""订单融资"等新贸易模式，寻求保税维修、保税研发、保税租赁等新业态突破，做大贸易增量；加快"走出去"战略步伐，支持区属平台企业联合区内、国内企业组团出海，深化对非洲及东南亚等共建"一带一路"国家和地区的经贸合作，全力构建"海外初加工厂+海外仓+国内精加工厂+全球贸易"的双循环发展新格局。

【机构设置】岳阳城陵矶综合保税区配有主任1名、副主任2名，内设4个部门，分别为保税事务部、经济发展部、企业服务部、口岸贸易部。

【招商部门】岳阳城陵矶综合保税区管委会。联系人：谢陈文。联系电话：0730-8426000、15073080909。

长沙黄花综合保税区
CHANGSHA HUANGHUA FREE TRADE ZONE

【概况】长沙黄花综合保税区是经国务院批准的全国26个临空型综合保税区之一，于2016年5月31日获批设立，规划面积1.36平方千米，位于长沙市东部长沙临空经济示范区、中国（湖南）自由贸易试验区长沙片区临空区块的核心区域。2023年，长沙黄花综合保税区一期和二期实现整体封关运作，被评为2022年度"全省商务工作先进园区"及2023年度"全省自贸和口岸工作先进单位"，在年内发布的2022年度全国综合保税区（含其他特殊区域）发展绩效评估中排名第52位。

【开发建设】园区道路、市政管网、标准厂房、冷链仓库、监管信息系统等配套设施建设进一步完善。2023年，建成园区道路0.33千米；完成A区二期和B区一期项目10栋标准厂房、4栋冷链仓库、2栋标准仓库、1栋服务中心、1栋中心配电房；完成区港联动项目4栋暂存仓库，东卡口和口岸卡口的建设，竣工建筑面积约43.29万平方米。此外，长沙黄花综合保税区C区关外停车场已投入使用，为区内企业及周边群众提供310个停车位。年内，长沙黄花综合保税区实现固定投资总额8.31亿元。

【投资环境】长沙拥有"空铁陆磁"立体交通体系，是湖南现代交通体系最为发达的区域。进境冰鲜水产品、进境食用水生动物、进口药品、进口水果四大口岸通航国内外近150个城市，累计开通国际和地区货运航线25条；武广、沪昆、渝长厦、云贵厦高铁呈"米"字形交错，形成高铁3小时经济圈，辐射全国8亿多人口，货物可以依托中欧班列（长沙）从长沙直达欧洲；京港澳、杭长、武深等高速路及30余条主次干道纵横区内，地铁6号线贯穿全区；拥有中国首条自主知识产权的中低速磁悬浮铁路将机场与高铁站连为一体。

机场海关实行"7×24小时"通关模式，保障货物快速通关。长沙黄花综合保税区内设有5 000平方米的海关监管仓库和2 000平方米的跨境电商网购保税查验平台2个监管场站，可为区内企业提供免费查验服务；周边1千米内有机场口岸、快件监管中心、跨境电商监管中心、"邮快跨"监管中心4个监管场所。深化推进"卡口功能化改革"，区内东、北两个智能卡口实现了"无感卡口"管理，特别是创新实施虚拟车牌申报、"一票多车"和卡口预约免费称重小程序模块，提升了工程车辆出口通关时效。

长沙黄花综合保税区与黄花国际机场区港联动项目打通连接综合保税区与机场3号货站的专用通道，实现操作服务、监管信息、通关运营一体化集成，做到货物通关"一次申报、一次查验、一次放行"。同时，创新实施"邮快跨集约发展+跨境一锁新通道"跨境贸易便利化改革创新，实现口岸监管通关、业务信息、体制机制"三个一体化"，由单一的物流运输服务转变为国际口岸平台服务。

园区秉持"产城融合"理念，拥有良好的宜居宜业条件，教育医疗、购物、生活等配套逐步完善。深化金融领域开放创新助力产业发展，建设金融超市，设立转贷基金，截至2023年年底"奖补朝享贷"累计助企低息融资约7 500万元，还设立了规模10个亿的临空产业基金，供应链金融服务公司获银行授信达20亿元。承接省市县74项行政审批权限，提供全流程、一站式行政审批服务，并开通亲清服务热线（0731-82512345），为企业提供24小时在线服务。

【招商引资】按照海关总署《综合保税区适合入区项目指引》和通用航空、医药健康主导产业定位，长沙黄花综合保税区围绕通用航空、医药健康、外资外贸等重要领域，举办洪堡创新中心路演活动、通航产业发展论坛等系列大型招商活动，吸引优质企业落户。2023年，共引进重点产业项目20多个，区内有海关备案外贸企业257家。其中，全国外贸100强企业2家、全国电子元器件分销10强企业2家、跨境电商物流50强企业3家、AEO企业3家、生产型外贸企业25家、对非贸易企业62家。

【对外贸易】长沙黄花综合保税区进口商品以集成电路为主，半导体器件增长快速。2023年，进口商品种类共计186种。排名前10位的商品合计占进口总额的81%。其中，集成电路进口109.6亿元，占36.1%；半导体器件增长快速，进口15.9亿元，同比增长69.4%，占5.2%；带壳甲壳动物进口15.7亿元，同比增长6.1%，占5.2%。进口来源国（地区）共计98个，较2022年增加19个。进口额排名前10位的国家（地区）合计进口额占同期进口总额的76.2%。

出口以机电产品和劳动密集型产品为主，合计占出口总额超七成。2023年，出口机电产品82亿元，同比增长7.3%，占38%。其中集成电路出口4.4亿元，同比增长288.9%，占2%。出口劳动密集型产品71.7亿元，同比下降39.3%，占33.2%。其中，塑料制品出口22.3亿元，同比增长10.2%，占10.3%；纺织服装出口25.6亿元，同比下降41.6%，占11.8%。出口主要至新加坡，对越南出口快速增长。出口额排名前3位的国家（地区）分别为新加坡、中国香港和马来西亚。其中，对新加坡出口39.4亿元，占18.3%；对中国香港出口32亿元，占14.8%；对马来西亚出口26.5亿元，占12.3%。同期，对越南出口16.7亿元，同比增长45.3%，占7.7%。

【经济发展】长沙黄花综合保税区内"五大中心"业态已实现全覆盖。2023年，区内加工制造、研发设计、物流分拨、检测维修、销售服务类企业实现进出口额约519亿元，约占中国（湖南）自由贸易试验区长沙片区的55%、长沙市的20%、中国（湖南）自由贸易试验区的35%、湖南省的10%，产生关税23.55亿元。年内，长沙黄花综合保税区保税研发、保税维修率先全省、全市实现业务破零，落地相关项目10个。年内，新增AEO认证企业数占全市的13%、长沙片区的40%，鸿翼模拟机运营中心填补省内飞行模拟机空白。

2023年，长沙黄花综合保税区协助新开长沙至曼谷、长沙至特拉维夫2条国际货运航线，全年平均在飞国际货运航线5条、客运航线13条。长沙机场货邮吞吐量同比增长13.5%，其中国际货邮吞吐量同比增长2.3%。进境冰鲜水产品、进境食用水生动物、进口水果3个口岸进口量均跻身全国空港口岸前10名，长沙口岸食用水生动物进口量同比增长67%，水果进口量为2019年单年进口量的2.2倍。

【发展趋势】按照"一主一特——通用

航空和医药健康"整体产业布局,长沙黄花综合保税区重点发展保税加工、保税研发、保税物流、跨境电商等"保税+"业态,将致力打造以"保税研发+未来医学"为定位的特色型综合保税区。

【机构设置】中共中国(湖南)自由贸易试验区长沙片区临空工作委员会、中国(湖南)自由贸易试验区长沙片区临空管理委员会(以下分别简称长沙自贸临空区党工委、管委会),分别为长沙市委、市政府派出机构,合署办公,委托长沙县委、县政府管理,为正处级。长沙片区临空管委会加挂长沙黄花综合保税区管理委员会、长沙临空产业集聚区管理委员会牌子。

长沙自贸临空区党工委、管委会下设党政综合局、招商合作局、规划建设局、产业促进局(统计局)、制度创新局(行政审批服务局)、综保事务局、财政金融局共7个内设机构,为正科级。同时,按照有关章程和规定设置党群、纪检监察等机构。

【招商部门】黄花综合保税区园区整体招商工作由中国(湖南)自由贸易试验区长沙片区临空管理管委会招商合作局负责。招商联系电话:0731-81853348。

钦州综合保税区
QINZHOU COMPREHENSIVE BONDED ZONE

【概况】广西钦州保税港区于 2008 年 5 月经国务院批准设立，是我国第 6 个保税港区，也是距东盟最近的保税港区。广西钦州保税港区规划面积 10 平方千米，2011 年 2 月正式开港运营，2014 年 8 月实现整体封关运作；2018 年 7 月四期封关围网整改工程验收，封关围网面积 8.81 平方千米。2020 年 5 月 24 日，国务院批复广西钦州保税港区核减规划面积并整合优化为钦州综合保税区。2021 年 4 月 28 日，钦州综合保税区基础设施和监管配套设施通过联合验收组验收；2021 年 12 月 8 日，钦州综合保税区正式封关运作，整合优化后的钦州综合保税区面积 4.56 平方千米。钦州综合保税区重点发展航运物流、国际贸易、大宗商品交易、保税期货交割、多类型加工、汽车保税贸易等，全力打造加工制造中心、物流分拨中心、销售服务中心，争取成为中国—东盟开放合作核心平台、国际门户港物流枢纽、加工贸易产业聚集基地，为国际陆海贸易新通道门户港、打造向海经济集聚区和中国—东盟合作示范区建设提供强有力支撑。

【开发建设】钦州综合保税区基础设施建设完善，区内道路、雨污水管网、电力、通信、供水、供气等生产要素完善，配置了齐全的海关监管设施，建有 2 个兼具货运通道和行政通道的综合性卡口、1 个专用的行政卡口。利用原钦州保税港区一期查验场地改造建设了查验场，占地面积约 4 万平方米，配备有监管用房、扣留仓库、监管仓库及查验位 11 个，并预留有 H986 查验用地，配备了查验场地信息采集系统以及与海关信息化系统联网的卡口智能卡口管理系统、车牌识别系统等，查验场实现 Wi-Fi 及视频监控无盲区覆盖。同时，建有冷链查验监管设施，具备冷链货物查验的条件。

钦州综合保税区围网面积开发率达 70%，二纵七横的规划道路已完成二纵五横道路建设。区内建设了占地 70 万平方米的中石油储备油库区，原油存储能力 420 万立方米；建设有 1 个冷链保税交易中心、1 个木材交易中心、1 个粮食加工产业园以及 6 个仓储物流园，保税仓库和堆场面积合计 117 万平方米。区内设有平行进口汽车标准符合性整改场所和跨境电商清关中心，在综合保税区北面配套建设了北部湾国际航运服务中心和职工生活区，周边的商务代理、餐饮、酒店等配套服务可满足区内企业发展需要。

【投资环境】钦州综合保税区地处北部湾畔，为中国（广西）自由贸易试验区核心区。钦州综合保税区毗邻集装箱铁路中心站和钦州港口岸，距离铁路中心站和码头均仅 200 米，高铁半小时直达首府南宁、北海、防城港，3 小时高铁可达广州、深圳等城市，至周边两个机场（南宁吴圩国际机场、北海福成机场）均为 1 小时车程。毗邻钦州综合保税区的钦州港大榄坪集装箱码头具备靠泊

20万吨级集装箱船舶的资质和能力，运营航线70条，其中外贸航线43条，通达全球124个国家和地区的518个港口。海铁联运班列覆盖18个省份72个城市的152个站点。钦州港2023年位列全球集装箱港口综合排名第30名。

钦州综合保税区的投资软环境也显著提升，通过承接自治区、市级下放的行政权力，推行审批服务便利化改革，实现了商事登记、税务登记、项目备案、资质办理等政务服务一站式办理。中国（广西）自由贸易试验区钦州港片区开展贸易外汇收支便利化试点，加上综合保税区优惠的外汇政策，跨境资金结算十分便利。设立了中国（广西）自由贸易试验区钦州港片区公共法律服务中心、钦州国际商事纠纷调解中心和RCEP企业服务中心，能为综合保税区企业提供法律、政策咨询等服务。根据广西营商环境评估结果，2023年中国（广西）自由贸易试验区钦州港片区营商环境总体表现在中国（广西）自由贸易试验区中排名前列。钦州综合保税区叠加了综合保税区、自由贸易试验区的政策优势，是投资经商的优选之地。

【招商引资】钦州综合保税区通过强化区域性政策协同，与粤港澳大湾区产业开展对接合作，积极承接产业转移。结合《综合保税区适合入区项目指引》，运用资本招商、要素招商、产业链招商等策略，实施精准招商，钦州综合保税区重点引进助力西部陆海新通道发展的冷链物流、大宗贸易、跨境电商等方向合作项目以及充分发挥口岸资质作用的进境中药材、进境肉类、进境水果贸易及深加工等方向合作项目。2023年，钦州综合保税区新注册外资企业7家，完成合同外资1648.16万美元，占全市总量的2%。年内，共新增注册了22家企业，签约引进了4个涉地项目。截至年底，钦州综合保税区入驻企业225家。

【对外贸易】2023年，钦州综合保税区进出口总值444.4亿元，同比增长13%，占全市进出口总值的58.6%。其中，加工贸易进出口值16亿元，物流货物进出口值385亿元，一般贸易进出口值43.4亿元，货物贸易涉外收支总额10.5亿美元。整合优化后的钦州综合保税区入驻了粮食、棉纺、木材、洋酒、食盐等多类型加工贸易产业，加工贸易的交易国主要有俄罗斯、乌克兰、巴西、越南；开展了原油、红酒、整车进口、冷链、跨境电商等保税物流业务；形成了保税加工、保税物流、国际贸易、港航服务等特色产业体系。

【经济发展】2023年，钦州综合保税区企业经营总收入462亿元，税务部门收入7亿元；固定资产投资7.2亿元；规模以上工业产值21.5亿元，同比增长45.11%；监管货物近2000万吨，辐射广西贵港、来宾、百色等各地市及贵州、川渝等西南地区。钦州综合保税区已经落实增值税一般纳税人试点，2家企业通过该试点成功对接国内市场，年内缴纳税额超1500万元。区内的原油储备库通过保税进口存储方式，每年为区外的中石油广西石化炼厂提供约700万吨保税原油，大力促进了广西石化产业的发展。

区内企业广西自贸区钦州港片区开发投资集团有限责任公司建设的北部湾（广西）大宗商品交易平台，为包括综合保税区在内的会员企业提供进口代采、国内集采、商品竞价、产能预售、基差点价等的全产业链多元化交易服务，2023年完成交易额150.9亿元、现货交收619.3万吨、线上资金结算22.38亿元。5月，区内的诚峰仓储物流园获得郑州商品交易所授予的锰硅交割仓资质，完成了首票60吨锰硅期货交割。年内，钦州综合保税区创新开展了大豆离岸现货交易业务，进行保税现货交易的大豆进入综合保税区大豆保税交易库，通过前海交易中心系统形成仓单，基于离岸现货平台为市场主体提升交易便利性。

【发展趋势】根据《广西综合保税区提质增效三年行动计划（2024—2026年）》，钦州综合保税区将依托港口优势，围绕中国—东盟水果交易中心建设，重点发展冻品、水果、果浆等深加工，提升北部湾大宗商品交易平台功能，大力发展原油期货保税交割、大豆离岸现货保税交易、锰系产品期货及现货保税交易、再生金属进口、离岸贸易、供应链金融等业务，不断拓展交易品类，构建全产业链供应链服务体系，创新跨境结算等业务模式，打造形成大宗商品交易分拨中心。同时，钦州综合保税区将探索推进保税货物入区便利化改革，提高"区港联动"水平，实现保税功能与口岸物流功能的高效叠加；探索开展转口贸易、保税研发、保税维修等新业态，建设面向东盟合作的特色型综合保税区。

【机构设置】钦州综合保税区位于中国（广西）自由贸易试验区钦州港片区范围内，中国—马来西亚钦州产业园区管理委员会、广西钦州保税港区管理委员会、钦州港经济技术开发区管理委员会与中国（广西）自由贸易试验区钦州港片区管理委员会合署办公，由钦州市委、市政府管理。中国（广西）自由贸易试验区钦州港片区管理委员会书记、主任各1名，分别由钦州市委书记、市长兼任。

中国（广西）自由贸易试验区钦州港片区管理委员会为钦州综合保税区管理部门，负责钦州综合保税区有关行政事务的统一管理，履行综合保税区发展规划和年度计划，协助海关等监管部门推行通关便利措施，创新监管模式，指导综合保税区功能开发，促进投资环境和公共服务的完善，吸引投资，推动制造、现代服务等产业发展，以及完成市政府其他工作安排。

【招商部门】中国（广西）自由贸易试验区钦州港片区招商服务中心是中国（广西）自由贸易试验区钦州港片区管理委员会管理的公益一类事业单位，负责贯彻执行国家、自治区、钦州市以及钦州港片区有关招商引资的政策法规，建立健全招商引资的政策体系、工作机制和保障措施并组织实施，负责包括钦州综合保税区在内的钦州港片区招商服务工作。联系电话：0777-5988848。

广西凭祥综合保税区
GUANGXI PINGXIANG INTEGRATED FREE TRADE ZONE

【概况】广西凭祥综合保税区依托凭祥友谊关口岸而建，与越南相连，于2008年12月19日获批设立，是我国获批成立的第4家综合保税区、第1个具有跨境合作背景的综合保税区，具有口岸作业、保税物流、保税加工和国际贸易四大功能。广西凭祥综合保税区一期1.01平方千米，于2011年9月30日封关运作；二期（筹）于2016年8月26日开工建设，面积1.4平方千米。自2011年广西凭祥综合保税区一期封关运作以来，广西凭祥综合保税区围绕"扩容提量、改革创新、跨境合作"发展方向，加快园区建设发展，形成了现代物流、保税物流、跨境电商、加工贸易等特色主导体系，先后荣获"国家级示范物流园区""广西首批现代服务业集聚区"等多个国家级、自治区级荣誉。2023年，广西凭祥综合保税区实现进出口贸易额1 283亿元，对外贸易额在全国综合保税区中排名第13位，在广西5个综合保税区中排名第1位。

【投资环境】广西凭祥综合保税区具有高效便捷的口岸优势。依托友谊关口岸，形成了以凭祥市为中心，以南宁市和越南北江省、北宁省为两轴的"两小时经济圈"。中越首个跨境智慧口岸（友谊关—友谊）开工建设，待全线建成运营后，将实现24小时不间断无人化通关运行，通关效率将成倍快速提升，具有商机无限的市场优势。园区连接内地、面向东盟，是中国—东盟跨境产业链供应链的重要节点，蕴含着无限商机。企业可以利用"落户凭祥+转移越南"模式跨境布局生产，将产业链条的关键部分留在园区进行前期加工，半成品在越南完成加工组装增值并取得越南或中国—东盟、RCEP原产证书。具有多重叠加的政策优势。按照国发〔2019〕3号文等相关政策，广西凭祥综合保税区在税收、贸易管制、保税监管、外汇等方面享受优惠政策。2023年，广西凭祥综合保税区成为广西凭祥沿边产业园区的重要组成部分，享受国家对沿边临港产业园的各项支持政策。此外，园区企业还可叠加享受中国（广西）自由贸易试验区崇左片区、凭祥重点开发开放试验区等国家级平台优惠政策，政策环境十分优越。

【招商引资】广西凭祥综合保税区持续强化项目引领，推动项目落地见实效。2023年，广西凭祥综合保税区累计签约引进项目4个，总投资约16.8亿元，均已实现落地建设；实际利用外资2 723.53万美元。

【对外贸易】广西凭祥综合保税区深化改革创新，支持满足条件的企业通过分类监管模式将保税、非保税货物集拼后通关，提升入区企业货物流转效率。"友谊关口岸一站式边检快捷通关系统"在陆路口岸实现首个验收并投入使用，创新"一次备案+快检快通"无接触通关模式，为全国边境口岸（通道）推广应用提供了样板。创新实施"分层查验+承诺提离"模式，并实施绿色通道、建立进口榴莲专用通道等方式，保障进口水果优先查验、快速放行，有效压缩了水果进口通关时间。建成了综合保税区危险品查验仓库，保障危险品货物进出口。成功试点"一费制"改革，实现了"一窗一次收费"，让企业"一次办""少跑路"。围绕中国—东盟跨境供应链、产业链、价值链，引导贸易业态蓬勃发展，2023年，保税物流进出口总额1 273.3亿元，占广西外贸进出口总额的18.35%；累计推动18家跨境电商企业成功开展业务，实现"9610""9710""9810""1210"各种业态模式落地，实现跨境电商交易额39.51亿元，同比增长56.04%。

【经济发展】广西凭祥综合保税区充分发挥园区区位优势和政策效应，重点瞄准珠三角、长三角、京津冀等产业契合度高、产业转移意向迫切的地区，重点引进电子产品、东盟特色产品加工，商贸物流、跨境电商、保税检测维修等企业。截至2023年年底，园区先后引进432家企业入驻发展，初步建成了以电子信息加工、东盟特色产品加工为主的跨境加工贸易产业基地。持续推动跨境贸易扩量提质。年内，广西凭祥综合保税区外贸进出口1 283亿元，同比增长38.8%，占崇左市外贸进出口总值的53.59%，助推崇左市外贸进出口总额连续15年、出口总额连续17年稳居全区第一，连续9年入围"中国外贸百强城市"。

【发展趋势】广西凭祥综合保税区将充分利用发展优势，全面贯彻党的二十大精神、党的二十届三中全会精神和党中央、国务院关于促进综合保税区高水平开放高质量发展的有关决策部署，深入贯彻落实习近平总书记关于广西工作论述的重要要求，主动服务和融入新发展格局，全力推进高水平开放高质量发展。

【机构设置】广西凭祥综合保税区管理委员会作为广西凭祥综合保税区的职能管理部门，承担日常事务管理、企业服务、招商引资等职责。

【招商部门】广西凭祥综合保税区管理委员会招商引资局。招商热线：0771-8587688。联系地址：广西凭祥市夏石镇产业大道凭祥产业园规划馆。

北海综合保税区
BEIHAI INTEGRATED FREE TRADE ZONE

【概况】北海综合保税区的前身为北海出口加工区，于2003年经国务院批准设立，由A区和B区组成，A区位于北海市区西侧，B区位于北海市铁山港区，两区面积各为1.14平方千米，并于2019年整合优化升级为北海综合保税区。

截至2023年年底，园区已累计建成城镇建设用地面积174万平方米。其中，年内推动A区A-02地块标准厂房、A区B-03地块标准厂房工程和B区A-05地块标准厂房3个标准厂房项目，以及B区新能源光伏组件生产加工专用BIPV高标准钢结构厂房项目建设，满足项目入驻需求，筑巢引凤促发展。B区供热管网（一期）工程于6月开工建设，9月竣工验收，12月取得特种设备使用登记证并正式供热，该项目建成可为园区粮食加工企业提供安全、稳定的热蒸汽，提高企业生产效率，降低生产成本。

【投资环境】北海综合保税区A区距离北海港口岸石步岭作业区仅1千米，距离南北高速入口17千米，距离北海福成机场27千米；B区毗邻玉铁高速铁路和北海港口岸铁山港区石头埠作业区，距离北海福成机场20千米，区位优势十分优越。北海综合保税区是北海乃至广西对接粤港澳大湾区、连接西南经济腹地、构建南向通道的对外贸易重要平台和外向型经济中心枢纽，享有西部大开发、北部湾经济区开放政策的同时享受中国（广西）自由贸易试验区协同发展区、铁山港国家进口贸易促进创新示范区政策，纳入中国—东盟产业合作区建设框架，具有良好前景。

北海综合保税区创新管委会、海关"两位一体"服务共建模式，以专业化的服务团队，为企业提供"全方位、全天候、全过程"的贴心服务，以"一厅一中心"为载体，高效推进招商、产业、招工三大代办服务，解决企业后顾之忧，"一站式"解决企业设立、建设、经营过程中涉及的绝大部分手续和实际问题，并为企业提供人力资源招聘、培训、实习等服务，为企业输送合格员工。管委会分别与农信社、中国建设银行、桂林银行等金融机构签订"招商贷"合作协议，通过与商业银行开展"招商贷"业务，引入"银园直通车"等新型投融资模式，提前把园区招商引资扶持资金转化为贷款引导资金，保障了新引进企业推进项目建设和投产的速度，助推园区产业发展。

【招商引资】北海综合保税区结合园区功能和产业定位，以强基地、重招商、优服务、树品牌为工作重点，深化与粤港澳大湾区和境外产业对接合作，通过以商招商、委托招商、驻点招商等方式，大力引进电子信息、再制造等优势产业。2023年，北海综合保税区赴珠三角地区开展招商引资活动10次，对接客商73批次，先后邀请51批次客商来北海考察。年内，新签项目12个，合同投资额10.01亿元，其中签约500强项目

1个、专精特新项目2个；储备了智能化装备制造项目等行业细分领域龙头、专精特新项目10余个。

【对外贸易】北海综合保税区围绕打造国内国际双循环市场经营便利地，积极促进园区政策更加开放、通关更加便利、功能更加齐全；通过主动对接粤港澳大湾区，加快融入国内大市场，更好利用国内国际两个市场两种资源，做大做强加工贸易龙头产业，积极培育保税维修/再制造、保税研发等贸易新业态，全力打造成为北海对外贸易发展的桥头堡。北海综合保税区作为外向型经济园区，以电子信息类加工贸易企业为主，加工贸易进出口额、加工贸易产值均占园区外贸进出口总额、工业总产值的85%以上。2023年，北海综合保税区完成外贸进出口41.94亿元，其中加工贸易进出口35.65亿元、一般贸易进出口4.52亿元、保税物流进出口1.56亿元。

【经济发展】北海综合保税区充分发挥园区平台功能和先行先试优势，稳步推进园区建设发展。依托北海国家高新技术产品全球入境维修/再制造示范区、增值税一般纳税人资格试点、外汇和西部大开发以及广西、北海地区等优惠政策优势，引进项目涵盖电子计算机外部设备制造、光电子器件制造、智能终端显示、计算机打印耗材、复印设备再制造、运动器材制造、粮食加工、高端智能装备制造、保税混矿等产业，投资商来自欧美、日韩以及我国粤港澳大湾区、台湾等国家和地区，主要企业有绩迅科技、建准电子、琛航、铭迈、源发等公司。经过多年的建设，北海综合保税区已形成以加工贸易产业为主导，电子信息、体育器材、机电制造、粮食加工等业务"多点开花"的良好局面，先后获得广西加工贸易产业发展"重点园区"、广西开放型园区"创新进步奖"、自治区级"绿色园区"等称号。2023年，园区完成规模以上工业总产值56.2亿元。其中，保税维修、再制造企业合计实现产值8.72亿元，占园区规模以上工业总产值的15.5%。进出口货物货值超过14.7亿元，同比增长54.3%，规模居广西第一。年内，再制造企业绩迅公司在新三板成功挂牌，建准电子等2家企业获评2023广西制造业企业100强，绩迅电子等2家企业入选2023年广西高新技术企业百强企业，天硌等2家企业获评国家知识产权优势企业。

【发展趋势】北海综合保税区A区主要发展两头在外的高技术含量、低能耗、高附加值的加工贸易产业，鼓励发展电子信息、高端智能设备制造、保税维修等产业；B区充分利用保税加工、保税物流、生产服务一体化等综合功能，全力引进和发展电子信息、粮食加工、高端智能设备制造、保税维修产业，为临港造纸、玻璃和光伏组件等产业提供保税仓储物流服务，延链补链，将北海综合保税区建设成为广西全方位承接先进制造业和现代服务业转移的高地。继续夯实加工贸易产业基础，推动加工贸易产业由劳动密集型向高技术、高附加值转变，依托现有加工贸易龙头建准等企业，延长加工贸易产业链，促进加工贸易提质增效。积极推进北海综合保税区与铁山港工业园等园区协同发展，提升北海综合保税区辐射周边区域经济能力，推动北海综合保税区与粤港澳大湾区、广西沿边临港产业园等深度融合、高效联动。

【机构设置】北海综合保税区管理委员会内设党政办公室、财政局、招商局、人力资源局、产业发展局（应急管理局、生态环境局）、保税物流局、建设开发局、B区管理办公室及下属事业单位北海综合保税区服务中心。

【招商部门】北海综合保税区管理委员会下设招商局主要负责北海综合保税区招商引资工作。招商电话：0779-3928067、3928078。

重庆西永综合保税区
CHONGQING XIYONG COMPREHENSIVE BONDED ZONE

【概况】重庆西永综合保税区于2010年2月经国务院批准在重庆西永微电子产业园区内设立，规划面积7.58平方千米，是我国内陆地区第1个综合保税区，也是全国规划面积最大的综合保税区。2017年4月，重庆西永综合保税区被整体纳入中国（重庆）自由贸易试验区范围。重庆西永微电子产业园区位于重庆主城西部，规划面积43.8平方千米，其中产业区26.9平方千米（含综合保税区）、城市核心区7.4平方千米、寨山坪生态区9.5平方千米。

【开发建设】重庆西永综合保税区秉持环境就是竞争力的理念，不断改善高端人才工作生活条件，进一步坚定企业和人才扎根发展信心。2023年，打造优质科创环境，调结构强管理，城市更加宜居宜业。一是城市功能日臻优化。完成三安意法半导体等重点项目控规调整，启动建设110千伏和220千伏专用变电站。补齐优质教育短板，科学城八中确定选址。西永安置房城市更新等一批城市功能项目设计全面完成。新装修6.6万平方米、改造16万平方米研发楼三期产业办公用房。二是产城发展日趋协调。新建道路13千米，改造道路3千米。新建11个停车场5000个停车位，极大缓解了重点区域停车难问题。保障科学大道、轨道交通等重大交通设施建设期内道路畅通，启动建设道路45千米。净化城市天空，迁改6千米10千伏高压线，建设4.6千米110千伏高压线下地隧道。

园区已建成600万平方米的厂房、仓储、研发楼宇、公租房、员工宿舍，10万平方米西永商务中心区广场，400万平方米高档住宅商圈，20万平方米商业设施。

【投资环境】重庆西永综合保税区重点发展智能终端产业、集成电路产业及跨境电商、保税文化贸易、进出口整车保税、融资租赁、保税维修等新型贸易业态。

产业项目享受西部大开发、自由贸易试验区、中新互联互通合作示范区和综合保税区等多项叠加优惠政策。重庆西永综合保税区可为企业提供进出口、金融支持、厂房租赁等专项产业政策扶持和工商注册、税务登记、子女入学、就医等便利服务。重庆西永综合保税区在全国率先实施"内销选择性征税"和"增值税一般纳税人资格"双试点政策，形成内外贸一体化发展环境，可大幅减轻企业税负。

2023年，重庆西永综合保税区推动开放协同发展，强合作促改革，对外开放走深走实。一是创新探索再深入。深化贸易便利化，联合海关推出的货物进出区"四化"监管模式和"综合保税区设备零配件便捷监管模式"2项全国首创获海关总署备案肯定。围绕融入打通西部陆海新通道"最后一公里"，联合口岸物流、海关、机场等部门，开创性建成集航空前置货站和跨境电商监管作业中心于一体的"虚拟口岸"，大幅提高货物通关时效。二是营商环境再提升。智慧综合保税区系统实现电商出口智能化迭代升级，电商出口全流程由5小时降至2小时；海关"四化"通关平台全部实现非保货物进出区线上申报放行。

截至2023年年底，在全国制度创新5项，在全国第三批自由贸易试验区中率先开展新业态3项，在全市率先推出创新举措38项；在全市率先建成首个智慧通关服务平台，大幅提高通关效率；创新推进航空前置货站和跨境电商监管作业中心建设，成功拓展了重庆西永综合保税区口岸功能。重庆西永综合保税区成为内陆海关特殊监管区域中试点政策最多、贸易便利化程度最高的地方。

【招商引资】2023年，重庆西永综合保税区围绕产业建圈强链，引龙头增动力，智能产业提质发展。一是新型智能终端产业支撑有力。丰富智能终端产品体系，顺维服务器研发中心投用，加速释放英业达电竞和服务器、富士康汽车中控屏显示模组等项目产能，支撑工业经济稳住基本盘。二是集成电路产业质量齐升。成功布局化合物半导体产业，三安意法半导体项目落户园区。中电科、华润等重点项目快速建设，进一步夯实园区集成电路全规格产业链。获评2022—2023年度中国集成电路高质量发展优秀园区。三是汽车电子产业加速布局。聚焦电子信息与汽车产业联动赋能、融合创新，组织4场汽车电子对接会，加快推动"芯"环节供应链实现国产替代。截至年底，已集聚惠普、广达、富士康、SK海力士等世界500强企业38家。

【对外贸易】2023年，重庆西永综合保税区借助多平台叠加优势，集中落实国发〔2019〕3号文的21条举措。一是做大物流分拨规模，新引进5个国际物流分拨中心，已形成近20个物流分拨项目集聚，全年实现进出口值920亿元，其中DSE-LG西南物流分拨中心打通了韩国、越南经重庆至波兰的亚欧物流分拨通道。二是跨境电商实现量质同升，创新设立重庆西永综合保税区跨境电商监管中心，有效解决了企业在口岸面临的理货效率低、提货慢难、物流成本高、口岸查验时效性差等问题，跨境电商B2B出口业务连续2年取得100亿元突破，全年跨境电商交易额占全市的69%。三是大力探索"保税+"业务，在顺利开展进口整车保税仓储业务基础上，突破开展整车出口业务，进出口整车保税业务累计超2万辆，泓艺九洲保税文化贸易在重庆（西永）对外文化贸易基地推动下，业务量稳步增长。

【经济发展】受全球市场疲软等影响，2023年，重庆西永综合保税区实现规模以上工业总产值2 030.04亿元，同比下降7.92%；实现外贸进出口值2 735.75亿元，同比下降14.3%，占全市进出口总额的近40%。重庆西永综合保税区外贸进出口值稳居全国综合保税区第4名、全市第1名。

【发展趋势】推进智能终端产业从"制造"到"智造"的高纬度转型。汇聚惠普、苹果、谷歌、思科、宏碁、华硕、富士通、联想、小米、华为等20余个全球知名品牌，聚集富士康、广达、英业达、新普、辉烨等世界知名ODM（原始设计制造商）生产企业，形成笔记本电脑、平板电脑、智能大屏电视、3D打印机、显示器、手机、可穿戴设备、智能家居等10多类智能终端产品体系。构建起从核心部件到品牌整机，从硬件生产到软件研发的智能终端全产业链，加速朝产业智能化、产品多元化、品牌国际化方向发展。全球每4台笔记本电脑就有一台"西永造"，西永是全球最大的笔记本电脑生产制造基地，是全球重要的电子信息产业基地。

推进集成电路产业从"新城"到"芯

城"的高技术引领。已构建从EDA（电子设计自动化）平台、共享IP库、芯片设计、制造到封装测试的集成电路全新产业生态，吸引了SK海力士、华润微电子、中国电科、西南集成等一批知名集成电路企业聚集发展，全球协同研发创新平台UMEC联合微电子中心、全国最大功率半导体基地和韩国SK海力士集团全球最大的芯片封装测试工厂也顺利投产运行，年产值近200亿元，占全市集成电路产值的70%以上。

推进新型贸易业态从"融合"到"融和"的高水平开放，推进服务贸易开拓创新。优化跨境金融结算服务，开展融资租赁、文化贸易、软件服务外包、全球检测维修等业务，促进加工制造和第三方服务协同发展。"保税+文化"建成继北京、上海后全国第3个功能完善、配套齐全的国际艺术品交易平台"重庆泓艺九洲国际文化艺术中心"，率先在全国第三批自由贸易试验区及中西部地区开展艺术品保税展示、交易拍卖、仓储物流等业务。"保税+融资租赁"引进华科融资租赁公司完成全国第三批自由贸易试验区首单保税融资租赁业务。

【机构设置】重庆西永综合保税区管理委员会为重庆市政府派出机构，为正厅局级。重庆市政府委托重庆高新区管委会进行管理。

【招商部门】重庆西永综合保税区管理委员会办公室。联系人：谢寒。联系电话：023-65666998。

重庆江津综合保税区
CHONGQING JIANGJIN COMPREHENSIVE BONDED ZONE

【概况】重庆江津综合保税区于2017年1月17日经国务院批准设立,批准四至范围2.21平方千米。2018年4月23日,重庆江津综合保税区通过国家验收,一期封闭围网验收面积1.28平方千米;2018年7月5日,正式封关运作。重庆江津综合保税区基础设施不断完善,生产要素完备,区内自建标准厂房17万平方米、保税仓库8.8万平方米,可满足入驻企业的需求。

【投资环境】区位优势独特,交通便捷。重庆江津综合保税区位于重庆主城南部,绕城高速以内,具有"水公铁"多式联运的独特交通优势,川黔铁路、渝贵铁路、枢纽东环线等多条线路在此交会,辖区内建有年设计到发货量达2 000万吨的珞璜铁路综合物流枢纽,由6千米长的铁路专用线与年吞吐量可达2 000万吨的珞璜港连接,实现江铁无缝联运。

营商环境持续优化,产业配套设施和国际化营商环境不断完善。对标国际贸易规则,重庆江津综合保税区深入推进"单一窗口"试点。加强与海关、外管、商务、税务等部门的协同联动,协同海关实施便利化监管,优化投资贸易环境,创新跨境贸易智慧通关新模式,用好智慧综合保税区信息化系统。

发挥临港优势,开放功能日渐完善。重庆江津综合保税区加快重庆陆港型国家物流枢纽建设,成为全市首个同时具备水路和铁路运输类海关监管作业场所的区域。珞璜港进境粮食中转码头资质申报及重庆水运口岸扩大开放珞璜港区项目,为国际班列、外贸班轮的开行提供设施功能支撑,实现铁港、水港与综合保税区之间的"区港联动"。

【招商引资】围绕"五大中心"建设,重庆江津综合保税区开展精准招商、专业招商,聚焦龙头企业,着力引进规模体量大、产出效益高、带动能力强的重大项目、产业链项目。立足"通道+平台+贸易"发展导向,聚焦保税加工、大宗商品保税仓储分拨、国际中转集拼、保税研发、保税维修以及跨境电商等外贸新业态开展招商引资工作,实现综合保税区网内"保税+"业态的延展,引进了一批业态鲜明的优质项目入驻。

【对外贸易】重庆江津综合保税区立足保税加工、保税物流、保税服务三大产业,积极发展贸易新业态,不断增强开放发展动能。2023年,重庆江津综合保税区实现外贸进出口值141.9亿元,其中进口72.3亿元、出口69.6亿元。加工贸易值连续2年翻番,占比由2022年的40%提高到50%。全年实际使用外资1 120万美元。全年实现服务贸易额1.04亿美元,实现跨境电商交易额1.56亿元、进口值8 000万元。东盟商品集散分拨中心初具规模,综合保税区汽车整车及零部件进出口保税集拼中心全年实现整车保税进出口超3 000辆。天猫国际自营西南第一仓落户重庆江津综合保税区。全国首个二手车出口全业务链条企业联盟——重庆市二手车出口企业联盟成功签约，引进重庆汉联二手车、艺臻汽车等整车出口项目4个，在助力"渝车出海"中发挥积极作用。涉及30多个国家和地区100余个品类的共建"一带一路"商品展销中心在江津万达广场投入运营。入选自由贸易试验区联动创新区，"集采+分销"模式促进"通道与平台"融合发展等创新案例入选全市自由贸易试验区联动创新区2023年经典案例。

【经济发展】重庆江津综合保税区抢抓"一带一路"建设、长江经济带发展、西部陆海新通道、成渝地区双城经济圈建设和重庆主城都市区建设等重要机遇，以通道带物流、物流带经贸、经贸带产业，推进产业发展、设施完善、通道建设、服务保障等工作，加快建设陆港型国家物流枢纽，建设成为重庆重要的内陆开放前沿和陆港型综合物流基地，助推重庆内陆开放高地建设。一是大力发展保税业态，积极拓展保税研发、全球维修再制造等创新业态，促进产业发展多元化。二是用好用活海关特殊监管区域政策，通过现有政策的叠加效应吸引优质企业入驻，培育更具有市场竞争力的外贸新主体，大力发展"保税+"产业，增强发展新动能。三是加强枢纽与开放平台的联动，利用通道优势，拓展综合保税区大宗商品分拨功能，建设进出口汽车、有色金属、进口农产品等为代表的生产、生活性大宗物资集散分拨中心，实现"通道+经贸+产业"联动发展。

【发展趋势】重庆江津综合保税区围绕高水平开放高质量发展目标，对标内陆开放综合枢纽定位，围绕打造在西部地区具有影响力的高能级开放平台目标，立足"枢纽+综合保税区+产业"的核心优势，充分发挥西部陆海新通道重庆主枢纽牵引作用，利用开放平台叠加临港物流的带动效应，以枢纽功能带动保税加工、保税物流、服务贸易等产业集聚。

【机构设置】重庆江津综合保税区管理委员会负责保税区日常管理工作，下设3个部门，分别为办公室、运营管理部、通道物流部。管委会领导设置为1正3副，其中主任1名、副主任3名。

【招商部门】重庆江津综合保税区招商工作由重庆江津综合保税区管委会（珞璜工业园发展中心）招商部和重庆江津综合保税区发展集团开放促进部负责。联系人：李建伟。联系电话：023-47688619。

成都高新综合保税区（高新园区）
CHENGDU HI-TECH COMPREHENSIVE BONDED ZONE（HI-TECH ZONE）

【开发建设】一是全力保障综合保税区内各项目按计划节点有序推进，英特尔集成电路标准厂房（研发楼）、综保 B 区 2.2 万平方米标准化厂房、综保 B 区围网、综合保税区文化景观长廊、综保 C 区城市轴线工程等建设项目顺利启动。二是持续建设检测维修、研发设计中心。印发成都高新综合保税区（高新园区）维修业务监管方案；支持鸿富锦公司做强全球 iPad、MacBook、Apple TV 维修服务中心，2023 年维修设备进出区 318 万台，货值 43 亿元。鼓励健进等公司提升研发规模和水平，引导鸿富锦公司加强研发业务，推动综合保税区维修和研发能级跨入全国前列。三是协同海关创新改革，持续优化通关环境。推动锦城海关以企业需求为导向，大胆改革创新，在全国首创综合保税区设备零配件便捷出境（区）监管模式，年内助力区内企业节约运营成本约 1.7 亿美元。四是在四川省内首创属地"集中查检"工作模式。综合保税区查验平台资源辐射保障区外企业，大幅提高区外企业查验效率。持续推广真空包装等高新技术货物一体化布控查验试点改革，截至年底累计有英特尔、京东方、准时达等 15 家企业参与试点，提升了通关效率，降低了查验损耗。

【投资环境】一是发布芯、屏、端、工业无人机产业链建圈强链 3 年攻坚计划。针对集成电路、新型显示、智能终端、工业无人机等重要产业领域，发布 2023—2025 年攻坚计划，力争到 2025 年"芯屏端"产业规模突破 5 200 亿元，打造全国工业无人机产业高地。二是强化产业细分领域的专项研究。以 12 英寸晶圆制造项目、高世代面板产线落地为契机，系统谋划高端装备产业规划、集成电路产业规划，对 EDA、算力芯片、存储芯片等集成电路细分领域进行深入研究，并对微波射频产业进行了系统谋划和研究。三是举办专业大会提升产业显示度。成功举办第五届柔性电子产业发展大会，引进"第十三届国际柔性与印刷电子大会"国际 IP，发布《柔性电子产业白皮书》。

【对外贸易】2023 年，成都高新综合保税区（不含双流园区）实现进出口总额 3 494 亿元，占全省外贸进出口总额的 36.5%。其中，出口 1 950 亿元，占全省外贸出口总额的 32.3%；进口 1 544 亿元，占全省外贸进口总额的 43.6%。成都高新综合保税区自 2020 年开始连续 4 年在全国综合保税区（含其他特殊区域）发展绩效评估中位列全国综合保税区序列第一。

【经济发展】主要经济指标逆势企稳，面对全球消费电子市场持续低迷、"脱钩断链"持续加剧等多重不利因素影响，2023 年电子信息规模以上工业产值达 3 298.9 亿元，保持增长姿态，逆势"平稳着陆"；工业投资入库约 120 亿元，占全区总额的近 80%、全市总额的近 20%，为稳定全区工业经济底盘奠定扎实基础。

【发展趋势】一是坚持优化贸易结构，推动非头部企业做大贸易规模，2023年英特尔、鸿富锦、戴尔3家头部外企占比已从2020年高位的87%下降至80%。二是扎实推进中小企业培育，"一企一方案"制订倍增计划，全年梳理培育产值100亿元、50亿元、30亿元、10亿元级种子企业11家，中小企业培育工作助推产业结构调整成效显现。

【机构设置】成都高新区电子信息产业发展局加挂电子信息产业功能区推进办公室、成都高新综合保税区管理局牌子，为成都高新区党工委管委会工作机构。

【招商部门】成都高新区电子信息产业局招商与产业发展处（集成电路处、新型显示和智能终端处）牵头电子信息产业推进、招商引资及对外交流合作，举办专题招商、专业展会活动。

贵安综合保税区
GUI'AN FREE TRADE ZONE

【概况】贵安综合保税区位于国家级新区贵安新区马场科技新城南部，于2015年1月12日经国务院批复设立，2015年12月通过验收，2016年3月封关运作，规划面积2.2平方千米，围网面积1.98平方千米。2022年1月24日，贵安新区党工委管委会批复同意贵安综合保税区体制机制改革创新，设立独立金库和一级财政、围网内封闭运行、下放审批权限、统筹产业发展、探索企业化改革，全面开启了贵安综合保税区高质量的加速度。2024年1月，贵阳市委机构编制委员会批复同意将贵安综合保税区更名为贵安综合保税区（马场产业新城、深贵产业园区），管理区域规划面积扩大至67.4平方千米。贵安综合保税区着力推进贵安新区马场产业新城一体化联动发展。贵安综合保税区作为全国海关特殊监管区域，是贵州省"1+9"国家级开放创新平台、贵阳贵安"强省会"的主战场和开放型经济的桥头堡。2023年，贵安综合保税区标准厂房新开工18万平方米，建成35.7万平方米；截至年底，贵安综合保税区标准厂房累计建成面积112.53万平方米，在建54.36万平方米。

【投资环境】贵安综合保税区位于国家级新区贵安新区腹地。贵安新区是第8个国家级新区，是贵州省的几何中心，位于贵阳市和安顺市结合部、黔中经济区核心地带，是全省地势最为平坦开阔、用地条件最好的地方。贵安综合保税区交通优势显著。航空方面：地处中国西部重要的航空枢纽，东临贵阳龙洞堡国际机场，西靠安顺黄果树机场，45分钟内可到达。铁路方面：贵昆铁路、沪昆客运专线铁路、贵广高铁等经过新区，已建成省内1小时交通圈，周边省市2小时交通圈，与珠三角地区相连4小时交通圈，与长三角贯通6小时交通圈；同时，贵阳市域快铁环线呈环状穿行于贵阳贵安境内，通行便利。公路方面：新区内部已建成黔中路、贵安路、兴安路、金马路、百马路等骨干路网，正继续强化贵阳—贵安互联互通交通道路。

园区围绕"贵人服务"，全力打造国际化、市场化、法治化的营商环境。一是进一步做实"园区长+企业专员"网格化管理服务，围绕"十要素"（用地、用房、用水、用电、用气、用工、物流、税收、金融支持、生活配套），做好企业全生命周期服务。二是强化全响应服务。坚持做到"一到位、三必须、四及时"，推动涉企业问题的落实，实现涉企业事项处理更加及时、业务办理更加高效。三是深化服务改革，夯实"园区事园区办"。统筹推进园区政务服务站点建设，围绕企业开办、建设、投产、上规等全生命周期各阶段，全项受理园区涉企政务服务事项，让园区审批服务更优、营商环境更好。

【招商引资】2023年，贵安综合保税区实现贵州省首个"双百亿园区"目标（外贸进出口额、规模以上工业总产值均完成100

亿元以上）。

贵安综合保税区聚焦马场产业新城电子信息制造、高端装备制造和大型数据中心集聚区的发展定位，突出以产兴城、以城促产、产城融合，初步构建了"一核两区三园"的空间架构布局。"一核"（以贵安综合保税区为核心）：发挥综合保税区海关特殊监管区域保税、免税等政策优势，聚焦产业基地型综合保税区，着力构建"五大中心"。"两区"（数据中心集聚区、功能延展区）：数据中心集聚区紧盯金融、国家部委、央企、互联网头部企业，与大数据科创城形成"前店后仓"协调发展格局；功能延展区发挥宁德时代等龙头企业引领作用，以动力电池和储能电池为核心，重点发展新能源及新材料产业。"三园"[龙山工业园、智能终端园、高端园（南部园区）]：重点发展电子信息制造业、电池材料、装备制造业和纺织业，依托深贵产业园打造东西部协作开放平台。充分发挥贵安综合保税区的辐射带动能力，加快产业集聚，初步形成了一核辐射带动两区三园的发展格局。

【对外贸易】贵安综合保税区着力发展加工贸易。贵安新区以贵安综合保税区为中心，获批国家级加工贸易梯度转移重点承接地。园区围绕光电显示、光电照明、电子再制造等产业，液晶显示模组、灯珠、电视机显示器等产品，巩固提升加工贸易。优化布局一般贸易。围绕华为云、宁德时代新能源电池等外贸存量企业，做好园区要素保障，助力企业拓展国际业务；充分利用西南交通枢纽的区位优势，重点挖掘水果、蔬菜等快消品东南亚市场贸易。做大做强保税物流。充分发挥海关特殊监管区域保税功能和围网内保税仓储载体优势，在厂房、仓库租金方面给予企业一定比例减免等优惠政策，支持园区企业积极开展保税物流业务。积极发展贸易新业态。加速推进发展跨境电商，培育保税研发和探索保税融资租赁等新业态。

【物流通道】为满足企业物流需求，贵安综合保税区经过充分调研，决定充分发挥公路运输"快捷、灵活、高效"的优势，建设以纯电动重卡为特色的贵阳贵安跨境物流公路卡班，以贵阳贵安、全省、西南地区外贸企业为主要服务对象，与双龙航空港的航空运输、贵阳综合保税区国际陆港的铁路运输实行差异化发展，打造贵州面向东南亚和粤港澳大湾区的外向型经济公路货源集聚地、跨区域跨境产业链节点、区域要素重要配置节点。贵安综合保税区已初步建立了"2向3线"的公路物流卡班运输网络体系。"2向"即粤港澳大湾区方向、东南亚方向；"3线"即黔粤物流通道经深圳至香港路线、"经珠港飞"通道经珠海从港珠澳大桥至香港路线、东南亚跨境物流通道经凭祥至越南路线。

【经济发展】2023年，贵安综合保税区海关围网区完成外贸进出口值73.8亿元，同比增长0.6%。

工业经济：2023年，统筹围网外共43.65平方千米，规模以上工业总产值完成91.22亿元；规模以上工业增加值完成11.19亿元；新增规模以上工业企业4家；工业相关领域投资完成92.81亿元；工业投资完成20.94亿元。

数字经济：2023年，完成规模以上软件和信息技术服务业营收（规模以上互联网和相关服务业营收）519.21亿元；完成互联网和相关服务、软件和信息技术服务企业上规数4家。

【发展趋势】贵安综合保税区将进一步树牢开放发展理念，擦亮开放"名片"、高扬开放旗帜，通过狠抓园区规划、园区体制、园区招商、园区建设、园区服务5个方面工作，进一步激发发展活力，努力将园区打造成为内陆开放型经济新高地的主战场和桥头堡。一是着力进一步打造产业基地型综合保税区。始终将加工贸易作为开放型经济发展的核心产业，鼓励、引导围网外电子信息制造类外贸项目向网内集聚，加快形成加工贸易政策洼地、产业高地，不断夯实产业基地型综合保税区产业基础。二是着力进一步打造物流分拨中心。将贵安综合保税区跨境物流公路卡班纳入贵阳贵安对外开放通道体系建设，构建与双龙航空港航空运输、贵阳综合保税区国际陆港铁路运输功能互补、错位发展的对外通道格局，打造贵阳贵安跨境公路卡班物流分拨中心。三是着力进一步优化通关便利化。加强与海关沟通，争取东南亚进口水果口岸检疫、属地检验作业模式落地。拟复制推广湘粤港"跨境一锁"快速通关模式，支持海关建立执法互助、信息互享机制，出口货物在属地海关检验后，在口岸自动快速验放，有效降低企业通关物流成本。

【机构设置】贵安综合保税区坚持"以岗定人、以岗定薪、绩效挂钩"的原则，下设党政办公室、组织人事部、产业发展局（大数据发展局）、财政金融局、投资促进局、商务局（保税业务局）、安全生产监督管理局（开发建设局），下辖直属事业单位贵安综合保税区企业服务中心。党工委、管委会设党工委书记1名，管委会主任1名，党工委、管委会领导职数共8名。

【招商部门】构建"贵安综合保税区投资促进局+5个招商分局"的全民招商队伍，全面负责园区招商落地一体化工作。聚焦两制造一中心发展定位（电子信息制造、高端装备制造重点聚焦、大型数据），依托5个招商分局开展全员招商，一个县级干部负责一个分局，对应一个产业链开展招商工作。招商一分局重点围绕光电（显示模组）产业集聚（服务器招商）方向开展招商、招商二分局重点围绕光电照明产业集群开展招商、招商三分局重点围绕再制造产业集群开展招商、招商四分局重点围绕大宗原粮进境加工产业集群（基金招商）开展招商、招商五分局重点围绕跨境电商产业集群（外资招商）开展招商。招商电话：0851-88502070。

红河综合保税区
HONGHE COMPREHENSIVE BONDED ZONE

【概况】红河综合保税区于2013年12月16日经国务院批准设立，2015年1月29日通过国家验收，2015年5月8日正式封关运作，规划面积1.97平方千米。

【经济发展】截至2023年年底，红河综合保税区累计完成进出口总值162.78亿美元、工业总产值1718.97亿元，引进省外到位资金116.11亿元，实际利用外资7150万美元。年内，红河综合保税区完成进出口总值21.99亿美元，占全州外贸总值的56.89%，占全省外贸总值的5.97%；实现工业总产值429.95亿元，实际利用外资3000万美元，以全州0.006%的面积实现全州56.89%的外贸进出口值。

【开发建设】红河综合保税区投资管理有限公司负责红河综合保税区基础设施投资建设及经营性服务，围网内已配套相应的供水、供电、供气、道路、网络通信等设施，已建成综合服务楼、增值加工区（标准厂房）、保税物流区（仓库）、围网外企业员工食堂、研发中心及展示厅、专家公寓等配套设施约83万平方米，园区功能完善、设施齐全、交通便利，截至2023年年底累计完成基础设施投资约42.3亿元。

【投资环境】区位优势突出。红河综合保税区地处滇南中心城市群核心区——蒙自市，是云南辐射南亚东南亚中心的前沿。蒙自市向东融入北部湾，延伸至珠三角；向西互通孟中印缅沿边经济开发带，延伸至昆皎经济走廊；向南贯通昆河海经济走廊，延伸至东盟；向北对接滇中经济区，延伸至成渝经济区；滇越铁路、泛亚铁路东线、南昆铁路客运专线3条铁路穿境而过，至蒙自火车北站直线距离300米，至河口口岸140千米，至越南河内（米轨）436千米，至海防港532千米，蒙自至弥勒高铁已全线贯通。高速公路至昆明市225千米，中国昆河高速公路与越南7号公路相连，至越南河内414千米，至海防港519千米，至广西防城港785千米、北海840千米，全州高速公路通车里程达1132千米。蒙自机场、元阳哈尼梯田机场正在有序建设中，以公路、铁路、航空组成的现代综合交通网即将形成。红河综合保税区在建设辐射南亚东南亚中心的国际陆路大通道枢纽方面作用日益凸显，在中国—东盟自由贸易区、中越"两廊一圈"发展战略中具有重要的前沿门户作用。

产业配套齐全。红河综合保税区以保税加工、保税物流、保税服务为重点产业，以电子信息制造产业为支柱产业；建成了手机组装、集成电路、蓝牙耳机等加工贸易业务生产线；持续发展饲料原料加工等产业，供给保障下游产业发展，提高产品附加值，增强辐射带动作用；积极推进货物状态分类监管、跨境电商、保税展示交易等新业态，已搭建起跨境电子商务通关服务平台及相关配套设施，支持开展"9710""1210"等业务模式。

营商环境良好。一是成功复制推广"先进区后报关""批次进出、集中申报""智能化卡口验放""统一备案清单""无纸化通关""委内加工监管""保税展示交易""保税维修""仓储货物按状态分类监管""两步申报""增值税一般纳税人资格""跨境电商"等创新制度，不断提升通关便利化水平，降低通关成本，释放政策红利，满足企业业务需求，激发开放活力。二是从企业登记注册到运行投产再到后续发展提供全程保姆式服务，及时协调解决企业在生产、运营、运输、贸易、通关、进出口环节中遇到的各类问题。三是成立蒙自市公安局红河综合保税区派出所，与应急、消防等职能管理部门及企业联合形成对园区的安全管理。

【发展趋势】红河综合保税区坚持以习近平新时代中国特色社会主义思想为指导，深入贯彻落实党的二十大精神，抢抓 RCEP 实施机遇，以国发〔2019〕3 号文等为导向，围绕加工制造、研发设计、物流分拨、检测维修、销售服务"五大中心"建设，通过综合保税区政策优势，建设有色金属矿产品进口交易中心、进口农产品分拨中心和出口农产品包装中心，推动维修、研发、租赁和跨境电商等新兴业态发展。推进绿美园区和零碳园区建设，实现减污降碳协同增效。抢抓开放发展新机遇，优化调整产业结构，加快产业集群发展，充分释放发展动能，持续优化营商环境，不断提升园区影响力、辐射力和带动力。

【招商引资】截至 2023 年年底，红河综合保税区已有云南能投、以晴集团、云天化集团、红河红港国际贸易有限公司等 67 家企业入驻，贸易形式主要涉及保税加工、一般贸易、保税物流、跨境电商等，聚集了电子信息制造、饲料原料、食品等加工制造产业。年内，红河综合保税区新落地项目 3 个，分别为红河睿翔科技有限公司 IC 芯片保税维修项目（协议投资 10 亿元）、红河迪丰科技有限公司蓝牙耳机项目（协议投资 6 亿元）、红河昊柏生物制药有限公司中药材项目（协议投资 1.5 亿元）。

【机构设置】红河综合保税区管理委员会是红河州委、红河州人民政府派出机构，与蒙自经济技术开发区管理委员会合署办公，规格为正处级，实行"两个平台、一套班子、多块牌子"，下设办公室等 13 个科室。

【招商部门】蒙自经开区红河综合保税区管委会投资促进局。联系人：赵骄。联系电话：0873-3992415。地址：云南省红河州蒙自市红河大道中段蒙自经开区红河综合保税区管委会 410 室。

陕西西咸空港综合保税区
SHAANXI XIXIAN AIRPORT COMPREHENSIVE BONDED ZONE

【概况】 陕西西咸空港综合保税区位于陕西省西咸新区空港新城，于2019年12月26日经国务院批复在原陕西西咸保税物流中心的基础上扩区申建而来，规划面积约1.72平方千米。2020年，建成一期0.84平方千米，包括：全长4 536米的不间断、全封闭式隔离式永久性围墙、监控摄像头和巡关道路；14条主卡口通道，已启用4进4出8条通道，其中1进1出的A类通道2条、2进2出B类通道4条和1进1出的行政通道2条；占地约2.42万平方米的标准海关查验场地基础设施，其中包括1 850平方米的海关监管仓库；占地3 169平方米的检疫处理场地等；符合海关监管要求的网络环境和计算机管理系统；满足海关监管要求的办公、监管用房和技术用房等。2020年12月，陕西西咸空港综合保税区通过国家验收；2021年1月，正式封关运作，创下陕西省综合保税区从验收到封关运作最快纪录。

【投资环境】 空港新城的"家乡"是国家级新区——西咸新区。西咸新区成立于2011年，位于西安市和咸阳市建成区之间，是我国第7个，也是首个以"创新城市发展方式"为主题的国家级新区，总面积882平方千米，是丝绸之路经济带重要支点和现代化大西安的新中心，同时也是秦创原陕西总窗口。

空港新城成立于2011年7月，规划面积144.18平方千米，是西北地区唯一的国家级临空经济示范区、"十四五"首批空港型国家物流枢纽，拥有临空经济示范区、综合保税区、自由贸易试验区、跨境电商综合试验区等平台优势，是大西安对外开放的重要窗口。

截至2023年年底，临空经济规模达到385亿元，招引落地上百个临空偏好性、友好型、依赖性项目，形成以东航赛峰、梅里众诚等世界500强为龙头的临空先进制造业聚集区，以东航、南航等14家航空公司区域总部和芬兰航空、大韩航空等15家外航办事处为引领的航空总部经济区；建成国际临空经济会展中心、T5站前商务区酒店集群、前海人寿丝路新城，形成临空高端服务区；投运物流园区11个，聚集普洛斯、丰树、日立、长安港国际快件产业园、中国邮政速递等200家中外物流企业为标杆的现代物流产业区。

陕西西咸空港综合保税区的核心竞争力远不止于此，还有以下优势的加持。一是区位枢纽优势，西安咸阳国际机场位于空港新城范围内，是中国北方第二大机场，2小时航程可覆盖全国85%的主要经济体，3小时航程基本覆盖全国。截至2023年年底，西安咸阳国际机场国际（地区）航线累计达到110条，其中国际（地区）客运航线84条、国际（地区）货运航线26条、第五航权航线4条；航线网络通达全球43个国家和地区的88个主要枢纽和经济旅游城市，其中共建"一带一路"航线覆盖 27 个国家和地区的 54 个城市。二是通关服务，陕西西咸空港综合保税区建设有综合保税区辅助管理平台、海关及企业端、跨境电商通关服务平台等与陕西省"单一窗口"联动实现智慧化大通关，具备"分送集报""一体化通关"等便捷通关服务及海关"7×24 小时"预约通关，实现了"货物分类监管""跨境电商退货中心仓""航材通关交易模式""保税仓一仓多用""海关集中查验模式""互联网+进口快件"通关监管新模式等政策全面落地。三是在创新服务上，通过开辟一般贸易及跨境电商专用航线，实施一体化申报等措施与西安咸阳国际机场实现国际贸易进出口货物的无缝对接。先后创新进出口货物机坪"直提直装"新改革、国际快件"当日到货、当日清关审验、当日转运配送"最快 6 秒清关审验等创新业务。四是口岸功能叠加，拥有全省唯一的一类口岸——西安咸阳国际机场，以及肉类、食用水生动物、进口水果、药品、植物种苗五大指定口岸及监管场地。其中，肉类场地位于综合保税区内的国际冷链转运中心。

【招商引资】陕西西咸空港综合保税区作为全省唯一的临空型综合保税区，凭借保税物流、仓储、加工、研发、展示、口岸作业等多项功能优势，重点发展以航空维修、航材贸易、航空加工为核心的航空制造产业，以供应链服务、国际采购分销、跨境电商为核心的贸易服务业，以保税研发、保税检测、保税融资租赁为核心的创新服务业；初步形成保税加工、航空维修、创新服务、跨境电商四大主导产业，截至 2023 年年底累计入驻企业 90 家，其中保税加工企业 2 家、保税维修企业 2 家、保税融资租赁企业 4 家、跨境电商企业 11 家、国际贸易企业 17 家、保税物流企业 50 家、其他类型企业 4 家。在保税加工产业方面，围绕高端加工制造产业，招引香港思卡、香港亮鼎 2 个综合保税区电子信息先进制造业项目落地。在航空保税维修方面，招引东航赛峰、瑞达宇航两家航空保税维修企业，分别针对飞机起落架、雷达罩开展保税维修。在保税创新服务方面，紧盯航材供应链核心业务，招引落地海得邦国际航材供应链、迈拓航材进出口等项目，构建西咸航材供应链集成服务基地，助力航空维修产业补链、强链发展；加速布局"加工+"区内区外联动服务业务，积极服务彩虹电子玻璃、隆基绿能、陕鼓等区外本土加工制造企业，打造区内保税仓储分拨、区外加工制造的联动发展格局；重点发展保税金融特色产业，积极开展航空模拟机保税融资租赁业务，并不断拓展，计划打造西咸保税租赁业集群。在跨境电商产业方面，空港新城于 2019 年 4 月率先完成跨境电商保税备货"1210"业务全省首单，在综合保税区实现"买全球"。先后引进了英贝、蜜袋、韦恩、荟铎云妆等多家跨境电商企业在综合保税区开展保税备货业务（1210），培育了丝路云、星空、蜜袋、绿鸟等 6 家电商平台企业，打造西北最大隐形眼镜跨境电商基地，主要进口美妆、母婴用品、个护家清、食品、医疗保健、服装服饰、数码家电等产品，截至 2023 年年底累计实现交易量 3 357.56 万单、交易额约 48.322 亿元。联合菜鸟网络，与王府井达成合作，以"前店后仓"方式，在王府井奥特莱斯临潼商场开展全球购保税展览展示业务。

【对外贸易】截至 2023 年年底，陕西西咸空港综合保税区累计完成进出口贸易额 171.74 亿元。年内，进出口额约 41.37 亿元，同比增长 84.2%。陕西西咸空港综合保税区成为带动全省外贸增长的有效平台。

陕西西咸空港综合保税区进出口主要产品包括航材及零部件、汽车配件、集成电路、笔记本电脑配件等电子产品、轻工业品、美妆日化品、母婴用品、香水、隐形眼镜及保健品；主要进出口国家（地区）为韩国、日本、德国、美国、法国及我国台湾、香港地区。贸易方式主要包括保税物流、保税维修、跨境电商。其中，航材零部件、飞机零部件、机板等电子设备及产品主要通过保税物流方式出口开展业务；保税维修主要包含飞机起落架及雷达罩的国际维修；跨境电商主要包括美妆日化品、母婴用品、香水、隐形眼镜及保健品等产品的进口业务。

【经济发展】封关运作以来，陕西西咸空港综合保税区围绕重点"拓产业"，聚焦电子信息、生物医药、航空维修、跨境电商四大主导产业，落地东航赛峰起落架深度维修、瑞达宇航航空材料及发动机维修服务、海得邦国际航材供应链等产业项目，截至2023年年底累计入驻企业90家，年内新增企业主体20家。

区内创新业务同仓发货、区内货物状态互换等，仅2023年度实现"六个首单"业务。一是肉类指定监管场地完成首单业务。肉类指定监管场地于7月成功进口白俄罗斯优质牛腩，完成首单业务。二是全省首单TIR业务。协助中外运于6月开通运行全省首条TIR国际跨境公路货运线路，将价值约百万美元的机械设备及跨境电商产品从陕西西咸空港综合保税区运往哈萨克斯坦多斯托克，成功打通陕西省与中亚等共建"一带一路"国家和地区最便捷的贸易往来通道，高效实现了国际"门到门"运输服务，丰富了陕西省跨境贸易物流运输模式。三是首单二手车出口业务。谋划打造集展示、仓储、交易于一体的西北汽车出口交易基地项目。与区内企业合作，在8月完成首单二手车出口业务，由新疆吐尔尕特口岸出境运至吉尔吉斯斯坦。四是全省首单"TIR+跨境电商"模式。12月，顺利通车首条跨境电商TIR专线，将满载跨境电商产品的专列从空港新城口岸发车运往哈萨克斯坦。五是首单中亚特色产品业务。依托新城联通中亚五国的国际航线优势和综合保税区保税功能优势，协助区内企业开展双向贸易，积极落实中国—中亚峰会成果。进口方面，从乌兹别克斯坦、俄罗斯等国家进口巧克力、糖果、蜂蜜、车厘子等食品；出口方面，向吉尔吉斯斯坦、蒙古国等国家出口无人机、日用消费品、轻工业商品等商品。六是首单"保税展示+跨境电商"业务。联手王府井，以"前店后仓"方式，开展区外线下全球购保税展览展示业务。商品通过跨境电商保税备货模式批量进口至陕西西咸空港综合保税区内保税仓储，根据线下门店展示需求从陕西西咸空港综合保税区通过担保形式出区，在王府井全球购门店进行区外保税展示，助力陕西西咸空港综合保税区跨境电商消费模式升级跨越。

【发展趋势】未来，陕西西咸空港综合保税区将以"强链、延链、聚效"为核心目标，聚焦"航空维修、电子信息、跨境贸易"三大特色产业，以赛峰起落架、瑞达宇航复合材料为支撑，进一步拓展航空发动机等部件及其部附件维修业务；深挖已入驻电子信息企业上下游，培育从研发、设计、制造到检测、封装、贸易的全产业链条；以"保税跨境+"特色产品，促进跨境电商贸易发展；将陕西西咸空港综合保税区打造为功能齐全、产业聚集、实力突出的综合保税区。

【机构设置】陕西西咸空港综合保税区由陕西省西咸新区空港新城管理委员会负责建设运营管理，建制为副厅级单位。具体工作由内设部门西咸新区空港新城综合保税园区发展中心负责，主要包括：综合保税区产业发展；综合保税区规划建设、运营服务管理；综合保税区招商引资及内外资和固投引进；跨境电商、国际快件产业发展和运营管理等工作。

【招商部门】陕西省西咸新区空港新城管理委员会下设 3 个主力招商部门，分别为招商一部、招商二部、综合保税园区发展中心，针对不同产业类型开展招商工作。陕西西咸空港综合保税区招商工作主要由综合保税园区发展中心负责，其他部门辅助配合招商。联系人：尹向明。联系电话：15094002526。

西宁综合保税区
XINING COMPREHENSIVE BONDED ZONE

【概况】西宁综合保税区于2019年12月20日经国务院批复设立，规划建设面积0.92平方千米，2020年8月15日开工建设，2021年10月已建成围网、卡口、查验中心、综合服务大厅、综保产业园等基础设施，2021年12月20日通过国家验收，2022年1月16日封关运作。2023年，西宁综合保税区建成保税加工厂房7栋和保税仓库2栋，总建筑面积10.6万平方米，实现海关监管功能和招商项目生产需求。

【投资环境】西宁综合保税区位于大通县北川工业园，西侧紧邻国道G227线，南侧紧邻省道S102线，东邻宁大铁路，距离宁大高速公路出口3.5千米，距离大通北川工业园12千米，距离物产集团铁路专用线13千米，距离西宁城市职业技术学院15千米，距离青海大学18千米，距离西宁火车站38千米，距离双寨铁路货站47千米，距离曹家堡机场62千米。西宁综合保税区对外交通便利，依托交通条件，可实现高效物流和跨境贸易。

西宁综合保税区自封关运作以来，紧密围绕青海产业"四地"建设和综合保税区"五大中心"任务，聚焦青海特色资源和优势产业，营造"体制机制活、审批事项少、办事流程优、融资渠道畅、企业负担低、市场氛围浓、干部作风实"的良好营商环境。

随着共建"一带一路"、新时代西部大开发、黄河流域生态保护和高质量发展、长江经济带等政策优势的汇聚叠加，国家在构建现代化基础设施、对外开放大通道、现代产业体系、高水平开放型经济、现代科技创新体系、清洁能源基地、碳达峰碳中和等领域，加大对青海在内的西部地区倾斜支持力度，建设西部陆海新通道、兰西城市群、商贸服务型国家物流枢纽城市、全国创新型城市等政策效应不断释放。同时，省市政府及海关部门相继出台了相关具体措施，优化西宁综合保税区产业扶持政策等一揽子支持外贸发展的"政策包"，全方位支持外贸企业在西宁综合保税区健康发展。

西宁综合保税区与我国东部和中部地区相比，向欧洲、中亚、西亚开放的区位优势明显，将为入驻的外贸企业节省大量物流费用和交通时间。西宁综合保税区与山东港口集团合作，已建立"港区联动"机制，"西宁号"铁海联运国际班列实现进口、出口业务，解决了企业进出口货物港口倒箱的难点痛点问题。

【招商引资】西宁综合保税区立足青海省及西宁市优势产业和综合保税区自身功能定位，在产业发展思路方面，依托西宁在共建"一带一路"和"兰西城市群建设"中的定位、开放型经济发展形势、区位和产业优势等，聚焦国内国际两个市场，充分利用"进口、出口"两个通道，谋定省内、省外两个方向招商重点，对外着重在招引"专、精、特、强"等方面发力，对内着重在凸显综合保税区对省内各市州外贸企业政策指引、通关服务、办税保障等方面精准发力，采取邀请相关企业、协会、行业机构等来园参观考察等方式，推介区位、政策、产业、营商环境等比较优势，提升西宁综合保税区在产业链经营主体中的影响力和竞争力。同时，通过实施网络招商、以商招商、产业链招商、展会招商、大数据招商等，集中力量引进在产业链构建中起关键作用的企业和重大项目。

【对外贸易】截至2023年年底，累计入区企业31家，与32个国家和地区发展贸易往来。

【经济发展】2023年，进出口总值5.24亿元，占青海省进出口总值的11%，占西宁市进出口总值的13.5%。

【发展趋势】西宁综合保税区将围绕青海产业"四地"建设，打造绿电产业园区、医疗设备制造集聚区、电子元器件加工区、跨境电商示范区、数字经济创新区，加快形成产业发展比较优势和独特竞争力；同时，将积极探索新型业态和新模式，如数字贸易、供应链金融等，以应对国际贸易形势的变化和挑战。

【机构设置】西宁综合保税区管理委员会为西宁市政府管理的事业单位，机构规格为正县级，经费形式为全额拨款。西宁综合保税区管理委员会核定全额拨款事业编制19名，其中正县级职数1名、副县级职数3名。设办公室（党建办）、经济发展部（规划建设部）、投资促进部、运营服务部。

【招商部门】西宁综合保税区管理委员会经济发展部（规划建设部），联系电话：0971-2721888。投资促进部，联系电话：1559743112。西宁综合保税区开发投资有限公司，联系电话：0971-2851666。

乌鲁木齐综合保税区
URUMQI FREE TRADE ZONE

【概况】乌鲁木齐综合保税区于2015年7月经国务院批准设立，位于乌鲁木齐市三坪区域，规划面积2.41平方千米，2018年6月22日正式封关运作。乌鲁木齐综合保税区作为外向型经济的政策功能园区，享有"免证、保税、退税"等政策，实行"境内关外"运作方式。乌鲁木齐综合保税区立足成为推进向西开放特色鲜明、运转高效、辐射带动强的创新型新区和兵地融合示范先行先试区。

【开发建设】乌鲁木齐综合保税区完成18万平方米保税仓、集拼仓、查验监管仓和标准厂房等基础和监管设施建设，围网内实现"七通一平"，具备承载项目入驻条件。国际贸易服务区一期保税展示中心、会展中心、公共配套服务中心总建筑面积25万平方米，是发展跨境电商、商贸流通、跨境金融及其他外向型产业的承载区域，招商运营工作已经启动。截至2023年年底，已累计投入46亿元，建成口岸作业区，实现"一区多功能"业务集成。新建专用连接通道，将综合保税区的保税功能和口岸作业功能延伸至三坪集装箱中心站，实现"区港联动"，为产业发展提供高品质承载空间。

【投资环境】乌鲁木齐综合保税区区位优势突出，毗邻乌鲁木齐铁路集装箱中心站，东接乌鲁木齐国际机场、全疆唯一编组站和中欧班列（乌鲁木齐）集结中心——西站、货物储运站——北站，以及乌鲁木齐高铁综合交通枢纽，连霍高速G30贯区而过，公路、铁路、航空一应俱全，交通极为便利；配套环境优越，依托乌鲁木齐经开区等雄厚的高端产业基础、完善的生活配套设施、丰富的人力资源储备、高效的政务服务体系，可为各类企业投资兴业提供有力支撑和全方位服务保障；开放功能叠加，兼具"国家级开发区+综合保税区+跨境电商综合试验区+自由贸易试验区"的开放功能优势，享有国家支持综合保税区发展的一系列政策红利，可为区内企业发展国际贸易、高端制造、跨境电商等业务提供对标国际一流的制度环境。

【招商引资】乌鲁木齐综合保税区坚持招商选资，平稳有序开展保税加工、保税物流、跨境电商和综合服务等功能业务。截至2023年年底，共有工商注册企业170家，当年到位资金10.3亿元，已集聚加工制造、商贸、仓储物流等各类企业，出口产品涉及番茄酱、商用显示屏、汽车整车及配件等，已形成较强的区域大宗商品仓储物流服务功能。

【对外贸易】2023年，乌鲁木齐综合保税区实现进出口总值252亿元，同比增长84%。其中，出口226亿元，同比增长78%；进口26亿元，同比增长144%。

【经济发展】2023年，乌鲁木齐综合保税区实现工业总产值10 899万元，服务业营业收入1 504万元。园区解决就业人数1 500

人，规模以上企业税金缴纳总额 7 366 万元。综合保税区土地利用率为 57%，单位土地面积投资强度 354 631 万元/平方千米，单位土地面积产出强度 7 898 万元/平方千米。

【跨境电商】自 2020 年 5 月乌鲁木齐跨境电商公共服务平台上线以来，乌鲁木齐综合保税区已开通跨境电商进出口全业务。依托贸易多元化试点、市场采购贸易试点等政策，乌鲁木齐积极探索实践跨境电商发展新模式、新业务。保税展示交易中心、"西大门"保税直购中心、合创美新"美林购"3 家进口保税商品体验店相继布局三坪、经开区和天山区商圈，实现跨境电商新零售"前店后仓+自定义快速配送"模式，打造面向中西亚—俄罗斯—中东欧跨境贸易一站式服务平台，推进跨境电商线上线下融合发展。2023 年，乌鲁木齐综合保税区实现跨境电商进出口值 19 亿元，同比增长 39%。对接引进深圳华鹏飞等 42 家跨境电商企业落户综合保税区，协助企业积极拓展海外仓业务，累计布局 8 个海外仓，服务外贸企业近 100 家。

【发展趋势】乌鲁木齐综合保税区将按照新疆维吾尔自治区党委推进丝绸之路经济带核心区高质量发展工作部署，以"一港、两区、五大中心、口岸经济带"建设为契机，围绕"聚产业、扩贸易、提能级、强物流、优服务"，推动乌鲁木齐综合保税区创新升级，实现保税加工、保税物流等产业规模持续扩大，驻区企业活跃度显著提升，实际利用外资取得较大突破，对外贸易结构不断优化，全面提升综合保税区影响力和竞争力。

【机构设置】乌鲁木齐综合保税区管理委员会与乌鲁木齐经济技术开发区管理委员会实行"两块牌子、一套人马"，管委会设保税业务局、招商服务局（安全生产监督管理局）、规划建设局、国土资源局 4 个机构。

【招商部门】乌鲁木齐综合保税区管委会，联系电话：0991-3737207、5267560。乌鲁木齐综合保税区开发投资建设运营有限公司，联系电话：0991-3963563。

沈阳综合保税区桃仙园区
SHENYANG COMPREHENSIVE BONDED ZONE TAOXIAN AREA

【概况】2023年，沈阳综合保税区桃仙园区组织实施了基础设施建设项目（一期）和保税加工中心项目建设。其中，基础设施建设项目（一期）主要由保税加工中心、物流园及市政基础设施组成。物流园占地面积839 311平方米，建筑面积343 086平方米，总投资57.82亿元，包括国际多式联运中心、普货查验库、冷链查验库及查验技术用房3栋建筑和1处集装箱堆场等建设内容；保税加工中心项目整体占地面积85 000平方米，总建筑面积88 240平方米，总投资7.01亿元，包括保税加工、保税冷链、保税研发等加工厂房、办公大楼以及配套设施。

【投资环境】全面优化投资环境。一是实现数字人民币跨地区电子缴税业务。联合税务部门和人民银行创设"数字人民币+税收"便民惠企场景，不用跑办税大厅，也不用去银行窗口排队，即可实现异地向沈阳片区缴纳税款。二是联动浑南区开展建筑信息模型（BIM）智能审批创新。项目审批时间由过去至少45个工作日缩短至不到20个工作日。三是联动都市圈城市开展税收征管服务一体化举措。以自贸区税务局为试点，从55项执法标准、196项服务清单、一站式咨询服务等方面形成一体化工作措施，利用沈阳都市圈税收大数据平台，实现都市圈区域内涉税费信息联动共享、跨市线下涉税事项通办。四是"知识产权直通车"服务新机制。中国（辽宁）自由贸易试验区沈阳片区设立知识产权工作站，为企业提供上门"问需问诊"服务和专利申请前置审查服务。搭建知识产权公共服务平台，提供知识产权交易相关查询、挂牌、撮合、评估等服务。专利电子申请、缴费、收费减缴备案、质押登记等方面实现"不见面"办理。为企业节约专利申请费、审查费、年费近80%，发明专利平均授权周期由22个月缩减至12个月。五是创新中欧班列"区港直通""分类监管"监管新模式，建设了中欧班列集货中心。2023年，累计开行中欧班列776列，同比增长约23.8个百分点，班列开行数量稳居东北第一，全国前列。六是创新跨境电商零售进口"便捷监管"。开设万通万疆跨境电商体验店，利用综合保税区"前店后仓"运营模式，形成"跨境电商+保税展示+快速配货"展销体验新模式，涵盖跨境商品1 500个品类，跨境电商零食进口交易额3 000万元。

【招商引资】2023年，沈阳综合保税区桃仙园区全面推进招商引资工作，策划组织实施数场国内国际招商大会。其中，5月10日，举办欧美同学会（中国留学人员联谊会）第三届"双创"大赛高端装备制造产业赛区（辽宁沈阳）活动；10月20日，举办沈阳临空经济区规划发布暨全球招商大会；12月6日，举办RCEP及重点贸易国家友好人士交流会暨投资合作洽谈会。综合保税区招商引资实现突破，完成上飞装备沈阳飞机装配制造中心项目、中芯微半导体研发生产项目、爱夫迪（沈阳）北方总部项目、仑悟木制品保税加工项目、沣阳四分体牛肉保税加工项目、美邦系列营养剂保税加工项目、卓珈XOVE品牌保税基地项目、沈阳自贸区国际艺术品保税项目等项目引进洽谈，总投资额9.50亿元，预计年产值17.20亿元，年贸易额15亿元；航空制造产业项目实现补链、强链，航空发动机叶片研发生产基地项目、广联航发航空产业园工装项目、东北航空航天精密加工基地项目、航空零部件热表处理智能制造基地项目、华秦航空发动机机匣智能制造项目5个项目入驻沈阳航空产业园，项目投资总额37.40亿元，预计年产值19.70亿元。

【经济发展】2023年，沈阳综合保税区桃仙园区实现进出口额90.43亿元。其中，加工贸易进出口值完成23.51亿元，同比增幅约19.3%；一般贸易进出口值完成7.39亿元，同比减少80.3%；物流贸易进出口值完成31.33亿元，同比增幅48.8%；跨境电商进出口值完成28.19亿元（"1210"保税备货业务进出口值3.29亿元），同比增幅约29.1%；跨境电商4种模式累计申报单量614余万单，同比增长140%，实现交易额28亿元，同比增长23%。新增海关备案企业达到77家，累计海关备案企业260家。

【对外贸易】2023年，沈阳综合保税区桃仙园区进一步拓展"空陆海网"开放通道，持续打造开放型经济发展高地。重点项目中欧班列集货中心、保税加工中心相继建成投用，开通沈阳至法兰克福全货机航线和沈阳至洛杉矶、芝加哥跨境电商全货机航线3条国际货运包机航线以及沈阳—俄罗斯首班TIR国际卡车航班，为国货"出海"再添助力，对巩固沈阳东北亚航空货运枢纽地位、加快北美地区航空货运战略布局意义重大。截至年底，洛杉矶航线累计执飞69班，共计装载货物约5 660吨，进出口贸易额约19.55亿元；芝加哥航线累计执飞1班，共计装载货物约90.7吨，进出口贸易额约0.34亿元；TIR卡车航班累计发送12车，货值2 769万元。建设东北亚国际艺术品保税展示交易中心，拓展艺术品区内外展览展示业务，累计入区艺术品数量5 000余件，举办20次共建"一带一路"中欧城市文化交流保税展。

【发展趋势】沈阳综合保税区桃仙园区认真落实国务院关于促进综合保税区高水平开放高质量发展的有关决策部署，实现桃仙园区创新升级、提质增效、做大做强工作目标，建设沈阳面向东北亚开放的"桥头堡"，当好打造东北亚开放枢纽地的"排头兵"，在新时代东北全面振兴上展现更大担当和作为。重点发展以下几个方面。

一是国内重要的航空保税加工基地。依托沈飞民机全面融入全球航空产业体系，加快建设具有国际竞争力的集研发设计、制造、维修、保养、总装、改装、拆解于一体的航空产业集群，打造世界一流的飞机机体结构制造中心。健全产业链，延伸上下游产业，开展飞机检测、大修维护、改装、飞机租赁、通航运营、飞行培训等业务。发展集整机维修、发动机维修、部附件维修、客改货于一体的航空维修产业链，建设航空关键部件保税维修基地。

二是东北地区重要的国际货物集散中转分拨中心。进一步完善基础设施建设，提升保税仓储、国际中转等功能，打造联通日、韩、蒙、俄跨境贸易、跨境物流产业链和跨境电商平台。加强开放通道建设，强化与桃仙国际空港、中欧班列集结中心、大连及营口港协同联动，加密国际货运包机、中欧班列、卡车航班开行班次，推动"区港联动"纵深发展，不断扩大进出口一线、二线业务及转口贸易规模，全力建设东北地区重要的国际货物集散中转分拨中心。

三是沈阳现代化都市圈开放型经济发展的新引擎。按照省、市全面振兴新突破3年行动部署要求，以提升沈阳现代化都市圈开放型经济发展能级为目标，坚持创新为本、项目为王，从壮大保税加工、做强保税物流、提升跨境电商能级和培育"保税+"新业态等多角度推进园区提质增效，全力打造开放型经济发展新引擎，为沈阳建设国家中心城市和东北亚国际化中心城市提供有力支撑。

【机构设置】2023年2月，经市委编委会研究决定，沈阳空港经济区、自由贸易区沈阳片区、沈阳综合保税区桃仙园区暂实行"一套领导班子、三块牌子"。管委会内设党政办公室、制度创新局、经济发展局、财政局、金融发展局、政策法规局（知识产权局）等13个机构。

【招商部门】沈阳综合保税区桃仙管委会投资促进一局、投资促进二局。联系电话：024-31171889。电子邮箱：zmqtcb@163.com。

统计资料篇

2023年全国部分保税区经济指标统计汇总表[①]

指标	单位	合计 当年累计	增幅（%）	历年累计
经营总收入	万元	287 238 805	1.0	
工业总产值		8 821 299	-5.7	
物流企业经营收入		3 592 228	-47.4	
商品销售额		263 817 045	1.8	
企业利润总额		11 905 885	-10.7	
综合能源耗费量	吨标准煤	247 686	-37.7	
新设企业数	个	2 454	15.8	43 288
其中：加工企业		2	-75.0	899
物流企业		37	2.8	1 836
贸易企业		1 905	19.3	26 986
其他服务类企业		394	-17.6	11 456
新设外资企业数		149	-2.0	10 420
内资企业注册资本	万元	2 973 206	-50.7	165 753 026
合同利用外资	万美元	212 605	-55.5	12 635 635
实际利用外资		238 047	-13.2	3 031 068
已投产运作企业数	个	2 479	—	29 020
其中：已投产加工企业		0	—	616
已投产物流企业		0	—	1 147
已投产贸易企业		0	—	9 007
已投产其他服务类企业		0	—	5 979
固定资产投资额	万元	899 921	11.2	
已建成城镇建设用地面积	万平方米	0		1 159
房屋竣工建筑面积	平方米	0		
税务部门税收	万元	8 872 742	-12.5	
期末从业人员	人	334 167	1.9	
期末批准面积	平方公里	20	0.0	
期末验收封关面积		18.96	0.0	
创新业态统计指标				
跨境电商企业数	个	104	65.1	
业务票数	票	79 672 334	-4.8	
销售额	万元	2 326 242	12.0	
融资租赁企业数	个	0	-100.0	
租赁资产总额	万元	0	-100.0	
货物状态分类监管企业数	个	0	—	
国内货物进出区货值	万元	0	—	
一般纳税人资格试点企业数	个	0	—	
试点企业内销金额	万元	0	—	
试点企业增值税纳税额		0	—	

[①] 表中数据为不完全统计，仅包含了有统计数据的区域。

续表1

指标	单位	上海外高桥保税区 当年累计	增幅（%）	历年累计
经营总收入	万元	242 002 400	0.2	
工业总产值	万元	4 447 600	-3.6	
物流企业经营收入	万元	3 027 100	-36.4	
商品销售额	万元	219 631 300	0.0	
企业利润总额	万元	11 187 000	-9.9	
综合能源耗费量	吨标准煤	0	—	
新设企业数	个	688	-10.8	22 190
其中：加工企业	个	2	-50.0	263
物流企业	个	37	2.8	1 194
贸易企业	个	255	0.4	10 203
其他服务类企业	个	394	-17.4	10 530
新设外资企业数	个	126	-9.4	7 656
内资企业注册资本	万元	1 918 169	-62.5	10 425 000
合同利用外资	万美元	210 400	-46.0	11 600 772
实际利用外资	万美元	232 900	-11.7	2 483 000
已投产运作企业数	个	0	—	12 836
其中：已投产加工企业	个	0	—	335
已投产物流企业	个	0	—	675
已投产贸易企业	个	0	—	7 257
已投产其他服务类企业	个	0	—	4 569
固定资产投资额	万元	729 700	27.6	
已建成城镇建设用地面积	万平方米	0	—	889
房屋竣工建筑面积	平方米	0	—	
税务部门税收	万元	8 111 258	-10.2	
期末从业人员	人	269 100	-1.8	
期末批准面积	平方公里	10	0.0	
期末验收封关面积	平方公里	8.96	0.0	
创新业态统计指标				
跨境电商企业数	个	11	-15.4	
业务票数	票	69 869	-86.0	
销售额	万元	1 952	-78.3	
融资租赁企业数	个	0	—	
租赁资产总额	万元	0	—	
货物状态分类监管企业数	个	0	—	
国内货物进出区货值	万元	0	—	
一般纳税人资格试点企业数	个	0	—	
试点企业内销金额	万元	0	—	
试点企业增值税纳税额	万元	0	—	

续表2

指标	单位	宁波保税区 当年累计	增幅（%）	历年累计
经营总收入	万元	40 911 061	7.3	
工业总产值		3 529 806	-10.8	
物流企业经营收入		484 737	-75.8	
商品销售额		40 794 983	16.0	
企业利润总额		600 236	-28.0	
综合能源耗费量	吨标准煤	209 898	-6.6	
新设企业数	个	1 766	33.9	13 746
其中：加工企业		0	-100.0	341
物流企业		0	—	38
贸易企业		1 650	25.5	13 019
其他服务类企业		0	—	0
新设外资企业数		23	76.9	1 333
内资企业注册资本	万元	1 055 037	14.7	9 533 809
合同利用外资	万美元	2 205	-97.5	634 816
实际利用外资		5 247	-53.6	274 999
已投产运作企业数	个	1 523	—	10 528
其中：已投产加工企业		0	—	0
已投产物流企业		0	—	0
已投产贸易企业		0	—	0
已投产其他服务类企业		0	—	0
固定资产投资额	万元	136 918	-26.8	
已建成城镇建设用地面积	万平方米	0		0
房屋竣工建筑面积	平方米	0	—	
税务部门税收	万元	685 057	-27.5	
期末从业人员	人	49 395	28.1	
期末批准面积	平方公里	2.3	0.0	
期末验收封关面积		2.3	0.0	
创新业态统计指标				
跨境电商企业数	个	93	86.0	
业务票数	票	79 602 465	-4.3	
销售额	万元	2 324 290	12.4	
融资租赁企业数	个	0	-100.0	
租赁资产总额	万元	0	-100.0	
货物状态分类监管企业数	个	0	—	
国内货物进出区货值	万元	0		
一般纳税人资格试点企业数	个	0	—	
试点企业内销金额	万元	0	—	
试点企业增值税纳税额		0	—	

续表3

指标	单位	广州保税区 当年累计	增幅（%）	历年累计
经营总收入	万元	4 327 744	−17.1	
工业总产值	万元	843 893	6.9	
物流企业经营收入	万元	80 491	−7.6	
商品销售额	万元	3 392 062	−21.8	
企业利润总额	万元	118 649	27.7	
综合能源耗费量	吨标准煤	37 788	0.4	
新设企业数	个	0	−100.0	3 977
其中：加工企业	个	0	—	68
物流企业	个	0	—	85
贸易企业	个	0	−100.0	2 713
其他服务类企业	个	0	−100.0	115
新设外资企业数	个	0	—	803
内资企业注册资本	万元	0	−100.0	199 800
合同利用外资	万美元	0	—	116 889
实际利用外资	万美元	0	—	81 461
已投产运作企业数	个	956	—	1 802
其中：已投产加工企业	个	0	—	67
已投产物流企业	个	0	—	64
已投产贸易企业	个	0	—	413
已投产其他服务类企业	个	0	—	96
固定资产投资额	万元	33 303	−34.3	
已建成城镇建设用地面积	万平方米	0	—	0
房屋竣工建筑面积	平方米	0	—	
税务部门税收	万元	76 427	−51.0	
期末从业人员	人	16 072	4.6	
期末批准面积	平方公里	1.4	0.0	
期末验收封关面积	平方公里	1.4	0.0	
创新业态统计指标				
跨境电商企业数	个	0	—	
业务票数	票	0	—	
销售额	万元	0	—	
融资租赁企业数	个	0	—	
租赁资产总额	万元	0	—	
货物状态分类监管企业数	个	0	—	
国内货物进出区货值	万元	0	—	
一般纳税人资格试点企业数	个	0	—	
试点企业内销金额	万元	0	—	
试点企业增值税纳税额	万元	0	—	

2023年东部地区部分综合保税区经济指标统计汇总表①

指标	单位	合计 当年累计	合计 增幅（%）	合计 历年累计
经营总收入	万元	477 208 064.5	7.4	
工业总产值	万元	94 664 044	-12.1	
物流企业经营收入	万元	20 217 568.33	-9.6	
商品销售额	万元	264 462 338.7	4.9	
企业利润总额	万元	5 370 048.84	-19.3	
综合能源耗费量	吨标准煤	1 802 731	-3.1	
新设企业数	个	15 370	-11.1	149 845
其中：加工企业	个	504	59.5	3 690
物流企业	个	489	-61.7	10 800
贸易企业	个	4 637	-50.3	61 183
其他服务类企业	个	4 221	-17.3	38 587
新设外资企业数	个	343	23.8	8 536
内资企业注册资本	万元	26 678 306	-5.3	217 202 019.5
合同利用外资	万美元	710 859	-13.4	14 993 135
实际利用外资	万美元	333 463	-27.4	5 041 215.45
已投产运作企业数	个	1 735	-34.8	33 474
其中：已投产加工企业	个	126	-5.3	1 971
已投产物流企业	个	192	-54.8	4 240
已投产贸易企业	个	1 051	-10.1	15 419
已投产其他服务类企业	个	283	-29.6	3 920
固定资产投资额	万元	14 470 313	115.8	
已建成城镇建设用地面积	万平方米	234	-54.8	11 929.53
房屋竣工建筑面积	平方米	5 720 542	164.6	
税务部门税收	万元	9 822 398	4.2	
期末从业人员	人	687 713	-12.5	
期末批准面积	平方公里	242.652	—	
期末验收封关面积	平方公里	192.787	—	
创新业态统计指标				
跨境电商企业数	个	1 926	-6.3	
业务票数	票	222 806 977	-29.5	
销售额	万元	4 876 816.52	-48.4	
融资租赁企业数	个	132	-12.6	
租赁资产总额	万元	2 217 625	37.2	
货物状态分类监管企业数	个	103	-16.3	
国内货物进出区货值	万元	10 950 492	-38.7	
一般纳税人资格试点企业数	个	462	10.0	
试点企业内销金额	万元	5 605 973	18.2	
试点企业增值税纳税额	万元	262 044	-17.7	

① 表中数据为不完全统计，仅包含了有统计数据的区域。

续表1

指标	单位	天津东疆保税港区		
		当年累计	增幅（%）	历年累计
经营总收入	万元	0	—	
工业总产值		0	—	
物流企业经营收入		0	—	
商品销售额		0	—	
企业利润总额		0	—	
综合能源耗费量	吨标准煤	0	—	
新设企业数	个	4 043	15.1	32 268
其中：加工企业		64	-9.9	182
物流企业		148	-6.9	2 066
贸易企业		957	51.2	3 886
其他服务类企业		1 915	-3.6	9 472
新设外资企业数		86	72.0	2 254
内资企业注册资本	万元	9 801 228	-21.1	74 912 320
合同利用外资	万美元	164 751	-32.7	6 792 984
实际利用外资		98 972	19.3	688 173
已投产运作企业数	个	0	—	7 547
其中：已投产加工企业		0	—	1
已投产物流企业		0	—	955
已投产贸易企业		0	—	1 395
已投产其他服务类企业		0	—	0
固定资产投资额	万元	80 516	128.2	
已建成城镇建设用地面积	万平方米	0	—	731
房屋竣工建筑面积	平方米	0	—	
税务部门税收	万元	4 500 199	11.6	
期末从业人员	人	30 000	0.0	
期末批准面积	平方公里	10	0.0	
期末验收封关面积		10	0.0	
创新业态统计指标					
跨境电商企业数	个	0	—	
业务票数	票	0	—	
销售额	万元	0	—	
融资租赁企业数	个	0	—	
租赁资产总额	万元	0	—	
货物状态分类监管企业数	个	0	—	
国内货物进出区货值	万元	0	—	
一般纳税人资格试点企业数	个	0	—	
试点企业内销金额	万元	0	—	
试点企业增值税纳税额		0	—	

续表2

指标	单位	天津滨海新区综合保税区		
		当年累计	增幅（%）	历年累计
经营总收入	万元	1 423 372	10.6	
工业总产值		173 253	7.6	
物流企业经营收入		40 864	-43.7	
商品销售额		1 290 216	10.4	
企业利润总额		9 559	-24.9	
综合能源耗费量	吨标准煤	14 853	-2.9	
新设企业数	个	194	2 671.4	6 203
其中：加工企业		2	100.0	45
物流企业		2	—	204
贸易企业		43	2 050.0	1 771
其他服务类企业		128	3 100.0	3 727
新设外资企业数		21	—	189
内资企业注册资本	万元	742 325	164 861.1	9 067 285
合同利用外资	万美元	20 617	67.8	283 550
实际利用外资		500	—	92 286
已投产运作企业数	个	0	—	1 209
其中：已投产加工企业		0	—	24
已投产物流企业		0	—	36
已投产贸易企业		0	—	252
已投产其他服务类企业		0	—	626
固定资产投资额	万元	0	—	
已建成城镇建设用地面积	万平方米	0	—	97
房屋竣工建筑面积	平方米	0	—	
税务部门税收	万元	60 664	343.7	
期末从业人员	人	2 748	-0.6	
期末批准面积	平方公里	1.599	-18.4	
期末验收封关面积		1.599	-18.4	
创新业态统计指标					
跨境电商企业数	个	0	—	
业务票数	票	0	—	
销售额	万元	0	—	
融资租赁企业数	个	0	—	
租赁资产总额	万元	0	—	
货物状态分类监管企业数	个	0	—	
国内货物进出区货值	万元	0	—	
一般纳税人资格试点企业数	个	0	—	
试点企业内销金额	万元	0	—	
试点企业增值税纳税额		0	—	

续表3

指标	单位	天津港综合保税区 当年累计	增幅（％）	历年累计
经营总收入	万元	27 066 195	-9.8	
工业总产值		4 298 252	-7.1	
物流企业经营收入		1 457 998	11.5	
商品销售额		20 538 116	1.8	
企业利润总额		240 928	-49.0	
综合能源耗费量	吨标准煤	331 776	-19.6	
新设企业数	个	569	14.9	11 024
其中：加工企业		3	-50.0	216
物流企业		24	84.6	1 039
贸易企业		399	16.3	7 128
其他服务类企业		141	6.0	2 083
新设外资企业数		1	-80.0	775
内资企业注册资本	万元	346 927	20.2	12 234 545
合同利用外资	万美元	20	-99.4	449 466
实际利用外资		603	—	304 464
已投产运作企业数	个	0	—	3 041
其中：已投产加工企业		0	—	95
已投产物流企业		0	—	483
已投产贸易企业		0	—	1 877
已投产其他服务类企业		0	—	26
固定资产投资额	万元	187 800	-19.6	
已建成城镇建设用地面积	万平方米	0	—	499
房屋竣工建筑面积	平方米	0	—	
税务部门税收	万元	356 620	31.7	
期末从业人员	人	30 729	1.0	
期末批准面积	平方公里	5.67	-12.8	
期末验收封关面积		5.67	3.8	
创新业态统计指标					
跨境电商企业数	个	0	—	
业务票数	票	0	—	
销售额	万元	0	—	
融资租赁企业数	个	0	—	
租赁资产总额	万元	0	—	
货物状态分类监管企业数	个	0	—	
国内货物进出区货值	万元	0	—	
一般纳税人资格试点企业数	个	0	—	
试点企业内销金额	万元	0	—	
试点企业增值税纳税额		0	—	

续表4

指标	单位	天津泰达综合保税区 当年累计	增幅（%）	历年累计
经营总收入	万元	69 933	12.4	
工业总产值		33 627	44.0	
物流企业经营收入		13 589	−10.8	
商品销售额		5 183	—	
企业利润总额		2 646	—	
综合能源耗费量	吨标准煤	3 280	29.0	
新设企业数	个	32	45.5	125
其中：加工企业		0	−100.0	20
物流企业		0	−100.0	17
贸易企业		0	−100.0	44
其他服务类企业		0	−100.0	44
新设外资企业数		0	—	8
内资企业注册资本	万元	0	−100.0	16 030
合同利用外资	万美元	0	—	34
实际利用外资		0	—	0
已投产运作企业数	个	0		31
其中：已投产加工企业		0		19
已投产物流企业		0		12
已投产贸易企业		0		0
已投产其他服务类企业		0		0
固定资产投资额	万元	0	−100.0	
已建成城镇建设用地面积	万平方米	0		0
房屋竣工建筑面积	平方米	0	−100.0	
税务部门税收	万元	3 265	267.7	
期末从业人员	人	1 835	22.3	
期末批准面积	平方公里	1.06	6.0	
期末验收封关面积		1.06	6.0	
创新业态统计指标				
跨境电商企业数	个	1	—	
业务票数	票	376		
销售额	万元	5 500		
融资租赁企业数	个	27	—	
租赁资产总额	万元	0		
货物状态分类监管企业数	个	5	−100.0	
国内货物进出区货值	万元	0		
一般纳税人资格试点企业数	个	5	−100.0	
试点企业内销金额	万元	0		
试点企业增值税纳税额		0	—	

续表 5

指标	单位	秦皇岛综合保税区 当年累计	增幅（%）	历年累计
经营总收入	万元	446 398	-6.0	
工业总产值		7 018	-2.5	
物流企业经营收入		1 134	26.1	
商品销售额		365 972	-21.2	
企业利润总额		-572	—	
综合能源耗费量	吨标准煤	1 165	12.0	
新设企业数	个	16	-52.9	99
其中：加工企业		1	0.0	11
物流企业		1	-93.3	34
贸易企业		12	-7.7	46
其他服务类企业		2	-50.0	8
新设外资企业数		0	-100.0	9
内资企业注册资本	万元	25 940	56.8	191 593
合同利用外资	万美元	0	-100.0	3 319
实际利用外资		326	32.5	4 113
已投产运作企业数	个	5	0.0	40
其中：已投产加工企业		0	-100.0	10
已投产物流企业		1	—	9
已投产贸易企业		4	33.3	19
已投产其他服务类企业		0	-100.0	2
固定资产投资额	万元	7 269	-57.3	
已建成城镇建设用地面积	万平方米	0	—	113
房屋竣工建筑面积	平方米	0	—	
税务部门税收	万元	1 182	39.1	
期末从业人员	人	748	-83.7	
期末批准面积	平方公里	2.04	0.0	
期末验收封关面积		2.04	0.0	
创新业态统计指标				
跨境电商企业数	个	12	20.0	
业务票数	票	3 617	788.7	
销售额	万元	144	102.8	
融资租赁企业数	个	1	0.0	
租赁资产总额	万元	1	0.0	
货物状态分类监管企业数	个	0	—	
国内货物进出区货值	万元	0	—	
一般纳税人资格试点企业数	个	21	0.0	
试点企业内销金额	万元	354 526	-21.8	
试点企业增值税纳税额		336	-4.6	

续表6

指标	单位	廊坊综合保税区 当年累计	增幅（%）	历年累计
经营总收入	万元	448 819	-25.8	
工业总产值		19 395	52.0	
物流企业经营收入		37	-35.1	
商品销售额		447 726	-23.9	
企业利润总额		103	2 475.0	
综合能源耗费量	吨标准煤	8	0.0	
新设企业数		7	-53.3	66
其中：加工企业		1	—	5
物流企业	个	1	-50.0	16
贸易企业		3	-70.0	29
其他服务类企业		2	-33.3	15
新设外资企业数		0		44
内资企业注册资本	万元	9 770	—	44 546
合同利用外资	万美元	0		0
实际利用外资		4 501	—	7 514
已投产运作企业数		1	-90.0	59
其中：已投产加工企业		0	—	3
已投产物流企业	个	0	-100.0	15
已投产贸易企业		1	-87.5	27
已投产其他服务类企业		0	-100.0	13
固定资产投资额	万元	0	—	
已建成城镇建设用地面积	万平方米	0	—	127
房屋竣工建筑面积	平方米	0	—	
税务部门税收	万元	3 021	61.5	
期末从业人员	人	100	-89.5	
期末批准面积	平方公里	0.5	0.0	
期末验收封关面积		0.49	0.0	
创新业态统计指标				
跨境电商企业数	个	4	-55.6	
业务票数	票	1 000	-99.3	
销售额	万元	892	-99.4	
融资租赁企业数	个	0	—	
租赁资产总额	万元	0	—	
货物状态分类监管企业数	个	1	—	
国内货物进出区货值	万元	471	—	
一般纳税人资格试点企业数	个	4	33.3	
试点企业内销金额	万元	375	1 150.0	
试点企业增值税纳税额		28	1 300.0	

续表 7

指标	单位	洋山特殊综合保税区 当年累计	增幅（%）	历年累计
经营总收入	万元	124 922 202	44.9	
工业总产值		1 288 360	34.1	
物流企业经营收入		11 660 006	−3.8	
商品销售额		96 511 077	50.0	
企业利润总额		917 539	2.1	
综合能源耗费量	吨标准煤	44 959	10.4	
新设企业数		625	18.4	3 472
其中：加工企业		0	—	0
物流企业	个	50	−12.3	881
贸易企业		211	34.4	985
其他服务类企业		310	11.9	824
新设外资企业数		60	27.7	389
内资企业注册资本	万元	2 444 379	53.2	5 597 382
合同利用外资	万美元	267 158	560.1	342 523
实际利用外资		21 401	202.9	82 861
已投产运作企业数		0	—	0
其中：已投产加工企业		0	—	0
已投产物流企业	个	0	—	0
已投产贸易企业		0	—	0
已投产其他服务类企业		0	—	0
固定资产投资额	万元	1 032 984	−1.1	
已建成城镇建设用地面积	万平方米	0	—	1 416
房屋竣工建筑面积	平方米	0	—	
税务部门税收	万元	1 246 100	30.1	
期末从业人员	人	73 100	−4.5	
期末批准面积	平方公里	28.83	13.9	
期末验收封关面积		25.31	0.0	
创新业态统计指标				
跨境电商企业数	个	0	—	
业务票数	票	0	—	
销售额	万元	0	—	
融资租赁企业数	个	0	—	
租赁资产总额	万元	0	—	
货物状态分类监管企业数	个	0	—	
国内货物进出区货值	万元	0	—	
一般纳税人资格试点企业数	个	0	—	
试点企业内销金额	万元	0	—	
试点企业增值税纳税额		0	—	

续表 8

指标	单位	上海浦东机场综合保税区		
		当年累计	增幅（%）	历年累计
经营总收入	万元	4 743 600	-0.6	
工业总产值		0	—	
物流企业经营收入		424 300	-43.6	
商品销售额		2 539 300	11.2	
企业利润总额		884 200	15.4	
综合能源耗费量	吨标准煤	0	—	
新设企业数	个	41	105.0	866
其中：加工企业		0	—	0
物流企业		8	300.0	82
贸易企业		7	40.0	167
其他服务类企业		26	100.0	617
新设外资企业数		2	0.0	173
内资企业注册资本	万元	146 953	1 330.0	2 488 000
合同利用外资	万美元	17 900	29.7	520 671
实际利用外资		19 600	85.4	414 344
已投产运作企业数	个	0	—	666
其中：已投产加工企业		0	—	7
已投产物流企业		0	—	69
已投产贸易企业		0	—	89
已投产其他服务类企业		0	—	501
固定资产投资额	万元	23 200	-67.6	
已建成城镇建设用地面积	万平方米	0	—	211
房屋竣工建筑面积	平方米	0	—	
税务部门税收	万元	458 869	-16.0	
期末从业人员	人	4 957	2.3	
期末批准面积	平方公里	3.59	0.0	
期末验收封关面积		3.59	0.0	
创新业态统计指标				
跨境电商企业数	个	27	-3.6	
业务票数	票	3 156 701	11.4	
销售额	万元	223 790	15.0	
融资租赁企业数	个	0	—	
租赁资产总额	万元	0	—	
货物状态分类监管企业数	个	0	—	
国内货物进出区货值	万元	0	—	
一般纳税人资格试点企业数	个	0	—	
试点企业内销金额	万元	0	—	
试点企业增值税纳税额		0	—	

续表 9

指标	单位	上海外高桥港综合保税区		
		当年累计	增幅（%）	历年累计
经营总收入	万元	622 700	159.5	
工业总产值		0	—	
物流企业经营收入		70 500	−26.7	
商品销售额		533 300	307.1	
企业利润总额		667	—	
综合能源耗费量	吨标准煤	0	—	
新设企业数	个	1	0.0	50
其中：加工企业		0	—	0
物流企业		0	—	24
贸易企业		1	—	14
其他服务类企业		0	—	12
新设外资企业数		0	—	20
内资企业注册资本	万元	150	−95.0	68 400
合同利用外资	万美元	0	—	33 350
实际利用外资		0	—	1 790
已投产运作企业数	个	0	—	41
其中：已投产加工企业		0	—	1
已投产物流企业		0	—	22
已投产贸易企业		0	—	11
已投产其他服务类企业		0	—	7
固定资产投资额	万元	0	—	
已建成城镇建设用地面积	万平方米	0	—	94
房屋竣工建筑面积	平方米	0	—	
税务部门税收	万元	10 346	5.4	
期末从业人员	人	885	20.6	
期末批准面积	平方公里	1.03	0.0	
期末验收封关面积		1.03	0.0	
创新业态统计指标				
跨境电商企业数	个	4	−76.5	
业务票数	票	382 307	−79.9	
销售额	万元	16 060	−52.5	
融资租赁企业数	个	0	—	
租赁资产总额	万元	0	—	
货物状态分类监管企业数	个	0	—	
国内货物进出区货值	万元	0	—	
一般纳税人资格试点企业数	个	0	—	
试点企业内销金额	万元	0	—	
试点企业增值税纳税额		0	—	

续表 10

指标	单位	上海松江综合保税区 当年累计	增幅（%）	历年累计
经营总收入	万元	10 862 300	-39.1	
工业总产值		10 009 325	-42.4	
物流企业经营收入		73 039	-32.3	
商品销售额		6 892	-90.5	
企业利润总额		125 979	40.0	
综合能源耗费量	吨标准煤	88 979	-4.8	
新设企业数	个	49	53.1	555
其中：加工企业		2	100.0	63
物流企业		1	0.0	33
贸易企业		46	53.3	448
其他服务类企业		0	—	11
新设外资企业数		2	0.0	101
内资企业注册资本	万元	21 430	-42.3	302 601
合同利用外资	万美元	7 002	-42.5	188 125
实际利用外资		2 919	-24.9	101 434
已投产运作企业数	个	49	-62.9	329
其中：已投产加工企业		2	—	63
已投产物流企业		1	-92.3	33
已投产贸易企业		46	—	232
已投产其他服务类企业		0	—	1
固定资产投资额	万元	39 580	-81.1	
已建成城镇建设用地面积	万平方米	0	-100.0	358
房屋竣工建筑面积	平方米	0	—	
税务部门税收	万元	115 481	-6.7	
期末从业人员	人	35 054	-42.2	
期末批准面积	平方公里	4.1	0.0	
期末验收封关面积		4.1	0.0	
创新业态统计指标				
跨境电商企业数	个	2	100.0	
业务票数	票	1 979 105	11.3	
销售额	万元	30 228	5.2	
融资租赁企业数	个	0	—	
租赁资产总额	万元	0	—	
货物状态分类监管企业数	个	16	0.0	
国内货物进出区货值	万元	1 946 524	-2.1	
一般纳税人资格试点企业数	个	36	2.9	
试点企业内销金额	万元	222 656	-11.6	
试点企业增值税纳税额		34 117	3.6	

续表 11

指标	单位	金桥综合保税区 当年累计	增幅（%）	历年累计
经营总收入	万元	1 508 300	3.0	
工业总产值		1 034 700	−28.3	
物流企业经营收入		0	—	
商品销售额		0		
企业利润总额		184 400	9.5	
综合能源耗费量	吨标准煤	26 001	3.4	
新设企业数	个	0	—	36
其中：加工企业		0	—	33
物流企业		0	—	3
贸易企业		0	—	0
其他服务类企业		0	—	0
新设外资企业数		0	—	32
内资企业注册资本	万元	0	—	0
合同利用外资	万美元	0	—	60 133
实际利用外资		0	—	60 133
已投产运作企业数	个	0	—	26
其中：已投产加工企业		0	—	25
已投产物流企业		0	—	1
已投产贸易企业		0	—	0
已投产其他服务类企业		0	—	0
固定资产投资额	万元	0	—	
已建成城镇建设用地面积	万平方米	0	—	0
房屋竣工建筑面积	平方米	0	—	
税务部门税收	万元	14 900	−78.8	
期末从业人员	人	5 546	0.0	
期末批准面积	平方公里	2.8	0.0	
期末验收封关面积		1.55	0.0	
创新业态统计指标				
跨境电商企业数	个	0	—	
业务票数	票	0	—	
销售额	万元	0	—	
融资租赁企业数	个	0	—	
租赁资产总额	万元	0	—	
货物状态分类监管企业数	个	0	—	
国内货物进出区货值	万元	0	—	
一般纳税人资格试点企业数	个	0	—	
试点企业内销金额	万元	0	—	
试点企业增值税纳税额		0	—	

续表 12

指标	单位	青浦综合保税区		
^	^	当年累计	增幅（%）	历年累计
经营总收入	万元	1 211 557	32.4	
工业总产值	^	1 151 447	33.0	
物流企业经营收入	^	12 390	30.0	
商品销售额	^	765 368	398.5	
企业利润总额	^	82 345	18.3	
综合能源耗费量	吨标准煤	41 598	11.2	
新设企业数	个	4	—	57
其中：加工企业	^	1	—	19
物流企业	^	3	—	15
贸易企业	^	0	—	0
其他服务类企业	^	0	—	10
新设外资企业数	^	0	—	26
内资企业注册资本	万元	0	—	8 207
合同利用外资	万美元	0	—	47 767
实际利用外资	^	0	—	18 501
已投产运作企业数	个	0	—	18
其中：已投产加工企业	^	0	—	13
已投产物流企业	^	0	—	5
已投产贸易企业	^	0	—	0
已投产其他服务类企业	^	0	—	0
固定资产投资额	万元	0	—	
已建成城镇建设用地面积	万平方米	0	—	0
房屋竣工建筑面积	平方米	0	—	
税务部门税收	万元	36 730	64.2	
期末从业人员	人	3 322	0.0	
期末批准面积	平方公里	3	0.0	
期末验收封关面积	^	1.6	0.0	
创新业态统计指标				
跨境电商企业数	个	0	−100.0	
业务票数	票	45 379 692	129.1	
销售额	万元	765 368	398.5	
融资租赁企业数	个	0	—	
租赁资产总额	万元	0	—	
货物状态分类监管企业数	个	11	—	
国内货物进出区货值	万元	0	—	
一般纳税人资格试点企业数	个	5	—	
试点企业内销金额	万元	0	—	
试点企业增值税纳税额	^	0	—	

续表13

指标	单位	上海漕河泾综合保税区 当年累计	增幅（%）	历年累计
经营总收入	万元	2 229 562	-21.4	
工业总产值		2 052 271	-24.9	
物流企业经营收入		0	-100.0	
商品销售额		0	—	
企业利润总额		8 898	—	
综合能源耗费量	吨标准煤	15 082	-53.5	
新设企业数	个	0	—	38
其中：加工企业		0	—	16
物流企业		0	—	5
贸易企业		0	—	1
其他服务类企业		0	—	4
新设外资企业数		0	—	15
内资企业注册资本	万元	0	—	734 169
合同利用外资	万美元	0	—	51 750
实际利用外资		0	—	51 750
已投产运作企业数	个	0	—	18
其中：已投产加工企业		0	—	8
已投产物流企业		0	—	5
已投产贸易企业		0	—	1
已投产其他服务类企业		0	—	4
固定资产投资额	万元	0	—	
已建成城镇建设用地面积	万平方米	0	—	0
房屋竣工建筑面积	平方米	0	—	
税务部门税收	万元	18 114	—	
期末从业人员	人	6 505	-0.3	
期末批准面积	平方公里	0.807	0.0	
期末验收封关面积		0.807	0.0	
创新业态统计指标				
跨境电商企业数	个	0	—	
业务票数	票	0	—	
销售额	万元	0	—	
融资租赁企业数	个	0	—	
租赁资产总额	万元	0	—	
货物状态分类监管企业数	个	0	—	
国内货物进出区货值	万元	0	—	
一般纳税人资格试点企业数	个	0	—	
试点企业内销金额	万元	0	—	
试点企业增值税纳税额		0	—	

续表 14

指标	单位	奉贤综合保税区 当年累计	增幅（%）	历年累计
经营总收入	万元	993 950	1.0	
工业总产值		937 422	6.1	
物流企业经营收入		10 402	−37.0	
商品销售额		957 440	−34.0	
企业利润总额		43 930	924.7	
综合能源耗费量	吨标准煤	51 894	623.4	
新设企业数	个	289	32.0	548
其中：加工企业		0	—	17
物流企业		0	—	12
贸易企业		0	−100.0	31
其他服务类企业		0	—	2
新设外资企业数		0	—	18
内资企业注册资本	万元	0	—	0
合同利用外资	万美元	0	—	13 656
实际利用外资		0	—	10 446
已投产运作企业数	个	0	—	35
其中：已投产加工企业		0	—	9
已投产物流企业		0	—	11
已投产贸易企业		0	—	2
已投产其他服务类企业		0	—	1
固定资产投资额	万元	753	100.8	
已建成城镇建设用地面积	万平方米	0	—	0
房屋竣工建筑面积	平方米	0	—	
税务部门税收	万元	49 692	60.7	
期末从业人员	人	2 822	−11.2	
期末批准面积	平方公里	1.88	−37.3	
期末验收封关面积		1.88	0.0	
创新业态统计指标				
跨境电商企业数	个	4	0.0	
业务票数	票	675 145	177.9	
销售额	万元	17 471	45.1	
融资租赁企业数	个	0	—	
租赁资产总额	万元	0	—	
货物状态分类监管企业数	个	3	—	
国内货物进出区货值	万元	451 499	−13.1	
一般纳税人资格试点企业数	个	2	—	
试点企业内销金额	万元	221 884	−1.9	
试点企业增值税纳税额		28 832	−1.9	

续表 15

指标	单位	嘉定综合保税区 当年累计	增幅（%）	历年累计
经营总收入	万元	689 486	6.6	
工业总产值		118 942	-7.1	
物流企业经营收入		43 546	2.5	
商品销售额		268 176	-17.4	
企业利润总额		9 689	71.8	
综合能源耗费量	吨标准煤	3 620	39.8	
新设企业数		347	-2.8	1 210
其中：加工企业	个	0	-100.0	9
物流企业		17	88.9	48
贸易企业		138	-16.4	459
其他服务类企业		191	4.9	514
新设外资企业数		8	33.3	41
内资企业注册资本	万元	113 983	-27.7	542 035
合同利用外资	万美元	6 000	2 900.0	16 573
实际利用外资		0	—	2 108
已投产运作企业数		1	—	59
其中：已投产加工企业	个	1	—	5
已投产物流企业		0	—	9
已投产贸易企业		0	—	0
已投产其他服务类企业		0	—	45
固定资产投资额	万元	14 111	2 236.0	
已建成城镇建设用地面积	万平方米	0	—	0
房屋竣工建筑面积	平方米	0	—	
税务部门税收	万元	8 354	1.0	
期末从业人员	人	2 989	-25.1	
期末批准面积	平方公里	0.95	0.0	
期末验收封关面积		0.95	0.0	
创新业态统计指标				
跨境电商企业数	个	7	—	
业务票数	票	175 246	-68.3	
销售额	万元	7 972	-72.7	
融资租赁企业数	个	0	—	
租赁资产总额	万元	0	—	
货物状态分类监管企业数	个	1	-50.0	
国内货物进出区货值	万元	737 654	-8.3	
一般纳税人资格试点企业数	个	4	0.0	
试点企业内销金额	万元	29 437	3 363.2	
试点企业增值税纳税额		2 983	—	

续表 16

指标	单位	张家港保税港区 当年累计	增幅（%）	历年累计
经营总收入	万元	21 648 330	-3.5	
工业总产值		0	—	
物流企业经营收入		2 336 780	-9.7	
商品销售额		21 648 330	-3.5	
企业利润总额		0	—	
综合能源耗费量	吨标准煤	0	—	
新设企业数		718	12.2	7 093
其中：加工企业		0	—	3
物流企业	个	30	11.1	325
贸易企业		606	12.8	6 380
其他服务类企业		82	9.3	383
新设外资企业数		1	-75.0	117
内资企业注册资本	万元	427 550	-12.9	2 356 287
合同利用外资	万美元	150	-98.8	104 468
实际利用外资		2 965	-38.6	40 110
已投产运作企业数		718	12.2	7 093
其中：已投产加工企业		0	—	1
已投产物流企业	个	30	11.1	325
已投产贸易企业		606	12.8	6 380
已投产其他服务类企业		82	9.3	383
固定资产投资额	万元	0	—	
已建成城镇建设用地面积	万平方米	0	—	118
房屋竣工建筑面积	平方米	0	—	
税务部门税收	万元	24 091	1.4	
期末从业人员	人	19 907	11.8	
期末批准面积	平方公里	4.1	0.0	
期末验收封关面积		1.53	0.0	
创新业态统计指标					
跨境电商企业数	个	0	—	
业务票数	票	0	—	
销售额	万元	0	—	
融资租赁企业数	个	0	—	
租赁资产总额	万元	0	—	
货物状态分类监管企业数	个	0	—	
国内货物进出区货值	万元	0	—	
一般纳税人资格试点企业数	个	0	—	
试点企业内销金额	万元	0	—	
试点企业增值税纳税额		0	—	

续表 17

指标	单位	苏州工业园综合保税区 当年累计	增幅（%）	历年累计
经营总收入	万元	6 239 204	6.5	
工业总产值		3 995 322	5.8	
物流企业经营收入		106 438	−18.2	
商品销售额		2 426 782	6.5	
企业利润总额		373 928	21.5	
综合能源耗费量	吨标准煤	4	0.0	
新设企业数	个	18	12.5	440
其中：加工企业		5	66.7	142
物流企业		4	−20.0	82
贸易企业		9	28.6	41
其他服务类企业		0	−100.0	10
新设外资企业数		2	100.0	185
内资企业注册资本	万元	16 200	—	96 902
合同利用外资	万美元	400	−95.0	157 573
实际利用外资		5 403	—	143 535
已投产运作企业数	个	18	12.5	220
其中：已投产加工企业		5	66.7	67
已投产物流企业		4	−20.0	52
已投产贸易企业		9	28.6	81
已投产其他服务类企业		0	−100.0	20
固定资产投资额	万元	41 667	—	
已建成城镇建设用地面积	万平方米	0		486
房屋竣工建筑面积	平方米	0		
税务部门税收	万元	142 566	—	
期末从业人员	人	27 953	—	
期末批准面积	平方公里	5.28	0.0	
期末验收封关面积		4.86	0.0	
创新业态统计指标				
跨境电商企业数	个	0	—	
业务票数	票	0	—	
销售额	万元	0	—	
融资租赁企业数	个	0	—	
租赁资产总额	万元	0	—	
货物状态分类监管企业数	个	0	—	
国内货物进出区货值	万元	0	—	
一般纳税人资格试点企业数	个	0	—	
试点企业内销金额	万元	0	—	
试点企业增值税纳税额		0	—	

续表 18

指标	单位	昆山综合保税区 当年累计	增幅（%）	历年累计
经营总收入	万元	40 428 838	-1.8	
工业总产值	万元	35 627 959	0.5	
物流企业经营收入	万元	97 513	-16.7	
商品销售额	万元	5 495 950	-12.5	
企业利润总额	万元	336 973	-33.7	
综合能源耗费量	吨标准煤	125 289	3.5	
新设企业数	个	13	8.3	175
其中：加工企业	个	3	-62.5	82
物流企业	个	5	150.0	55
贸易企业	个	4	100.0	20
其他服务类企业	个	1	—	18
新设外资企业数	个	0	-100.0	71
内资企业注册资本	万元	263 073	379.6	928 286
合同利用外资	万美元	0	-100.0	150 434
实际利用外资	万美元	0	-100.0	139 837
已投产运作企业数	个	10	100.0	140
其中：已投产加工企业	个	2	0.0	65
已投产物流企业	个	3	50.0	46
已投产贸易企业	个	3	200.0	15
已投产其他服务类企业	个	2	—	14
固定资产投资额	万元	141 983	114.0	
已建成城镇建设用地面积	万平方米	0	—	531
房屋竣工建筑面积	平方米	0	—	
税务部门税收	万元	186 407	16.8	
期末从业人员	人	115 495	-16.9	
期末批准面积	平方公里	5.86	0.0	
期末验收封关面积	平方公里	5.86	0.0	
创新业态统计指标					
跨境电商企业数	个	0	—	
业务票数	票	0	—	
销售额	万元	0	—	
融资租赁企业数	个	0	—	
租赁资产总额	万元	0	—	
货物状态分类监管企业数	个	0	—	
国内货物进出区货值	万元	0	—	
一般纳税人资格试点企业数	个	36	9.1	
试点企业内销金额	万元	806 797	15.1	
试点企业增值税纳税额	万元	102 330	15.4	

续表 19

指标	单位	苏州高新技术产业开发区综合保税区 当年累计	增幅（%）	历年累计
经营总收入	万元	6 634 174	-23.1	
工业总产值		7 089 738	-16.4	
物流企业经营收入		99 855	-48.1	
商品销售额		91 147	59.5	
企业利润总额		144 572	-16.6	
综合能源耗费量	吨标准煤	47 544	-21.4	
新设企业数	个	35	40.0	182
其中：加工企业		6	-45.5	112
物流企业		0	—	21
贸易企业		18	800.0	21
其他服务类企业		11	0.0	47
新设外资企业数		0	-100.0	75
内资企业注册资本	万元	1 034 850	2 099.4	1 166 016
合同利用外资	万美元	3 068	—	142 474
实际利用外资		3 068	3.6	109 928
已投产运作企业数	个	35	40.0	171
其中：已投产加工企业		6	-50.0	89
已投产物流企业		0	—	14
已投产贸易企业		18	800.0	21
已投产其他服务类企业		11	0.0	45
固定资产投资额	万元	82 159	-8.5	
已建成城镇建设用地面积	万平方米	0	—	0
房屋竣工建筑面积	平方米	0		
税务部门税收	万元	70 165	-19.9	
期末从业人员	人	27 027	-40.0	
期末批准面积	平方公里	3.51	0.0	
期末验收封关面积		3.51	0.0	
创新业态统计指标				
跨境电商企业数	个	15	50.0	
业务票数	票	94 465	-34.6	
销售额	万元	112 200	42.4	
融资租赁企业数	个	0	—	
租赁资产总额	万元	0	—	
货物状态分类监管企业数	个	0	—	
国内货物进出区货值	万元	0	—	
一般纳税人资格试点企业数	个	49	44.1	
试点企业内销金额	万元	91 146	59.5	
试点企业增值税纳税额		9 320	53.9	

续表20

指标	单位	无锡高新区综合保税区 当年累计	增幅（%）	历年累计
经营总收入	万元	11 385 728	-19.8	
工业总产值	万元	8 960 241	0.8	
物流企业经营收入	万元	70 395	5.7	
商品销售额	万元	4 517 339	-14.7	
企业利润总额	万元	465 593	296.7	
综合能源耗费量	吨标准煤	507 548	-5.7	
新设企业数	个	11	37.5	86
其中：加工企业	个	1	—	29
物流企业	个	1	—	37
贸易企业	个	1	—	12
其他服务类企业	个	8	—	16
新设外资企业数	个	0	—	41
内资企业注册资本	万元	0	—	5 700
合同利用外资	万美元	0	—	390 212
实际利用外资	万美元	7 900	-86.5	396 633
已投产运作企业数	个	0	—	54
其中：已投产加工企业	个	0	—	28
已投产物流企业	个	0	—	17
已投产贸易企业	个	0	—	1
已投产其他服务类企业	个	0	—	2
固定资产投资额	万元	2 355 092	39.1	
已建成城镇建设用地面积	万平方米	0	—	0
房屋竣工建筑面积	平方米	0	—	
税务部门税收	万元	471 135	9.4	
期末从业人员	人	38 487	3.8	
期末批准面积	平方公里	3.5	0.0	
期末验收封关面积	平方公里	2.39	0.0	
创新业态统计指标				
跨境电商企业数	个	0	-100.0	
业务票数	票	0	-100.0	
销售额	万元	0	-100.0	
融资租赁企业数	个	0	—	
租赁资产总额	万元	0	—	
货物状态分类监管企业数	个	0	—	
国内货物进出区货值	万元	0	-100.0	
一般纳税人资格试点企业数	个	0	-100.0	
试点企业内销金额	万元	49 388	-76.8	
试点企业增值税纳税额	万元	11 676	-53.6	

续表 21

指标	单位	江苏盐城综合保税区 当年累计	增幅（%）	历年累计
经营总收入	万元	175 613	-30.3	
工业总产值		53 339	-25.4	
物流企业经营收入		15 700	-56.9	
商品销售额		114 665	-54.3	
企业利润总额		-61 200	—	
综合能源耗费量	吨标准煤	1 450	-86.5	
新设企业数		5	-78.3	243
其中：加工企业		5	-16.7	73
物流企业	个	0	-100.0	49
贸易企业		0	-100.0	57
其他服务类企业		0	—	46
新设外资企业数		0	-100.0	41
内资企业注册资本	万元	147 000	425.0	688 013
合同利用外资	万美元	0	-100.0	212 016
实际利用外资		0	—	52 132
已投产运作企业数		3	-76.9	142
其中：已投产加工企业		2	—	32
已投产物流企业	个	0	-100.0	41
已投产贸易企业		1	-85.7	43
已投产其他服务类企业		0	—	25
固定资产投资额	万元	86 904	—	
已建成城镇建设用地面积	万平方米	0		119.2
房屋竣工建筑面积	平方米	0		
税务部门税收	万元	864	-86.8	
期末从业人员	人	1 500	-71.4	
期末批准面积	平方公里	2.03	0.0	
期末验收封关面积		2.03	0.0	
创新业态统计指标				
跨境电商企业数	个	2	—	
业务票数	票	150 244		
销售额	万元	3 202	—	
融资租赁企业数	个	0		
租赁资产总额	万元	0		
货物状态分类监管企业数	个	0		
国内货物进出区货值	万元	0		
一般纳税人资格试点企业数	个	0		
试点企业内销金额	万元	0		
试点企业增值税纳税额		0		

续表 22

指标	单位	淮安综合保税区 当年累计	增幅（%）	历年累计
经营总收入	万元	627 539	-12.0	
工业总产值		623 219	-11.3	
物流企业经营收入		4 320	-48.1	
商品销售额		566 462	—	
企业利润总额		-3 702	—	
综合能源耗费量	吨标准煤	46 780	-5.1	
新设企业数	个	7	133.3	42
其中：加工企业		1	0.0	16
物流企业		2	—	16
贸易企业		4	300.0	8
其他服务类企业		0	-100.0	3
新设外资企业数		0	-100.0	12
内资企业注册资本	万元	1 400	40.0	47 850
合同利用外资	万美元	0	-100.0	194 223
实际利用外资		1 000	-60.0	65 422
已投产运作企业数	个	1	—	16
其中：已投产加工企业		1	—	6
已投产物流企业		0	—	5
已投产贸易企业		0	—	3
已投产其他服务类企业		0	—	2
固定资产投资额	万元	15 429	-63.1	
已建成城镇建设用地面积	万平方米	0	—	97
房屋竣工建筑面积	平方米	0	—	
税务部门税收	万元	39 318	308.4	
期末从业人员	人	9 023	-26.4	
期末批准面积	平方公里	4.92	0.0	
期末验收封关面积		2.63	0.0	
创新业态统计指标				
跨境电商企业数	个	0	—	
业务票数	票	3	-98.5	
销售额	万元	1	-100.0	
融资租赁企业数	个	0	—	
租赁资产总额	万元	0	—	
货物状态分类监管企业数	个	0	—	
国内货物进出区货值	万元	0	—	
一般纳税人资格试点企业数	个	0	-100.0	
试点企业内销金额	万元	434 746	-28.7	
试点企业增值税纳税额		2 938	226.8	

续表 23

指标	单位	南京综合保税区（龙潭） 当年累计	增幅（%）	历年累计
经营总收入	万元	8 361	−92.2	
工业总产值		0	—	
物流企业经营收入		5 873	−15.5	
商品销售额		3 809	−25.4	
企业利润总额		196	−83.0	
综合能源耗费量	吨标准煤	0	—	
新设企业数		6	200.0	39
其中：加工企业		0	—	0
物流企业	个	1	−50.0	28
贸易企业		4	—	10
其他服务类企业		1	—	1
新设外资企业数		1	—	2
内资企业注册资本	万元	2 600	—	49 699
合同利用外资	万美元	0	—	5 551
实际利用外资		0	—	1 216
已投产运作企业数		0	—	20
其中：已投产加工企业		0	—	0
已投产物流企业	个	0	—	14
已投产贸易企业		0	—	6
已投产其他服务类企业		0	—	0
固定资产投资额	万元	0	—	
已建成城镇建设用地面积	万平方米	0	—	62
房屋竣工建筑面积	平方米	0	—	
税务部门税收	万元	400	−55.2	
期末从业人员	人	191	−4.5	
期末批准面积	平方公里	3.83	0.0	
期末验收封关面积		1.15	0.0	
创新业态统计指标				
跨境电商企业数	个	6	20.0	
业务票数	票	321 701	123.6	
销售额	万元	3 809	−25.4	
融资租赁企业数	个	0	—	
租赁资产总额	万元	0	—	
货物状态分类监管企业数	个	5	25.0	
国内货物进出区货值	万元	365 433	10.6	
一般纳税人资格试点企业数	个			
试点企业内销金额	万元	0	—	
试点企业增值税纳税额		0	—	

续表 24

指标	单位	南京综合保税区（江宁） 当年累计	增幅（%）	历年累计
经营总收入	万元	304 857	-41.5	
工业总产值		282 743	-43.7	
物流企业经营收入		22 114	15.2	
商品销售额		359 036	-32.6	
企业利润总额		-1 194	—	
综合能源耗费量	吨标准煤	3 773	-27.4	
新设企业数	个	2	-50.0	67
其中：加工企业		1	-66.7	42
物流企业		1	—	13
贸易企业		0	-100.0	4
其他服务类企业		0	—	6
新设外资企业数		1	0.0	42
内资企业注册资本	万元	2 000	-67.2	117 100
合同利用外资	万美元	0	—	28 729
实际利用外资		1 200	23.1	20 761
已投产运作企业数	个	3	-40.0	25
其中：已投产加工企业		2	-60.0	18
已投产物流企业		1	—	4
已投产贸易企业		0	—	2
已投产其他服务类企业		0	—	1
固定资产投资额	万元	36 517	-52.6	
已建成城镇建设用地面积	万平方米	0	—	0
房屋竣工建筑面积	平方米	0		
税务部门税收	万元	3 443	-11.7	
期末从业人员	人	2 145	-64.8	
期末批准面积	平方公里	0.918	0.0	
期末验收封关面积		0.918	0.0	
创新业态统计指标				
跨境电商企业数	个	1	0.0	
业务票数	票	3 030	110.9	
销售额	万元	79	-27.5	
融资租赁企业数	个	0	—	
租赁资产总额	万元	0	—	
货物状态分类监管企业数	个	0	—	
国内货物进出区货值	万元	0	—	
一般纳税人资格试点企业数	个	14	27.3	
试点企业内销金额	万元	121 542	126.5	
试点企业增值税纳税额		466	101.7	

续表 25

指标	单位	连云港综合保税区 当年累计	增幅（%）	历年累计
经营总收入	万元	360 582	58.1	
工业总产值		226 094	-0.4	
物流企业经营收入		19 117	-8.5	
商品销售额		76 771	765.9	
企业利润总额		649	-26.3	
综合能源耗费量	吨标准煤	596	-14.5	
新设企业数	个	1	-87.5	148
其中：加工企业		0	-100.0	18
物流企业		0	—	21
贸易企业		0	-100.0	73
其他服务类企业		1	—	36
新设外资企业数		0	-100.0	14
内资企业注册资本	万元	5 000	-73.7	208 367
合同利用外资	万美元	12 000	-40.4	79 511
实际利用外资		8 340	-51.2	53 557
已投产运作企业数	个	1	-85.7	33
其中：已投产加工企业		1	-75.0	12
已投产物流企业		0	—	10
已投产贸易企业		0	-100.0	9
已投产其他服务类企业		0	—	2
固定资产投资额	万元	40 117	-9.5	
已建成城镇建设用地面积	万平方米	0	—	157
房屋竣工建筑面积	平方米	0	—	
税务部门税收	万元	3 055	-83.6	
期末从业人员	人	1 332	-71.3	
期末批准面积	平方公里	2.97	0.0	
期末验收封关面积		2.97	0.0	
创新业态统计指标					
跨境电商企业数	个	7	—	
业务票数	票	124 788	-3.3	
销售额	万元	4 089	-53.9	
融资租赁企业数	个	0	—	
租赁资产总额	万元	0	—	
货物状态分类监管企业数	个	6	-14.3	
国内货物进出区货值	万元	1 029 500	114.6	
一般纳税人资格试点企业数	个	3	-25.0	
试点企业内销金额	万元	59 150	87.4	
试点企业增值税纳税额		1 473	-64.1	

续表26

指标	单位	镇江综合保税区 当年累计	增幅（%）	历年累计
经营总收入	万元	292 578	17.2	
工业总产值		176 706	65.6	
物流企业经营收入		121 041	-13.0	
商品销售额		48 454	3.7	
企业利润总额		8 337	—	
综合能源耗费量	吨标准煤	4 018	-24.4	
新设企业数		3	200.0	54
其中：加工企业		3	—	8
物流企业	个	0	—	13
贸易企业		0	-100.0	26
其他服务类企业		0	—	7
新设外资企业数		0		7
内资企业注册资本	万元	3 300	-97.5	164 339
合同利用外资	万美元	0	—	26 851
实际利用外资		0	-100.0	26 851
已投产运作企业数		3	200.0	48
其中：已投产加工企业		3	200.0	10
已投产物流企业	个	0	—	10
已投产贸易企业		0	—	19
已投产其他服务类企业		0	—	0
固定资产投资额	万元	36 278	648.5	
已建成城镇建设用地面积	万平方米	0	—	0
房屋竣工建筑面积	平方米	0	—	
税务部门税收	万元	7 824	85.7	
期末从业人员	人	1 620	0.0	
期末批准面积	平方公里	2.53	0.0	
期末验收封关面积		0.91	0.0	
创新业态统计指标				
跨境电商企业数	个	0	—	
业务票数	票	0	—	
销售额	万元	0	—	
融资租赁企业数	个	0	—	
租赁资产总额	万元	0	—	
货物状态分类监管企业数	个	1	0.0	
国内货物进出区货值	万元	1 288 299	-45.2	
一般纳税人资格试点企业数	个	5	0.0	
试点企业内销金额	万元	56 261	212.9	
试点企业增值税纳税额		1 077	138.3	

续表 27

指标	单位	常州综合保税区 当年累计	增幅（％）	历年累计
经营总收入		398 859	18.4	
工业总产值		176 231	25.5	
物流企业经营收入	万元	10 387	97.5	
商品销售额		391 589	23.6	
企业利润总额		3 923	-34.6	
综合能源耗费量	吨标准煤	6 687	-29.2	
新设企业数		21	10.5	129
其中：加工企业		2	-33.3	21
物流企业	个	4	33.3	26
贸易企业		14	27.3	70
其他服务类企业		1	-50.0	8
新设外资企业数		1	-75.0	20
内资企业注册资本	万元	102 500	294.2	176 438
合同利用外资	万美元	0	-100.0	152 228
实际利用外资		28 294	813.6	104 359
已投产运作企业数		0	-100.0	39
其中：已投产加工企业		0	-100.0	19
已投产物流企业	个	0	-100.0	8
已投产贸易企业		0	-100.0	11
已投产其他服务类企业		0	—	1
固定资产投资额	万元	37 075	27.5	
已建成城镇建设用地面积	万平方米	3	—	3
房屋竣工建筑面积	平方米	50 691	-34.5	
税务部门税收	万元	7 041	-14.2	
期末从业人员	人	2 147	20.6	
期末批准面积	平方公里	1.66	0.0	
期末验收封关面积		1.33	0.0	
创新业态统计指标				
跨境电商企业数	个	2	-60.0	
业务票数	票	119 400	181.5	
销售额	万元	1 772	34.5	
融资租赁企业数	个	0	—	
租赁资产总额	万元	0	—	
货物状态分类监管企业数	个	6	-60.0	
国内货物进出区货值	万元	430 306	-50.7	
一般纳税人资格试点企业数	个	5	0.0	
试点企业内销金额	万元	159 770	-9.1	
试点企业增值税纳税额		5 815	-6.8	

续表28

指标	单位	吴中综合保税区 当年累计	增幅（%）	历年累计
经营总收入	万元	145 846	-67.8	
工业总产值		66 895	56.3	
物流企业经营收入		78 142	17.9	
商品销售额		0	—	
企业利润总额		0	—	
综合能源耗费量	吨标准煤	10 119	3.5	
新设企业数	个	4	—	42
其中：加工企业		0	—	12
物流企业		5	—	30
贸易企业		0	—	0
其他服务类企业		0	—	0
新设外资企业数		0	—	4
内资企业注册资本	万元	0	—	21 000
合同利用外资	万美元	0	—	32 808
实际利用外资		0	—	10 418
已投产运作企业数	个	0	—	39
其中：已投产加工企业		0	—	8
已投产物流企业		0	—	17
已投产贸易企业		0	—	0
已投产其他服务类企业		0	—	0
固定资产投资额	万元	0	—	
已建成城镇建设用地面积	万平方米	0	—	0
房屋竣工建筑面积	平方米	0	—	
税务部门税收	万元	0	—	
期末从业人员	人	1 220	-10.3	
期末批准面积	平方公里	3	0.0	
期末验收封关面积		0.94	0.0	
创新业态统计指标					
跨境电商企业数	个	0	—	
业务票数	票	0	—	
销售额	万元	0	—	
融资租赁企业数	个	0	—	
租赁资产总额	万元	0	—	
货物状态分类监管企业数	个	0	—	
国内货物进出区货值	万元	0	—	
一般纳税人资格试点企业数	个	0	—	
试点企业内销金额	万元	0	—	
试点企业增值税纳税额		0	—	

续表 29

指标	单位	吴江综合保税区 当年累计	增幅（%）	历年累计
经营总收入	万元	531 280	17.1	
工业总产值		482 009	24.1	
物流企业经营收入		3 585	−27.2	
商品销售额		504 377	14.3	
企业利润总额		10 430	−12.4	
综合能源耗费量	吨标准煤	3 029	−21.2	
新设企业数	个	3	−57.1	91
其中：加工企业		2	100.0	50
物流企业		0	—	7
贸易企业		1	−75.0	17
其他服务类企业		0	−100.0	14
新设外资企业数		0	−100.0	44
内资企业注册资本	万元	4 000	−27.3	55 650
合同利用外资	万美元	0	−100.0	53 124
实际利用外资		0	−100.0	20 795
已投产运作企业数	个	6	−25.0	50
其中：已投产加工企业		2	100.0	27
已投产物流企业		0	—	5
已投产贸易企业		3	−40.0	11
已投产其他服务类企业		1	−50.0	7
固定资产投资额	万元	1 658	−51.6	
已建成城镇建设用地面积	万平方米	0	—	100
房屋竣工建筑面积	平方米	0	—	
税务部门税收	万元	8 470	3.1	
期末从业人员	人	4 871	102.8	
期末批准面积	平方公里	1	0.0	
期末验收封关面积		1	0.0	
创新业态统计指标				
跨境电商企业数	个	4	0.0	
业务票数	票	97 159	660.5	
销售额	万元	6 168	483.0	
融资租赁企业数	个	0	—	
租赁资产总额	万元	0	—	
货物状态分类监管企业数	个	2	−33.3	
国内货物进出区货值	万元	247 536	31.0	
一般纳税人资格试点企业数	个	22	22.2	
试点企业内销金额	万元	98 984	−1.5	
试点企业增值税纳税额		1 836	−8.7	

续表30

指标	单位	常熟综合保税区 当年累计	增幅（%）	历年累计
经营总收入	万元	68 410	-0.7	
工业总产值		57 400	-2.0	
物流企业经营收入		12 067	21.3	
商品销售额		55 838	-5.3	
企业利润总额		2 717	-62.7	
综合能源耗费量	吨标准煤	2 282	148.9	
新设企业数	个	3	-25.0	21
其中：加工企业		1	—	11
物流企业		2	-50.0	9
贸易企业		0	—	0
其他服务类企业		0	—	1
新设外资企业数		1		12
内资企业注册资本	万元	9 000		10 300
合同利用外资	万美元	0	—	34 651
实际利用外资		0	-100.0	24 393
已投产运作企业数	个	6	—	19
其中：已投产加工企业		1	—	11
已投产物流企业		4	—	7
已投产贸易企业		0	—	0
已投产其他服务类企业		1	—	1
固定资产投资额	万元	0	-100.0	
已建成城镇建设用地面积	万平方米	31	—	48.9
房屋竣工建筑面积	平方米	107 711	—	
税务部门税收	万元	931	-39.4	
期末从业人员	人	914	-8.1	
期末批准面积	平方公里	0.88	0.0	
期末验收封关面积		0.53	0.0	
创新业态统计指标				
跨境电商企业数	个	0	—	
业务票数	票	0	—	
销售额	万元	0	—	
融资租赁企业数	个	0	—	
租赁资产总额	万元	0	—	
货物状态分类监管企业数	个	1	0.0	
国内货物进出区货值	万元	99 203	-36.1	
一般纳税人资格试点企业数	个	4	100.0	
试点企业内销金额	万元	1 122	383.6	
试点企业增值税纳税额		57	90.0	

续表 31

指标	单位	武进综合保税区 当年累计	增幅（%）	历年累计
经营总收入	万元	856 485	-11.2	
工业总产值		859 733	-11.4	
物流企业经营收入		8 503	-18.8	
商品销售额		847 982	-11.1	
企业利润总额		43 311	-20.1	
综合能源耗费量	吨标准煤	12 937	-13.3	
新设企业数		1	-66.7	44
其中：加工企业		0	—	15
物流企业	个	1	-50.0	19
贸易企业		0	-100.0	9
其他服务类企业		0	—	1
新设外资企业数		0	—	9
内资企业注册资本	万元	50	-91.7	6 766
合同利用外资	万美元	0	—	180 126
实际利用外资		0	—	31 295
已投产运作企业数		1	-97.7	44
其中：已投产加工企业		0	-100.0	15
已投产物流企业	个	1	-94.4	19
已投产贸易企业		0	-100.0	9
已投产其他服务类企业		0	—	1
固定资产投资额	万元	50 738	-11.2	
已建成城镇建设用地面积	万平方米	0	—	0
房屋竣工建筑面积	平方米	0		
税务部门税收	万元	13 006	-11.3	
期末从业人员	人	9 508	-3.0	
期末批准面积	平方公里	0.95	0.0	
期末验收封关面积		0.88	0.0	
创新业态统计指标				
跨境电商企业数	个	1	0.0	
业务票数	票	0	—	
销售额	万元	0	—	
融资租赁企业数	个	0	—	
租赁资产总额	万元	0	—	
货物状态分类监管企业数	个	4	0.0	
国内货物进出区货值	万元	118 156	127.2	
一般纳税人资格试点企业数	个	1	0.0	
试点企业内销金额	万元	2 390	-21.4	
试点企业增值税纳税额		106	-71.4	

续表 32

指标	单位	泰州综合保税区 当年累计	增幅（%）	历年累计
经营总收入	万元	68 880	-68.6	
工业总产值		60 802	-71.1	
物流企业经营收入		3 500	-4.9	
商品销售额		65 380	-69.7	
企业利润总额		242	-79.2	
综合能源耗费量	吨标准煤	4 236	-12.9	
新设企业数	个	2	0.0	71
其中：加工企业		0	-100.0	16
物流企业		0	—	4
贸易企业		1	—	14
其他服务类企业		1	—	6
新设外资企业数		0		12
内资企业注册资本	万元	0	-100.0	56 590
合同利用外资	万美元	0	—	28 877
实际利用外资		0	—	22 980
已投产运作企业数	个	0		22
其中：已投产加工企业		0		5
已投产物流企业		0		3
已投产贸易企业		0		2
已投产其他服务类企业		0		0
固定资产投资额	万元	1 310	-35.3	
已建成城镇建设用地面积	万平方米	0	—	0
房屋竣工建筑面积	平方米	0	—	
税务部门税收	万元	1 547	34.2	
期末从业人员	人	1 057	-26.4	
期末批准面积	平方公里	1.76	0.0	
期末验收封关面积		1.58	0.0	
创新业态统计指标			
跨境电商企业数	个	0	—	
业务票数	票	0	—	
销售额	万元	0	—	
融资租赁企业数	个	0	—	
租赁资产总额	万元	0	—	
货物状态分类监管企业数	个	2	0.0	
国内货物进出区货值	万元	50 340	-25.5	
一般纳税人资格试点企业数	个	0		
试点企业内销金额	万元	1 084	-85.1	
试点企业增值税纳税额		140	-81.9	

续表 33

指标	单位	南通综合保税区 当年累计	增幅（%）	历年累计
经营总收入	万元	2 339 647	17.7	
工业总产值		364 861	55.5	
物流企业经营收入		428 893	93.2	
商品销售额		1 274 743	12.4	
企业利润总额		47 341	4.7	
综合能源耗费量	吨标准煤	36 486	55.5	
新设企业数		12	-60.0	472
其中：加工企业		5	66.7	54
物流企业	个	4	-81.0	61
贸易企业		3	-40.0	93
其他服务类企业		0	-100.0	368
新设外资企业数		2	—	44
内资企业注册资本	万元	106 300	241.3	2 234 612
合同利用外资	万美元	5 176	—	112 831
实际利用外资		23 587	-10.9	102 007
已投产运作企业数		8	-74.2	112
其中：已投产加工企业		1	—	37
已投产物流企业	个	4	-78.9	24
已投产贸易企业		3	-70.0	42
已投产其他服务类企业		0	-100.0	9
固定资产投资额	万元	309 710	228.2	
已建成城镇建设用地面积	万平方米	0	—	302
房屋竣工建筑面积	平方米	4 637 170	3 829.4	
税务部门税收	万元	52 902	-5.1	
期末从业人员	人	5 610	12.4	
期末批准面积	平方公里	5.29	0.0	
期末验收封关面积		4.61	114.4	
创新业态统计指标				
跨境电商企业数	个	23	0.0	
业务票数	票	3 157 586	404.9	
销售额	万元	77 566	288.1	
融资租赁企业数	个	0	—	
租赁资产总额	万元	0	—	
货物状态分类监管企业数	个	6	0.0	
国内货物进出区货值	万元	209 766	11.5	
一般纳税人资格试点企业数	个	17	30.8	
试点企业内销金额	万元	214 419	195.0	
试点企业增值税纳税额		2 200	-52.2	

续表34

指标	单位	太仓港综合保税区 当年累计	增幅（%）	历年累计
经营总收入	万元	106 541	−69.5	
工业总产值		0	—	
物流企业经营收入		78 988	−71.9	
商品销售额		27 553	−59.4	
企业利润总额		3 750	−83.9	
综合能源耗费量	吨标准煤	0	—	
新设企业数	个	26	420.0	60
其中：加工企业		0	—	1
物流企业		19	375.0	48
贸易企业		7	600.0	10
其他服务类企业		0	—	1
新设外资企业数		0	−100.0	4
内资企业注册资本	万元	52 010	575.5	95 310
合同利用外资	万美元	0		3 516
实际利用外资		0	−100.0	2 008
已投产运作企业数	个	4	−50.0	26
其中：已投产加工企业		0	—	0
已投产物流企业		4	−33.3	24
已投产贸易企业		0	−100.0	2
已投产其他服务类企业		0	—	0
固定资产投资额	万元	186	−87.7	
已建成城镇建设用地面积	万平方米	0	—	85
房屋竣工建筑面积	平方米	0	—	
税务部门税收	万元	2 110	−43.1	
期末从业人员	人	1 302	−30.1	
期末批准面积	平方公里	2.07	0.0	
期末验收封关面积		0.85	0.0	
创新业态统计指标				
跨境电商企业数	个	0	—	
业务票数	票	0	—	
销售额	万元	0	—	
融资租赁企业数	个	0	—	
租赁资产总额	万元	0	—	
货物状态分类监管企业数	个	0	—	
国内货物进出区货值	万元	0	—	
一般纳税人资格试点企业数	个	1	0.0	
试点企业内销金额	万元	3 730	60.1	
试点企业增值税纳税额		480	64.4	

续表35

指标	单位	徐州综合保税区 当年累计	增幅（%）	历年累计
经营总收入	万元	985 265	-7.0	
工业总产值		209 839	21.3	
物流企业经营收入		5 671	-73.8	
商品销售额		884 597	-2.8	
企业利润总额		22 914	-2.2	
综合能源耗费量	吨标准煤	897	34.9	
新设企业数	个	0	-100.0	86
其中：加工企业		0	-100.0	7
物流企业		0	-100.0	18
贸易企业		0	-100.0	58
其他服务类企业		0	—	3
新设外资企业数		0	—	7
内资企业注册资本	万元	0	-100.0	59 425
合同利用外资	万美元	0	—	0
实际利用外资		0	-100.0	2 213
已投产运作企业数	个	0	-100.0	37
其中：已投产加工企业		0	—	1
已投产物流企业		0	-100.0	12
已投产贸易企业		0	—	21
已投产其他服务类企业		0	—	3
固定资产投资额	万元	0	—	
已建成城镇建设用地面积	万平方米	0	—	112
房屋竣工建筑面积	平方米	0	—	
税务部门税收	万元	10 358	-14.3	
期末从业人员	人	625	-47.1	
期末批准面积	平方公里	1.9	0.0	
期末验收封关面积		1.53	0.0	
创新业态统计指标				
跨境电商企业数	个	2	—	
业务票数	票	2	-94.6	
销售额	万元	102	10 100.0	
融资租赁企业数	个	0	—	
租赁资产总额	万元	0	—	
货物状态分类监管企业数	个	3	0.0	
国内货物进出区货值	万元	511 998	-82.2	
一般纳税人资格试点企业数	个	5	66.7	
试点企业内销金额	万元	1 472	-99.6	
试点企业增值税纳税额		121	0.0	

续表36

指标	单位	宁波梅山综合保税区（原宁波梅山保税港区）		
		当年累计	增幅（%）	历年累计
经营总收入	万元	210 400	−80.9	
工业总产值		0	—	
物流企业经营收入		16 000	−84.1	
商品销售额		194 400	−80.5	
企业利润总额		0	−100.0	
综合能源耗费量	吨标准煤	0	—	
新设企业数	个	0	−100.0	117
其中：加工企业		0	—	0
物流企业		0	−100.0	24
贸易企业		0	−100.0	84
其他服务类企业		0	−100.0	8
新设外资企业数		0	−100.0	4
内资企业注册资本	万元	0	−100.0	113 000
合同利用外资	万美元	0	−100.0	44 542
实际利用外资		0	−100.0	44 542
已投产运作企业数	个	0	−100.0	114
其中：已投产加工企业		0	—	0
已投产物流企业		0	—	22
已投产贸易企业		0	−100.0	82
已投产其他服务类企业		0	−100.0	8
固定资产投资额	万元	21 000	−85.0	
已建成城镇建设用地面积	万平方米	0	—	672
房屋竣工建筑面积	平方米	0	—	
税务部门税收	万元	5 500	−81.8	
期末从业人员	人	6 132	0.0	
期末批准面积	平方公里	5.69	0.0	
期末验收封关面积		5.69	0.0	
创新业态统计指标				
跨境电商企业数	个	0	−100.0	
业务票数	票	0	−100.0	
销售额	万元	0	−100.0	
融资租赁企业数	个	0	—	
租赁资产总额	万元	0	—	
货物状态分类监管企业数	个	0	−100.0	
国内货物进出区货值	万元	0	—	
一般纳税人资格试点企业数	个	0	−100.0	
试点企业内销金额	万元	0	—	
试点企业增值税纳税额		0	—	

续表37

指标	单位	宁波北仑港综合保税区		
		当年累计	增幅（%）	历年累计
经营总收入	万元	3 061 419	16.8	
工业总产值		2 197 326	-15.1	
物流企业经营收入		83 410	17.8	
商品销售额		726 744	11.4	
企业利润总额		103 621	-35.3	
综合能源耗费量	吨标准煤	130 663	1.1	
新设企业数	个	44	37.5	288
其中：加工企业		3	200.0	49
物流企业		29	11.5	65
贸易企业		7	133.3	7
其他服务类企业		5	150.0	5
新设外资企业数		7	250.0	45
内资企业注册资本	万元	161 014	738.2	959 415
合同利用外资	万美元	0	—	98 705
实际利用外资		0	—	55 285
已投产运作企业数	个	—	—	156
其中：已投产加工企业		—	—	53
已投产物流企业		—	—	83
已投产贸易企业		—	—	12
已投产其他服务类企业		—	—	8
固定资产投资额	万元	108 898	2.3	
已建成城镇建设用地面积	万平方米	0	—	0
房屋竣工建筑面积	平方米	0	—	
税务部门税收	万元	0	—	
期末从业人员	人	14 382	-15.3	
期末批准面积	平方公里	3	0.0	
期末验收封关面积		3	0.0	
创新业态统计指标				
跨境电商企业数	个	28	40.0	
业务票数	票	25 458 393	-22.4	
销售额	万元	726 744	11.4	
融资租赁企业数	个	0	—	
租赁资产总额	万元	0	—	
货物状态分类监管企业数	个	0	—	
国内货物进出区货值	万元	0	—	
一般纳税人资格试点企业数	个	41	32.3	
试点企业内销金额	万元	588 541	171.3	
试点企业增值税纳税额		7 165	61.0	

续表 38

指标	单位	宁波前湾综合保税区 当年累计	增幅（%）	历年累计
经营总收入	万元	12 046.53	4.7	
工业总产值		0	—	
物流企业经营收入		1 801.33	−5.1	
商品销售额		508 285.72	12.7	
企业利润总额		99.84	−10.4	
综合能源耗费量	吨标准煤	0	—	
新设企业数	个	0	—	20
其中：加工企业		0	—	0
物流企业		0	—	6
贸易企业		0	—	14
其他服务类企业		0	—	11
新设外资企业数		0	—	8
内资企业注册资本	万元	0	—	0
合同利用外资	万美元	0	—	11 329
实际利用外资		0	—	4 047
已投产运作企业数	个	0	—	20
其中：已投产加工企业		0	—	0
已投产物流企业		0	—	4
已投产贸易企业		0	—	3
已投产其他服务类企业		0	—	11
固定资产投资额	万元	0	—	
已建成城镇建设用地面积	万平方米	0	—	0
房屋竣工建筑面积	平方米	0	—	
税务部门税收	万元	28 818	2.3	
期末从业人员	人	360	0.0	
期末批准面积	平方公里	2	0.0	
期末验收封关面积		0.7	0.0	
创新业态统计指标				
跨境电商企业数	个	10	0.0	
业务票数	票	84 981 400	273.5	
销售额	万元	485 885.52	7.7	
融资租赁企业数	个	0	—	
租赁资产总额	万元	0	—	
货物状态分类监管企业数	个	0	—	
国内货物进出区货值	万元	0	—	
一般纳税人资格试点企业数	个	0	—	
试点企业内销金额	万元	0	—	
试点企业增值税纳税额		0	—	

续表 39

指标	单位	舟山港综合保税区 当年累计	增幅（%）	历年累计
经营总收入	万元	84 545 459	1.9	
工业总产值	万元	499 778	52.4	
物流企业经营收入	万元	450 740	−28.0	
商品销售额	万元	31 130 000	75.4	
企业利润总额	万元	0	—	
综合能源耗费量	吨标准煤	46 659	22.7	
新设企业数	个	2 382	−37.2	31 964
其中：加工企业	个	308	1 440.0	373
物流企业	个	43	−10.4	763
贸易企业	个	1 317	−44.2	15 439
其他服务类企业	个	714	−47.7	14 887
新设外资企业数	个	8	100.0	236
内资企业注册资本	万元	2 747 717	−47.5	43 135 208
合同利用外资	万美元	0	—	148 896
实际利用外资	万美元	1 832	−56.0	100 539
已投产运作企业数	个	470	−17.0	4 855
其中：已投产加工企业	个	25	—	29
已投产物流企业	个	41	−25.5	354
已投产贸易企业	个	247	−10.2	2 990
已投产其他服务类企业	个	157	−33.5	1 480
固定资产投资额	万元	641 090	50.5	
已建成城镇建设用地面积	万平方米	0	—	70
房屋竣工建筑面积	平方米	0	—	
税务部门税收	万元	607 782	−33.0	
期末从业人员	人	13 018	0.0	
期末批准面积	平方公里	5.85	0.0	
期末验收封关面积	平方公里	3.51	0.0	
创新业态统计指标					
跨境电商企业数	个	0	—	
业务票数	票	0	—	
销售额	万元	0	—	
融资租赁企业数	个	0	—	
租赁资产总额	万元	0	—	
货物状态分类监管企业数	个	0	—	
国内货物进出区货值	万元	0	—	
一般纳税人资格试点企业数	个	0	—	
试点企业内销金额	万元	0	—	
试点企业增值税纳税额	万元	0	—	

续表 40

指标	单位	杭州综合保税区 当年累计	增幅（％）	历年累计
经营总收入	万元	1 283 244	-5.9	
工业总产值		1 091 719	3.4	
物流企业经营收入		8 933	-3.4	
商品销售额		790 029	22.6	
企业利润总额		52 368	33.1	
综合能源耗费量	吨标准煤	14 309	-1.6	
新设企业数	个	183	976.5	352
其中：加工企业		9	—	27
物流企业		3	50.0	10
贸易企业		61	771.4	142
其他服务类企业		101	1 162.5	112
新设外资企业数		2	—	42
内资企业注册资本	万元	500	—	500
合同利用外资	万美元	650	—	28 331
实际利用外资		11	-98.9	24 818
已投产运作企业数	个	79	—	79
其中：已投产加工企业		0	—	25
已投产物流企业		0	—	17
已投产贸易企业		0	—	0
已投产其他服务类企业		0	—	0
固定资产投资额	万元	43 402	-8.2	
已建成城镇建设用地面积	万平方米	0	—	0
房屋竣工建筑面积	平方米	0		
税务部门税收	万元	18 780	-5.9	
期末从业人员	人	6 661	-16.9	
期末批准面积	平方公里	2.007	0.0	
期末验收封关面积		2	0.0	
创新业态统计指标				
跨境电商企业数	个	52	15.6	
业务票数	票	31 671 728	15.2	
销售额	万元	790 029	22.6	
融资租赁企业数	个	0	—	
租赁资产总额	万元	0	—	
货物状态分类监管企业数	个	0	—	
国内货物进出区货值	万元	0	—	
一般纳税人资格试点企业数	个	0	-100.0	
试点企业内销金额	万元	0	—	
试点企业增值税纳税额		0	—	

续表 41

指标	单位	嘉兴综合保税区 当年累计	增幅（%）	历年累计
经营总收入	万元	86 653	5.8	
工业总产值		81 259	-2.4	
物流企业经营收入		5 613	-15.4	
商品销售额		37 114	42.9	
企业利润总额		-138	—	
综合能源耗费量	吨标准煤	1 120	-55.5	
新设企业数		47	-36.5	201
其中：加工企业	个	1	—	23
物流企业		4	-66.7	29
贸易企业		30	-44.4	126
其他服务类企业		12	50.0	20
新设外资企业数		0	-100.0	21
内资企业注册资本	万元	24 251	24.1	92 061
合同利用外资	万美元	0	-100.0	21 302
实际利用外资		132	88.6	7 963
已投产运作企业数		0	-100.0	59
其中：已投产加工企业	个	0	—	13
已投产物流企业		0	-100.0	12
已投产贸易企业		0	-100.0	30
已投产其他服务类企业		0	-100.0	4
固定资产投资额	万元	13 540	940.7	
已建成城镇建设用地面积	万平方米	0		0
房屋竣工建筑面积	平方米	0		
税务部门税收	万元	6 281	158.3	
期末从业人员	人	800	0.0	
期末批准面积	平方公里	2.98	0.0	
期末验收封关面积		1.3	0.0	
创新业态统计指标					
跨境电商企业数	个	11	-8.3	
业务票数	票	2 526	-7.3	
销售额	万元	427	8.9	
融资租赁企业数	个	0	—	
租赁资产总额	万元	0	—	
货物状态分类监管企业数	个	3	0.0	
国内货物进出区货值	万元	481 693	-31.5	
一般纳税人资格试点企业数	个	8	0.0	
试点企业内销金额	万元	36 687	43.0	
试点企业增值税纳税额		4 094	31.3	

续表 42

指标	单位	泉州综合保税区 当年累计	增幅（%）	历年累计
经营总收入	万元	634 505	24.8	
工业总产值		359 188	14.5	
物流企业经营收入		127 561	20.3	
商品销售额		182 998	42.7	
企业利润总额		11 617	59.4	
综合能源耗费量	吨标准煤	2 996	−24.3	
新设企业数		36	−12.2	332
其中：加工企业		2	−33.3	106
物流企业	个	2	0.0	21
贸易企业		24	4.3	122
其他服务类企业		8	−38.5	42
新设外资企业数		0	—	8
内资企业注册资本	万元	0	−100.0	253 093
合同利用外资	万美元	0	—	7 207
实际利用外资		0	—	7 521
已投产运作企业数		0	−100.0	211
其中：已投产加工企业		0	−100.0	98
已投产物流企业	个	0	−100.0	17
已投产贸易企业		0	−100.0	69
已投产其他服务类企业		0	−100.0	25
固定资产投资额	万元	15 676	36.6	
已建成城镇建设用地面积	万平方米	200	0.0	695
房屋竣工建筑面积	平方米	675 653	0.0	
税务部门税收	万元	3 750	7.1	
期末从业人员	人	4 400	0.0	
期末批准面积	平方公里	2.05	0.0	
期末验收封关面积		2.05	0.0	
创新业态统计指标					
跨境电商企业数	个	2	0.0	
业务票数	票	0	—	
销售额	万元	0	—	
融资租赁企业数	个	0	—	
租赁资产总额	万元	0	—	
货物状态分类监管企业数	个	0	—	
国内货物进出区货值	万元	0	—	
一般纳税人资格试点企业数	个	8	0.0	
试点企业内销金额	万元	0	—	
试点企业增值税纳税额		0	—	

续表 43

指标	单位	济南综合保税区 当年累计	增幅（%）	历年累计
经营总收入	万元	2 341 696	0.7	
工业总产值	万元	17 858	-14.2	
物流企业经营收入	万元	64 448	0.8	
商品销售额	万元	1 788 515	5.1	
企业利润总额	万元	2 380	1.3	
综合能源耗费量	吨标准煤	52	2.0	
新设企业数	个	77	-16.3	320
其中：加工企业	个	3	-62.5	14
物流企业	个	7	-12.5	21
贸易企业	个	45	0.0	226
其他服务类企业	个	22	-29.0	59
新设外资企业数	个	0	—	8
内资企业注册资本	万元	245 500	-44.0	1 106 024
合同利用外资	万美元	0	-100.0	98 400
实际利用外资	万美元	15 364	5.9	54 948
已投产运作企业数	个	21	-27.6	136
其中：已投产加工企业	个	0	-100.0	4
已投产物流企业	个	1	0.0	5
已投产贸易企业	个	13	-35.0	111
已投产其他服务类企业	个	7	0.0	16
固定资产投资额	万元	113 279	-44.3	
已建成城镇建设用地面积	万平方米	0	—	145
房屋竣工建筑面积	平方米	0	—	
税务部门税收	万元	11 252	0.9	
期末从业人员	人	10 215	0.0	
期末批准面积	平方公里	3.18	0.0	
期末验收封关面积	平方公里	3.18	0.0	
创新业态统计指标				
跨境电商企业数	个	75	0.0	
业务票数	票	3 469 358	-35.1	
销售额	万元	45 920	-8.1	
融资租赁企业数	个	1	—	
租赁资产总额	万元	0	—	
货物状态分类监管企业数	个	1	0.0	
国内货物进出区货值	万元	0	—	
一般纳税人资格试点企业数	个	32	0.0	
试点企业内销金额	万元	903 384	2.4	
试点企业增值税纳税额	万元	11 906	13.5	

续表44

指标	单位	济南章锦综合保税区 当年累计	增幅（%）	历年累计
经营总收入	万元	971 381	0.1	
工业总产值		34 321	15.6	
物流企业经营收入		161 286	-18.3	
商品销售额		835 636	1.6	
企业利润总额		2 073	5.1	
综合能源耗费量	吨标准煤	220	-1.8	
新设企业数	个	56	-13.8	198
其中：加工企业		0	-100.0	16
物流企业		0	-100.0	2
贸易企业		34	-8.1	127
其他服务类企业		22	-8.3	51
新设外资企业数		0	-100.0	2
内资企业注册资本	万元	69 500	-54.0	361 971
合同利用外资	万美元	0	-100.0	34 936
实际利用外资		3 812	7.8	12 348
已投产运作企业数	个	18	-28.0	90
其中：已投产加工企业		0	-100.0	13
已投产物流企业		0	—	1
已投产贸易企业		14	-12.5	63
已投产其他服务类企业		4	-50.0	13
固定资产投资额	万元	33 184	0.9	
已建成城镇建设用地面积	万平方米	0	—	124
房屋竣工建筑面积	平方米	0	—	
税务部门税收	万元	3 608	3.6	
期末从业人员	人	3 510	0.0	
期末批准面积	平方公里	1.52	0.0	
期末验收封关面积		1.52	0.0	
创新业态统计指标				
跨境电商企业数	个	26	-3.7	
业务票数	票	179 366	-18.8	
销售额	万元	2 948	-17.8	
融资租赁企业数	个	1	0.0	
租赁资产总额	万元	0	—	
货物状态分类监管企业数	个	3	0.0	
国内货物进出区货值	万元	3 569	-92.2	
一般纳税人资格试点企业数	个	41	24.2	
试点企业内销金额	万元	299 438	5 100.4	
试点企业增值税纳税额		1 164	334.3	

续表 45

指标	单位	东营综合保税区		
^	^	当年累计	增幅（%）	历年累计
经营总收入	万元	716 824	12.1	
工业总产值	^	78 268	19.5	
物流企业经营收入	^	33 390	9 440.0	
商品销售额	^	860 425	15.7	
企业利润总额	^	3 897	—	
综合能源耗费量	吨标准煤	546	11.0	
新设企业数	个	92	-17.1	724
其中：加工企业	^	7	600.0	47
物流企业	^	5	25.0	43
贸易企业	^	56	-29.1	533
其他服务类企业	^	24	-11.1	157
新设外资企业数	^	6	100.0	26
内资企业注册资本	万元	98 740	6.4	1 382 463
合同利用外资	万美元	25 483	58.3	81 609
实际利用外资	^	9 074	48.3	23 766
已投产运作企业数	个	44	12.8	215
其中：已投产加工企业	^	3	-40.0	20
已投产物流企业	^	2	100.0	20
已投产贸易企业	^	36	56.5	159
已投产其他服务类企业	^	3	-70.0	16
固定资产投资额	万元	12 815	9.1	
已建成城镇建设用地面积	万平方米	0	-100.0	253
房屋竣工建筑面积	平方米	0	-100.0	
税务部门税收	万元	23 200	132.0	
期末从业人员	人	6 500	831.2	
期末批准面积	平方公里	2.12	0.0	
期末验收封关面积	^	2.12	0.0	
创新业态统计指标				
跨境电商企业数	个	12	-63.6	
业务票数	票	1 223	-88.2	
销售额	万元	165 673	-79.3	
融资租赁企业数	个	1	—	
租赁资产总额	万元	500	—	
货物状态分类监管企业数	个	0	—	
国内货物进出区货值	万元	0	—	
一般纳税人资格试点企业数	个	14	180.0	
试点企业内销金额	万元	244 402	55.5	
试点企业增值税纳税额	^	23 393	32.6	

续表 46

指标	单位	青岛前湾综合保税区 当年累计	增幅（%）	历年累计
经营总收入	万元	41 203 362	27.9	
工业总产值		550 074	8.3	
物流企业经营收入		1 242 017	6.7	
商品销售额		39 411 271	29.0	
企业利润总额		1 317 308	12.0	
综合能源耗费量	吨标准煤	22 806	50.0	
新设企业数		3 965	1.5	30 182
其中：加工企业		0	−100.0	275
物流企业	个	0	−100.0	1 022
贸易企业		0	−100.0	14 592
其他服务类企业		0	−100.0	284
新设外资企业数		64	−13.5	2 095
内资企业注册资本	万元	4 820 372	−5.8	22 735 685
合同利用外资	万美元	172 151	−22.1	1 283 439
实际利用外资		25 950	−62.5	293 333
已投产运作企业数		0	—	395
其中：已投产加工企业		0	—	6
已投产物流企业	个	0	—	10
已投产贸易企业		0	—	113
已投产其他服务类企业		0	—	12
固定资产投资额	万元	317 800	−30.2	
已建成城镇建设用地面积	万平方米	0	—	1 337
房屋竣工建筑面积	平方米	0		
税务部门税收	万元	500 463	69.7	
期末从业人员	人	54 811	12.0	
期末批准面积	平方公里	9.72	0.0	
期末验收封关面积		9.12	0.0	
创新业态统计指标				
跨境电商企业数	个	508	3.9	
业务票数	票	6 242 400	−56.3	
销售额	万元	148 600	−51.4	
融资租赁企业数	个	97	−30.2	
租赁资产总额	万元	2 014 000	47.1	
货物状态分类监管企业数	个	20	66.7	
国内货物进出区货值	万元	67 929	−92.0	
一般纳税人资格试点企业数	个	0	—	
试点企业内销金额	万元	0	—	
试点企业增值税纳税额		0	—	

续表 47

指标	单位	烟台综合保税区（原烟台保税港区）		
		当年累计	增幅（%）	历年累计
经营总收入	万元	5 590 489	-10.2	
工业总产值		5 666 000	-7.6	
物流企业经营收入		41 020	-66.7	
商品销售额		4 604 231	-9.7	
企业利润总额		91 408	66.5	
综合能源耗费量	吨标准煤	11 543	-35.3	
新设企业数	个	3	-85.7	368
其中：加工企业		0	—	85
物流企业		0	—	123
贸易企业		3	-72.7	118
其他服务类企业		0	-100.0	29
新设外资企业数		1	0.0	107
内资企业注册资本	万元	0	-100.0	164 054
合同利用外资	万美元	515	-77.8	70 115
实际利用外资		50	-95.1	49 404
已投产运作企业数	个	2	-60.0	164
其中：已投产加工企业		0	—	73
已投产物流企业		0	—	51
已投产贸易企业		2	0.0	30
已投产其他服务类企业		0	-100.0	10
固定资产投资额	万元	3 300	13.8	
已建成城镇建设用地面积	万平方米	0	—	552
房屋竣工建筑面积	平方米	0		
税务部门税收	万元	24 095	-33.9	
期末从业人员	人	29 800	8.3	
期末批准面积	平方公里	6.18	0.0	
期末验收封关面积		6.18	0.0	
创新业态统计指标				
跨境电商企业数	个	30	-66.3	
业务票数	票	17 000 000	-89.6	
销售额	万元	261 000	-89.9	
融资租赁企业数	个	0	—	
租赁资产总额	万元	0	—	
货物状态分类监管企业数	个	0		
国内货物进出区货值	万元	0		
一般纳税人资格试点企业数	个	28	0.0	
试点企业内销金额	万元	22 633	209.0	
试点企业增值税纳税额		452	261.6	

续表48

指标	单位	威海综合保税区 当年累计	增幅（%）	历年累计
经营总收入	万元	249 870	-4.8	
工业总产值		248 594	-4.9	
物流企业经营收入		2 500	-1.7	
商品销售额		249 870	-4.8	
企业利润总额		13 427	8.6	
综合能源耗费量	吨标准煤	15 794	4.6	
新设企业数	个	2	-80.0	684
其中：加工企业		2	-75.0	271
物流企业		0	—	65
贸易企业		0	-100.0	346
其他服务类企业		0	—	2
新设外资企业数		0		10
内资企业注册资本	万元	200	-94.3	99 790
合同利用外资	万美元	0	-100.0	52 619
实际利用外资		1 315	-83.1	17 769
已投产运作企业数	个	2	-80.0	344
其中：已投产加工企业		2	-75.0	268
已投产物流企业		0	—	58
已投产贸易企业		0	-100.0	18
已投产其他服务类企业		0	—	0
固定资产投资额	万元	125 000	4.2	
已建成城镇建设用地面积	万平方米	0	—	108
房屋竣工建筑面积	平方米	0	—	
税务部门税收	万元	8 946	-23.4	
期末从业人员	人	5 608	-5.3	
期末批准面积	平方公里	2.25	0.0	
期末验收封关面积		2.25	0.0	
创新业态统计指标				
跨境电商企业数	个	0	-100.0	
业务票数	票	0	-100.0	
销售额	万元	0	-100.0	
融资租赁企业数	个	0	—	
租赁资产总额	万元	0	—	
货物状态分类监管企业数	个	0	-100.0	
国内货物进出区货值	万元	0	—	
一般纳税人资格试点企业数	个	0	—	
试点企业内销金额	万元	0	—	
试点企业增值税纳税额		0	—	

续表 49

指标	单位	青岛胶州湾综合保税区 当年累计	增幅（%）	历年累计
经营总收入	万元	763 924	4.8	
工业总产值		763 800	9.3	
物流企业经营收入		1 029	-21.1	
商品销售额		1 150 570	-57.8	
企业利润总额		47 000	24.1	
综合能源耗费量	吨标准煤	5 502	2.0	
新设企业数	个	29	-80.5	477
其中：加工企业		6	0.0	131
物流企业		1	-96.8	52
贸易企业		21	-81.3	283
其他服务类企业		0	—	6
新设外资企业数		0	-100.0	85
内资企业注册资本	万元	41 900	-24.5	283 931
合同利用外资	万美元	820	-95.8	110 490
实际利用外资		820	-92.5	76 684
已投产运作企业数	个	26	-49.0	246
其中：已投产加工企业		3	—	72
已投产物流企业		1	—	13
已投产贸易企业		22	-56.9	159
已投产其他服务类企业		0	—	2
固定资产投资额	万元	79 500	25.7	
已建成城镇建设用地面积	万平方米	0	—	145
房屋竣工建筑面积	平方米	0	—	
税务部门税收	万元	34 267	-31.5	
期末从业人员	人	12 850	58.3	
期末批准面积	平方公里	1.58	0.0	
期末验收封关面积		1.58	0.0	
创新业态统计指标				
跨境电商企业数	个	65	71.1	
业务票数	票	4 221	-77.7	
销售额	万元	1 150 700	-44.8	
融资租赁企业数	个	1	—	
租赁资产总额	万元	124	—	
货物状态分类监管企业数	个	4	—	
国内货物进出区货值	万元	69 500	-19.5	
一般纳税人资格试点企业数	个	14		
试点企业内销金额	万元	73 610	22.6	
试点企业增值税纳税额		2 196	216.9	

续表50

指标	单位	青岛西海岸综合保税区 当年累计	增幅（%）	历年累计
经营总收入	万元	7 056 502	13.9	
工业总产值		243 333	35.3	
物流企业经营收入		145 517	16.7	
商品销售额		7 616 702	34.7	
企业利润总额		134 511	115.6	
综合能源耗费量	吨标准煤	5 522	−11.1	
新设企业数	个	275	−21.2	1 483
其中：加工企业		5	−16.7	32
物流企业		10	−33.3	112
贸易企业		115	−31.1	824
其他服务类企业		145	−9.9	515
新设外资企业数		4	−63.6	55
内资企业注册资本	万元	428 651	−18.8	2 820 757
合同利用外资	万美元	6 903	−92.2	406 196
实际利用外资		1 678	−89.0	76 766
已投产运作企业数	个	11	−21.4	150
其中：已投产加工企业		3	−40.0	18
已投产物流企业		5	400.0	26
已投产贸易企业		3	−50.0	83
已投产其他服务类企业		0	−100.0	15
固定资产投资额	万元	87 783	213.9	
已建成城镇建设用地面积	万平方米	0	—	0
房屋竣工建筑面积	平方米	41 091	29.9	
税务部门税收	万元	26 442	86.3	
期末从业人员	人	3 916	13.0	
期末批准面积	平方公里	2.01	0.0	
期末验收封关面积		2.01	0.0	
创新业态统计指标				
跨境电商企业数	个	9	12.5	
业务票数	票	28 865	180.5	
销售额	万元	1 114	−77.4	
融资租赁企业数	个	3	—	
租赁资产总额	万元	203 000	18.0	
货物状态分类监管企业数	个	5	—	
国内货物进出区货值	万元	160 611	403.7	
一般纳税人资格试点企业数	个	4	—	
试点企业内销金额	万元	355 835	3 580.9	
试点企业增值税纳税额		732	11.2	

续表51

指标	单位	深圳盐田综合保税区 当年累计	增幅（%）	历年累计
经营总收入	万元	1 368 044	166.3	
工业总产值		47 642	248.1	
物流企业经营收入		269 524	0.0	
商品销售额		1 109 447	389.1	
企业利润总额		0	-100.0	
综合能源耗费量	吨标准煤	1 523	151.7	
新设企业数		23	35.3	529
其中：加工企业		0	-100.0	82
物流企业	个	0	-100.0	75
贸易企业		0	-100.0	91
其他服务类企业		0	-100.0	2
新设外资企业数		0	—	0
内资企业注册资本	万元	10 000	-90.7	167 097
合同利用外资	万美元	64	—	64
实际利用外资		0	-100.0	835
已投产运作企业数		0	-100.0	487
其中：已投产加工企业		0	-100.0	81
已投产物流企业	个	0	-100.0	71
已投产贸易企业		0	-100.0	91
已投产其他服务类企业		0	-100.0	0
固定资产投资额	万元	36 589	-39.8	
已建成城镇建设用地面积	万平方米	0	—	96
房屋竣工建筑面积	平方米	0	—	
税务部门税收	万元	0	-100.0	
期末从业人员	人	5 000	-9.1	
期末批准面积	平方公里	1.54	0.0	
期末验收封关面积		1.54	0.0	
创新业态统计指标					
跨境电商企业数	个	0	-100.0	
业务票数	票	0	—	
销售额	万元	0	—	
融资租赁企业数	个	0	—	
租赁资产总额	万元	0	—	
货物状态分类监管企业数	个	0	-100.0	
国内货物进出区货值	万元	0	—	
一般纳税人资格试点企业数	个	0	—	
试点企业内销金额	万元	0	—	
试点企业增值税纳税额		0	—	

续表 52

指标	单位	汕头综合保税区 当年累计	增幅（%）	历年累计
经营总收入	万元	1 403 030	19.9	
工业总产值	万元	789 947	5.1	
物流企业经营收入	万元	50 262	12.7	
商品销售额	万元	393 691	-3.8	
企业利润总额	万元	76 625	51.2	
综合能源耗费量	吨标准煤	37 910	20.2	
新设企业数	个	75	1.4	736
其中：加工企业	个	21	250.0	186
物流企业	个	17	-10.5	109
贸易企业	个	19	-38.7	298
其他服务类企业	个	18	5.9	112
新设外资企业数	个	13	—	220
内资企业注册资本	万元	71 931	-45.8	849 585
合同利用外资	万美元	72	-79.4	39 521
实际利用外资	万美元	0	-100.0	27 255
已投产运作企业数	个	33	725.0	135
其中：已投产加工企业	个	8	300.0	56
已投产物流企业	个	6	500.0	23
已投产贸易企业	个	8	700.0	26
已投产其他服务类企业	个	7	—	26
固定资产投资额	万元	219 178	104.4	
已建成城镇建设用地面积	万平方米	0	—	145
房屋竣工建筑面积	平方米	208 226	-6.0	
税务部门税收	万元	62 179	100.7	
期末从业人员	人	4 455	0.0	
期末批准面积	平方公里	2.69	0.0	
期末验收封关面积	平方公里	2.69	0.0	
创新业态统计指标				
跨境电商企业数	个	0	—	
业务票数	票	0	—	
销售额	万元	0	—	
融资租赁企业数	个	0	—	
租赁资产总额	万元	0	—	
货物状态分类监管企业数	个	0	—	
国内货物进出区货值	万元	0	—	
一般纳税人资格试点企业数	个	53		
试点企业内销金额	万元	150 564	—	
试点企业增值税纳税额	万元	4 611		

续表 53

指标	单位	海南洋浦保税港区 当年累计	增幅（%）	历年累计
经营总收入	万元	43 071 529	14.2	
工业总产值		882 236	193.1	
物流企业经营收入		0	−100.0	
商品销售额		0	−100.0	
企业利润总额		0	−100.0	
综合能源耗费量	吨标准煤	61 637	82 082.7	
新设企业数	个	0	−100.0	3 101
其中：加工企业		0	−100.0	193
物流企业		0	−100.0	257
贸易企业		0	−100.0	1 836
其他服务类企业		0	−100.0	731
新设外资企业数		0	—	47
内资企业注册资本	万元	0	−100.0	7 304 151
合同利用外资	万美元	0	—	521 190
实际利用外资		33 652	−13.3	98 228
已投产运作企业数	个	0	—	413
其中：已投产加工企业		0	—	11
已投产物流企业		0	—	94
已投产贸易企业		0	—	294
已投产其他服务类企业		0	—	14
固定资产投资额	万元	7 824 982	2 793.1	
已建成城镇建设用地面积	万平方米	0	−100.0	139
房屋竣工建筑面积	平方米	0	−100.0	
税务部门税收	万元	592 530	67.7	
期末从业人员	人	6 400	0.0	
期末批准面积	平方公里	2.258	0.0	
期末验收封关面积		2.258	0.0	
创新业态统计指标				
跨境电商企业数	个	0	—	
业务票数	票	0	—	
销售额	万元	0	—	
融资租赁企业数	个	0	—	
租赁资产总额	万元	0	—	
货物状态分类监管企业数	个	0	—	
国内货物进出区货值	万元	0	—	
一般纳税人资格试点企业数	个	0	—	
试点企业内销金额	万元	0	—	
试点企业增值税纳税额		0	—	

续表 54

指标	单位	海口综合保税区 当年累计	增幅（%）	历年累计
经营总收入	万元	11 777 612	11.7	
工业总产值		517 951	1 253.3	
物流企业经营收入		92 064	202.2	
商品销售额		11 755 592	13.9	
企业利润总额		527 705	-47.9	
综合能源耗费量	吨标准煤	4 663	-1.2	
新设企业数	个	959	30.1	3 877
其中：加工企业		26	44.4	82
物流企业		33	-32.7	307
贸易企业		410	53.0	1 537
其他服务类企业		324	15.7	1 461
新设外资企业数		48	50.0	254
内资企业注册资本	万元	2 128 112	396.7	7 388 194
合同利用外资	万美元	0	—	45 493
实际利用外资		14 197	251.6	13 837
已投产运作企业数	个	0	-100.0	593
其中：已投产加工企业		0	—	4
已投产物流企业		0	—	1
已投产贸易企业		0	—	0
已投产其他服务类企业		0	—	1
固定资产投资额	万元	146 761	-30.2	
已建成城镇建设用地面积	万平方米	0	-100.0	270
房屋竣工建筑面积	平方米	0	-100.0	
税务部门税收	万元	54 800	-55.0	
期末从业人员	人	6 128	-32.9	
期末批准面积	平方公里	1.93	0.0	
期末验收封关面积		1.93	0.0	
创新业态统计指标				
跨境电商企业数	个	1 005	18.2	
业务票数	票	1 104 007	74.4	
销售额	万元	51 545	4.8	
融资租赁企业数	个	0	—	
租赁资产总额	万元	0	—	
货物状态分类监管企业数	个	0	—	
国内货物进出区货值	万元	2 680 505	-47.6	
一般纳税人资格试点企业数	个	0	—	
试点企业内销金额	万元	0	—	
试点企业增值税纳税额		0	—	

续表 55

指标	单位	海口空港综合保税区 当年累计	增幅（%）	历年累计
经营总收入	万元	95 922	—	
工业总产值		56 630	—	
物流企业经营收入		0	—	
商品销售额		56 630	—	
企业利润总额		11 242	—	
综合能源耗费量	吨标准煤	2 376	—	
新设企业数		14	—	12
其中：加工企业		2	—	2
物流企业	个	1	—	1
贸易企业		6	—	6
其他服务类企业		5	—	5
新设外资企业数		1	—	1
内资企业注册资本	万元	100	—	100
合同利用外资	万美元	0	—	0
实际利用外资		0	—	0
已投产运作企业数		0	—	0
其中：已投产加工企业	个	0	—	0
已投产物流企业		0	—	0
已投产贸易企业		0	—	0
已投产其他服务类企业		0	—	0
固定资产投资额	万元	12 329	—	
已建成城镇建设用地面积	万平方米	0	—	0
房屋竣工建筑面积	平方米	0	—	
税务部门税收	万元	24 700	—	
期末从业人员	人	1 910	—	
期末批准面积	平方公里	0.44	0.0	
期末验收封关面积		0.44	0.0	
创新业态统计指标					
跨境电商企业数	个	0	—	
业务票数	票	0	—	
销售额	万元	0	—	
融资租赁企业数	个	0	—	
租赁资产总额	万元	0	—	
货物状态分类监管企业数	个	0	—	
国内货物进出区货值	万元	0	—	
一般纳税人资格试点企业数	个	0	—	
试点企业内销金额	万元	0	—	
试点企业增值税纳税额		0	—	

2023年中西部和东北地区部分综合保税区经济指标统计汇总表①

指标	单位	合计 当年累计	合计 增幅（%）	历年累计
经营总收入	万元	100 831 932	-16.8	
工业总产值	万元	93 934 688	-21.7	
物流企业经营收入	万元	1 931 033	16.9	
商品销售额	万元	6 806 424	-40.8	
企业利润总额	万元	1 534 579.62	-22.3	
综合能源耗费量	吨标准煤	396 729.03	-59.4	
新设企业数	个	785	-2.2	10 638
其中：加工企业	个	104	67.7	1 120
物流企业	个	162	60.4	1 499
贸易企业	个	387	-2.0	3 156
其他服务类企业	个	125	-51.2	1 219
新设外资企业数	个	39	21.9	529
内资企业注册资本	万元	676 430	19.2	8 901 990
合同利用外资	万美元	3 792	-80.8	1 482 577
实际利用外资	万美元	5 550	-89.0	1 849 391
已投产运作企业数	个	323	-12.2	4 763
其中：已投产加工企业	个	57	78.1	809
已投产物流企业	个	40	-28.6	777
已投产贸易企业	个	158	-4.2	1 071
已投产其他服务类企业	个	68	-37.0	540
固定资产投资额	万元	1 191 110	-61.6	
已建成城镇建设用地面积	万平方米	9	-97.5	3 203
房屋竣工建筑面积	平方米	1 705 776	-13.7	
税务部门税收	万元	618 285.7	-9.9	
期末从业人员	人	259 681	-43.8	
期末批准面积	平方公里	97.111	-4.2	
期末验收封关面积	平方公里	77.212	-4.1	
创新业态统计指标				
跨境电商企业数	个	204	-6.8	
业务票数	票	190 310 565	31.2	
销售额	万元	4 507 212	-33.4	
融资租赁企业数	个	0	—	
租赁资产总额	万元	0	—	
货物状态分类监管企业数	个	33	6.5	
国内货物进出区货值	万元	357 632	-59.4	
一般纳税人资格试点企业数	个	104	-10.3	
试点企业内销金额	万元	444 253	-63.4	
试点企业增值税纳税额	万元	12 344	181.6	

---

① 表中数据为不完全统计，仅包含了有统计数据的区域。

续表1

指标	单位	呼和浩特综合保税区 当年累计	增幅（%）	历年累计
经营总收入	万元	25 745	68.0	
工业总产值	万元	34 889	49.4	
物流企业经营收入	万元	357	891.7	
商品销售额	万元	0	—	
企业利润总额	万元	0	—	
综合能源耗费量	吨标准煤	1 383	23.7	
新设企业数	个	46	4 500.0	134
其中：加工企业	个	1	0.0	16
物流企业	个	0	—	7
贸易企业	个	41	—	92
其他服务类企业	个	4	—	6
新设外资企业数	个	0	—	3
内资企业注册资本	万元	63 660	—	163 160
合同利用外资	万美元	0	—	2 393
实际利用外资	万美元	0	—	2 393
已投产运作企业数	个	46	—	133
其中：已投产加工企业	个	1	—	15
已投产物流企业	个	0	—	7
已投产贸易企业	个	41	—	92
已投产其他服务类企业	个	4	—	6
固定资产投资额	万元	0	—	
已建成城镇建设用地面积	万平方米	0	—	0
房屋竣工建筑面积	平方米	0	—	
税务部门税收	万元	0	—	
期末从业人员	人	1 301	28.3	
期末批准面积	平方公里	0.88	0.0	
期末验收封关面积	平方公里	0.88	0.0	
创新业态统计指标					
跨境电商企业数	个	0	—	
业务票数	票	0	—	
销售额	万元	0	—	
融资租赁企业数	个	0	—	
租赁资产总额	万元	0	—	
货物状态分类监管企业数	个	0	—	
国内货物进出区货值	万元	0	—	
一般纳税人资格试点企业数	个	0	—	
试点企业内销金额	万元	0	—	
试点企业增值税纳税额	万元	0	—	

续表2

指标	单位	黑龙江绥芬河综合保税区		
		当年累计	增幅（%）	历年累计
经营总收入	万元	1 060 454	66.4	
工业总产值		21 514	18.9	
物流企业经营收入		71 982	298.5	
商品销售额		715 236	23.3	
企业利润总额		-1 823	—	
综合能源耗费量	吨标准煤	1 344	-42.1	
新设企业数	个	218	100.0	1 190
其中：加工企业		9	80.0	32
物流企业		114	1 800.0	146
贸易企业		85	-7.6	1 000
其他服务类企业		10	100.0	38
新设外资企业数		0	-100.0	12
内资企业注册资本	万元	89 550	-36.7	2 683 071
合同利用外资	万美元	0	—	0
实际利用外资		0	-100.0	6 096
已投产运作企业数	个	13	44.4	260
其中：已投产加工企业		1	—	14
已投产物流企业		4	33.3	93
已投产贸易企业		8	33.3	116
已投产其他服务类企业		0	—	37
固定资产投资额	万元	10 000	-26.0	
已建成城镇建设用地面积	万平方米	0	-100.0	180
房屋竣工建筑面积	平方米	0	—	
税务部门税收	万元	12 600	138.1	
期末从业人员	人	5 023	0.0	
期末批准面积	平方公里	1.8	0.0	
期末验收封关面积		1.2	0.0	
创新业态统计指标				
跨境电商企业数	个	13	44.4	
业务票数	票	3 217 526	2 149.0	
销售额	万元	12 907	-61.4	
融资租赁企业数	个	0	—	
租赁资产总额	万元	0	—	
货物状态分类监管企业数	个	24	41.2	
国内货物进出区货值	万元	50 337	-61.0	
一般纳税人资格试点企业数	个	0	-100.0	
试点企业内销金额	万元	0	—	
试点企业增值税纳税额		0	—	

续表 3

指标	单位	哈尔滨综合保税区 当年累计	增幅（%）	历年累计
经营总收入	万元	13 005	-97.3	
工业总产值		0	—	
物流企业经营收入		0	—	
商品销售额		10 135	-97.7	
企业利润总额		383.3	—	
综合能源耗费量	吨标准煤	0	—	
新设企业数	个	69	-8.0	362
其中：加工企业		0	-100.0	28
物流企业		4	—	12
贸易企业		41	13.9	219
其他服务类企业		24	33.3	67
新设外资企业数		2	100.0	19
内资企业注册资本	万元	84 731	-25.2	632 270
合同利用外资	万美元	0	—	22 608
实际利用外资		0	—	22 822
已投产运作企业数	个	0	-100.0	23
其中：已投产加工企业		0	-100.0	5
已投产物流企业		0	-100.0	7
已投产贸易企业		0	-100.0	6
已投产其他服务类企业		0	-100.0	5
固定资产投资额	万元	11 766	-74.1	
已建成城镇建设用地面积	万平方米	0	-100.0	172
房屋竣工建筑面积	平方米	0	—	
税务部门税收	万元	5 178.7	111.7	
期末从业人员	人	9 951	-21.1	
期末批准面积	平方公里	2.26	0.0	
期末验收封关面积		2.034	0.0	
创新业态统计指标				
跨境电商企业数	个	0	—	
业务票数	票	0	—	
销售额	万元	0	—	
融资租赁企业数	个	0	—	
租赁资产总额	万元	0	—	
货物状态分类监管企业数	个	0	—	
国内货物进出区货值	万元	0	—	
一般纳税人资格试点企业数	个	1	-83.3	
试点企业内销金额	万元	0	—	
试点企业增值税纳税额		0	—	

续表 4

指标	单位	芜湖综合保税区 当年累计	增幅（%）	历年累计
经营总收入	万元	239 241	−62.4	
工业总产值		97 431	−68.5	
物流企业经营收入		44	−92.0	
商品销售额		228 843	−63.6	
企业利润总额		10 516	−53.9	
综合能源耗费量	吨标准煤	2 663	−80.8	
新设企业数	个	0	—	63
其中：加工企业		0	—	20
物流企业		0	—	20
贸易企业		0	—	20
其他服务类企业		0	—	0
新设外资企业数		0	—	10
内资企业注册资本	万元	0	—	6 550
合同利用外资	万美元	0	—	31 054
实际利用外资		0	−100.0	37 734
已投产运作企业数	个	0	—	35
其中：已投产加工企业		0	—	14
已投产物流企业		0	—	18
已投产贸易企业		0	—	0
已投产其他服务类企业		0	—	0
固定资产投资额	万元	4 316	−87.8	
已建成城镇建设用地面积	万平方米	0	—	0
房屋竣工建筑面积	平方米	0	—	
税务部门税收	万元	3 134	−43.4	
期末从业人员	人	5 522	0.2	
期末批准面积	平方公里	2.17	0.0	
期末验收封关面积		2.17	0.0	
创新业态统计指标				
跨境电商企业数	个	0	−100.0	
业务票数	票	0	−100.0	
销售额	万元	0	−100.0	
融资租赁企业数	个	0	—	
租赁资产总额	万元	0	—	
货物状态分类监管企业数	个	0	−100.0	
国内货物进出区货值	万元	0	−100.0	
一般纳税人资格试点企业数	个	13	18.2	
试点企业内销金额	万元	0	−100.0	
试点企业增值税纳税额		0	−100.0	

续表 5

指标	单位	合肥经济技术开发区综合保税区		
		当年累计	增幅（%）	历年累计
经营总收入	万元	15 440 143	-34.7	
工业总产值		10 279 647	-18.7	
物流企业经营收入		353 576	21.2	
商品销售额		0	—	
企业利润总额		89 090	-69.4	
综合能源耗费量	吨标准煤	9 561	-9.5	
新设企业数	个	5	-37.5	48
其中：加工企业		2	—	9
物流企业		0	—	22
贸易企业		3	0.0	12
其他服务类企业		0	—	0
新设外资企业数		0	—	3
内资企业注册资本	万元	0	—	0
合同利用外资	万美元	0	—	27 100
实际利用外资		0	—	26 850
已投产运作企业数	个	3	—	14
其中：已投产加工企业		3	—	6
已投产物流企业		0	—	8
已投产贸易企业		0	—	0
已投产其他服务类企业		0	—	0
固定资产投资额	万元	0	—	
已建成城镇建设用地面积	万平方米	0	—	0
房屋竣工建筑面积	平方米	0	—	
税务部门税收	万元	36 263	-9.7	
期末从业人员	人	13 534	1.4	
期末批准面积	平方公里	1.4	0.0	
期末验收封关面积		1.4	0.0	
创新业态统计指标				
跨境电商企业数	个	0	—	
业务票数	票	0	—	
销售额	万元	0	—	
融资租赁企业数	个	0	—	
租赁资产总额	万元	0	—	
货物状态分类监管企业数	个	0	—	
国内货物进出区货值	万元	0	—	
一般纳税人资格试点企业数	个	0	—	
试点企业内销金额	万元	0	—	
试点企业增值税纳税额		0	—	

续表6

指标	单位	九江综合保税区 当年累计	增幅（%）	历年累计
经营总收入	万元	870 232	-42.6	
工业总产值	万元	439 795	15.1	
物流企业经营收入	万元	443 818	338.5	
商品销售额	万元	0	-100.0	
企业利润总额	万元	4 249	-55.9	
综合能源耗费量	吨标准煤	506	-99.9	
新设企业数	个	3	-97.0	206
其中：加工企业	个	0	—	7
物流企业	个	0	-100.0	9
贸易企业	个	0	—	8
其他服务类企业	个	3	-98.1	182
新设外资企业数	个	0	-100.0	4
内资企业注册资本	万元	0	-100.0	44 100
合同利用外资	万美元	0	-100.0	22 388
实际利用外资	万美元	0	-100.0	6 260
已投产运作企业数	个	0	-100.0	90
其中：已投产加工企业	个	0	-100.0	6
已投产物流企业	个	0	-100.0	9
已投产贸易企业	个	0	—	8
已投产其他服务类企业	个	0	-100.0	81
固定资产投资额	万元	213	-99.8	
已建成城镇建设用地面积	万平方米	0	-100.0	90
房屋竣工建筑面积	平方米	0	-100.0	
税务部门税收	万元	284	-91.7	
期末从业人员	人	914	-79.4	
期末批准面积	平方公里	1.81	0.0	
期末验收封关面积	平方公里	1.81	0.0	
创新业态统计指标				
跨境电商企业数	个	2	-94.7	
业务票数	票	35 203	646.8	
销售额	万元	327	-100.0	
融资租赁企业数	个	0	—	
租赁资产总额	万元	0	—	
货物状态分类监管企业数	个	0	—	
国内货物进出区货值	万元	0	-100.0	
一般纳税人资格试点企业数	个	5	0.0	
试点企业内销金额	万元	23 198	1 062.2	
试点企业增值税纳税额	万元	96	-62.9	

续表7

指标	单位	南昌综合保税区 当年累计	增幅（%）	历年累计
经营总收入	万元	782 214	16.4	
工业总产值	万元	421 213	56.0	
物流企业经营收入	万元	1 099	30.1	
商品销售额	万元	356 302	-56.3	
企业利润总额	万元	0	—	
综合能源耗费量	吨标准煤	50	0.0	
新设企业数	个	2	-88.2	152
其中：加工企业	个	2	100.0	32
物流企业	个	0	—	23
贸易企业	个	0	-100.0	90
其他服务类企业	个	0	—	1
新设外资企业数	个	1	0.0	22
内资企业注册资本	万元	1	-83.3	15 316
合同利用外资	万美元	0	—	50 000
实际利用外资	万美元	0	-100.0	37 678
已投产运作企业数	个	0	-100.0	81
其中：已投产加工企业	个	0	-100.0	30
已投产物流企业	个	0	—	22
已投产贸易企业	个	0	-100.0	29
已投产其他服务类企业	个	0	—	0
固定资产投资额	万元	0	—	
已建成城镇建设用地面积	万平方米	0	—	0
房屋竣工建筑面积	平方米	0	—	
税务部门税收	万元	130	584.2	
期末从业人员	人	1 076	0.0	
期末批准面积	平方公里	2	0.0	
期末验收封关面积	平方公里	1.915	0.0	
创新业态统计指标				
跨境电商企业数	个	0	-100.0	
业务票数	票	1 766 441	-66.5	
销售额	万元	339 741	-58.3	
融资租赁企业数	个	0	—	
租赁资产总额	万元	0	—	
货物状态分类监管企业数	个	0	—	
国内货物进出区货值	万元	0	—	
一般纳税人资格试点企业数	个	0	—	
试点企业内销金额	万元	0	—	
试点企业增值税纳税额	万元	0	—	

续表 8

指标	单位	赣州综合保税区 当年累计	增幅（%）	历年累计
经营总收入	万元	382 023	−49.9	
工业总产值		401 653	−42.1	
物流企业经营收入		7 443	−32.1	
商品销售额		334 827	−61.2	
企业利润总额		5 120	−79.8	
综合能源耗费量	吨标准煤	410	−79.9	
新设企业数	个	3	−85.7	157
其中：加工企业		1	−85.7	46
物流企业		1	−83.3	39
贸易企业		1	−83.3	35
其他服务类企业		0	−100.0	24
新设外资企业数		0	—	8
内资企业注册资本	万元	200	−84.6	48 918
合同利用外资	万美元	0	−100.0	17 183
实际利用外资		0	−100.0	19 372
已投产运作企业数	个	0	−100.0	105
其中：已投产加工企业		0	−100.0	16
已投产物流企业		0	—	5
已投产贸易企业		0	−100.0	13
已投产其他服务类企业		0	—	7
固定资产投资额	万元	2 404	−93.7	
已建成城镇建设用地面积	万平方米	0	—	143
房屋竣工建筑面积	平方米	0	—	
税务部门税收	万元	834	−79.4	
期末从业人员	人	5 200	15.6	
期末批准面积	平方公里	4	0.0	
期末验收封关面积		1.787	0.0	
创新业态统计指标					
跨境电商企业数	个	11	37.5	
业务票数	票	14 210	−96.6	
销售额	万元	452 110	−56.8	
融资租赁企业数	个	0	—	
租赁资产总额	万元	0	—	
货物状态分类监管企业数	个	5	0.0	
国内货物进出区货值	万元	24 121	−90.2	
一般纳税人资格试点企业数	个	4	−20.0	
试点企业内销金额	万元	5 004	−19.8	
试点企业增值税纳税额		320	0.3	

续表9

指标	单位	郑州新郑综合保税区 当年累计	增幅（%）	历年累计
经营总收入	万元	52 899 696	-6.4	
工业总产值		51 735 978	1.4	
物流企业经营收入		17 546	-18.9	
商品销售额		1 056 624	-3.5	
企业利润总额		502 974	44.4	
综合能源耗费量	吨标准煤	128 828	0.0	
新设企业数	个	0	-100.0	102
其中：加工企业		0	—	7
物流企业		0	-100.0	36
贸易企业		0	-100.0	41
其他服务类企业		0	-100.0	18
新设外资企业数		0	—	5
内资企业注册资本	万元	0	-100.0	333 403
合同利用外资	万美元	0	-100.0	569 382
实际利用外资		0	-100.0	573 666
已投产运作企业数	个	0	—	102
其中：已投产加工企业		0	—	7
已投产物流企业		0	—	36
已投产贸易企业		0	—	41
已投产其他服务类企业		0	—	18
固定资产投资额	万元	0	-100.0	
已建成城镇建设用地面积	万平方米	0	—	441
房屋竣工建筑面积	平方米	0	—	
税务部门税收	万元	321 680	-10.7	
期末从业人员	人	67 191	-70.9	
期末批准面积	平方公里	5.07	0.0	
期末验收封关面积		5.07	0.0	
创新业态统计指标				
跨境电商企业数	个	0	—	
业务票数	票	66 358 143	-3.2	
销售额	万元	1 056 624	-3.5	
融资租赁企业数	个	0	—	
租赁资产总额	万元	0	—	
货物状态分类监管企业数	个	0	—	
国内货物进出区货值	万元	0	—	
一般纳税人资格试点企业数	个	0	—	
试点企业内销金额	万元	0	-100.0	
试点企业增值税纳税额		0	—	

续表 10

指标	单位	郑州经开综合保税区 当年累计	增幅（%）	历年累计
经营总收入	万元	1 709 489	-11.8	
工业总产值		1 675 180	-3.2	
物流企业经营收入		78 939	1.6	
商品销售额		1 994 360	-19.4	
企业利润总额		20 514	-3.4	
综合能源耗费量	吨标准煤	35 011	-3.2	
新设企业数		5	—	100
其中：加工企业		0	—	33
物流企业	个	0	—	38
贸易企业		0	—	21
其他服务类企业		0	—	5
新设外资企业数		0	—	9
内资企业注册资本	万元	0	—	779 174
合同利用外资	万美元	0	—	29 942
实际利用外资		0	—	31 784
已投产运作企业数		0	—	40
其中：已投产加工企业		0	—	15
已投产物流企业	个	0	—	12
已投产贸易企业		0	—	14
已投产其他服务类企业		0	—	0
固定资产投资额	万元	75 379	-24.3	
已建成城镇建设用地面积	万平方米	0	—	186
房屋竣工建筑面积	平方米	0	—	
税务部门税收	万元	2 000	-91.2	
期末从业人员	人	29 481	24.7	
期末批准面积	平方公里	2.12	0.0	
期末验收封关面积		1.96	0.0	
创新业态统计指标				
跨境电商企业数	个	96	966.7	
业务票数	票	62 080 000	1 119 669.1	
销售额	万元	1 993 355	6.3	
融资租赁企业数	个	0	—	
租赁资产总额	万元	0	—	
货物状态分类监管企业数	个	0	—	
国内货物进出区货值	万元	0	—	
一般纳税人资格试点企业数	个	13	-7.1	
试点企业内销金额	万元	7 800	48.4	
试点企业增值税纳税额		812	46.6	

续表 11

指标	单位	衡阳综合保税区 当年累计	增幅（%）	历年累计
经营总收入	万元	340 515	-83.8	
工业总产值		150 993	-66.6	
物流企业经营收入		59 083	-92.4	
商品销售额		340 526	-81.1	
企业利润总额		12 755	-56.5	
综合能源耗费量	吨标准煤	414	4.8	
新设企业数	个	43	-2.3	153
其中：加工企业		10	150.0	39
物流企业		0	—	4
贸易企业		33	-10.8	109
其他服务类企业		0	-100.0	9
新设外资企业数		0	—	1
内资企业注册资本	万元	17 528	141.0	123 922
合同利用外资	万美元	0	—	5
实际利用外资		0	—	10 541
已投产运作企业数	个	17	-60.5	120
其中：已投产加工企业		4	0.0	33
已投产物流企业		0	-100.0	4
已投产贸易企业		13	-62.9	81
已投产其他服务类企业		0	-100.0	5
固定资产投资额	万元	36 910	100.6	
已建成城镇建设用地面积	万平方米	0	—	0
房屋竣工建筑面积	平方米	0	—	
税务部门税收	万元	3 859	-45.9	
期末从业人员	人	3 651	-12.2	
期末批准面积	平方公里	0.85	0.0	
期末验收封关面积		0.85	0.0	
创新业态统计指标					
跨境电商企业数	个	0	-100.0	
业务票数	票	196 418	13 325.7	
销售额	万元	3 728	-97.8	
融资租赁企业数	个	0	—	
租赁资产总额	万元	0	—	
货物状态分类监管企业数	个	0	—	
国内货物进出区货值	万元	0	—	
一般纳税人资格试点企业数	个	16	23.1	
试点企业内销金额	万元	18 043	16.5	
试点企业增值税纳税额		894	-65.7	

续表 12

指标	单位	湖南郴州综合保税区 当年累计	增幅（%）	历年累计
经营总收入	万元	2 155 741	5.0	
工业总产值		165 645	-19.3	
物流企业经营收入		3 301	7 951.2	
商品销售额		286 054	-56.0	
企业利润总额		16 268.32	6.4	
综合能源耗费量	吨标准煤	12 864.03	0.0	
新设企业数	个	30	-65.5	193
其中：加工企业		5	0.0	32
物流企业		0	-100.0	15
贸易企业		15	-78.3	122
其他服务类企业		10	233.3	20
新设外资企业数		0	—	4
内资企业注册资本	万元	69 100	370.1	138 805
合同利用外资	万美元	0	—	23 739
实际利用外资		0	-100.0	15 186
已投产运作企业数	个	2	-97.3	147
其中：已投产加工企业		1	-50.0	25
已投产物流企业		0	-100.0	14
已投产贸易企业		1	-98.4	90
已投产其他服务类企业		0	—	7
固定资产投资额	万元	79 619	4.4	
已建成城镇建设用地面积	万平方米	0	—	74
房屋竣工建筑面积	平方米	0		
税务部门税收	万元	8 792	5.8	
期末从业人员	人	11 275	30.7	
期末批准面积	平方公里	1.06	0.0	
期末验收封关面积		1.06	0.0	
创新业态统计指标				
跨境电商企业数	个	14	7.7	
业务票数	票	0	-100.0	
销售额	万元	34 417	1 699.1	
融资租赁企业数	个	0	—	
租赁资产总额	万元	0	—	
货物状态分类监管企业数	个	0	—	
国内货物进出区货值	万元	0	—	
一般纳税人资格试点企业数	个	23	4.5	
试点企业内销金额	万元	229 184	-30.8	
试点企业增值税纳税额		0	-100.0	

续表 13

指标	单位	广西凭祥综合保税区 当年累计	增幅（%）	历年累计
经营总收入	万元	828 000	136.6	
工业总产值		30 981	-67.3	
物流企业经营收入		841 000	174.4	
商品销售额		741 400	61.8	
企业利润总额		192 470	153.3	
综合能源耗费量	吨标准煤	535	-41.8	
新设企业数		92	84.0	627
其中：加工企业		6	500.0	45
物流企业	个	15	7.1	221
贸易企业		36	157.1	106
其他服务类企业		35	75.0	79
新设外资企业数		33	50.0	63
内资企业注册资本	万元	49 100	262.9	385 186
合同利用外资	万美元	190	-96.9	7 538
实际利用外资		1 929	-27.5	7 501
已投产运作企业数		92	84.0	394
其中：已投产加工企业		6	500.0	29
已投产物流企业	个	15	7.1	128
已投产贸易企业		36	157.1	89
已投产其他服务类企业		35	66.7	67
固定资产投资额	万元	70 000	27.1	
已建成城镇建设用地面积	万平方米	9	-94.6	426
房屋竣工建筑面积	平方米	1 705 776	9.1	
税务部门税收	万元	31 462	907.1	
期末从业人员	人	6 500	54.8	
期末批准面积	平方公里	1.01	0.0	
期末验收封关面积		1.01	0.0	
创新业态统计指标				
跨境电商企业数	个	7	-70.8	
业务票数	票	52 894 485	-9.4	
销售额	万元	395 190	2.2	
融资租赁企业数	个	0	—	
租赁资产总额	万元	0	—	
货物状态分类监管企业数	个	0	—	
国内货物进出区货值	万元	0	—	
一般纳税人资格试点企业数	个	4	33.3	
试点企业内销金额	万元	7 053	2 721.2	
试点企业增值税纳税额		1 682	1 501.9	

续表 14

指标	单位	北海综合保税区 当年累计	增幅（%）	历年累计
经营总收入	万元	623 710	−15.4	
工业总产值		561 584	−10.6	
物流企业经营收入		1 029	−37.1	
商品销售额		77 904	−1.2	
企业利润总额		10 917	−29.8	
综合能源耗费量	吨标准煤	5 518	−17.6	
新设企业数	个	29	93.3	246
其中：加工企业		11	266.7	144
物流企业		1	—	23
贸易企业		11	0.0	42
其他服务类企业		6	500.0	35
新设外资企业数		0	−100.0	43
内资企业注册资本	万元	175 434	776.4	715 424
合同利用外资	万美元	0	—	30 135
实际利用外资		216	980.0	31 012
已投产运作企业数	个	5	150.0	68
其中：已投产加工企业		4	100.0	58
已投产物流企业		1	—	6
已投产贸易企业		0	—	3
已投产其他服务类企业		0	—	1
固定资产投资额	万元	29 692	−48.5	
已建成城镇建设用地面积	万平方米	0	—	174
房屋竣工建筑面积	平方米	0		
税务部门税收	万元	9 431	−23.4	
期末从业人员	人	10 523	−11.3	
期末批准面积	平方公里	2.28	0.0	
期末验收封关面积		2.28	0.0	
创新业态统计指标				
跨境电商企业数	个	0	—	
业务票数	票	0	—	
销售额	万元	0	—	
融资租赁企业数	个	0	—	
租赁资产总额	万元	0	—	
货物状态分类监管企业数	个	0	—	
国内货物进出区货值	万元	0	−100.0	
一般纳税人资格试点企业数	个	13	−48.0	
试点企业内销金额	万元	66 873	50.8	
试点企业增值税纳税额		1 590	754.8	

续表 15

指标	单位	重庆两路果园港综合保税区（原重庆两路寸滩保税港区）		
		当年累计	增幅（%）	历年累计
经营总收入	万元	0	—	
工业总产值		4 953 900	-51.1	
物流企业经营收入		0	—	
商品销售额		0	—	
企业利润总额		1	—	
综合能源耗费量	吨标准煤	2	0.0	
新设企业数	个	2	100.0	2 583
其中：加工企业		0	—	29
物流企业		0	—	287
贸易企业		0	—	226
其他服务类企业		0	—	278
新设外资企业数		0	—	39
内资企业注册资本	万元	2	100.0	6
合同利用外资	万美元	2	100.0	151 640
实际利用外资		341	-99.0	602 418
已投产运作企业数	个	0	—	537
其中：已投产加工企业		0	—	2
已投产物流企业		0	—	61
已投产贸易企业		0	—	49
已投产其他服务类企业		0	—	42
固定资产投资额	万元	502 500	-65.1	
已建成城镇建设用地面积	万平方米	0	—	0
房屋竣工建筑面积	平方米	0	—	
税务部门税收	万元	0	—	
期末从业人员	人	1	—	
期末批准面积	平方公里	8.37	0.0	
期末验收封关面积		8.37	0.0	
创新业态统计指标				
跨境电商企业数	个	0	—	
业务票数	票	0	—	
销售额	万元	0	—	
融资租赁企业数	个	0	—	
租赁资产总额	万元	0	—	
货物状态分类监管企业数	个	0	—	
国内货物进出区货值	万元	0	—	
一般纳税人资格试点企业数	个	0	—	
试点企业内销金额	万元	0	—	
试点企业增值税纳税额		0	—	

续表 16

指标	单位	成都高新综合保税区 当年累计	增幅（%）	历年累计
经营总收入	万元	21 907 190	-16.3	
工业总产值		18 036 274	-51.1	
物流企业经营收入		14 951	-19.7	
商品销售额		0	—	
企业利润总额		586 959	-34.8	
综合能源耗费量	吨标准煤	190 736	-8.0	
新设企业数	个	5	—	48
其中：加工企业		0	—	23
物流企业		0	—	20
贸易企业		4	—	4
其他服务类企业		1	—	1
新设外资企业数		0	—	26
内资企业注册资本	万元	0	—	0
合同利用外资	万美元	0	—	89 576
实际利用外资		0	—	89 576
已投产运作企业数	个	0	—	35
其中：已投产加工企业		0	—	20
已投产物流企业		0	—	15
已投产贸易企业		0	—	0
已投产其他服务类企业		0	—	0
固定资产投资额	万元	279 571	-57.1	
已建成城镇建设用地面积	万平方米	0	—	0
房屋竣工建筑面积	平方米	0	—	
税务部门税收	万元	175 636	-13.7	
期末从业人员	人	78 896	-33.4	
期末批准面积	平方公里	4.68	0.0	
期末验收封关面积		4.68	0.0	
创新业态统计指标					
跨境电商企业数	个	0	—	
业务票数	票	0	—	
销售额	万元	0	—	
融资租赁企业数	个	0	—	
租赁资产总额	万元	0	—	
货物状态分类监管企业数	个	2	0.0	
国内货物进出区货值	万元	279 568	737.0	
一般纳税人资格试点企业数	个	0	—	
试点企业内销金额	万元	0	—	
试点企业增值税纳税额		0	—	

续表 17

指标	单位	绵阳综合保税区 当年累计	增幅（%）	历年累计
经营总收入	万元	108 879	26.8	
工业总产值		90 764	-3.9	
物流企业经营收入		800	346.9	
商品销售额		105 106	25.1	
企业利润总额		12 016	86.8	
综合能源耗费量	吨标准煤	869	-12.4	
新设企业数	个	14	-36.4	60
其中：加工企业		3	200.0	12
物流企业		0	-100.0	17
贸易企业		7	16.7	16
其他服务类企业		4	300.0	7
新设外资企业数		0	—	0
内资企业注册资本	万元	0	—	0
合同利用外资	万美元	0	—	310
实际利用外资		0	-100.0	750
已投产运作企业数	个	11	-45.0	50
其中：已投产加工企业		1	0.0	8
已投产物流企业		0	-100.0	16
已投产贸易企业		6	500.0	7
已投产其他服务类企业		4	300.0	7
固定资产投资额	万元	3 477	-22.5	
已建成城镇建设用地面积	万平方米	0	—	0
房屋竣工建筑面积	平方米	0	—	
税务部门税收	万元	4 028	142.2	
期末从业人员	人	1 920	-6.2	
期末批准面积	平方公里	0.14	0.0	
期末验收封关面积		0.14	0.0	
创新业态统计指标					
跨境电商企业数	个	1	—	
业务票数	票	37	—	
销售额	万元	1 316	—	
融资租赁企业数	个	0	—	
租赁资产总额	万元	0	—	
货物状态分类监管企业数	个	0	—	
国内货物进出区货值	万元	0	—	
一般纳税人资格试点企业数	个	4	0.0	
试点企业内销金额	万元	15 291	1 737.9	
试点企业增值税纳税额		6 940	—	

续表 18

指标	单位	遵义综合保税区 当年累计	增幅（%）	历年累计
经营总收入	万元	306 163	21.2	
工业总产值	万元	24 800	−71.1	
物流企业经营收入	万元	3 534	−42.7	
商品销售额	万元	0	—	
企业利润总额	万元	0	—	
综合能源耗费量	吨标准煤	2	−80.0	
新设企业数	个	54	−12.9	230
其中：加工企业	个	16	0.0	58
物流企业	个	2	−50.0	10
贸易企业	个	36	63.6	119
其他服务类企业	个	0	−100.0	31
新设外资企业数	个	0	—	2
内资企业注册资本	万元	34 360	−59.3	267 851
合同利用外资	万美元	0	−100.0	1 757
实际利用外资	万美元	0	—	15
已投产运作企业数	个	16	23.1	124
其中：已投产加工企业	个	2	−33.3	17
已投产物流企业	个	2	—	6
已投产贸易企业	个	12	33.3	78
已投产其他服务类企业	个	0	−100.0	23
固定资产投资额	万元	0	—	
已建成城镇建设用地面积	万平方米	0		73.96
房屋竣工建筑面积	平方米	0		
税务部门税收	万元	345	9.2	
期末从业人员	人	755	79.8	
期末批准面积	平方公里	1.11	0.0	
期末验收封关面积	平方公里	1.11	0.0	
创新业态统计指标				
跨境电商企业数	个	0		
业务票数	票	0		
销售额	万元	0	—	
融资租赁企业数	个	0		
租赁资产总额	万元	0		
货物状态分类监管企业数	个	0		
国内货物进出区货值	万元	0		
一般纳税人资格试点企业数	个	0		
试点企业内销金额	万元	0	—	
试点企业增值税纳税额	万元	0	—	

续表 19

指标	单位	昆明综合保税区 当年累计	增幅（%）	历年累计
经营总收入	万元	248 662	43.4	
工业总产值		193 735	29.1	
物流企业经营收入		5 149	-44.7	
商品销售额		236 242	56.3	
企业利润总额		-9 133	—	
综合能源耗费量	吨标准煤	13	-94.5	
新设企业数		27	-64.9	248
其中：加工企业		1	-66.7	15
物流企业	个	10	-63.0	96
贸易企业		15	-51.6	93
其他服务类企业		1	-93.8	42
新设外资企业数		0	-100.0	4
内资企业注册资本	万元	35 428	-64.0	281 089
合同利用外资	万美元	0	—	550
实际利用外资		0	-100.0	875
已投产运作企业数		7	-36.4	115
其中：已投产加工企业		0	—	10
已投产物流企业	个	4	-55.6	53
已投产贸易企业		3	50.0	39
已投产其他服务类企业		0	—	13
固定资产投资额	万元	1 005	-95.9	
已建成城镇建设用地面积	万平方米	0	—	0
房屋竣工建筑面积	平方米	0	—	
税务部门税收	万元	1 374	-45.8	
期末从业人员	人	328	-28.5	
期末批准面积	平方公里	1.01	0.0	
期末验收封关面积		1.01	0.0	
创新业态统计指标				
跨境电商企业数	个	9	-30.8	
业务票数	票	1 982 896	-82.4	
销售额	万元	13 068	-82.6	
融资租赁企业数	个	0	—	
租赁资产总额	万元	0	—	
货物状态分类监管企业数	个	2	-50.0	
国内货物进出区货值	万元	3 606	-73.8	
一般纳税人资格试点企业数	个	0	—	
试点企业内销金额	万元	0	—	
试点企业增值税纳税额		0	—	

续表 20

指标	单位	红河综合保税区 当年累计	增幅（%）	历年累计
经营总收入	万元	0	-100.0	
工业总产值		4 297 692	36.4	
物流企业经营收入		0	—	
商品销售额		0	-100.0	
企业利润总额		80 588	-64.7	
综合能源耗费量	吨标准煤	686	-72.2	
新设企业数	个	2	-33.3	89
其中：加工企业		2		28
物流企业		0	—	1
贸易企业		0	-100.0	59
其他服务类企业		0		1
新设外资企业数		1	—	3
内资企业注册资本	万元	0	—	119 720
合同利用外资	万美元	0	—	5 000
实际利用外资		3 000	8 471.4	7 151
已投产运作企业数	个	0	—	33
其中：已投产加工企业		0	—	14
已投产物流企业		0	—	0
已投产贸易企业		0	—	19
已投产其他服务类企业		0	—	0
固定资产投资额	万元	0	—	
已建成城镇建设用地面积	万平方米	0	—	96
房屋竣工建筑面积	平方米	0		
税务部门税收	万元	305	-80.0	
期末从业人员	人	1 300	22.8	
期末批准面积	平方公里	1.97	0.0	
期末验收封关面积		1.97	0.0	
创新业态统计指标				
跨境电商企业数	个	21	162.5	
业务票数	票	2 026	-34.5	
销售额	万元	30 393	-76.1	
融资租赁企业数	个	0	—	
租赁资产总额	万元	0	—	
货物状态分类监管企业数	个	0	—	
国内货物进出区货值	万元	0	—	
一般纳税人资格试点企业数	个	6	—	
试点企业内销金额	万元	70 889	—	
试点企业增值税纳税额		0	—	

续表 21

指标	单位	西安关中综合保税区 A 区（原西安出口加工区 A 区）		
		当年累计	增幅（%）	历年累计
经营总收入	万元	352 288	−63.0	
工业总产值		311 516	−63.3	
物流企业经营收入		0	−100.0	
商品销售额		0	—	
企业利润总额		90	−75.3	
综合能源耗费量	吨标准煤	4 510	−30.0	
新设企业数	个	68	385.7	166
其中：加工企业		33	1 000.0	101
物流企业		7	—	20
贸易企业		4	—	4
其他服务类企业		24	118.2	38
新设外资企业数		0		22
内资企业注册资本	万元	7 088	—	123 845
合同利用外资	万美元	0		13 549
实际利用外资		0		18 975
已投产运作企业数	个	68	—	136
其中：已投产加工企业		33		80
已投产物流企业		7		19
已投产贸易企业		4		4
已投产其他服务类企业		24		24
固定资产投资额	万元	50 000	−40.2	
已建成城镇建设用地面积	万平方米	0	—	0
房屋竣工建筑面积	平方米	0	—	
税务部门税收	万元	50	−93.2	
期末从业人员	人	3 839	31.5	
期末批准面积	平方公里	1.46	0.0	
期末验收封关面积		0.75	0.0	
创新业态统计指标				
跨境电商企业数	个	0	—	
业务票数	票	0		
销售额	万元	0		
融资租赁企业数	个	0		
租赁资产总额	万元	0		
货物状态分类监管企业数	个	0		
国内货物进出区货值	万元	0		
一般纳税人资格试点企业数	个	0		
试点企业内销金额	万元	0		
试点企业增值税纳税额		0		

续表22

指标	单位	乌鲁木齐综合保税区 当年累计	增幅（%）	历年累计
经营总收入	万元	538 542	76.9	
工业总产值		9 504	73.8	
物流企业经营收入		27 382	4 653.8	
商品销售额		322 865	27.0	
企业利润总额		625	—	
综合能源耗费量	吨标准煤	824	77.6	
新设企业数	个	68	-2.9	273
其中：加工企业		2	100.0	13
物流企业		8	-61.9	47
贸易企业		55	34.1	182
其他服务类企业		3	-57.1	31
新设外资企业数		2	100.0	3
内资企业注册资本	万元	50 248	-3.3	407 553
合同利用外资	万美元	3 600	382.6	4 346
实际利用外资		64	—	64
已投产运作企业数	个	43	4 200.0	52
其中：已投产加工企业		1	—	5
已投产物流企业		7	600.0	9
已投产贸易企业		34	—	35
已投产其他服务类企业		1	—	3
固定资产投资额	万元	34 258	14.1	
已建成城镇建设用地面积	万平方米	0	—	96
房屋竣工建筑面积	平方米	0	—	
税务部门税收	万元	900	8.8	
期末从业人员	人	1 500	50.0	
期末批准面积	平方公里	2.41	0.0	
期末验收封关面积		2.33	0.0	
创新业态统计指标				
跨境电商企业数	个	30	-16.7	
业务票数	票	1 763 180	836.9	
销售额	万元	174 036	62.3	
融资租赁企业数	个	0	—	
租赁资产总额	万元	0	—	
货物状态分类监管企业数	个	0	—	
国内货物进出区货值	万元	0	-100.0	
一般纳税人资格试点企业数	个	2	0.0	
试点企业内销金额	万元	918	463.2	
试点企业增值税纳税额		10	-52.4	

上海外高桥保税区统计数据表

（1）2023年上海外高桥保税区主要经济指标完成情况表

指标名称	计量单位	2023年	比上年增长（%）
经营总收入	亿元	24 200.24	0.2
工业总产值	亿元	444.76	-3.6
物流企业经营收入	亿元	302.71	-36.4
商品销售额	亿元	21 963.13	0.0
企业利润总额	亿元	1 118.70	-9.9
新设企业数	个	688	-10.8
其中：加工企业	个	2	-50.0
物流企业	个	37	2.8
贸易企业	个	255	0.4
其他服务类企业	个	394	-17.4
新设外资企业数	个	126	-9.4
内资企业注册资本	亿元	191.82	-62.5
合同利用外资	亿美元	21.04	-46.0
实际利用外资	亿美元	23.29	-11.7
税务部门税收	亿元	811.13	-10.2
固定资产投资额	亿元	72.97	27.6
期末已建成城镇建设用地面积	万平方米	889	—
期末从业人员	万人	26.91	-1.8
期末批准面积	平方公里	10	—
期末验收封关面积	平方公里	8.9	—

（2）截至2023年年底上海外高桥保税区历年招商引资情况表

指标	单位	历年累计
工商在册企业数	个	22 190
其中：外资企业数	个	7 656
内资企业注册资本	亿元	10 425.2
外资企业注册资本	亿元	6 558.6

(3) 2023年上海外高桥保税区工业产值排名表

单位：亿元

序号	行业类别	工业总产值	比重（%）	序号	行业类别	工业总产值	比重（%）
	上海外高桥保税区合计	444.8		11	燃气生产和供应业	3.8	0.9
1	计算机、通信和其他电子设备制造业	220.0	49.5	12	铁路、船舶、航空航天和其他运输设备制造业	2.5	0.6
2	汽车制造业	60.0	13.5	13	非金属矿物制品业	1.7	0.4
3	化学原料和化学制品制造业	45.9	10.3	14	金属制品、机械和设备修理业	1.3	0.3
4	通用设备制造业	23.8	5.3	15	有色金属冶炼和压延加工业	1.3	0.3
5	专用设备制造业	22.8	5.1	16	电气机械和器材制造业	1.2	0.3
6	仪器仪表制造业	21.0	4.7	17	造纸和纸制品业	0.4	0.1
7	金属制品业	14.2	3.2	18	纺织服装、服饰业	0.3	0.1
8	橡胶和塑料制品业	12.0	2.7	19	黑色金属冶炼和压延加工业	0.2	0.1
9	医药制造业	7.5	1.7	20	印刷和记录媒介复制业	0.2	0.1
10	家具制造业	4.7	1.0				

(4) 2023年上海外高桥保税区商品销售额排名表

单位：亿元

序号	行业类别	商品销售额	比重（%）	序号	行业类别	商品销售额	比重（%）
	上海外高桥保税区合计	21 963.13		4	服装、纺织及日用品批发	1 087.89	5.0
1	机械设备、五金交电及电子产品批发	11 114.62	50.6	5	食品、饮料及烟草制品批发	863.74	3.9
2	矿产品、建材及化工产品批发	5 517.47	25.1	6	农畜产品批发	421.75	1.9
3	医药及医疗器材批发	2 727.46	12.4	7	文化、体育用品及器材批发	187.58	0.9

广州保税区统计数据表

(1) 2023 年广州保税区主要经济指标完成情况表

指标名称	计量单位	2023 年	比上年增长（%）
增加值	万元	299 916	-3.8
经营总收入	万元	4 327 744	-17.1
技术服务收入	万元		
工业总产值	万元	843 893	6.9
其中：高新技术产业	万元	559 606	12.9
物流企业经营收入	万元	80 491	-7.6
商品销售额	万元	3 392 062	-21.8
企业利润总额	万元	118 649	27.7
综合能源耗费量	吨标准煤	37 788	0.4
新设企业数	个		
其中：加工企业	个		
物流企业	个		
贸易企业	个		
其他服务类企业	个		
新设外资企业数	个		
内资企业注册资本	万元		
合同利用外资	万美元		
实际利用外资	万美元		
期末已投产运作企业数	个		
其中：已投产加工企业	个		
已投产物流企业	个		
已投产贸易企业	个		
已投产其他服务类企业	个		
其中：注册资本 1 000 万美元以上	个		
固定资产投资额	万元	33 303	-34.3
其中：基础设施投资	万元		
期末已建成城镇建设用地面积	万平方米		
房屋竣工建筑面积	平方米		
其中：已建成厂房面积	平方米		
税务部门税收	万元		
期末从业人员	人	16 072	4.6
期末批准面积	平方公里		
期末验收封关面积	平方公里		

续表

创新业态统计指标			
跨境电商：期末企业数		个	
业务票数		票	
销售额		万元	
融资租赁：期末企业数		个	
租赁资产总额		万元	
货物状态分类监管：期末企业数		个	
国内货物进出区货值		万元	
一般纳税人资格试点：期末企业数		个	
试点企业内销金额		万元	
试点企业增值税纳税额		万元	

(2) 2023年广州保税区工业产值排名前列的出口加工企业

序号	企业名称	序号	企业名称
1	广州广合科技股份有限公司	16	广东省载诚新材料有限公司
2	广上科技（广州）股份有限公司	17	广州莱曼消防设备有限公司
3	广州新瑞丰生物技术有限公司	18	广州江村沥青工程有限公司
4	盛势达（广州）化工有限公司	19	嘉媚乐（广州）植物科技有限公司
5	海瑞克（广州）隧道设备有限公司	20	广东科玮生物技术股份有限公司
6	卡尔蔡司光学科技（广州）有限公司	21	广州利时德控制拉索有限公司
7	费森尤斯卡比（广州）医疗用品有限公司	22	广州欧普康特医食品有限公司
8	广州科莱瑞迪医疗器材股份有限公司	23	广州市菱跃自动化工程有限公司
9	广东粤首新科技有限公司	24	广州市纬志电子科技有限公司
10	广州华微电子有限公司	25	广东汇德丰能源有限公司
11	广州飞虹微电子有限公司	26	广州安邦制服股份有限公司
12	广天科技（广州）有限公司	27	东马（广州保税区）油脂化工有限公司
13	广州卓德嘉薄膜有限公司	28	元本（广州）电子有限公司
14	卡尔蔡司（广州）太阳镜片有限公司	29	广州鸿森材料有限公司
15	广州盘太能源科技有限公司	30	广州瀚蓝能源科技有限公司

(3) 2023 年广州保税区商品销售额排名前列的贸易企业

序号	企业名称	序号	企业名称
1	丰田通商（广州）有限公司	16	广州市穗龙物流有限公司
2	广州市广橡国际贸易有限公司	17	广州阪和贸易有限公司
3	广州伽晟商业发展有限公司	18	广东光韬进出口贸易有限公司
4	广州伊藤忠商事有限公司	19	广州保税区中油中穗石油化工有限公司
5	广州保税区冠德油站投资管理有限公司	20	广州市澳兴冷链供应有限公司
6	广州住友商事有限公司	21	创菱（广州）贸易有限公司
7	钱力谷（广州）供应链管理有限公司	22	佳集（广州）贸易有限公司
8	广州佳杰科技有限公司	23	广州蒙特利通讯设备服务有限公司
9	广州开投西区创新投资有限公司	24	广州宏协贸易有限公司
10	广州菱宝工程塑料贸易有限公司	25	崇越（广州）贸易有限公司
11	广州中储国际贸易有限公司	26	川崎三兴化成（广州）国际贸易有限公司
12	爱思开致新国际商贸（广州）有限公司	27	广州迪爱生贸易有限公司
13	广州稻畑产业贸易有限公司	28	广州宝力机械科技有限公司
14	广州冈谷钢机贸易有限公司	29	广州银宇新材料有限公司
15	旭化成塑料（广州）有限公司	30	第一实业（广州）贸易有限公司

(4) 2023 年广州保税区规模以上物流企业

序号	企业名称	序号	企业名称
1	广州捷世通物流股份有限公司	13	广州市世昌运输有限公司
2	广州鼎胜物流有限公司	14	广州顺恩物流有限责任公司
3	广州百润捷物流有限公司	15	广州保税区新纪元物流有限公司
4	广州市挚翔物流有限公司	16	世天威物流（广州）有限公司
5	广州市途胜物流有限公司	17	广州市联铖船务有限公司
6	广州信捷石油天然气有限公司	18	广州凯迅供应链有限公司
7	广州昊丰物流有限公司	19	广州佳尼国际货运代理有限公司
8	广州保税区拓新物流服务有限公司	20	广州三晟供应链管理有限公司
9	广州综合保税侨益物流有限公司	21	广州三晟国际货运代理有限公司
10	广州科瑞供应链管理有限公司	22	广州市捷诺物流有限公司
11	广州市卓志进出口有限公司	23	广州钜源物流有限公司
12	洪翔物流（广州）股份有限公司	24	广州源天供应链管理有限公司

天津泰达综合保税区统计数据表

（1）2023年天津泰达综合保税区主要经济指标完成情况表

指标名称	计量单位	2023年	比上年增长（%）
增加值	万元		
经营总收入	万元	69 933	12.39
技术服务收入	万元		
工业总产值	万元	33 627	43.98
其中：高新技术产业	万元		
物流企业经营收入	万元	13 589	−10.81
商品销售额	万元	5 183	
企业利润总额	万元	2 646	
综合能源耗费量	吨标准煤	3 280	28.98
新设企业数	个	32	45.45
其中：加工企业	个		
物流企业	个		
贸易企业	个		
其他服务类企业	个		
新设外资企业数	个		
内资企业注册资本	万元		
合同利用外资	万美元		
实际利用外资	万美元		
期末已投产运作企业数	个		
其中：已投产加工企业	个		
已投产物流企业	个		
已投产贸易企业	个		
已投产其他服务类企业	个		
其中：注册资本1 000万美元以上	个		
固定资产投资额	万元		
其中：基础设施投资	万元		
期末已建成城镇建设用地面积	万平方米		
房屋竣工建筑面积	平方米		
其中：已建成厂房面积	平方米		
税务部门税收	万元	3 265	267.68
期末从业人员	人	1 835	22.33
期末批准面积	平方公里	1.06	
期末验收封关面积	平方公里	1.06	

续表

创新业态统计指标			
跨境电商：期末企业数	个	1	
业务票数	票	376	
销售额	万元	5 500	
融资租赁：期末企业数	个	27	
租赁资产总额	万元		
货物状态分类监管：期末企业数	个	5	
国内货物进出区货值	万元		
一般纳税人资格试点：期末企业数	个	5	
试点企业内销金额	万元		
试点企业增值税纳税额	万元		

（2）-1 截至2023年年底天津泰达综合保税区历年招商引资情况表

指标	单位	历年累计
工商在册企业数	个	125
其中：外资企业数	个	8
内资企业注册资本	万元	16 030
合同利用外资	万美元	34
实际利用外资	万美元	0

（2）-2 截至2023年年底天津泰达综合保税区历年主要外商投资情况表

按项目数排列			按注册资本排列		
序号	国别（地区）	项目数（个）	序号	国别（地区）	注册资本（万美元）
1	中国台湾	3	1	中国台湾	1 481
2	美国	2	2	美国	183
3	日本	1	3	加拿大	138
4	加拿大	1	4	古巴	33
5	古巴	1	5	日本	29

秦皇岛综合保税区统计数据表

（1）2023年秦皇岛综合保税区主要经济指标完成情况表

指标名称	计量单位	2023年	比上年增长（%）
增加值	万元	6 442	28.3
经营总收入	万元	446 398	-6.0
技术服务收入	万元	0	—
工业总产值	万元	7 018	-2.5
其中：高新技术产业	万元	0	—
物流企业经营收入	万元	1 134	26.1
商品销售额	万元	365 972	-21.2
企业利润总额	万元	-572	—
综合能源耗费量	吨标准煤	1 165	12.0
新设企业数	个	16	-52.9
其中：加工企业	个	1	0.0
物流企业	个	1	-93.3
贸易企业	个	12	-7.7
其他服务类企业	个	2	-50.0
新设外资企业数	个	0	-100.0
内资企业注册资本	万元	25 940	56.8
合同利用外资	万美元	0	-100.0
实际利用外资	万美元	326	32.5
期末已投产运作企业数	个	40	—
其中：已投产加工企业	个	10	—
已投产物流企业	个	9	—
已投产贸易企业	个	19	—
已投产其他服务类企业	个	2	—
其中：注册资本1 000万美元以上	个	3	—
固定资产投资额	万元	7 269	-57.3
其中：基础设施投资	万元	5 992	-63.1
期末已建成城镇建设用地面积	万平方米	113	—
房屋竣工建筑面积	平方米	0	—
其中：已建成厂房面积	平方米	0	—
税务部门税收	万元	1 182	39.1
期末从业人员	人	748	-83.7
期末批准面积	平方公里	2.04	0.0
期末验收封关面积	平方公里	2.04	0.0

续表

创新业态统计指标			
跨境电商：期末企业数	个	12	20.0
业务票数	票	3 617	788.7
销售额	万元	144	102.8
融资租赁：期末企业数	个	1	0.0
租赁资产总额	万元	1	0.0
货物状态分类监管：期末企业数	个	0	—
国内货物进出区货值	万元	0	—
一般纳税人资格试点：期末企业数	个	21	0.0
试点企业内销金额	万元	354 526	-21.8
试点企业增值税纳税额	万元	336	-4.6

（2）-1 截至2023年年底秦皇岛综合保税区历年招商引资情况表

指标	单位	历年累计
工商在册企业数	个	99
其中：外资企业数	个	9
内资企业注册资本	万元	191 593
合同利用外资	万美元	3 319
实际利用外资	万美元	4 113

（2）-2 截至2023年年底秦皇岛综合保税区历年主要外商投资情况表

按项目数排列			按注册资本排列		
序号	国别（地区）	项目数（个）	序号	国别（地区）	注册资本（万美元）
1	日本	3	1	中国香港	
2	韩国	2	2	日本	
3	中国香港	2	3	韩国	

（3）2023年秦皇岛综合保税区工业产值排名前列的出口加工企业

序号	企业名称	序号	企业名称
1	秦皇岛一心西服有限公司	4	秦皇岛罗普钢索有限公司
2	秦皇岛关东针织有限公司	5	秦皇岛优泰汽车镜制造有限公司
3	秦皇岛飞凯特金属制品有限公司		

(4) 2023年秦皇岛综合保税区商品销售额排名前列的贸易企业

序号	企业名称	序号	企业名称
1	秦皇岛北大荒物流有限公司	9	秦皇岛纽卡斯尔医药有限公司
2	冀交港务发展（秦皇岛）有限公司	10	秦皇岛彤乔贸易有限公司
3	爱迪特（秦皇岛）国际贸易有限公司	11	秦皇岛双冠国际贸易有限公司
4	拓鲜跨境电商有限公司	12	天晖百耀（河北）国际贸易有限公司
5	秦皇岛天天顺国际贸易有限公司	13	秦皇岛全品供应链管理有限公司
6	秦皇岛巴菲船务有限公司	14	秦皇岛市昌正商贸有限公司
7	西恒（秦皇岛）国际贸易有限公司	15	秦皇岛幸福城市科技有限公司
8	秦皇岛市维旦贸易有限公司		

(5) 2023年秦皇岛综合保税区营业收入排名前列的物流企业

序号	企业名称	序号	企业名称
1	秦皇岛信立仓储服务有限公司	4	秦皇岛通诚保税物流有限公司
2	秦皇岛先恒保税物流有限公司	5	秦皇岛海东青物流有限公司
3	秦皇岛嘉里达通物流有限公司	6	秦皇岛海源保税物流有限公司

廊坊综合保税区统计数据表

（1）2023年廊坊综合保税区主要经济指标完成情况表

指标名称	计量单位	2023年	比上年增长（%）
增加值	万元	818	-79.01
经营总收入	万元	448 819	-25.78
技术服务收入	万元	0	
工业总产值	万元	19 395	52.00
其中：高新技术产业	万元	0	
物流企业经营收入	万元	37	-35.09
商品销售额	万元	447 726	-23.91
企业利润总额	万元	103	2 475.00
综合能源耗费量	吨标准煤	8	0.00
新设企业数	个	7	-53.33
其中：加工企业	个	1	
物流企业	个	1	-50.00
贸易企业	个	3	-70.00
其他服务类企业	个	2	-33.33
新设外资企业数	个	1	
内资企业注册资本	万元	9 770	
合同利用外资	万美元	0	
实际利用外资	万美元	4 501	
期末已投产运作企业数	个	1	-90.00
其中：已投产加工企业	个	0	
已投产物流企业	个	0	-100.00
已投产贸易企业	个	1	-87.50
已投产其他服务类企业	个	0	-100.00
其中：注册资本1 000万美元以上	个	0	
固定资产投资额	万元	0	
其中：基础设施投资	万元	0	
期末已建成城镇建设用地面积	万平方米	0	
房屋竣工建筑面积	平方米	0	
其中：已建成厂房面积	平方米	0	
税务部门税收	万元	3 021	61.46
期末从业人员	人	100	-89.47
期末批准面积	平方公里	0.5	0.00
期末验收封关面积	平方公里	0.49	0.00

续表

创新业态统计指标				
跨境电商：期末企业数		个	4	-55.6
业务票数		票	1 000	-99.3
销售额		万元	892	-99.4
融资租赁：期末企业数		个	0	
租赁资产总额		万元	0	
货物状态分类监管：期末企业数		个	1	
国内货物进出区货值		万元	471	
一般纳税人资格试点：期末企业数		个	4	33.33
试点企业内销金额		万元	375	1 150.00
试点企业增值税纳税额		万元	28	1 300.00

（2）-1　截至2023年年底廊坊综合保税区历年招商引资情况表

指标	单位	历年累计
工商在册企业数	个	35
其中：外资企业数	个	5
内资企业注册资本	万元	44 546
合同利用外资	万美元	0
实际利用外资	万美元	7 514

（2）-2　截至2023年年底廊坊综合保税区历年主要外商投资情况表

按项目数排列			按注册资本排列		
序号	国别（地区）	项目数（个）	序号	国别（地区）	注册资本（万美元）
1	中国香港	2	1	中国香港	4 494
2	美国	1	2	美国	350
3	瑞士	1	3	瑞士	100

（3）2023年廊坊综合保税区工业产值排名前列的出口加工企业

单位：万元

序号	企业名称	工业总产值
1	廊坊圣利亚马钢活动房屋有限公司	19 395

（4）2023年廊坊综合保税区营业收入排名前列的物流企业

单位：万元

序号	企业名称	营业收入	序号	企业名称	营业收入
1	廊坊市东方嘉盛供应链管理有限公司	34	3	廊坊保通国际货运代理有限公司	3
2	廊坊市中顺物流有限公司	32			

洋山特殊综合保税区统计数据表

(1) 2023年洋山特殊综合保税区主要经济指标完成情况表

指标名称	计量单位	2023年	比上年增长（%）
增加值	万元		
经营总收入	万元	124 922 202	44.86
技术服务收入	万元		
工业总产值	万元	1 288 360	34.06
其中：高新技术产业	万元		
物流企业经营收入	万元	11 660 006	-3.77
商品销售额	万元	96 511 077	50.05
企业利润总额	万元	917 539	2.12
综合能源耗费量	吨标准煤	44 959	10.45
新设企业数	个	625	18.37
其中：加工企业	个		
物流企业	个	50	-12.28
贸易企业	个	211	34.39
其他服务类企业	个	310	11.91
新设外资企业数	个	60	27.66
内资企业注册资本	万元	2 444 379	53.22
合同利用外资	万美元	267 158	560.12
实际利用外资	万美元	21 401	202.92
期末已投产运作企业数	个		
其中：已投产加工企业	个		
已投产物流企业	个		
已投产贸易企业	个		
已投产其他服务类企业	个		
其中：注册资本1 000万美元以上	个		
固定资产投资额	万元	1 032 984	-1.15
其中：基础设施投资	万元	421 650	12.65
期末已建成城镇建设用地面积	万平方米		
房屋竣工建筑面积	平方米		
其中：已建成厂房面积	平方米		
税务部门税收	万元	1 246 100	30.07
期末从业人员	人	73 100	-4.47
期末批准面积	平方公里	28.83	13.9
期末验收封关面积	平方公里	25.31	0.00

(2)-1 截至2023年年底洋山特殊综合保税区历年招商引资情况表

指标	单位	历年累计
工商在册企业数	个	3 472
其中：外资企业数	个	389
内资企业注册资本	万元	5 597 382
合同利用外资	万美元	342 523
实际利用外资	万美元	82 861

(2)-2 截至2023年年底洋山特殊综合保税区历年主要外商投资情况表

按项目数排列

序号	国别（地区）	项目数（个）
1	新加坡	38
2	美国	26
3	德国	13
4	英国	7
5	俄罗斯	7
6	澳大利亚	5
7	日本	4
8	韩国	4
9	土耳其	3
10	意大利	2

上海浦东机场综合保税区统计数据表

（1）2023年上海浦东机场综合保税区主要经济指标完成情况表

指标名称	计量单位	2023年	比上年增长（%）
经营总收入	亿元	474.36	-0.6
物流企业经营收入	亿元	42.43	-43.6
企业利润总额	亿元	88.42	15.4
新设企业数	个	41	105.0
其中：加工企业	个	0	—
物流企业	个	8	300.0
贸易企业	个	7	40.0
其他服务类企业	个	26	100.0
新设外资企业数	个	2	0.0
内资企业注册资本	亿元	14.70	1 330.0
合同利用外资	亿美元	1.79	29.7
实际利用外资	亿美元	1.96	85.4
税务部门税收	亿元	45.89	-16.0
固定资产投资额	亿元	2.32	-67.6
期末已建成城镇建设用地面积	万平方米	211	—
期末批准面积	平方公里	3.59	—
期末验收封关面积	平方公里	3.59	—

（2）截至2023年年底上海浦东机场综合保税区历年招商引资情况表

指标	单位	历年累计
工商在册企业数	个	866
其中：外资企业数	个	173
内资企业注册资本	亿元	248.8
外资企业注册资本	亿元	906.4

上海外高桥港综合保税区统计数据表

（1）2023年上海外高桥港综合保税区主要经济指标完成情况表

指标名称	计量单位	2023年	比上年增长（%）
经营总收入	亿元	62.27	159.5
物流企业经营收入	亿元	7.05	−26.7
商品销售额	亿元	53.33	307.1
企业利润总额	万元	667	—
新设企业数	个	1	0.0
其中：加工企业	个	0	—
物流企业	个	0	—
贸易企业	个	1	0.0
其他服务类	个	0	—
新设内资企业数	个	1	0.0
内资企业注册资本	万元	150	−95.0
实际利用外资	万美元	0	—
税务部门税收	万元	10 346	5.4
固定资产投资额	万元	0	—
期末已建成城镇建设用地面积	万平方米	94	—
期末批准面积	平方公里	1.03	—
期末验收封关面积	平方公里	1.03	—

（2）截至2023年年底上海外高桥港综合保税区历年招商引资情况表

指标	单位	历年累计
工商在册企业数	个	50
其中：外资企业数	个	20
内资企业注册资本	亿元	6.84
外资企业注册资本	亿元	22.72

松江综合保税区统计数据表

（1）2023年松江综合保税区主要经济指标完成情况表

指标名称	计量单位	2023年	比上年增长（%）
增加值	万元	739 623	-28.6
经营总收入	万元	10 862 300	-39.1
技术服务收入	万元	0	0.0
工业总产值	万元	10 009 325	-42.5
其中：高新技术产业	万元	611 489	-21.6
物流企业经营收入	万元	73 039	-32.3
商品销售额	万元	6 892	-90.5
企业利润总额	万元	125 979	40.0
综合能源耗费量	吨标准煤	88 979	-4.8
新设企业数	个	49	53.1
其中：加工企业	个	2	100.0
物流企业	个	1	0.0
贸易企业	个	46	53.3
其他服务类企业	个	0	0.0
新设外资企业数	个	2	0.0
内资企业注册资本	万元	21 430	42.3
合同利用外资	万美元	7 002	-42.5
实际利用外资	万美元	2 919	-24.9
期末已投产运作企业数	个	329	-62.9
其中：已投产加工企业	个	63	0.0
已投产物流企业	个	33	-92.3
已投产贸易企业	个	232	0.0
已投产其他服务类企业	个	1	—
其中：注册资本1 000万美元以上	个	1	-50.0
固定资产投资额	万元	39 580	-81.1
其中：基础设施投资	万元	—	—
期末已建成城镇建设用地面积	万平方米	0	0.0
房屋竣工建筑面积	平方米	—	—
其中：已建成厂房面积	平方米	—	—
税务部门税收	万元	115 481	-6.8
期末从业人员	人	35 054	-42.2
期末批准面积	平方公里	4	0.0
期末验收封关面积	平方公里	4	0.0

续表

创新业态统计指标			
跨境电商：期末企业数	个	2	-50.0
业务票数	票	1 979 105	11.3
销售额	万元	30 228	5.2
融资租赁：期末企业数	个	—	—
租赁资产总额	万元	—	—
货物状态分类监管：期末企业数	个	16	0.0
国内货物进出区货值	万元	1 946 524	-2.1
一般纳税人资格试点：期末企业数	个	36	2.9
试点企业内销金额	万元	222 655.61	-11.6
试点企业增值税纳税额	万元	34 116.50	3.6

(2)-1 截至2023年年底松江综合保税区历年招商引资情况表

指标	单位	历年累计
工商在册企业数	个	555
其中：外资企业数	个	101
内资企业注册资本	万元	302 601
合同利用外资	万美元	188 125
实际利用外资	万美元	101 434

(2)-2 截至2023年年底松江综合保税区历年主要外商投资情况表

按项目数排列			按注册资本排列		
序号	国别（地区）	项目数（个）	序号	国别（地区）	注册资本（万美元）
1	中国香港	32	1	中国香港	134 923
2	日本	16	2	开曼群岛	36 440
3	新加坡	10	3	马来西亚	23 380
4	萨摩亚	8	4	日本	17 577
5	英属维尔京群岛	5	5	萨摩亚	12 503
6	俄罗斯	1	6	俄罗斯	1 378

(3) 2023年松江综合保税区出口加工企业工业产值排名表

单位：万元

序号	企业名称	工业总产值	序号	企业名称	工业总产值
1	达功（上海）电脑有限公司	8 427 355	16	华尔卡密封件制品（上海）有限公司	11 380
2	达丰（上海）电脑有限公司	465 917	17	解亚园（上海）电子制造有限公司	10 264
3	上海凯虹科技电子有限公司	339 422	18	豪威光电子科技（上海）有限公司	9 734
4	富联国基（上海）电子有限公司	152 178	19	达人（上海）电脑有限公司	9 181
5	上海元豪表面处理有限公司	97 382	20	日立安斯泰莫底盘系统（上海）有限公司	7 261
6	达研（上海）光电有限公司	77 456	21	东曹（上海）电子材料有限公司	7 182
7	同和金属材料（上海）有限公司	73 318	22	致琦雅橡塑制品（上海）有限公司	6 635
8	尼西半导体科技（上海）有限公司	66 716	23	欣进包装（上海）有限公司	6 474
9	豪威半导体（上海）有限责任公司	57 510	24	上海意潇宠物用品有限公司	5 318
10	保思乐紧固件（上海）有限公司	31 703	25	上海建伟金属制品有限公司	5 202
11	达耐时工业（上海）有限公司	30 195	26	上海中正印刷有限公司	5 062
12	创值汽车配件（上海）有限公司	22 211	27	上海格森纸业有限责任公司	4 135
13	胎意科汽车配件（上海）有限公司	17 033	28	上海威尔泰测控工程有限公司	4 063
14	达利（上海）电脑有限公司	13 947	29	贤富金属制品（上海）有限公司	3 561
15	美昕医疗器械（上海）有限公司	12 616	30	上海辰田半导体科技有限公司	3 506

(4) 2023年松江综合保税区物流企业营业收入排名表

单位：万元

序号	企业名称	营业收入	序号	企业名称	营业收入
1	上海路馨供应链管理有限公司	148 389	14	上海欣进物流有限公司	1 433
2	上海富泰通国际物流有限公司	21 672	15	上海交运福祉物流有限公司	1 224
3	上海华松物流有限公司	14 674	16	上海大众国际仓储物流有限公司	1 060
4	上海奇霖物流有限公司	8 624	17	上海捷顺物流有限公司	992
5	国宙电子（上海）有限公司	7 469	18	上海瑞圜供应链管理有限公司	915
6	达伟（上海）物流仓储有限公司	6 398	19	上海挚臻物流服务有限公司	831
7	上海开拓供应链管理有限公司	4 882	20	乐秀物流（上海）有限公司	827
8	上海基森仓储有限公司	3 370	21	上海心茸国际物流有限公司	368
9	上海增欣物流有限公司	3 062	22	上海景众物流有限公司	333
10	上海华松国际货运代理有限公司	2 489	23	上海聚飞供应链管理有限公司	121
11	上海极进物流有限公司	1 998	24	上海翊庚金供应链管理有限公司	111
12	上海展转物流有限公司	1 728	25	上海金若仓储服务有限公司	108
13	上海增拓供应链管理有限公司	1 487			

奉贤综合保税区统计数据表

（1）2023年奉贤综合保税区主要经济指标完成情况表

指标名称	计量单位	2023年	比上年增长（%）
增加值	万元	151 995	73.84
经营总收入	万元	993 950	1.01
技术服务收入	万元	24 501	31.08
工业总产值	万元	937 422	6.12
其中：高新技术产业	万元	859 312	10.29
物流企业经营收入	万元	10 402	−36.98
商品销售额	万元	957 440	−33.98
企业利润总额	万元	43 930	924.73
综合能源耗费量	吨标准煤	51 894	623.36
新设企业数	个	289	31.96
其中：加工企业	个	—	—
物流企业	个	—	—
贸易企业	个	—	—
其他服务类企业	个	—	—
新设外资企业数	个	—	—
内资企业注册资本	万元	—	—
合同利用外资	万美元	—	—
实际利用外资	万美元	—	—
期末已投产运作企业数	个	—	—
其中：已投产加工企业	个	—	—
已投产物流企业	个	—	—
已投产贸易企业	个	—	—
已投产其他服务类企业	个	—	—
其中：注册资本1 000万美元以上	个	—	—
固定资产投资额	万元	753	100.80
其中：基础设施投资	万元	—	—
期末已建成城镇建设用地面积	万平方米	—	—
房屋竣工建筑面积	平方米	—	—
其中：已建成厂房面积	平方米	—	—
税务部门税收	万元	49 692	60.66
期末从业人员	人	2 822	−11.23
期末批准面积	平方公里	1.88	−37.33
期末验收封关面积	平方公里	1.88	0.00

续表

创新业态统计指标			
跨境电商：期末企业数	个	4	0.00
业务票数	票	675 145	177.86
销售额	万元	17 471	45.10
融资租赁：期末企业数	个	0	—
租赁资产总额	万元	0	—
货物状态分类监管：期末企业数	个	3	—
国内货物进出区货值	万元	451 499	-13.09
一般纳税人资格试点：期末企业数	个	2	—
试点企业内销金额	万元	221 884	-1.90
试点企业增值税纳税额	万元	28 832	-1.93

（2）2023年奉贤综合保税区工业产值排名前列的出口加工企业

序号	企业名称	序号	企业名称
1	上海晶澳太阳能科技有限公司	4	上海双燕化工设备制造有限公司
2	研精舍（上海）精密机械加工有限公司	5	赫科玛电缆（上海）有限公司
3	纳图兹家具（中国）有限公司		

嘉定综合保税区统计数据表

(1) 2023年嘉定综合保税区主要经济指标完成情况表

指标名称	计量单位	2023年	比上年增长（%）
增加值	万元	2 395	-95.1
经营总收入	万元	689 486	6.6
技术服务收入	万元	3 394	2 490.8
工业总产值	万元	118 942	-7.1
其中：高新技术产业	万元	8 125	-93.4
物流企业经营收入	万元	43 546	2.5
商品销售额	万元	268 176	-17.4
企业利润总额	万元	9 689	71.8
综合能源耗费量	吨标准煤	3 620	39.8
新设企业数	个	347	-2.8
其中：加工企业	个	0	-100.0
物流企业	个	17	88.9
贸易企业	个	138	-16.4
其他服务类企业	个	191	4.9
新设外资企业数	个	8	33.3
内资企业注册资本	万元	113 983	-27.7
合同利用外资	万美元	6 000	2 900.0
实际利用外资	万美元	0	
期末已投产运作企业数	个	59	
其中：已投产加工企业	个	5	
已投产物流企业	个	9	
已投产贸易企业	个	0	
已投产其他服务类企业	个	45	
其中：注册资本1 000万美元以上	个	0	
固定资产投资额	万元	14 111	2 236.0
其中：基础设施投资	万元	0	
期末已建成城镇建设用地面积	万平方米	0	
房屋竣工建筑面积	平方米	0	
其中：已建成厂房面积	平方米	0	
税务部门税收	万元	8 354	1.0
期末从业人员	人	2 989	-25.1
期末批准面积	平方公里	0.95	0.0
期末验收封关面积	平方公里	0.95	0.0

续表

创新业态统计指标			
跨境电商：期末企业数	个	7	
业务票数	票	175 246	-68.3
销售额	万元	7 972	-72.7
融资租赁：期末企业数	个	0	
租赁资产总额	万元	0	
货物状态分类监管：期末企业数	个	1	-50.0
国内货物进出区货值	万元	737 654	-8.3
一般纳税人资格试点：期末企业数	个	4	0.0
试点企业内销金额	万元	29 436.98	
试点企业增值税纳税额	万元	2 982.66	

(2)-1 截至2023年年底嘉定综合保税区历年招商引资情况表

指标	单位	历年累计
工商在册企业数	个	1 210
其中：外资企业数	个	41
内资企业注册资本	万元	542 035
合同利用外资	万美元	16 573
实际利用外资	万美元	

(2)-2 截至2023年年底嘉定综合保税区历年主要外商投资情况表

按项目数排列			按注册资本排列		
序号	国别（地区）	项目数（个）	序号	国别（地区）	注册资本（万美元）
1	中国香港	11	1	中国香港	6 800
2	中国台湾	7	2	日本	4 500
3	美国	7	3	美国	350
4	日本	3	4	澳大利亚	200
5	澳大利亚	3	5	中国台湾	130
6	中国澳门	2	6	中国澳门	15

(3) 2023年嘉定综合保税区出口加工企业工业产值排名表

单位：万元

序号	企业名称	工业总产值	序号	企业名称	工业总产值
1	乔山健身器材（上海）有限公司	110 517	3	上海拜安半导体有限公司	300
2	上海高能煜镀科技有限公司	8 125			

（4）2023年嘉定综合保税区贸易企业商品销售额排名表

单位：万元

序号	企业名称	商品销售额	序号	企业名称	商品销售额
1	上海外综服国际贸易有限公司	133 531	4	保时捷亚太赛车贸易（上海）有限公司	9 780
2	上海全服国际贸易有限公司	96 651	5	上海展贸电子商务有限公司	2 995
3	丹拿音响（上海）有限公司	25 219			

（5）2023年嘉定综合保税区物流企业营业收入排名表

单位：万元

序号	企业名称	营业收入	序号	企业名称	营业收入
1	上海欧兴储运有限公司	6 335	5	上海嘉定国际赛车服务有限公司	386
2	上海唯可行物流有限公司	5 807	6	上海普力姆物流有限公司	199
3	上海心嘉物流有限公司	3 694	7	上海丝嘉货运代理有限公司	145
4	上海途越仓储服务有限公司	1 141	8	上海嘉仓宝智慧云仓科技有限公司	118

苏州工业园综合保税区统计数据表

(1) 2023年苏州工业园综合保税区主要经济指标完成情况表

指标名称	计量单位	2023年	比上年增长（%）
规上经营总收入	万元	6 239 204	6.5
规上工业总产值	万元	3 995 322	5.8
其中：高新技术产业	万元	771 199	—
规上物流企业经营收入	万元	106 438	-18.2
规上商品销售额	万元	2 426 782	6.5
规上企业利润总额	万元	373 928	21.5
新设企业数	个	18	—
新设外资企业数	个	2	—
内资企业注册资本	万元	16 200	—
合同利用外资	万美元	400	—
实际利用外资	万美元	5 403	—
期末已投产运作企业数	个	220	—
其中：已投产加工企业	个	67	—
已投产物流企业	个	52	—
已投产贸易企业	个	81	—
已投产其他服务类企业	个	20	—
固定资产投资额	万元	41 667	—
其中：基础设施投资	万元	2 055	—
税务部门税收	万元	142 566	—
期末从业人员	人	27 953	—
期末批准面积	平方公里	5.28	—
期末验收封关面积	平方公里	4.86	—

(2)-1 截至2023年年底苏州工业园综合保税区历年招商引资情况表

指标	单位	历年累计
工商在册企业数	个	460
其中：外资企业数	个	158
内资企业注册资本	万元	312 509
合同利用外资	万美元	152 660

（2）-2 截至2023年年底苏州工业园综合保税区历年主要外商投资情况表

按项目数排列

序号	国别（地区）	项目数（个）
1	中国香港	45
2	美国	30
3	新加坡	23
4	日本	16
5	英国	12
6	韩国	10
7	瑞士	7
8	英属维尔京群岛	4
9	荷兰	4
10	德国	3

（3）2023年苏州工业园综合保税区工业产值排名前列的出口加工企业

序号	企业名称	序号	企业名称
1	同方计算机（苏州）有限公司	6	舒尔电子（苏州）有限公司
2	苏州三星电子家电有限公司	7	索诺瓦听力技术（苏州）有限公司
3	卡特彼勒（苏州）有限公司	8	深圳长城开发苏州电子有限公司
4	苏州长城开发科技有限公司	9	百得（苏州）科技有限公司
5	泰科电子（苏州）有限公司	10	江苏阿诗特能源科技股份有限公司

（4）2023年苏州工业园综合保税区商品销售额排名前列的贸易企业

序号	企业名称	序号	企业名称
1	华润江苏医药有限公司	6	博世电子贸易（苏州）有限公司
2	国药控股苏州有限公司	7	苏州艾曼斯贸易有限公司
3	苏州皇益贸易有限公司	8	优利（苏州）科技材料有限公司
4	卫材（苏州）贸易有限公司	9	苏州工业园区持盈进出口有限公司
5	雅马哈发动机智能机器（苏州）有限公司	10	协鑫太阳能电力（苏州）有限公司

（5）2023年苏州工业园综合保税区营业收入排名前列的物流企业

序号	企业名称	序号	企业名称
1	全球物流（苏州）有限公司	6	苏州邦达新物流有限公司
2	苏州得尔达国际物流有限公司	7	明宇菲凡（苏州）供应链管理有限公司
3	优尼派特（苏州）物流有限公司	8	苏州逸鑫源供应链管理有限公司
4	苏州宏高货运有限公司	9	苏州近铁国际物流有限公司
5	苏州伟中物流股份有限公司	10	苏州工业园区伟创国际物流有限公司

苏州高新技术产业开发区综合保税区统计数据表

（1）2023年苏州高新技术产业开发区综合保税区主要经济指标完成情况表

指标名称	计量单位	2023年	比上年增长（%）
增加值	万元	1 527 800	-5.1
经营总收入	万元	6 634 174	-23.1
技术服务收入	万元	41 035	-14.2
工业总产值	万元	7 089 738	-16.4
其中：高新技术产业	万元	5 498 138	-25.7
物流企业经营收入	万元	99 855	-48.1
商品销售额	万元	91 147	59.5
企业利润总额	万元	144 572	-16.6
综合能源耗费量	吨标准煤	47 544	-21.4
新设企业数	个	35	40.0
其中：加工企业	个	6	-45.4
物流企业	个	0	—
贸易企业	个	18	800.0
其他服务类企业	个	11	0.0
新设外资企业数	个	0	-100.0
内资企业注册资本	万元	1 034 850	2 099.4
合同利用外资	万美元	3 068	—
实际利用外资	万美元	3 068	3.6
期末已投产运作企业数	个	171	25.7
其中：已投产加工企业	个	89	7.2
已投产物流企业	个	14	0.0
已投产贸易企业	个	21	600.0
已投产其他服务类企业	个	45	32.3
其中：注册资本1 000万美元以上	个	2	0.0
固定资产投资额	万元	82 159	-8.5
其中：基础设施投资	万元	0	—
期末已建成城镇建设用地面积	万平方米	0	—
房屋竣工建筑面积	平方米	0	—
其中：已建成厂房面积	平方米	0	—
税务部门税收	万元	70 165	-19.9
期末从业人员	人	27 027	-39.9
期末批准面积	平方公里	3.51	0.0
期末验收封关面积	平方公里	3.51	0.0

续表

创新业态统计指标			
跨境电商：期末企业数	个	15	50.0
业务票数	票	94 465	-34.6
销售额	万元	112 200	42.4
融资租赁：期末企业数	个	0	—
租赁资产总额	万元	0	—
货物状态分类监管：期末企业数	个	0	—
国内货物进出区货值	万元	0	—
一般纳税人资格试点：期末企业数	个	49	44.1
试点企业内销金额	万元	91 146	59.5
试点企业增值税纳税额	万元	9 320	53.9

（2）-1 截至2023年年底苏州高新技术产业开发区综合保税区历年招商引资情况表

指标	单位	历年累计
工商在册企业数	个	661
其中：外资企业数	个	84
内资企业注册资本	万元	1 209 225
合同利用外资	万美元	142 474
实际利用外资	万美元	111 897

（2）-2 截至2023年年底苏州高新技术产业开发区综合保税区历年主要外商投资情况表

按项目数排列				按注册资本排列			
序号	国别（地区）	项目数（个）		序号	国别（地区）		注册资本（万美元）
1	日本	11		1	中国台湾		59 469
2	中国台湾	10		2	美国		10 828
3	美国	10		3	日本		7 388
4	意大利	5		4	瑞士		3 398
5	德国	4		5	意大利		2 551
6	瑞士	4		6	韩国		2 320
7	韩国	4		7	德国		2 177
8	新加坡	1		8	新加坡		880
9	马来西亚	1		9	马来西亚		800
10	西班牙	1		10	西班牙		250

（3）2023年苏州高新技术产业开发区综合保税区工业产值排名前列的出口加工企业

序号	企业名称	序号	企业名称
1	名硕电脑（苏州）有限公司	16	凯博特线缆技术（苏州）有限公司
2	美视伊汽车镜控（苏州）有限公司	17	威斯达冷却技术（苏州）有限公司
3	加贺泽山电子（苏州）有限公司	18	苏州源成铝制品制造有限公司
4	达格测试设备（苏州）有限公司	19	阿纳克斯（苏州）轨道系统有限公司
5	倍雅电子护理制品（苏州）有限公司	20	东江塑胶制品（苏州）有限公司
6	川崎精密机械（苏州）有限公司	21	苏州圣美特压铸科技有限公司
7	凯硕电脑（苏州）有限公司	22	苏州易艾克自动化设备有限公司
8	苏州统硕科技有限公司	23	菲索测量控制技术（苏州）有限公司
9	硕腾（苏州）动物保健品有限公司	24	铭裕科技（苏州）有限公司
10	法雷奥商用车热系统（苏州）有限公司	25	苏州奥塞德精密科技有限公司
11	捷恩智液晶材料（苏州）有限公司	26	苏州申赛新材料有限公司
12	美克司电子机械（苏州）有限公司	27	索玛土工合成材料（苏州）有限公司
13	戴维斯标准（苏州）机械有限公司	28	苏州迈瑞科精密部件有限公司
14	苏州捷德航空技术有限公司	29	新磊半导体科技（苏州）股份有限公司
15	蔓莎（苏州）工艺制品有限公司	30	伍兹物料周转用品（苏州）有限公司

（4）2023年苏州高新技术产业开发区综合保税区商品销售额排名前列的贸易企业

序号	企业名称	序号	企业名称
1	鸿海（苏州）食品科技股份有限公司	4	苏州昊帆进出口有限公司
2	苏州诺德森电子设备有限公司	5	诺瑞沃（苏州）食品有限公司
3	苏州海鸿食品科技有限公司	6	香识（苏州）实业有限公司

（5）2023年苏州高新技术产业开发区综合保税区营业收入排名前列的物流企业

序号	企业名称	序号	企业名称
1	苏州市国际班列货运有限公司	5	苏州新宁物流有限公司
2	苏州大田仓储有限公司	6	苏州综保通达供应链有限公司
3	苏州综保物流有限公司	7	苏州恒捷国际物流有限公司
4	苏州祥迎国际物流有限公司		

连云港综合保税区统计数据表

（1）2023年连云港综合保税区主要经济指标完成情况表

指标名称	计量单位	2023年	比上年增长（%）
增加值	万元	54 369	10.80
经营总收入	万元	360 582	58.13
技术服务收入	万元	281	-48.82
工业总产值	万元	226 094	-0.44
其中：高新技术产业	万元	74 992	-16.61
物流企业经营收入	万元	19 117	-8.46
商品销售额	万元	76 771	765.90
企业利润总额	万元	649	-26.25
综合能源耗费量	吨标准煤	596	-14.49
新设企业数	个	1	-87.50
其中：加工企业	个	0	-100.00
物流企业	个	0	—
贸易企业	个	0	-100.00
其他服务类企业	个	1	—
新设外资企业数	个	0	-100.00
内资企业注册资本	万元	5 000	-73.68
合同利用外资	万美元	12 000	-40.37
实际利用外资	万美元	8 340	-51.19
期末已投产运作企业数	个	33	—
其中：已投产加工企业	个	12	—
已投产物流企业	个	10	—
已投产贸易企业	个	9	—
已投产其他服务类企业	个	2	—
其中：注册资本1 000万美元以上	个	4	—
固定资产投资额	万元	40 117	-9.53
其中：基础设施投资	万元	4 996	-69.34
期末已建成城镇建设用地面积	万平方米	157	0.00
房屋竣工建筑面积	平方米	0	—
其中：已建成厂房面积	平方米	0	—
税务部门税收	万元	3 055	-83.63
期末从业人员	人	1 332	-71.35
期末批准面积	平方公里	2.97	0.00
期末验收封关面积	平方公里	2.97	0.00

续表

创新业态统计指标			
跨境电商：期末企业数	个	7	—
业务票数	票	124 788	-3.27
销售额	万元	4 089	-53.88
融资租赁：期末企业数	个	0	—
租赁资产总额	万元	0	—
货物状态分类监管：期末企业数	个	6	-14.29
国内货物进出区货值	万元	1 029 500	114.59
一般纳税人资格试点：期末企业数	个	3	-25.00
试点企业内销金额	万元	59 150	87.44
试点企业增值税纳税额	万元	1 473	-64.09

(2)-1 截至2023年年底连云港综合保税区历年招商引资情况表

指标	单位	历年累计
工商在册企业数	个	148
其中：外资企业数	个	14
内资企业注册资本	万元	208 367
合同利用外资	万美元	79 511
实际利用外资	万美元	53 557

(2)-2 截至2023年年底连云港综合保税区历年主要外商投资情况表

按项目数排列			按注册资本排列		
序号	国别（地区）	项目数（个）	序号	国别（地区）	注册资本（万美元）
1	中国香港	9	1	中国香港	66 158
2	韩国	2	2	韩国	3 150
3	美国	1	3	美国	1 000
4	澳大利亚	1	4	新加坡	400
5	新加坡	1	5	澳大利亚	300

(3) 2023年连云港综合保税区出口加工企业工业产值排名表

单位：万元

序号	企业名称	工业总产值	序号	企业名称	工业总产值
1	五矿有色金属江苏有限公司	66 876	5	连云港艾业无纺布制品有限公司	20 382
2	重山风力设备（连云港）有限公司	62 967	6	连云港泰贝利尔高新材料有限公司	5 474
3	江苏睿林德生物科技有限公司	53 188	7	连云港中奥铝业有限公司	2 199
4	江苏素康生物科技有限公司	32 940	8	连云港柏科医用制品有限公司	1 220

(4) 2023年连云港综合保税区贸易企业商品销售额排名表

单位：万元

序号	企业名称	商品销售额	序号	企业名称	商品销售额
1	连云港翔昌国际贸易有限公司	152 779	4	连云港佑玟跨境电商有限公司	235
2	连云港启域跨境供应链有限公司	3 144	5	连云港卡布云仓保税仓储有限公司	33
3	连云港普纳吉客贸易有限公司	1 666			

(5) 2023年连云港综合保税区物流企业营业收入排名表

单位：万元

序号	企业名称	营业收入	序号	企业名称	营业收入
1	江苏锦达保税仓储服务有限公司	10 982	3	江苏丰诺供应链管理集团有限公司	1 090
2	连云港中外运储运有限公司	4 753	4	连云港苏豪保税物流有限公司	227

镇江综合保税区统计数据表

（1）2023年镇江综合保税区主要经济指标完成情况表

指标名称	计量单位	2023年	比上年增长（%）
增加值	万元	67 144.92	34.52
经营总收入	万元	292 578.24	17.24
技术服务收入	万元	0	0.00
工业总产值	万元	176 706.01	65.63
其中：高新技术产业	万元	62 378.7	14.08
物流企业经营收入	万元	121 041.11	-12.99
商品销售额	万元	48 454.21	3.74
企业利润总额	万元	8 337	—
综合能源耗费量	吨标准煤	4 018.10	-24.40
新设企业数	个	3	200.00
其中：加工企业	个	3	—
物流企业	个	0	—
贸易企业	个	0	-100.00
其他服务类企业	个	0	—
新设外资企业数	个	0	—
内资企业注册资本	万元	3 300	-97.49
合同利用外资	万美元	0	—
实际利用外资	万美元	0	-100.00
期末已投产运作企业数	个	48	—
其中：已投产加工企业	个	10	—
已投产物流企业	个	10	—
已投产贸易企业	个	19	—
已投产其他服务类企业	个	9	—
其中：注册资本1 000万美元以上	个	0	—
固定资产投资额	万元	36 278	648.46
其中：基础设施投资	万元	8 439	2 713.00
期末已建成城镇建设用地面积	万平方米	0	—
房屋竣工建筑面积	平方米	0	—
其中：已建成厂房面积	平方米	0	—
税务部门税收	万元	7 824	82.67
期末从业人员	人	1 620	0.00
期末批准面积	平方公里	2.53	0.00
期末验收封关面积	平方公里	0.91	0.00

续表

创新业态统计指标			
跨境电商：期末企业数	个	0	—
业务票数	票	0	—
销售额	万元	0	—
融资租赁：期末企业数	个	0	—
租赁资产总额	万元	0	—
货物状态分类监管：期末企业数	个	1	—
国内货物进出区货值	万元	1 288 299	-45.21
一般纳税人资格试点：期末企业数	个	5	0.00
试点企业内销金额	万元	56 261.39	212.87
试点企业增值税纳税额	万元	1 077.66	138.27

（2）-1 截至2023年年底镇江综合保税区历年招商引资情况表

指标	单位	历年累计
工商在册企业数	个	54
其中：外资企业数	个	7
内资企业注册资本	万元	163 539.30
合同利用外资	万美元	26 829.95
实际利用外资	万美元	26 829.95

（2）-2 截至2023年年底镇江综合保税区历年主要外商投资情况表

按项目数排列			按注册资本排列		
序号	国别（地区）	项目数（个）	序号	国别（地区）	注册资本（万美元）
1	中国香港	5	1	中国香港	4 937.07
2	中国台湾	2	2	中国台湾	2 230
3	瑞典	1	3	瑞典	约141 285万元

（3）2023年镇江综合保税区出口加工企业工业产值排名表

单位：万元

序号	企业名称	工业总产值	序号	企业名称	工业总产值
1	合瑞迈材料科技（江苏）有限公司	62 378.70	4	先进光电科技（镇江）有限公司	29 110.80
2	江苏远信储能技术有限公司	50 579.04	5	镇江吉福装饰材料有限公司	4 679.70
3	江苏南锦电子材料有限公司	29 804.60	6	江苏天悦精密模具有限公司	153.17

（4）2023年镇江综合保税区贸易企业商品销售额排名表

单位：万元

序号	企业名称	商品销售额	序号	企业名称	商品销售额
1	江苏宜聚能源管理有限公司	17 564.10	4	镇江鑫萨特汽车配件有限公司	7 473.60
2	镇江出口加工区港诚国际贸易有限责任公司	11 322.20	5	镇江锦润商贸有限公司	2 759.10
3	镇江龟派汽车用品有限公司	9 075.20	6	镇江雪狼汽车用品有限公司	260.00

（5）2023年镇江综合保税区物流企业营业收入排名表

单位：万元

序号	企业名称	营业收入	序号	企业名称	营业收入
1	江苏汇鸿冷链物流有限公司	72 469.60	8	镇江朔达国际物流有限公司	214.72
2	镇江中远海运物流有限公司	33 794.00	9	镇江力联物流有限公司	183.00
3	镇江中远海运仓储发展有限公司	2 648.06	10	远达仓保税物流镇江有限公司	166.97
4	镇江远港物流有限公司	562.18	11	镇江瑞翔国际物流有限公司	101.00
5	镇江威宇保税物流有限公司	542.76	12	镇江中沙保税物流有限公司	47.82
6	镇江大远物流有限公司	405.96	13	镇江恒隆物流有限公司	25.44
7	江苏汇泽物流有限公司	333.78			

常州综合保税区统计数据表

（1）2023年常州综合保税区主要经济指标完成情况表

指标名称	计量单位	2023年	比上年增长（%）
增加值	万元	43 465	22.82
经营总收入	万元	398 859	18.41
技术服务收入	万元	1 985	—
工业总产值	万元	176 231	25.50
其中：高新技术产业	万元	76 033	34.34
物流企业经营收入	万元	10 387	97.55
商品销售额	万元	391 589	23.59
企业利润总额	万元	3 923	-34.57
综合能源耗费量	吨标准煤	6 687	-29.18
新设企业数	个	21	35.71
其中：加工企业	个	2	200.00
物流企业	个	4	—
贸易企业	个	14	0.00
其他服务类企业	个	1	—
新设外资企业数	个	1	—
内资企业注册资本	万元	102 500	246.67
合同利用外资	万美元	0	11.11
实际利用外资	万美元	28 294	295.03
期末已投产运作企业数	个	39	—
其中：已投产加工企业	个	19	—
已投产物流企业	个	8	—
已投产贸易企业	个	11	—
已投产其他服务类企业	个	1	—
其中：注册资本1 000万美元以上	个	8	—
固定资产投资额	万元	37 075	27.46
其中：基础设施投资	万元	7 901	-67.00
期末已建成城镇建设用地面积	万平方米	3	—
房屋竣工建筑面积	平方米	50 691	-34.52
其中：已建成厂房面积	平方米	50 691	-34.52
税务部门税收	万元	7 041	103.52
期末从业人员	人	2 147	20.55
期末批准面积	平方公里	1.66	0.00
期末验收封关面积	平方公里	1.33	0.00

续表

创新业态统计指标				
跨境电商：期末企业数		个	2	-60.00
	业务票数	票	119 400	181.46
	销售额	万元	1 772	34.55
融资租赁：期末企业数		个	0	—
	租赁资产总额	万元	0	—
货物状态分类监管：期末企业数		个	6	-60.00
	国内货物进出区货值	万元	430 306	-50.73
一般纳税人资格试点：期末企业数		个	5	0.00
	试点企业内销金额	万元	159 770	-9.09
	试点企业增值税纳税额	万元	5 818	-6.75

（2）-1 截至2023年年底常州综合保税区历年招商引资情况表

指标	单位	历年累计
工商在册企业数	个	129
其中：外资企业数	个	20
内资企业注册资本	万元	176 438
合同利用外资	万美元	152 228
实际利用外资	万美元	104 359

（2）-2 截至2023年年底常州综合保税区历年主要外商投资情况表

按项目数排列			按注册资本排列		
序号	国别（地区）	项目数（个）	序号	国别（地区）	注册资本（万美元）
1	中国香港	11	1	中国香港	106 270
2	美国	5	2	美国	29 625
3	印度	1	3	印度	7 350
4	英国	1	4	英国	4 500
5	巴西	1	5	巴西	307

（3）2023年常州综合保税区工业产值排名前列的出口加工企业

序号	企业名称	序号	企业名称
1	常州巴奥米特医疗器械有限公司	5	福地亚（常州）采矿设备有限公司
2	常州市大成真空技术有限公司	6	常州常裕光学实业有限公司
3	辰瑞光学（常州）股份有限公司	7	马可波罗（常州）客车制造游戏公司
4	常州高博能源材料有限公司	8	派纳维斯工具（常州）有限公司

（4）2023 年常州综合保税区商品销售额排名前列的贸易企业

序号	企业名称	序号	企业名称
1	天合光能（常州）光电设备有限公司	7	瓦卢瑞克石油天然气特殊设备（中国）有限公司
2	江苏海升供应链管理有限公司	8	喜赛紧固件（江苏）有限公司
3	罗勒国际供应链管理（常州）有限公司	9	常州倍高乐特供应链管理有限公司
4	江苏盛高电子商务有限公司	10	常州倚天嘉通供应链管理有限公司
5	江苏富海镍业有限公司	11	常州启佳国际供应链管理有限公司
6	沁瑞（常州）国际贸易有限公司	12	瑞吉恩新能源（常州）有限公司

（5）2023 年常州综合保税区营业收入排名前列的物流企业

序号	企业名称	序号	企业名称
1	常州综合保税区投资开发有限公司	6	江苏众诚国际物流有限公司常州分公司
2	常州嘉运供应链有限公司	7	常州安捷兰国际物流有限公司
3	常州美邦通运国际货运代理有限公司	8	常州市欣海国际贸易有限公司
4	常州海航报关有限公司	9	常运国际物流（常州）有限公司
5	恒鑫国际物流（常州）有限公司	10	常州嘉迅物流有限公司

常熟综合保税区统计数据表

(1) 2023年常熟综合保税区主要经济指标完成情况表

指标名称	计量单位	2023年	比上年增长（%）
增加值	万元	19 137	-19.14
经营总收入	万元	68 410	-0.68
技术服务收入	万元	0	0.00
工业总产值	万元	57 400	-2.02
其中：高新技术产业	万元	0	0.00
物流企业经营收入	万元	12 067	21.30
商品销售额	万元	55 838	-5.25
企业利润总额	万元	2 717	-62.67
综合能源耗费量	吨标准煤	2 282	148.85
新设企业数	个	3	-25.00
其中：加工企业	个	1	—
物流企业	个	2	-50.00
贸易企业	个	0	—
其他服务类企业	个	0	—
新设外资企业数	个	1	—
内资企业注册资本	万元	9 000	—
合同利用外资	万美元	0	—
实际利用外资	万美元	0	-100.00
期末已投产运作企业数	个	19	—
其中：已投产加工企业	个	11	—
已投产物流企业	个	7	—
已投产贸易企业	个	0	—
已投产其他服务类企业	个	1	—
其中：注册资本1 000万美元以上	个	5	—
固定资产投资额	万元	0	-100.00
其中：基础设施投资	万元	0	—
期末已建成城镇建设用地面积	万平方米	48.9	—
房屋竣工建筑面积	平方米	107 711	—
其中：已建成厂房面积	平方米	97 817	—
税务部门税收	万元	931	-39.39
期末从业人员	人	914	-8.14
期末批准面积	平方公里	0.88	0.00
期末验收封关面积	平方公里	0.53	0.00

续表

创新业态统计指标			
跨境电商：期末企业数	个	0	—
业务票数	票	0	—
销售额	万元	0	—
融资租赁：期末企业数	个	0	—
租赁资产总额	万元	0	—
货物状态分类监管：期末企业数	个	1	0
国内货物进出区货值	万元	99 203	-36.06
一般纳税人资格试点：期末企业数	个	4	100.00
试点企业内销金额	万元	1 122	383.62
试点企业增值税纳税额	万元	57	90.00

（2）-1 截至2023年年底常熟综合保税区历年招商引资情况表

指标	单位	历年累计
工商在册企业数	个	21
其中：外资企业数	个	12
内资企业注册资本	万元	10 300
合同利用外资	万美元	34 651
实际利用外资	万美元	24 393

（2）-2 截至2023年年底常熟综合保税区历年主要外商投资情况表

按项目数排列			按注册资本排列		
序号	国别（地区）	项目数（个）	序号	国别（地区）	注册资本（万美元）
1	美国	5	1	中国香港	25 000
2	中国香港	1	2	美国	6 331
3	新加坡	1	3	新加坡	1 427
4	印度	1	4	中国台湾	1 200
5	韩国	1	5	马来西亚	500
6	马来西亚	1	6	印度	492
7	加拿大	1	7	韩国	405
8	中国台湾	1	8	加拿大	118

（3）2023年常熟综合保税区工业产值排名前列的出口加工区企业

序号	企业名称	序号	企业名称
1	世伟洛克（中国）流体系统科技有限公司	5	常熟美信达科技能源设备有限公司
2	众达机械工程（常熟）有限公司	6	阿瑞思自动化科技（苏州）有限公司
3	欧地管道系统（苏州）有限公司	7	卡彭特特种金属（常熟）有限公司
4	瑞纳尔（常熟）口腔用品有限公司		

(4) 2023年常熟综合保税区营业收入排名前列的物流企业

序号	企业名称	序号	企业名称
1	常熟外轮代理有限公司	3	常熟华顺物流有限公司
2	常熟出口加工区开发建设有限公司		

武进综合保税区统计数据表

（1）2023年武进综合保税区主要经济指标完成情况表

指标名称	计量单位	2023年	比上年增长（%）
增加值	万元	246 365	10.88
经营总收入	万元	856 485	-11.15
技术服务收入	万元	0.00	—
工业总产值	万元	859 733	-11.42
其中：高新技术产业	万元	859 733	-11.42
物流企业经营收入	万元	8 503	-18.83
商品销售额	万元	847 982	-11.07
企业利润总额	万元	43 311	-20.14
综合能源耗费量	吨标准煤	12 937	-13.34
新设企业数	个	1	-66.67
其中：加工企业	个	0	—
物流企业	个	1	-50.00
贸易企业	个	0	-100.00
其他服务类企业	个	0	—
新设外资企业数	个	0	—
内资企业注册资本	万元	50	-91.71
合同利用外资	万美元	0	—
实际利用外资	万美元	0	—
期末已投产运作企业数	个	44	2.32
其中：已投产加工企业	个	15	0.00
已投产物流企业	个	19	5.55
已投产贸易企业	个	9	0.00
已投产其他服务类企业	个	1	0.00
其中：注册资本1 000万美元以上	个	5	—
固定资产投资额	万元	50 738	-11.22
其中：基础设施投资	万元	0	—
期末已建成城镇建设用地面积	万平方米	0	—
房屋竣工建筑面积	平方米	0	—
其中：已建成厂房面积	平方米	0	—
税务部门税收	万元	13 006	-11.31
期末从业人员	人	9 508	-3.00
期末批准面积	平方公里	0.95	0.00
期末验收封关面积	平方公里	0.88	0.00

续表

创新业态统计指标			
跨境电商：期末企业数	个	1	0.00
业务票数	票	0	—
销售额	万元	0	—
融资租赁：期末企业数	个	0	—
租赁资产总额	万元	0	—
货物状态分类监管：期末企业数	个	4	0.00
国内货物进出区货值	万元	118 156	127.22
一般纳税人资格试点：期末企业数	个	1	0.00
试点企业内销金额	万元	2 390	−21.36
试点企业增值税纳税额	万元	106	−71.35

(2)-1　截至2023年年底武进综合保税区历年招商引资情况表

指标	单位	历年累计
工商在册企业数	个	44
其中：外资企业数	个	9
内资企业注册资本	万元	6 766
合同利用外资	万美元	180 126
实际利用外资	万美元	31 295

(2)-2　截至2023年年底武进综合保税区历年主要外商投资情况表

按项目数排列			按注册资本排列		
序号	国别（地区）	项目数（个）	序号	国别（地区）	注册资本（万美元）
1	中国香港	4	1	中国香港	48 500
2	中国台湾	3	2	中国台湾	24 595
3	德国	1	3	德国	567
4	瑞典	1	4	瑞典	76

(3)　2023年武进综合保税区出口加工企业工业产值排名表

单位：万元

序号	企业名称	工业总产值	序号	企业名称	工业总产值
1	光宝科技（常州）有限公司	507 222	4	光宝汽车电子（常州）有限公司	1 897
2	瑞声开泰精密科技（常州）有限公司	227 942	5	常州世博恩光伏科技有限公司	46
3	光宝光电（常州）有限公司	120 537			

(4) 2023年武进综合保税区商品销售额排名前列的贸易企业

序号	企业名称	序号	企业名称
1	冈本工机（常州）贸易有限公司	3	常州炜驰贸易有限公司
2	常州沃顺贸易有限公司	4	常州理理电子商务有限公司

(5) 2023年武进综合保税区物流企业营业收入排名表

单位：万元

序号	企业名称	营业收入	序号	企业名称	营业收入
1	常州飞力达现代物流有限公司	4 982	3	常州麦克森供应链管理有限公司	486
2	常州亨通海晨物流有限公司	2 565	4	南京柠檬供应链管理有限公司常州分公司	437

南通综合保税区统计数据表

(1) 2023年南通综合保税区主要经济指标完成情况表

指标名称	计量单位	2023年	比上年增长（%）
增加值	万元	407 016.62	5.1
经营总收入	万元	2 339 646.82	17.7
技术服务收入	万元	267.74	-3.7
工业总产值	万元	364 861.27	55.5
其中：高新技术产业	万元	81 965.07	21.9
物流企业经营收入	万元	428 893.22	93.2
商品销售额	万元	1 274 742.55	12.4
企业利润总额	万元	47 340.81	4.7
综合能源耗费量	吨标准煤	36 486.1	55.5
新设企业数	个	12	-60.0
其中：加工企业	个	5	66.7
物流企业	个	4	-81.0
贸易企业	个	3	-40.0
其他服务类企业	个	0	-100.0
新设外资企业数	个	2	—
内资企业注册资本	万元	106 300.00	241.3
合同利用外资	万美元	5 176.00	—
实际利用外资	万美元	23 587.00	-10.9
期末已投产运作企业数	个	112	-9.7
其中：已投产加工企业	个	37	-2.6
已投产物流企业	个	24	-25.0
已投产贸易企业	个	42	-4.5
已投产其他服务类企业	个	9	-10.0
其中：注册资本1 000万美元以上	个	33	0.0
固定资产投资额	万元	309 709.88	228.2
其中：基础设施投资	万元	200.00	—
期末已建成城镇建设用地面积	万平方米	302.00	0.0
房屋竣工建筑面积	平方米	463 717.06	3 829.4
其中：已建成厂房面积	平方米	434 992.07	4 372.0
税务部门税收	万元	52 901.55	-5.1
期末从业人员	人	5 610	12.4
期末批准面积	平方公里	5.29	0.0
期末验收封关面积	平方公里	4.61	114.4

续表

创新业态统计指标			
跨境电商：期末企业数	个	23	0.0
业务票数	票	3 157 586	404.9
销售额	万元	77 566.02	288.1
融资租赁：期末企业数	个	0	—
租赁资产总额	万元	0.00	—
货物状态分类监管：期末企业数	个	6	0.0
国内货物进出区货值	万元	209 766.17	11.5
一般纳税人资格试点：期末企业数	个	17	30.8
试点企业内销金额	万元	214 419.40	195.0
试点企业增值税纳税额	万元	4 346.62	−5.5

(2)-1 截至2023年年底南通综合保税区历年招商引资情况表

指标	单位	历年累计
工商在册企业数	个	472
其中：外资企业数	个	44
内资企业注册资本	万元	2 234 612
合同利用外资	万美元	112 831
实际利用外资	万美元	102 007

(2)-2 截至2023年年底南通综合保税区历年主要外商投资情况表

按项目数排列			按注册资本排列		
序号	国别（地区）	项目数（个）	序号	国别（地区）	注册资本（万美元）
1	中国香港	22	1	中国香港	120 174
2	日本	9	2	开曼群岛	20 000
3	新加坡	2	3	日本	13 981
4	新西兰	2	4	马绍尔群岛	5 000
5	韩国	1	5	韩国	2 500
6	塞浦路斯	1	6	新加坡	1 070
7	马绍尔群岛	1	7	马来西亚	450
8	美国	1	8	美国	225
9	开曼群岛	1	9	塞浦路斯	200
10	马来西亚	1	10	新西兰	150

（3）2023年南通综合保税区工业产值排名前列的出口加工企业

序号	企业名称	序号	企业名称
1	延锋（南通）座椅有限公司	9	南通吉凯光电科技有限公司
2	南通印染纺织品进出口有限公司	10	南通福洛瑞医药研发有限公司
3	南通联亚药业股份有限公司	11	和平日化（南通）有限公司
4	通威太阳能（南通）有限公司	12	群通喷雾科技南通有限公司
5	南通华强科技有限公司	13	南通康赛克半导体工具有限公司
6	南通华祥医药科技有限公司	14	南通昕源生物科技有限公司
7	南通苏牧生物科技有限公司	15	飞昂通讯科技南通有限公司
8	南通市森田环保新材料有限公司		

（4）2023年南通综合保税区商品销售额排名前列的贸易企业商品

序号	企业名称	序号	企业名称
1	南通中合国际贸易有限公司	9	江苏双洲国际贸易有限公司
2	南通骊鼎精细化工贸易有限公司	10	南通智羯国际贸易有限公司
3	南通恬璐国际贸易有限公司	11	南通鸿事达进出口有限公司
4	南通标轩纺织有限公司	12	麒夏（南通）航空器材有限公司
5	南通易通电子商务有限公司	13	江苏铱铱电商有限公司
6	南通永旭新能源有限公司	14	伊仕国际科技创新园（南通）有限公司
7	施凯乐高孚南通贸易有限公司	15	南通锦富绣康电子科技有限公司
8	南通莫伯乐贸易有限公司		

（5）2023年南通综合保税区营业收入排名前列的物流企业

序号	企业名称	序号	企业名称
1	供销冷链物流（南通）有限公司	9	南通中农物流有限公司
2	南通综合保税区物流中心有限公司	10	南通美库冷链物流有限公司
3	南通中外运物流有限公司	11	南通世瑞供应链管理有限公司
4	南通福汉兴业现代物流中心有限公司	12	南通通运供应链管理有限公司
5	南通灿达供应链管理有限公司	13	南通鼎吉国际物流有限公司
6	中国外运南通有限公司	14	南通思捷供应链管理有限公司
7	南通海晨供应链管理有限公司	15	江苏金枢嘉仓储物流有限公司
8	南通利达储运有限公司		

太仓港综合保税区统计数据表

（1）2023年太仓综合保税区主要经济指标完成情况表

指标名称	计量单位	2023年	比上年增长（%）
增加值	万元	14 672	18
经营总收入	万元	106 541	-69
技术服务收入	万元	0	—
工业总产值	万元	0	—
其中：高新技术产业	万元	0	—
物流企业经营收入	万元	78 988	-72
商品销售额	万元	27 533	-59
企业利润总额	万元	3 750	-84
综合能源耗费量	吨标准煤	0	—
新设企业数	个	26	420
其中：加工企业	个	0	—
物流企业	个	19	375
贸易企业	个	7	600
其他服务类企业	个	0	—
新设外资企业数	个	0	-100
内资企业注册资本	万元	52 010	575
合同利用外资	万美元	0	—
实际利用外资	万美元	0	-100
期末已投产运作企业数	个	26	19
其中：已投产加工企业	个	0	—
已投产物流企业	个	24	20
已投产贸易企业	个	2	0
已投产其他服务类企业	个	0	—
其中：注册资本1 000万美元以上	个	0	—
固定资产投资额	万元	186	-88
其中：基础设施投资	万元	0	—
期末已建成城镇建设用地面积	万平方米	85	0
房屋竣工建筑面积	平方米	0	0
其中：已建成厂房面积	平方米	0	—
税务部门税收	万元	2 110	-43
期末从业人员	人	1 302	-30
期末批准面积	平方公里	2.07	0
期末验收封关面积	平方公里	0.85	0

续表

创新业态统计指标				
跨境电商：期末企业数		个		
	业务票数	票		
	销售额	万元		
融资租赁：期末企业数		个		
	租赁资产总额	万元		
货物状态分类监管：期末企业数		个		
	国内货物进出区货值	万元		
一般纳税人资格试点：期末企业数		个	1	0
	试点企业内销金额	万元	3 730	60
	试点企业增值税纳税额	万元	480	64

（2）截至2023年年底太仓综合保税区历年招商引资情况表

指标	单位	历年累计
工商在册企业数	个	60
其中：外资企业数	个	3
内资企业注册资本	万元	95 310
合同利用外资	万美元	3 516
实际利用外资	万美元	2 008

（3）2023年太仓综合保税区贸易企业商品销售额排名表

单位：万元

序号	企业名称	商品销售额	序号	企业名称	商品销售额
1	太仓巨仁国际贸易有限公司	70 057	4	普曼普贸易（太仓）有限公司	26 743
2	太仓尊木贸易有限公司	44 135	5	苏州拿山国际贸易有限公司	471
3	太仓启诚商业贸易有限公司	30 745	6	太仓市革锻贸易有限公司	110

（4）2023年太仓综合保税区物流企业营业收入排名表

单位：万元

序号	企业名称	营业收入	序号	企业名称	营业收入
1	中外运物流供应链管理（苏州）有限公司	31 228	6	上海中海通储运有限公司太仓有限公司	3 457
2	苏州讯唐供应链管理有限公司	21 145	7	江苏华浩国际物流有限公司	2 546
3	太仓港德润物流有限公司	9 904	8	太仓朗升贝斯达供应链管理有限公司	2 381
4	苏州国信恒昌供应链有限公司	3 730	9	江苏柏跃供应链管理有限公司	2 164
5	太仓新港物流管理中心有限公司	3 490	10	太仓永昌物流管理有限公司	1 811

续表

序号	企业名称	营业收入	序号	企业名称	营业收入
11	太仓邦达新物流有限公司	1 663	17	江苏恒隆保税物流有限公司	533
12	江苏泰德国际物流有限公司	1 317	18	正涛保税物流苏州有限公司	432
13	太仓弘仁保税物流有限公司	745	19	苏州讯唐国际贸易有限公司	311
14	苏州彼洋供应链管理有限公司	725	20	太仓东港物流管理有限公司	246
15	苏州九丰行供应链管理有限公司	607	21	太仓进极航远物流有限公司	158
16	苏州瑞堃供应链管理有限公司	539	22	太仓港怡安国际贸易有限公司	137

宁波北仑港综合保税区统计数据表

（1）2023年宁波北仑港综合保税区主要经济指标完成情况表

指标名称	计量单位	2023年	比上年增长（%）
增加值	万元		
经营总收入	万元	3 061 419.68	16.8
技术服务收入	万元	0	
工业总产值	万元	2 197 325.68	-15.1
其中：高新技术产业	万元	1 911 673.35	-15.1
物流企业经营收入	万元	83 410.01	17.8
商品销售额	万元	726 744.51	11.4
企业利润总额	万元	103 621.40	-35.3
综合能源耗费量	吨标准煤	130 662.63	1.1
新设企业数	个	44	37.5
其中：加工企业	个	3	200.0
物流企业	个	29	11.5
贸易企业	个	7	133.3
其他服务类企业	个	5	150.0
新设外资企业数	个	7	250.0
内资企业注册资本	万元	161 014.01	738.2
合同利用外资	万美元	0	
实际利用外资	万美元	0	
期末已投产运作企业数	个	156	16.4
其中：已投产加工企业	个	53	39.5
已投产物流企业	个	83	5.1
已投产贸易企业	个	12	9.1
已投产其他服务类企业	个	8	33.3
其中：注册资本1 000万美元以上	个	0	
固定资产投资额	万元	108 898.01	2.3
其中：基础设施投资	万元	0	
期末已建成城镇建设用地面积	万平方米	0	
房屋竣工建筑面积	平方米	0	
其中：已建成厂房面积	平方米	0	
税务部门税收	万元	0	
期末从业人员	人	14 382	-15.3
期末批准面积	平方公里	3	
期末验收封关面积	平方公里	3	

续表

创新业态统计指标			
跨境电商：期末企业数	个	28	40.0
业务票数	票	25 458 393	−22.4
销售额	万元	726 744.51	11.4
融资租赁：期末企业数	个	0	
租赁资产总额	万元	0	
货物状态分类监管：期末企业数	个	0	
国内货物进出区货值	万元	0	
一般纳税人资格试点：期末企业数	个	41	32.3
试点企业内销金额	万元	588 540.97	171.3
试点企业增值税纳税额	万元	7 165.34	61.1

(2)-1 截至2023年年底宁波北仑港综合保税区历年招商引资情况表

指标	单位	历年累计
工商在册企业数	个	288
其中：外资企业数	个	45
内资企业注册资本	万元	959 415.51
合同利用外资	万美元	98 705
实际利用外资	万美元	55 285

(2)-2 截至2023年年底宁波北仑港综合保税区历年主要外商投资情况表

按项目数排列			按注册资本排列		
序号	国别（地区）	项目数（个）	序号	国别（地区）	注册资本（万美元）
1	中国香港	9	1	萨摩亚	21 630.93
2	萨摩亚	7	2	中国香港	6 844.26
3	美国	6	3	英属维尔京群岛	6 720.00
4	日本	5	4	日本	4 180.00
5	中国台湾	2	5	中国台湾	2 199.40
6	韩国	2	6	美国	1 673.04
7	英属维尔京群岛	2	7	韩国	1 020.30
8	德国	1	8	德国	890.00
9	毛里求斯	1	9	毛里求斯	305.00

(3) 2023 年宁波北仑港综合保税区工业产值排名前列的出口加工企业

序号	企业名称	序号	企业名称
1	宁波群辉光电有限公司	11	宁波中盟实业有限公司
2	宁波群志光电有限公司	12	宁波奥威尔轮毂有限公司
3	宁波中集物流装备有限公司	13	宁波欣泰磁器件有限公司
4	宁波海天华远机械有限公司	14	宁波璨宇光电有限公司
5	宁波磁声实业有限公司	15	宁波提爱思汽车内饰有限公司
6	宁波群丰骏电子科技有限公司	16	宁波磁声精密制造有限公司
7	宁波诚美材料科技有限公司	17	初田（宁波）消防器材有限公司
8	宁波北仑艾尔希汽车有限公司	18	宁波宝泽汽车材料有限公司
9	宁波保税区海天智胜金属成型设备有限公司	19	宁波保税区凯启精密制造有限公司
10	庆达西（宁波）钢构制造有限公司	20	宁波理工环境能源科技股份有限公司

杭州综合保税区统计数据表

（1）2023年杭州综合保税区主要经济指标完成情况表

指标名称	计量单位	2023年	比上年增长（%）
增加值	万元	168 484.00	3.0
经营总收入	万元	1 283 243.71	-5.9
技术服务收入	万元		
工业总产值	万元	1 091 719.42	3.4
其中：高新技术产业	万元	869 905.22	3.4
物流企业经营收入	万元	8 933.11	-3.4
商品销售额	万元	790 029.20	22.6
企业利润总额	万元	52 368.21	33.1
综合能源耗费量	吨标准煤	14 308.84	-1.7
新设企业数	个	183	-39.0
其中：加工企业	个	9	12.5
物流企业	个	3	-57.1
贸易企业	个	61	-29.9
其他服务类企业	个	101	-42.3
新设外资企业数	个	2	
内资企业注册资本	万元		
合同利用外资	万美元	650	—
实际利用外资	万美元	11.00	-98.9
期末已投产运作企业数	个		
其中：已投产加工企业	个		
已投产物流企业	个		
已投产贸易企业	个		
已投产其他服务类企业	个		
其中：注册资本1 000万美元以上	个		
固定资产投资额	万元	43 402	-8.2
其中：基础设施投资	万元		
期末已建成城镇建设用地面积	万平方米		
房屋竣工建筑面积	平方米		
其中：已建成厂房面积	平方米		
税务部门税收	万元	18 779.66	-11.1
期末从业人员	人	6 661	-16.9
期末批准面积	平方公里	2.007	—
期末验收封关面积	平方公里	1.920 4	—

续表

创新业态统计指标			
跨境电商：期末企业数	个	52	15.6
业务票数	票	31 671 728	15.2
销售额	万元	790 029.20	22.6
融资租赁：期末企业数	个	0	—
租赁资产总额	万元		
货物状态分类监管：期末企业数	个		
国内货物进出区货值	万元		
一般纳税人资格试点：期末企业数	个	14	0.0
试点企业内销金额	万元		
试点企业增值税纳税额	万元		

（2）2023年杭州综合保税区工业产值排名前列的出口加工企业

序号	企业名称	序号	企业名称
1	玳能科技（杭州）有限公司	9	杭州孟氏装饰材料制造有限公司
2	杭州矢崎配件有限公司	10	杭州海久电池有限公司
3	杭州松下家电（综合保税区）有限公司	11	真珠乐器（杭州）有限公司
4	杭州道铭微电子有限公司	12	永正传感（杭州）有限公司
5	杭州东芝家电技术电子有限公司	13	瑞奇包装系统（杭州）有限公司
6	杭州泰谷诺石英有限公司	14	杭州曼联遮阳技术有限公司
7	希赛瓶盖系统（杭州）有限公司	15	杭州正典生物科技有限公司
8	中日龙电器制品（杭州）有限公司	16	盛康橡胶（杭州）有限公司

（3）2023年杭州综合保税区商品销售额排名前列的贸易企业

序号	企业名称	序号	企业名称
1	浙江畅购天下电子商务有限公司	3	杭州城发锐坤物产有限公司
2	杭州优买科技有限公司	4	杭州欧果农业发展有限公司

（4）2023年杭州综合保税区营业收入排名前列的物流企业

序号	企业名称	序号	企业名称
1	东芝物流（杭州）有限公司	3	杭州同捷仓储服务有限公司
2	浙江杭州综合保税区国际物流有限公司	4	杭州八方仓储有限公司

东营综合保税区统计数据表

(1) 2023年东营综合保税区主要经济指标完成情况表

指标名称	计量单位	2023年12月	比上年增长（%）
增加值	万元	—	
经营总收入	万元	716 824	12.1
技术服务收入	万元	11 897	71.2
工业总产值	万元	78 268	19.5
其中：高新技术产业	万元	39 984	9.3
物流企业经营收入	万元	33 390	9 440.0
商品销售额	万元	860 425	15.7
企业利润总额	万元	3 897	—
综合能源耗费量	吨标准煤	546	11.0
新设企业数	个	92	-17.2
其中：加工企业	个	7	600.0
物流企业	个	5	25.0
贸易企业	个	56	-29.1
其他服务类企业	个	24	-11.1
新设外资企业数	个	6	100.0
内资企业注册资本	万元	98 740	6.4
合同利用外资	万美元	25 483	58.3
实际利用外资	万美元	9 074	48.3
期末已投产运作企业数	个	44	12.8
其中：已投产加工企业	个	3	-40.0
已投产物流企业	个	2	100.0
已投产贸易企业	个	36	56.5
已投产其他服务类企业	个	3	-70.0
其中：注册资本1 000万美元以上	个	2	0.0
固定资产投资额	万元	12 815	9.1
其中：基础设施投资	万元	12 559	11.4
期末已建成城镇建设用地面积	万平方米	0	-100.0
房屋竣工建筑面积	平方米	0	-100.0
其中：已建成厂房面积	平方米	0	-100.0
税务部门税收	万元	23 200	132.0
期末从业人员	人	6 500	831.2
期末批准面积	平方公里	2.12	0.0
期末验收封关面积	平方公里	2.12	0.0

续表

创新业态统计指标			
跨境电商：期末企业数	个	12	-63.6
业务票数	票	1 223	-88.2
销售额	万元	165 673	-79.3
融资租赁：期末企业数	个	1	—
租赁资产总额	万元	500	—
货物状态分类监管：期末企业数	个	0	—
国内货物进出区货值	万元	0	—
一般纳税人资格试点：期末企业数	个	14	180.0
试点企业内销金额	万元	244 402	55.5
试点企业增值税纳税额	万元	23 393	32.6

(2)-1 截至2023年年底东营综合保税区历年招商引资情况表

指标	单位	历年累计
工商在册企业数	个	622
其中：外资企业数	个	24
内资企业注册资本	万元	1 338 947
合同利用外资	万美元	81 609
实际利用外资	万美元	23 766

(2)-2 截至2023年年底东营综合保税区历年主要外商投资情况表

按项目数排列			按注册资本排列		
序号	国别（地区）	项目数（个）	序号	国别（地区）	注册资本（万美元）
1	中国香港	15	1	中国香港	103 894
2	新加坡	3	2	新加坡	13 777
3	美国	1	3	美国	10 000
4	韩国	2	4	韩国	5 300
5	英国	1	5	英国	4 770
6	日本	1	6	日本	3 000
7	新西兰	1	7	新西兰	152
8	印度尼西亚	1	8	印度尼西亚	100

青岛胶州湾综合保税区统计数据表

（1）2023年青岛胶州湾综合保税区主要经济指标完成情况表

指标名称	计量单位	2023年	比上年增长（%）
增加值	万元	167 897	20.1
经营总收入	万元	763 924	4.8
技术服务收入	万元	973	4.3
工业总产值	万元	763 800	9.3
其中：高新技术产业	万元	276 534	-7.7
物流企业经营收入	万元	1 029	-21.1
商品销售额	万元	1 150 570	-57.8
企业利润总额	万元	47 000	24.1
综合能源耗费量	吨标准煤	5 502	2.0
新设企业数	个	29	-80.5
其中：加工企业	个	6	0.0
物流企业	个	1	-96.8
贸易企业	个	21	-81.3
其他服务类企业	个	0	—
新设外资企业数	个	0	-100.0
内资企业注册资本	万元	41 900	-24.5
合同利用外资	万美元	820	-95.8
实际利用外资	万美元	820	-92.5
期末已投产运作企业数	个	246	11.8
其中：已投产加工企业	个	72	4.3
已投产物流企业	个	13	8.3
已投产贸易企业	个	159	16.0
已投产其他服务类企业	个	2	—
其中：注册资本1 000万美元以上	个	6	—
固定资产投资额	万元	79 500	25.7
其中：基础设施投资	万元	0	-100.0
期末已建成城镇建设用地面积	万平方米	0	—
房屋竣工建筑面积	平方米	0	—
其中：已建成厂房面积	平方米	0	—
税务部门税收	万元	34 267	-31.5
期末从业人员	人	12 850	58.3
期末批准面积	平方公里	1.58	0.0
期末验收封关面积	平方公里	1.58	0.0

续表

创新业态统计指标			
跨境电商：期末企业数	个	65	71.1
业务票数	票	4 221	-77.7
销售额	万元	1 150 700	-44.8
融资租赁：期末企业数	个	1	—
租赁资产总额	万元	124	—
货物状态分类监管：期末企业数	个	4	—
国内货物进出区货值	万元	69 500	-19.5
一般纳税人资格试点：期末企业数	个	14	—
试点企业内销金额	万元	73 610	22.6
试点企业增值税纳税额	万元	2 196	216.9

（2）-1 截至2023年年底青岛胶州湾综合保税区历年招商引资情况表

指标	单位	历年累计
工商在册企业数	个	477
其中：外资企业数	个	85
内资企业注册资本	万元	283 931
合同利用外资	万美元	110 490
实际利用外资	万美元	76 684

（2）-2 截至2023年年底青岛胶州湾综合保税区历年主要外商投资情况表

按项目数排列			按注册资本排列		
序号	国别（地区）	项目数（个）	序号	国别（地区）	注册资本（万美元）
1	中国香港	19	1	中国香港	18 346
2	日本	14	2	日本	13 450
3	韩国	7	3	德国	4 193
4	美国	2	4	加拿大	4 000
5	德国	2	5	韩国	3 290
6	意大利	1	6	美国	2 100
7	新加坡	1	7	马来西亚	828
8	英国	1	8	意大利	600
9	马来西亚	1			
10	加拿大	1			

(3) 2023年青岛胶州湾综合保税区出口加工企业工业产值排名表

单位：万元

序号	企业名称	工业总产值	序号	企业名称	工业总产值
1	安德烈斯蒂尔动力工具（青岛）有限公司	223 917	16	青岛尖能办公用品有限公司	6 930
2	洋马发动机（山东）有限公司	128 159	17	青岛瑞普森机械有限公司	6 605
3	泰科电子（青岛）有限公司	123 593	18	青岛卡曼运输设备有限公司	6 297
4	星电高科技（青岛）有限公司	49 948	19	高丽精线合金（青岛）有限公司	5 969
5	青岛奥技科光学有限公司	38 411	20	青岛鑫润德电子科技有限公司	5 955
6	马斯奇奥（青岛）农机制造有限公司	25 746	21	青岛寰宇嘉农实业有限公司	5 577
7	青岛东韵发制品有限公司	18 206	22	青岛昶捷科技有限公司	4 487
8	青岛丰禾奥恺食品有限公司	17 443	23	海蓝旭阳（青岛）科技发展有限公司	4 424
9	青岛利德液袋有限公司	12 682	24	青岛禾润华田塑料科技有限公司	4 413
10	青岛恩利旺精密工业有限公司	12 304	25	青岛新东益食品有限公司	3 534
11	青岛隆森食品有限公司	12 022	26	青岛天银纺织科技有限公司	2 745
12	世多乐（青岛）农业科技有限公司	11 928	27	青岛东威精工有限公司	2 193
13	青岛天湾电机有限公司	9 681	28	青岛斯玛特机电有限公司	1 874
14	青岛艺播食品科技有限公司	7 971	29	青岛弗林斯曼机械制造有限公司	1 577
15	青岛韩奥光学有限公司	6 964	30	青岛丹庵电子有限公司	1 255

(4) 2023年青岛胶州湾综合保税区营业收入排名前列的物流企业

序号	企业名称	序号	企业名称
1	青岛福晋供应链管理有限公司	5	维尚（青岛）国际物流有限公司
2	青岛恒诚仓储有限公司	6	青岛骏安祥物流有限公司
3	青岛德尔达国际物流有限公司	7	青岛泰维纺织实业有限公司
4	青岛运新物流有限公司	8	青岛巴沃国际物流有限公司

青岛西海岸综合保税区统计数据表

（1）2023年青岛西海岸综合保税区主要经济指标完成情况表

指标名称	计量单位	2023年	比上年增长（%）
增加值	万元	1 270 173	14.66
经营总收入	万元	7 056 502	13.91
技术服务收入	万元	3 266	-26.21
工业总产值	万元	243 333	35.27
其中：高新技术产业	万元	13 280	59.73
物流企业经营收入	万元	145 517	16.68
商品销售额	万元	7 616 702	34.74
企业利润总额	万元	134 511	115.59
综合能源耗费量	吨标准煤	5 522	-11.14
新设企业数	个	275	-21.20
其中：加工企业	个	5	-16.67
物流企业	个	10	-33.33
贸易企业	个	115	-31.14
其他服务类企业	个	145	-9.94
新设外资企业数	个	4	-63.64
内资企业注册资本	万元	428 651	-18.77
合同利用外资	万美元	6 903	-92.20
实际利用外资	万美元	1 678	-89.01
期末已投产运作企业数	个	150	—
其中：已投产加工企业	个	18	—
已投产物流企业	个	26	—
已投产贸易企业	个	83	—
已投产其他服务类企业	个	15	—
其中：注册资本1 000万美元以上	个	16	—
固定资产投资额	万元	87 783	213.93
其中：基础设施投资	万元	0	—
期末已建成城镇建设用地面积	万平方米	0	—
房屋竣工建筑面积	平方米	41 091	29.94
其中：已建成厂房面积	平方米	15 946	181.04
税务部门税收	万元	26 442	86.26
期末从业人员	人	3 916	13.00
期末批准面积	平方公里	2.01	—
期末验收封关面积	平方公里	2.01	—

续表

创新业态统计指标			
跨境电商：期末企业数	个	9	—
业务票数	票	28 865	180.49
销售额	万元	1 114	-77.36
融资租赁：期末企业数	个	3	—
租赁资产总额	万元	203 000	18.03
货物状态分类监管：期末企业数	个	5	—
国内货物进出区货值	万元	160 611	403.69
一般纳税人资格试点：期末企业数	个	4	—
试点企业内销金额	万元	355 835	3 580.92
试点企业增值税纳税额	万元	732	11.25

(2)-1 截至2023年年底青岛西海岸综合保税区历年招商引资情况表

指标	单位	历年累计
工商在册企业数	个	1 483
其中：外资企业数	个	55
内资企业注册资本	万元	2 820 757
合同利用外资	万美元	406 196
实际利用外资	万美元	76 766

(2)-2 截至2023年青岛西海岸综合保税区历年主要外商投资情况表

按项目数排列			按注册资本排列		
序号	国别（地区）	项目数（个）	序号	国别（地区）	注册资本（万美元）
1	中国香港	22	1	中国香港	283 055
2	新加坡	5	2	韩国	9 015
3	美国	4	3	日本	7 300
4	日本	4	4	中国台湾	6 771
5	韩国	4	5	新加坡	5 555
6	中国台湾	3	6	美国	5 385
7	澳大利亚	2	7	英国	4 154
8	巴基斯坦	2	8	俄罗斯	3 845
9	俄罗斯	2	9	澳大利亚	1 040
10	英国	2	10	伊朗	1 000

(3) 2023 年青岛西海岸综合保税区工业产值排名前列的出口加工企业

序号	企业名称	序号	企业名称
1	青岛柏尊生物科技有限公司	7	青岛兴力机械科技有限公司
2	青岛三美电子有限公司	8	青岛澳邦量器有限责任公司
3	青岛圣美尔纤维科技有限公司	9	青岛宏鑫达纺织科技有限公司
4	新丝路（青岛）生物科技有限公司	10	青岛澳盾科技有限公司
5	青岛中瑞泰丰新材料有限公司	11	青岛艾格大地国际进出口贸易有限公司
6	青岛新智农生物科技有限公司		

(4) 2023 年青岛西海岸综合保税区商品销售额排名前列的贸易企业

序号	企业名称	序号	企业名称
1	青岛青发瑞丰实业有限公司	10	斯伯塔克轮胎有限公司
2	青岛自贸发展投资管理有限公司	11	众能（青岛）供应链有限公司
3	齐鲁智慧（山东）供应链有限公司	12	哈威石油（青岛）有限公司
4	中油亿海能源（青岛）有限公司	13	青岛新东进石油贸易有限公司
5	山东青发国际供应链有限公司	14	青岛青润现代农业有限公司
6	青岛柏尊农牧科技有限公司	15	青岛东方万润工贸有限公司
7	青岛隆润诚能源有限公司	16	松下电器机电（中国）有限公司青岛分公司
8	青岛青合供应链科技有限公司	17	青岛上善新材料有限公司
9	正汇青源（山东）能源发展有限公司	18	山东华海石油化工销售有限公司

(5) 2023 年青岛西海岸综合保税区营业收入排名前列的物流企业

序号	企业名称	序号	企业名称
1	中资物流集团（青岛）有限公司	11	青岛中远海运青保国际供应链有限公司
2	青岛振华中港物流服务有限公司	12	青岛盛载仓储物流有限公司
3	青岛全日通国际物流有限公司	13	青岛中韩国际物流有限公司
4	青岛绿辰进口商品展示推广有限公司	14	青岛鸿亚国际供应链管理有限公司
5	青岛安达精益供应链有限公司	15	青岛欧米国际经贸有限公司
6	青岛中投国际物流有限公司	16	青岛世纪海岸国际物流有限公司
7	青岛金港供应链有限公司	17	青岛靖润科技物流有限公司
8	青岛安泽通供应链有限公司	18	青岛易和天国际供应链有限公司
9	青岛新怡坤物流有限公司	19	青岛裕龙盛捷国际物流有限公司
10	青岛东雍畅世物流有限公司		

深圳盐田综合保税区统计数据表

（1）2023年深圳盐田综合保税区主要经济指标完成情况表

指标名称	计量单位	2023年	比上年增长（%）
增加值	万元	—	—
经营总收入	万元	1 368 043.60	166.27
技术服务收入	万元	—	—
工业总产值	万元	47 642	248.06
其中：高新技术产业	万元	—	—
物流企业经营收入	万元	302 868	12.37
商品销售额	万元	1 109 447	389.07
企业利润总额	万元		
综合能源耗费量	吨标准煤	1 523.00	151.74
新设企业数	个	23	35.29
其中：加工企业	个	0	—
物流企业	个	13	—
贸易企业	个	4	—
其他服务类企业	个	6	—
新设外资企业数	个	1	—
内资企业注册资本	万元	10 000	—
合同利用外资	万美元	64	—
实际利用外资	万美元	—	—
期末已投产运作企业数	个	230	—
其中：已投产加工企业	个	9	—
已投产物流企业	个	128	—
已投产贸易企业	个	75	—
已投产其他服务类企业	个	18	—
其中：注册资本1 000万美元以上	个	—	—
固定资产投资额	万元	36 589	—
其中：基础设施投资	万元	—	—
期末已建成城镇建设用地面积	万平方米	97.76	—
房屋竣工建筑面积	平方米		
其中：已建成厂房面积	平方米		
税务部门税收	万元		
期末从业人员	人	5 000	—
期末批准面积	平方公里	1.54	—
期末验收封关面积	平方公里	1.54	—

续表

创新业态统计指标				
跨境电商：期末企业数	个	2	—	
业务票数	票	—	—	
销售额	万元	—	—	
融资租赁：期末企业数	个	0	—	
租赁资产总额	万元	—	—	
货物状态分类监管：期末企业数	个	5	—	
国内货物进出区货值	万元	—	—	
一般纳税人资格试点：期末企业数	个	2	—	
试点企业内销金额	万元	—	—	
试点企业增值税纳税额	万元	—	—	

海口综合保税区统计数据表

（1）2023年海口综合保税区主要经济指标完成情况表

指标名称	计量单位	2023年	比上年增长（%）
经营总收入	万元	11 777 612	11.69
技术服务收入	万元	10 944	3.21
工业总产值	万元	517 951	1 253.27
其中：高新技术产业	万元	0	-100.00
物流企业经营收入	万元	92 064	202.16
商品销售额	万元	11 755 592	13.86
企业利润总额	万元	527 705	-47.89
综合能源耗费量	吨标准煤	4 663	-1.23
新设企业数	个	959	30.12
其中：加工企业	个	26	44.44
物流企业	个	33	-32.65
贸易企业	个	410	52.99
其他服务类企业	个	324	15.71
新设外资企业数	个	48	50.00
内资企业注册资本	万元	2 128 112	396.72
合同利用外资	万美元	0	—
实际利用外资	万美元	14 197	251.58
期末已投产运作企业数	个	593	-100.00
其中：已投产加工企业	个	4	—
已投产物流企业	个	1	—
已投产贸易企业	个	0	—
已投产其他服务类企业	个	1	—
其中：注册资本1 000万美元以上	个	0	-100.00
固定资产投资额	万元	146 761	-30.22
其中：基础设施投资	万元	25 414	-50.35
期末已建成城镇建设用地面积	万平方米	0	-100.00
房屋竣工建筑面积	平方米	0	-100.00
其中：已建成厂房面积	平方米	0	-100.00
税务部门税收	万元	54 800	-55.04
期末从业人员	人	6 128	-32.86
期末批准面积	平方公里	1.93	0.00
期末验收封关面积	平方公里	1.93	0.00

续表

创新业态统计指标			
跨境电商：期末企业数	个	1 005	18.24
业务票数	票	1 104 007	74.41
销售额	万元	51 545	4.77
融资租赁：期末企业数	个	0	—
租赁资产总额	万元	0	—
货物状态分类监管：期末企业数	个	0	—
国内货物进出区货值	万元	2 680 505	-47.60
一般纳税人资格试点：期末企业数	个	0	—
试点企业内销金额	万元	0	—
试点企业增值税纳税额	万元	0	—

（2）截至2023年年底海口综合保税区历年招商引资情况表

指标	单位	历年累计
工商在册企业数	个	3 877
其中：外资企业数	个	254
内资企业注册资本	万元	7 388 194
合同利用外资	万美元	—
实际利用外资	万美元	13 837

（3）2023年海口综合保税区工业产值排名前列的出口加工企业

序号	企业名称	序号	企业名称
1	太古可口可乐供应链管理（海南）有限公司	7	海南沙汀宁制药有限公司
2	海南海马汽车零部件有限公司	8	海南复星博毅雅医疗技术有限公司
3	晨光生物科技集团（海南）有限公司	9	塔轩尼斯珠宝（海口）有限公司
4	海南京华民恒通实业有限公司	10	海南诺金糖业有限公司
5	海南泰新电气成套设备工程有限公司	11	美宝（海南自贸区）健康产业有限公司
6	海南展宏食品有限公司	12	海南正典燕窝实业有限公司

（4）2023年海口综合保税区商品销售额排名前列的贸易企业

序号	企业名称	序号	企业名称
1	海南海控国际贸易有限责任公司	7	太古可口可乐供应链管理（海南）有限公司
2	海南国贸有限公司	8	中免集团（海南）运营总部有限公司
3	海南苏美达供应链有限公司	9	中信建设（海南）有限责任公司
4	海南日上星国际货运代理有限公司	10	海南旅投免税品有限公司
5	海南蜀物实业有限公司	11	海免海口美兰机场免税店有限公司
6	中免（海南）智慧零售科技有限公司	12	海南省免税品有限公司

续表

序号	企业名称	序号	企业名称
13	海南海购科技有限公司	22	海南省钻石珠宝有限公司
14	国机海南发展有限公司	23	涌德能源（海南）有限公司
15	海南纳土能源有限公司	24	泰丰盛合（海南）实业发展有限公司
16	海免（海口）免税店有限公司	25	深免集团（海南）运营总部有限公司
17	世德国际贸易（海南）有限公司	26	海口汉通国际贸易有限公司
18	全球精品（海口）免税城有限公司	27	继仁（海南）商贸有限公司
19	海南同鲲实业有限公司	28	纬而瀚（海南）能源有限公司
20	海南黔贵投资有限公司	29	中国物流集团国际控股有限公司
21	全球消费精品（海南）贸易有限公司	30	海南海控国际贸易有限责任公司

（5）2023年海口综合保税区营业收入排名前列的物流企业

序号	企业名称	序号	企业名称
1	海南综保海控供应链管理有限公司	6	海南邦达吉通供应链管理有限公司
2	美设（海南）跨境科技有限公司	7	中储智运国际实业（海南）有限公司
3	哈盛（海南）跨境供应链有限公司	8	海南威豹物流服务有限公司
4	海南中铁保税冷链物流有限公司	9	海口嘉里大通物流有限公司
5	海南农垦现代物流集团有限公司		

九江综合保税区统计数据表

（1）2023年九江综合保税区主要经济指标完成情况表

指标名称	计量单位	2023年	比上年增长（%）
增加值	万元	12 573	-30.2
经营总收入	万元	870 232	-42.7
技术服务收入	万元	0	0.0
工业总产值	万元	439 795	15.1
其中：高新技术产业	万元	0	0.0
物流企业经营收入	万元	443 818	338.5
商品销售额	万元	0	0.0
企业利润总额	万元	4 249	-55.9
综合能源耗费量	吨标准煤	506	-99.9
新设企业数	个	3	-96.9
其中：加工企业	个	0	0.0
物流企业	个	0	0.0
贸易企业	个	0	0.0
其他服务类企业	个	3	0.0
新设外资企业数	个	0	
内资企业注册资本	万元	0	
合同利用外资	万美元	0	
实际利用外资	万美元	0	
期末已投产运作企业数	个	90	
其中：已投产加工企业	个	6	
已投产物流企业	个	9	
已投产贸易企业	个	8	
已投产其他服务类企业	个	81	
其中：注册资本1 000万美元以上	个	0	
固定资产投资额	万元	213	-99.8
其中：基础设施投资	万元	148	-99.8
期末已建成城镇建设用地面积	万平方米	0	
房屋竣工建筑面积	平方米	0	
其中：已建成厂房面积	平方米	0	
税务部门税收	万元	284	
期末从业人员	人	914	
期末批准面积	平方公里	1.81	
期末验收封关面积	平方公里	1.81	

续表

创新业态统计指标			
跨境电商：期末企业数	个	2	
业务票数	票	35 203	
销售额	万元	327	
融资租赁：期末企业数	个	0	
租赁资产总额	万元	0	
货物状态分类监管：期末企业数	个	0	
国内货物进出区货值	万元	0	
一般纳税人资格试点：期末企业数	个	5	
试点企业内销金额	万元	23 198	
试点企业增值税纳税额	万元	96	

（2）-1　截至2023年年底九江综合保税区历年招商引资情况表

指标	单位	历年累计
工商在册企业数	个	136
其中：外资企业数	个	3
内资企业注册资本	万元	135
合同利用外资	万美元	74 349
实际利用外资	万美元	74 349

（2）-2　截至2023年年底九江综合保税区历年主要外商投资情况表

按项目数排列		
序号	国别（地区）	项目数（个）
1	美国	2
2	新加坡	1

（3）2023年九江综合保税区工业产值排名前列的出口加工企业

序号	企业名称	序号	企业名称
1	江西艾普若科技有限公司	4	骏景（江西）电子科技有限责任公司
2	江西嘉业智能设备制造有限公司	5	江西诚裕新能源科技有限公司
3	江西华盛电子科技有限公司		

（4）2023年九江综合保税区营业收入排名前列的物流企业

序号	企业名称	序号	企业名称
1	九江九派供应链管理有限公司	5	江西恒茂供应链管理有限公司
2	九江星洲供应链管理有限公司	6	江西中外运船务代理有限公司
3	江西新长润国际供应链服务有限公司	7	九江安汇捷物流有限公司
4	九江宝通供应链管理有限公司		

衡阳综合保税区统计数据表

（1）2023年衡阳综合保税区主要经济指标完成情况表

指标名称	计量单位	2023年	比上年增长（%）
增加值	万元	53 837	-63.02
经营总收入	万元	340 515	-83.82
技术服务收入	万元	5 306	-91.85
工业总产值	万元	150 993	-66.61
其中：高新技术产业	万元	8 570	-87.65
物流企业经营收入	万元	59 083	-92.41
商品销售额	万元	340 526	-81.14
企业利润总额	万元	12 755	-56.51
综合能源耗费量	吨标准煤	414	4.81
新设企业数	个	43	-2.27
其中：加工企业	个	10	150.00
物流企业	个	0	—
贸易企业	个	33	-10.81
其他服务类企业	个	0	-100.00
新设外资企业数	个	0	—
内资企业注册资本	万元	17 528	140.97
合同利用外资	万美元	0	—
实际利用外资	万美元	0	—
期末已投产运作企业数	个	17	-60.47
其中：已投产加工企业	个	4	0.00
已投产物流企业	个	0	-100.00
已投产贸易企业	个	13	-62.86
已投产其他服务类企业	个	0	-100.00
其中：注册资本1 000万美元以上	个	0	—
固定资产投资额	万元	36 910	100.60
其中：基础设施投资	万元	32 630	250.86
期末已建成城镇建设用地面积	万平方米	0	—
房屋竣工建筑面积	平方米	0	—
其中：已建成厂房面积	平方米	0	—
税务部门税收	万元	3 859	-45.93
期末从业人员	人	3 651	-12.17
期末批准面积	平方公里	0.85	0.00
期末验收封关面积	平方公里	0.85	0.00

续表

创新业态统计指标			
跨境电商：期末企业数	个	0	-100.00
业务票数	票	196 418	13 325.70
销售额	万元	3 728	-97.79
融资租赁：期末企业数	个	0	—
租赁资产总额	万元	0	—
货物状态分类监管：期末企业数	个	0	—
国内货物进出区货值	万元	0	—
一般纳税人资格试点：期末企业数	个	16	23.08
试点企业内销金额	万元	18 043	16.47
试点企业增值税纳税额	万元	894	-65.66

（2）-1 截至2023年年底衡阳综合保税区历年招商引资情况表

指标	单位	历年累计
工商在册企业数	个	153
其中：外资企业数	个	1
内资企业注册资本	万元	123 922
合同利用外资	万美元	5
实际利用外资	万美元	10 541

（2）-2 截至2023年年底衡阳综合保税区历年主要外商投资情况表

按项目数排列			按注册资本排列		
序号	国别（地区）	项目数（个）	序号	国别（地区）	注册资本（万美元）
1	中国澳门	1	1	中国澳门	90

（3）2023年衡阳综合保税区工业产值排名前列的出口加工企业

序号	企业名称	序号	企业名称
1	衡阳瑞源实业发展有限公司	3	湖南顺一鑫电子科技有限公司
2	湖南新融创科技有限公司		

（4）2023年衡阳综合保税区商品销售额排名前列的贸易企业

序号	企业名称	序号	企业名称
1	湖南融新达实业有限公司	2	湖南森顺实业有限公司

（5）2023年衡阳综合保税区营业收入排名前列的物流企业

序号	企业名称	序号	企业名称
1	衡阳乐远供应链管理有限公司	3	衡阳远通物流有限公司
2	湖南红泰国际货运代理有限公司	4	国药控股（衡阳）有限公司

岳阳城陵矶综合保税区统计数据表

（1） 2023年岳阳城陵矶综合保税区主要经济指标完成情况表

指标名称	计量单位	2023年	比上年增长（%）
增加值	万元		
经营总收入	万元	8 045 193	66.19
技术服务收入	万元		
工业总产值	万元	2 192 941	-3.58
其中：高新技术产业	万元		
物流企业经营收入	万元		
商品销售额	万元	5 689 967	140.55
企业利润总额	万元	24 166	64.00
综合能源耗费量	吨标准煤		
新设企业数	个	20	—
其中：加工企业	个	6	—
物流企业	个	3	—
贸易企业	个	10	—
其他服务类企业	个	1	—
新设外资企业数	个	1	0.00
内资企业注册资本	万元	133 400	—
合同利用外资	万美元		
实际利用外资	万美元	22 177	743.61
期末已投产运作企业数	个	167	-21.23
其中：已投产加工企业	个	24	0.0
已投产物流企业	个	9	12.50
已投产贸易企业	个	132	-25.42
已投产其他服务类企业	个	2	100.00
其中：注册资本1 000万美元以上	个		
固定资产投资额	万元	242 520	-9.69
其中：基础设施投资	万元	0	-100.00
期末已建成城镇建设用地面积	万平方米	193	0.00
房屋竣工建筑面积	平方米		
其中：已建成厂房面积	平方米		
税务部门税收	万元	51 760	18.96
期末从业人员	人	5 217	-58.37
期末批准面积	平方公里	2.07	0.00
期末验收封关面积	平方公里	2.07	0.00

续表

创新业态统计指标			
跨境电商：期末企业数		个	4
	业务票数	票	14 056
	销售额	万元	677
融资租赁：期末企业数		个	
	租赁资产总额	万元	
货物状态分类监管：期末企业数		个	
	国内货物进出区货值	万元	
一般纳税人资格试点：期末企业数		个	31
	试点企业内销金额	万元	130 900
	试点企业增值税纳税额	万元	21 500

（2）-1　截至2023年年底岳阳城陵矶综合保税区历年招商引资情况表

指标	单位	历年累计
工商在册企业数	个	167
其中：外资企业数	个	4
内资企业注册资本	万元	
合同利用外资	万美元	
实际利用外资	万美元	26 612

（2）-2　截至2023年年底岳阳城陵矶综合保税区历年主要外商投资情况表

按项目数排列			按注册资本排列		
序号	国别（地区）	项目数（个）	序号	国别（地区）	注册资本（万美元）
1	中国台湾	2	1	韩国	20 795
2	中国香港	1	2	中国台湾	3 310
3	韩国	1	3	中国香港	3 235

（3）　2023年岳阳城陵矶综合保税区出口加工企业工业产值排名表

单位：万元

序号	企业名称	工业总产值	序号	企业名称	工业总产值
1	泰金宝光电（岳阳）有限公司	1 481 902	7	岳阳东永新材料有限公司	36 380
2	湖南正虹科技发展股份有限公司	220 499	8	湖南君泰生物科技股份有限公司	13 009
3	湖南省芯仟龙电子科技有限公司	123 089	9	湖南聚盛时代科技有限公司	12 605
4	湖南省仟龙电子科技有限公司	93 456	10	岳阳汉图科技有限公司	11 569
5	湖南海益通生物科技有限公司	69 459	11	际华中晟材料科技（岳阳）有限公司	8 741
6	泰金宝精密（岳阳）有限公司	52 404	12	湖南竟成农业有限公司	5 804

续表

序号	企业名称	工业总产值	序号	企业名称	工业总产值
13	湖南济海食品有限公司	3 173	19	岳阳吉博瑞科技有限公司	457
14	岳阳市财钰顺金属科技有限公司	2 172	20	湖南省岳显光电科技有限公司	387
15	湖南上派新材料有限公司	1 281	21	岳阳派恩智能科技有限公司	372
16	湖南素尔康生物科技有限公司	1 125	22	湖南鑫源链科技有限公司	241
17	湖南鸿瑞食品科技有限公司	853	23	湖南金酷科技有限公司	161
18	湖南德仁光电科技有限公司	825	24	湖南有馨生物科技有限公司	58

（4）2023年岳阳城陵矶综合保税区贸易企业商品销售额排名表

单位：万元

序号	企业名称	商品销售额	序号	企业名称	商品销售额
1	湖南致盛能源发展有限公司	1 334 444	16	湖南兴非昌国际贸易有限公司	2 952
2	岳阳华夏一号贸易有限公司	1 170 897	17	岳阳城投临港贸易有限公司	1 655
3	岳阳观盛投资发展有限公司	1 024 597	18	岳阳湘盛实业发展有限公司	1 345
4	湖南景盛新材料科技有限公司	987 500	19	湖南鑫源链电子有限公司	491
5	岳阳邦盛实业有限公司	764 177	20	岳阳市前宏贸易有限公司	398
6	湖南弘鑫立供应链管理有限公司	206 530	21	湖南君泰饲料有限公司	369
7	岳阳市农业农村发展集团聚农贸易有限公司	64 938	22	湖南新怡丰食品有限公司	234
8	湖南尔康商贸有限公司	27 645	23	岳阳华盛投资发展股份有限公司	234
9	岳阳自茂贸易有限公司	25 547	24	湖南竟成食品有限公司	221
10	岳阳市众盈商贸有限公司	25 470	25	岳阳因特意进出口贸易有限公司	187
11	湖南紫亭新材料有限公司	14 867	26	岳阳聚成观盛汽车销售有限公司	171
12	盛兰农业有限公司	11 367	27	岳阳百林国际贸易有限公司	166
13	际华岳阳新材料科技有限公司	5 782	28	岳阳临港恒阳食品有限责任公司	156
14	岳阳赛尔能源有限公司	4 349	29	岳阳华奥进出口贸易有限公司	138
15	岳阳景盛能源有限公司	3 646	30	岳阳派利通进出口有限公司	138

（5）2023年岳阳城陵矶综合保税区物流企业营业收入排名表

单位：万元

序号	企业名称	营业收入	序号	企业名称	营业收入
1	岳阳海晨仓储有限公司	1 830	4	岳阳生易圈供应链有限公司	625
2	岳阳市湘邮供应链有限责任公司	1 185	5	岳阳综保区兴盛综合服务有限公司	150
3	湖南省湘农观盛供应链有限公司	1 146	6	岳阳恒盛冷链物流有限责任公司	107

北海综合保税区统计数据表

(1) 2023年北海综合保税区主要经济指标完成情况表

指标名称	计量单位	2023年	比上年增长（%）
增加值	万元	138 330	-11.3
经营总收入	万元	623 710	-15.4
技术服务收入	万元	0	0
工业总产值	万元	561 584	-10.6
其中：高新技术产业	万元	137 340	-45.2
物流企业经营收入	万元	1 029	-37.1
商品销售额	万元	77 904	-1.2
企业利润总额	万元	10 917	-29.8
综合能源耗费量	吨标准煤	5 518	-17.6
新设企业数	个	29	93.3
其中：加工企业	个	11	266.7
物流企业	个	1	—
贸易企业	个	11	0.0
其他服务类企业	个	6	500.0
新设外资企业数	个	0	-100.0
内资企业注册资本	万元	175 434	776.4
合同利用外资	万美元	0	—
实际利用外资	万美元	216	980.0
期末已投产运作企业数	个	68	
其中：已投产加工企业	个	58	
已投产物流企业	个	6	
已投产贸易企业	个	3	
已投产其他服务类企业	个	1	
其中：注册资本1 000万美元以上	个	1	
固定资产投资额	万元	29 692	-48.5
其中：基础设施投资	万元	9 927	-31.0
期末已建成城镇建设用地面积	万平方米	174	
房屋竣工建筑面积	平方米	0	—
其中：已建成厂房面积	平方米	0	—
税务部门税收	万元	9 431	-23.4
期末从业人员	人	10 523	-11.3
期末批准面积	平方公里	2.28	
期末验收封关面积	平方公里	2.28	

续表

创新业态统计指标			
跨境电商：期末企业数	个	0	
业务票数	票	0	
销售额	万元	0	
融资租赁：期末企业数	个	0	
租赁资产总额	万元	0	
货物状态分类监管：期末企业数	个	0	
国内货物进出区货值	万元	0	
一般纳税人资格试点：期末企业数	个	13	
试点企业内销金额	万元	66 873	50.8
试点企业增值税纳税额	万元	1 590	

（2）-1　截至2023年年底北海综合保税区历年招商引资情况表

指标	单位	历年累计
工商在册企业数	个	246
其中：外资企业数	个	43
内资企业注册资本	万元	715 424
合同利用外资	万美元	30 135
实际利用外资	万美元	

（2）-2　截至2023年年底北海综合保税区历年主要外商投资情况表

按项目数排列			按注册资本排列		
序号	国别（地区）	项目数（个）	序号	国别（地区）	注册资本（万美元）
1	中国香港	24	1	中国香港	452 631
2	英属维尔京群岛	6	2	英属维尔京群岛	4 000
3	中国澳门	5	3	中国台湾	716
4	中国台湾	5			
5	韩国	2			
6	美国	1			

（3）2023年北海综合保税区工业产值排名前列的出口加工企业

序号	企业名称	序号	企业名称
1	北海建准电子有限公司	6	广西铭迈生物科技有限公司
2	建兴光电科技（北海）有限公司	7	北海源发生物科技有限公司
3	北海宣臻科技有限公司	8	北海润维生物科技有限公司
4	北海绩迅科技股份有限公司	9	北海龙亿运动器材有限公司
5	北海立准电子有限公司	10	北海群英精密橡塑有限公司

续表

序号	企业名称	序号	企业名称
11	北海品创电子有限公司	21	北海德骏电器有限公司
12	北海琛航电子科技有限公司	22	北海华源电子有限公司
13	北海新美印电子科技有限公司	23	北海新天地生物科技有限公司
14	北海市天硌打印耗材有限公司	24	北海昱璟电子科技有限公司
15	永昶科技电子（北海）有限公司	25	广西苾荃胜食品科技有限公司
16	北海腾奥智能装备制造有限公司	26	北海建顺电子有限公司
17	北海瑞电智能设备有限公司	27	广西康鸿泰家居科技有限公司
18	北海双赢洋弓制造有限公司	28	北海腾奥智能装备制造有限公司
19	富优科技（北海）有限公司	29	北海豪旋新材料科技有限公司
20	北海翰博士科技有限公司	30	北海爱飞数码科技有限公司

（4）2023年北海综合保税区商品销售额排名前列的贸易企业

序号	企业名称	序号	企业名称
1	北海力源粮油贸易有限公司	7	北海荃德莱国际贸易有限公司
2	北海奕绮盛贸易有限公司	8	北海启恒进出口贸易有限公司
3	广西镕迈进出口有限公司	9	北海友一贸易有限公司
4	广西楚泽进出口有限公司	10	北海昊汇贸易有限公司
5	北海碧蓝贸易有限公司	11	北海澳康国际贸易有限公司
6	北海翰博士国际贸易有限公司	12	北海海博斯达贸易有限公司

（5）2023年北海综合保税区营业收入排名前列的物流企业

序号	企业名称	序号	企业名称
1	北海万利通供应链管理有限公司	4	北海市普路通供应链管理有限公司
2	北海鹏盛承运物流有限公司	5	北海市义众物流有限公司
3	北海通程仓储物流有限公司	6	北海嘉美仓储物流服务有限公司

重庆江津综合保税区统计数据表

（1）2023年重庆江津综合保税区主要经济指标完成情况表

指标名称	计量单位	2023年	比上年增长（%）
增加值	万元	62 220	6.2
经营总收入	万元	1 586 200	52.1
技术服务收入	万元	—	—
工业总产值	万元	226 758.45	-25.1
其中：高新技术产业	万元	149 656.32	4.5
物流企业经营收入	万元	18 929.05	-14.9
商品销售额	万元	179 539	-29.8
企业利润总额	万元	36 398	7.7
综合能源耗费量	吨标准煤	39 255	-4.8
新设企业数	个	11	-26.7
其中：加工企业	个	4	0.0
物流企业	个	4	100.0
贸易企业	个	3	0.0
其他服务类企业	个	0	0.0
新设外资企业数	个	3	50.0
内资企业注册资本	万元	25 200	24.8
合同利用外资	万美元	8 735	143.3
实际利用外资	万美元	1 120	1 400.4
期末已投产运作企业数	个	41	13.8
其中：已投产加工企业	个	11	10.0
已投产物流企业	个	18	20.0
已投产贸易企业	个	9	12.5
已投产其他服务类企业	个	3	0.0
其中：注册资本1 000万美元以上	个	7	40.0
固定资产投资额	万元	136 000	28.3
其中：基础设施投资	万元	12 700	52.6
期末已建成城镇建设用地面积	万平方米	95	26.7
房屋竣工建筑面积	平方米	258 000	35.6
其中：已建成厂房面积	平方米	170 000	23.9
税务部门税收	万元	73 632	8.1
期末从业人员	人	8 239	26.2
期末批准面积	平方公里	2.21	0.0
期末验收封关面积	平方公里	1.99	0.0

续表

创新业态统计指标			
跨境电商：期末企业数	个	1	0.0
业务票数	票	238 000	-17.8
销售额	万元	15 600	-21.8
融资租赁：期末企业数	个	0	0.0
租赁资产总额	万元	0	0.0
货物状态分类监管：期末企业数	个	0	0.0
国内货物进出区货值	万元	0	0.0
一般纳税人资格试点：期末企业数	个	11	37.5
试点企业内销金额	万元	25 551	-0.03
试点企业增值税纳税额	万元	153.51	—

（2）-1 截至2023年年底重庆江津综合保税区历年招商引资情况表

指标	单位	历年累计
工商在册企业数	个	58
其中：外资企业数	个	12
内资企业注册资本	万元	66 200
合同利用外资	万美元	19 580
实际利用外资	万美元	7 792

（2）-2 截至2023年年底重庆江津综合保税区历年主要外商投资情况表

按项目数排列			按注册资本排列		
序号	国别（地区）	项目数（个）	序号	国别（地区）	注册资本（万美元）
1	中国香港	11	1	中国香港	11 580
2	奥地利	1	2	奥地利	450

（3）2023年重庆江津综合保税区出口加工企业工业产值排名表

单位：万元

序号	企业名称	工业总产值	序号	企业名称	工业总产值
1	重庆金睿诚科技有限公司	169 656	4	重庆三达信息科技有限公司	1 191
2	重庆华景宸科技有限公司	52 172	5	重庆同瑞医疗有限公司	1 030
3	重庆卡尔奇信息科技有限公司	2 710			

（4）2023年重庆江津综合保税区贸易企业商品销售额排名表

单位：万元

序号	企业名称	商品销售额	序号	企业名称	商品销售额
1	重庆金睿诚科技有限公司	137 609	4	重庆三达信息科技有限公司	6 500
2	重庆华景宸科技有限公司	15 830	5	重庆卡尔奇信息科技有限公司	5 700
3	重庆明峰医疗有限公司	8 800	6	重庆同瑞医疗有限公司	5 100

（5）2023年重庆江津综合保税区物流企业营业收入排名表

单位：万元

序号	企业名称	营业收入	序号	企业名称	营业收入
1	重庆励津供应链管理有限公司	3 026	5	重庆泰富捷国际货物运输代理有限公司	319
2	重庆智华亿供应链管理有限公司	1 989	6	重庆海亮国际贸易有限公司	257
3	重庆世锦供应链管理有限公司	621	7	重庆津之捷国际货物运输代理有限公司	195
4	重庆德创承达供应链管理有限公司	363	8	重庆中木供应链管理有限公司	31

乌鲁木齐综合保税区统计数据表

（1）2023年乌鲁木齐综合保税区主要经济指标完成情况表

指标名称	计量单位	2023年	比上年增长（%）
增加值	万元	1 514	15.84
经营总收入	万元	538 542	76.87
技术服务收入	万元	0	—
工业总产值	万元	9 504	73.78
其中：高新技术产业	万元	4 894	15.29
物流企业经营收入	万元	27 382	4 653.82
商品销售额	万元	322 865	27.04
企业利润总额	万元	625	—
综合能源耗费量	吨标准煤	824	77.59
新设企业数	个	68	-2.86
其中：加工企业	个	2	100.00
物流企业	个	8	-61.90
贸易企业	个	55	34.15
其他服务类企业	个	3	-57.14
新设外资企业数	个	2	100.00
内资企业注册资本	万元	50 248	-3.27
合同利用外资	万美元	3 600	382.57
实际利用外资	万美元	64	—
期末已投产运作企业数	个	43	4 200.00
其中：已投产加工企业	个	1	—
已投产物流企业	个	7	600.00
已投产贸易企业	个	34	—
已投产其他服务类企业	个	1	—
其中：注册资本1 000万美元以上	个	0	-100.00
固定资产投资额	万元	34 258	14.06
其中：基础设施投资	万元	5 746	-40.31
期末已建成城镇建设用地面积	万平方米	0	—
房屋竣工建筑面积	平方米	0	—
其中：已建成厂房面积	平方米	0	—
税务部门税收	万元	900	8.83
期末从业人员	人	1 500	50.00
期末批准面积	平方公里	2.41	0.00
期末验收封关面积	平方公里	2.33	0.00

续表

创新业态统计指标			
跨境电商：期末企业数	个	30	−16.67
业务票数	票	1 763 180	836.87
销售额	万元	174 036	62.29
融资租赁：期末企业数	个	0	—
租赁资产总额	万元	0	—
货物状态分类监管：期末企业数	个	0	—
国内货物进出区货值	万元	0	−100.00
一般纳税人资格试点：期末企业数	个	2	0.00
试点企业内销金额	万元	918	463.19
试点企业增值税纳税额	万元	10	−52.38

(2)-1 截至2023年年底乌鲁木齐综合保税区历年招商引资情况表

指标	单位	历年累计
工商在册企业数	个	273
其中：外资企业数	个	3
内资企业注册资本	万元	407 553
合同利用外资	万美元	4 346
实际利用外资	万美元	64

(2)-2 截至2023年年底乌鲁木齐综合保税区历年主要外商投资情况表

按项目数排列			按注册资本排列		
序号	国别（地区）	项目数（个）	序号	国别（地区）	注册资本（万美元）
1	哈萨克斯坦	1	1	中国香港	3 500
2	中国香港	1	2	哈萨克斯坦	746

(3) 2023年乌鲁木齐综合保税区出口加工企业工业产值排名表

单位：万元

序号	企业名称	工业总产值	序号	企业名称	工业总产值
1	新疆克明面业有限公司	5 075	3	新疆麦康生物股份有限公司	910
2	新疆新康农业发展有限公司	4 894	4	新疆俄粮食品加工有限公司	20

（4）2023年乌鲁木齐综合保税区贸易企业商品销售额排名表

单位：万元

序号	企业名称	商品销售额	序号	企业名称	商品销售额
1	新疆有色金属工业集团蓝钻贸易有限责任公司	197 000	12	新疆宏天远行供应链管理有限公司	350
2	乌鲁木齐鑫运瑞祥国际货运代理有限责任公司	75 000	13	新疆合创美新科技发展有限公司	300
3	中世运（新疆）国际物流有限公司	18 700	14	希尔维格物流发展有限公司	220
4	新疆金朗泰国际贸易有限公司	14 500	15	新疆哈林食品进出口有限公司	200
5	新疆德鲁亚国际供应链管理有限公司	7 500	16	新疆喜玖恒迈进出口贸易有限公司	200
6	新疆福智通商贸有限公司	3 500	17	新疆丝路西大门科技有限公司	153
7	新疆千里千寻贸易有限公司	950	18	新疆伊斯凯娜进出口贸易有限公司	150
8	乌鲁木齐金资储国际贸易有限公司	750	19	新疆捷通国际供应链有限公司	100
9	新疆众合远通供应链管理有限公司	600	20	乌鲁木齐跨境电子商务公共服务有限公司	100
10	新疆丝路恒通国际贸易有限公司	550	21	新疆达立荣供应链管理有限公司	50
11	新疆九州佳境国际贸易有限公司	500	22	新疆恒运润达国际贸易有限公司	35

（5）2023年乌鲁木齐综合保税区物流企业营业收入排名表

单位：万元

序号	企业名称	营业收入	序号	企业名称	营业收入
1	新疆鸿运达国际货运代理有限公司	6 400	8	新疆润泰供应链管理有限公司	500
2	新疆盛诺国际货运代理有限公司	5 522	9	新疆宸睿商务服务有限公司	231
3	新疆利丰供应链管理有限公司	4 500	10	新疆合创美新国际物流有限公司	220
4	新疆佰热凯物流有限公司	3 800	11	新疆锡尔国际物流有限公司乌鲁木齐分公司	180
5	乌鲁木齐鑫运瑞祥国际货运代理有限责任公司	2 700	12	新疆苏贝溪能源科技有限公司	60
6	新疆陆连国际货物运输代理有限公司	800	13	新疆大灏达供应链管理有限公司	35
7	新疆铁坤供应链管理有限公司	750			